資産税
実務問答集

福居 英雄
井上 浩二 編

平成30年11月改訂

公益財団法人 納税協会連合会

ま　え　が　き

　税法は、一般的に難しいと言われています。

　中でも相続税や贈与税、譲渡所得などの資産税関係の各税法は、民法等の各種法令が密接に関連していることや、土地税制を中心として課税の特例が非常に多いことから、特に難解と言われています。また、相続税や贈与税の課税の基準となる財産の価額は「時価」によることとされていますが、この時価を的確に把握することは特に複雑で分かりにくいと言われています。加えて、相続、贈与あるいは資産の譲渡など、臨時・偶発的に発生するものを課税原因としていることが多いため、一般の納税者の方々にとっては、なじみが薄いものと思われます。

　更に、社会経済情勢の変化に伴い、毎年のように改正が繰り返される中、特にここ数年は、相続税・贈与税の見直しや、事業承継税制の拡充など、より難解なものとなっています。

　本書は、このように複雑・難解といわれる資産税関係の各税法を理解する上で必要な事柄を、一般的なものから専門的な分野にわたり、問答形式により体系的に整理し、税務の専門家のみでなく、税法になじみの薄い一般の方々にも容易に御理解いただけるよう、できるだけやさしい表現で解説し、必要に応じて計算例や図解を入れるなどの工夫をしています。

　今回の改訂に際しては、平成30年度の税制改正等を踏まえ、内容の充実を図りました。

　本書が皆様方のお役に立つことができましたら幸いです。

　なお、本書は、大阪国税局課税第一部資産課税課及び資産評価官に勤務するものが休日等を使って執筆したものであり、文中意見にわたるところは執筆者の個人的見解であることをお断りしておきます。

平成30年10月

福　居　英　雄
井　上　浩　二

目	次

第 1 章 譲 渡 所 得

第1節　譲渡所得の範囲

【問1-1】譲渡所得の意義……………………………………………………… 1

【問1-2】譲渡所得の対象となる資産………………………………………… 2

【問1-3】「譲渡」の範囲 ……………………………………………………… 3

【問1-4】譲渡所得の基因となる資産………………………………………… 5

【問1-5】生活用動産を譲渡した場合………………………………………… 6

【問1-6】生活に通常必要でない資産の災害損失…………………………… 6

【問1-7】庭園の一部である庭石等を譲渡した場合の課税関係…………… 7

【問1-8】新聞販売権の譲渡…………………………………………………… 7

【問1-9】工業所有権の譲渡の対価に対する課税関係……………………… 8

【問1-10】民法上の組合が資産を譲渡した場合……………………………… 8

【問1-11】水利権の譲渡………………………………………………………… 9

【問1-12】区有の土地の譲渡…………………………………………………… 9

【問1-13】土地改良区の調整地の譲渡………………………………………… 10

【問1-14】継続して資産を譲渡している場合の所得………………………… 11

【問1-15】土地を造成して譲渡した場合の所得区分………………………… 12

【問1-16】宅地造成契約に基づく土地の交換等(1) ………………………… 14

【問1-17】宅地造成契約に基づく土地の交換等(2) ………………………… 15

【問1-18】法律の規定に基づかない区画形質の変更に伴う土地の交
　　　　　換分合……………………………………………………………… 16

【問1-19】共有物の分割(1) …………………………………………………… 17

【問1-20】共有物の分割(2) …………………………………………………… 18

【問1-21】法人への低額譲渡…………………………………………………… 18

【問1-22】法人への贈与………………………………………………………… 19

【問1-23】代物弁済……………………………………………………………… 20

【問1-24】財産分与による不動産の譲渡……………………………………… 21

【問1-25】代償分割により負担することになった債務を自己の所有
　　　　　する資産で返済した場合…………………………………………… 22

－目次1－

【問1-26】 負担付贈与の場合の譲渡所得の取扱い……………………………23

【問1-27】 譲渡担保……………………………………………………………24

【問1-28】 限定承認により土地を相続した場合の譲渡所得の課税関
係…………………………………………………………………25

【問1-29】 借地権の設定………………………………………………………26

【問1-30】 借地権の設定と特別な経済的利益………………………………27

【問1-31】 借地権利金に代えて保証金を受け取った場合…………………29

【問1-32】 借地契約の更新料の課税関係……………………………………30

【問1-33】 地役権の設定………………………………………………………30

【問1-34】 法人に対し権利金なしで土地を貸した場合……………………31

【問1-35】 土石等の譲渡による所得…………………………………………33

【問1-36】 借家人が受ける立退料……………………………………………33

【問1-37】 立退料を受け取る代わりに不動産を低額で譲り受けた場
合…………………………………………………………………34

【問1-38】 譲渡所得における実質所得者課税について……………………35

第2節　非課税となる譲渡

【問1-39】 資力喪失の場合の譲渡所得の取扱い……………………………36

【問1-40】 国等に財産を寄附した場合の譲渡所得の課税と寄附金控
除…………………………………………………………………37

第3節　譲渡所得の収入金額

【問1-41】 譲渡資産の公簿面積と実測面積とが異なっている場合………38

【問1-42】 土地の譲渡対価（経済的利益）…………………………………38

【問1-43】 譲渡による付帯収入金（税金負担分等）………………………39

【問1-44】 現物出資した場合の収入金額……………………………………40

【問1-45】 使用貸借に係る土地の譲渡収入金額の帰属……………………41

【問1-46】 譲渡の時期（基本的な考え方）…………………………………41

【問1-47】 譲渡時期及び譲渡価額……………………………………………42

【問1-48】 賦払方法の場合の譲渡収入金……………………………………42

【問1-49】 譲渡の時期（同年中に2以上の契約を締結した場合の分
割申告）…………………………………………………………43

【問1-50】 農地の譲渡時期……………………………………………………43

【問1-51】 譲渡の時期（一の契約に基づく譲渡の分割申告）……………44

－目次2－

第4節　取得費

【問1-52】取得費に算入できる借入金の利子（①原則）……………45

【問1-53】取得費に算入できる借入金の利子（②使用開始の日）………46

【問1-54】取得費に算入されない借入金の利子（使用による利益の
　　　　　対応部分）………………47

【問1-55】訴訟費用と取得費………………48

【問1-56】相続争いのための訴訟費用………………50

【問1-57】贈与により取得した土地を譲渡した場合の取得費………50

【問1-58】贈与等の際に支出した費用………………51

【問1-59】代物弁済により取得した土地の取得費………………52

【問1-60】短期譲渡所得の計算上控除する取得費と概算取得費控除………52

【問1-61】立退料等を支払って取得した資産の取得費………………53

【問1-62】契約解除に伴い支出する違約金………………54

【問1-63】代償分割に係る資産を譲渡した場合の取得費………………55

【問1-64】第二次納税義務と残余財産の取得費………………56

【問1-65】土地の一部を寄附した後、その土地の残地を譲渡した場
　　　　　合におけるその残地の取得費………………57

【問1-66】一括して購入した土地の一部を譲渡した場合の取得費………58

【問1-67】非事業用（居住用）建物を譲渡した場合の取得費の計算………59

【問1-68】借地権の取得費………………60

【問1-69】借家権の譲渡所得の計算上控除する取得費………………61

【問1-70】土地についてした防壁、石垣積み等の費用………………63

【問1-71】土石等を譲渡した場合の取得費………………63

【問1-72】耕作権を消滅させた後、土地を譲渡した場合の譲渡所得
　　　　　金額の計算………………64

【問1-73】低額譲受資産の取得の日………………65

【問1-74】借地権者等が取得した底地の取得時期等………………66

【問1-75】使用貸借に係る建物を譲渡した場合の取得費の計算……………67

第5節　譲渡費用

【問1-76】譲渡費用（原則）………………68

【問1-77】譲渡に伴う取壊し費用………………69

【問1-78】先の譲渡契約を解除するために支払った違約金………………70

【問1-79】 譲渡代金の取立てに要した弁護士費用‥‥‥‥‥‥‥‥‥‥70

【問1-80】 抵当権抹消登記費用‥‥‥‥‥‥‥‥‥‥‥‥‥‥‥‥71

【問1-81】 借地権の譲渡に伴う名義書換料‥‥‥‥‥‥‥‥‥‥71

第6節　有価証券の譲渡

【問1-82】 株式等の譲渡による所得‥‥‥‥‥‥‥‥‥‥‥‥‥72

【問1-83】 特定受益証券発行信託の課税関係‥‥‥‥‥‥‥‥‥72

【問1-84】 受益証券発行信託‥‥‥‥‥‥‥‥‥‥‥‥‥‥‥‥73

【問1-85】 ゴルフ会員権の譲渡による所得‥‥‥‥‥‥‥‥‥‥74

【問1-86】 ゴルフ会員権の預託金の返還‥‥‥‥‥‥‥‥‥‥‥75

【問1-87】 ストックオプション税制の概要‥‥‥‥‥‥‥‥‥‥75

【問1-88】 会社法により規定された種類株式を譲渡した場合の課税
関係‥‥‥‥‥‥‥‥‥‥‥‥‥‥‥‥‥‥‥‥‥‥‥‥77

【問1-89】 相続財産である非上場株式をその発行会社に譲渡した場
合のみなし配当課税の特例‥‥‥‥‥‥‥‥‥‥‥‥‥79

第7節　株式等に係る譲渡益課税制度

【問1-90】 申告分離課税の対象となる株式等‥‥‥‥‥‥‥‥‥80

【問1-91】 一般株式等に係る譲渡所得等又は上場株式等に係る譲渡
所得等の課税の概要‥‥‥‥‥‥‥‥‥‥‥‥‥‥‥‥81

【問1-92】 株式等の取得価額の計算方法‥‥‥‥‥‥‥‥‥‥‥83

【問1-93】 株式等の取得費と概算取得費との関係‥‥‥‥‥‥‥85

【問1-94】 株式等の取得に要した借入金の利子‥‥‥‥‥‥‥‥86

【問1-95】 上場株式等に係る譲渡損失の損益通算及び繰越控除‥‥‥86

【問1-96】 特定管理株式等が価値を失った場合の株式等に係る譲渡
所得等の課税の特例‥‥‥‥‥‥‥‥‥‥‥‥‥‥‥‥88

【問1-97】 特定口座内保管上場株式等の譲渡等に係る所得計算等の
特例の概要‥‥‥‥‥‥‥‥‥‥‥‥‥‥‥‥‥‥‥‥89

【問1-98】 特定口座以外の株式等に係る譲渡所得金額との合計方法‥‥‥90

【問1-99】 特定口座内保管上場株式等の譲渡による所得等に対する
源泉徴収等の特例の概要‥‥‥‥‥‥‥‥‥‥‥‥‥‥91

【問1-100】 確定申告を要しない上場株式等の譲渡による所得の概要‥‥‥92

【問1-101】 源泉徴収選択口座の所得を申告する場合の計算（源泉所
得税が還付される場合）‥‥‥‥‥‥‥‥‥‥‥‥‥‥94

【問1-102】 譲渡損失及び繰越控除額を配当所得から控除する順序‥‥‥95

【問1-103】 外国の金融取引市場で上場されている株式を外国法人である金融商品取引業者を通じて譲渡した場合の上場株式等に係る譲渡損失の損益通算及び繰越控除の適用について………………96

【問1-104】 従業員持株会を通じて取得した株式の取得費………………97

【問1-105】 投資一任口座（ラップ口座）における株取引の費用の取扱い………………98

【問1-106】 特定中小会社が発行した株式（特定投資株式）の取得に要した金額の控除等の特例の概要………………100

【問1-107】 特定新規中小会社が発行した株式（特定新規株式）を取得した場合の課税の特例………………101

【問1-108】 非課税口座内の少額上場株式等に係る譲渡所得等の非課税措置の概要………………101

【問1-109】 ジュニアNISA（未成年者少額投資非課税制度）の概要……103

第8節　国外転出時課税制度

【問1-110】 国外転出時課税制度の概要………………105

【問1-111】 国外転出（贈与・相続）時課税制度の概要………………105

第9節　信託の取扱い

【問1-112】 信託による資産の移転等………………107

【問1-113】 信託財産の譲渡………………108

【問1-114】 信託受益権の譲渡………………109

【問1-115】 信託財産の取得の日の判定………………109

【問1-116】 信託財産の取得費………………110

【問1-117】 信託財産を譲渡した場合の譲渡費用………………111

【問1-118】 信託受益権の譲渡があった場合の収入金額の計算………………111

【問1-119】 受益者等が存しない信託（信託設定時）………………112

第10節　同族会社等の行為計算の否認

【問1-120】 法人への低額譲渡と行為計算否認………………114

第11節　譲渡所得計算と消費税等

【問1-121】 譲渡所得計算と消費税等の関係………………115

【問1-122】 譲渡所得計算と消費税等の関係（計算例１）………………117

【問1-123】 譲渡所得計算と消費税等の関係（計算例２）………………118

【問1-124】 収用等の補償金に対する消費税等の取扱い………………119

－目次5－

第 2 章　譲渡所得等の課税の特例

第1節　長期譲渡所得及び短期譲渡所得の分離課税

【問2-1】譲渡所得の区分について……………………………………… 120

【問2-2】譲渡資産の所有期間の計算………………………………… 122

【問2-3】長期譲渡所得に対する所得税の計算……………………… 123

【問2-4】短期譲渡所得に対する所得税の計算……………………… 124

【問2-5】優良住宅地の造成等のための土地等の譲渡……………… 125

【問2-6】優良住宅地の造成等のための土地等の譲渡の範囲（土地
　　　　　開発公社に対償地として譲渡した場合）………………… 132

【問2-7】確定優良住宅地の造成等予定地のために土地等を譲渡し
　　　　　た場合……………………………………………………… 133

【問2-8】予定地が優良住宅地の造成等に該当しなかった場合の修
　　　　　正申告…………………………………………………… 135

【問2-9】居住用財産の長期譲渡所得に対する所得税の計算……… 136

【問2-10】前年分で居住用財産の譲渡所得について3,000万円控除の
　　　　　適用を受けている場合の、居住用財産の長期譲渡所得に
　　　　　対する軽減税率の適用……………………………………… 138

【問2-11】買換取得資産の譲渡と概算取得費計算…………………… 138

【問2-12】土地区画整理事業により取得した宅地の譲渡…………… 139

【問2-13】賃借中の不動産の取得後における譲渡…………………… 140

【問2-14】分離重課の適用が除外される短期譲渡………………… 140

【問2-15】転用未許可農地の譲渡……………………………………… 142

【問2-16】譲渡損失と損益通算……………………………………… 143

【問2-17】分離譲渡所得が特別控除額未満である場合の扶養親族等
　　　　　の判定……………………………………………………… 144

第2節　収用等の場合の課税の特例

【問2-18】種類の異なる代替資産(1)………………………………… 145

【問2-19】種類の異なる代替資産(2)………………………………… 146

【問2-20】一組の資産を収用等された場合の代替資産…………… 147

【問2-21】同一年中に2回以上の収用等があった場合の代替資産……… 148

【問2-22】同一の資産を二以上の年の代替資産とする場合………… 149

【問2-23】収用補償金で代替資産を取得した場合の修正申告期限……… 149

【問2-24】 相続人が取得した代替資産‥‥‥‥‥‥‥‥‥‥‥‥‥‥‥ 150

【問2-25】 代替資産として国外の資産を取得した場合‥‥‥‥‥‥‥ 151

【問2-26】 代替資産の取得価額‥‥‥‥‥‥‥‥‥‥‥‥‥‥‥‥‥ 151

【問2-27】 代替資産の所有期間‥‥‥‥‥‥‥‥‥‥‥‥‥‥‥‥‥ 152

【問2-28】 代替資産の取得時期‥‥‥‥‥‥‥‥‥‥‥‥‥‥‥‥‥ 153

【問2-29】 収用等の場合の特別控除と所得税法の特別控除との競合‥‥ 153

【問2-30】 代替資産の特例と特別控除の関係‥‥‥‥‥‥‥‥‥‥‥ 154

【問2-31】 同一事業について2年にまたがって買い取られた場合(1)‥‥ 155

【問2-32】 同一事業について2年にまたがって買い取られた場合(2)‥‥ 156

【問2-33】 共有資産が収用等された場合の5,000万円の特別控除‥‥‥ 156

【問2-34】 仮換地を収用等により譲渡した場合‥‥‥‥‥‥‥‥‥‥ 157

【問2-35】 土地区画整理事業の換地処分による清算金に対する課税‥‥ 158

【問2-36】 やむを得ない事情により権利変換を希望しない旨の申出
をした場合‥‥‥‥‥‥‥‥‥‥‥‥‥‥‥‥‥‥‥‥‥‥ 159

【問2-37】 建物移転補償金により新築する家屋‥‥‥‥‥‥‥‥‥‥ 160

【問2-38】 借家人補償金の取扱い‥‥‥‥‥‥‥‥‥‥‥‥‥‥‥‥ 161

【問2-39】 残地買収の対価‥‥‥‥‥‥‥‥‥‥‥‥‥‥‥‥‥‥‥ 162

【問2-40】 現に賃貸中の土地の起業者の買取り‥‥‥‥‥‥‥‥‥‥ 163

【問2-41】 立木補償金をもってアパートを取得した場合‥‥‥‥‥‥ 163

【問2-42】 仮営業所設置補償金で店舗を新築した場合‥‥‥‥‥‥‥ 164

第3節 特定事業の用地買収等の場合の課税の特例

【問2-43】 土地区画整理事業として行う公共施設の整備改善等のた
めに土地を譲渡した場合‥‥‥‥‥‥‥‥‥‥‥‥‥‥‥‥ 165

【問2-44】 特定土地区画整理事業の特別控除と地上建物の移転補償
金による特定の事業用資産の買換え‥‥‥‥‥‥‥‥‥‥‥ 166

【問2-45】 重要文化財として指定された土地等についての国等の買
取り‥‥‥‥‥‥‥‥‥‥‥‥‥‥‥‥‥‥‥‥‥‥‥‥‥ 167

【問2-46】 史跡として仮指定された土地の譲渡と2,000万円控除‥‥‥ 168

【問2-47】 国が買収する土地の対償地に充てるための代行買収‥‥‥ 168

【問2-48】 建物の取壊し補償の対償に充てるための土地等の買取り‥‥ 169

【問2-49】 収用の対償地を譲渡し、対価の一部を被収用者より受領
する場合‥‥‥‥‥‥‥‥‥‥‥‥‥‥‥‥‥‥‥‥‥‥‥ 170

【問2-50】 家屋の譲渡と特定住宅地造成事業等のために土地等を譲
渡した場合の1,500万円の特別控除‥‥‥‥‥‥‥‥‥‥‥‥ 172

【問2-51】 公有地の拡大の推進に関する法律による買取りと借地権······ 172

【問2-52】 中心市街地整備推進機構に土地等を買い取られる場合········ 174

【問2-53】 1,500万円控除の重複適用制限 ·································· 175

【問2-54】 相手先を指定してあっせんを依頼した農地の譲渡と農地
保有の合理化等のために農地等を譲渡した場合の800万
円の特別控除·· 176

第4節　居住用財産の譲渡所得の特別控除

【問2-55】 居住用土地のみの譲渡································· 177

【問2-56】 居住用財産の譲渡先の範囲······················· 177

【問2-57】 居住用家屋の取壊しによる敷地の一部譲渡············ 178

【問2-58】 居住用家屋の引き家による敷地の一部譲渡············ 179

【問2-59】 居住用家屋は売買とし、その敷地は交換とした場合········ 180

【問2-60】 代替資産の特例と併用できる場合····················· 181

【問2-61】 居住用財産を譲渡した場合における敷地面積の取扱い······· 182

【問2-62】 居住期間と特例適用との関係························ 182

【問2-63】 一時的に居住の用に供した家屋····················· 183

【問2-64】 特例適用年分の選択································· 184

【問2-65】 離婚に伴う居宅の財産分与························· 185

【問2-66】 転勤により居所を離れた家屋の譲渡················· 186

【問2-67】 同一年中における二以上の居住用財産の譲渡············ 187

【問2-68】 共有物件2戸のうち1戸の譲渡····················· 188

【問2-69】 家屋と土地の譲渡先が異なる場合··················· 188

【問2-70】 居住用財産の一部の譲渡··························· 189

【問2-71】 居住用家屋を取り壊し、マンションを建築して分譲した
場合·· 190

【問2-72】 居住用家屋を取り壊し、その敷地に建築されたマンショ
ンと交換した場合··· 191

【問2-73】 土地と家屋の所有者が異なり家屋の所有者が別居してい
る場合·· 192

【問2-74】 マンションを譲渡した場合························· 193

【問2-75】 共有家屋とともにその敷地を譲渡した場合············ 194

【問2-76】 居住用家屋の所有者と土地の所有者が異なる場合の譲渡
と3年に1回の適用との関係································ 195

【問2-77】 生計を一にする親族の居住の用に供している家屋········ 196

【問2-78】居住している者が譲渡人と生計を一にする親族でない場合の譲渡……………………………………………………… 197

【問2-79】居住用財産を他人に賃貸し、2年経過後に売却した場合…… 197

【問2-80】事業用資産の買換えとの関係…………………………………… 198

【問2-81】住民基本台帳に登載されていた住所が譲渡資産の所在地と異なる場合……………………………………………… 199

第5節　被相続人の居住用財産に係る譲渡所得の特別控除

【問2-82】被相続人の居住用財産に係る譲渡所得の特別控除の特例の創設について…………………………………………… 200

【問2-83】被相続人居住用家屋の敷地等の判定…………………………… 201

第6節　特定の土地等の長期譲渡所得の特別控除

【問2-84】特定の土地等の長期譲渡所得の特別控除(1) ………………… 203

【問2-85】特定の土地等の長期譲渡所得の特別控除(2) ………………… 203

【問2-86】特定の土地等の長期譲渡所得の特別控除(3) ………………… 204

第7節　特定の居住用財産の買換え及び交換の特例

【問2-87】制度の概要………………………………………………………… 205

【問2-88】家屋と土地の所有期間が異なる場合…………………………… 207

【問2-89】居住期間の判定（途中転勤等で中断がある場合） …………… 207

【問2-90】譲渡資産と一体として居住の用に供されていた土地等を贈与した場合……………………………………………… 208

【問2-91】共有で取得した場合の買換資産の面積要件…………………… 209

【問2-92】店舗併用住宅の場合の買換資産の面積要件…………………… 210

【問2-93】買換資産の取得時期……………………………………………… 211

【問2-94】買換資産を居住の用に供すべき期限…………………………… 211

【問2-95】借地を買い取って家屋とともに譲渡した場合の買換えの特例の適用……………………………………………… 212

【問2-96】特定の居住用財産の買換えの場合の課税の特例における譲渡所得金額の計算………………………………… 214

【問2-97】特定の居住用財産の買換えの場合の長期譲渡所得の課税の特例の適用が受けられない譲渡…………………… 215

【問2-98】更正の請求、修正申告書等……………………………………… 216

【問2-99】買換資産に付すべき取得価額の計算等………………………… 217

【問2-100】特定の居住用財産を交換した場合の長期譲渡所得の課税の特例………………………………………………… 218

【問2-101】 特定の居住用財産の買換え（交換）の場合の長期譲渡所
得の課税の特例と住宅借入金等を有する場合の所得税額
の特別控除……………………………………………………………… 219

【問2-102】 店舗併用住宅を譲渡した場合の特定の居住用財産の買換
えの場合の長期譲渡所得の課税の特例………………………… 220

第8節　特定の事業用資産の買換え及び交換の特例

【問2-103】 譲渡資産の所有期間……………………………………………… 222

【問2-104】 土地区画整理事業等の施行地区内の土地等の譲渡…………… 223

【問2-105】 生計を一にする親族の事業の用に供する資産の譲渡………… 224

【問2-106】 一時的な貸付資産の譲渡（事業に準ずるものの範囲）……… 225

【問2-107】 譲渡者が買換資産を取得せずに死亡し、相続人が買換資
産を取得して事業の用に供した場合の特例適用………………… 226

【問2-108】 譲渡資産に土地がない場合の面積制限………………………… 227

【問2-109】 １個の買換資産を２年以上の買換資産として適用する場
合………………………………………………………………………… 228

【問2-110】 買換資産の取得期限の延長……………………………………… 229

【問2-111】 資産の資本的支出と事業用資産の取得の関係………………… 230

【問2-112】 交換差金についての買換え……………………………………… 231

【問2-113】 特定の事業用資産の買換えの特例による譲渡所得の計算…… 232

第9節　既成市街地等内にある土地等の中高層耐火建築物等の建設のための買換え及び交換の特例

【問2-114】 既成市街地等内にある土地等の中高層耐火建築物等の建
設のための買換え…………………………………………………… 235

【問2-115】 既成市街地等内にある土地と中高層耐火建築物の交換……… 239

【問2-116】 既成市街地等内にある土地にマンションを建築し分譲し
た場合………………………………………………………………… 240

【問2-117】 既成市街地等内にある土地等の中高層耐火建築物の交換…… 241

【問2-118】 借地権の設定と中高層耐火建築物の取得……………………… 242

第10節　相続財産に係る譲渡所得の課税の特例

【問2-119】 相続財産を譲渡した場合の譲渡所得の課税の特例…………… 244

【問2-120】 代償金を支払って取得した相続財産を譲渡した場合の相
続税の取得費加算…………………………………………………… 245

【問2-121】 特例の対象となる相続税（相次相続控除等がある場合）…… 247

【問2-122】 特例の対象となる財産の範囲…………………………………… 248

第11節　土地等の先行取得をした場合の譲渡所得の課税の特例

【問2-123】平成21年及び平成22年に土地等の先行取得をした場合の
譲渡所得の課税の特例 ·· 249

【問2-124】先行取得土地等が複数ある場合の繰延利益金額の圧縮順
序 ·· 250

第12節　国等に対して財産を寄附した場合の特例

【問2-125】学校法人を設立するために資産を贈与した場合 ··············· 251

【問2-126】公益法人に対して自己の絵画を寄附した場合 ··················· 252

【問2-127】公益法人への遺贈があった日について ······························ 253

【問2-128】自治会への寄附（地方自治法関係） ································· 253

第13節　固定資産の交換の場合の譲渡所得の特例

【問2-129】種類の異なる二以上の資産の同時交換 ······························ 255

【問2-130】客観的価値の異なる資産の交換 ·· 256

【問2-131】親子間で時価の異なる土地を交換した場合 ······················ 257

【問2-132】交換差金の判定（交換取得資産の一部を譲渡直前の用途
に供しない場合） ·· 258

【問2-133】交換差金の判定（資産の一部分を売買とした場合） ·········· 258

【問2-134】耕作権と他の農地の交換（同種の資産の判定） ················ 259

【問2-135】不動産業者が所有している販売用土地との交換 ················ 260

【問2-136】三者交換 ··· 261

【問2-137】譲渡直前の用途(1) ·· 262

【問2-138】譲渡直前の用途(2) ·· 264

【問2-139】農地を宅地に造成した後交換した場合 ······························ 265

【問2-140】交換取得直後の譲渡 ·· 266

【問2-141】交換取得資産の所有期間の判定 ·· 267

第14節　居住用財産の買換え等の場合の譲渡損失の損益通算及
び繰越控除の特例

【問2-142】制度の概要 ··· 268

【問2-143】「住宅借入金等」の範囲 ··· 270

【問2-144】住宅借入金等を借換えた場合 ··· 271

【問2-145】住宅借入金等を繰上返済した場合 ····································· 272

【問2-146】買換資産の取得をしなかった場合 ····································· 272

【問2-147】譲渡する土地の面積が500㎡を超える場合 ························ 274

第15節　特定居住用財産の譲渡損失の損益通算及び繰越控除の特例

【問2-148】制度の概要··· 276

第16節　保証債務の履行の場合の譲渡所得の課税の特例

【問2-149】保証債務を履行するための資産の譲渡····························· 278

【問2-150】保証債務の履行のために資産を譲渡した場合の取得費········· 280

【問2-151】保証債務を履行した場合の譲渡所得の計算方法（二以上
の譲渡資産に係る回収不能額等の各資産への配分）··········· 281

【問2-152】他人のために農業協同組合等から借り入れた債務（員外
貸付け）の弁済··· 283

【問2-153】保証債務の範囲（相続開始があった場合）······················· 284

【問2-154】借入金により保証債務の履行を行った後に資産を譲渡し
た場合··· 284

【問2-155】預金等で保証債務の履行を行った後に資産を譲渡した場
合··· 286

【問2-156】連帯保証人間の求償権··· 287

【問2-157】保証債務を履行するために資産を譲渡した場合の譲渡所
得の課税の特例の対象となる資産····························· 288

【問2-158】手形裏書人が割り引いた手形債務を支払うための資産の
譲渡··· 288

【問2-159】債務者の資力喪失後の債務保証の場合······················· 289

【問2-160】申告後に求償権の行使ができなくなった場合··················· 289

第17節　合理的な再生計画に基づく私財提供非課税措置の特例

【問2-161】債務処理計画に基づき資産を贈与した場合の課税の特例······ 291

第3章 山 林 所 得

第1節　山林所得の範囲

【問3-1】山林所得の範囲(1) ·· 292

【問3-2】山林所得の範囲(2) ·· 292

【問3-3】区有林を譲渡した場合·· 293

【問3-4】土地付で立木を譲渡した場合···································· 294

【問3-5】桐の伐採・譲渡による所得····································· 294

【問3-6】松（立木）の枝の譲渡··· 295

【問3-7】立木を自家消費した場合·· 295

【問3-8】 製材業者が植林から製材まで行う場合………………………………296

【問3-9】 分収造林契約の意義………………………………………………296

【問3-10】 分収造林契約の権利の取得後5年以内の譲渡………………………297

【問3-11】 分収造林契約者（土地所有者）の受け取る地代………………298

【問3-12】 分収育林契約の意義………………………………………………298

第2節 山林の譲渡時期、取得時期

【問3-13】 山林所得の収入すべき時期(1)………………………………300

【問3-14】 山林所得の収入すべき時期(2)………………………………300

【問3-15】 立木を委託販売した場合の譲渡時期………………………301

【問3-16】 山林の取得の日………………………………………………302

第3節 山林所得の計算

【問3-17】 山林所得の計算方法………………………………………303

【問3-18】 山林所得の必要経費(1)………………………………………303

【問3-19】 山林所得の必要経費(2)………………………………………304

【問3-20】 山林所得の必要経費(3)………………………………………305

【問3-21】 間伐山林の必要経費(1)………………………………………305

【問3-22】 間伐山林の必要経費(2)………………………………………306

【問3-23】 譲渡に要した費用………………………………………………306

【問3-24】 譲渡契約を解除し違約金を支払った場合の取扱い……………307

【問3-25】 看守料………………………………………………………………307

【問3-26】 立木を取得した時の借入金の利子の取扱いについて……………308

【問3-27】 林道分担金の取扱い………………………………………………308

【問3-28】 所有権等を確保するために要した訴訟費用等……………………309

【問3-29】 出材作業中の事故に対して支払った見舞金の取扱い……………309

【問3-30】 山林の火災による損失………………………………………………310

【問3-31】 被災事業用資産の損失の金額………………………………………311

【問3-32】 概算経費の控除………………………………………………………311

【問3-33】 雪起こし費用と概算経費控除の特例………………………………312

【問3-34】 青色申告と概算経費控除………………………………………………313

【問3-35】 青色事業専従者給与………………………………………………313

第4節 山林所得の計算の特例

【問3-36】 森林計画特別控除制度………………………………………………315

【問3-37】 強制換価手続による山林の譲渡……………………………………316

【問3-38】 山林の交換………………………………………………………………317

【問3-39】 保証債務の履行による山林の譲渡······················· 318
【問3-40】 山林所得の損益通算····································· 319
【問3-41】 山林の収用の場合の課税の特例··························· 320
【問3-42】 山林の収用の場合の特別控除の特例······················ 321
【問3-43】 山林の延払条件付譲渡··································· 322

第5節　消費税等と山林所得の計算
【問3-44】 山林所得計算と消費税等との関係························· 323
【問3-45】 山林所得の金額の計算と消費税等の関係(計算例1)·········· 326
【問3-46】 山林所得の金額の計算と消費税等の関係(計算例2)·········· 328

第4章　相　続　税

第1節　相続税の納税義務者
【問4-1】 同時死亡の場合の法定相続人の判定······················· 330
【問4-2】 身分関係が重複する場合の相続分························· 331
【問4-3】 内縁の妻・養子・後妻の連れ子等の相続分················· 331
【問4-4】 胎児がある場合の相続分································· 333
【問4-5】 人格のない社団等が財産の遺贈を受けた場合の課税関係······ 333
【問4-6】 特別縁故者が財産の分与を受けた場合の課税関係··········· 334
【問4-7】 特別縁故者が財産分与を受けた場合の課税················· 335
【問4-8】 停止条件付遺贈があった場合の取扱い····················· 336
【問4-9】 相続税の納税義務者····································· 336
【問4-10】 海外留学者等の住所の判定······························ 339
【問4-11】 国外財産を相続又は遺贈により取得した場合の相続税········ 340

第2節　相続税の課税財産
【問4-12】 相続財産の意義··· 341
【問4-13】 売買契約成立後に相続の開始があった場合················· 341
【問4-14】 譲渡担保の取扱い······································· 342
【問4-15】 所有権留保契約に基づいて買い入れた物品の課税財産の
　　　　　　取扱い··· 343
【問4-16】 住宅ローンの残額が、団体信用保険の保険金で返済され
　　　　　　た場合の債務控除······································· 343
【問4-17】 生命保険金の課税関係··································· 344
【問4-18】 年金払の生命保険金に対する課税関係····················· 346
【問4-19】 契約者貸付金を差し引かれた場合の生命保険金の額·········· 348

【問4-20】退職手当金の取扱いとその判定……………………………………348

【問4-21】退職手当金等の支給を受けた者の判定………………………349

【問4-22】弔慰金の取扱い………………………………………………350

【問4-23】業務上死亡と業務外死亡の判定基準……………………350

【問4-24】生前に退職した会社から受けた特別弔慰金…………………351

【問4-25】被相続人の死亡後確定した退職手当金……………………352

【問4-26】受益者の死亡により信託受益権を取得した場合……………352

【問4-27】遺言により信託の設定をした場合…………………………353

【問4-28】受益者連続型信託の課税関係……………………………353

【問4-29】受益者連続型信託の受益権の評価………………………354

第3節　相続税の非課税財産

【問4-30】非課税財産の種類……………………………………………355

【問4-31】受取人が同時死亡した場合の生命保険金の非課税規定の
適用……………………………………………………………356

【問4-32】相続を放棄した者等の生命保険金等の非課税規定の適用……357

【問4-33】被保険者に支払われるべきであった生命保険金をその相
続人が受領した場合………………………………………357

【問4-34】生命保険の剰余金に対する課税関係……………………358

【問4-35】遺産を国等に贈与した場合の取扱い……………………358

【問4-36】相続財産を公益法人設立のために提供した場合……………359

【問4-37】申告期限後に支給された退職手当金を公益法人に寄附し
た場合の非課税規定の適用………………………………361

【問4-38】個人立幼稚園等の教育用財産に対する非課税制度……………362

第4節　相続税の課税価格と税額の計算

【問4-39】特殊な遺産分割（代償分割）をした場合の課税価格の計
算……………………………………………………………364

【問4-40】遺産が未分割である場合の課税価格………………………365

【問4-41】遺言書の内容と異なる遺産の分割…………………………366

【問4-42】小規模宅地等についての課税価格の計算の特例……………367

【問4-43】被相続人等の事業の用に供されていた宅地等………………368

【問4-44】「特定事業用宅地等である小規模宅地等」とは……………369

【問4-45】「特定居住用宅地等である小規模宅地等」とは……………370

【問4-46】「特定同族会社事業用宅地等である小規模宅地等」とは……371

【問4-47】「特定宅地等である小規模宅地等」とは……………………372

【問4-48】特定居住用宅地(1) ……………………………… 373
【問4-49】特定居住用宅地(2) ……………………………… 373
【問4-50】被相続人等の居住の用に供されていた宅地等…………… 374
【問4-51】土地信託に係る小規模宅地等の特例適用について………… 375
【問4-52】申告期限までに事業用建物を建て替えた場合…………… 376
【問4-53】小規模宅地等についての課税価格の計算の特例の限度面
　　　　　積要件について……………………………………… 376
【問4-54】「限度面積要件」の計算方法について ………………… 377
【問4-55】特定居住用宅地等が2か所以上ある場合の適用関係……… 378
【問4-56】共同住宅の一部が空室となっていた場合……………… 379
【問4-57】相続税の申告期限前に宅地の一部を譲渡した場合の「特
　　　　　定居住用宅地等」の範囲………………………………… 380
【問4-58】公共事業の施行により従前地及び仮換地について使用収
　　　　　益が禁止されている場合……………………………… 381
【問4-59】持分贈与により贈与税の配偶者控除等の課税の適用を受
　　　　　けた宅地等で、残る被相続人持分について小規模宅地等
　　　　　の課税価格の計算の特例を受ける場合………………… 382
【問4-60】特定計画山林についての相続税の課税価格の計算の特例…… 383
【問4-61】特定土地等及び特定株式等に係る相続税の課税価格の計
　　　　　算の特例……………………………………………… 384
【問4-62】大韓民国人である被相続人の日本人妻と相続税法第15条
　　　　　第2項に規定する法定相続人………………………… 385
【問4-63】限定承認をした後に生命保険金が支払われた場合の課税
　　　　　価格……………………………………………………… 386
【問4-64】控除できる債務の範囲………………………………… 386
【問4-65】控除できる葬式費用の範囲…………………………… 387
【問4-66】遺贈により取得した財産から債務控除できる葬式費用等…… 388
【問4-67】定期預金の既経過利子に対する源泉所得税と債務控除……… 389
【問4-68】相続開始前3年以内の受贈財産からの債務控除…………… 389
【問4-69】生前に贈与を受けた財産の課税関係(1) ……………… 390
【問4-70】生前に贈与を受けた財産の課税関係(2) ……………… 390
【問4-71】特定贈与財産……………………………………………… 391
【問4-72】生前に贈与を受けた財産の課税関係(3) ……………… 393
【問4-73】法定相続人の数に算入する養子の数の制限………………… 393

【問 4-74】 身分関係が重複する場合の相続人の数……………………………… 394

【問 4-75】 身分関係が重複する養子がいる場合の相続人の数…………… 395

【問 4-76】 相続税の総額のあん分割合の計算方法……………………………… 396

【問 4-77】 相続税額の２割加算が行われる場合の範囲……………………… 396

【問 4-78】 代襲相続人が相続放棄した場合の相続税の２割加算……… 397

【問 4-79】 税額控除…………………………………………………………………………… 398

【問 4-80】 配偶者の税額軽減の特例の申告手続……………………………… 398

【問 4-81】 配偶者の税額軽減の特例……………………………………………… 399

【問 4-82】 配偶者の税額軽減の計算例…………………………………………… 400

【問 4-83】 財産の分割の協議に関する書類等………………………………… 401

【問 4-84】 配偶者が分割前に死亡している場合……………………………… 402

【問 4-85】 重婚の場合の相続税の総額と配偶者の税額軽減額の計算…… 403

【問 4-86】 贈与税額控除の額が相続税額を上回る場合の取扱い……… 403

【問 4-87】 未成年者控除額が相続税額を上回る場合の取扱い………… 404

【問 4-88】 障害者控除額の計算…………………………………………………… 405

【問 4-89】 相次相続控除の計算方法…………………………………………… 406

第５節　相続税の申告と納付

【問 4-90】 相続税の申告書の提出先…………………………………………… 408

【問 4-91】 相続登記と相続税……………………………………………………… 408

【問 4-92】 共同相続人に行方不明者がいる場合の相続税の申告……… 409

【問 4-93】 失そう宣告を受けた場合の申告期限……………………………… 410

【問 4-94】 申告書提出期限の延長……………………………………………… 410

【問 4-95】 胎児がある場合の申告期限の延長……………………………… 411

【問 4-96】 胎児がある場合の相続税の申告方法…………………………… 411

【問 4-97】 制限納税義務者が相続税の申告書に添付する印鑑証明書…… 412

【問 4-98】 期限後申告の特則…………………………………………………… 413

【問 4-99】 修正申告等の特則…………………………………………………… 414

【問4-100】 相続税の連帯納付の義務………………………………………… 415

【問4-101】 延納の許可を受けた場合の相続税の連帯納付の義務…… 416

【問4-102】 連帯納付の責めにより相続税の納付があった場合……… 417

【問4-103】 延納制度………………………………………………………………… 418

【問4-104】 物納制度………………………………………………………………… 420

【問4-105】 物納を撤回する場合………………………………………………… 422

第6節　農地等についての相続税の納税猶予及び免除等

【問4-106】納税猶予制度……………………………………………………… 423

【問4-107】納税猶予制度の適用要件…………………………………………… 423

【問4-108】申告手続………………………………………………………………… 424

【問4-109】用語の定義……………………………………………………………… 426

【問4-110】特定市街化区域農地等の範囲……………………………………… 427

【問4-111】農業経営を行う者の判定…………………………………………… 430

【問4-112】他人に一時耕作させている農地…………………………………… 430

【問4-113】農業協同組合へ農業経営を委託した農地………………………… 431

【問4-114】相続税の納税猶予を受けている農地が都市計画の変更等
　　　　　により特定市街化区域農地等に該当することとなった場
　　　　　合…………………………………………………………………………… 431

【問4-115】納税猶予の対象となる農地………………………………………… 432

【問4-116】土地区画整理事業の換地により取得した土地…………………… 433

【問4-117】植林用の苗木が植栽されている土地についての納税猶予
　　　　　の適用…………………………………………………………………… 433

【問4-118】温室の敷地についての納税猶予の適用…………………………… 434

【問4-119】農地等を共有で相続した場合の納税猶予の適用………………… 434

【問4-120】代償分割により取得した農地の納税猶予………………………… 435

【問4-121】農地等についての納税猶予の適用を受けるための担保の
　　　　　提供……………………………………………………………………… 435

【問4-122】修正申告等に係る相続税額の納税猶予の適用…………………… 437

【問4-123】農地等の贈与者が死亡した場合の相続税の課税………………… 437

【問4-124】相続税の納税猶予の特例適用農地を道路建設事業のため
　　　　　に一時的に貸し付ける場合………………………………………… 438

【問4-125】納税猶予の特例の適用を受けている農業相続人が農業経
　　　　　営基盤強化促進法に規定する農用地利用集積計画に定め
　　　　　るところによる賃借権等の設定に基づいて特例農地等を
　　　　　貸し付けた場合……………………………………………………… 441

【問4-126】農地等についての相続税の納税猶予の特例を適用してい
　　　　　る場合の特定貸付けの特例………………………………………… 442

【問4-127】障害等により農業の用に供することが困難な場合……………… 443

－目次18－

第7節　非上場株式等についての相続税の納税猶予及び免除

【問4-128】非上場株式等についての相続税の納税猶予及び免除の特
例··· 445

【問4-129】非上場株式等についての相続税の納税猶予及び免除の特
例における相続人の要件 ····································· 447

【問4-130】非上場株式等を兄弟で相続した場合··························· 448

【問4-131】非上場株式等についての相続税の納税猶予及び免除の特
例を受けるための添付書類···································· 449

【問4-132】納税猶予税額の計算方法①（一般措置）····················· 450

【問4-133】納税猶予税額の計算方法②（特例措置）····················· 450

【問4-134】非上場株式等の贈与者が死亡した場合の相続税の納税猶
予及び免除の特例··· 451

第8節　山林についての相続税の納税猶予及び免除

【問4-135】山林についての相続税の納税猶予及び免除の特例············· 452

第5章 贈　与　税

第1節　贈与税の意義

【問5-1】贈与税の意義·· 454

第2節　贈与税の納税義務者と課税の時期

【問5-2】外国に留学している者が贈与を受けた場合···················· 455

【問5-3】国外財産を贈与により取得した場合の贈与税················· 456

【問5-4】口約束で受けた財産の取得時期································· 457

【問5-5】農地の贈与を受けた場合の取得時期··························· 458

第3節　贈与税の課税財産

【問5-6】相続を放棄した者の贈与税の課税価格························· 459

【問5-7】共有持分の放棄·· 459

【問5-8】財産の名義変更·· 460

【問5-9】他人名義により不動産等を取得した場合······················ 461

【問5-10】過誤等により取得財産を他人名義とした場合················· 462

【問5-11】他人名義による取得財産の処分代金を自己名義とした場
合··· 463

【問5-12】贈与契約の取消しをした場合································· 465

【問5-13】低額譲受け·· 466

－目次19－

【問5-14】負担付贈与·· 467

【問5-15】負担付贈与の負担額が第三者の利益に帰する場合············ 467

【問5-16】本来の納税義務者に代わって相続税及び贈与税の納付が
あった場合·· 468

【問5-17】共稼ぎ夫婦の間における住宅資金の贈与····················· 468

【問5-18】親子間などの金銭貸借····································· 469

【問5-19】白色事業専従者が限度額以上の給与を受けて取得した不
動産··· 470

【問5-20】信託の取扱い（贈与とみなされる場合①）················· 470

【問5-21】信託の取扱い（贈与とみなされる場合②）················· 471

【問5-22】信託の取扱い（贈与とみなされる場合③）················· 471

【問5-23】信託の取扱い（贈与とみなされる場合④）················· 472

【問5-24】信託の取扱い（贈与とみなされる場合⑤）················· 474

【問5-25】受益者等が存しない信託（信託設定時）··················· 474

【問5-26】受益者等が存しない信託（受益者等が存することとなっ
た場合）·· 475

【問5-27】受取人以外の者が保険料を負担した生命保険金············ 476

【問5-28】みなし遺贈の放棄と贈与税································· 477

【問5-29】定期金給付契約について契約者の変更があった場合の贈
与税··· 477

【問5-30】定期金受取人以外の者が掛金を負担していた定期金········· 478

【問5-31】同族会社に対する私財の提供等···························· 479

【問5-32】同族会社の募集株式引受権································· 481

【問5-33】同族会社の新株の割当ての失権···························· 482

【問5-34】借地権の目的となっている土地をその借地権者以外の者
が取得した場合·· 483

【問5-35】使用貸借による土地の借受け······························ 485

【問5-36】相当の地代を支払っている場合等の借地権についての贈
与税··· 485

【問5-37】賃借土地の親族への転貸·································· 486

【問5-38】使用貸借に係る土地の上にある建物の贈与················· 489

【問5-39】農地等について使用貸借による権利の設定をした場合········ 489

【問5-40】父の所有家屋に子が増改築を行った場合···················· 490

第4節　贈与税の非課税財産

【問5-41】債務免除を受けても課税されない場合………………………… 492

【問5-42】生活費等を一度に受けた場合…………………………………… 493

【問5-43】公益事業を行うものが贈与を受けた財産……………………… 494

【問5-44】特定障害者の信託受益権に係る非課税………………………… 496

【問5-45】協議離婚により財産をもらった場合…………………………… 498

第5節　贈与税の配偶者控除

【問5-46】贈与税の配偶者控除……………………………………………… 499

【問5-47】贈与税の配偶者控除の申告手続………………………………… 500

【問5-48】贈与税の配偶者控除の対象となる居住用不動産の範囲……… 501

【問5-49】居住用不動産に居住する時期…………………………………… 502

【問5-50】生命保険金で居住用財産を取得した場合の配偶者控除……… 503

【問5-51】贈与税の配偶者控除の対象となる不動産の範囲……………… 503

【問5-52】併用住宅（店舗兼住宅）の敷地を贈与した場合の取扱い…… 504

【問5-53】増築資金に係る配偶者控除の適用……………………………… 504

【問5-54】併用住宅（店舗兼住宅）の取得に係る配偶者控除の適用…… 505

【問5-55】２棟の建物の敷地の持分を贈与した場合……………………… 505

【問5-56】低額譲受けによる利益相当額についての配偶者控除の適
用…………………………………………………………………… 506

第6節　相続時精算課税制度

【問5-57】相続時精算課税制度の概要……………………………………… 507

【問5-58】相続時精算課税の適用対象者…………………………………… 508

【問5-59】相続時精算課税の適用手続(1)…………………………………… 509

【問5-60】相続時精算課税の適用手続(2)…………………………………… 510

【問5-61】相続時精算課税の適用手続(3)…………………………………… 510

【問5-62】相続時精算課税の適用手続(4)…………………………………… 511

【問5-63】戸籍の附票の写しで20歳以上になった時以後の住所が証
明されない場合…………………………………………………… 512

【問5-64】年の中途で推定相続人となった場合の取扱い………………… 513

【問5-65】特定贈与者の推定相続人でなくなった場合の取扱い………… 514

【問5-66】受贈者が相続時精算課税の適用を受ける前に死亡した場
合の取扱い………………………………………………………… 515

【問5-67】特定贈与者１人から財産の贈与を受けた場合の計算方法…… 516

【問5-68】 同一年中に特定贈与者2人以上から財産の贈与を受けた
場合の計算方法……………………………………………………… 517

【問5-69】 同一年中に特定贈与者及び特定贈与者以外の贈与者から
財産の贈与を受けた場合の計算方法…………………………… 518

【問5-70】 少額贈与についての申告の要否…………………………………… 518

【問5-71】 特定贈与者が死亡した場合の相続税の計算方法…………… 519

【問5-72】 死亡した相続時精算課税適用者の相続人が特定贈与者の
みである場合………………………………………………………… 520

【問5-73】 未分割の場合の課税価格（相続時精算課税適用財産があ
る場合）………………………………………………………………… 521

【問5-74】 相続時精算課税における贈与税額の還付…………………… 522

【問5-75】 相続時精算課税選択の特例の概要…………………………… 522

【問5-76】 相続時精算課税選択の特例の対象となる住宅用家屋等の
範囲……………………………………………………………………… 524

【問5-77】 贈与資金を土地の取得の対価に充てた場合の相続時精算
課税選択の特例の適用…………………………………………… 529

【問5-78】 相続時精算課税選択の特例の適用手続…………………… 529

【問5-79】 相続時精算課税選択の特例の適用後に贈与を受けた場合
の取扱い……………………………………………………………… 533

【問5-80】 相続時精算課税を適用して賃貸アパートの贈与を受けた
場合……………………………………………………………………… 534

【問5-81】 贈与税の申告内容の開示……………………………………… 535

第7節　税額の計算と納付

【問5-82】 暦年課税の場合の贈与税額の計算………………………… 536

【問5-83】 直系尊属から贈与を受けた場合の贈与税の税率の特例……… 537

【問5-84】 年の中途で直系卑属となった場合の取扱い……………… 539

【問5-85】 贈与により一般贈与財産と特例贈与財産を取得した場合
の計算………………………………………………………………… 540

【問5-86】 人格のない社団又は財団への寄附金……………………… 541

【問5-87】 受贈財産が災害によって被害を受けた場合……………… 542

【問5-88】 贈与税の期限後申告の特則等により申告があった場合の
延滞税………………………………………………………………… 543

【問5-89】 贈与税の連帯納付の義務…………………………………… 544

－目次22－

【問5-90】 延納の許可を受けた場合の贈与税の連帯納付の義務············ 545

【問5-91】 贈与税の延納·· 546

第8節　農地等についての贈与税の納税猶予及び免除等

【問5-92】 農地等についての贈与税の納税猶予及び免除等················ 547

【問5-93】 相続時精算課税と贈与税の納税猶予の関係···················· 549

【問5-94】 樹園地について納税猶予を受けた場合の果樹の取扱い········ 550

【問5-95】 負担付贈与の場合の納税猶予······························· 551

【問5-96】 納税猶予の適用を受ける場合の贈与税の計算(1) ············· 551

【問5-97】 納税猶予の適用を受ける場合の贈与税の計算(2) ············· 552

【問5-98】 納税猶予の適用を受けている農地について換地処分が行
　　　　　　われた場合·· 555

【問5-99】 贈与税の申告期限と納税猶予（受贈者が申告期限前に死
　　　　　　亡した場合）·· 555

【問5-100】 納税猶予の適用を受けた農地の転用························· 556

【問5-101】 納税猶予の適用を受けている農地等について使用貸借に
　　　　　　よる権利の設定をした場合································ 557

【問5-102】 納税猶予の特例の適用を受けている者が農業経営基盤強
　　　　　　化促進法に規定する農用地利用集積計画に定めるところ
　　　　　　による賃借権等の設定に基づいて特例農地等を貸し付け
　　　　　　た場合·· 558

【問5-103】 農地等についての贈与税の納税猶予を適用している場合
　　　　　　の特定貸付けの特例······································ 559

第9節　非上場株式等についての贈与税の納税猶予及び免除

【問5-104】 非上場株式等についての贈与税の納税猶予及び免除の特例··· 561

【問5-105】 非上場株式等についての贈与税の納税猶予及び免除の特
　　　　　　例における受贈者の要件································· 562

第10節　住宅取得等資金の贈与税の非課税の特例

【問5-106】 住宅取得等資金の贈与税の非課税の特例···················· 563

第11節　教育資金の一括贈与を受けた場合の贈与税の非課税の特例

【問5-107】 教育資金の非課税制度··································· 569

【問5-108】 教育資金の非課税制度の適用を受ける場合·················· 570

【問5-109】 教育資金管理契約を終了することなく2つの教育資金管
　　　　　　理契約を締結した場合··································· 571

－目次23－

【問5-110】 教育資金管理契約が終了した場合……………………………… 571
第12節　直系尊属から結婚・子育て資金の一括贈与を受けた場
　　　　合の贈与税の非課税の特例
【問5-111】 結婚・子育て資金の非課税制度……………………………… 573
【問5-112】 結婚・子育て資金の非課税制度の適用手続………………… 574

第 6 章　財　産　評　価

第 1 節　土地及び土地の上に存する権利

【問6-1】 評価の単位(1)(原則) ……………………………………… 575
【問6-2】 評価の単位(2)(不合理分割) ……………………………… 577
【問6-3】 評価の単位(3)(地目の異なる土地が一体として利用され
　　　　　ている場合) ……………………………………………… 578
【問6-4】 評価の単位(4)(自用地と自用地以外の宅地が連接してい
　　　　　る場合) ………………………………………………………… 579
【問6-5】 宅地の評価方式…………………………………………………… 580
【問6-6】 正面路線の判定…………………………………………………… 581
【問6-7】 正面路線価の計算方法（2以上の路線価が付されている
　　　　　場合の宅地の評価) ………………………………………… 582
【問6-8】 正面路線と側方路線の地区区分が異なる場合………………… 583
【問6-9】 路線価の高い路線の影響を受ける度合いが著しく少ない
　　　　　場合の評価……………………………………………………… 584
【問6-10】 側方路線影響加算の方法（宅地の一部が側方路線に接し
　　　　　ている場合の評価) ………………………………………… 585
【問6-11】 不整形地の補正率の判定………………………………………… 586
【問6-12】 間口距離の求め方………………………………………………… 592
【問6-13】 屈折路に面する宅地の想定整形地のとり方及び間口距離
　　　　　の求め方………………………………………………………… 592
【問6-14】 不整形地の奥行距離の計算……………………………………… 593
【問6-15】 不整形地の評価(1) ……………………………………………… 595
【問6-16】 不整形地の評価(2) ……………………………………………… 597
【問6-17】 地積規模の大きな宅地の評価…………………………………… 599
【問6-18】 地積規模の大きな宅地の評価（市街地農地の場合) ……… 602
【問6-19】 地積規模の大きな宅地の評価（倍率地域に所在する場合) … 603

－目次24－

【問6-20】無道路地の評価(1) ………………………………………… 604

【問6-21】無道路地の評価(2) ………………………………………… 605

【問6-22】がけ地等を有する宅地の評価……………………………… 607

【問6-23】倍率地域の不整形地等の個別事情のしんしゃく………… 609

【問6-24】倍率方式によって評価する土地の実際の地積が台帳地積
と異なる場合の取扱い…………………………………………… 609

【問6-25】固定資産税評価額が付されていない土地の評価………… 610

【問6-26】未分割財産について分割協議が確定した場合…………… 611

【問6-27】利用価値の著しく低下している宅地の評価……………… 612

【問6-28】都市計画道路予定地の区域内にある宅地の評価………… 613

【問6-29】セットバックを必要とする宅地の評価…………………… 614

【問6-30】河川を隔てて道路がある宅地の評価……………………… 615

【問6-31】1画地の宅地が容積率の異なる2つの地域にわたる場合…… 616

【問6-32】余剰容積率の移転がある場合の宅地の評価……………… 619

【問6-33】路線価の設定されていない道路にのみ接している宅地の
評価方法（特定路線価を設定して評価する宅地）…………… 620

【問6-34】土地区画整理事業施行中の宅地の評価…………………… 624

【問6-35】区分地上権の目的となっている宅地の評価……………… 625

【問6-36】区分地上権に準ずる地役権の目的となっている宅地の評
価……………………………………………………………………… 627

【問6-37】貸ビル業務上駐車場に利用している土地の評価………… 628

【問6-38】使用貸借に係る土地の評価(1) …………………………… 629

【問6-39】使用貸借に係る土地の評価(2) …………………………… 629

【問6-40】相当の地代が支払われている場合の借地権及び貸宅地の
評価………………………………………………………………… 630

【問6-41】相当の地代に満たない地代が支払われている場合の借地
権及び貸宅地の評価……………………………………………… 631

【問6-42】「通常の地代の年額」の意味 ……………………………… 632

【問6-43】相当の地代が支払われている場合の非上場株式評価上の
借地権の価額……………………………………………………… 633

【問6-44】「土地の無償返還に関する届出書」が提出されている場
合の借地権及び貸宅地の評価…………………………………… 633

【問6-45】借地権の範囲………………………………………………… 634

【問6-46】定期借地権等の概要···635

【問6-47】定期借地権等の評価···636

【問6-48】定期借地権等の目的となっている宅地の評価··················639

【問6-49】定期借地権等設定時に借地人に帰属する経済的利益の総額··641

【問6-50】定期借地権等の設定に際し保証金の授受がある場合の債権、債務の評価···642

【問6-51】農地の判定··643

【問6-52】農地の評価単位と評価方法··644

【問6-53】市街地農地及び市街地山林の評価単位···························645

【問6-54】市街化区域内にある2以上の地目からなる一団の土地の評価単位··646

【問6-55】市街地農地、山林等の評価について······························647

【問6-56】市街地農地（平坦地）の評価·······································651

【問6-57】市街地山林の評価···652

【問6-58】傾斜度の判定について··653

【問6-59】生産緑地の評価··654

【問6-60】農地法に基づかない耕作権···655

【問6-61】市民農園として貸し付けている農地の評価······················656

【問6-62】特定市民農園として貸し付けている農地の評価·················657

【問6-63】農業経営基盤強化促進法等の規定により賃貸借の目的となっている農用地の評価······································658

【問6-64】農業用施設用地の評価··659

【問6-65】市街化調整区域内にある雑種地の評価····························660

【問6-66】雑種地の賃借権の評価··663

【問6-67】占用権の評価···663

【問6-68】取引事例のある占用権の評価·······································664

【問6-69】都市公園の用地として貸し付けられている土地の評価について··665

第2節　家屋及び構築物

【問6-70】区分所有の高層住宅等の評価·······································667

【問6-71】抵当権の設定されている家屋等の評価····························667

【問6-72】建築中の家屋の評価··668

【問6-73】 増改築等に係る家屋の状況に応じた固定資産税評価額が
付されていない家屋の評価……………………………………… 669
【問6-74】 門、塀等の評価…………………………………………………… 670

第3節　株　　　式

【問6-75】 上場株式の評価方法…………………………………………… 671
【問6-76】 上場株式の金融商品取引所の選択……………………………… 673
【問6-77】 課税時期が権利落等の日から株式の割当て等の基準日ま
での間にある場合………………………………………………… 674
【問6-78】 課税時期に最終価格がない場合(1) ………………………… 675
【問6-79】 課税時期に最終価格がない場合(2) ………………………… 676
【問6-80】 課税時期に最終価格がない場合(3) ………………………… 677
【問6-81】 最終価格の月平均額の計算…………………………………… 678
【問6-82】 課税時期の属する月の初日以前に権利落等があり、課税
時期が株式の割当て等の基準日以前である場合……………… 679
【問6-83】 課税時期が株式の割当て等の基準日の翌日以後である場合… 681
【問6-84】 株式の信用取引の相続税の課税の計算……………………… 683
【問6-85】 取引相場のない株式の評価方法について…………………… 683
【問6-86】 会社規模の判定(1) ………………………………………… 686
【問6-87】 会社規模の判定(2) ………………………………………… 687
【問6-88】 取引相場のない株式の評価方式の判定……………………… 688
【問6-89】 中心的な同族株主………………………………………………… 691
【問6-90】 取引相場のない株式が未分割遺産である場合の議決権割
合について………………………………………………………… 693
【問6-91】 会社規模の判定に当たって収用等により圧縮記帳を行っ
ている場合の総資産価額の計算について……………………… 695
【問6-92】 類似業種比準方式の計算方法………………………………… 695
【問6-93】 兼業会社の類似業種の判定…………………………………… 697
【問6-94】 類似業種比準価額の計算上の利益金額の特例………………… 701
【問6-95】 配当金額の計算………………………………………………… 703
【問6-96】 年利益金額の計算……………………………………………… 704
【問6-97】 固定資産の売却が数回ある場合の利益金額の計算…………… 705
【問6-98】 直後期末の方が課税時期に近い場合………………………… 706
【問6-99】 類似業種比準価額よりも純資産価額が低い場合の取扱い…… 707

－目次27－

【問6-100】 純資産価額方式により評価する場合の賃借権の範囲………… 707

【問6-101】 役員の死亡により会社が収受した生命保険金……………… 708

【問6-102】 評価差額に対する法人税額等に相当する金額の控除がで
きない場合………………………………………………… 709

【問6-103】 純資産価額から控除する法人税額等………………………… 711

【問6-104】 直前期末から課税時期までの間に増資があった場合の純
資産価額の計算…………………………………………… 712

【問6-105】 直前期末の翌日から課税時期までの間に剰余金の配当金
交付の効力が発生している場合(1)(類似業種比準方式に
より評価する場合)……………………………………… 713

【問6-106】 直前期末の翌日から課税時期までの間に剰余金の配当金
交付の効力が発生している場合(2)(仮決算を行わず純資
産価額を計算する場合)………………………………… 714

【問6-107】 純資産価額方式の特例………………………………………… 715

【問6-108】 同族株主等以外の株主が取得した株式の評価……………… 716

【問6-109】 自己株式を有する場合の議決権総数………………………… 717

【問6-110】 議決権を有しないこととされる株式がある場合の議決権
総数………………………………………………………… 718

【問6-111】 議決権に制限のある株式がある場合の議決権総数………… 719

【問6-112】 特定評価会社について………………………………………… 721

【問6-113】 株式保有特定会社の評価方法……………………………… 722

【問6-114】 種類株式の評価(1)(配当優先株式の評価)………………… 724

【問6-115】 種類株式の評価(2)(社債類似株式の評価)………………… 728

【問6-116】 買取価格の定められている非上場株式の評価……………… 729

【問6-117】 ストックオプションの評価……………………………………… 730

【問6-118】 合名会社等の出資の評価……………………………………… 732

【問6-119】 農業協同組合等の出資の評価………………………………… 733

【問6-120】 医療法人の出資持分の評価方法について…………………… 734

第4節　その他の財産

【問6-121】 利付公社債の評価……………………………………………… 738

【問6-122】 割引発行の公社債の評価……………………………………… 739

【問6-123】 個人向け国債の評価…………………………………………… 739

【問6-124】 転換社債型新株予約権付社債の評価………………………… 741

【問6-125】 ＥＢ債(他社株転換債)の評価……………………………… 743

－目次28－

【問6-126】 貸付信託受益証券の評価……………………………………… 744
【問6-127】 金融商品取引所に上場されている不動産投資信託証券等
の評価……………………………………………………………… 745
【問6-128】 預貯金の評価(1) ……………………………………………… 746
【問6-129】 預貯金の評価(2)（源泉徴収されるべき所得税等の額に
相当する金額の控除）………………………………………… 746
【問6-130】 預貯金の評価(3)（定期預金及び定額郵便貯金の計算例）…… 747
【問6-131】 外貨（現金）の評価………………………………………… 749
【問6-132】 ゴルフ会員権の評価………………………………………… 750
【問6-133】 不動産所有権付リゾート会員権の評価……………………… 751
【問6-134】 生命保険契約に関する権利の評価………………………… 752
【問6-135】 著作権の評価………………………………………………… 753
【問6-136】 負担付贈与により取得した土地等及び家屋等の評価………… 754
【問6-137】 一般動産の評価……………………………………………… 755
【問6-138】 国外財産の評価（土地）…………………………………… 755
【問6-139】 国外財産の評価（取得相場のない株式）………………… 756

第 7 章 登 録 免 許 税

【問7-1】 登録免許税の課税標準………………………………………… 757
【問7-2】 登録免許税の税額計算………………………………………… 758
【問7-3】 登録免許税の現金納付方法…………………………………… 762
【問7-4】 新築住宅の所有権の保存登記に対する登録免許税の軽減
税率の適用……………………………………………………… 763
【問7-5】 相続人が受ける家屋の所有権の保存登記に対する軽減税
率の適用………………………………………………………… 764
【問7-6】 住宅の用に供した事実………………………………………… 764
【問7-7】 別棟の車庫等を含む所有権の保存登記……………………… 765
【問7-8】 新築した共有家屋に対する登録免許税の軽減税率の適用…… 766
【問7-9】 登記完了後の軽減税率と還付請求…………………………… 766
【問7-10】 分譲住宅を取得した場合の所有権の保存登記の軽減税率
の適用…………………………………………………………… 767
【問7-11】 新築後1年以上経過した居住用家屋の保存登記…………… 768

－目次29－

【問7-12】既存住宅の所有権の移転登記に係る登録免許税の軽減税
率の適用‥‥‥‥‥‥‥‥‥‥‥‥‥‥‥‥‥‥‥‥‥‥‥‥‥‥ 768
【問7-13】既存住宅の所有権の移転登記に係る税率の軽減の適用を
受ける手続‥‥‥‥‥‥‥‥‥‥‥‥‥‥‥‥‥‥‥‥‥‥‥‥‥ 769
【問7-14】既存住宅の所有権の移転登記における所有期間の計算‥‥‥ 770
【問7-15】新築住宅の取得資金に係る抵当権の設定登記の税率の軽
減‥‥‥‥‥‥‥‥‥‥‥‥‥‥‥‥‥‥‥‥‥‥‥‥‥‥‥‥‥‥ 770

凡　例

　本書において引用した法令や通達は、それぞれ次の略語を用いました。
「所法33②一」とあるのは「所得税法第33条第2項第1号」のことです。

所　　　　法……所得税法
所　　　　令……所得税法施行令
所　　　　規……所得税法施行規則
所　基　　通……所得税基本通達
措　　　　法……租税特別措置法
措　　　　令……租税特別措置法施行令
措　　　　規……租税特別措置法施行規則
措　　　　通……租税特別措置法（山林所得・譲渡所得関係）の取扱いについて（昭
　　　　　　　　46.8.26直資4-5ほか2課共同（例規））及び 租税特別措置法
　　　　　　　　（株式等に係る譲渡所得等関係）の取扱いについて（平14.6.24課
　　　　　　　　資3-1ほか3課共同）
相　　　　法……相続税法
相　　　　令……相続税法施行令
相　　　　規……相続税法施行規則
相　基　　通……相続税法基本通達（昭34.1.28直資10（例規））
相　措　　通……租税特別措置法（相続税法の特例関係）の取扱いについて（昭
　　　　　　　　50.11.4課資ほか2課共同）
評　基　　通……財産評価基本通達（昭39.4.25直資56直審（資）17）
法　　　　法……法人税法
法　　　　令……法人税法施行令
登　免　　法……登録免許税法
登　免　　令……登録免許税法施行令
登　免　　規……登録免許税法施行規則
通　　　　法……国税通則法
通　　　　令……国税通則法施行令
災　免　　法……災害被害者に対する租税の減免、徴収猶予等に関する法律
災　免　　令……災害被害者に対する租税の減免、徴収猶予等に関する法律の施行
　　　　　　　　に関する政令
負　贈　　通……負担付贈与又は対価を伴う取引により取得した土地等及び家屋等
　　　　　　　　に係る評価並びに相続税法第7条及び第9条の規定の適用につい
　　　　　　　　て（平1.3.29直評5ほか1課共同）

　なお、本書は平成30年9月30日現在の法令、通達によっています。

和暦・西暦対照表

平成31年…………	2019年	平成37年…………	2025年
平成32年…………	2020年	平成38年…………	2026年
平成33年…………	2021年	平成39年…………	2027年
平成34年…………	2022年	平成40年…………	2028年
平成35年…………	2023年	平成41年…………	2029年
平成36年…………	2024年	平成42年…………	2030年

第1章 譲 渡 所 得

第1節 譲渡所得の範囲

譲渡所得の意義

> 【問1-1】 土地などを譲渡した場合、譲渡所得として所得税の課税の対象となるそうですが、譲渡所得とはどのような所得をいうのでしょうか。

【答】(1) 譲渡所得とは、資産の譲渡による所得のことです（所法33）。

(2) 資産とは、経済的に価値のあるものすべてをいいますので、土地、建物などの不動産はもちろん車両、機械器具、漁業権、特許権、著作権、土石、有価証券、書画、骨とう、宝石なども含まれます。

(3) 資産の「譲渡」には、通常の売買のほか交換、競売、公売、代物弁済、財産分与、収用、法人に対する現物出資なども含まれ、更に、次の場合にも資産の譲渡があったものとみなされます。

① 法人に対し資産を贈与したり、時価の2分の1より低い価額で譲渡した場合など〔資産を時価で譲渡したものとみなされます。〕（所法59）

② 地上権若しくは賃借権又は地役権の設定により、その土地の価額の2分の1（空間等の範囲を定めたものは4分の1）を超える権利金などを受け取った場合（所令79）

③ 資産を消滅させることによって補償金などを受け取った場合（所令95）

(注)1 資産の譲渡による所得であっても譲渡所得以外の所得として課税されるものや所得税の課税の対象とならないものがあります（詳しくは【問1-2】を参照してください。）。

2 譲渡所得は、その資産の種類や保有期間などによって課税される所得金額や税額の計算方法が違いますので、譲渡所得の区分については【問1-82】、【問2-1】を参照してください。

-1-

第1章 譲 渡 所 得

譲渡所得の対象となる資産

【問1-2】 譲渡所得の対象となる「資産」については、どのようなもの
があるか詳しく説明してください。

【答】 譲渡所得の対象となる「資産」とは、一定の範囲の資産を除く経済的
価値のあるものすべてをいいます。

【解説】(1)「譲渡所得の対象となる資産」は、次に掲げる資産以外の資産と
なります。

① たな卸資産、準たな卸資産、少額の減価償却資産(取得価額が
10万円未満であるもののうち、その者の業務の性質上基本的に重
要なものを除きます。)、一括償却資産(その者の業務の性質上基
本的に重要なものを除きます。)
(注) 10万円未満であるかどうかはその取得者が消費税の課税事業者であ
る場合には、その減価償却資産に係る事業等の経理方式が税込経理
方式であれば消費税込みの価額により、税抜経理方式であれば消費
税抜きの価額によります。
課税事業者以外の場合はすべて税込価額によります。
② 山林(立木)
③ 営利を目的として継続的に譲渡される資産
④ 金銭債権

(2) したがって、土地、建物などの不動産はもちろん次のものも譲渡所得の
対象となる資産に含まれることになります。
① 事業用の固定資産(土地、建物、構築物、機械装置、船舶、航空機、
車両、工具、器具、備品など)
② 販売目的以外で飼育する牛馬等の家畜、果樹
③ 株式、公社債等の有価証券(ただし、特定の公社債等は除きます。)
④ 借地権、耕作権、漁業権、特許権、著作権などの権利
⑤ 取引慣行のある借家権、行政官庁の許可、認可、割当て等により発生
した事実上の権利(いわゆる指定漁業の権利、タクシーナンバー権な
ど)
(3) 以上のことを図示しますと、次のようになります。

-2-

第1章　譲　渡　所　得

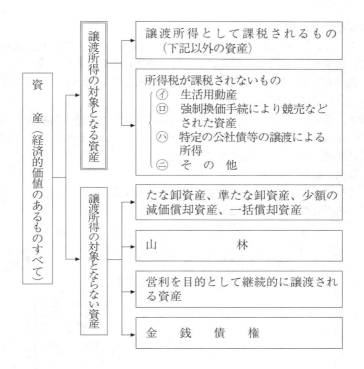

「譲渡」の範囲

【問1-3】譲渡所得は、資産を譲渡したことによる所得ということですが、この場合の「譲渡」とはどのようなものをいうのか、その範囲について説明してください。

【答】「譲渡」とは、財産、権利、法律上の地位等をその同一性を保持させつつ、他人に移転することをいい、承継取得（ある権利を他人の権利に基づいて取得することをいいます。）の原因となる法律行為で、有償、無償を問いません。したがって、通常の売買のほか、交換、競売、現物出資、代物弁済などの有償譲渡はもちろんのこと、贈与や遺贈などの無償譲渡も含まれます。

なお、相続による移転も承継取得の一つですが、これは法律上の原因による移転であって法律行為（意思に基づくもの）ではありませんから譲渡によ

第1章 譲　渡　所　得

る移転とはいえません。

　ところで、譲渡所得とは原則として資産の譲渡による所得をいうものとされていますが、「譲渡」の意義については格別に規定されていません。そこで、税法上特別の規定がある場合を除いて「譲渡」の意義については上記と同様に解してよいでしょう。

　以下、譲渡所得の課税される資産の「譲渡」には、資産を移転した場合と資産の移転がない場合の二つの態様がありますので、態様別に区分して、「譲渡」の範囲について説明します。

① 資産を移転した場合

　　これには、承継取得の原因となるものと原始取得の原因となるものがあり、その取扱いは次のとおりです。

態　様		法律一般の取扱い	税法上の取扱い
承継取得の原因となるもの	売買、交換などの有償譲渡	譲　渡	譲　渡
	贈与、遺贈などの無償譲渡	譲　渡	みなし譲渡 法人に対する贈与、遺贈及び個人に対する包括遺贈で限定承認に係るものに限る（所法59）。これは、収入すべき金額はないが、譲渡収入があったものとみなす規定による。
			贈　与 〔個人に対する贈与に限る。〕
			相　続 〔個人に対する遺贈で限定承認に係るもの以外のものに限る。〕
	相　続	譲渡でない	みなし譲渡 限定承認に係るものに限り譲渡とみなされ、かつ、収入があったものとみなされる。
			相　続 （上記以外のもの）

－4－

第1章 譲 渡 所 得

原因となるものの原始取得	収用（土地収用法、都市計画法等にいう、いわゆる取得収用）、換地処分（土地区画整理法、土地改良法等）、権利変換（都市再開発法）など	譲渡でない	譲　　渡 措置法第33条以下において譲渡とみている。

② 資産の移転がない場合

態　　　　様	法律一般の取扱い	税法上の取扱い
借地権の設定等により対価として権利金を受け取った場合	譲渡でない	譲渡とみなされる行為 （所法33、所令79）
補償を約して行う事業の遂行により譲渡所得の基因となるべき資産が消滅する場合（例えば、ダム工事のために漁業権が消滅する場合）	譲渡でない	補償金等は譲渡所得に係る収入金額とされる （所令95）

譲渡所得の基因となる資産

> 【問1-4】私は、30年前からある私鉄の高架下で洋服店を開業していますが、この度、老齢でもありこの店舗を売却して郷里へ帰りたいと思っています。この店舗の建物自体は老朽化したものであるためほとんど価値がありませんが、高架下使用権があるため総額5,000万円で売却できる見込みです。
>
> 　店舗の売却代金については、譲渡所得として所得税が課税されると思いますが、高架下使用権についても課税されるのでしょうか。
>
> 　なお、賃借料は、約20年ぐらい前からその私鉄に直接支払っています。

【答】高架下使用権は、譲渡所得の基因となる資産に該当し、土地を譲渡した場合と同様に分離課税の譲渡所得として所得税が課税されます。

【解説】譲渡所得の基因となる資産は、所得税法では、①事業所得の基因となる棚卸資産、②雑所得の基因となる棚卸資産に準ずる資産、③山林所得の

－5－

第1章 譲 渡 所 得

基因となる立木及び④金銭債権を除く一切の資産としています（その詳細については【問1-2】を参照してください。）。

　あなたの場合、賃借料を支払って高架下を利用しておられるとのことですから、その実態は、高架下という制限された空間における土地の賃借権を取得していたものと解されますので、譲渡所得として所得税が課税されます。

生活用動産を譲渡した場合

> 【問1-5】　私は、20年前から自宅に飾っていた絵画1点を25万円で売却しました。聞くところによると、このような場合でも所得税が課税されるということですが、どうでしょうか。

【答】　譲渡した絵画の譲渡価額は30万円以下ですから所得税は課税されません。

【解説】　生活に通常使用している家具、じゅう器、衣服等の動産を譲渡した場合は、非課税とされています。しかしながら、生活に通常使用している貴石、半貴石、貴金属、真珠、べっこう製品、さんご製品、こはく製品、ぞうげ製品、七宝製品、書画、こっとう及び美術工芸品で、一個又は一組の価額が30万円を超えるものの譲渡については、譲渡所得として所得税が課税されます（所法9①九、所令25）。

生活に通常必要でない資産の災害損失

> 【問1-6】　私は、A市で別荘を所有していましたが、昨年の暮に火災で焼失してしまいました。
> 　　別荘の火災による損失の税務上の取扱いはどうなるのでしょうか。

【答】　譲渡所得（分離課税の土地建物等の譲渡所得及び株式等に係る譲渡所得等を除きます。）から別荘の取得費（取得価額から減価償却費相当額を控除した額）を損失額として控除することができます。

【解説】　別荘などのように生活に通常必要でない資産の災害・盗難又は横領による損失額（保険金や損害賠償金で補てんされた金額を除きます。）については、損失を受けた日の属する年分又はその翌年分の総合課税の譲渡所得の計算上控除することができます（所法62、所令178）。

－6－

第1章 譲 渡 所 得

なお、この場合、雑損控除の適用はありませんからご注意ください（所法72）。

庭園の一部である庭石等を譲渡した場合の課税関係

【問1-7】 私は、家屋とともにその敷地を譲渡することになりました。その敷地内には庭石、燈籠を配した庭園があります。今回の譲渡についてはその庭園も含めて譲渡するわけですが、その庭園内にある庭石、燈籠は相当古いもので時価数百万円の価値があります。この場合、これらの庭石、燈籠などに相当する対価についての譲渡所得の課税関係はどうなるのでしょうか。

【答】 すべて分離課税の譲渡所得として所得税が課税されます。

【解説】 譲渡しようとする家屋の敷地内にある庭石、燈籠等が庭園の一部を構成しており、その庭園とともに土地建物を譲渡した場合に限り、その庭石、燈籠等は構築物に該当し、その譲渡による所得は分離課税の対象となります。

なお、庭石などをその庭園から取り外して単独で他に譲渡した場合には、構築物には該当しませんので、その場合の譲渡所得は総合課税の対象となります。

新聞販売権の譲渡

【問1-8】 新聞販売権の譲渡に伴い収受した代償金は、何の所得として申告すればよろしいですか。

【答】 収受した金額を営業権の譲渡対価として総合課税の譲渡所得の収入金額に算入して申告する必要があります。

【解説】 譲渡された新聞販売権が有償取得のものである場合には、必要経費として①新聞販売権の取得価額から減価償却費の累計額を控除した残額と②譲渡費用を控除することができます。この新聞販売権の減価償却費の累計額は、事業所得の金額の計算上必要経費に算入した償却費の額の累計額となります。

第1章 譲 渡 所 得

工業所有権の譲渡の対価に対する課税関係

> 【問1-9】 私は、今年、工業所有権をA法人に譲渡しました。その時の
> 対価として、一時金のほかに、以後工業所有権の使用期間中、その生
> 産高に比例して使用料の支払を受けることを約しました。
> この対価は、何の所得として申告すればよろしいですか。

【答】 **一時金については、総合課税の譲渡所得として申告する必要があります。**
毎年受け取る使用料は、雑所得の対象となります。

民法上の組合が資産を譲渡した場合

> 【問1-10】 私は、友人3人と互いに出資し、協力して自動車運送業を組
> 合組織で営んでいます。この度、20年前に取得した組合の土地を
> 1,000万円で譲渡しましたが、この土地の譲渡については、組合とし
> て課税されるのでしょうか。

【答】 **あなた方の全員に、出資持分に応じて譲渡による収入があったことに
なり、分離課税の譲渡所得として課税されます。**
【解説】 ご質問の組合は、いわゆる民法上の組合（民法667～688）と思われ
ます。民法上の組合の財産は総組合員の共有関係にありますので、あなたの
出資持分が4分の1であれば、1,000万円の4分の1である250万円を譲渡所
得の収入金額として計算する必要があります。

第1章　譲　渡　所　得

水利権の譲渡

【問1-11】 私の村では、先ごろ宅地造成により、ため池が埋められました。そのために、昔からため池の水を利用して農業を営んでいた者18名（慣習として水利権を農地面積当たりで共有していました。）に対し、農業用水利権の消滅の対価として、造成業者から水利組合を通じて、それぞれ農地1,000㎡当たり150万円が支払われました。私は農地を3,000㎡持っていましたので450万円を受け取りましたが、この収入については、「土地の上に存する権利」の譲渡であるため、分離課税の譲渡所得として申告すべきと思いますが、これでよろしいでしょうか。

【答】 総合課税の譲渡所得となります。

【解説】 土地の上に存する権利とは、「土地そのものを利用する権利」と考えられており、地上権や借地権、地役権、耕作権などがこれに該当しますが、水利権は土地とは別個の用役・流水等の排他的、独占的な利用権ですので土地の上に存する権利には該当しません。

したがって、この場合、分離課税の譲渡所得ではなく、総合課税の譲渡所得の対象となります。

区有の土地の譲渡

【問1-12】 私は農業を営んでいますが、この度、町内会長より、区有の空地が売れたとのことで、200万円を受け取りました。この収入に対しては、どのような税金がかかるのでしょうか。

【答】 譲渡した土地が区民の共有の場合は、分離課税の譲渡所得として課税されます。また、区民の総有の場合は、分配を受けた金額について一時所得として課税されます。

【解説】 区有の土地を譲渡した場合の課税は、次のとおりとなります。

(1) 譲渡した土地が区民の共有であり、その土地について区民各人が共有持分を有している場合には、区民各人に対し、共有持分に応じ、その譲渡のあった年の分離課税の譲渡所得の収入金額として申告する必要があります。

－9－

第1章 譲 渡 所 得

(2) 譲渡した土地が人格のない社団である「区」の所有であり、その土地に
ついて区民各人が共有持分を有していない場合（いわゆる総有の場合）に
は、その譲渡代金の分配を受けた区民各人が分配を受けた年の一時所得の
収入金額として申告する必要があります。

　したがって、あなたの場合には、売れた空地について、共有持分があっ
たかどうかによって、分離課税の譲渡所得又は一時所得として申告する必
要があります。

（注） 区有の資産が、総有か共有かの判断は一般に次によって行われます。

　(1) 総有の場合は、地区外に転出した場合には権利を失い、地区内に転入した
場合又は分家した場合には権利を取得する。共有の場合は、権利者が固定し
ている。

　(2) 売却代金を分配する場合において、総有の場合は1戸当たり（又は1人当
たり）の分配金額が同一であるが、共有の場合は持分に比例する。

土地改良区の調整地の譲渡

> **【問1-13】** 土地改良を行うための事業費を調達するために、土地改良区
> の一部の組合員に、調整地として増歩換地し、その譲渡の対価として
> 金銭を収受しました。この対価は、全額事業費に充てています。
>
> 　この増歩換地分の譲渡所得は、名義人の一部組合員だけではなく、
> 土地改良区の組合員全体に帰属するものとして申告してよろしいです
> か。

【答】 増歩換地部分が、特定の人の名義で譲渡されていても、譲渡代金が土
地改良事業費に充てられている場合には、その譲渡による所得は、組合員全
体に帰属しますので、各人の所得として申告する必要があります。

第1章 譲 渡 所 得

継続して資産を譲渡している場合の所得

【問1-14】 6年前に5,000万円で買った10,000㎡の雑種地を売却しよう
としたのですが、面積が広すぎて一度にまとめての買手がつきにくい
上、どうしても売却単価が安くなるなど不利な点が多いため、知人が
経営するA不動産会社に相談したところ、「場所的に宅地分譲するの
に適しているので当社が買ってもよいが、資金面から見て一度に買う
のは到底無理だ。今後数年間に分割して売買することとしてはどう
か」とのことでした。更に、話を進めたところ、次の条件で取引する
ことが決まり、覚書を取り交わすとともに、本年8月に5,000万円で
第1回目の売買契約をしました。
①　売主はこの土地を2,000㎡ずつの5区画に区分する。
②　Aは1年に1区画ずつ、5年間で買い取ることとし、毎年売買契
　　約を締結する。
③　売買価額は毎年売買契約締結の都度定める。
④　上記の条件に違反した場合は、双方損害賠償の責任を負う。
　　この5,000万円については、譲渡所得の収入金額として申告し、来
年以後も同じように申告するつもりですが、これでよいのでしょう
か。

【答】これらの土地の譲渡は、資産の保有期間が6年程度であり、かつ当初
契約の時から5年間にわたって継続的に譲渡するという計画に基づいていま
すので、事業所得となる譲渡に類似した行為と認められますので、これらの
譲渡による所得は雑所得として申告する必要があります。

【解説】通常、不動産の譲渡による所得は、不動産業者が商品（たな卸資産）
として持っていたものを譲渡した場合は事業所得になり、一般の人が固定資
産として持っていたものを譲渡した場合は譲渡所得になります。

　しかし、譲渡の形態などによって所得の種類は次のように区分して取り扱
われることになっています（所法33②一、所令81、所基通33-3）。
〈事業所得又は雑所得など譲渡所得以外の所得となる場合〉
①　固定資産である不動産の譲渡による所得で、その不動産を相当の期間
　　にわたり継続して譲渡している者のその不動産の譲渡による所得
②　たな卸資産又はたな卸資産に準ずる資産の譲渡による所得（不動産所
　　得、山林所得又は雑所得を生ずべき業務に係るたな卸資産に準ずる資

－11－

第1章 譲 渡 所 得

及び少額減価償却資産として取得価額を必要経費に算入された減価償却
資産の譲渡による所得を含みます。）
③ 営利を目的として継続的に行われる資産の譲渡による所得
〈譲渡所得となる場合〉
上記①による譲渡であっても、それが極めて長期間（おおむね10年以上を
いいます。）引き続き所有していた不動産（販売の目的で取得したものを除
きます。）の譲渡による所得は、譲渡所得の課税対象となります。

土地を造成して譲渡した場合の所得区分

【問 1-15】 今から25年前に1,250万円で買った5,000㎡の林地を売却しよ
うと思い、不動産業者を通じて売りに出したところ、現状のままだと
5,000万円ぐらいの値打ちであるが、宅地造成して分譲すればもっと
有利に売れるはずだと教わりました。そこで、勧められたとおり1億
5,000万円を投入して造成工事を行い分譲したところ、総額2億5,000
万円で売却することができました。
　私は農業経営を行っている者で今回初めてこのような方法で売却し
たのですが、この場合の譲渡所得金額の計算は次のとおりでよいので
しょうか。

（譲渡価額）　　　　　（必 要 経 費）　　　　　（所得金額）
2億5,000万円 −（1,250万円＋1億5,000万円）＝ 8,750万円

【答】 造成して譲渡した土地に係る所得は、本来その全部が事業所得又は雑
所得となりますが、あなたの場合、その土地を長期間（おおむね10年以上）
所有していますので、区画形質の変更による利益の部分を雑所得とし、その
他の利益の部分を譲渡所得として申告することもできます。なお、この場合
の所得区分と所得計算は次のとおりになります。

種類＼区分	（収入金額）	（必要経費）	（所得金額）
譲 渡 所 得	5,000万円	− 1,250万円 ＝	3,750万円
雑 所 得	（25,000万円−5,000万円） 20,000万円	− 15,000万円 ＝	5,000万円

【解説】 林地や原野等の土地を造成して譲渡した場合の取扱いは次のように
なっています。
(1) 固定資産である林地や原野等の土地に造成工事など区画形質の変更を加

－12－

第1章 譲 渡 所 得

えたり、水道その他の施設を設けて宅地等として譲渡した場合や、固定資産である土地に建物を建設（以下「区画形質の変更等」といいます。）して譲渡した場合には、その譲渡による所得はその実態に応じ、棚卸資産又は雑所得の基因となる棚卸資産に準ずる資産の譲渡による所得として、その全部が事業所得又は雑所得に該当するものとして取り扱われます。

　ただし、区画形質の変更等に係る土地の面積が小規模（おおむね3,000㎡以下をいい、2人以上が共同して行うときは合計面積で判定されます。）であるときや、その区画形質の変更等が土地区画整理法、土地改良法等法律の規定に基づいて行われたものであるときは、固定資産の譲渡による所得として譲渡所得に該当するものとして差し支えないこととされています（所基通33-4）。

(2) 土地、建物等の譲渡による所得が上記(1)により事業所得又は雑所得に該当する場合であっても、その区画形質の変更等に係る土地が極めて長期間（おおむね10年以上をいいます。）引き続き所有されていたものであるときは、前記(1)にかかわらず、その土地の譲渡による所得のうち、区画形質の変更等による利益に対応する部分は事業所得又は雑所得とし、その他の部分は譲渡所得として差し支えないこととされています。この場合において、譲渡所得に対応する収入金額は区画形質の変更等の着手直前におけるその土地の価額となります。

　なお、その土地、建物等の譲渡に要した費用の額は、すべて事業所得又は雑所得の金額の計算上必要経費に算入します（所基通33-5）。

第1章 譲 渡 所 得

宅地造成契約に基づく土地の交換等(1)

【問1-16】 私は、土地区画整理法等の法律の規定に基づかない一団の土地の区画形質の変更に関する事業を行っている業者から、隣接の土地の買取りの申入れを受けたのですが、その土地はどうしても売りたくなかったので断りました。しかし、その業者から、この事業を施行するためには、私の土地がどうしても必要であると懇願されたので、造成契約を締結してその土地を事業施行者に移転し、その事業完了後に区画形質の変更が行われたその区域内の土地の一部を取得することとしました。この場合、金銭を受け取っていないので、課税関係は起こらないと思いますがどうでしょうか。

【答】 従前の土地の面積と換地の面積の差に相当する土地を、換地の土地の区画形質の変更に要する費用の額に相当する金額で譲渡したことになり、所得税（譲渡所得）が課税されます。

【解説】 一団の土地の区画形質の変更に関する事業（土地区画整理法等の規定に基づくものを除きます。）が施行される場合において、その事業施行者とその一団の土地の区域内に土地を有する者（従前の土地の所有者）との間に締結された契約に基づき、従前の土地の所有者の有する土地をその事業施行のために事業施行者に移転し、事業完了後に区画形質の変更が行われたその区域内の土地の一部を従前の土地の所有者が取得する場合は、その従前の土地の所有者が有する土地とその取得する土地の位置が異なるときであっても、その土地の異動が必要最小限の範囲内のものであるときは、その従前の土地の所有者の有する土地（金銭等とともに土地を取得するときは、従前の土地の所有者の有する土地のうちその金銭等に対応する部分を除きます。）のうち、その取得する土地（その取得する土地につき、金銭等の支払があるときは、その取得する土地のうちその金銭等で取得したと認められる部分を除きます。）の面積に相当する部分は譲渡がなかったものとして取り扱われます。

　この場合、換地の面積が従前の土地の面積に満たないときにおけるその満たない面積に相当する従前の土地の譲渡に係る譲渡所得の収入金額は、取得した換地について行われる区画形質の変更に要する費用の額に相当する金額となります（所基通33-6の7）。

－14－

第1章　譲　渡　所　得

宅地造成契約に基づく土地の交換等(2)

> **【問1-17】** 前問で譲渡所得として課税対象になると分かりましたが、造
> 成契約を締結するときに、譲渡する土地の面積を定めている場合はど
> うなりますか。
> 　また、「区画形質の変更に要する費用の額」はどのようにして計算
> したらよいのですか。

【答】 譲渡所得の収入金額は、「区画形質の変更に要する費用の額」とされる
のですが、その費用の額は、契約で定められた金額があるときにはその金額
によりますが、その定めがないときは、その事業施行者が支出する区画形質
の変更に要する工事の原価の額とその工事に係る通常の利益の合計額により
ます。ただし、契約時に譲渡する土地の面積を定めている場合で、課税上特
に弊害がないと認められるときには、その譲渡する土地の契約時における価
額を収入金額とすることができます（所基通33-6の7ただし書き）。

-15-

第1章 譲 渡 所 得

法律の規定に基づかない区画形質の変更に伴う土地の交換分合

> 【問1-18】 私は甲市の乙町に先祖伝来の農地（2,500㎡）を所有していますが、無道路地なので利用するには不便です。
>
> そこで、一団の土地の区域内に同じような状況の農地を有する者7名（A～H。総計約30,000㎡）と相談し、この一団の土地に、道路を新設するとともに土地の区画を変更し整形地とすることとしました。
>
> また、その費用を捻出するため区画の変更後の一部を売却する予定で最終は次のようになります。
>
> ① 道路となる部分 約4,500㎡
> ……旧所有者A、C、D、E、G
> ② 売却する部分 約6,000㎡
> ……旧所有者A、B、C
> ③ 還元する部分 約19,500㎡
> ……旧所有者D、E、F、G、H
>
> 各人に還元する土地の面積は、平均して旧所有面積の65％ですが、当初より道路に面していたA、Bの両名は、その割合が高くなります。
>
> この場合の課税関係はどうなりますか。ただし、土地区画整理法などの事業認可は受けていません。

【答】 次の計算式あるいは、当事者間で合意した合理的な基準により計算した面積を譲渡したこととなり、譲渡所得として課税されます。

(1) 旧所有地の総面積に対応する割合により計算する方法

$$6,000㎡ \times \frac{2,500㎡}{30,000㎡} = 500㎡$$

(2) 還元される土地の総面積に対する割合により計算する方法

$$6,000㎡ \times \frac{あなたに還元される面積}{19,500㎡}$$

【解説】 一団の土地の区域内に土地を有する2人以上の者が、その一団の土地の利用の増進を図るために行う土地の区画形質の変更に際し、相互にその区域内に有する土地の交換分合（土地区画整理法、土地改良法等の法律の規定に基づいて行うものを除きます。）を行った場合には、その交換分合が区画形質の変更に必要最小限の範囲内で行われるのであれば、土地の譲渡はな

－16－

第1章 譲 渡 所 得

かったものとして取り扱われます。

　この場合、区画形質の変更に要する費用に充てるために、その区域内の土地の一部を譲渡したときは、その区域内の土地の所有者全員が、その土地の面積の比その他合理的な基準によりそれぞれその土地の一部を譲渡したものとします（所基通33-6の6）。

共有物の分割(1)

【問1-19】私たちは、5年前に父から相続した財産のうち、A宅地を私が3分の2、弟が3分の1の持分で、同じくB宅地を私が3分の1、弟が3分の2の持分で取得し登記をしていましたが、今回、A宅地の全部を私が、B宅地の全部を弟が取得することにし登記名義を変更しました。A宅地もB宅地も時価は3,000万円です。

　このような場合、譲渡所得の課税関係は生じないと思いますがそれでよいでしょうか。

【答】原則として宅地の所有権の移転があった時に土地の共有持分を譲渡したことになり、所得税（譲渡所得）の申告が必要です。

【解説】あなた方の場合、A宅地、B宅地については既に遺産の分割が行われ、それぞれの相続財産は確定しています。したがって、今回の登記名義の変更は、あなたのB宅地に対する持分（3分の1）を譲渡し、その対価として弟さんのA宅地に対する持分（3分の1）を取得したことになります。

　なお、名義変更された宅地が、「固定資産の交換の場合の課税の特例」（所法58、第2章第14節参照）の適用要件を満たしている場合で、かつ、この特例の適用を受けるために必要な事項が記載された確定申告書を提出した場合には、「固定資産の交換の場合の課税の特例」の適用が受けられます。

－17－

第1章 譲 渡 所 得

共有物の分割(2)

【問1-20】 私は友人Aと15年前に300万円ずつ出し合って宅地を取得
し、共有登記しましたが、今度、私が家を建てるために、その土地を
均等に分割し登記しました。
このような場合、所得税が課税されるのでしょうか。

【答】課税上弊害がない限り、資産の譲渡がなかったものとして取り扱われ、
課税されません。

【解説】 共有物の持分権は一の所有権について区画された持分を示すもので
はなく、相互にその所有権全体に及ぶものと考えられます。したがって、共
有に係る一の資産を持分に応じて現物で分割した場合には、各共有者の持分
の交換による移転があったとも考えられます。しかし、通常は、共有資産の
同一性が失われる程の変化が認められないため、これによる所有資産の値上
りによる利得が生じることが認められないとされています。

(注) 共有物の分割に際し、客観的に見て不均衡な分割が行われたとしても、それが
当事者の合理的な価値判断に基づくものであり、共有者相互間に特殊関係がある
など、共有者間において贈与をしたと認められる事実がない限り、税務上もこれ
を認めることとなります。

法人への低額譲渡

【問1-21】 私が経営をしている会社の社屋を増築することになり、その
敷地として従来から所有していた私の土地を4,000万円でこの会社に
譲渡しました。ところで、この土地の時価は1億円ですが、当然私
は、実際の譲渡価額である4,000万円を譲渡収入金額として所得金額
の計算をし、申告するつもりでいたところ、知人から「時価よりも著
しく低い価額で法人に資産を譲渡した場合は、その時の時価額で譲渡
したものとみなされて所得金額が計算される」と聞きましたが、本当
にそのような方法で課税されるのでしょうか。

【答】時価の1億円で資産を譲渡したものとみなされて所得税が課税されま
す。

【解説】 法人に対して、譲渡所得の基因となる資産の譲渡の時における時価
（正常市場価額をいいます。以下同じ。）の2分の1に満たない金額で、そ

-18-

第1章　譲　渡　所　得

の資産の権利等の移転があった場合には、その事由が生じた時における時価によりその資産の譲渡があったものとみなされます（所法59①二、所令169）。

　なお、その資産を譲り受けた法人は、譲受価額と時価との差額について受贈益として益金の額に算入しなければなりません（法法22②）。

　また、財産を譲り受けた法人が同族会社で、財産を著しく低い価額の対価で譲り受けたことにより株式の価額が増加した場合には、その増加した部分は財産を譲渡した者から他の株主等に対し贈与があったものとみなされます（相法9、相基通9-2）。

(注)　同族会社に対して時価より低い対価により譲渡所得の基因となる資産の譲渡があった場合には、たとえその対価の額がその資産の時価の2分の1以上であっても、その行為が同族会社の行為計算否認規定（所法157）の対象となるものであるときには、時価により譲渡があったものとして譲渡所得課税が行われます（所基通59-3）。

法人への贈与

【問1-22】 私が所有している土地を友人が代表取締役を勤めている法人に贈与しました。以前より当該宅地をぜひ譲ってくれと友人に懇願され、友人とも長年の付き合いだったので無償で差し出すことにしました。

　このような場合、何か税金はかかるのでしょうか。

【答】 **あなたは法人に贈与した時の価額（時価）で譲渡したものとみなされますので所得税（譲渡所得）の申告が必要です。**

【解説】 法人に対して、譲渡所得の基因となる資産を贈与した場合には、その事由が生じた時における時価によりその資産の譲渡があったものとみなされます（所法59①一）。

　なお、その資産を譲り受けた法人は、その資産の時価の価額を受贈益として益金の額に算入しなければなりません（法法22②）。

　また財産を譲り受けた法人が同族会社で、財産の無償提供を受けたことにより株式の価額が増加した場合には、その増加した部分は財産を提供した者から他の株主等に対し贈与があったものとみなされます（相法9、相基通9-2）。

－19－

第1章 譲 渡 所 得

代物弁済

【問1-23】私は、事業資金に使うため、私の所有する土地を担保に金融
業者から借金をしました。その際、抵当権設定登記とともに、返済期
限を過ぎても返済しない場合は担保の土地で返済する契約を結んで、
その仮登記（停止条件付代物弁済予約）をしました。

　その後、経営内容が思わしくなく、利息の一部を支払っただけで返
済期限が経過してしまい、担保の土地を取られてしまいました。借入
金残額は未払利息を含めて2,700万円でした。この土地は30年前に
300万円で買っていたものです。このような場合でも資産の譲渡があ
ったとして課税の対象になるのでしょうか。

【答】**自己の債務を土地により返済したことになります。したがって弁済額
を収入金額として所得税（譲渡所得）が課税されます。**
【解説】金銭による債務の弁済に代えて資産を債権者に引き渡し、債務を消
滅させる行為を「代物弁済」といいます。

　この代物弁済には、担保財産の所有権が債権者に移転すると同時に、債権
者に対する債務が消滅するという経済的効果があります。したがって、消滅
した債務の金額を譲渡収入金額として譲渡所得を計算することになります
（所法36①、②）。ところで、土地による代物弁済には、その代物弁済によ
り譲渡する土地の価額をもって既存の債務を消滅させるのに十分な場合とそ
うでない場合が考えられます。ご質問の内容だけでは、土地の価額がはっき
りしませんので、次のとおり場合を分けて説明します。

(1) 譲渡する土地の価額＜消滅する債務

　例えば、あなたが代物弁済により譲渡した土地の価額が2,000万円だと
しますと、あなたは土地を2,000万円で譲渡すると同時に2,000万円の債務
を弁済し、700万円の債務免除を受けたことになります。

　この場合、あなたの譲渡所得は次のように計算されます。

　2,000万円－300万円（取得費）＝ 1,700万円

(2) 譲渡する土地の価額≧消滅する債務

　例えば、あなたが代物弁済により譲渡した土地の価額が3,000万円だと
しますと、あなたは土地を3,000万円で譲渡すると同時に2,700万円の債務
を弁済し、300万円の清算金を受け取ることになります。

－20－

第1章 譲 渡 所 得

　この場合、あなたの譲渡所得は次のように計算されることになります。

　3,000万円－300万円（取得費）＝ 2,700万円

　ただし、このような代物弁済が資力を喪失して債務を弁済することが著しく困難であり、強制換価手続を執行されることが避けられない事情の下において行われた任意の譲渡であって、その譲渡の対価をもって債務を弁済したものであれば、譲渡所得は課税されません（所法９①十）。

財産分与による不動産の譲渡

> **【問１-24】** 永年連れ添った妻と離婚することになり、このほど、家庭裁判所で調停が成立しました。この調停により、私は、20年前に取得した土地を別れた妻に財産分与することになりました。
>
> 　その土地を名義変更する際、知人から「譲渡所得の申告が必要だから準備しておくよう」と教えられましたが、私としては財産分与は夫婦の財産を分割しただけですし、また、無償ですので譲渡所得の申告は必要がないと思っているのですがどうでしょうか。

【答】 財産分与した土地を分与した時の価額で譲渡したとして所得税（譲渡所得）の申告が必要です。

【解説】 民法第768条（同法第749条及び第771条において準用する場合を含みます。）によりますと「夫婦が離婚したときにその一方が相手方に対して財産の分与を請求することができる。」ことになっています。この場合、当事者の協議、家庭裁判所の調停若しくは審判又は地方裁判所の判決によって具体的に分与すべき財産が決められ、財産分与を請求された者から相手方に対して、確定した財産（金銭や不動産など）が渡されることになります。

　一般に、分与される財産は、金銭や不動産が多いのですが、不動産の場合には、所有権の移転に伴う保有期間中の値上がり益の清算という問題があります。つまり、不動産を分与（所有権移転）した場合、その時の不動産の時価額で財産分与が行われたことになりますので、その不動産の時価と取得価額との差額について譲渡所得の申告が必要となります（所基通33-１の４）。

　なお、不動産など譲渡所得の基因となる財産の分与を受けた者が、その財産を譲渡した場合の取得価額は、財産分与された時の価額（財産分与した者の譲渡所得金額計算上の収入金額と同額）であり、取得時期はその分与され

－21－

第1章 譲 渡 所 得

た日となります。

(注) 上記を例示すると次のとおりです。

　　　（夫の土地取得価額を1,000万円とした場合）

　　夫　　　　　→　妻　　　　　→第三者

　　　　財産分与　　　　　売却

　　（時価5,000万円）　　　（5,000万円）

　【譲渡所得の計算】

	夫	妻
収入金額	5,000万円	5,000万円
取得費	1,000万円	5,000万円
譲渡益	4,000万円	0

　なお、離婚に伴う財産分与が自己の居住用不動産によって行われた場合の居住用財産の譲渡所得に係る3,000万円控除の適用関係については【問2-65】を参照してください。

代償分割により負担することになった債務を自己の所有する資産で返済した場合

【問1-25】私たちは今回、父の遺産を分割することになり、現在、分割協議中です。相続人は、私と弟の2人で、遺産は居住用の土地、建物と父が主宰していた法人の株式があるだけです。これらの財産の相続税評価額は、居住用資産（土地建物）が4,800万円、株式が2,500万円で、居住用資産の時価は6,000万円ぐらいしているそうです。

　現在、上記遺産の分割方法として私が遺産のすべてを取得し、弟には、私が以前購入していた土地を渡すという代償分割の方法を考えています。この土地の価額は、時価3,000万円（相続税評価額2,400万円）ぐらいだそうです。

　このような場合、私が代償として渡す土地については所得税（譲渡所得）が課税されるという話を聞きましたが本当でしょうか。

【答】遺産分割の代償として渡した土地をその時の価額で譲渡したことになり、所得税（譲渡所得）の申告をする必要があります。

【解説】遺産の分割について、代償分割（現物による遺産の分割に代え共同相続人の一人又は数人に他の共同相続人に対する債務を負担させる方法により行う遺産の分割をいいます。）の方法が採られた場合には、共同相続人の

-22-

第1章　譲　渡　所　得

うち特定の者（遺産を分割協議等によって相続分以上に取得した者）は、他の共同相続人の全部又は一部の者に対して債務（代償する義務）を負担することになります。

　そこで、その債務を特定の者が自己の所有する資産をもって弁済したような場合には、その資産が移転した時に債務の消滅による経済的な利益を享受することになります。この経済的な利益は、資産の移転に伴って生じたものであり、資産の移転の対価としての性質を有しています（所基通33－1の5）。経済的な利益の価額は、債務を返済した時におけるその資産の価額となります（所法36①、②）。

負担付贈与の場合の譲渡所得の取扱い

> **【問1-26】** 私は、現在私が主宰する法人へ賃貸中の土地（時価3,000万円、相続税評価額2,400万円、昭和36年に300万円で取得）を息子に贈与しようと思っています。
>
> 　この土地は、私が銀行から資金を借り入れた際の担保となっており、現在借入金の未返済残額は800万円となっています。贈与の際に息子に借入金債務800万円を肩代わりさせようと考えています。
>
> 　この場合、贈与者である私に対して税金はかかるのでしょうか。また、息子に引き受けさせる銀行借入金については、贈与税の課税価格から控除されるのでしょうか。

【答】 (1) **あなたは、消滅した債務の額で土地を譲渡したものとして所得税（譲渡所得）が課税されます（所法36①）。**
(2) **息子さんには、受贈時における土地の時価に相当する金額から負担する債務の額を控除した金額を課税価格として贈与税が課税されます（負贈通1）。**

【解説】 贈与者が、受贈者に債務を負担させることを条件に自己の財産を無償で与えることを「負担付贈与」といいます。

　さて、お尋ねの場合は、この「負担付贈与」に該当し、譲渡所得及び贈与税の計算は次のとおりとなります。

　贈与者（父）………所得税（分離長期譲渡所得）

　　（譲渡価額）800万円－（取得費）300万円＝（課税長期譲渡所得金額）
　　500万円

－23－

第1章 譲 渡 所 得

受贈者（息子）……贈与税（暦年課税の場合）

（負担がないとした場合における贈与財産の時価）3,000万円－（負担額）
800万円－（基礎控除額）110万円＝（控除後の課税価格）2,090万円

譲渡担保

【問1-27】 私は商売上の資金を借り入れるに当たって、相手方の希望に
より債務弁済の担保として私の所有している土地の所有権移転登記を
しました。

　登記簿上の名義は資金の貸主である相手方の名義となりましたが、
私が借入金の利息を毎月支払っていますし、固定資産税も毎期納付し
ています。

　したがって、売却したとは思っておりませんが、名義を変更してい
ますので譲渡所得として所得税が課税されることになるでしょうか。

【答】 土地の所有権移転が、明らかに「譲渡担保」を目的としてされたもの
であると認められる場合には、所得税は課税されません。

【解説】 金融機関等から資金を借入れした場合は、通常借入れの担保として
抵当権の設定登記が土地等になされることになりますが、そのことに代え
て、債権担保のみを目的として形式的にその土地の登記簿上の所有者の名義
を変更するのを「譲渡担保」といいます。

　譲渡担保とした場合には、対外的に完全な権利の移転となりますが、当事
者間では担保のためという約束をもってなされたのであり、実態から判断し
て実質的な所有権についての移転はなく、単に形式的なものにすぎないもの
と思われます。したがって、これらのことが明らかである場合には、原則と
して登記簿上の所有者の名義の変更があった時ではなく、いわゆる担保流れ
の時又は実質的に譲渡したと認められる事実が発生した時において課税され
ます。

　そこで、債務者が債務の弁済の担保として所有している資産を譲渡した場
合において、次のいずれの条件にも当てはまる場合には、その譲渡はなかっ
たものとして取り扱われます。

① 名義変更に係る契約において、契約書に次のすべての事項を明らかに
していること

イ その担保となっている資産を債務者が従来どおり使用収益すること

－24－

第1章 譲 渡 所 得

　ロ　通常支払うと認められるその債務についての利子又はこれに相当す
　　る使用料に関する定めがあること
②　債務者及び債権者が連署した「名義変更が債権担保のみを目的として
　　行われたものである」旨を記載した申立書を所轄の税務署長に提出する
　　こと
　ただし、「譲渡担保」であるとして登記簿上の所有者の名義が変更された
時には課税の対象とならなかった場合でも、その後それらの要件のいずれか
を欠くに至ったとき、又は借入債務が返済できなくなったためにその資産を
実質的にも債権者のものとするとしたときは、これらの事実の生じた時に譲
渡があったものとして取り扱われることになります。
　なお、形式上買戻し条件付譲渡又は再売買の予約とされているものであっ
ても、上記のような要件を具備しているものは、譲渡担保に該当するものと
されます（所基通33-2）。

限定承認により土地を相続した場合の譲渡所得の課税関係

> **【問1-28】** 先月、父が死亡しました。相続人は私一人で、父の残した財
> 　産は時価1億円の土地だけですが、債務がいくらあるか分からないの
> 　で限定承認の手続を済ませました。
> 　　このような場合には、土地を譲渡したとみなされて、所得税が課税
> 　されると聞きましたが、どういうことなのかよく分かりませんので説
> 　明してください。

**【答】お父さんが1億円で土地を譲渡したとみなされて所得税が課税されま
すので、お父さんの準確定申告書を提出しなければなりません。**
【解説】限定承認とは、相続人が相続によって取得した財産の範囲内で被相
続人の債務及び遺贈の義務を負担するという相続の承認の方法です（民法
922）。この限定承認により資産が移転した場合には、被相続人が資産を時価
により譲渡したとみなされて所得税が課税されます（所法59①）。限定承認
がなされた場合は、原則的に被相続人の財産は換価され、その総額を限度と
して、債務の弁済等がなされます。そのため「譲渡」（【問1-3】参照）と同
様に、資産の保有期間における値上がり益に対する清算課税が行われること
になります。

－25－

第1章 譲 渡 所 得

借地権の設定

【問1-29】 私は、近所に住む知人から土地を貸してほしいという申出を
受けました。私は、その土地を利用する予定がなかったので、知人の
申出に応じ、借地権の設定の対価として2,000万円を受け取りました。
　なお、その土地の時価は3,500万円ぐらいで、知人は、その土地に
建物を新築し店舗として利用する予定です。
　この場合、私は、何所得として申告したらよいのでしょうか。

【答】 借地権の設定の対価である2,000万円を収入金額として譲渡所得の申告
をする必要があります。

【解説】建物若しくは構築物の所有を目的とする地上権又は賃借権（以下「借
地権」といいます。）や地役権（注）1の設定（注）2に際して、その対価とし
て支払を受ける金額は、その所得の性格上、原則的には不動産所得として課
税されるべきものですが、次の(1)又は(2)の金額の2分の1に相当する金額
を超える場合には、譲渡所得として取り扱うこととされています（所令79
①、所基通33-13)。

(1) 建物若しくは構築物の全部の所有を目的とする借地権又は地役権の設定
である場合

　その土地や借地権の価額（その設定が地下又は空間について上下の範囲
を定めた借地権や地役権又は河川法に規定する遊水地等の設置を目的とす
る地役権の設定である場合には、この価額の2分の1に相当する金額）

(2) 建物又は構築物の一部の所有を目的とする借地権の設定である場合

　その土地や借地権の価額に、その建物又は構築物の床面積（その対価の
額が、建物又は構築物の階その他利用の効用の異なる部分ごとにその異な
る効用に係る適正な割合を勘案して算定されているときは、その割合によ
る調整後の床面積）のうちに、その借地権に係る建物又は構築物の一部の
床面積の占める割合を乗じて計算した金額

　これを算式で示しますと次のとおりです。

$$土地や借地権の価額 \times \frac{建物や構築物の所有部分の床面積}{建物や構築物の全体の床面積}$$

(注) 1 この規定が適用される地役権は、特別高圧架空電線の架設、特別高圧地中電
線若しくはガス事業法第2条第11項《定義》に規定するガス事業者が供給する
高圧のガスを通ずる導管の敷設、飛行場の設置、モノレールなどの敷設又は砂
防法第1条に規定する砂防設備である導流堤その他財務省令で定めるこれに類

－26－

第1章 譲 渡 所 得

するもの、都市計画法第4条第14項に規定する公共施設（道路、公園、下水道、緑地、広場、河川（遊水池等を含みます）、運河、水路及び消防の用に供する貯水施設）の設置若しくは同法第8条第1項第4号の特定街区内における建築物の建築のために設定されたもので建造物の設置を制限するものに限られています。

なお、「特別高圧架空電線」又は「特別高圧地中電線」とは、電気設備に関する技術基準を定める省令（平成9年通商産業省令第52号）第2条第1項第3号《電圧の種別等》に規定する特別高圧（電圧が7,000ボルトを超えるもの）の電気を送電するための架空電線又は地中電線をいいます（所基通33-12）。

2 借地権や地役権の設定には、借地権に係る土地の転貸や他人に土地を使用させる行為も含まれています。

他人に土地を使用させる行為には、例えば、借地権に係る土地の地下に地下鉄等の構築物を建設させるため、その土地の地下を使用させる行為や特別高圧架空電線の架設等をさせるためその土地の上の空間を使用させる行為が該当します（所基通33-13）。

借地権の設定と特別な経済的利益

> 【問1-30】本年3月に木造の店舗を建築する知人に宅地を賃貸し、借地権の設定の対価としてその知人から権利金3,000万円を受け取ったほか、1,000万円を借り受けました（借受条件：無利子、貸付期間30年）。
>
> なお、その宅地の時価は、5,800万円ぐらいと聞いています。
>
> この場合、建物所有を目的とする土地の賃貸で、受け取った権利金3,000万円は、その土地の時価（5,800万円）の2分の1相当額を超えることとなりますので、譲渡所得として申告する必要があることは十分承知していますが、無利子の借受金（1,000万円）についてはどのように取り扱われるのでしょうか。

【答】権利金の額に1,000万円を無利息で借り入れることによる特別な経済的利益の額を加算した金額が借地権の設定の対価となります。

【解説】借地権又は地役権の設定及び借地権の転貸などに伴って、通常の場合の金銭貸借の条件に比し、特に有利な条件により金銭を借り受け（名義のいかんにかかわらず、これと同様の経済的性質を有する金銭の交付を含みます。）たり、その他特別な経済的利益を受けるときは、その特別な経済的利益の額を権利金の額に加算した金額をもって、借地権設定などの対価とみなされます。

第1章 譲 渡 所 得

　なお、特別な経済的利益が、単に名義の違いだけで、実質は権利金であると認められるもの（例えば、保証金という名義を使っているが、実質は権利金であって返済する必要がないというようなもの）に、そのまま権利金収入になることはいうまでもありません（所令80①）。

　この場合の経済的利益の額は、借受けを受けた金額からその金額について通常の利率（当該借受けた金額につき利息を附した契約等がある場合には、その利息を控除した利率）の10分の5に相当する利率による複利の方法で計算した現在価値に相当する金額を控除した額によるとされています（所令80②）。

（算式）

　（借受け等した金額）× ｜1 −（複利現価率）｜ =（経済的な利益）

(注)　この計算は、次により行うこととされています（所基通33-14）。

　①　借受け等の期間は、1年を単位とし、1年未満の端数は切り捨てて計算します。

　②　複利現価率は、評基通4-4《基準年利率》に定める基準年利率の2分の1に相当する利率により、小数点以下第3位まで計算した率（第4位を切り上げます。）とします。

　なお、金銭を借り受ける期間が、借地権の存続期間に比し著しく短い期間として約定されている場合、長期間にわたって地代を据え置く旨の約定がなされているなど、その土地の上に存する建物又は構築物の状況、地代に関する条件に照らして、その金銭の借受けを受けた期間が将来更新されるものと推測できる事実があるときは、金銭の貸付けが継続されるものと合理的に推定される期間をもってその金銭の貸付期間と推定し、現在価値に相当する金額を求めることとされています（所令80②かっこ書き）。

　ご質問の場合は、借地権の設定の対価として権利金3,000万円のほかに1,000万円を無利子で30年間借りるという特別な経済的利益を受けていますから、例えば基準年利率が0.5％の場合、次の計算によって求められた額を収入金額として譲渡所得の申告が必要となります。

　　　　（借入金）　　　　（年利率0.25％、期間30年の複利現価率）　（経済的利益の額）
　①　1,000万円　　×　　（　1　−　0.928　）　=　72万円

　　　　（権利金）　　　　（経済的利益の額）　（借地権設定の対価）
　②　3,000万円　　+　　　72万円　　=　　3,072万円

　　（借地権設定の土地の時価）　（借地権設定の対価）
　③　5,800万円　　×　　½　＜　3,072万円……譲渡所得の収入金額

− 28 −

第1章　譲　渡　所　得

借地権利金に代えて保証金を受け取った場合

> 【問1-31】借地人がビルを建てるという条件で、土地を賃貸しました。
> その借地権の設定に際し、権利金の代わりに保証金を受け取りまし
> た。受け取ったお金は、保証金ですので賃貸借契約が終了した場合に
> は返済しなければなりません。
> 　このような場合でも課税の対象となることはあるのでしょうか。

【答】保証金を受け入れたことによる特別な経済的利益の額の計算を行い、算出された額がその土地の時価の2分の1を超えていれば譲渡所得として課税されます。

【解説】　一般に権利金の受渡しが行われている地域において、借地権又は地役権の設定及び借地権の転貸などによって保証金、敷金等の名義による金銭を受け入れ、その受け入れた金額がその土地の地域において通常収受される保証金等の額（その金額が明らかでないときは、その借地権の設定等の契約による地代のおおむね3か月分相当額とされます。）以下であるときは、その受け入れた金額は、所令80条第1項に規定する「特に有利な条件による金銭の貸付け」には該当しないものとされています（所基通33-15）。借地権設定などの対価は、権利金の額に特別な経済的利益の額を加算した額となります。

　なお、特別な経済的利益が単に名義の違いだけで実質は権利金であると認められるもの、例えば保証金という名義を使っているが、実質は権利金であって返済する必要がないというようなものは、そのまま権利金収入になることはいうまでもありません。

　この特別な経済的利益の額の計算等については、前問を参照してください。

　なお、特別な経済的利益の額が、その土地等の価額の2分の1以下となったため、譲渡所得として取り扱われない場合は不動産所得とされます。この場合、毎年生ずべき特別な経済的利益の額を、毎年の不動産所得の収入金額に算入することになっています。

第1章 譲 渡 所 得

借地契約の更新料の課税関係

【問1-32】借地権の存続期間が本年6月で切れたため、改めてその存続
期間の延長について話合いをしたところ、借地人からこの際木造建物
を取り壊して鉄筋コンクリート造に建て替えたいと申入れがあり、更
新料として2,600万円（更地の時価5,000万円）を受け取りました。
　一般に借地契約の更新料は不動産所得の収入金額になると聞いてい
ますが、この場合はどのように取り扱われますか。

【答】契約の更改に伴い受領する更新料は、借地権の設定の対価に該当しま
すので、更新料が更地の時価の2分の1を超えている場合は、譲渡所得とし
て課税されます。

【解説】借地権、地役権等の存続期間の更新として支払を受けるいわゆる更
新料や借地権者等の変更に伴い支払を受けるいわゆる名義書換料に係る所得
は、原則として不動産所得となります。ただし、その更新料が、例えば木造
建物の所有を目的とした借地権について、木造建物を取り壊して鉄筋造りの
建物にし、その建物の所有を目的とする借地権にするなど、その実質が契約
の更改に係る場合の更新料については、借地権の設定により受け取る権利金
に対する課税と同様に「資産の譲渡とみなされる行為（所令79）」に該当す
るものであるときは、譲渡所得として課税の対象となります（所基通26-
6）。

地役権の設定

【問1-33】私は、A電力㈱から、特別高圧架空電線の架設に伴う地役権
の設定の対価として400万円を受け取りました。この収入は不動産（山
林）の貸付けによるものですから、不動産所得として申告しようと思
っておりますが、これでよいのでしょうか。なお、地役権が設定され
た山林は、先祖から持っていたもので、時価は1,500万円と聞いてお
ります。

【答】あなたは、地役権の設定の対価を収入金額として、所得税（譲渡所得）
の申告をする必要があります。

【解説】特別高圧架空電線の架設に伴う地役権の設定の対価に対する課税は、

－30－

第1章　譲　渡　所　得

【問1-29】で説明したとおりで、不動産所得のほかに譲渡所得となる場合もあります。ご質問の場合は、空間についての上下の範囲を定めた地役権の設定に伴うものであり、対価の400万円は、時価（1,500万円）の4分の1を超えておりますから、不動産所得としてではなく、譲渡所得として申告する必要があります。

　なお、譲渡所得となる場合で一定の要件に該当しているときには、収用等の場合の課税の特例（措法33、33の4）の適用が受けられます。

　(注)　収用等の場合の課税の特例の適用が受けられる一定の要件とは、①水力による発電施設、最大出力5,000キロワット以上の内燃力若しくはガスタービンによる発電施設（一定の地域に限る。）、最大出力10万キロワット以上の汽力若しくは原子力による発電施設、送電施設又は使用電圧5万ボルト以上の変電施設に関する事業に係る特別高圧架空電線の架設によるもの、又は②①の施設以外の発電施設又は送電変電施設に関する事業で、事業認定を受けたものに係る特別高圧架空電線の架設によるものなどの地役権の設定の対価が、これに当たります。

法人に対し権利金なしで土地を貸した場合

> 【問1-34】　私は、自己の所有する宅地1,000㎡（時価1億円）を同族会社に賃貸し、会社はその借地の上に鉄筋コンクリート造の事務所を建設することになりました。賃貸借期間は事務所竣工の日から30年ですが、会社としては一時にまとまった資金の調達ができないため、権利金の支払をしない代わりに、地代を高くすることで解決することになりました。
>
> 　このように、権利金の授受をしないで借地権を設定すると、私や同族会社への課税はどのようになりますか。また、地代はどの程度が適正と認められるのでしょうか。

【答】法人に無償で借地権を設定させる行為はみなし譲渡（所法59①）に該当しませんので、地主であるあなたは譲渡所得について課税されることはありませんが、会社から収受した地代については、毎年の不動産所得の収入金額として申告する必要があります。

　また、土地の賃貸借に際し、通常権利金等を収受する慣行がある地域において、法人が借地権等を無償で取得した場合には、借地権等の価額に相当する金額の贈与があったとして、法人税が課税されることになります。

第1章 譲 渡 所 得

　なお、借地権の設定について権利金等が支払われない場合であっても、権利金等の授受に代えて、その土地の価額に照らしその使用の対価として「相当の地代」が授受されている場合は、その土地の貸借に関する契約は、正常な条件でなされたものとして認められ、借地権を無償取得したとする受贈益を認定されることはありません（法人税法施行令137）。

【解説】 ここにいう「相当の地代」とは、原則として、その土地の更地価額（更地とした場合における通常の取引価額をいい、収受した権利金又は特別の経済的利益の額があるときは、これらの金額を控除した残額）のおおむね年６％程度の地代を支払っている場合は「相当の地代」として取り扱うこととされています（法人税基本通達13-1-2、平元直法2-2）。

$$\left(\begin{array}{l}\text{土地の}\\\text{更地価}\\\text{額}\end{array} - \begin{array}{l}\text{収受した権利金の}\\\text{額及び特別の経済}\\\text{的な利益の額}\end{array}\right) \times \quad 6\% = \text{相当の地代年額}$$

(注) 1　借地権の転貸の場合には、「土地の更地価額」とあるのは「借地権の価額」と読み替えます。

　　　2　「土地の更地価額」は、特に問題のない限り、その土地の相続税評価額若しくは当該価額の設定以前3年間の平均額又は近傍類地の公示価格等から合理的に算定した金額によることができます。相続税評価額によるときは、上記の「相当の地代年額」の算式は次のようになります。

$$\left(\begin{array}{l}\text{その土地の相}\\\text{続税評価額又}\\\text{はその過去3}\\\text{年間平均額}\end{array} - \begin{array}{l}\text{収受した権利}\\\text{金の額及び特}\\\text{別の経済的利}\\\text{益の額}\end{array}\right) \times \cfrac{\begin{array}{l}\text{その土地の相}\\\text{続税評価額又}\\\text{はその過去3}\\\text{年間平均額}\end{array}}{\begin{array}{l}\text{その土地の更}\\\text{地としての通}\\\text{常の取引価額}\end{array}} \times 6\% = \text{相当の地代年額}$$

　さて、ご質問の場合についてみれば、借地権の設定に際し、権利金等の一時金の収受を行わない代わりに地代を高くするとのことですが、上述のとおり、その借地権の設定の対象である土地の時価のおおむね年6％の地代を収受する場合には、正常な取引が行われたものと認められますので、法人税の課税はありません。

(注) 　個人がその所有する土地を法人に貸した場合において、権利金もこれに代わる相当の地代も収受する契約になっていないときでも、その契約書に土地の無償返還を約する事項が明記されている場合には「土地の無償返還に関する届出書」を地主の納税地の所轄税務署長に提出すれば、借地人である法人に借地権相当額の受贈益の課税は行われないことになっています（法人税基本通達13-1-7）。

第1章 譲 渡 所 得

土石等の譲渡による所得

【問1-35】 私は、山林を親から相続して所有しておりますが、この山林から砂利が取れるので、近くの建設業者から砂利採取をしたいとの申入れがありました。山林を売るのではなく、地上の砂利だけを売りたいと思うのですが、この場合の収入は何の所得となるのですか。

【答】総合課税の譲渡所得となります。

【解説】土地の地表又は地中にある土石、砂利等を譲渡（営利を目的として継続的に行われるものを除きます。）した場合には、譲渡所得となります（所基通33-6の5）。この場合の譲渡所得の金額の計算上収入金額から控除する取得費の計算については【問1-71】を参照してください。

借家人が受ける立退料

【問1-36】 私は、20年間居住用の家屋として使用してきた借家を、家主の都合で第三者に売却するため立ち退くことになり、立退料として家主から500万円を受け取り、賃貸借契約を解除しました。受け取った立退料に対してはどのように課税されますか。

【答】**賃貸借の目的となっている家屋の立退きに際して受けるいわゆる立退料のうち、借家権が消滅することに対する補償の額に相当する部分の金額は総合課税の譲渡所得として申告する必要があります（所基通33-6）。なお、この場合の譲渡所得は、土地建物等の譲渡による所得ではありませんので分離課税の対象にはなりません（措法31、32）。**

【解説】通常立退料には、借家権の対価のほか、引越しのための費用や、借家人が事業を営んでいる場合には営業補償などが含まれていることが多いわけですが、立退料のうち、賃貸借の目的となっている家屋からの引越しに要する費用に充てるための部分の金額については、その実際に要した費用の額を差し引いて残額があれば**一時所得**となります。また、その借家人が事業を営んでいる場合の、その立退きに伴う業務の休止などにより借家人の収入金額の減少に対する補償や業務の休止期間中に使用人に支払う給料など必要経費となる金額を補てんするための部分の金額は**事業所得**として申告する必要があります（所基通34-1(7)）。

第1章　譲　渡　所　得

立退料を受け取る代わりに不動産を低額で譲り受けた場合

> 【問1-37】私は、25年間店舗として使用してきた木造の借家（賃借面積
> 延べ150㎡）を、家主の都合により立ち退くことになりました。
>
> 　家主は、建物を取り壊し5階建のビルを建築するようです。私は、
> 当然立退料をもらえるものと思っておりましたところ、立退料を支払
> う代わりに、このビルの一部（2階フロアーのうち150㎡、時価3,000
> 万円）を1,000万円で買い取ってほしい旨の申出があり、安いことと、
> 引き続き営業できることもあり、買取りを了承し、区分所有すること
> になりました。
>
> 　この場合、立退料としては受け取っておりませんが、課税されるの
> でしょうか。
>
> 　なお、私が借りていた店舗のある地域では借家権の取引（売買）の
> 慣行があります。

【答】ビルの一部の通常の分譲価格（3,000万円）と実際の取得価額（1,000
万円）との差額を譲渡所得として申告する必要があります。

【解説】立退料の課税関係については、前問【問1-36】のとおりです。

　ところで、あなたの場合、立退料としては受け取っていませんが時価
3,000万円相当の建物を1,000万円で取得しているわけですから、実質的には
2,000万円相当額（3,000万円－1,000万円＝2,000万円）の立退料を受け取っ
たこととなります。

　この場合でも、土地建物等の譲渡による所得ではありませんので、分離課
税の対象になりませんし、措法37条（特定事業用資産の買換えの特例）の規
定の適用もできません。

-34-

第1章 譲 渡 所 得

譲渡所得における実質所得者課税について

> 【問1-38】 私は、兄と共有している農地を本年1月に譲渡しました。来年3月には、所得税（譲渡所得）の確定申告をしなければなりませんので、兄に対し譲渡代金の分配を要求しているのですが言を左右にして応じません。
>
> このような場合でも私に納税義務があるのでしょうか。

【答】 あなたには、共有物の譲渡による収入金額の分配を受ける権利がありますので所得税の申告する必要があります。

【解説】 資産又は事業から生ずる収益の法律上帰属するとみられる者が単なる名義人であって、その収益を享受せず、その者以外の者がその収益を享受する場合には、その収益は、これを享受する者に帰属するものとして課税することとされています（所法12）。

このような例としては、①登記名義の変更をしないまま土地等の譲受人が貸付けを行った場合の不動産所得、②中間登記を省略して土地等を譲渡した場合の中間で利益を得た者に対する譲渡所得の課税などがありますが、このような場合には、実際に収益を享受している者に対して課税することとなります。これがいわゆる実質所得者課税といわれているものです。

ある収益の享受者が実質的にも形式的にも定まっている場合において、たまたま他の者がその収益を享受したとしても、その者は先に説明したような実質所得者には該当しません。

−35−

第1章 譲 渡 所 得

第2節　非課税となる譲渡

資力喪失の場合の譲渡所得の取扱い

> **【問1-39】** 私は、製造業を営んでいたのですが、事業の失敗により担保
> に差し入れていた土地、建物を担保権の実行により競売され、債務金
> 額が多額のため、すべてを弁済することができないまま倒産してしま
> いました。
> 　現在の私は、借家住いで、財産もなく生活にもこと欠く状態です
> が、このような場合でも競売された土地建物の譲渡所得は課税される
> のですか。

【答】 ご質問の場合の譲渡所得は非課税として取り扱われることになります。

【解説】 資力を喪失して債務を弁済することが著しく困難である場合、すなわち、債務者の債務超過の状態が著しく、現にその債務の全部を弁済するための資金を調達することができないのみならず、近い将来においても調達することができないと認められる場合において、滞納処分、強制執行、担保権の実行としての競売、企業担保権の実行手続及び破産手続による、いわゆる強制換価手続により資産（棚卸資産その他営利を目的として継続的に譲渡される資産は除かれます。）を譲渡された場合に生ずる所得は、非課税とされます（所法9①十）。

　また、資力を喪失して債務を弁済することが著しく困難であり、しかも、強制換価手続の執行が避けられないと認められる場合において、資産（棚卸資産その他営利を目的として継続的に譲渡される資産は除かれます。）を譲渡した場合の所得も、その譲渡に係る対価が、その債務の弁済に充てられた場合には非課税として取り扱われます（所令26）。

　なお、いわゆる「資力喪失による譲渡所得」については非課税となりますので、譲渡損失が生じた場合であっても、その損失はないものとみなされます（所法9②二）。

-36-

第1章　譲　渡　所　得

国等に財産を寄附した場合の譲渡所得の課税と寄附金控除

【問1-40】　私が住んでいる付近には子供の遊び場がないため、現在空き
　地である土地を児童公園用地としてA市へ寄附しました。
　　この土地は、150万円で買ったもので、現在の時価は1,000万円ぐら
　いといわれています。私のように市へ土地を寄附した場合でも、所得
　税（譲渡所得）が課税されるのでしょうか。
　　また、寄附金控除の適用を受けることができますか。私の事業所得
　は、800万円です。

【答】**譲渡所得は非課税とされます。また、譲渡資産の取得費等に相当する
部分のみが寄附金控除の対象となる寄附金の金額となります。**
【解説】　個人が国又は地方公共団体等に対して資産を寄附した場合のその資
産の保有期間中の値上がり益に対しては、国又は地方公共団体等に対する寄
附には公益性があり、かつ、個人に収益が帰属していないことなどを考慮し
て非課税とされています（措法40①）。
　その場合、寄附金控除の対象となる寄附金の金額は、当該資産の取得費等
に相当する部分のみとなります（措法40⑲）。
　あなたの場合について、寄附金控除の金額を具体的に計算してみますと、
次のとおりとなります。
　寄附金の金額　　150万円
　事業所得800万円×40％＝320万円＞寄附金の金額150万円
　したがって、寄附金控除の金額は、150万円－2千円＝149万8千円となり
ます。
（**注**）　寄附金の額の合計額がその者の総所得金額、分離課税の譲渡所得金額（特別控
　　除前）、株式等に係る譲渡所得等の金額、先物取引に係る雑所得の金額、退職所
　　得金額及び山林所得金額の合計額の$\frac{40}{100}$に相当する金額を超える場合には、当該
　　$\frac{40}{100}$に相当する金額から2千円を控除した金額が寄附金控除の金額となります（所
　　法78①、31③三、32④、37の10⑥五、37の11⑥、41の14②四）。

－37－

第1章　譲　渡　所　得

第3節　譲渡所得の収入金額

譲渡資産の公簿面積と実測面積とが異なっている場合

> 【問 1 -41】　私は、この度、農地を 1 ㎡当たり 5 万円で A 建設に譲渡し、
> 2,000万円受け取りました。この農地の実測面積は400㎡ありますが、
> 登記簿上の面積では、330㎡となっております。市役所の固定資産税
> は、登記簿上の面積で課税されておりましたので、所得税も登記簿上
> の面積である330㎡に対応する譲渡価額（1,650万円）で申告すればよ
> いと思っておりますが、どうでしょうか。

【答】実際に受け取った金銭の全額を譲渡所得の収入金額として譲渡所得の
金額を計算して申告する必要があります。

【解説】所得税の申告は、譲渡された農地の収入金額で計算することとなっ
ております（所法36）。あなたの場合は、400㎡の農地を譲渡されたのですか
ら、登記簿の面積に関係なく、受け取られた2,000万円で計算して、申告す
る必要があります。

土地の譲渡対価（経済的利益）

> 【問 1 -42】　私は、畑を譲渡し、その対価として私が所有する隣地の田を
> 宅地に造成してもらいました。金銭による収入はなかったので、税金
> の申告はしなくてもよいと思うのですが、どうでしょうか。

【答】宅地造成費相当額を譲渡所得の収入金額として、畑の譲渡に係る譲渡
所得の金額を計算して申告する必要があります。

【解説】譲渡所得の金額を計算するときの収入金額に算入する金額は、金銭
のほかに、物又は権利、その他経済的な利益の価額となっており、物又は権
利については取得する時、経済的利益についてはその利益を享受する時の価
額で計算します（所法36①②）。

－38－

第1章 譲 渡 所 得

譲渡による付帯収入金（税金負担分等）

> 【問1-43】不動産業者の熱心な求めに応じ、父から相続した200㎡の田を2,000万円で売却しました。この土地の売却に伴う所得税と住民税は買主に負担してもらう条件をつけて念書を取り交わしておりましたので、土地代金の他に税金相当分として468万円も併せて受け取りました。譲渡所得の申告に際して、この税金相当額の468万円はどのように取り扱われるのでしょうか。
>
> 　また、友人が5年前に団地造成用地として畑を5,000万円で売却していたのですが、全体の用地買収は最近になってようやく完了し、最近の買収単価は友人が売却した時に比べて相当高額となったため、協力金として500万円を受け取ったとのことです。友人の場合、契約した時にこのような金銭を受け取る約束はなかったそうですが、この500万円は課税関係はどうなるのでしょうか。

【答】(1) あなたは、土地代金に税金負担分を加算した金額を譲渡所得の収入金額として申告する必要があります。

(2) あなたの友人は、協力金を受領した年の一時所得として申告する必要があります。

【解説】不動産取引において本来の売買契約金額以外に、特約条項や覚書、念書、又は口頭により買主が税金負担等を行う旨の約定をし、支払が行われることがあります。こうして支払われた金銭は、売買契約金額には表現されていないとはいうものの、売主にすれば、その付帯収入金を含んだ代金を収入することが確定されていたわけですから、これは売却物件の対価の一部となります。したがって、税金負担など別途名目で支払われる金銭も売却物件の対価として取り扱われることになります。

　次にあなたの友人の場合のように、当初の売買契約の時にはこのような取決めがなく、その契約の履行後になされた旧地主に対する協力金等の支払は、先の土地の売買契約とは別個の新しい契約が結ばれて行われたものと考えられます。つまり、当初の売買契約では、協力金等の支払がまったく予定されておらず、買収完了後に当事者が協議して協力金等の支払を定めたわけですから当初契約とは独立した契約に基づき行われたものと判断されます。

第1章 譲 渡 所 得

現物出資した場合の収入金額

【問1-44】 私は貸ガレージを経営していましたが、この度、資本金
1,000万円の不動産管理会社を設立することになりました。

私は、現在ガレージにしている土地を現物出資し、株式80株を取得
しました。他の同族株主であるAほか5人は各々100万円ずつ現金出
資し、それぞれ20株ずつ取得しました。ガレージにしている土地は、
時価2,700万円（相続税評価額2,200万円）相当です。

現物出資した場合は、譲渡所得として所得税が課税されると聞きま
したが、譲渡所得の収入金額はいくらになりますか。

【答】 譲渡所得の収入金額は、土地の時価である2,700万円になります。
【解説】 法人に対する現物出資は、資産を譲渡したことになり、譲渡所得と
して所得税が課税されることになります。

また、現物出資したことによる譲渡所得の収入金額は、取得した株式の額
面金額や出資した土地の時価によるのではなく、取得した株式の時価により
ますが（所法36①）、その価額が出資した土地の時価の2分の1未満の場合
は、出資した土地の時価を収入金額とみなされることになります（所法59①
二、所令169）。

ご質問の場合、取得した株式の時価は次のような計算になります。

① $\dfrac{\text{出資した土地の時価（2,700万円）}＋\text{現金出資額（600万円）}}{\text{発行済株式総数（200株）}}$

　＝1株当たりの時価（165,000円）

② 1株当たりの時価（165,000円）×取得した株式数（80株）

　＝現物出資の収入金額（1,320万円）

③ 現物出資した土地の時価（2,700万円）× $\dfrac{1}{2}$ ＝1,350万円

　　②1,320万円＜③1,350万円

現物出資による譲渡収入金額が、出資した土地の時価の2分の1未満にな
りますから、あなたの譲渡収入金額は2,700万円とみなされます。

(注) 設立した会社に現金出資をした株主Aほか5人については、あなたの現物出資
により株式の時価が現金出資の金額を超えることとなりますので、その超過額が
あなたから贈与されたものとみなされて贈与税が課税されます。これについては
【問5-31】を参照してください。

第1章 譲 渡 所 得

使用貸借に係る土地の譲渡収入金額の帰属

> 【問1-45】 私は、昭和46年に父の所有する土地を無償で借りて居宅を建築しましたが、この家屋が手狭になったので父と協議し、この家屋及び父の土地を一括して売却し買い換えることにしました。この場合に、譲渡代金のうち、建物価額及び借地権相当額を私が受け取ることにしていますが問題はないでしょうか。

【答】 **お父さんは、土地の代金全部を譲渡所得の収入金額として申告しなければなりません。**

【解説】 使用貸借に係る土地の譲渡代金はすべて土地の所有者であるお父さんに帰属すべきものと認められます。

　つまり、建物等を所有する目的で土地の使用貸借があった場合は、借地借家法等の適用はなく、また、借地権と比較して極めて弱い権利であり相続税（贈与税）の課税上権利の割合は零として取り扱われています。

　したがって、あなたが借地権相当額を受け取ったとしても、土地の対価の全部をお父さんの譲渡所得の収入金額として申告する必要があります。

　なお、あなたが受け取る代金のうち、借地権相当額については、お父さんから贈与されたものとして、贈与税が課税されます。

譲渡の時期（基本的な考え方）

> 【問1-46】 私は、手狭となった居住用の土地建物を3,000万円で譲渡するため本年8月10日に売買契約をし、同日手付金として300万円（契約金額の10％）を受け取りました。
>
> 　その後、11月に中間金として900万円（契約金額の30％）を受け取りましたが、残金は先方の都合もあり来年1月下旬に受け取る予定です。なお、物件の引渡し、所有権の移転登記手続は残金受領と同時に行うことにしています。
>
> 　この場合、譲渡所得の申告は、本年分としてすべきことになるのでしょうか。

【答】 **原則として、翌年分の所得として申告すべきですが、本年分の所得として申告することもできます。**

－41－

第1章　譲　渡　所　得

【解説】譲渡所得の計算に当たって、譲渡の時期は、原則として譲渡所得の
基因となる資産の引渡しがあった日によるものとされています。
　しかし、納税者が売買契約の効力発生の日に譲渡所得が発生したとして申
告した場合にはその年分の譲渡所得として取り扱うこととされています（所
基通36-12）。

譲渡時期及び譲渡価額

> 【問1-47】私は、平成30年11月に宅地140㎡を800万円で売却し、代金決
> 　済もその時に了しましたが、所有権移転登記の手続きが平成31年1月
> 　になりました。
> 　　この場合、平成31年分の確定申告で譲渡所得の申告をすればいいで
> すか。

【答】**平成30年分の譲渡所得として申告することになります。**
【解説】譲渡の時期は、前問【問1-46】で述べたとおり、原則として引渡しが
あった日となりますが、その時期は、譲渡代金の決済を了した日より後には
なりません。したがって、平成30年11月に代金決済を了しているのであれ
ば、その時が譲渡の日となります（所基通36-12（注））。

賦払方法の場合の譲渡収入金

> 【問1-48】私は、本年の2月、知人に宅地を3,000万円（時価相当額）
> 　で売却しましたが、譲渡代金は知人の資金繰りの都合で分割して受領
> 　（売買契約締結の日に500万円、3か月後に1,000万円、6か月後に
> 　1,000万円、10か月後に残額の500万円）することになり、その賦払方
> 　法の利息相当分として、譲渡代金のほかに、最終決済の日に200万円
> 　を受領するとの内容で売買契約を締結しています。なお、売買契約金
> 　額は3,000万円です。
> 　　この場合、利息相当分として受領する200万円はどのように課税さ
> れますか。

【答】**雑所得として課税されます。**
【解説】譲渡所得における収入金額とは、資産の譲渡により収入すべき金額

第1章 譲 渡 所 得

をいい、一般的には、売買契約金額がその譲渡資産の収入金額になります。
なお、収入すべき金額が金銭以外の物や権利その他経済的利益である場合に
は、その物や権利の時価その他経済的利益の価額、また、金銭とこれら権利
等である場合には、金銭とその物や権利の時価その他経済的利益の価額の合
計額が収入すべき金額となります（所法36①）。

したがって、あなたの場合は、金銭以外のものは受領していないので、売
買契約金額3,000万円が収入金額となり、譲渡所得として課税されることに
なります。また、利息相当分は、賦払方法の代償として受領するものですか
ら譲渡の対価には当たりません。

譲渡の時期（同年中に２以上の契約を締結した場合の分割申告）

【問1-49】 私は、今年、Ａ法人とＢ法人にそれぞれ宅地の売買契約をし
ました。宅地の引渡しはいずれも来年となります。
　この場合、譲渡所得の申告は、Ａ法人に対する譲渡については契約
ベースで行い、Ｂ法人に対する譲渡については引渡しベースによるこ
ととして、申告を２年に分けたいと思いますが、このような申告が認
められるでしょうか。

【答】 ２年に分けて申告しても差し支えありません。

【解説】 譲渡所得の申告における譲渡の時期の選択（【問1-46】参照）は、取
引ごとに行います。

農地の譲渡時期

【問1-50】 私は、大阪市の郊外で農業を経営しております。本年５月不
動産会社に農地600㎡を売却し、引渡しも完了しました。
　売買契約と同時に譲渡代金の80％を受領し、残金の受領は農地法の
許可があり次第行う約束をしていますが、許可は来年になる見込みで
す。
　農地を売却した場合の譲渡所得の申告時期は、どのようになるので
しょうか。

【答】本年分の譲渡所得として所得税の申告をする必要があります。

第1章 譲 渡 所 得

【解説】農地の売買における譲渡の時期は、原則として農地の引渡しがあった日によるものとされています。ただし、売買契約が締結された日の年分の総収入金額に算入して申告しても差し支えないとして取り扱われています（所基通36-12）。

　なお、農地の売買については、農地法の定めにより都道府県知事若しくは農業委員会の許可又は届出を要することとされていますので（農地法3①、5①）、当該許可又は届出前に売買契約が解除された場合（再売買と認められるものを除きます。）には、売買契約が解除された日の翌日から2月以内に更正の請求をすることができます（通法23②）。

譲渡の時期（一の契約に基づく譲渡の分割申告）

> 【問1-51】私は、今年、貸地を更地にして引き渡すことを条件に、1億円で売却しました。しかしながら、借地人が立退きに応じないため、土地の引渡しをすることができなくなりました。そこで、この土地の底地部分（底地価額4,000万円）のみを譲渡したものとして、契約ベースにより申告し、上地の部分（6,000万円）については、借地人を立ち退かせて、引渡しが完了した時に申告したいと思いますがどうでしょうか。

【答】**貸地を更地にして引き渡した年分の所得として全額で申告する必要があります。**

【解説】一の契約に基づく譲渡については、部分的に、契約ベースと引渡しベースとに分割することは認められません。

　なお、契約した年分の所得として申告できるかどうかは、契約した年に契約の効力が発生しているかどうかによることとなりますが、あなたの場合は、更地にするという条件を履行されていませんので、契約ベースで申告することは不適当と思われます。

-44-

第1章　譲　渡　所　得

第4節　取　得　費

取得費に算入できる借入金の利子（①原則）

【問1-52】　私は、現在大阪の会社に勤務しているサラリーマンです。平成20年に自己資金500万円及び借入金1,500万円で宅地を買い入れ、平成22年に株式等の売却代金3,000万円でこの土地の上にアパートを新築し貸し付けています。

　ところが、急に東京支店に転勤することになりましたので、この際アパートを6,000万円で売却しようと思っています。

　土地の取得に係る借入金の利子は、アパートの貸付け以降は毎年不動産所得の計算上、必要経費として差し引いていますが、それまでに支払った利子を譲渡所得の計算上必要経費として差し引くことはできるでしょうか。

【答】　借入金利子のうち土地を取得してからその使用を開始した日までの期間に対応する金額は、譲渡所得の計算上必要経費に算入することができます。

【解説】　譲渡所得の計算上控除される資産の取得費は、資産の取得に要した金額並びに設備費及び改良費の合計額とされています（所法38①）。

　また、借入金でもって固定資産を取得している場合は、その借入金の利子のうち、その固定資産の使用開始の日（固定資産の取得後、その固定資産を使用しないで譲渡した場合には、譲渡の日）までの期間に対応する部分の金額をその固定資産の取得費に算入することとされています（所基通38-8）。

　なお、その固定資産が業務を営んでいる者の取得した業務用資産である場合には、その固定資産の使用開始の日までの期間に対応する部分の金額については、その業務に係る各種所得の金額の計算上必要経費に算入されますが、納税者の選択によりその資産の取得価額に算入することもできます（所基通37-27）。ただし、この取扱いは、不動産所得等を生ずべき業務を開始する前に取得した固定資産の業務開始前の期間に対応する借入金の利子には適用されません。

　また、借入れに際して支払った抵当権設定登記費用、公正証書作成費用などの、借入れに伴って通常必要と認められるものについても、借入金利子と同様に取り扱われます。

－45－

第1章 譲 渡 所 得

取得費に算入できる借入金の利子（②使用開始の日）

> 【問1-53】私は、借入金で土地を買い、家屋を建てて住んでいましたが、この度都合により売却することになりました。聞くところによりますと、借入金の利子は、使用開始の日までの期間に対応する部分の金額を、取得費に算入することができるそうですが、使用開始の日とは、具体的にはどのような日になるのですか。

【答】建物を居住の用に供した日が使用開始の日になりますので、その日までの借入金の利子を取得費に算入することができます。

【解説】 取得費に算入できる借入金の利子については、前問【問1-52】のとおりです。なお、この場合の使用開始の日とは、その借入金で取得した固定資産を現実に使用した日をいうのですが、所基通38−8の2は、「使用開始の日」を次のように定めています。

(1) 土地については、その使用の状況に応じ、それぞれ次に定める日による。

　イ　新たに建物、構築物等の敷地の用に供するものは、当該建物、構築物等を居住の用、事業の用等に供した日

　ロ　既に建物、構築物等の存するものは、当該建物、構築物等を居住の用、事業の用等に供した日（当該建物、構築物等が当該土地の取得の日前からその者の居住の用、事業の用等に供されており、かつ、引き続きこれらの用に供されるものである場合においては、当該土地の取得の日）

　ハ　建物、構築物等の施設を要しないものは、そのものの本来の目的のための使用を開始した日（当該土地がその取得の日前からその者において使用されているものである場合においては、その取得の日）

(2) 建物、構築物並びに機械及び装置（次の(3)に掲げるものを除きます。）については、そのものの本来の目的のための使用を開始した日（当該資産がその取得の日前からその者において使用されているものである場合においては、その取得の日）による。

(3) 書画、骨とう、美術工芸品などその資産の性質上取得の時が使用開始の時であると認められる資産については、その取得の日による。

−46−

第1章 譲 渡 所 得

取得費に算入されない借入金の利子（使用による利益の対応部分）

> **【問1-54】** 私は、本年居宅を譲渡しました。そこで私なりに譲渡所得の金額を計算したところ、次のとおり譲渡損失が生じることになりました。この場合、私は、取得の日から譲渡の日までの期間に係る借入金の利子は全額取得費に算入できるものとして計算したのですが、これでよろしいでしょうか。
>
> | | |
> |---|---:|
> | 譲渡収入金額 | 3,000万円 |
> | 取得費（償却費相当額控除後） | 2,800万円 |
> | 譲渡費用 | 100万円 |
> | 借入金の利子（取得から譲渡まで） | 500万円 |
> | 譲渡損失 | 400万円 |

【答】取得費に算入することのできる借入金利子の金額は、建物を居住の用に供した日までの期間に対応する金額となりますので、500万円すべてを取得費に算入することはできません。

【解説】 固定資産を取得するために銀行などから資金を借り入れたときに、その借入金に係る利子については、【問1-52】で説明したとおり居宅などの非業務用資産については、使用開始の日までの期間に対応する部分についてのみその固定資産の取得費に算入され、譲渡所得の計算上必要経費として控除されます。使用開始後の期間に対応する利子については、控除される費用となりません。

　業務を営んでいる者の業務用の固定資産に係る借入金利子については、使用開始の日までの期間に対応する部分はその業務に係る各種所得の金額の計算上必要経費に算入するか、その資産の取得価額に算入するかは納税者の選択によることとされ、使用開始後の期間に対応する利子はその業務に係る各種所得の金額の計算上必要経費となります（所基通37-27）。ただし、使用開始後の利子については取得価額に算入することはできません。また、非業務用資産を取得するための借入金利子のうち、使用開始後に係る部分は、必要経費として控除できないことになりますが、これは、その資産を使用することによって得られる利益、例えば、居住用資産の場合における家賃を支払わないことなどの利益に対応する費用となると考えられます。

　なお、上記について図解しますと次のようになります。

－47－

第1章 譲渡所得

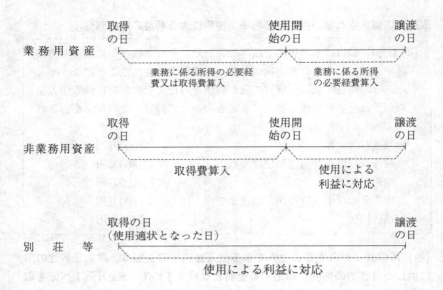

　また、固定資産の使用開始があった日後譲渡の日までの間に使用しなかった期間があるときであっても、当該使用開始があった日後譲渡の日までの期間に対応する借入金の利子については当該固定資産の取得費又は取得価額に算入されません。

訴訟費用と取得費

> 【問1-55】私は、父から相続により取得していた土地を譲渡しようと思っていますが、この土地は父の生前中から材料置場としてAが使用していました。ところがAは、この土地は以前に父から譲り受けており自分のものであると主張し、登記名義変更の訴えを起こしてきました。裁判では私の主張が認められましたが、訴訟に際して弁護士費用等が相当かかりました。
> 　この場合、訴訟費用及び弁護士費用は、譲渡した土地の譲渡所得の計算上取得費又は譲渡費用になるのでしょうか。
> 　なお、この土地は先祖から相続により引き継がれてきたもので父が祖父から相続したときは、何ら争いはありませんでした。

第1章 譲 渡 所 得

【答】 ご質問の場合、訴訟費用及び弁護士費用は譲渡所得の計算上、取得費にも譲渡費用にも算入することはできません。

【解説】 譲渡所得の金額の計算上控除される取得費は、原則として、その資産の取得に要した金額、設備費及び改良費の合計額とされています（所法38①）。そして、その譲渡した資産が家屋その他使用又は期間の経過により減価する資産である場合には、償却費相当額を控除した金額が取得費とされます（所法38②）。

なお、取得に関し争いのある資産につき所有権等を確保するために直接要した訴訟費用、和解費用等の額は、その支出した年分の各種所得の金額の計算上必要経費に算入されたものを除き、その資産の取得費に算入されます（所基通38-2）。

次に、譲渡所得の収入金額から控除される譲渡費用とは、資産の譲渡に係る次の費用で資産の取得費とされるもの以外のものをいいます。

①　資産の譲渡に際して支出した仲介手数料、運搬費、登記若しくは登録に要する費用その他その譲渡のために直接要した費用

②　①の費用のほか、㋑借家人等を立ち退かせるための立退料、㋺土地を譲渡するためその土地の上にある建物等の取壊しに要した費用、㋩既に売買契約を締結している資産を更に有利な条件で他に譲渡するため、その売買契約を解除したことに伴い支出する違約金その他その資産の譲渡価額を増加させるため、その譲渡に際して支出した費用をいいます。しかし、譲渡資産の修繕費、固定資産税その他その資産の維持又は管理に要した費用は譲渡費用には含まれません（所基通33-7）。

なお、譲渡契約の効力に関する紛争において契約が成立することとなった場合の費用についても、その資産の譲渡に係る所得金額の計算上譲渡に要した費用とされます（所基通37-25）。

ご質問の場合は、既に取得している資産について生じた争いですので、その訴訟費用及び弁護士費用はその資産の維持管理費用に該当します。

第1章 譲 渡 所 得

相続争いのための訴訟費用

> 【問1-56】 私は、本年1月に父が死亡し、財産を相続いたしました。その際、兄弟間で遺産の分割について争いが起こり、弁護士に報酬を支払いました。資産の所有権を確保するために直接要した訴訟費用は、その資産の取得費に算入されると聞いていたのですが、私の場合もこれに該当しますでしょうか。

【答】 あなたの場合、訴訟費用をその資産の取得費に算入することはできません。

【解説】 訴訟費用については前問【問1-55】で説明したとおりですが、ご質問の場合は、資産の所有権の確保のための費用ではなく、遺産分割の費用と考えられるので、資産の取得費には該当しません。

贈与により取得した土地を譲渡した場合の取得費

> 【問1-57】 私は、昭和45年8月に兄から土地の贈与を受け贈与税の申告書を提出して、既に納付も済ませています。この時兄は、みなし譲渡の課税を受けないため「贈与等に関する明細書」を提出しています。
> 　この度、その土地を売却することにしましたが、この場合の取得費は、どのようになるのでしょうか。

【答】 土地の取得費の額は、その土地をお兄さんが取得された時の取得費の額となります。

【解説】 譲渡所得計算上の取得費は、譲渡した資産を取得したときの態様に応じて定められていますが、相続、遺贈、贈与等により取得した資産については、昭和47年12月31日以前の取得の場合と昭和48年1月1日以後の取得の場合とにより異なっており、それぞれ次の金額が取得費となります（所基通60-1）。

(1) 昭和47年12月31日以前に取得した場合

① 相続や包括遺贈（ともに昭和40年4月1日以後の限定承認に係るものを除きます。）、相続人に対する特定遺贈又は死因贈与（贈与者の死亡により効力を生じるものに限られます。）により取得した場合には、相続人などがその資産を引き続き所有していたものとみなされて、その被相

-50-

第1章　譲　渡　所　得

続人、遺贈者、又は贈与者がその資産を取得した時の取得費となります。
② 　①以外の相続や遺贈又は贈与により取得した場合には、その相続や遺
贈、贈与を受けた時に、その資産の時価により譲渡されたものとみなさ
れますから、その時の価額がその資産の取得費となります。
　　　ただし、相続、遺贈、贈与を受けたときにみなし譲渡の課税を受けな
いための「贈与等に関する明細書」が提出されている場合には、相続人
や受遺者、受贈者が引き続き有していたものとみなされて、①と同様、
その被相続人、遺贈者又は贈与者がその資産を取得した時の取得費とな
ります。
(2) 昭和48年1月1日以後に取得した場合
　　相続、遺贈及び贈与により取得した場合は、相続人などがその資産を引
き続き所有していたものとみなされて、その被相続人、遺贈者又は贈与者
がその資産を取得した時の価額が取得費となります。
　　ただし、限定承認した相続及び限定承認した包括遺贈により取得した場
合は、その相続、遺贈を受けた時にその資産の時価により譲渡されたもの
とみなされますから、その時の価額がその資産の取得費となります（所法
60②）。

贈与等の際に支出した費用

> **【問1-58】** 私は10年前、父からゴルフ会員権の贈与を受けました。この
> 　　　時、名義変更手数料100万円を支払いました。今回、事情があり、こ
> 　　　のゴルフ会員権を売却したのですが、この名義変更手数料は取得費に
> 　　　なりますか。

【答】 譲渡所得の基因となる資産を取得した場合において、贈与や相続等の
際に通常必要と認められる支出をしているときには、譲渡所得の計算上取得
費に算入できますので、あなたの場合も取得費として扱われると思われま
す。
【解説】 贈与、相続又は遺贈により土地や建物、ゴルフ会員権等を取得した
場合、その取得のために通常必要と認められる費用を支出しているときは、
原則として取得費に算入できます。
　ご質問のゴルフ会員権の名義変更手数料のほか、不動産であれば登記費
用、不動産取得税、株式であれば名義書換手数料等も取得費に算入すること

-51-

第1章 譲 渡 所 得

ができます。

代物弁済により取得した土地の取得費

> **【問1-59】** 私は、今年空き地を売却しようと思っているのですが、この土地は、昭和48年に代物弁済により取得したものです。その時の債権は利息を含め1,000万円でしたが、債務者が資力を喪失していたので、時価600万円のこの土地だけで債権全部を消滅させました。今度譲渡する土地の取得価額は、消滅させた債権の1,000万円と思われますが、これでよいでしょうか。

【答】 土地の取得価額は600万円です。

【解説】 あなたは、1,000万円の債権を時価600万円の土地で消滅されたのですが、代物弁済として債権を回収されたのは、あくまでも600万円の土地であって、他の400万円は、いわゆる、貸倒損となるものです（【問1-23】参照）。

短期譲渡所得の計算上控除する取得費と概算取得費控除

> **【問1-60】** 私は、4年前に先祖代々所有してきた農地を譲渡し、その代金の一部でアパートを建築して、事業用資産の買換えの特例の適用を受けました。ところが、この度ある事情のため、このアパートを売却することになったのですが、買換えにより引き継いだ取得費は微々たる額となります。
> 　私の場合、長期譲渡所得の概算取得費控除（5％）を使ってはいけないでしょうか。

【答】 概算取得費控除（5％）を使って譲渡所得の計算をしても差し支えありません。

【解説】 分離長期譲渡所得の概算取得費控除は、長期保有資産の所得計算上、取得費を確認することが困難なケースが多いところから設けられた規定ですが、実際の取得費が概算取得費（5％）より低い場合にも適用できることになっています（措法31の4①）。

　また、短期譲渡所得の場合も、同様の趣旨から、5％相当額を取得費とし

-52-

第1章　譲　渡　所　得

ても差し支えありません（措通31の4-1）。

　なお、土地建物等以外の資産を譲渡した場合の取得費についても、その収入金額の5％を取得費として譲渡所得の計算を行っても差し支えありません（所基通38-16）。

立退料等を支払って取得した資産の取得費

> 【問1-61】私は、昭和59年に土地、建物（貸家）を取得しましたが、駐車場として使用するため、取得してすぐに借家人に立退料を支払って立ち退いてもらい、取得してから半年後に建物を取り壊しました。
>
> 　今年になって、この駐車場を譲渡することとなりました。この場合、支払った立退料、取壊し費用は、譲渡所得の計算上どのようになるでしょうか。

【答】支払った立退料と取壊し費用（廃材がある場合はその処分価額を差し引いた額）は、土地の取得費に算入することができます。

【解説】あなたのように、他から買い入れた資産の譲渡所得の計算上控除される取得費は次のようになります。

(1) 買入代金のほか買入手数料、登録免許税、登録に要する費用、不動産取得税、引取運賃、荷役費、運送保険料、関税、搬入費、据付費など、その資産の購入のために要した費用及びその資産を使用するために直接要した費用の金額の合計額によります。ただし、業務の用に供される資産に係る登録免許税（登録に要する費用を含み、その資産の取得価額に算入されるものを除きます。）、不動産取得税は、当該業務に係る各種所得の金額の計算上必要経費に算入されます（所基通37-5）。

(2) 土地を建物付で取得した場合等で、その建物等を取得後おおむね1年以内に取り壊すなど当初からその土地を利用する目的である場合には、その建物等の取得に要した金額及び取壊しに要した費用の合計額（廃材がある場合はその処分価額を差し引いた額）は、土地の取得費に算入されます（所基通38-1）。

(3) 土地建物等の取得の際、その土地建物等を使用していた者に支払う立退料などはその土地、建物等の取得費又は取得価額に算入されます（所基通38-11）。

-53-

第1章　譲　渡　所　得

契約解除に伴い支出する違約金

【問1-62】私は、長年勤めた会社を今年の4月に定年退職しました。退職前まで社宅住まいをしていましたが、退職金と預金で自宅を建築するつもりで、現在は賃貸マンションに居住しています。先日、ある不動産業者の紹介で駅から15分程度の所に空き地を所有しているＡさんとその空き地の購入についての売買契約を済ませました。ところが、この度別の場所で駐車場を経営しているＢさんがその駐車場の一部を売却したいので買受人を探していることを聞き、住宅地としては既に購入契約を済ませている土地よりもよいと思い、先に購入契約をしたＡさんには違約金を支払い契約の解除をしてもらい、早速Ｂさんに交渉し土地を譲ってもらうことになりました。

　この場合、先の契約解除により支払った違約金はどうなるのでしょうか。

【答】**支払った違約金は、購入した土地の取得費に算入することができます。**

【解説】いったん締結した土地購入契約を解除して他の土地を購入した場合に支払う違約金の額は、事業所得の金額の計算上必要経費に算入したものを除き、当該取得した土地の取得費又は取得価額に算入します（所基通38-9の3）。

-54-

第1章　譲　渡　所　得

代償分割に係る資産を譲渡した場合の取得費

> **【問1-63】** 私は、相続により取得した宅地を今回譲渡することにしました。相続財産の分割は、私がその全部を取得する代わりに、共同相続人である弟には現金で2,000万円支払うという代償分割の方法により行いました。
>
> 　なお、相続財産は、譲渡することにした宅地のみです。このような場合、私が支払った2,000万円は、今回の譲渡所得の計算上必要経費として認められますか。
>
> 　また、仮に代償分割のために私が以前から所有していた宅地を弟に名義変更していたとして、弟がその宅地を譲渡した場合の弟の譲渡所得の金額の計算上取得費はどのようになるのでしょうか。併せて、お教えください。

【答】 あなたが支払った2,000万円は、譲渡所得の計算上資産の取得費に算入することはできません（所基通38-7(1)）。

　また弟さんが宅地を譲渡した場合には、あなたが代償分割により弟さんへ所有権を移転した時のその宅地の価額（当時の時価）が譲渡所得の計算上控除される取得費になります（所基通38-7(2)）。

【解説】 あなたのような方法で遺産を取得した人が、他の共同相続人に対して金銭又は資産をもって代償分割に係る債務の返済（履行）を行ったような場合には、これらの債務に相当する金額は、相続税の課税価格の計算上控除されるものであり、相続財産の取得費を構成するものではないため、相続により取得した資産の取得費には算入されません（所基通38-7）。

　したがって、あなたの場合、譲渡所得の金額の計算上控除される取得費は、被相続人がその物件を取得した時の取得費（又は概算取得費）となります（所法60）。

(注) 　代償分割に係る債務の履行として宅地を譲渡したあなたへの譲渡所得課税については【問1-25】を参照してください。

－55－

第1章 譲 渡 所 得

第二次納税義務と残余財産の取得費

> 【問1-64】 私は、この度宅地200㎡を1,500万円で売却しました。この物件は、以前私が経営していたA会社の所有地でしたが、平成28年の解散に際して会社の残余財産の分配として交付を受けたものです。
>
> 　平成30年にA会社の税務調査があり800万円の法人税を新たに納付すべきこととなりました。このため私は、残余財産の分配を受けたものとしてこの税金を納付する義務があるとのことで、やむなく上記宅地を売却して納税しました。
>
> 　解散時A会社の資本金は、1,000万円で私の出資は500万円でした。
>
> 　この場合、私が負担したA会社の法人税800万円や、出資額500万円は、私の譲渡所得の金額の計算上必要経費として控除されるでしょうか。

【答】 あなたの支払ったA会社の法人税やA会社に対する出資額を譲渡所得の金額を計算する上で必要経費とすることはできません。

【解説】 譲渡所得の金額の計算上、控除する資産の取得費は、所得税法第38条の定めにより別段の定めがあるものを除き、その資産の取得に要した金額並びに設備費及び改良費の額の合計額とされています。

　お尋ねの残余財産の分配として交付を受けた資産の取得費の計算については別段の定めはありませんが、個人が会社の解散により残余財産の分配として金銭その他の財産の交付を受けたときの配当があったものとみなされる金額の計算は、金銭以外の資産についてはその交付を受けたときの時価を基として計算することとされています（所法25①、36②）ので、その所得金額の計算の基となった価額によりその資産を取得したものと認められます。したがって、あなたの譲渡所得金額の計算上控除される取得費は、平成28年にあなたが会社財産である当該宅地を取得した時の時価（言い換えますとA会社が清算に際して課税の基礎となった当該宅地の価額）となります。

　あなたが、A会社設立に際して出資した500万円や国税徴収法第34条《清算人等の第二次納税義務》の定めにより負担したA会社の法人税800万円は、当該譲渡資産を取得するのに直接要した費用に該当しないので控除することはできません。

第1章 譲 渡 所 得

土地の一部を寄附した後、その土地の残地を譲渡した場合におけるその残地の取得費

> 【問1-65】私は、12年前に自宅を建築するために300㎡の宅地を3,000万円で取得しました。今年になってその宅地に隣接しているA市の公園が拡張される計画が決定されましたので、この宅地の一部の50㎡を公園用地としてA市へ寄附することにしました。
>
> その後、6か月ほどして、残地250㎡について不動産取引業者から購入の申込みがあり売却することにしました。この場合、この残地250㎡の譲渡所得の計算上控除できる取得費は3,000万円と考えておりますが、問題はないでしょうか。

【答】譲渡所得の金額の計算上控除することができる取得費の額は、3,000万円ではなく、2,500万円となります。

【解説】譲渡所得の計算上控除する資産の取得費は、原則として所得税法第38条の定めにより、その資産の取得に要した金額並びに設備費及び改良費の額の合計額とされています。

　あなたの場合、譲渡した土地は250㎡ですから、その資産を取得するために要した金額は、3,000万円ではなく、2,500万円（3,000万円 × $\dfrac{250㎡}{300㎡}$ ＝ 2,500万円）ということになります。

　なお、A市に寄附された土地50㎡については、寄附金控除の対象となります。寄附金控除の計算の基礎となる価額は、あなたの場合は、寄与された土地の取得費等を基礎として計算することとなります（措法40⑲）。この寄附金控除額の具体的な計算方法については、【問1-40】をご参照ください。

－57－

第1章 譲渡所得

一括して購入した土地の一部を譲渡した場合の取得費

【問1-66】 私は、13年前に自宅を建築する目的で300㎡の宅地を3,000万円で取得しました。本年の8月にその宅地に隣接して電気製品の販売を営んでおられるAさんから店舗を増築したいので是非その一部を譲ってほしいとの申出があり、300㎡のうち下図の斜線部分100㎡を2,000万円で譲渡することになりました。なお参考のために知人の不動産業者に付近の時価を尋ねたところ、商店街の道路に面しているところで1㎡当たり20万円、その他の地域は10万円ぐらいとのことでした。
　そこで、来年3月に所得税（譲渡所得）の確定申告をしようと思うのですが、このような場合譲渡した100㎡の宅地に係る取得費はどのように計算したらいいのでしょうか。

【答】 次の2通りの計算方法が考えられます。

① 3,000万円 × $\dfrac{100㎡}{300㎡}$ = 1,000万円　　② 3,000万円 × $\dfrac{2,000万円}{4,000万円}$ = 1,500万円

【解説】 一括して購入した一団の土地の一部を譲渡した場合における譲渡所得の金額の計算上控除すべき取得費の額は、原則として当該土地のうち譲渡した部分の面積が当該土地の面積のうちに占める割合を当該土地の取得価額に乗じて計算した金額によることとされています（上記①）。
　しかし、その土地のうち譲渡した部分の譲渡時の価額が当該土地の譲渡時の価額のうちに占める割合を当該土地の取得価額に乗じて計算した金額によっても差し支えないとされています（所基通38-1の2）（上記②）。この方法によりますとあなたの場合には、譲渡時における300㎡の宅地の時価が4,000万円（100㎡ × 20万円 + 200㎡ × 10万円）となりますので、そのうち譲渡した100㎡の宅地の取得費は譲渡価額が譲渡時の価額に占める割合によって計算することになります。

第1章 譲 渡 所 得

非事業用（居住用）建物を譲渡した場合の取得費の計算

【問1-67】 私は、平成17年1月に2,000万円で取得した居宅（木造）を
土地とともに平成30年8月に譲渡しました。
　　私の場合、譲渡所得の計算上控除する建物の取得費はいくらになる
のでしょうか。

【答】 あなたの場合、譲渡所得の計算上建物の取得費として控除できる金額
は、12,188,000円となります。

【解説】 譲渡所得の計算上控除する取得費については、譲渡資産が減価償却
資産である場合には、その資産の「取得価額、設備費、改良費の合計額」か
ら減価償却費相当額を控除することとされています（所法38②）。

　この減価償却費相当額については、それが事業用資産である場合は譲渡時
までの各年分の必要経費に算入される減価償却費の額の累積額とされていま
すが、非事業用資産の場合は次により計算することとされています（所法38
②二、所令85）。

$$\begin{bmatrix} 取得価額 \\ 設\ 備\ 費 \\ 改\ 良\ 費 \end{bmatrix} \times (1-残存価額) \times \begin{bmatrix} 譲渡資産の耐用年数 \\ の1.5倍の年数に応ず \\ る旧定額法の償却率 \end{bmatrix} \times 経過 = 減価償却費 \\ 年数\quad 相当額$$

(注)1　「耐用年数」は、例えば、木造の住宅は22年、木骨モルタル造の住宅は20年
　　　というように、資産の種類、構造などの別に定められています。
　　2　「耐用年数の1.5倍の年数」に1年未満の端数が生じたときは、その端数は
　　　切り捨てて計算します。
　　3　「経過年数」の6か月以上の端数は1年とし、6か月未満の端数は切り捨て
　　　て計算します。

　ご質問の場合、譲渡所得の計算上、建物の取得費として控除できる金額
は、次のように計算されます。

（取得価額）　（残存価額控除）　（償却率）　（経過年数）　（減価償却費相当額）
20,000,000円× 　（1－0.1）　× 　0.031　× 　14年　＝ 　　7,812,000円
　　　　　　　　　　(注)1　　　　　(注)2　　(注)3

（取得費として控除できる金額）

20,000,000円－7,812,000円＝ 12,188,000円

(注)1　建物の残存価額は10%（耐用年数省令）
　　2　22年　×　1.5　＝33年の場合の旧定額法の償却率（耐用年数省令）
　　3　6月以上は1年とします（所令85②二）。

－59－

第1章 譲 渡 所 得

4 計算の便宜上、取得費に含まれるべき付随費用（登録免許税、不動産取得税
等）は考慮していません。

なお、平成19年度税制改正により、平成19年4月1日以降に取得する減価
償却資産の減価償却費相当額の計算方法が改正されましたが、非事業用資産
については旧定額法に準じて計算すると定められ、従前と同じ方法で減価償
却費相当額を計算することとされています。

借地権の取得費

> **【問1-68】** 私は、15年前に150万円の権利金を支払って土地を借り受け
> て、家屋を建て、毎年地主に地代を払ってきました。この度、この家
> 屋を売ることにしたのですが、借地権の取得費は150万円でよいので
> すか。

【答】 **あなたの借地権の取得費は、150万円のほかに、解説の②～④の費用が**
あれば、その費用の額も含めることができます。

【解説】 借地権の取得費には、土地の賃貸借契約又は転貸借契約（これらの
契約の更新及び更改を含みます。以下「借地契約」といいます。）をするに
際して借地権の対価として土地所有者又は借地権者に支払った金額のほか、
次の金額も含みます。ただし、①の金額が建物等の購入代価のおおむね10%
以下の金額であるときは、強いて区分せずに建物等の取得費に含めることが
できます（所基通38-12）。

① 土地の上に存する建物等を取得した場合におけるその建物等の購入代
価のうち、借地権の対価と認められる部分の金額

② 賃借した土地の改良のためにした土盛り、地ならし、埋立て等の整地
に要した費用の額

③ 借地契約に当たり支出した手数料その他の費用の額

④ 建物等を増改築するに当たりその土地の所有者又は借地権者に対して
支出した費用の額

ご質問のケースでは借地権を建物の譲受人に譲渡して譲渡収入を得るか、
借地人の名義変更をして地主から立退料（借地権消滅の対価）を受け取るこ
とになるかと思いますが、**いずれの場合でもあなたの借地権の取得費は、**
150万円のほかに、②～④の費用があれば、その費用の額も含めることがで
きます。また、借地権の譲渡収入は土地等に係る分離課税の譲渡所得となり

-60-

第1章　譲　渡　所　得

ますから【問2-11】に述べる概算取得費（譲渡収入金額の5％）によること
もできます。

借家権の譲渡所得の計算上控除する取得費

> 【問1-69】　私は、平成14年に権利金200万円で家屋を賃借し、その家屋
> を店舗兼住宅として利用してきました。今年、家主から立退きをせま
> られ、1,000万円の立退料を受け取りました。この場合、所得金額の
> 計算上、200万円を取得費として控除できるでしょうか。

**【答】支払った権利金から繰延資産としての償却費の額を控除した残額を譲
渡所得の金額の計算上、取得費に算入することができます。**
【解説】立退料の課税については【問1-36】で説明したとおりです。
　あなたの場合は、借家権の消滅の対価として1,000万円を受け取られたも
のと思われます。したがって、譲渡所得として所得税が課税されます（所基
通33-6）。
　なお、繰延資産の償却費の額は次の計算式により計算した金額になりま
す。

$$権利金の額 \times \frac{借家権を取得した日から譲渡する日までの期間(A)}{権利金の支出の効果の及ぶ期間(B)}$$

（注）1　$\frac{A}{B}$が1を超えるときは、1とします。
　　　　2　権利金の支出の効果の及ぶ期間については、所基通50-3に定める償却期間
　　　　　（次ページ参照）によります。

－61－

第1章 譲 渡 所 得

繰延資産の償却期間（所基通50-3抜粋）

該当条項	種　類	細　　　目	償　却　期　間
所令第7条第1項第3号ロ《資産を賃借するための権利金等》に掲げる費用	建物を賃借するために支出する権利金等	(1)　建物の新築に際しその所有者に対して支払った権利金等で、当該権利金等の額が当該建物の賃借部分の建設費の大部分に相当し、かつ、実際上その建物の存続期間中賃借できる状況にあると認められるものである場合	その建物の耐用年数の70％に相当する年数
		(2)　建物の賃借に際して支払った(1)以外の権利金等で、契約、慣習等によってその明渡しに際して借家権として転売できることになっているものである場合	その建物の賃借後の見積残存耐用年数の70％に相当する年数
		(3)　(1)及び(2)以外の権利金等である場合	5年（契約の賃借期間が5年未満であり、かつ、契約の更新をする場合に再び権利金等の支払を要することが明らかであるものについては、当該賃借期間の年数）

　　　　　　　　　　　　　　(注)　償却期間の1年未満の端数は切り捨てます。

第1章　譲　渡　所　得

土地についてした防壁、石垣積み等の費用

【問1-70】私は、5年前に雑種地を購入し直ちに整地を行い宅地に地目
変更しました。今年その土地に居宅を建築しようと思っていますが、
傾斜地であるため石垣積みを行い土盛りを行う必要があります。この
場合、購入の際に行った整地費用は土地の取得価額に算入されると聞
いていましたが、今回行う石垣積みの費用も土地の取得価額に算入さ
れることになるのでしょうか。

【答】埋立て、土盛り、地ならし、切土、防壁工事その他土地の造成又は改
良のために要した費用の額はその土地の取得費に算入することになっていま
すが、土地についてした防壁、石垣積み等であっても、**その規模、構造等か
らみて土地と区分して構築物とすることが適当と認められるものの費用の額
は、土地の取得費に算入しないで、構築物（業務用資産の場合には減価償却
の対象となります。）の取得費とすることができます**（所基通38-10）。

土石等を譲渡した場合の取得費

【問1-71】私は、7年前に1,500万円で山林（素地）を購入したのですが、
この度この山林の土石だけを宅地造成を行っている会社へ譲渡するこ
とにしました。この場合、その土石の譲渡による収入金額は譲渡所得
として申告しなければならないことは承知していますが、譲渡所得の
金額を計算する際に控除する取得費はどのようになるのでしょうか。
なお、土石を譲渡した後の土地の時価は2,500万円程度だそうです。

【答】**譲渡所得の金額を計算する上で控除する取得費はありません。**
【解説】土地の地表又は地中にある土石等を譲渡した場合の譲渡所得の金額
の計算上控除する取得費は、次によることとされています（所基通38-13の
2）。
(1) 土石等の譲渡後におけるその土地の価額が、その土地の取得費に相当す
る金額以上である場合は、土石等に係る取得費はないものとします。
(2) (1)以外の場合は、その土地の取得費（土石等の譲渡前におけるその土
地の価額が、その土地の取得費の額に満たない場合においてはその価額）
のうち、土石等の譲渡後におけるその土地の価額を超える部分の金額に相

-63-

第1章 譲 渡 所 得

当する金額を土石等の譲渡に係る取得費とします。

耕作権を消滅させた後、土地を譲渡した場合の譲渡所得金額の計算

> **【問1-72】** 私は、昭和42年に相続により取得した農地500㎡を都合により5,000万円で、ある不動産業者に譲渡することになりました。この農地は、3年前に耕作権者であるAさんに離作料として1,600万円を支払い、農地法の許可を受けて賃貸契約の解除をしたものです。なお、そのときの農地の時価は4,000万円でした。
> この場合、私の譲渡所得の収入金額及び譲渡所得の計算上控除される取得費はどのように計算すればよいのでしょうか。

【答】 ご質問の譲渡所得の収入金額及び譲渡所得の計算上控除される取得費は、それぞれ旧耕作権部分に係るものと底地に係る部分とに区分し次により算出することとされています（所基通33-11の2、38-4の2）。また、この場合旧耕作権部分に係る所有期間は、旧耕作権を消滅させた時を取得の時期として計算することになります。

(1) 旧耕作権部分

① 収入金額

$$\text{当該土地の譲渡の対価の額} \times \frac{\text{旧耕作権の消滅時の旧耕作権の価額}}{\text{旧耕作権の消滅時の当該土地の自用地価額}}$$

　(注)　「旧耕作権の価額」は耕作権の消滅に際し支払った対価の額（適正額に限ります。）によることができます。

② 取得費

$$\text{旧耕作権の消滅につき支払った対価の額} \times \frac{\text{当該土地のうち譲渡した部分の面積}}{\text{当該土地の面積}}$$

(2) 底地部分

① 収入金額

　　当該土地の譲渡の対価 − (1)の①の金額

② 取得費

$$\begin{pmatrix}\text{譲渡した土地の取得費}\\ \text{（耕作権消滅の対価}\\ \text{を含みません。）}\end{pmatrix} \times \frac{\text{当該土地のうち譲渡した部分の面積}}{\text{当該土地の面積}}$$

ご質問の場合について実際に計算しますと次のとおりとなります。

－64－

第1章　譲　渡　所　得

(1) 旧耕作権部分………短期譲渡所得となる金額

収入金額　　5,000万円 $\times \dfrac{1,600万円}{4,000万円}$ = 2,000万円

取得費　　　1,600万円 $\times \dfrac{500㎡}{500㎡}$　= 1,600万円

短期譲渡益　2,000万円 － 1,600万円 ＝　400万円

(2) 小作に付していた農地（底地部分）………長期譲渡所得となる金額

収入金額　　　5,000万円 － 2,000万円 ＝ 3,000万円

取得費（5％）　（3,000万円 × 0.05）$\times \dfrac{500㎡}{500㎡}$　= 150万円

長期譲渡益　　3,000万円 － 150万円 ＝ 2,850万円

低額譲受資産の取得の日

【問 1 -73】 私は、昭和63年に父から200万円で譲り受けた土地（当時の時価は600万円でした。）を平成30年に800万円で売却しました。この土地は、父が昭和59年に400万円で取得していたもので、私に売却した際に200万円の損失が生じましたが、その損失について他の所得と損益通算して所得税の申告をすることは認められていません。また、私はその時に、時価より相当安い価額で譲り受けたことにより、贈与税の申告をしています。

　この場合、土地の取得の日及び取得価額はどのようになるのでしょうか。

【答】取得の日は、お父さんの購入した日（昭和59年）になります。また取得費もお父さんの購入した時の金額となります。

【解説】 時価の2分の1未満の価額で譲り受けた資産（低額譲受資産）については、その資産の譲受価額が譲渡人（本件の場合、お父さん）の譲渡の際の取得費と譲渡費用の合計額未満の場合には、譲渡人が保有していた期間を含めて、引き続き所有していたものとみなされますから、譲渡人がその資産を取得した日が、譲受人の取得の日になります（所法60①二）。

　以上の点をご質問の場合を例にして図示しますと、次の図のようになります。

第1章 譲渡所得

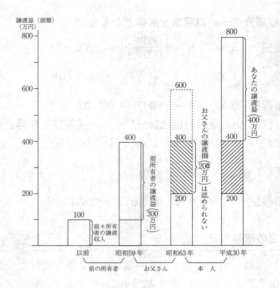

借地権者等が取得した底地の取得時期等

【問1-74】私は、昭和37年から地代を払って借りていた居宅の敷地を、この度地主から買い取ることにしました。
　この買い取った土地を売る場合に、この土地の取得時期は買い取った時であり短期譲渡所得になると聞いていたのですが、長い間借りていて権利があったのですから長期譲渡所得とはならないでしょうか。

【答】あなたの譲渡所得の金額を計算するときには、旧底地部分については買い取った時を取得の日として、旧借地権部分については昭和37年を取得の日として計算します。

【解説】借地権その他の土地の上に存する権利を有する者が、その権利の設定されている土地(底地)を取得した場合には、その土地の取得の日については、旧底地部分と、その他の部分(旧借地権部分)とを別々に判定します(所基通33-10)。

― 66 ―

第1章　譲　渡　所　得

使用貸借に係る建物を譲渡した場合の取得費の計算

【問1-75】　Aは、子Bに家屋を無償で貸し付けており、Bはその建物で青果業を営んでいます。A、Bは生計が別であり、Bは事業所得の計算上この建物の減価償却費の額は、必要経費に算入していません。このような場合、譲渡所得の金額の計算上、建物の取得費の計算はどのようになるのでしょうか。

【答】　その建物の取得に要した金額並びに設備費及び改良費の合計額から減額償却費の累積額を控除した金額が取得費となります。この場合、Aの建物の場合の減価償却費の累積額は、AとBが生計が別であり、かつ建物の貸付けが使用貸借ですので【解説】の②の計算方法により算出することになります。

【解説】　譲渡所得の金額の計算上控除する資産の取得費は、別段の定めがあるものを除き、その資産の取得に要した金額並びに設備費及び改良費の合計額とされていますが、譲渡資産が家屋その他使用又は期間の経過により減価する資産である場合の取得費は、その取得の日から譲渡の日までの期間のうち次の期間の区分に応じて次の金額の合計額を控除した金額となります（所法38、所令85）。

①　不動産所得、事業所得、山林所得又は雑所得を生ずべき業務の用に供されていた期間

　　その期間内の日の属する各年分の必要経費に算入されるその資産の償却費の額の累積額

②　①以外の期間

　　その資産の法定耐用年数に1.5を乗じた年数を基に旧定額法により計算した償却費の額にその期間に係る年数を乗じて計算した金額

(注)　年数に1年未満の端数がある場合の処理

(1) 1.5を乗じて計算した年数　　1年未満の端数は切り捨てます。

(2) 期間に係る年数　　6月以上の端数は1年とし6月に満たない端数は切り捨てます。

　なお、A、Bの生計が一である場合には、Aの建物の減価償却費の額はBの事業所得の計算上必要経費に算入されることになります（所法56、所基通56-1）ので、控除する償却費の額は①により計算することになります。

-67-

第1章 譲 渡 所 得

第5節 譲 渡 費 用

譲渡費用（原則）

> 【問1-76】私は、10年前に、広島県から大阪市内へ転居してきて、会社
> に勤めています。この度、郷里の兄の仲介により、広島県の土地を
> 3,000万円で売りました。この土地は、まだ亡くなった父の名義のま
> まであり、固定資産税は兄が納めてくれていました。土地は予想以上
> に高く売れ、①仲介手数料、②相続登記費用、③固定資産税（10年前
> からの代納分）、④土地管理料を差し引いた残額を受け取りました。
> これら①～④の支出は譲渡所得の金額の計算上の譲渡費用に該当する
> のでしょうか。

【答】①～④の支出のうち①の費用は譲渡費用に該当しますが、②～④の費
用は、譲渡のために直接要した費用とは認められませんので譲渡費用には該
当しません。

　なお、②の費用は資産の取得に要した金額に算入することができます。

【解説】譲渡所得の金額を計算する場合に、収入金額から差し引くことがで
きる譲渡に要した費用とは、資産の譲渡に際して支出した仲介手数料、登記
に要する費用、その他その譲渡のために直接要した費用のほか、借家人等を
立ち退かせるための立退料、土地を譲渡するためその土地の上にある建物等
の取壊しに要した費用、有利な条件で他に譲渡するために支出した売買契約
解除に伴う違約金、その他その資産の譲渡価額を増加させるためその譲渡に
際して支出した費用です（所基通33-7）。

　なお、譲渡資産の修繕費、固定資産税その他資産の維持又は管理に要した
費用は譲渡費用に含まれないこととされています（所基通33-7（注））。

－68－

第1章 譲 渡 所 得

譲渡に伴う取壊し費用

【問1-77】私はこの度土地を売却しました。この土地の上には商品を保管するための倉庫が建っていましたが、買主の希望により契約に基づいて倉庫を取り壊し、空き地とした上引き渡しました。

　この場合、倉庫を取り壊すための費用は、譲渡所得の金額の計算上、譲渡費用となるのでしょうか。

【答】倉庫の原価（簿価）の額と取壊し費用の額との合計額から廃材等の処分代金等を控除した金額を譲渡費用として譲渡所得の金額を計算してください。

【解説】土地の譲渡に際し、その土地の上にある建物等を取り壊し、又は除却したような場合において、取壊し又は除却がその土地の譲渡のために行われたことが明らかであるときは、次の算式に基づき算出された損失の額を譲渡に関する費用の額に含めることとして取り扱われています（所基通33-8）。

（算式）

$$\left[\begin{array}{l}\text{その資産}\\\text{の取得費}\end{array} - \begin{array}{l}\text{その資産の}\\\text{取得の日か}\\\text{ら取壊しの}\\\text{日までの減}\\\text{価償却費の}\\\text{累計額}\end{array}\right] + \left[\begin{array}{l}\text{取壊しの}\\\text{ために支}\\\text{出した費}\\\text{用の金額}\end{array}\right] - \left[\begin{array}{l}\text{その資産の取}\\\text{壊しにより生}\\\text{じた廃材等の}\\\text{処分価額}\end{array}\right]$$

－69－

第1章 譲 渡 所 得

先の譲渡契約を解除するために支払った違約金

【問1-78】私は、今年の初めに土地を譲渡するため売買契約を締結し、その日に手付金を受け取り、2か月後にその土地を引き渡すことになっていました。

　ところが、この土地に隣接しているB信用金庫から、来客用の駐車場にしたいので是非その土地を譲ってほしいとの買申込みがありました。条件が非常に良かったので、先に売買契約をした買主に了解を求め、契約に基づく違約金を支払って解約し、改めて後から申し込んできたB信用金庫へ譲渡しました。

　この場合、先の契約を解除するために支払った違約金は、B信用金庫への譲渡に関する譲渡費用となるのでしょうか。

【答】先の契約を解除する際支払った違約金の額は、手付金の返還部分を除いてB信用金庫へ譲渡した土地の譲渡所得の金額の計算上譲渡費用として控除することができます。

【解説】譲渡契約を締結した後、その契約の内容に比しより有利な条件で他にその資産を譲渡した場合において、先の契約を解除するために支払った違約金（違約金の中に手付金の返還金に相当する金額が含まれている場合にはその金額を除きます。また、解約された譲渡契約に係る資産の数量と現実に譲渡された資産の数量が異なる場合には、その違約金の額のうち現実に譲渡があった資産に係る部分に相当する額に限ります。）はその資産の譲渡所得の計算上譲渡に関する経費に算入されます（所基通33-7(2)）。

譲渡代金の取立てに要した弁護士費用

【問1-79】私は、資産を譲渡したのですが、相手が悪質で、その譲渡代金がなかなか回収できませんでした。そこで、弁護士に頼んで取り立ててもらいました。

　この場合の支払った弁護士費用は、当然譲渡費用になると思いますが、どうでしょうか。

【答】弁護士費用の額は、譲渡費用には該当しません。

【解説】譲渡費用とは【問1-76】で述べたとおり、譲渡のために直接要した費

第1章 譲 渡 所 得

用をいいます。

　あなたが支払われた弁護士費用は、譲渡代金の取立てに要した費用であって、譲渡に要した費用ではありません。

抵当権抹消登記費用

> 【問1-80】 土地を売却する際に支払った抵当権抹消登記費用は譲渡に要した費用になりますか。

【答】 **譲渡費用には該当しません。**

【解説】 譲渡に要した費用は、【問1-76】で説明したとおりですが、抵当権抹消の登記手続費用は、抵当権を抹消することが、土地を売却する前提として事実上必要であったとしても、売買を実現するために直接必要な経費となるものではありません。

借地権の譲渡に伴う名義書換料

> 【問1-81】 私は、今年、借地権を譲渡することになりました。このため地主に名義書換料として200万円支払いました。この場合に支払った名義書換料は譲渡費用として認められますか。

【答】 **名義書換料は、譲渡費用に該当します。**

【解説】 譲渡に要した費用は【問1-76】で説明したとおりですが、地主に支払われる名義書換料は、資産の譲渡のために直接要した費用として認められます。

　(注)　譲受人が名義書換料を支払った場合は、譲受人の借地権の取得価額に算入されます。

－71－

第1章 譲 渡 所 得

第6節　有価証券の譲渡

株式等の譲渡による所得

> 【問1-82】個人が株式等を譲渡した場合、どのように課税されるのでしょうか。

【答】原則として所得税が課税（申告分離課税）されます。

【解説】

区　　分		～平成25年12月31日	平成26年1月1日～
上場株式等	金融商品取引業者等を通じた譲渡	10% （所得税7%、住民税3%）	20% （所得税15%、住民税5%）
	上記以外の譲渡	20% （所得税15%、住民税5%）	
未公開株式など		20% （所得税15%、住民税5%）	

（注）　平成25年から平成49年までの各年分の確定申告においては、所得税のほか、復興特別所得税（各年分の基準所得税額の2.1%）を合わせて申告する必要があります。

　なお、株式等の譲渡による所得のうち、次に掲げるものの譲渡による所得は、総合課税、分離短期譲渡所得、又は分離雑所得とされています。

① 株式形態のゴルフ会員権………総合課税（措法37の10②一、措令25の8②）

② 実質的に短期保有の土地等とみなされる一定の株式等（事業等の譲渡に類似する株式等の譲渡が行われた場合に限られます。）………分離短期譲渡所得（措法32②）

③ 先物取引により譲渡される株式等………分離雑所得（措法41の14）

特定受益証券発行信託の課税関係

> 【問1-83】特定受益証券発行信託の課税関係を教えてください。

【答】特定受益証券発行信託とは、信託法（平成18年法律第108号）第8章の定めにより受益証券が発行される信託のうち、次の要件を満たすものをいいます（所法2①十五の五、法法2二十九 ハ、法令14の4⑩⑪）。

－72－

第1章　譲　渡　所　得

① 税務署長の承認を受けた法人が受託者となっていること
② 各計算期間終了時の利益留保割合が2.5％相当額以下であること
③ 各計算期間開始時において、その時までに到来した所定の期間のいずれにおいても算定された利益留保割合が2.5％相当額以下であること
④ 計算期間が１年を超えないこと
⑤ 受益者等が存しない信託に該当したことがないこと

　これらの要件を満たす信託については、信託財産から生じる所得は受託者の段階では課税されず、受益者に分配された時点で受益者に対し課税されることとなります。

　この特定受益証券発行信託に個人が投資した場合の課税関係は、次表のとおりです。

収入の種類	所得区分	根拠条文
分配金の受取り	配当所得（配当控除なし）	所法24、所法92
受益証券の譲渡	株式等の譲渡所得等	措法37の10②、措法37の11②
終了・解約	株式等の譲渡所得等	措法37の10④、措法37の11④

受益証券発行信託

【問1-84】受益証券発行信託の課税関係を教えてください。

【答】「受益証券発行信託」とは、信託法（平成18年法律第108号）第８章の定めにより受益証券が発行される信託のうち、【問1-83】で説明した「特定受益証券発行信託」以外のものをいいます。

　「受益証券発行信託」については、信託財産から生じる所得について、受託者に法人税が課税されます。このような、信託段階法人課税が行われる信託を「法人課税信託」といい、この「法人課税信託」の受益権は税法上、株式又は出資とみなされ、株式等の譲渡所得等の対象となります。（所法６の３四）。

第1章　譲　渡　所　得

ゴルフ会員権の譲渡による所得

> 【問1-85】　私は、本年4月20日にゴルフ会員権を譲渡しました。その会員権は株式形態のものでしたから、申告分離課税の対象となる譲渡として、確定申告をしようと思っています。それでよろしいでしょうか。

【答】　あなたのゴルフ会員権の譲渡については、申告分離課税の対象となる株式の譲渡所得としてではなく、総合課税の譲渡所得として申告することになります（措法37の10②一、措令25の8②）。

【解説】　ゴルフ会員権には、大別して、株式形態のものと預託金形態のものがあります。

　ゴルフ場の所有又は経営を行う法人の株式又は出資を所有することが、そのゴルフ場を一般の利用者に比べ有利な条件で継続的に利用する権利を有するものとなる（いわゆるメンバーとしての権利を有することとなる）ための要件とされている場合があります。これらの株式又は出資のことを一般に株式形態のゴルフ会員権と称しています。

　一方、金銭を預託することによってメンバーとなる権利を有することとなる場合の会員権を、一般に預託金形態のゴルフ会員権と称しています。これらのゴルフ会員権の譲渡による所得は、棚卸資産又は営利を目的として継続的に売買しているものを除き、総合課税の譲渡所得として課税されます。

　なお、ゴルフ会員権は、平成26年度税制改正において生活に通常必要でない資産と位置付けられたため、平成26年4月1日以後に行った譲渡に係る譲渡所得の金額の計算上生じた損失の金額を他の各種所得から控除（損益通算）することはできません（所令178①二）。

第1章　譲　渡　所　得

ゴルフ会員権の預託金の返還

【問1-86】私はこの度、保有していたゴルフ会員権について、預託金の償還期間が到来したため、退会手続きを行った上で預託金の返還請求を行いました。この会員権は10年前に知人から1,000万円で購入しましたが、返還された預託金は500万円でした。

　ゴルフ会員権の譲渡については、総合課税の譲渡所得となり、譲渡損失については損益通算ができるとのことですが、私の場合も損益通算ができるでしょうか。

【答】損益通算はできません。

【解説】預託金の返還とは金銭債権を回収する行為であり、ゴルフ会員権を譲渡したことにはならないため、他の所得との損益通算はできません。

　また、この返還により生じた損失については「家事上の損失」となり、所得税の計算上考慮されません。

　なお、ゴルフ会員権の譲渡については、総合課税の譲渡所得となりますが、譲渡により生じた損失は他の各種所得から控除（損益通算）することはできません。

ストックオプション税制の概要

【問1-87】ストックオプション税制の概要について教えてください。

【答】ストックオプション税制とは、「株式会社又はその株式会社が発行済株式若しくは出資の総数の50％超を直接若しくは間接に保有する関係法人の取締役又は従業員（一定の大口株主である者及びその者の特別関係者を除きます。以下「取締役等」といいます。）が、(1)株式会社の株主総会の付与決議に基づきその株式会社と締結した要件等が定められた付与契約により与えられた新株の予約権（以下「新株予約権」といいます。）若しくは(2)株式会社の株主総会の特別決議に基づきその株式会社と締結した契約により与えられた新株の引受権（以下「新株引受権」といいます。）《いわゆる**ワラント方式のストックオプション**》又は(3)株式会社の定時総会の決議に基づきその株式会社と締結した契約により与えられた「あらかじめ定めた価額でその株式会社からその株式をその者に譲渡すべき旨を請求する権利」（以下「株式譲

-75-

第1章 譲 渡 所 得

渡請求権」といいます。)《いわゆる**自己株式のストックオプション**》で、**一定の要件に該当するものを行使して株式を取得した場合**には、その**権利行使により生じた経済的利益に係る所得税は一定の要件の下に非課税**とし、その非課税措置の適用を受けて取得した株式（以下「特定株式」といいます。）をその**取得の日以後に譲渡した場合**には、その特定株式の譲渡による所得については、**払込価額を取得価額**とした上で、株式等に係る譲渡所得の申告分離課税を適用するというものです（措法29の２、措令19の３）。

　なお、一定の大口株主とは、その付与決議のあった日において、上場会社等については発行済株式総数の10分の１、それ以外の会社については３分の１を超える数の株式を有している個人をいいます。

　また、一定の要件に該当するストックオプションとは、次に掲げる要件のすべてを満たす新株予約権若しくは新株引受権又は株式譲渡請求権(以下「新株予約権等」といいます。)をいいます。

①　当該新株予約権等の権利行使は、その付与決議の日後２年を経過した日からその付与決議の日後10年を経過する日までの間に行わなければならないこと

②　当該新株予約権等の年間の権利行使価額が1,200万円を超えないこと

③　当該新株予約権等の１株当たりの権利行使価額は、ストックオプションの権利付与契約の締結時における１株当たりの価額以上であること

④　当該新株予約権等である場合は、譲渡をしてはならないこととされていること

⑤　当該権利行使に係る株式の交付（新株の発行又は株式の移転若しくは譲渡を含む。）が、当該交付のために付与決議がされた会社に定める事項に反しないで行われるものであること

⑥　権利行使により取得する株式は、一定の方法により、当該証券業者等に保管の委託等がされること

第1章 譲 渡 所 得

【参考】 ストックオプション制度に係る課税の特例の概要

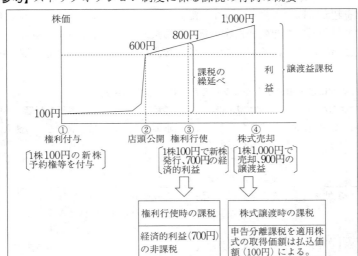

会社法により規定された種類株式を譲渡した場合の課税関係

【問 1-88】 会社法により規定された種類株式を譲渡した場合の課税関係を教えてください。

【答】 会社法に規定された種類株式には、一定の事由が生じたこと等により株主が発行法人に対して、その株式を取得するよう請求することができる「取得請求権付株式」や、発行法人が取得することができる「取得条項付株式」、発行した法人が株主総会等の決議によってその全部を取得することができる「全部取得条項付種類株式」が含まれています。

これらの種類株式を発行法人が取得した場合の対価は現金だけでなく、定款で定めておくことにより、社債、新株予約権、新株予約権付社債、株式、その他の財産とすることもできます。

株式を発行法人に対して譲渡した場合には、交付された財産の価額の

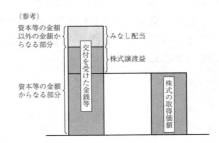

— 77 —

第1章 譲 渡 所 得

うち、資本等の金額に相当する部分は株式等の譲渡所得等の収入金額となり、これを超える部分の金額はみなし配当として課税されることになりますが、株式の対価としてその株式等を発行した法人の株式等を取得する場合で以下の表に掲げる株式の譲渡については、譲渡がなかったものとして取り扱います。

【所法57の4③により譲渡がなかったものとされる株式の譲渡】

番号	株式の種類	株式の内容	譲渡事由	取得の対価
1	取得請求権付株式	株式を発行する法人に対して当該株式の取得を請求することができる	請求権の行使	当該取得をする法人の株式のみ
2	取得条項付株式	株式を発行する法人に一定の事由が発生したことを条件として当該株式の取得をすることができる	一定の事由（取得事由）の発生	当該取得をする法人の株式のみ（その取得の対象となった種類の株式のすべてが取得をされる場合には、当該取得をする法人の株式及び新株予約権のみが交付される場合を含む）
3	全部取得条項付種類株式	ある種類の株式について、これを発行した法人が株主総会その他これに類するものの決議によってその全部を取得できる	株主総会その他これに類するものの決議（取得決議）	当該取得をする法人の株式のみ又は、当該取得をする法人の株式及び新株予約権のみ

なお、交付を受けた株式等の価額が譲渡をした株式等の価額とおおむね同額となっていないと認められる場合は、譲渡があったものとして課税されます（所法57の4③）。

－78－

第1章　譲　渡　所　得

相続財産である非上場株式をその発行会社に譲渡した場合のみなし配当課税の特例

> 【問1-89】平成29年9月に私の父が亡くなりました。相続財産は、父の
> 　経営する同族会社の株式、居住用の土地、家屋及びわずかな預貯金だ
> 　けでした。そのため、私は、平成30年6月、相続税を納付するために、
> 　相続した同族会社の株式をその同族会社に売却しました。
> 　　私の場合、同族株式を売却したことによる所得計算はどのようにな
> 　りますか。

【答】あなたの場合、株式の譲渡所得として、計算することとなります。

【解説】株式をその発行法人に売却した場合、譲渡価額のうち資本金等の金額を超える部分は配当等とみなされ、配当所得として、総合課税で最高55％（所得税45％、住民税10％）の税率が適用されます（所法25①五、89）。

　しかし、次の条件を満たす場合は、この配当とみなされる部分についても譲渡所得として、20％（所得税15％、住民税5％）の税率が適用されることとなります（措法9の7、措令5の2）。

① 　相続又は遺贈により非上場株式の取得をした個人で、その相続税額があること

② 　譲渡の相手方はその非上場株式の発行会社であること

③ 　①の相続税の申告書の提出期限の翌日以後3年を経過する日までの間に譲渡していること

④ 　その非上場株式を譲渡する時までに、この特例の適用を受けることを記載した書面を、その非上場会社を経由してその非上場会社の所轄税務署長に提出すること

　また、この特例を適用するとともに相続税額の取得費加算の特例を適用することも可能です。

－79－

第1章 譲渡所得

第7節 株式等に係る譲渡益課税制度

申告分離課税の対象となる株式等

【問1-90】申告分離課税の対象となる株式等は、具体的にどのようなものがあるのでしょうか。

【答】申告分離課税の対象となる株式等は以下のとおりです（措法37の10②）。

対象となるもの
○株式（投資口を含む）、株主又は投資主となる権利、株式の割当てを受ける権利、新株予約権（新投資口予約権を含む）及び新株予約権の割当てを受ける権利
○特別の法律により設立された法人の出資者の持分
○合名会社、合資会社、合同会社の社員の持分
○協同組合等の組合員又は会員の持分
○その他法人の出資者の持分
○協同組織金融機関の優先出資に関する法律に規定する優先出資（優先出資者となる権利及び優先出資の割当てを受ける権利等を含む）
○資産の流動化に関する法律に規定する優先出資（優先出資社員となる権利及び同法に規定する引受権を含む）
○投資信託の受益権
○特定受益証券発行信託の受益権
○社債的受益権
○公社債（預金保険法2②五に規定する長期信用銀行等その他政令で定めるものを除く）

　なお、土地等の短期譲渡に該当する事業譲渡類似の株式等（措法32②）は分離短期譲渡所得課税の対象となります。

－80－

第1章 譲渡所得

一般株式等に係る譲渡所得等又は上場株式等に係る譲渡所得等の課税の概要

【問1-91】平成28年分以後における株式等の譲渡所得等の課税はどのようなものでしょうか。

【答】 居住者又は恒久的施設を有する非居住者が、一般株式等の譲渡又は上場株式等の譲渡をした場合には、一般株式等の譲渡による事業所得、譲渡所得若しくは雑所得又は上場株式等の譲渡による事業所得、譲渡所得若しくは雑所得について、他の所得とは区分して、20％の税率(所得税15％、住民税5％)により課税されます(措法37の10①、37の11①)。

この場合において、一般株式等に係る譲渡所得等と上場株式等に係る譲渡所得等についても完全分離(区分)して課税されることから、一定の場合を除き、一般株式等に係る譲渡所得等の金額の計算上生じた赤字の金額は、上場株式等に係る譲渡所得等の金額の計算上控除することはできず、また、上場株式等に係る譲渡所得等の金額の計算上生じた赤字の金額は、一般株式等に係る譲渡所得等の金額の計算上控除することはできません。

上場株式等の範囲 (措法37の11②、措令25の9②～⑩、措規18の10①)	
①	株式等で金融商品取引所に上場されているもの
	店頭売買登録銘柄として登録された株式(出資を含みます。)
	店頭転換社債型新株予約権付社債 (注) 新株予約権付社債(資産の流動化に関する法律第131条第1項に規定する転換特定社債及び同法第139条第1項に規定する新優先出資引受権付特定社債を含みます。)で、金融商品取引法第2条第13項に規定する認可金融商品取引業協会が、その定める規則に従い、その店頭売買につき、その売買価額を発表し、かつ、その新株予約権付社債の発行法人に関する資料を公開するものとして指定したものをいいます。
	店頭管理銘柄株式 (注) 金融商品取引法第2条第16項に規定する金融商品取引所への上場が廃止され、又は租税特別措置法施行令第25条の8第9項第2号に規定する店頭売買登録銘柄としての登録が取り消された株式(出資及び投法第2条第14項に規定する投資口を含みます。)のうち認可金融商品取引業協会が、その定める規則に従い指定したものをいいます。
	認可金融商品取引業協会の定める規則に従い、登録銘柄として認可金融商品取引業協会に備える登録原簿に登録された日本銀行出資証券

第1章 譲 渡 所 得

	金融商品取引法第2条第8項第3号ロに規定する外国金融商品市場において売買されている株式等 (注) 外国金融商品市場には日本証券業協会の規則に基づき各証券会社が「適格外国金融商品市場」としている市場も該当します。
②	投資信託でその設定に係る受益権の募集が租税特別措置法第8条の4第1項第2号に規定する公募により行われたものの受益権 (注) 租税特別措置法第3条の2に規定する特定株式投資信託の受益権を除きます。
③	租税特別措置法第8条の4第1項第3号に規定する特定投資法人の投信法第2条第14項に規定する投資口
④	特定受益証券発行信託の受益権 (注) その信託契約の締結時において原委託者が取得する受益権の募集が租税特別措置法第8条の4第1項第4号に規定する公募により行われたものに限ります。
⑤	特定目的信託の社債的受益権 (注) その信託契約の締結時において委託者が取得する社債的受益権の募集が租税特別措置法第8条の2第1項第2号に規定する公募により行われたものに限ります。
⑥	国債及び地方債
⑦	外国又はその地方公共団体が発行し、又は保証する債券
⑧	会社以外の法人が特別の法律により発行する債券 (注) 外国法人に係るもの並びに投信法第2条第19項に規定する投資法人債、同法第139条の12第1項に規定する短期投資法人債、資産の流動化に関する法律第2条第7項に規定する特定社債及び同条第8項に規定する特定短期社債を除きます。
⑨	公社債でその発行の際の金商法第2条第3項に規定する有価証券の募集が同項に規定する取得勧誘であって同項第1号に掲げる場合に該当するものとして次のイ又はロの方法により行われたもの イ 募集が国内において行われている場合 　取得勧誘が金商法第2条第3項第1号に掲げる場合に該当し、かつ、目論見書にその取得勧誘が同号に掲げる場合に該当するものである旨の記載がなされて行われるもの ロ 募集が国外において行われる場合 　取得勧誘が金商法第2条第3項第1号に掲げる場合に該当するものに相当するものであり、かつ、目論見書にその他これに類する書類にその取得勧誘が同号に掲げる場合に該当するものに相当するものである旨の記載がなされて行われるもの
⑩	社債のうち、その発行の日前9か月以内（外国法人の場合は12か月以内）に有価証券報告書等を内閣総理大臣に提出している法人が発行するもの
⑪	金融商品取引所においてその金融商品取引所の規則に基づき公表された公社債情報に基づき発行する公社債で、その発行の際に作成される目論見書に、その公社債がその公社債情報に基づき発行されるものである旨の記載があるもの (注)1 金融商品取引所には、これに類するもので外国の法令に基づき設立されたものが含まれます。 　2 公社債情報とは、一定の期間内に発行する公社債の種類及び総額、その公社債の発行者の財務状況及び事業の内容その他その公社債及びその発行者に関して明らかにされるべき基本的な情報をいいます。 　　例えば、東京証券取引所が定める「特定上場有価証券に関する有価証券上場規定の特例」に掲げる「プログラム情報」が該当します。

第1章 譲 渡 所 得

⑫	国外において発行された公社債で次のイ又はロに該当するもの イ　金商法第2条第4項に規定する有価証券の売出しに応じて取得した公社債（次の 　ロにおいて、以下「売出し公社債」といいます。）で、その取得の時から引き続き 　その有価証券の売出しをした金融商品取引業者等の営業所において保管の委託がさ 　れているもの ロ　金商法第2条第4項に規定する売付け勧誘等に応じて取得した公社債（売出し公 　社債を除きます。）で、その取得の日前9か月以内（外国法人の場合は12か月以内） 　に有価証券報告書等を提出している会社が発行したもの 　(注)　取得の時から引き続き売付け勧誘等をした金融商品取引業者等の営業所において保 　　管の委託がされているものに限ります。
⑬	次のイ又はロの外国法人が発行し、又は保証する債券 イ　出資金額又は拠出をされた金額の合計額の2分の1以上が外国の政府により出 　資又は拠出をされている外国法人 ロ　外国の特別の法令の規定に基づき設立された外国法人で、その業務がその外国 　の政府の管理の下に運営されているもの
	国際間の取極に基づき設立された国際機関が発行し、又は保証する債券
⑭	銀行業若しくは金商法第28条第1項に規定する第一種金融商品取引業を行う者（同法 第29条の4の2第9項に規定する第一種少額電子募集取扱業者を除きます。）若しく は外国の法令に準拠してその国において銀行業若しくは同法第2条第8項に規定する 金融商品取引業を行う法人又は一定の法人が発行した社債 　(注)　その取得をした者が実質的に多数でない一定の場合を除きます。
⑮	平成27年12月31日以前に発行された公社債 　(注)　発行の時において法人税法第2条第10号に規定する同族会社に該当する会社が発行 　　したものを除きます。

株式等の取得価額の計算方法

【問1-92】購入が数回にわたった同一銘柄の株式を譲渡した場合には、
　その株式の取得価額はどのようにして計算するのでしょうか。

【答】2回以上にわたって取得した同一銘柄の株式等の一部を譲渡した場合
の取得価額の計算は、その譲渡による所得が事業所得に該当する場合と譲渡
所得又は雑所得に該当する場合で計算方法が異なります。
(1)　事業所得に該当する場合
　　原則として、総平均法により1単位当たりの取得価額を算出します。
　　ただし、届出をすることにより、移動平均法を選択することができます
　（所法48、所令106）。
　　この総平均法とは、種類及び銘柄の同じ株式等について、譲渡のあった年
の1月1日において所有していたものの取得価額の総額とその年中に取得

－83－

第1章 譲 渡 所 得

したものの取得価額との合計額をこれらの株式等の総数で除して計算した
価額をその1単位当たりの取得価額とする方法をいいます(所令105①一)。

(例)	株　数	単　価	価　額
平成29年11月29日取得	1,000株	1,500円	1,500,000円
平成30年1月24日取得	3,000株	1,100円	3,300,000円
平成30年4月16日譲渡	2,000株	1,700円	3,400,000円
平成30年7月13日取得	2,000株	1,800円	3,600,000円
平成30年10月22日譲渡	3,000株	2,000円	6,000,000円

$$\frac{1,500,000円＋3,300,000円＋3,600,000円}{1,000株＋3,000株＋2,000株}＝\frac{8,400,000円}{6,000株}$$

$$＝1,400円（1株）$$

　したがって、この計算例では平成30年中に譲渡した株式の1株当たり
の取得価額は1,400円ということになります。

(2) 譲渡所得又は雑所得に該当する場合

　その同一銘柄の株式等を一度譲渡してから次に譲渡するまでの期間（そ
の同一銘柄の株式等を初めて譲渡する場合には、最初に取得してから初め
て譲渡するまでの期間）を基礎として、直前の譲渡の日（初めて譲渡する
場合には、最初に取得した日）において有していた株式等及びその期間内
に取得した株式等について**総平均法に準じた方法によって1単位当たりの
取得価額を算出します**（所令118①）。

　(1)の例が譲渡所得に該当するものであるとすると、取得価額の計算は
次のようになります。

① 　平成30年4月16日に譲渡した株式の1株当たりの取得価額

$$\frac{1,500,000円＋3,300,000円}{1,000株＋3,000株}＝\frac{4,800,000円}{4,000株}＝1,200円（1株）$$

② 　平成30年10月22日に譲渡した株式の1株当たりの取得価額

$$\frac{\{(1,500,000円＋3,300,000円)－(1,200円×2,000株)\}＋3,600,000円}{1,000株＋3,000株－2,000株＋2,000株}$$

$$＝\frac{6,000,000円}{4,000株}＝1,500円（1株）$$

　つまり、この場合には、平成30年4月16日に譲渡した株式の1株当た
りの取得価額は1,200円となり、また、平成30年10月22日に譲渡した株
式の1株当たりの取得価額は1,500円となります。

第1章 譲 渡 所 得

株式等の取得費と概算取得費との関係

【問1-93】私は、平成30年1月に上場株式を譲渡しました。取得価額及び譲渡価額については次のとおりとなります。この場合、概算取得費を適用することはできますか。

〔取得〕

取得時期	株数（株）	単価（円）	取得価額（円）
昭和46年10月	10,000	50	500,000
平成11年10月	1,000	600	600,000
（計）	11,000		1,100,000

〔譲渡〕

平成30年1月	11,000	3,000	33,000,000

【答】実際の取得価額を基に計算した取得費と概算取得費をそれぞれ計算すれば、次のとおりとなります。

〈実際の取得価額を基に計算した取得費〉

（取得価額の合計額）		（取得株数の合計）		（単価）
1,100,000円	÷	11,000株	=	100円

（単価）		（譲渡株数）		（取得費）
100円	×	11,000株	=	1,100,000円

〈概算取得費〉

（譲渡価額）				（取得費）
33,000,000円	×	5％	=	1,650,000円

したがって、実際の取得価額を基にした取得費1,100,000円よりも概算取得費1,650,000円の方が高いので、1,650,000円を株式等の取得費とすることができます。

【解説】実際の取得価額を基に計算した株式等の取得費の金額（同一銘柄を2回以上にわたって取得している場合には、総平均法に準ずる方法により計算した金額）と概算取得費（譲渡価額の5％相当額・【問1-60】を参照）により計算した金額とを比較して、いずれか高い方をその株式等の取得費とすることができます（所基通38-16）。

－85－

第1章 譲 渡 所 得

株式等の取得に要した借入金の利子

> 【問1-94】 私は数年前に借入金により取得した株式を本年中に譲渡しようと思うのですが、この借入金の利子は株式等の譲渡に係る所得の収入金額から控除することができるのでしょうか。

【答】 **本年中に支払うべき借入金の利子のみを譲渡所得の金額の計算上控除することができます。**

【解説】 株式等の取得に要した借入金の利子については、事業所得及び雑所得の場合、その譲渡した年中に支払うべき金額を譲渡収入金額から控除することとされています。

　また、譲渡所得の場合も、株式等に係る譲渡所得等の基因となった株式を取得するために要した借入金の利子で、その譲渡をした年中に支払うべきものについては、その株式等に係る譲渡所得の金額の計算上、収入金額から控除することとされています（措法37の10⑥三、37の11⑥）。

　なお、譲渡した年の前年分以前の利子はそれぞれの年分の配当所得の計算上控除することとされており、譲渡所得の金額の計算上控除することはできません（所法24②）。

　また、譲渡する株式について本年中に配当所得がある場合でも、その譲渡する株式に係る借入金の利子は必ず株式等の譲渡に係る所得の収入金額から控除することとされていますので、配当所得の計算上控除することはできません。

上場株式等に係る譲渡損失の損益通算及び繰越控除

> 【問1-95】 上場株式等に係る譲渡損失の損益通算及び繰越控除とはどのようなものでしょうか。

【答】 　上場株式等を金融商品取引業者等を通じて売却したこと等により生じた損失（以下「上場株式等に係る譲渡損失」といいます。）の金額がある場合は、確定申告により、その年分の上場株式等の配当等に係る利子所得の金額及び配当所得の金額（上場株式等に係る配当所得については、申告分離課税を選択したものに限ります。以下「上場株式等に係る配当所得等の金額」といいます。）と損益通算ができます。また、損益通算してもなお控除しき

－86－

第1章 譲 渡 所 得

れない損失の金額については、翌年以後３年間にわたり、確定申告により上場株式等に係る譲渡所得等の金額及び上場株式等に係る配当所得等の金額から繰越控除することができます（**注**）。

（注） 上場株式等に係る譲渡損失の金額については、一般株式等に係る譲渡所得等の金額から控除することはできません。平成29年分以前の各年分において生じた上場株式等に係る譲渡損失の金額で平成30年分に繰り越されたものについては、平成30年分における上場株式等に係る譲渡所得等の金額及び上場株式等に係る配当所得等の金額から繰越控除することはできますが、一般株式等に係る譲渡所得等の金額から繰越控除することはできません。

※ 上場株式等に係る譲渡損失の繰越控除については、まず上場株式等に係る譲渡所得等の金額から控除し、なお控除しきれない損失の金額があるときは、上場株式等に係る配当所得等の金額から控除します。

※ 繰越控除については、例えば平成27年以降の年分に生じた上場株式等に係る譲渡損失の金額で平成30年に繰り越されているものが、平成30年分の上場株式等に係る譲渡所得等の金額及び上場株式等に係る配当所得等の金額から控除することができます。

この特例の適用を受けるためには、次のことが必要となります。

(1) 上場株式等に係る譲渡損失と上場株式等に係る配当所得等との損益通算

イ この損益通算の規定の適用を受けようとする年分の確定申告書に、この規定の適用を受けようとする旨を記載すること。

ロ 「所得税及び復興特別所得税の確定申告書付表（上場株式等に係る譲渡損失の損益通算及び繰越控除用）」及び「株式等に係る譲渡所得等の金額の計算明細書」の添付がある確定申告書を提出すること。

なお、控除しきれない譲渡損失の金額があり、翌年以後にその譲渡損失の金額を繰り越す場合には、次の手続が必要になります。

(2) 上場株式等に係る譲渡損失の繰越控除

イ 上場株式等に係る譲渡損失の金額が生じた年分の所得税につき、「所得税及び復興特別所得税の確定申告書付表（上場株式等に係る譲渡損失の損益通算及び繰越控除用）」及び「株式等に係る譲渡所得等の金額の計算明細書」の添付がある確定申告書を提出すること。

ロ その後において連続して「所得税及び復興特別所得税の確定申告書付表（上場株式等に係る譲渡損失の損益通算及び繰越控除用）」

－87－

第1章 譲 渡 所 得

　の添付のある確定申草書を提出すること。
　(注)　上場株式等の譲渡がなかった年も、譲渡損を翌年へ繰り越すための申告
　　が必要です。
　ハ　この繰越控除を受けようとする年分の所得税につき、「所得税及
　　び復興特別所得税の確定申告書付表（上場株式等に係る譲渡損失の
　　損益通算及び繰越控除用）」及び一般株式等に係る譲渡所得等の金
　　額又は上場株式等に係る譲渡所得等の金額がある場合には「株式等
　　に係る譲渡所得等の金額の計算明細書」の添付のある確定申告書を
　　提出すること。
　（措法37の12の２、措令25の11の２、措規18の14の２）

特定管理株式等が価値を失った場合の株式等に係る譲渡所得等の課税の特例

> **【問１-96】** 私が証券会社の特定口座内で保管していた上場株式の発行会
> 　社が破産して、株式が無価値になり、相当の損失が生じましたが、そ
> 　の損失と他の株式の譲渡益との通算はできないのでしょうか。

**【答】平成28年分からは、あなたの所有する株式が特定管理株式等に該当す
る場合には、無価値化したことによる損失を上場株式等に係る譲渡損失の金
額として損益通算及び繰越控除をすることができます。**
【解説】　株式又は公社債の発行会社の破産等により個人が所有する株式の価
値が失われたとしても、それによる損失は原則として他の株式等の譲渡益や
給与所得など他の所得の金額から控除することはできません。
　しかし、特定口座に保管されていた内国法人の上場株式又は公社債が、上
場廃止となった日以後、特定管理株式等、特定保有株式又は特定口座内公社
債に該当していた場合で、その株式等を発行した法人に清算結了等の一定の
事実が生じた時は、その株式等の譲渡があったものとして、その株式等の取
得価額を譲渡損失の金額とみなして、その年の他の株式等の譲渡益から控除
できます（措法37の11の２）。
　この特例の適用を受けるためには、上記の一定の事実が生じた年分の確定
申告書に、この特例の適用を受ける旨を記載するとともに、次の書類を添付
する必要があります（措法37の11の２、措令25の９の２、措規18の10の２）。
　(1)　特例の対象となる株式について、特定管理口座を開設し又は開設して
　　いた金融商品取引業者等から交付を受けた一定の事実等を確認した旨を

－88－

第1章　譲　渡　所　得

　　証する書類
（2）特例の対象となる価値を喪失した株式とそれ以外の株式等とを区分し
　　て記載された株式等に係る譲渡所得等の金額の計算明細書
　　※　特定管理口座とは、特定口座に保管している内国法人の株式が上場株式等に
　　　該当しないこととなったときに、その株式をその特定口座からの移管により保
　　　管の委託がされることなど一定の要件を満たす口座をいいます。特定管理口座
　　　を開設するには、特定口座を開設している金融商品取引業者等に対して、最初
　　　に特定管理口座に上場株式等に該当しなくなった株式を受け入れる時までに、
　　　「特定管理口座開設届出書」を提出する必要があります。
　　　　なお、異なる金融商品取引業者等の間において特定口座から特定管理口座へ
　　　の受入れはできませんので、特例の対象とするためには特定口座が開設されて
　　　いる金融商品取引業者等ごとに特定管理口座を開設しておく必要があります。

特定口座内保管上場株式等の譲渡等に係る所得計算等の特例の概要

【問1-97】私は、A証券会社において特定口座を設定しています。特定
　　　口座内で保管する上場株式を譲渡した場合、所得計算等について特例
　　　があると聞きましたが、どのようなものでしょうか。

【答】金融商品取引業者に一定の要件を満たす特定口座を設定した場合は、
次の①及び②のとおり、計算することになります（措法37の11の3①②、措
令25の10の2①、③）。
　①　その特定口座に上場株式等保管委託契約に基づき振替口座簿に記載も
　　しくは記録され又は保管の委託がされている上場株式等（以下「特定口
　　座内保管上場株式等」といいます。）を譲渡した場合には、それぞれの
　　特定口座ごとに、その特定口座に係る特定口座内保管上場株式等の譲渡
　　による譲渡所得等の金額と、その特定口座内保管上場株式等以外の株式
　　等の譲渡による譲渡所得等の金額とを区分して、これらの金額を計算し
　　ます。
　②　上場株式等信用取引契約に基づき上場株式等の信用取引又は発行日取
　　引を特定口座において処理した場合には、それぞれの特定口座ごとに、
　　その信用取引に係る上場株式等の譲渡による事業所得又は雑所得の金額
　　と、その信用取引に係る上場株式等以外の株式等の譲渡による事業所得
　　又は雑所得の金額とを区分して、これらの金額を計算します。
一方、金融商品取引業者等は、その年において開設されていた特定口座に

－89－

第1章 譲 渡 所 得

ついて、その特定口座を開設した個人の氏名及び住所、その年中に特定口座
において処理された上場株式等の譲渡の対価の額、上場株式等の取得費の
額、譲渡に要した費用の額、譲渡に係る所得の金額又は差益の金額その特定
口座に受入れた上場株式等の配当等の額その他の事項を記載した「特定口座
年間取引報告書」を2通作成し、翌年1月31日（年の中途で特定口座の廃止
等の事由が生じた場合には、その事由が生じた日の属する月の翌月の末日）
までに、1通を特定口座を開設した金融商品取引業者等の営業所の所在地の
所轄税務署長に提出し、他の1通を特定口座を開設した個人に交付しなけれ
ばならない（措法37の11の3⑦）とされています（※）。

　確定申告を行うに当たっては、この「特定口座年間取引報告書」をもとに
して計算を行うことになります。

　※　電磁的方法により提供することもできます（措法37の11の3⑨）。

特定口座以外の株式等に係る譲渡所得金額との合計方法

【問1-98】私は、平成30年中にA～C証券のそれぞれの口座（C証券の
み特定口座ではありません。）で上場株式を売買しました。申告に当
たってはどのように計算すればよいでしょうか。なお、特定口座につ
いては、源泉徴収選択口座を選択していません。

(単位：円)

	収入金額	取得費等	差引金額
特定口座（A証券）の損益	3,000,000	5 500,000	▲2,500,000
特定口座（B証券）の損益	1,200,000	2 500,000	▲1,300,000
特定口座以外（C証券）の損益	20,000,000	1,000,000	19,000,000

【答】あなたの場合、株式等に係る譲渡所得の金額は、15,200,000円となり
ます。

(単位：円)

	収入金額	取得費等	差引金額
特定口座の損益（A・B）	4,200,000	8,000,000	▲3,800,000
特定口座以外の損益（C）	20,000,000	1,000,000	19,000,000
合　　計	24,200,000	9,000,000	15,200,000

第1章　譲　渡　所　得

【解説】「特定口座内保管上場株式等の譲渡による譲渡所得等の金額」と「特定口座以外における上場株式等に係る譲渡所得等の金額」との合計は次の順序により行います（措通37の11の3-13）。

(1)　特定口座が2以上ある場合には、証券業者から交付を受けた「特定口座年間取引報告書」に基づき、それぞれの特定口座年間取引報告書に記載された年間取引損益の各欄の金額を合計します。

(2)　上記(1)により合計された年間取引損益の各欄の金額について、特定口座以外の上場株式等に係る譲渡所得等の金額と合計します。

特定口座内保管上場株式等の譲渡による所得等に対する源泉徴収等の特例の概要

【問1-99】　私は、A証券会社において特定口座を設定しています。特定口座内で保管する上場株式を譲渡した場合、源泉徴収により税金を納税することができると聞きましたが、どのようなものでしょうか。

【答】　証券会社は、個人から特定口座源泉徴収選択届出書の提出がされた特定口座（源泉徴収選択口座）における上場株式等の譲渡の都度、年初からの純利益の額を計算し、その年における前回の譲渡までの純利益の額を超える部分の金額（以下「源泉徴収選択口座内調整所得金額」といいます。）が生じた場合には、その譲渡の対価又は差金決済に係る差益に相当する金額の支払をする際に、その源泉徴収選択口座内調整所得金額に20.315％（所得税15.315％、住民税5％）の税率を乗じて計算した金額の所得税等を徴収し、翌年1月10日までに、これを国等に納付することとされています（措法37の11の4①②③）。

　なお、源泉徴収を選択する場合の手続は、その年の最初の譲渡の時（受渡し）までに、証券会社に対して、「特定口座源泉徴収選択届出書」を提出する必要があります（措法37の11の4①）。その選択は年単位であることから、年の中途で源泉徴収を行わないように変更することはできません。

　源泉徴収口座を開設している金融商品取引業者等の営業所を通じて源泉徴収口座に保管委託等されている上場株式等に係る利子等又は配当等（配当等については、一定の大口株主等が受けるものを除きます。）を受ける場合は、その上場株式等に係る利子等及び配当等をその金融商品取引業者等の営業所に開設している源泉徴収口座に受け入れることを選択することができま

-91-

第1章　譲　渡　所　得

す。この選択をする場合には、源泉徴収口座が開設されている金融商品取引業者等に対して「源泉徴収選択口座内配当等受入開始届出書」を提出する必要があります。

　上記の選択がされた場合において、源泉徴収口座に受け入れた上場株式等に係る利子等及び配当等に係る源泉徴収税額を計算する際に、その源泉徴収口座内における上場株式等の譲渡損失の金額があるときは、その上場株式等に係る利子等の金額及び配当等の金額からその譲渡損失の金額を控除した金額に対して、前述の源泉徴収税率を適用して徴収すべき所得税等の計算をすることになります。

　また、その源泉徴収口座内で生じた上場株式等の譲渡損失の金額について、確定申告を行うことにより、他の上場株式等に係る譲渡所得等の金額及び他の上場株式等に係る利子等の金額及び配当等（上場株式等に係る配当等については、申告分離課税を選択したものに限ります。以下同じです。）の金額から控除するときは、その源泉徴収口座に係る上場株式等に係る利子等の金額及び配当等の金額は確定申告不要制度を適用できないことから確定申告する必要があります。（措法37の11の6⑥⑩、措令25の10の13①）。

確定申告を要しない上場株式等の譲渡による所得の概要

> **【問1-100】** 私は、A証券会社において特定口座を設定するとともに特定口座内で保管する上場株式を譲渡した場合、源泉徴収により税金を納税するよう手続をとっています。私のように源泉徴収により税金を納付している場合、確定申告は不要と聞きましたが、どのような制度でしょうか。

【答】 特定口座源泉徴収選択届出書を提出した特定口座（以下「選択口座」といいます。）を有する個人のその提出に係る年分の所得税については、選択口座における所得の金額又は損失の金額を株式等の譲渡所得等の金額又は譲渡損失の金額から除外して、その年分の確定申告を行うことができます（措法37の11の5①）。

　この制度を選択した場合の所得税法の適用関係は次のとおりとなります。
1　扶養親族等の要件とされる合計所得金額等
　　選択口座における所得の金額又は損失の金額は、所得税法第2条第1項第30号（寡婦）から第34号の4（老人扶養親族）の判定の際に用いられる

－92－

第1章 譲 渡 所 得

「合計所得金額」及び所得税法施行令第11条（寡婦の範囲）第2項、同令第11条の2（寡夫の範囲）第2項に規定する「その年分の総所得金額、退職所得金額及び山林所得金額の合計額」に含まれません（措令25の10の12①一）。

(注) 選択口座について確定申告をする場合には、その選択口座における所得の金額又は損失の金額は、当然に合計所得金額等に含まれます。

2 確定所得申告（所法120）

選択口座における所得の金額又は損失の金額は、株式等の譲渡所得等の金額には含まれませんので、これを除外して確定申告の要否を判定します。

3 確定所得申告を要しない場合（所法121）

給与所得を有する者又は公的年金等に係る雑所得を有する者の確定申告不要要件の適用上、選択口座における所得の金額又は損失の金額は「給与所得及び退職所得以外の所得金額若しくは公的年金等に係る雑所得以外の所得金額」には含まれません（措令25の10の12①二）。

4 還付等を受けるための手続（所法122）

いわゆる還付申告を行う場合において、選択口座における所得の金額又は損失の金額を除外して申告することになります。

第1章 譲 渡 所 得

源泉徴収選択口座の所得を申告する場合の計算（源泉所得税が還付される場合）

【問1-101】 私は、平成30年中にA～D証券のそれぞれの口座（D証券のみ特定口座ではありません。）で上場株式を売買しました。申告に当たってはどのように計算すればよいでしょうか。

（単位：円）

	収入金額	取得費等	差引金額	源泉徴収金額
源泉徴収選択口座（A証券）の損益	7,000,000	6,000,000	1,000,000	150,000
源泉徴収選択口座（B証券）の損益	5,000,000	3,900,000	1,100,000	165,000
源泉徴収選択口座以外の特定口座（C証券）の損益	1,500,000	2,000,000	▲500,000	－
特定口座以外（D証券）の損益	2,000,000	3,300,000	▲1,300,000	－

【答】 株式等に係る譲渡所得の金額は、300,000円となります。

（単位：円）

	収入金額	取得費等	差引金額	源泉徴収金額
源泉徴収選択口座（A証券）の損益	7,000,000	6,000,000	1,000,000	150,000
源泉徴収選択口座（B証券）の損益	5,000,000	3,900,000	1,100,000	165,000
源泉徴収選択口座以外の特定口座（C証券）の損益	1,500,000	2,000,000	▲500,000	－
特定口座以外（D証券）の損益	2,000,000	3,300,000	▲1,300,000	－
合　　　　計	15,500,000	15,200,000	300,000	

　譲渡所得等に係る所得税額は、45,000円（300,000円×15%）となりますが、315,000円が源泉徴収されていますので、確定申告をすることにより差額の270,000円が還付されることになります。

　なお、平成25年から平成49年までは、所得税のほか、復興特別所得税（基準所得税額の2.1%）が源泉徴収されています。

－94－

第1章　譲　渡　所　得

【解説】　源泉徴収選択口座において生じた所得又は損失の金額を申告する場合の株式等に係る譲渡所得等の金額の計算については、次の順序により行うことになります。

(1) まず、申告しようとする源泉徴収選択口座が2つ以上ある場合には、証券業者から交付を受けた源泉徴収選択口座に係る特定口座年間取引報告書に基づき、それぞれの特定口座年間取引報告書に記載された年間取引損益の各欄の金額を合計します。

(2) 次に、源泉徴収選択口座以外の特定口座との間で同様の合計計算を行います。

(3) 最後に上記(2)により合計された年間取引損益の各欄の金額について、特定口座以外の株式等に係る譲渡所得等の金額と合計します。

これにより算出した税額が源泉所得税額に満たない場合には、確定申告をすることによりその差額が還付されます。

譲渡損失及び繰越控除額を配当所得から控除する順序

【問1-102】　私は株取引を行っていますが、平成27年分以後、下表のとおり、4年連続で損失となっております。

平成30年分に上場株式の配当がありましたので、株式の譲渡損失との差し引きを行った上で、翌年分以降への損失の繰越を行いたいと思いますが、どのような計算になりますでしょうか。

(単位：円)

年分	上場株式等に係る譲渡所得等	上場株式等に係る配当等
27	△1,200,000	－
28	△1,300,000	－
29	△1,400,000	－
30	△500,000	1,500,000

【答】翌年分以降に繰り越される上場株式等に係る譲渡損失の金額は以下のとおりです。

平成28年分：1,300,000円

平成29年分：1,400,000円

平成30年分：　　　　0円

－95－

第1章 譲 渡 所 得

【解説】計算過程は以下のとおりです。
① 平成30年分の上場株式等に係る配当所得（申告分離課税を選択）と平成
 30年分の上場株式等に係る譲渡損失との損益通算
　・上場株式等に係る配当所得の金額
　 1,500,000円（配当）－500,000円（譲渡損失）＝1,000,000円（…A）
　・上場株式等に係る譲渡損失の金額
　 500,000円（譲渡損失）－500,000円（配当所得から控除した金額）＝０円
② 平成30年分の上場株式等に係る配当所得からの平成29年分以前の上場株
 式等の繰越損失の控除
　・上場株式等に係る配当所得の金額
　 1,000,000円（上記A）－1,000,000円（27年分損失（Aを限度））＝0円
　なお、平成27年分の損失額の残額（200,000円）については、３年を経過
するため、平成30年分への繰越はできません。
（計算順序について）
　上場株式等に係る配当所得（申告分離課税選択分）から譲渡損失を控除す
る順序は次のとおりです（措法37の12の２⑤、措令25の11の２⑧）。
1　本年分（損益通算）
2　本年の３年前分
3　本年の２年前分
4　本年の前年分

**外国の金融取引市場で上場されている株式を外国法人である金融商品取引業
者を通じて譲渡した場合の上場株式等に係る譲渡損失の損益通算及び繰越控
除の適用について**

> 【問１-103】私は外国の金融商品取引市場に上場されている外国法人の
>　株式を外国法人である金融商品取引業者（内閣総理大臣の登録を受け
>　ていない業者）を通じて譲渡しましたが、この譲渡により生じた譲渡
>　損失について上場株式等に係る譲渡損失の損益通算及び繰越控除の適
>　用を受けられるのでしょうか。

【答】内閣総理大臣の登録を受けていない金融商品取引業者は租税特別措置
法第37条の12の２（上場株式等に係る譲渡損失の損益通算及び繰越控除）第

－96－

第1章　譲　渡　所　得

２項第１号に規定する金融商品取引業者に当たらないので、配当所得との損益通算及び繰越控除をすることはできません。

【解説】　租税特別措置法第37条の12の２（上場株式等に係る譲渡損失の損益通算及び繰越控除）に規定する上場株式等に係る譲渡損失の金額とは、同条第２項第１号において金融商品取引法第２条第９項に規定する金融商品取引業者への売委託により行う上場株式等の譲渡により生じた譲渡損失の金額をいいます。

　ここでいう金融商品取引法第２条第９項に規定する金融商品取引業者とは、内閣総理大臣の登録を受けた者をいい、国内において第一種金融商品取引業を行おうとする外国法人は国内における代表者を定めてその登録申請書を内閣総理大臣に提出することとされています。

　このため、内閣総理大臣の登録を受けていない外国証券会社などを通じて、海外の金融商品取引市場で譲渡した外国法人の株式譲渡に係る譲渡損失については、上場株式等に係る譲渡損失の損益通算及び繰越控除の対象とはなりません。

　ただし、同年中の他の株式譲渡により生じた譲渡益とは通算できます。

従業員持株会を通じて取得した株式の取得費

> **【問１-104】**　私は本年８月に勤務先のＰ株式会社の株式を一部売却しました。この株式は従業員持株会（以下「持株会」といいます。）を通じて取得したものですが、株式の譲渡所得の計算を行う際の取得費はいくらで計上すればよいのでしょうか。
>
> 　なお、この株式を持株会から引き出した際にＰ株式会社から「退会（引出）精算書」が交付されています。

【答】「退会（引出）精算書」に１株当たりの取得単価（以下「簿価単価」といいます。）が記載されているのであれば、その価額を基に取得費を計算することができます。

【解説】　通常、持株会は各会員に対して「投資等報告書」や「退会（引出）精算書」などを通知します。これらの通知書には、拠出金額、取得株式数、簿価単価などが記載されていますので、この簿価単価を基に取得費を計算することができます。

　ただし、これらの通知書の記載内容は持株会によって異なり、簿価単価が

－97－

第1章 譲 渡 所 得

記載されていないこともありますが、簿価単価の記載がない場合には、「拠
出金額」を「取得株式数」で除した金額とすることができます。

　「投資等報告書」や「退会（引出）精算書」などがない場合や、これらの
通知書では取得費の計算ができない場合には、株券の裏面に記載されている
名義書替日の相場を基に計算しても構いません。

　なお、持株会を通じて取得した株式のほかに、同一銘柄の株式を持株会以
外で購入等している場合には、持株会を通じて取得した株式の取得価額と、
持株会以外で購入等した株式等の取得価額を基に総平均法に準ずる方法によ
り計算した1株当たりの取得費に売却株数を乗じて計算した金額が、株式の
収入金額から控除される取得費となります。

投資一任口座（ラップ口座）における株取引の費用の取扱い

【問1 -105】 私は、M証券会社で投資一任口座（以下「ラップ口座」と
いいます。）を開設しています。この口座の契約内容は次のとおりと
なっていますが、ラップ口座契約に伴って支払う報酬等は税務上どの
ように取り扱われるのでしょうか。

① 　当該口座は顧客と証券会社の間で締結する投資一任契約に従って
資産運用するための専用口座である。

② 　①の契約に基づいて証券会社は顧客に代わって上場株式の取引に
より資産運用を行い、顧客は固定報酬や成功報酬などの一定の報酬
を支払う。

固定報酬： 　契約当初において契約資産を基準として算出した金額
を支払う。

　　　　　　中途で契約解除があった場合、解約以後の残期間（月
期割）に相当する金額は返還される。

成功報酬： 　契約満了時に純利益を基準として一定の割合で計算し
た金額を支払う。

③ 　契約期間は1年間

【答】 　この投資一任契約に係る成果は顧客に帰属することとなりますので、
それが株式等の譲渡によるものである場合には、株式等の譲渡による事業所
得、雑所得又は譲渡所得のいずれかの所得として分離課税の対象となります
が、これらの所得のいずれに該当するかは、株式等の譲渡が営利を目的とし

-98-

第1章　譲　渡　所　得

て継続的に行われているかどうかにより判定することとしています（措通37の10・37の11共－2前段）。

　この場合、一般株式等に係る譲渡所得等の金額又は上場株式等に係る譲渡所得等の金額の計算上、上場株式等は流動性が高いことから「営利・継続取引」される可能性が高いとして事業・雑所得に区分しうるものとする一方、一般株式等は流動性が低いとして譲渡所得に区分し、上場株式等であっても、その株式等の所有期間が1年超にわたるものの所得の実現は保有期間中の値上り益の実現とみて、譲渡所得に区分するものとしています（措通37の10・37の11共－2後段）。

　この投資一任契約は、所有期間1年以下の上場株式の売買を行うものであり、また、顧客が報酬を支払って、有価証券の投資判断とその執行をM証券会社に一任し、契約期間中に営利を目的として継続的に上場株式の売買を行っていると認められますので、その株式の譲渡による所得は、事業所得又は雑所得に当たるものと考えられます。

　この場合、固定報酬及び成功報酬については、必要経費となりますが、契約期間が年をまたぐときは次のとおりとなります。

①固定報酬……　契約当初に支払われる固定報酬額は、契約資産を基準として計算されるものですが、契約解除の際は当該報酬額の残期間に相当する金額については返還することとなっていますので、当該報酬額を期間あん分して算出した金額のうち当年の期間に対応する金額が当年分の経費となります。

②成功報酬……　成功報酬額については、契約期間満了時に当該契約期間の成果である純利益に対し一定の割合を乗じて計算した金額に相当する額であることから、当該期間の満了時に当該金額が確定するものであり期間の中途における年末の時点においては当該報酬は発生していないことから、契約期間満了した年分の必要経費となります。

　なお、契約内容によって取扱いが異なる場合がありますので、ご注意ください。

第1章 譲 渡 所 得

特定中小会社が発行した株式（特定投資株式）の取得に要した金額の控除等の特例の概要

【問1-106】 一定の要件を満たすベンチャー企業への投資額を控除できると聞きましたが、どのような内容でしょうか。

【答】 平成15年4月1日以後に、次の株式会社（以下「特定中小会社」といいます。）のそれぞれに定める株式（以下「特定株式」といいます。）を払込み（株式の発行に際してするものに限ります。）により取得した個人（特定中小会社の同族株主など一定の者を除きます。）が、その特定株式を払込みにより取得した場合におけるその年分の株式等に係る譲渡所得等の金額の計算については、その計算上その年中に払込みにより取得した特定株式（その年の12月31日において有するものに限ります。以下「控除対象特定株式」といいます。）の取得に要した金額の合計額（この特列の適用前の株式等に係る譲渡所得等の金額を限度とします。）を控除することができます（措法37の13、措令25の12、措規18の15）。

(1) 中小企業等経営強化法第6条に規定する特定新規中小企業者に該当する株式会社により発行される株式

(2) 内国法人のうち、その設立の日以後10年を経過していない中小企業者に該当する一定の株式会社により発行される株式で、一定の投資事業有限責任組合契約に従って取得されるもの

(3) 内国法人のうち、認可金融商品取引業協会の規則においてその事業の成長発展が見込まれるものとして指定を受けている株式を発行する株式会社（グリーンシート・エマージング区分）であって、その設立の日以後10年を経過していない中小企業者に該当する一定のものにより発行される株式で、一定の金融商品取引業者を通じて取得されるもの

(4) 内国法人のうち、沖縄振興特別措置法第57条の2第1項に規定する指定会社で平成26年4月1日から平成31年3月31日までの間に同項の規定による指定を受け、当該指定会社により発行される株式

例えば、平成29年中の株式の譲渡益が600万円であったところ、特定中小会社に係る「控除対象特定株式」を取得するために500万円を要した場合、課税の対象となる譲渡所得の金額は、100万円（600万円－500万円）となります。

－100－

第1章　譲　渡　所　得

特定新規中小会社が発行した株式（特定新規株式）を取得した場合の課税の特例

> 【問1-107】　一定の要件を満たすベンチャー企業に出資した場合、寄附金控除を受けると聞きましたが、概要を教えてください。

【答】特定新規中小会社が発行する株式（以下「特定新規株式」といいます。）を払込みによって取得した場合、その特定新規株式（その年の12月31日おいて有するものに限ります。以下「控除対象特定新規株式」といいます。）の取得に要した金額については、1,000万円を限度として（1,000万円を超える場合には1,000万円）所得税法78条に規定する寄附金控除の規定を適用することができます（措法41の19①）。

　なお、この特例の適用を受けた場合には、その適用を受けた年の翌年以後、その適用を受けた特定新規株式に係る同一銘柄株式の取得価額は、この取得価額から適用対象額を控除した金額となります。

　また、この特例の適用を受けた控除対象特定新規株式と同一銘柄の株式で、その適用を受けた年中に取得したものは、特定中小会社が発行した株式の取得に要した金額の控除等の特例（措法37の13）（【問1-106】参照）を適用することができないとされています。

非課税口座内の少額上場株式等に係る譲渡所得等の非課税措置の概要

> 【問1-108】　非課税口座内の少額上場株式等に係る配当所得及び譲渡所得の非課税措置の制度とはどのような制度でしょうか。

【答】　少額投資非課税制度は、20歳以上（口座開設の年の1月1日現在）の居住者等（居住者又は恒久的施設を有する非居住者）を対象として、平成26年から35年までの間に非課税口座で取得した上場株式等（投資額は年間120万円（平成26年分、27年分は100万円）が上限）について、その配当等やその上場株式等を売却したことにより生じた譲渡益が、非課税管理勘定が設けられた日の属する年の1月1日から最長5年間非課税（非課税期間）とされる制度（非課税上場株式等管理契約に係る非課税措置：NISA）です。

　また、平成29年度の税制改正により、平成30年から49年までの間に非課税口座に設けられた累積投資勘定に係る公募等株式投資信託の受益権（投資額

第1章 譲 渡 所 得

は年間40万円が上限）については、その配当等やその譲渡益については、その非課税口座に累積投資勘定を設けた日の属する年の1月1日から最長20年間非課税（非課税期間）とされました（非課税累積投資契約に係る非課税措置：積立NISA）。なお、NISAと積立NISAは各年単位でいずれか選択して適用することとなります。

(注)1 非課税とされるのは、非課税口座を開設する金融機関を経由して交付される配当等に限られていますので、上場株式等の発行者から直接交付される配当等は課税扱いとなります。

  2 非課税口座で取得した上場株式等を売却したことにより生じた損失はないものとみなされます。したがって、その上場株式等を売却したことにより生じた損失について、特定口座や一般口座で保有する上場株式等の配当等やその上場株式を売却したことにより生じた譲渡益との損益通算や、繰越控除をすることはできません。

	積立NISA　　いずれかを選択	NISA
開設者(対象者)	口座開設の1月1日において20歳以上の居住者等	
投資対象商品	公募・上場株式投資信託	上場株式・公募株式投資信託等
毎年の投資上限額	40万円	120万円 （平成26、27年は100万円）
非課税期間	20年間	5年間
口座開可能期間	平成30年～49年（20年間）	平成26年～35年（10年間）
投資方法	定期かつ継続的な方法で投資	制限なし
金融商品取引業者の変更	年分ごとに変更可能	
制度イメージ		

─ 102 ─

第1章　譲　渡　所　得

ジュニアNISA（未成年者少額投資非課税制度）の概要

> **【問1-109】** ジュニアNISA（未成年者少額投資非課税制度）とはどのような制度ですか。

【答】 ジュニアNISA（未成年者少額投資非課税制度）は、20歳未満（口座開設の年の1月1日現在）又はその年に出生した居住者等（居住者又は恒久的施設を有する非居住者）を対象として、平成28年から平成35年までの間に、未成年者口座で取得した上場株式等（投資額は年間80万円が上限）について、その配当等やその上場株式等を売却したことにより生じた譲渡益が、非課税管理勘定が設けられた日の属する年の1月1日から最長5年間非課税（非課税期間）とされる制度です。

　なお、NISA（少額投資非課税制度）とは異なり、上場株式等の配当等や売却代金の払出しに一定の制限が設けられています。

（注）1　非課税とされるのは未成年者口座を開設する金融機関を経由して交付される配当等に限られていますので、上場株式等の発行者から直接交付される配当等は課税扱いとなります。

　2　非課税管理勘定の設定期間が終了した場合（平成36年以降）には、非課税管理勘定へ受け入れていた上場株式等を継続管理勘定（平成40年まで設定可能）へ移管（移管時の時価80万円まで）することにより未成年者口座を開設された方が20歳になるまで非課税の適用を受けることができます。

　3　未成年者口座で取得した上場株式等を売却したことにより生じた損失はないものとみなされます。したがって、その上場株式等を売却したことにより生じた損失について、特定口座や一般口座で保有する上場株式等の配当等やその上場株式等を売却したことにより生じた譲渡益との損益通算や、繰越控除をすることはできません。

【制度の概要】

項　　　　　目	ジュニアNISA（未成年者少額投資非課税制度）	NISA（少額投資非課税制度）
非　課　税　対　象	未成年者口座内の少額上場株式等の配当等、譲渡益	非課税口座内の少額上場株式等の配当等、譲渡益
開設者（対象者）	口座開設の年の1月1日において20歳未満又はその年に出生した居住者等	口座開設の年の1月1日において20歳以上の居住者等

－103－

第1章 譲 渡 所 得

口座開設可能期間	平成28年4月1日から平成35年12月31日までの8年間（口座開設の申込みは平成28年1月から可）	平成26年1月1日から平成35年12月31日までの10年間
金融商品取引業者等の変更	変更不可（1人につき1口座のみ）	一定の手続の下で、1非課税管理勘定（各年分）ごとに変更可
非課税投資額	1非課税管理勘定における投資額（①新規投資額及び②継続適用する上場株式等の移管された日における終値に相当する金額の合計額）は80万円を上限（未使用枠翌年以後繰越不可）	1非課税管理勘定における投資額（①新規投資額及び②継続適用する上場株式等の移管された日における終値に相当する金額の合計額）は120万円を上限（未使用枠翌年以後繰越不可）
非課税期間	最長5年間、途中売却可（ただし、売却部分の枠は再利用不可）	最長5年間、途中売却可（ただし、売却部分の枠は再利用不可）
非課税投資総額	最大400万円（80万円×5年間）	最大600万円（120万円（平成27年分以前は100万円）×5年間）
払出制限	その年の3月31日において18歳である年（基準年）の前年12月31日までは、原則として未成年者口座及び課税未成年者口座からの払出しは不可	払出制限無

第1章 譲渡所得

第8節 国外転出時課税制度

国外転出時課税制度の概要

【問1-110】国外転出時課税制度の概要について教えてください。

【答】国外転出時課税は、国外転出をする時点で1億円以上の有価証券や未決済の信用取引などの対象資産（以下「対象資産」といいます。以下同じです。）を所有等（所有又は契約の締結をいいます。以下同じです。）している一定の居住者に対して、国外転出の時に、国外転出の時の価額又は国外転出の予定日の3か月前の日の価額で対象資産の譲渡等があったものとみなして、その対象資産の含み益に対して所得税が課税される制度で、平成27年7月1日以後に国外転出をする場合に適用されます（所法60の2）。

国外転出時課税の対象となる方は、所有等している対象資産の譲渡等があったものとみなして、事業所得の金額、譲渡所得の金額又は雑所得の金額を計算し、確定申告書を提出するほか、所得税を納付する必要があります。

（参考）

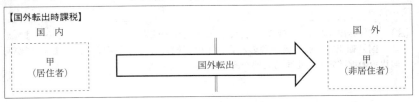

(注) 国外転出時課税の場合、甲が所得税の確定申告をする必要があります。

国外転出（贈与・相続）時課税制度の概要

【問1-111】国外転出（贈与・相続）時課税制度の概要について教えてください。

【答】国外転出（贈与）時課税制度とは、贈与の時において1億円以上の対象資産を所有等している一定の居住者が、国外に居住する親族等（非居住者）へ対象資産の全部又は一部（以下「贈与対象資産」といいます。）を贈与した場合には、その贈与の時に、贈与者が贈与対象資産を譲渡等したものとみなして、贈与対象資産の含み益に所得税が課税される制度です。

第1章 譲渡所得

　また、国外転出（相続）時課税制度とは、相続開始の時において1億円以上の対象資産を所有等している一定の居住者から、国外に居住する相続人等（非居住者）が、相続又は遺贈により、対象資産の全部又は一部（以下「相続対象資産」といいます。）を取得した場合には、その相続開始の時に、適用被相続人等が相続対象資産を譲渡等したものとみなして、相続対象資産の含み益に所得税が課税される制度です（所法60の3）。
（参考）

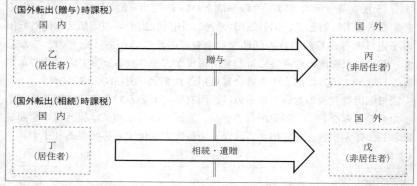

(注)　国外転出（贈与）時課税の場合、乙が所得税の確定申告をする必要があります。
　　　国外転出（相続）時課税の場合、丁の相続人（包括受遺者を含みます。）が所得税の準確定申告をする必要があります。

第1章　譲　渡　所　得

第9節　信託の取扱い

信託による資産の移転等

【問1-112】私は土地を信託して、ビル経営を始めることにしました。ところで、信託契約では土地の所有権を受託者に移転させることになっていますが、これによって私に課税問題が生じるでしょうか。

【答】所有権の移転が信託契約に基づくもので一定の要件を満たしていれば課税の対象になりません。

【解説】所得税の取扱い上、信託の受益者はその信託の信託財産である資産及び負債を有しているものとみなされます（所法13①）。したがって、あなたがこの信託の受益者であれば、土地の所有権を受託者に移転させたとしても、引き続きその土地を所有しているものとみなされますので、課税関係は生じません。ただし、この取扱いがなされる信託は、次に掲げる信託以外の信託に限られます。

① 集団投資信託

　合同運用信託、投資信託（法人税法2二十九ロに掲げる信託に限ります。）及び特定受益証券発行信託をいいます（所法13③一）。

② 退職年金等信託

　法人税法第84条第1項に規定する確定給付年金資産管理運用契約、確定給付年金基金資産運用契約、確定拠出年金資産管理契約、勤労者財産形成給付契約若しくは勤労者財産形成基金給付契約、国民年金基金若しくは国民年金基金連合会の締結した国民年金法第128条第3項（基金の業務）若しくは第137条の15第4項（連合会の業務）に規定する契約又はこれらに類する一定の退職年金に関する契約をいいます（所法13③二）。

③ 法人課税信託

　次に掲げる信託で信託段階において受託者を納税義務者として法人税が課税されるものです（所法2①八の三、法法2二十九の二）。

　イ　受益証券発行信託

　ロ　受益者の存しない信託

　ハ　法人（公共法人又は公益法人等を除きます。）が委託者となる信託のうち、次の要件のいずれかに該当するもの

　　i　法人の事業の重要な部分の信託で委託者の株主等をその受託者とす

－107－

第1章 譲渡所得

るもの

ⅱ　その法人の自己信託等で信託の存続期間が20年を超えるもの

ⅲ　その法人の自己信託等で信託の損益分配割合が変更可能のであるもの

ニ　投資信託（上記①の集団投資信託に該当しないもの）

ホ　特定目的信託

信託財産の譲渡

【問1-113】私は、S信託銀行と土地信託契約を締結しました。その内容は、私所有の土地の上にマンションを建築して、その賃貸収入を得るというものです。

　ところが、信託銀行では、マンションの建築資金を調達するため、信託財産である土地の一部を売却するということです。この場合、その土地は信託銀行の名義となっていますが、譲渡所得についての課税関係はどうなるのでしょうか。

【答】譲渡所得としてあなたに対して所得税が課税されます。

【解説】信託が設定されると、信託財産の名義は受託者である信託銀行となります。これに伴い、信託財産の譲渡があった場合、その譲渡はすべて信託銀行の名義で行われることになります。

　しかし、【問1-112】で説明しましたとおり、信託の受益者はその信託の信託財産である資産及び負債を有しているものとみなされます。したがって、この場合は受益者であるあなたが直接その土地を譲渡したとして、その譲渡収入金額から、信託財産の取得費及び譲渡費用等を控除して、一般の場合と同様に譲渡所得金額の計算を行うことになります。

　なお、控除される取得費及び譲渡費用については、【問1-116】を参照してください。

第1章　譲　渡　所　得

信託受益権の譲渡

> 【問1-114】私は、都合により、土地、建物を信託財産とする信託受益
> 権を譲渡しようと思っています。
> 　ところで、信託受益権を譲渡した場合は、譲渡所得が課税されると
> 聞きましたが、本当でしょうか。

【答】信託財産である土地、建物を譲渡したとしてあなたに対して所得税（譲渡所得）が課税されます。

【解説】信託受益権の譲渡が行われた場合には、その信託受益権の目的となっている信託財産の全部（信託受益権が割合をもって表示されているときは、その割合に相当する部分）が、一括して譲渡されたものとして取り扱われます（所法13①）。

信託財産の取得の日の判定

> 【問1-115】私は、都合により、土地建物を信託財産とする信託受益権
> を譲渡しようと思っています。この場合、長期譲渡所得となるか短期
> 譲渡所得となるかの判定の基礎となる「取得の日」はいつのことをい
> うのですか。

【答】信託財産を譲渡した場合は、【問1-113】で述べたとおり、委託者（受益者）が、直接譲渡したとして所得税（譲渡所得）が課税されます。

　ところで、この場合、長期譲渡所得・短期譲渡所得の判定の基礎となる信託財産の「取得の日」は、それぞれ次のとおりとなります。

(1) 信託の設定により、受益者（委託者）となった者が有する信託財産（所基通33-1の7(2)）

①　信託の設定により信託財産を、委託者から受託者へ移転したものであるとき…………委託者が、その資産を取得した日

　　つまり、この資産については、信託の設定前の所有期間と、その後、受託者によって譲渡されるまでの期間を通算して、その所有期間により判定することになります。

②　信託期間中に信託財産を受託者が取得したものであるとき…………受託者が、その資産を取得した日

第1章 譲 渡 所 得

(2) 他の者から、信託受益権の譲渡を受けて受益者となった者が有する信託
財産
① その信託受益権の取得の日以前から信託財産となっているものである
とき…………その信託受益権を取得した日
② その信託受益権の取得の日以後において、信託財産を受託者が取得し
たものであるとき…………受託者がその資産を取得した日

信託財産の取得費

【問1-116】信託財産を譲渡した場合において収入金額から差し引くこ
とができる取得費とはどのようなものをいうのですか。
私の場合、売却する信託財産は、信託の設定以前に1,000万円で購
入しています。

【答】購入金額の1,000万円とあなた及び受託者が支出した設備費・改良費の
合計額を取得費とすることができます。
【解説】信託財産の譲渡により譲渡所得を算出する場合に、収入金額から差
し引くことができる取得費については次のとおりです（所基通33-1の7
(4)）。
(1) 信託の設定により信託財産となった資産の取得費
委託者がその資産を引き続き所有しているものとして、所得税法第38条
及び61条の規定を適用して計算した金額となります。
(2) 信託期間中に信託財産となった資産の取得費
受託者がその取得のために要した金額について所得税法第38条及び61条
の規定を適用して計算した金額になります。
なお、この場合、資産の取得に際して信託報酬として受託者に支払った
金額があるときは、その金額も取得費に該当します。
また、これにより計算した金額が、収入金額の5％相当額より低い場合
は、5％相当額を取得費とすることができます。

-110-

第1章 譲 渡 所 得

信託財産を譲渡した場合の譲渡費用

【問1-117】私は土地を信託し、その信託の受益者となっていますが、
この度、その信託財産である土地の一部が譲渡されることとなりま
す。この土地の譲渡に際しては、信託報酬を受託者に支払っています
が、この支払った金額は譲渡所得の計算上なにか考慮されるのでしょ
うか。

【答】その信託報酬は譲渡費用として取り扱われます。

【解説】【問1-112】のように受益者がその信託の信託財産である資産及び負
債を有しているとみなされる信託において、その信託財産の譲渡があった場
合は、その資産を直接譲渡したものと取り扱われます。この場合において、
その資産の譲渡に係る信託報酬としてその信託の受益者等が受託者に支払っ
た金額は、譲渡費用に含まれます（所基通33-1の7(1)）。

信託受益権の譲渡があった場合の収入金額の計算

【問1-118】私は、この度、土地及びマンションを信託財産とする信託
受益権を譲渡しました。それにより譲渡代金として受領したのは、そ
のマンションの価額（時価）からマンションの建築資金のための借入
金の残額及び入居者から受け入れた預り保証金等を差し引いた金額で
す。
　　信託受益権を譲渡した場合、譲渡所得の申告が必要だと聞きました
が、収入金額はいくらとすればよろしいでしょうか。

【答】信託受益権の譲渡の収入金額は、支払を受けた金額に借入金の残額及
び預り保証金の額を加算した額になります。

【解説】所得金額を計算するときの収入金額には、金銭のほか、債務の引受
け等があるときは、その債務引受け等による経済的利益の額も算入して計算
することになっています（所法36①）。

　ところで、土地信託の受益権を譲渡した場合において、その信託財産に係
る債務、例えば信託建物の建築に充当するための借入金等があった場合、そ
の譲渡により受益者が受領する金額は、その債務の額を控除した残額となる
ことがあります。そこで、このような場合は、その譲渡に係る収入金額は、

-111-

第1章 譲 渡 所 得

支払を受けた金銭にその控除された債務に相当する金額を加算した金額となります（所基通33-1の7（3））。

受益者等が存しない信託（信託設定時）

> 【問1-119】受益者等が存しない信託を設定した場合の課税関係はどうなりますか。

【答】その信託する資産を法人に対して贈与したものとみなされますので、その資産が譲渡所得の基因となる資産である場合は、時価でその資産の譲渡があったものとして所得税が課税されます。

【解説】受益者等が存しない信託の委託者がその有する資産の信託をした場合には、その信託の受託法人（※）に対する贈与により資産の移転があったものとみなされます（所法6の3七）。

これにより、当該資産が譲渡所得の起因となる資産である場合には、その時における価額に相当する金額により、その信託の受託法人に対しその資産の譲渡があったものとして、所得税が課税されます（所法33、59）。

また、その信託の受益法人に対しては、受贈益課税（法人税）が行われます。

なお、その受益者等がその信託の委託者の親族である場合の取扱いは【問5-25】をご覧ください。

※ 受託法人とは

受益者等が存しない信託に信託された財産は、受託者を納税義務者として、受託者の固有財産とは別個に、その所得に対し法人税が課税されます（法法2二十九の二、法法4の6）。このような信託段階で法人税の課税される信託を法人課税信託といい、この法人課税信託の受託者のことを「受託法人」といいます。

（参考1）受益者が存しない信託の例

① 受益者がまだ生まれていない子供である場合

② 受益者指定権がまだ行使されていない場合

③ 受益者の定めのない信託（目的信託）

（参考2）受益者等が現れた場合の取扱い

受益者等が存しない信託について、受益者等が現れたことにより、その信託が法人課税信託に該当しないこととなった場合には、その受益者は受託法人によりその信託財産に属する資産及び負債を、その直前の帳簿価格で引き

-112-

第1章　譲　渡　所　得

継いだこととされ、課税は生じないこととされています（所法67の3①②）。
なお、その受益者等がその信託の委託者の親族である場合の取扱いは【問
5-26】をご覧ください。

第1章 譲 渡 所 得

第10節　同族会社等の行為計算の否認

法人への低額譲渡と行為計算否認

【問1-120】私は同族会社の社長ですが、この度時価5,000万円の土地を
私が経営するＡ社に3,000万円で売却しました。
　　譲渡価額については、私個人はいくらであってもよかったのです
が、友人から時価の2分の1未満の価額で譲渡した場合には時価で課
税されると聞きましたので3,000万円と決めたものです。
　　この場合、税務上の取扱いはどうなるでしょうか。

【答】その譲渡が、所得税法第157条（（同族会社等の行為又は計算の否認））の
規定に該当する場合には、税務署長の認めるところによって、譲渡した物件
の時価5,000万円で譲渡したとみなされて所得税が課税されます。

【解説】同族会社（法人税法2十）の行為又は計算で、これを容認した場合
にはその株主若しくは社員である居住者又は政令で定める特殊の関係のある
居住者の所得税の負担を不当に減少させる結果となると認められるときは、
その行為又は計算を否認して税務署長の認めるところにより所得金額を計算
することができることとされています（所法157、所令275）。

　この規定は、個人が同族会社との間で行った取引で、その取引が私法上適法
な取引であり、かつ、所得税法第59条第1項第2号にいう著しく低い価額（時
価の2分の1未満の価額）により資産を譲渡した場合に該当しない場合であ
っても、これをそのまま放置すると租税負担の公平を著しく損なうこととな
ると認められる場合には税務上はその行為又は計算が否認され課税されると
いうものです（所基通59-3）。

　なお、他の株主への贈与税の課税関係にもご注意ください（【問5-31】参
照）。

－114－

第1章 譲渡所得

第11節 譲渡所得計算と消費税等

譲渡所得計算と消費税等の関係

【問1-121】譲渡所得を計算する場合に消費税はどのように関係してくるのでしょうか。

【答】消費税の課税事業者が店舗等の業務用資産を譲渡した場合には、譲渡価額に対して消費税及び地方消費税（以下「消費税等」といいます。）が課税されます。また、仲介手数料については、その支払先が課税事業者であれば、消費税等が含まれています。

【解説】譲渡所得の計算上、譲渡価額、取得費及び譲渡費用に含まれている消費税等の取扱いは次のとおりです。

(1) 消費税の課税事業者が行う店舗等の業務用資産（土地等消費税等が課税されない資産を除きます。）を譲渡した場合

譲渡所得の計算は、譲渡資産を事業等に供していたその事業所得等の経理方式と同一の経理方式によることとされています（平元.3.29直所3-8「2」、「3」）。したがって、譲渡所得の計算は、その資産に係る事業所得等の経理方式が税込経理方式か税抜経理方式かによって、次のとおり異なることになります。

① 税込経理方式の場合

譲渡価額、取得費、譲渡経費はすべて消費税等込みの価額を基に計算します（減価償却費及び概算取得費の計算も税込みの価額を基に計算します。）。

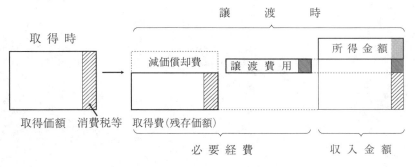

— 115 —

② 税抜経理方式の場合
　　譲渡価額、取得費、譲渡経費はすべて消費税等抜きの価額を基に計算します。

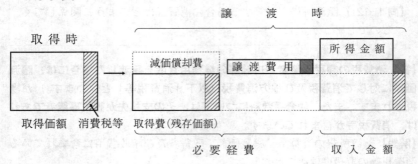

(2) 非事業者又は消費税の免税事業者が行う資産の譲渡及び課税事業者が行う居宅等の非業務用資産及び土地等の消費税等が課税されない資産を譲渡した場合
　　譲渡所得の計算はすべて税込価額により行います（平元.3.29直所3-8「5」）。
　　したがって、譲渡所得の計算は譲渡価額を除き、すべて消費税等込みの価額を基に計算します（減価償却費の計算も税込みの価額を基に計算します。）。
　　なお、この場合、収入金額に対して消費税等は課税されません。

第1章 譲 渡 所 得

譲渡所得計算と消費税等の関係（計算例1）

【問1-122】 私は平成29年3月1日に店舗（木造）とその敷地を購入したのですが、事業経営が思わしくなく、平成30年10月25日にやむなく譲渡しました。譲渡価額、取得費等は次のとおりです。金額はすべて消費税等込みの金額で、建物は定額法で償却していました。
　　○譲渡価額　　　1億240万円（土地7,000万円、建物3,240万円）
　　○取得費　　　　9,240万円（土地6,000万円、建物3,240万円）
　　○譲渡に係る仲介手数料　　　324万円
　　なお、私は消費税の課税事業者であり、事業所得についての経理方式は税込経理方式を適用しています。
　　この場合の譲渡所得の計算はどのように行うのでしょうか。

【答】 あなたの場合、譲渡した資産に係る事業の経理方式が税込経理方式ということですので、譲渡所得の計算についても税込価額により行うことになります。

　具体的には次のとおりです。

$$\text{〔土地〕}\quad \underset{(収入金額)}{7{,}000万円} - \underset{(取得費)}{6{,}000万円} \underset{(譲渡費用)}{-324万円 \times \frac{7{,}000万円}{1億240万円}} = \underset{(短期譲渡所得)}{778万5{,}157円}$$

$$\text{〔建物〕}\quad \underset{}{3{,}240万円} - \underline{2{,}991万6{,}000円} -324万円 \times \frac{3{,}240万円}{1億240万円} = 145万8{,}844円$$

$$\underset{(取得価額)}{3{,}240万円} - \underset{(減価償却費)}{3{,}240万円 \times 0.046 \times {}^{20}\!/_{12}} = \underline{2{,}991万6{,}000円}$$

〈参　考〉　税抜経理方式の場合

$$\text{〔土地〕}\quad \underset{(収入金額)}{7{,}000万円} - \underset{(取得費)}{6{,}000万円} \underset{(譲渡費用)}{-300万円 \times \frac{7{,}000万円}{1億円}} = \underset{(短期譲渡所得)}{790万円}$$

$$\text{〔建物〕}\quad 3{,}000万円 - \underline{2{,}770万円} -300万円 \times \frac{3{,}000万円}{1億円} = 140万円$$

$$\underset{(取得価額)}{3{,}000万円} - \underset{(減価償却費)}{3{,}000万円 \times 0.046 \times {}^{20}\!/_{12}} = \underline{2{,}770万円}$$

第1章 譲 渡 所 得

譲渡所得計算と消費税等の関係（計算例2）

【問1-123】 私は大阪市内にある20年間事業を営んできた工場（木造、定額法で償却）とその敷地を本年5月に譲渡し、その譲渡代金で、既成都市区域外にある私の土地にマンションを建築したいと考えています。これについては事業用資産の買換えの特例を適用（要件は満たしています。）したいのですが、譲渡した店舗部分についての消費税は、譲渡所得の計算上どのように取り扱われるのでしょうか。

譲渡価額、マンションの建築価額等は次のとおり（金額はすべて税込み）です。

なお、事業所得の経理方式は税込経理方式を採用しています。

○譲渡価額　1億160万円（土地8,000万円、建物2,160万円）

○取得費（消費税法施行前）

　　　　　5,000万円（土地2,000万円、建物3,000万円）

○マンションの建築価額　1億800万円

【答】 **あなたの場合、譲渡した資産に係る事業の経理方式が税込経理方式ということですので、譲渡所得の計算についても税込価額により行うことになります。**

事業用資産の買換えの特例に係る計算についても、すべての計算を税込価額により行えばよいわけですが、具体的には次のとおりです。

　（収入金額）　　　　　　　　（取得費）　　　　　　　　（長期譲渡所得）
　1億160万円×20％－（2,000万円＋516万円）×20％＝1,528万8,000円

　　　　　　　　　　　（取得価額）　　　（減価償却費）
　　　　　　　　　　　3,000万円－3,000万円×0.9×0.046×20＝516万円

※買換資産に引き継がれる取得価額の計算

（2,000万円＋516万円）×80％＋1億160万円×20％＋（1億800万円－1億160万円）

＝4,684万8,000円

〈参　考〉

税抜経理方式の場合

　（収入金額）　　　　　　（取得費）　　　　　　　　（長期譲渡所得）
　1億円×20％－（2,000万円＋516万円）×20％＝1,496万8,000円

　　　　　　　　（取得価額）　　　（減価償却費）
　　　　　　　　3,000万円－3,000万円×0.9×0.046×20＝516万円

－118－

第1章　譲　渡　所　得

※買換資産に引き継がれる取得価額の計算

（2,000万円＋516万円）×80％＋１億円×20％＋（１億円－１億円）

＝4,012万8,000円

収用等の補償金に対する消費税等の取扱い

【問１-124】私は収用対象事業のために宅地を買い取られることとなり
ましたが、その宅地上には店舗があったため、建物移転補償金及び休
業に伴う収益補償金を取得する予定です。
　私は消費税の課税事業者ですので、これらの補償金にも消費税等は
課税されるのでしょうか。

【答】移転補償金と収益補償金については、消費税等は課税されません。

【解説】消費税等の課税対象となる補償金とは、収用等の目的となった資産
（土地等消費税等が課税されない資産を除きます。）の対価としてのいわゆ
る対価補償金をいいます。

　したがって、次に掲げる補償金は対価性のない補償金として消費税等の課
税対象外とされています。

①　減少する収益又は発生する損失の補填に充てるべきものとしての収益
補償金

②　休廃業等により生ずる事業上の費用等の補填に充てるべきものとして
の経費補償金

③　資産の移転に要する費用の補填に充てるべきものとしての移転補償金

なお、建物を取り壊したこと等により、移転補償金について対価補償金と
しての取扱いを受けたとしても、それは譲渡所得の課税上対価補償金とみな
して取り扱われたにすぎません。

第2章 譲渡所得等の課税の特例

第1節　長期譲渡所得及び短期譲渡所得の分離課税

譲渡所得の区分について

> 【問2-1】譲渡所得は、その資産の種類や保有していた期間などによって、課税される所得金額や税額の計算方法が違うように聞きました。
> 　譲渡所得の区分は、どのようになっているのでしょうか。

【答】譲渡所得は、譲渡資産の種類やその所有期間などに応じ、分離課税の対象になるものと総合課税の対象になるものとに区分され、更に、これらの所得は、長期譲渡所得と短期譲渡所得に細分され、課税される所得金額や税額の計算方法が異なります。

　譲渡資産を課税方法の異なるものごとに区分しますと、次の図のようになります。ただし、有価証券については別途説明しています（【問1-82】参照）ので、次の図から除いています。

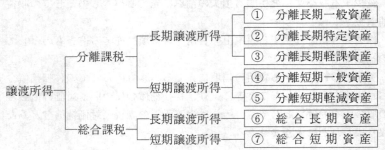

　譲渡資産が、上図の種類のどの資産に該当するかを具体的に一覧表で示すと、次の表のようになります（所法33③、所令82、措法31①、31の2①、31の3①、32①）。

第2章　譲渡所得等の課税の特例

	内　　　　　　　容	譲渡資産の区分
土地建物等	①　譲渡の年の1月1日現在において所有期間が5年を超える土地等又は建物等（次の②、③に該当するものを除きます。）	分離長期一般資産
	②　譲渡の年の1月1日現在において所有期間が5年を超える土地等で優良住宅地の造成等のために譲渡したもの及び確定優良住宅地等予定地のために譲渡したもの（次の③の適用を受けるものを除きます。）	分離長期特定資産
	③　譲渡の年の1月1日現在において所有期間が10年を超える土地建物等のうち居住用財産に該当するもの（措法36の2、36の5等の適用を受けないものに限ります。）	分離長期軽課資産
	④　譲渡の年の1月1日現在において所有期間が5年以下である土地等若しくは建物等又は譲渡の年中に取得した土地等若しくは建物等（次の⑤に該当するものを除きます。）	分離短期一般資産
	⑤　譲渡の年の1月1日現在において所有期間が5年以下である土地等又は譲渡の年中に取得した土地等で、国や地方公共団体に譲渡したもの、収用交換等により譲渡したものなどで一定の要件に該当するもの	分離短期軽減資産
その他の資産	⑥　その取得の日以後譲渡の日までの保有期間が5年を超える資産	総合長期資産
	⑦　その取得の日以後譲渡の日までの保有期間が5年以下の資産 ※　自己の研究の成果である特許権、実用新案権その他の工業所有権、自己の育成の成果である育成者権、自己の著作に係る著作権及び自己の探鉱により発見した鉱床に係る採掘権は、その保有期間が5年以下であってもこれには含まれず、上の⑥に該当します。	総合短期資産

－121－

第2章　譲渡所得等の課税の特例

譲渡資産の所有期間の計算

> **【問2-2】** 私は次の土地・建物を譲渡したのですが、それぞれの取得の日はいつになるのでしょうか。
>
> (1) 3年前に交換により取得した土地（「固定資産の交換の場合の特例」の適用を受けており、交換により譲渡した土地は今から40年前に購入したものです。）
>
> (2) 昨年、父から相続により取得した土地・建物（父が今から30年前に購入したものです。）

【答】 土地・建物の取得の日は、それぞれ次のようになります。

(1) 交換により取得した土地…交換により譲渡した土地を取得した日（したがって、今から40年前）

(2) 相続により取得した土地・建物…あなたのお父さんが土地・建物を取得した日（したがって、今から30年前）

【解説】 譲渡した土地等又は建物等が次のいずれかに該当するものである場合には、それぞれ次に掲げる日に土地等又は建物等の取得をし、かつ、その日の翌日から引き続き所有していたものとみなして、所有期間の判定を行うこととなります（措令20③）。

(1) 交換により取得した土地等又は建物等で所得税法第58条第1項の規定の適用を受けたもの……交換により譲渡をした土地等又は建物等の取得をした日

(2) 所得税法第60条第1項各号に該当する贈与、相続（限定承認に係るものを除きます。）、遺贈（包括遺贈のうち限定承認に係るものを除きます。）又は低額譲渡により取得した土地等又は建物等……贈与をした者、相続に係る被相続人、遺贈に係る遺贈者又は低額譲渡をした者が土地等又は建物等の取得をした日

－122－

第2章 譲渡所得等の課税の特例

長期譲渡所得に対する所得税の計算

【問2-3】 私は、A市に土地を所有していますが、娘の結婚費用や家屋の新築費用に充てるためこれを平成30年6月に譲渡しました。譲渡価額は9,000万円、支払った仲介手数料は250万円です。

　　この土地は、亡父が昭和26年に取得（取得価額は不明です。）していましたが、平成26年6月に私が相続したものです。

　　この場合の税額の計算のしかたについて教えてください。

【答】 譲渡の年の1月1日における所有期間が5年を超える土地等又は建物等は長期譲渡所得の対象となりますが、その所有期間の計算において相続により取得した土地等又は建物等はその被相続人が取得をした日の翌日から引き続き所有していたものとして取り扱われます（措令20②）。

　したがって、あなたの場合、課税される**土地の譲渡所得は分離課税の長期譲渡所得**となります。

　そして、分離課税の長期譲渡所得の税額の計算式は次のとおりです。

　　　　課税長期譲渡所得金額　×　15%　（住民税　5%）

　したがって、あなたの平成30年分の分離長期譲渡所得に係る所得税額の計算は次のように行います（所得控除・税額控除は考慮していません。）。

　　　　（収入金額）　　　　　　（概算取得費）　　　（譲渡費用）　　　（課税長期譲渡所得）
　　　　9,000万円 −（9,000万円 × 5% + 250万円）=　8,300万円

　　　　8,300万円 × 15% = ┃1,245万円┃

┃住民税の税額┃
　　　　8,300万円 × 5% = 415万円

(注) 確定申告の際には、所得税のほか、復興特別所得税（各年分の基準所得税額の2.1%）を併せて申告・納付することになります。

−123−

第2章　譲渡所得等の課税の特例

短期譲渡所得に対する所得税の計算

【問2-4】私の弟は、自宅を建てる予定で平成26年にA市の宅地200㎡を購入しましたが、このほど東京の本社へ転勤になりました。当分関西へ帰れそうもないので思い切ってこの土地を売却し、都内でマンションを買おうかといっています。

この土地の購入価額は1,700万円ですが、平成30年に1,900万円で売却しますとどのくらい税金がかかるのでしょうか。

【答】土地の譲渡による所得については、分離課税の短期譲渡所得として課税され、その譲渡についての所得税の額は60万円となります。

【解説】譲渡の年（平成30年）の1月1日における所有期間が5年以下である土地等又は建物等を譲渡された場合には、その譲渡による所得は分離課税の短期譲渡所得となります。そして、分離課税の短期譲渡所得の税額の計算式は次のとおりです。

課税短期譲渡所得　×　30％　（住民税　9％）

したがって、あなたの弟さんの平成30年分の分離短期譲渡所得に係る所得税額の計算は次のように行います（所得控除・税額控除は考慮していません。）。

（収入金額）　　（取得費）　　（課税短期譲渡所得）
1,900万円 － 1,700万円 ＝　　200万円
200万円 × 30％ ＝ 60万円

住民税の税額

200万円 × 9％ ＝ 18万円

(注)　確定申告の際には、所得税のほか、復興特別所得税（各年分の基準所得税額の2.1％）を併せて申告・納付することになります。

－124－

第2章　譲渡所得等の課税の特例

優良住宅地の造成等のための土地等の譲渡

【問2-5】個人の長期譲渡所得のうち、優良住宅地の造成等のために土地等を譲渡した場合は、特例措置が適用されると聞きました。

この優良住宅地の造成等のために土地等を譲渡した場合の範囲はどのようになっているのでしょうか。

【答】その年の1月1日現在において所有期間が5年を超える土地等を昭和62年10月1日から平成31年12月31日までの間に譲渡した場合において、その譲渡のうちに「優良住宅地の造成等のための譲渡」に該当するものがあるときは、その部分について税率の特例が適用されます。

軽減税率

1　課税長期譲渡所得金額が**2,000万円以下のとき**

課税長期譲渡所得金額×所得税10%（他に住民税4％）

2　課税長期譲渡所得金額が**2,000万円を超えるとき**

（課税長期譲渡所得金額－2,000万円）×所得税15%（他に住民税5％）＋

200万円（住民税の場合は80万円）

（注）　確定申告の際には、所得税のほか、復興特別所得税（各年分の基準所得税額の2.1%）を併せて申告・納付することになります。

この場合の「優良住宅地の造成等のための譲渡」とは、次のようなケースです。なお、この土地等の譲渡が適用の対象となるためには、別に、財務省令で定めるところにより証明がされたものに限ります（措法31の2②一〜十六、措令20の2、措規13の3）。

①　国又は地方公共団体に対する土地等の譲渡（措法31の2②一、措令20の2①一）

②　地方道路公社、独立行政法人鉄道建設・運輸施設整備支援機構、独立行政法人水資源機構、成田国際空港株式会社、東日本高速道路株式会社、首都高速道路株式会社、中日本高速道路株式会社、西日本高速道路株式会社、阪神高速道路株式会社又は本州四国連絡高速道路株式会社に対する土地等の譲渡で、当該譲渡に係る土地等がこれらの法人の行う租税特別措置法第33条第1項第1号に規定する土地収用法等に基づく収用（同項第2号の買取り及び同条第3項第1号の使用を含みます。）の対償に充てられるもの（措法31の2②一、措令20の2①二）

－125－

第2章　譲渡所得等の課税の特例

③　独立行政法人都市再生機構、土地開発公社等に対する土地等の譲渡
で、当該譲渡に係る土地等が宅地若しくは住宅の供給又は土地の先行取
得を行うために直接必要であると認められるもの（⑨、⑩に掲げる譲渡
又は土地開発公社に対する公有地の拡大の推進に関する法律第17条第1
項第1号ニに掲げる土地《都市計画法第4条第7項に規定する市街地開
発事業等の用に供する土地》の譲渡を除きます。）（措法31の2②二、措
令20の2②）
④　土地開発公社に対する次に掲げる譲渡で、当該譲渡に係る土地等が独
立行政法人都市開発機構が施行するそれぞれ次に定める事業の用に供さ
れるもの（措法31の2②二の二）
　イ　被災市街地復興特別措置法第5条第1項の規定により都市計画に定
　　められた被災市街地復興推進地域内にある土地等で、被災市街地復興
　　土地区画整理事業の用に供されるもの
　ロ　被災市街地復興特別措置法第21条に規定する住宅被災市町村の区域
　　内にある土地等で都市再開発法による第二種市街地再開発事業の用に
　　供されるもの
⑤　土地等の譲渡で租税特別措置法第33条の4第1項に規定する収用交換
等によるもの（①から④に掲げる譲渡又は都市再開発法による市街地再
開発事業の施行者である同法第50条の2第3項に規定する再開発会社に
対する当該再開発会社の株主又は社員である個人の有する土地等の譲渡
を除きます。）（措法31の2②三、措令20の2③）
⑥　都市再開発法による第一種市街地再開発事業の施行者に対する土地等
の譲渡で、当該譲渡に係る土地等が当該事業の用に供されるもの（①か
ら⑤に掲げる譲渡又は都市再開発法による市街地再開発事業の施行者で
ある同法第50条の2第3項に規定する再開発会社に対する当該再開発会
社の株主又は社員である個人の有する土地等の譲渡を除きます。）（措法
31の2②四、措令20の2③）
⑦　密集市街地における防災街区の整備の促進に関する法律（以下防災街
区法といいます。）による防災街区整備事業の施行者に対する土地等の
譲渡で、当該譲渡に係る土地等が当該事業の用に供されるもの（①から
⑤までに掲げる譲渡又は密集市街地における防災街区の整備の促進に関
する法律による防災街区整備事業の施行者である同法第165条第3項に
規定する事業会社に対する当該事業会社の株主又は社員である個人の有

第2章　譲渡所得等の課税の特例

する土地等の譲渡を除きます。）（措法31の２②五、措令20の２④）

⑧　防災街区法３①一に規定する防災再開発促進地区の区域内における同法第８条に規定する一定の認定建替計画に係る建築物の建替えを行う事業の同法第７条第１項に規定する認定事業者に対する土地等の譲渡で、当該譲渡に係る土地等が当該事業の用に供されるもの（③から⑦に掲げる譲渡又は当該認定事業者である法人に対する当該法人の株主又は社員である個人の有する土地等の譲渡に該当するものを除きます。）（措法31の２②六、措令20の２⑤⑥、措規13の３③）

⑨　都市再生特別措置法第25条に規定する認定計画に係る同条に規定する都市再生事業（当該認定計画に定められた建築面積が 1,500㎡ 以上である建築物の建築がされること、その事業の施行される土地の区域の面積が１ヘクタール以上であること等一定の要件を満たすものに限ります。）の同法第23条に規定する認定事業者（当該認定計画に定めるところにより当該認定事業者と当該区域内の土地等の取得に関する協定を締結した独立行政法人都市再生機構を含みます。）に対する土地等の譲渡で、当該譲渡に係る土地等が当該都市再生事業の用に供されるもの（③から⑧に掲げる譲渡に該当するものを除きます。）（措法31の２②七、措令20の２⑦、措規13の３③）

⑩　都市再生特別措置法第67条に規定する認定整備事業（当該認定整備事業計画に定められた建築面積が 1,500㎡ 以上である建築物の建築がされること、その事業の施行される土地の区域の面積が0.5ヘクタール以上であること等一定の要件を満たすものに限ります。）の同法第65条に規定する認定整備事業者（当該認定整備事業計画に定めるところにより当該認定整備事業者と当該区域内の土地等の取得に関する協定を締結した独立行政法人都市再生機構を含みます。）に対する土地の譲渡で、当該譲渡に係る土地等が当該都市再生整備事業の用に供されるもの（③から⑨に掲げる譲渡に該当するものを除きます。）（措法31の２②八、措令20の２⑦、措規13の３③）

⑪　国家戦略特別区域法第11条第１項に規定する認定区域計画に定められている同法第２条第２項に規定する特定事業又は当該特定事業の実施に伴い必要となる施設を整備する事業（これらの事業のうち、産業の国際競争力の強化又は国際的な経済活動の拠点の形成に特に資するものに限ります。）を行う者に対する土地等の譲渡で、当該譲渡に係る土地等が

－127－

第2章　譲渡所得等の課税の特例

これらの事業の用に供されるもの（③から⑩までに掲げる譲渡に該当するものを除きます。）（措法31の2②八の二、措規13の3④）

⑫　マンションの建替えの円滑化等に関する法律第15条第1項若しくは第64条第1項若しくは第3項の請求若しくは同法第56条第1項の申出に基づくマンション建替事業（同法第2条第1項第4号に規定するマンション建替事業をいい、良好な居住環境の確保に資するものに限ります。）の施行者（同法第2条第1項第5号に規定する施行者をいいます。）に対する土地等の譲渡又は同法第2条第1項第6号に規定する施行マンションが建築基準法第3条第2項の規定により同法第3章（第3節及び第5節を除きます。）の規定又はこれに基づく命令若しくは条例の規定の適用を受けない建築物に該当し、かつ、同項第7号に規定する施行再建マンションの延べ面積が当該施行マンションの延べ面積以上であるマンション建替事業の施行者に対する土地等（同法第11条第1項に規定する隣接施行敷地に係るものに限ります。）の譲渡で、これらの譲渡に係る土地等がこれらのマンション建替事業の用に供されるもの（⑧から⑪に掲げる譲渡に該当するものを除きます。）（措法31の2②九）

　　この「良好な居住環境の確保に資するもの」とは、マンションの建替えの円滑化等に関する法律第2条第1項第4号に規定するマンション建替事業に係る同項第7号に規定する施行再建マンションの住戸の規模及び構造が国土交通大臣が財務大臣と協議して定める基準に適合する場合におけるそのマンション建替事業をいいます（措令20の2⑨、平成24年国土交通省告示第395号）。

⑬　マンションの建替え等の円滑化に関する法律第124条第1項の請求に基づく同法第2条第1項第9号に規定するマンション敷地売却事業（当該マンション敷地売却事業に係る同法第113条に規定する認定買受計画に、同法第109条第1項に規定する決議要除却認定マンションを除却した後の土地に新たに建築される同法第2条第1項第1号に規定するマンション（良好な居住環境を備えたものに限られます。）に関する事項、当該土地において整備される道路、公園、広場その他の公共の用に供する施設に関する事項その他の財務省令で定める事項の記載があるものに限ります。）を実施する者に対する土地等の譲渡又は当該マンション敷地売却事業に係る同法第141条第1項の認可を受けた同項に規定する分配金取得計画（同法第145条において準用する同項の規定により当該分

－128－

第2章　譲渡所得等の課税の特例

配金取得計画の変更に係る認可を受けた場合には、その変更後のもの）に基づく当該マンション敷地売却事業を実施する者に対する土地等の譲渡で、これらの譲渡に係る土地等がこれらのマンション敷地売却事業の用に供されるもの（措法31の2②九の二、措規13の3⑤）

　この「良好な居住環境を備えたもの」とは、マンションの建替え等の円滑化に関する法律第2条第1項第9号に規定するマンション敷地売却事業に係る同法第109条第1項に規定する決議要除却認定マンションを除却した後の土地に新たに建築される同法第2条第1項第1号に規定するマンションのその住戸の規模及び構造が国土交通大臣が財務大臣と協議して定める基準に適合する場合における当該マンションをいいます（措令20の2⑩）。

⑭　建築面積が一定以上である建築物の建築をする事業（当該事業の施行される土地の区域の面積が500㎡以上であることその他一定の要件を満たすものに限ります。）を行う者に対する都市計画法第4条第2項に規定する都市計画区域のうち一定の地域内にある土地等の譲渡で、当該譲渡に係る土地等が当該事業の用に供されるもの（⑧から⑫又は⑯から⑳までに掲げる譲渡に該当するもの除きます。）（措法31の2②十、措令20の2⑪⑫）

⑮　地上階数4以上の中高層の耐火建築物の建築をする一定の事業を行う者に対する租税特別措置法第37条第1項の表の第1号の上欄に規定する既成市街地又はこれに類する一定の地区内にある土地等の譲渡で、当該譲渡に係る土地等が当該事業の用に供されるもの（⑧から⑫、⑭、⑯から⑳に掲げる譲渡に該当するものを除きます。）（措法31の2②十一、措令20の2⑬⑭）

⑯　一団の宅地の造成（一定の要件を満たすものに限ります。）を行う個人又は法人に対する土地等の譲渡で、当該譲渡に係る土地等が当該一団の宅地の用に供されるもの（①から④、⑧から⑪に掲げる譲渡又は土地区画整理法による土地区画整理事業の施行者である同法51条の9第5項に規定する区画整理会社に対する当該区画整理会社の株主又は社員である個人の有する土地等の譲渡に該当するものを除きます。）（措法31の2②十二、措令20の2⑮）

⑰　開発許可を受けて住宅建設の用に供される一団の宅地（当該一団の宅地の面積が1,000㎡（開発許可を要する面積を別途定めている区域内は

－129－

第2章　譲渡所得等の課税の特例

その面積）以上のものであること及び当該一団の宅地の造成が当該開発
許可の内容に適合して行われると認められるものであること）の造成を
行う個人又は法人に対する土地等の譲渡で、当該譲渡に係る土地等が当
該一団の宅地の用に供されるもの（⑧から⑪又は⑯に掲げる譲渡に該当
するものを除きます。）（措法31の2②十三、措令20の2⑰）

⑱　その宅地の造成につき開発許可を要しない場合において住宅建設の用
に供される一団の宅地（次のイからハの要件を満たすものに限ります。）
の造成を行う個人又は法人に対する土地等の譲渡で、当該譲渡に係る土
地等が当該一団の宅地の用に供されるもの（⑧から⑪又は⑯に掲げる譲
渡に該当するものを除きます。）（措法31の2②十四、措令20の2⑮⑱
⑲）

イ　当該一団の宅地の面積が1,000㎡（一定の区域については500㎡）以
上のものであること。

ロ　都市計画法第4条第2項に規定する都市計画区域内において造成さ
れるものであること。

ハ　当該一団の宅地の造成が、住宅建設の用に供される優良な宅地の供
給に寄与するものであることについて都道府県知事の認定を受けて行
われ、かつ、当該認定の内容に適合して行われると認められるもので
あること。

⑲　一団の住宅又は中高層の耐火共同住宅（イからニに掲げる要件を満た
すものに限ります。）の建設を行う個人又は法人に対する土地等の譲渡
で、当該譲渡に係る土地等が当該一団の住宅又は中高層の耐火共同住宅
の用に供されるもの（⑧から⑫、⑯から⑱に掲げる譲渡に該当するもの
を除きます。）（措法31の2②十五、措令20の2⑳㉑）

イ　一団の住宅にあってはその建設される住宅の戸数が25戸以上のもの
であること。

ロ　中高層の耐火共同住宅にあっては住居の用途に供する独立部分が15
以上のものであること又は当該中高層の耐火共同住宅の床面積が
1,000㎡以上のものであることその他一定の要件を満たすものである
こと。

ハ　⑱のロに規定する都市計画区域内において建設されるものであるこ
と。

ニ　当該一団の住宅又は中高層の耐火共同住宅の建設が優良な住宅の供

－130－

第2章　譲渡所得等の課税の特例

給に寄与するものであることについて都道府県知事（当該中高層の耐火共同住宅でその用に供される土地の面積が1,000㎡未満のものにあっては、市町村長）の認定を受けたものであること。

⑳　住宅又は中高層の耐火共同住宅（それぞれ次に掲げる要件を満たすものに限ります。）の建設を行う個人又は法人に対する土地等（土地区画整理法による土地区画整理事業の同法第2条第4項に規定する施行地区内の土地等で同法第98条第1項の規定による仮換地の指定がされたものに限ります。）の譲渡のうち、その譲渡が当該指定の効力発生の日（同法第99条第2項の規定により使用又は収益を開始することができる日が定められている場合には、その日）から3年を経過する日の属する年の12月31日までの間に行われるもので、当該譲渡をした土地等につき仮換地の指定がされた土地等が当該住宅又は中高層の耐火共同住宅の用に供されるもの（⑧から⑫、⑯から⑲に掲げる譲渡に該当するものを除きます。）（措法31の2②十六、措令20の2㉒）

イ　住宅にあっては、その建設される住宅の床面積が50㎡以上200㎡以下で、かつ、その建設される一の住宅の用に供される土地等の面積が100㎡以上500㎡以下であること。

ロ　中高層の耐火共同住宅にあっては、耐火建築物又は準耐火建築物である地上階数3以上の建築物で、床面積の4分の3以上相当部分が専ら居住の用（共用部分を含みます。）であり、住居の用途に供する独立部分の床面積が50㎡（寄宿舎については18㎡）以上200㎡以下であること。

ハ　住宅又は中高層の耐火共同住宅が建築基準法その他住宅の建築に関する法令に適合するものであると認められること。

なお、上記①から⑳に該当する譲渡であっても、当該譲渡につき、租税特別措置法第33条から第33条の4まで、第34条から第35条の2まで、第36条の2、第36条の5、第37条、第37条の4から第37条の6まで、第37条の8又は第37条の9までの規定の適用を受けるときは、当該土地等の譲渡は、優良住宅地等のための譲渡又は確定優良住宅地等予定地のための譲渡に該当しないものとみなされます（措法31の2④）。

－131－

第2章　譲渡所得等の課税の特例

優良住宅地の造成等のための土地等の譲渡の範囲（土地開発公社に対償地として譲渡した場合）

> **【問2-6】** 私が約30年前より所有している農地について、Ａ市の土地開発公社から、市立幼稚園建設用地として買収される土地の対償地として提供してほしいとの申込みがあり近く契約をすることになっています。公社の担当者の説明によりますと、契約は、私と公社及び幼稚園用地の提供者のＢの三者による契約となり、私の土地は直接Ｂに所有権移転の登記をすることになるそうです。
>
> 　私の場合、「優良住宅地の造成等のための土地等の譲渡」に該当しますか。
>
> 　なお、特定住宅地造成事業のための土地等の譲渡の場合の1,500万円の特別控除の特例（措法34の2）については、上記の方式の契約で特例の適用があると聞いています。

【答】 あなたの土地の譲渡所得については、「優良住宅地の造成等のための土地等の譲渡した場合の課税の特例」の適用対象なります。

　ただし、この譲渡につき1,500万円の特別控除を受ける場合は、この課税の特例を受けることはできません（措法31の2④）。

【解説】「優良住宅地の造成等のための土地等の譲渡」の特例の適用対象は前問【問2-5】で説明したとおりですが、その③の独立行政法人都市再生機構、土地開発公社等の行う住宅建設又は宅地造成の用に供するための土地等の譲渡（措法31の2②二）について、詳しく説明します。

(1) 特例の対象となる法人は次のとおりです（措令20の2②）。

　独立行政法人都市再生機構、土地開発公社（前問【問2-5】の⑨、⑩及び土地開発公社に対し、公有地の拡大の推進に関する法律第17条第1項第1号ニに掲げる土地を譲渡する場合を除きます。）、成田国際空港株式会社、独立行政法人中小企業基盤整備機構、地方住宅供給公社、日本勤労者住宅協会、公益社団法人（その社員総会における議決権の全部が地方公共団体により保有されているものに限ります。）又は公益財団法人（その拠出をされた金額の全額が地方公共団体により拠出をされているものに限ります。）のうち、①宅地若しくは住宅の供給又は土地の先行取得の業務を主たる目的とすること、②その地方公共団体の管理の下に①に規定する業務を行っていることの要件を満たす法人、一定の沿道整備推進機構、一定

－132－

第2章　譲渡所得等の課税の特例

の防災街区整備推進機構、一定の中心市街地整備推進機構及び一定の都市
再生推進法人

(2) 特例の対象となる譲渡は次のとおりです。

　上記(1)に該当する法人の「業務を行うために直接必要であると認めら
れるもの」のために譲渡することが必要です。

　独立行政法人都市再生機構、地方住宅供給公社に対する土地等の譲渡
で、特定土地区画整理事業等のために土地等を譲渡した場合の特別控除の
規定に該当する譲渡（措法34②一）は、上記の「その業務を行うために直
接必要であると認められるもの」に該当しますが、上記(1)の法人に対する
土地等の譲渡であっても、例えば、その法人の職員住宅の敷地の用として
取得する場合などは、この特例の適用はありません（措通31の2-4）。

　あなたの場合は、上記(1)の法人（A市の設立に係る土地開発公社）に対
して、A市の行う収用事業の対償地として譲渡されたとのことですが、この
「対償地」についても、「土地の先行取得の業務を行うために直接必要であ
ると認められる」土地等に該当するものとして取り扱われます。

　ただし、対償地の譲渡価額が事業用地の補償金相当額を超える場合は、そ
の超える部分の金額については1,500万円の特別控除の場合と同様にこの特
例の適用はありません。

確定優良住宅地の造成等予定地のために土地等を譲渡した場合

【問2-7】私の所有する農地1,500㎡についてS開発会社から買申込み
　がありました。

　　S開発会社は都市計画法の開発許可を受けて、この農地を住宅建設
　用の宅地として造成する予定ですが、担当者の話では、開発許可を受
　けられるのは、来年の6月頃とのことです。

　　本年中に土地を譲渡した場合、「優良住宅地の造成等のための土地
　等の譲渡」に該当し、特例を受けることができるでしょうか。

【答】あなたの土地の譲渡所得については、「優良住宅地の造成等のための土
地等の譲渡」の特例を受けることができます。

【解答】都市計画法の開発許可を受けて住宅建設の用に供される一団の宅地
（一定の面積要件を満たすものに限ります。）の造成を行う個人又は法人に
対して長期保有土地を譲渡した場合には、「優良住宅地の造成等のための土

-133-

第2章　譲渡所得等の課税の特例

地等の譲渡」に該当し、税額計算の特例の適用を受けることができます（措法31の2②十三）。また、開発許可を受ける前の長期保有土地の譲渡であっても、その土地等の譲渡が、予定期間内に「優良住宅地の造成等のための土地等の譲渡」に該当することが確実であると認められる場合（「確定優良住宅地の造成等予定地のための土地等の譲渡」といいます。）には、同様の税額計算の特例が適用されます（措法31の2③）。

　この場合、土地等の買取りをした者は、その買取りに係る土地等の全部又は一部が「優良住宅地の造成等のための土地等の譲渡」に該当することとなった場合には、譲渡者に対し遅滞なく開発許可申請書の写し、許可通知書の写し、事業概要書及び設計説明書その他の必要書類（既に交付済のものを除きます。）を交付しなければならないこととされています（措法31の2⑤、措規13の3⑭）。

　また、これらの書類の交付を受けた者は、既に確定申告時に提出した書類を除き、所定の届出書にこれらの書類を添付して、遅滞なく納税地の所轄税務署長に提出しなければなりません（措法31の2⑥、措規13の3⑮）。

　なお、ご質問の租税特別措置法第31条の2第2項第13号に掲げる土地等の譲渡のほか、第12号、第14号から第16号までに掲げる土地等の譲渡についても、原則として譲渡のあった日から2年目の年末（期限の延長について所轄税務署長の承認を受けている場合には、税務署長が認定した日の属する年の年末）までに「優良住宅地の造成等のための土地等の譲渡」に該当することが確実であると認められる場合には、税額計算の特例の適用を受けることができます。

　　(注)　税務署長の原則期間の延長に関する承認は、その承認を受けようとする確定優良住宅地造成等事業を行う個人又は法人が、その確定優良住宅地造成等事業につき、土地等の譲渡があった日から2年を経過する年の12月31日の翌日から15日を経過する日までに、所定の事項を記載した申請書に、その事業に係る開発許可等の申請書に準じて作成した書類並びに事業概要書、設計説明書又は各階平面図及び地形図その他の書類を添付して所轄税務署長に提出しなければなりません（措規13の3⑫）。

　延長できる事業の区分と予定期間は、次の表のとおりです。

－134－

第2章　譲渡所得等の課税の特例

宅地造成事業等の種類		面積及び戸数要件	予定期間（根拠条項）				合計可能延長期間
			措法31の2③	措令20の2㉓一～五、㉔	措令20の2㉕		
					災害	大規模（注）	
措法第31条の2第2項	12号 ～ 16号		2年	2年	－	－	4年
	12号 公共施設の整備を伴う宅地造成事業	1～5ha	2年	2年	2年	－	6年
		5～10ha	2年	2年	－	2年	6年
		10ha以上	2年	4年	－	2年	8年
	13号 （開発許可を要する住宅地造成事業）	1～5ha	2年	2年	2年	－	6年
		5～10ha	2年	2年	－	2年	6年
		10ha以上	2年	4年	－	2年	8年
	14号 （開発許可を要しない住宅地造成事業） 土地区画整理事業に限る	1～5ha	2年	2年	2年	－	6年
		5～10ha	2年	2年	－	2年	6年
		10ha以上	2年	4年	－	2年	8年
	15号 （優良住宅建設事業）	50戸以上	2年	2年	2年	－	6年

(注) 1　大規模とは、12号、13号、14号事業については面積5ha以上のものをいいます。
　　　2　特定非常災害として指定された非常災害に基因するやむを得ない事情がある場合は別途定めがあります（措法31の2⑦）。

予定地が優良住宅地の造成等に該当しなかった場合の修正申告

【問2-8】 平成30年に私の所有する土地が、O不動産会社に買い取られることになりました。

　　O不動産会社の話では、平成31年中には「優良住宅地の造成等のための土地等の譲渡」に該当するのは確実なので、すぐ契約してもらっても、税額計算の特例の適用があるということです。

　　この際、税額計算の特例が受けられるのであれば、契約に応じようと思っていますが、もし、平成31年になって優良住宅地の造成等のための譲渡に該当しなくなった場合には改めて差額の税金を納めなくてはならないのでしょうか。

　　また、その場合の加算税や、延滞税はどうなるのでしょうか。

【答】 予定期間内に「優良住宅地の造成等のための土地等の譲渡」に該当しなくなった場合は、修正申告により差額の税金を納付する必要があります

－135－

（措法31の2⑧）。

この場合、修正申告書を提出期限内（予定期間経過後4か月以内）に提出すればその修正申告書を期限内申告書とみなしますので、増加する税額についての過少申告加算税も、その提出期限までの期間に係る延滞税も賦課されません（措法31の2⑩）。

居住用財産の長期譲渡所得に対する所得税の計算

【問2-9】私は、昭和47年に購入し現在まで引き続き居住している家屋と土地を平成30年7月に1億3,000万円で不動産業者に売却しました。この家屋と土地の取得費は1,600万円で、それ以外に譲渡のために400万円の費用がかかりました。

この場合、私の譲渡所得についての所得税はどのように計算されるのでしょうか。

【答】あなたの所得税額の計算は次のとおりになります。

課税長期譲渡所得金額……8,000万円

　（収入金額）　　　　（取得費）　　（譲渡費月）　　（特別控除額）
1億3,000万円 － （1,600万円 ＋ 400万円 ） － 3,000万円
　（課税長期譲渡所得金額）
＝ 　　8,000万円

所得税の計算（所得控除・税額控除は考慮していません。）

（8,000万円 － 6,000万円）× 15％ ＋ 600万円 ＝ 900万円

なお住民税は次のとおりになります。

（8,000万円 － 6,000万円）× 5％ ＋ 240万円 ＝ 340万円

（注）確定申告の際には、所得税のほか、復興特別所得税（各年分の基準所得税額の2.1％）を併せて申告・納付することになります。

【解説】自己の居住用家屋及びその敷地で譲渡の年の1月1日において所有期間が10年を超えるものを譲渡した場合には、一定の要件の下で、所得税の税率が軽減されます。

この特例の対象となる譲渡資産は、次のいずれかに該当するもので、日本国内にあるものに限られています（措法31の3②）。

① 自己の居住の用に供している家屋

② ①に掲げる家屋でその者の居住の用に供さなくなったもの（その者の居住の用に供さなくなった日から同日以後3年を経過する日の属する年

第2章　譲渡所得等の課税の特例

の12月31日までの間に譲渡されたものに限ります。）

③　①又は②に掲げる家屋及びその家屋とともに譲渡されるその家屋の敷地の用に供されている土地又は土地の上に存する権利

④　①に掲げる家屋が災害により滅失した場合において、その者がその家屋を引き続き所有していたならば、譲渡の年の1月1日において所有期間が10年を超えることとなる家屋の敷地の用に供されていた土地又は土地の上に存する権利（その災害があった日から同日以後3年を経過する日の属する年の12月31日までの間に譲渡されたものに限ります。）

(注)1　③の家屋とともにその敷地の用に供されている土地又は土地の上に存する権利を譲渡する場合は、そのいずれもが所有期間が10年を超えているときに限ります（措通31の3-3（注）2）。

2　①〜④の資産が、その者の居住の用に供している部分と居住の用以外の用に供している部分とから成るものであるときは、居住の用に供している部分に限ります（措令20の3②）。

3　その者が居住の用に供している家屋を二以上有する場合には、そのうちその者が主として居住の用に供している一の家屋に限ります（措令20の3②）。

なお、この軽減税率の特例は、他の特例の適用により長期譲渡所得の金額から控除される特別控除額を控除した後の金額についても適用され、所得税額の計算は次のように行います。

(1)　課税長期譲渡所得金額が6,000万円以下の場合

課税長期譲渡所得金額×10％＝所得税額

(2)　課税長期譲渡所得金額が6,000万円を超える場合

（課税長期譲渡所得金額－6,000万円）×15％＋600万円＝所得税額

(注)1　地方税（個人住民税）は所得税における10％の税率を4％、15％を5％、600万円を240万円として同様の計算方法によります。

(注)2　確定申告の際には、所得税のほか、復興特別所得税（各年分の基準所得税額の2.1％）を併せて申告・納付することになります。

－137－

第２章　譲渡所得等の課税の特例

前年分で居住用財産の譲渡所得について3,000万円控除の適用を受けている場合の、居住用財産の長期譲渡所得に対する軽減税率の適用

> **【問２-10】** 私は、平成29年に居住用家屋を売却し、居住用財産を譲渡した場合の特別控除の特例の適用を受けています（その年の譲渡所得の金額は2,500万円でしたので特別控除の適用の結果、課税譲渡所得金額は発生していません。）。その後は父から相続した家に住んでいましたが、その家も平成30年８月に売却しました。父はその家を昭和53年に取得していますが、このような場合にも居住用財産を譲渡した場合の軽減税率の特例の適用が受けられるのでしょうか。

【答】 **あなたは、平成30年分の譲渡所得について居住用財産を譲渡した場合の軽減税率の特例の適用を受けることができます。**

【解説】 居住用財産を譲渡した場合の軽減税率の特例は、前年又は前々年に既にこの特例の適用を受けている場合には適用が受けられないとされていますが、3,000万円の特別控除の特例と同時に適用が受けられ、また、前年又は前々年に3,000万円の特別控除の特例の適用を受けていても居住用財産を譲渡した場合の軽減税率の特例の適用を受けていなければ、適用があるとされています（措法31の３①）。

買換取得資産の譲渡と概算取得費計算

> **【問２-11】** 私は昭和44年に事業用資産の買換えの特例の適用を受け、土地と建物を取得しました。
> 　今度、その資産を5,000万円で売却することにしたのですが、取得費の計算は次のうち、どちらにすればよろしいのですか。
> ①　その資産の譲渡時における引継取得価額……160万円
> ②　収入金額に５％を乗じた概算取得費…………250万円

【答】 **あなたの場合、②の250万円を取得費として計算することができます。**

【解説】 分離長期譲渡所得についての概算取得費控除は原則として、昭和27年12月31日以前から引き続き所有していた土地等及び建物等を譲渡した場合に適用されるものです（措法31の４①）。

　しかし、その後に取得した資産であっても、その取得価額が収入金額の５

－138－

第2章　譲渡所得等の課税の特例

％相当額を下回る例が多く見受けられます。

　そこで、昭和28年1月1日以後に取得した資産であっても、5％相当額により取得費計算を行った方が有利になる場合には、それが認められることとされています（措通31の4-1）。

　また、この特例は、以前に事業用資産の買換えの特例の適用を受けた際の買換資産であっても適用の対象となります。

土地区画整理事業により取得した宅地の譲渡

【問2-12】土地区画整理事業が施行され、従前地に対する換地のほかに50㎡を余分に取得し、約1年ほど経ちました。

　ところが今度都合によりその宅地を全部売却しようと思います。

　従前地は昭和44年に取得したものですから、それに対する換地部分は長期保有資産となりますが、50㎡に相当する部分はどうなりますか。

【答】その50㎡の土地の取得原因が土地区画整理事業による増換地なら長期保有資産になりますし、保留地の買取りなら、短期保有資産になります。

【解説】（1）増換地の場合

　土地区画整理法第91条第1項では「宅地の地積の規模を適正にする特別な必要があると認められる場合においては、その換地計画に係る区域内の地積が小である宅地について、過小宅地とならないように換地を定めることができる。」とし、増換地が施行者より与えられる旨を定めています。

　この増換地については、従前地に対する換地部分と同じく、従前地の取得の時期を引き継ぐことになります（措法33の6①）。

（2）保留地の買取りの場合

　保留地とは、土地区画整理事業の費用に充てるための処分地として、換地指定を行わず、換地処分の公告がなされた日の翌日に、事業施行者が所有権を原始取得（土地区画整理法104⑪）した宅地をいいます。

　この保留地を事業施行者から買い取った場合には、原則としてその物件の引渡しを受けた日が取得の日となります。

－139－

第２章　譲渡所得等の課税の特例

賃借中の不動産の取得後における譲渡

> **【問２-13】** 次のような資産を譲渡した場合、資産の取得の日及び取得価
> 額の計算はどのようになるのでしょうか。
> ①　昭和51年３月10日　作業場として建物を賃借した。
> ②　平成25年９月１日　賃借中のこの建物とその敷地を1,800万円で
> 譲り受けた。
> ③　平成30年４月30日　この土地・建物を2,000万円で譲渡した。

【答】資産の取得の日は、平成25年９月１日になります。また、取得価額は、平成25年９月１日の土地・建物の譲受け価額1,800万円から建物の減価償却費相当額を控除した額になります。

【解説】昭和51年３月10日から賃料を支払って賃借権（いわゆる借家権）を有している者が、その後平成25年９月１日にこの住宅の所有権を取得することにより、賃借権は民法上の混同により消滅します。この場合の譲渡資産の取得の日は平成25年９月１日となります。したがって、平成30年１月１日現在における所有期間は５年以下ですからこの譲渡益は短期譲渡所得として課税されることになります（措法32①）。

分離重課の適用が除外される短期譲渡

> **【問２-14】** ２年前に購入した土地が市の道路用地として市に買収される
> ことになりました。短期保有資産ですが、税率の軽減はあるのでしょ
> うか。

【答】あなたの場合、市へ売却するということですので、軽減税率の対象になります。

【解説】譲渡の年の１月１日現在における所有期間が５年以下の土地等又は建物等（譲渡の年に取得したものも含みます。）を譲渡した場合には、その譲渡による所得は短期譲渡所得となり、30％の税率により所得税が課税されます（【問２-４】参照）が、国又は地方公共団体等に対する譲渡で一定範囲の短期譲渡所得に該当する場合には、15％の税率により所得税が課せられることになり、税負担が軽減されています（措法32③）。

　なお、この軽減税率は、収用交換等の場合の5,000万円控除の適用を受け

－140－

第2章　譲渡所得等の課税の特例

た場合も，その控除後に金額について適用することができます。

　この15％の税率が適用される一定範囲の短期譲渡所得とは、次に掲げる土地等の譲渡に限られています（措法28の4③、32③、措令19⑧⑨⑩）。

①　国又は地方公共団体に対する土地等の譲渡（措法28の4③一）

②　次のイ又はロに掲げる法人に対する土地等の譲渡で、譲渡した土地等が宅地若しくは住宅の供給又は土地の先行取得の業務を行うために直接必要であると認められるもの（ロに掲げる法人に対する譲渡でその土地等の面積が1,000㎡以上である場合は、適正価格要件を満たすものに限られ、土地開発公社に対する譲渡の場合は、公有地の拡大の推進に関する法律第17条第1項第1号ニに掲げる土地の譲渡を除きます。）（措法28の4③二、措令19⑨）

イ　独立行政法人都市再生機構、土地開発公社、成田国際空港株式会社、独立行政法人中小企業基盤整備機構、地方住宅供給公社及び日本勤労者住宅協会

ロ　公益社団法人（その社員総会における議決権の全部が地方公共団体により保有されているものに限ります。）又は公益財団法人（その拠出をされた金額の全額が地方公共団体により拠出されているものに限ります。）のうち、①宅地若しくは住宅の供給又は土地の先行取得の業務を主たる目的とすること、②その地方公共団体の管理の下に①に規定する業務を行っていることの要件を満たす法人

③　収用等に伴い代替資産を取得した場合の課税の特例（措法33）、交換処分等に伴い資産を取得した場合の課税の特例（措法33の2）及び換地処分等に伴い資産を取得した場合の課税の特例（措法33の3）の適用が認められる事業に対する土地等の譲渡（①～②に該当する譲渡を除きます。）。ただし、契約により行われる土地等の譲渡のうち次に掲げるもの以外のもので、その土地等の面積が1,000㎡以上の場合には、適正価格要件を満たすものに限られます。（措法28の4③三、措令19⑩）

イ　港務局、独立行政法人都市再生機構、独立行政法人水資源機構、独立行政法人鉄道建設・運輸施設整備支援機構、独立行政法人空港周辺整備機構、地方道路公社、土地開発公社に対する土地等の譲渡

ロ　土地収用法第26条第1項の規定による事業認定の告示（都市計画法その他の法律の規定により事業認定の告示があったとみなされるものを含みます。）に係る事業の用に供される土地等の譲渡

第2章 譲渡所得等の課税の特例

　なお、短期譲渡所得についてこの15％の税率を適用するためには、所得税
の確定申告書に所定の書類を添付しなければなりませんのでご注意ください
（措規13の5①）。ただし、適正価格要件に係る証明規定は、平成32年3月
31日まで適用が停止されています（措規13の5③）。

(注) 確定申告の際には、所得税のほか、復興特別所得税（各年分の基準所得税額の
　　2.1％）を併せて申告・納付することになります。

転用未許可農地の譲渡

> 　**【問2-15】** 私は、平成25年5月に2,500万円で取得した農地（農地は私
> 　が農業を営んでいないため、農地法第3条の許可は受けておりませ
> 　ん。）を平成30年7月に、2,900万円で譲渡しました。この場合、土地
> 　の譲渡ではなく、権利（所有権移転請求権）の譲渡になり総合課税さ
> 　れるものと思いますがいかがでしょうか。

【答】 分離課税の短期譲渡所得として課税されます。

【解説】 農地法第3条第1項若しくは第5条第1項に規定する許可を受けな
ければならない農地若しくは採草放牧地又は同項第6号の規定による届出を
しなければならない農地若しくは採草放牧地を取得するための契約を締結し
た者がその契約に係る権利を譲渡した場合には、その譲渡による譲渡所得
は、総合課税の対象とはならず土地等の譲渡として分離課税の対象となりま
す（措通31・32共-1の2）。

　あなたの場合は、短期譲渡所得として、次のように計算されます（所得控
除・税額控除は考慮していません。）。

　　400万円（譲渡価額2,900万円－取得費2,500万円）×30％＝120万円

　地方税（個人住民税）は所得税における30％の税率を9％として同様の計
算を行います。

(注) 確定申告の際には、所得税のほか、復興特別所得税（各年分の基準所得税額の
　　2.1％）を併せて申告・納付することになります。

－142－

第2章　譲渡所得等の課税の特例

譲渡損失と損益通算

【問2-16】私は以前800万円で購入した宅地を未利用のまま所有してい
　　ましたが、この度、知人にこの宅地を譲ることになりました。ところ
　　が土地価格の下落により、この宅地の現在の時価は、500万円程度と
　　なっています。この土地を時価相当の500万円で売却すると300万円の
　　損失がでますが、この損失は他の所得と通算できるのでしょうか。

【答】あなたの譲渡による損失は、他の所得と通算することはできません。
【解説】個人が、土地等又は建物等を譲渡して譲渡損失が生じた場合、平成
15年12月31日までの譲渡により生じた損失の金額については、その損失の金
額を他の譲渡所得の基因となる資産の譲渡益の金額と通算し、また、他の各
種所得の金額から控除する、いわゆる損益通算を行って所得税を計算するこ
ととされていました。
　しかし、個人が、平成16年1月1日以後に土地等又は建物等を譲渡して長
期譲渡所得（譲渡の年の1月1日における所有期間が5年を超える土地等又
は建物等の譲渡による所得）又は短期譲渡所得（譲渡の年の1月1日におけ
る所有期間が5年以下の土地等又は建物等の譲渡による所得）の金額の計算
上譲渡損失の金額が生じた場合には、その損失の金額を他の土地等又は建物
等の譲渡に係る長期譲渡所得の金額又は短期譲渡所得の金額から控除し、そ
の控除をしてもなお控除しきれない損失の金額は生じなかったものとみなさ
れ、その損失の金額を土地等及び建物等以外の譲渡所得の基因となる資産の
譲渡益の金額と通算したり、また、他の各種所得の金額と損益通算すること
はできなくなりました（措法31①、32①）。
　また、逆に、個人が、平成16年1月1日以後に土地等又は建物等を譲渡し
て長期譲渡所得の金額（利益）又は短期譲渡所得の金額（利益）がある場合
において、その年に土地等及び建物等以外の資産の譲渡に係る譲渡所得の金
額の計算上若しくは不動産所得の金額、事業所得の金額又は山林所得の金額
の計算上それぞれ損失の金額が生じたとしても、それらの損失の金額を土地
等又は建物等の譲渡に係る譲渡所得の金額から控除することはできません。
　なお、譲渡の年の1月1日において所有期間が5年を超える居住用財産を
譲渡したことにより生じた譲渡損失の金額については、一定の要件を満たす
場合に限り、譲渡をした年における他の譲渡所得の基因となる資産の譲渡益
との通算や他の各種所得の金額との損益通算をすることができ、これらの通

－143－

第2章　譲渡所得等の課税の特例

算を行ってもなお控除しきれない損失の金額については、その譲渡の年の翌年以後3年間にわたり繰越控除することができます（措法41の5、41の5の2）。

　あなたが譲渡される物件は、未利用の宅地ですので、長期・短期にかかわらず、他の所得との損益通算はできないこととなります。

分離譲渡所得が特別控除額未満である場合の扶養親族等の判定

> 【問2-17】私は無職の主婦ですが、この度、私たち家族が永年居住していた居宅を売却しました。
>
> 　その居宅は、私が所有していたものであり、その譲渡益は1,000万円です。
>
> 　しかし、居住用財産を譲渡した場合は、3,000万円の特別控除の特例の適用を受けるため譲渡所得はないことになると聞いています。
>
> 　私の場合、夫の所得税の計算上、配偶者控除の対象になるのですか。

【答】居宅の譲渡益が133万円以上になりますのでご主人の所得税の計算上配偶者控除も配偶者特別控除の適用も受けることはできません。

【解説】所得税の計算上、配偶者控除の対象となる者は、その居住者と生計を一にする居住者の配偶者で、その年の合計所得金額が48万円以下のものに限られています。

　また、合計所得金額が133万円以上の場合、配偶者特別控除の適用の対象にもなりません。

　ところで、分離課税となる土地や建物等の譲渡所得を有する場合においては、譲渡所得の特別控除額を控除する前の金額を、上記の合計所得金額に含めることになっています（措法31①③一、32①④、35①、所法83①、所法83の2①）。

－144－

第2章　譲渡所得等の課税の特例

第2節　収用等の場合の課税の特例

種類の異なる代替資産(1)

【問2-18】A市で農業を営んでいますが、今回居住用の土地及び家屋と
　農地が公共事業（収用事業）の用地とするため県に買い取られること
　になりました。居住用の土地及び家屋の補償金で居住の用に供するマン
　ションの一室を取得するとともに、新しく商売を始めるため、農地
　の補償金で事業用店舗を建築したいと考えています。
　　収用による譲渡の場合には、代わりの資産を取得すれば税金はかか
　らない特例があると聞いていますが、私の取得しようとしているマン
　ションと店舗は特例の適用を受けることのできる資産に該当するので
　しょうか。

【答】あなたが取得する予定のマンションと店舗は、特例の対象となる代替
資産に該当します。

【解説】収用等により資産を譲渡し、収用等の日から2年以内に一定の要件
を満たす代わりの資産（以下「代替資産」といいます。）を取得した場合に
は、収用等に伴い交付された補償金のうち、代替資産の取得価額に相当する
金額については、譲渡がなかったものとして課税を繰り延べる特例が適用さ
れます。この特例が適用される代替資産は原則として収用等された資産と同
種の資産（注）1とされていますが、次の(1)、(2)のように効用を同じくする
一組の資産（注）2を収用等された場合や事業用資産を収用等された場合に
ついては、資産の種類が異なっても効用が同じであれば代替資産として認め
られます（措令22⑤⑥）。

(1) 効用を同じくする一組の資産を収用等された場合

　　収用等された資産が種類の異なる二以上の資産で、同じ効用を有する一
　組の資産となっている場合、収用等された資産と同じ効用を有する他の資
　産を代替資産とすることができます。

　　なお、この場合、収用等された資産が一組となっていても、取得する資
　産については効用が同じであれば一組となっている必要はないものとされ
　ています（措通33-39）。

(2) 事業用資産を収用等された場合

　　収用等された資産が、その者の営んでいる事業（事業に準ずるものを含

— 145 —

第2章　譲渡所得等の課税の特例

みます。）の用に供されていた資産である場合、その者の事業（事業に準ずるものを含みます。）の用に供する土地等又は減価償却資産を代替資産とすることができます。

ご質問の場合は、居住用の土地及び家屋の補償金で居住の用に供するマンションを取得するとのことですから、同種の資産ではありませんが、効用を同じくする資産となるため、一組の資産を収用等されて、同じ効用を有する他の資産を取得する上記(1)の場合に該当することになります。また、農地の補償金で事業用店舗を取得することについては、上記(2)の場合に該当することになります。

(注) 1　同種の資産とは、収用等された資産が次に掲げる資産である場合には、それぞれの資産の区分に応じた資産をいい、それ以外の場合は収用された資産と同種の資産、又は収用等によって消滅した権利と同種の権利をいいます（措令22④）。

① 土地又は土地の上に存する権利

② 建物（その附属設備を含みます。）又は建物に附属する門、塀、庭園、煙突、貯水槽その他これらに類する構築物

③ 上記②以外の構築物

④ 収用等された資産と種類及び用途を同じくするその他の資産

2　一組の資産とは、種類の異なる二以上の資産で一体として、次に掲げる用に供されるものをいいます（措規14③）。

① 居住の用

② 店舗又は事務所の用

③ 工場、発電所又は変電所の用

④ 倉庫の用

⑤ ①から④に掲げる場合のほか、劇場の用、運動場の用、遊技場の用その他これらの用の区分に類する用

種類の異なる代替資産 (2)

> 【問2-19】　先代より耕作してきた農地がＡ市の小学校用地（収用事業の用地）として買い取られたので、同年中に代替資産として山林（同種の資産）と農業用機械（事業用資産）を取得しました。この場合、山林及び農業用機械が共に代替資産として認められるでしょうか。

【答】**あなたが取得した山林及び農業用機械は、代替資産に該当します。**

【解説】租税特別措置法第33条に規定されている収用等に伴い代替資産を取

第２章　譲渡所得等の課税の特例

得した場合の課税の特例の代替資産の範囲は、①譲渡資産と同種の資産、②一の効用を有する一組の資産、③事業の用に供する資産がありますが、これらの代替資産の取得の区分は、いずれか１つのみを選択しなければならないものではありません。

一組の資産を収用等された場合の代替資産

> **【問２-20】** この度、Ａ市の小学校拡張事業用地（収用事業の用地）として自宅の敷地が7,000万円で買い取られ、建物については移転補償金として1,000万円を受け取りました。
>
> 　そこで早速移築先を探しましたが、適当なところもなく思い切って、家屋を取り壊し、通勤には多少不便ですが、以前買っておいたＢ市の土地に補償金の全額で家屋を新築しました。
>
> 　この場合、譲渡所得の取扱いはどうなるのでしょうか。

【答】 **あなたは、建物を取り壊していますので移転補償金を対価補償金として取り扱うことができます（注）。また、補償金の全額で家屋を購入していますので、収用等に伴い代替資産を取得した場合の課税の特例の適用を受けることができます。**

【解説】 Ａ市の行う小学校拡張事業は、収用等の場合の課税の特例（措法33）が適用される事業であると判断されます。

　この特例が適用されますと、一般的には次に掲げる資産を譲渡資産の代替資産として取得することができます。

①　収用等された資産と同種の資産（措法33①、措令22④）

②　収用等された二以上の資産が一つの効用を有する一組の資産である場合には、収用等された資産と同じ効用を有する他の資産（措令22⑤）

③　収用等された資産が、その者の営んでいる事業（事業に準ずるものを含みます。以下同じ。）の用に供されていた資産である場合は、その者の事業の用に供する土地等又は減価償却資産（措令22⑥）

　したがって、所得税の確定申告の際、新築家屋を譲渡資産（対価補償金とみなされるものも含みます。）の代替資産として所定の手続をすれば、収用等の場合の課税の特例の適用を受けることができます。なお、この場合、建物の取壊費用は譲渡費用として対価補償金の額から控除されます。

(注)　土地等の収用等に伴い起業者から当該土地等の上にある建物又は構築物を引き

－ 147 －

第2章　譲渡所得等の課税の特例

家し、又は移築するために要する費用として交付を受ける補償金であっても、その交付を受ける者が実際に当該建物又は構築物を取り壊したときは当該補償金は、当該建物又は構築物の対価補償金に当たるものとして取り扱うことができるとされています（措通33−14）。

同一年中に2回以上の収用等があった場合の代替資産

> 【問2-21】　私は平成30年中に次のとおり公共事業用地（収用事業の用地）として宅地を譲渡し、事業施行者から収用証明書等の交付を受けました。
> 　①　学校用地　短期保有の宅地（取得価額2,000万円）
> 　　譲渡価額9,000万円
> 　②　道路用地　長期保有の宅地（取得価額500万円）
> 　　譲渡価額8,000万円
> 　この譲渡代金で平成29年中に宅地を8,000万円で取得しました。
> 　確定申告の際これを譲渡資産に係る代替資産として、譲渡所得を計算するつもりでいます。
> 　私の場合、代替資産を取得したことにより譲渡がなかったものとみなされるのは、①及び②の譲渡のうちどの部分でしょうか。

【答】　取得した宅地を①又は②の譲渡のうちのどちらかの譲渡資産の代替資産に充てたものとして選択することができます。

【解説】同一年中に二つの収用事業のために譲渡があった場合で、代替資産を一つしか取得しないときは、その取得した代替資産は選択によりいずれかの収用事業のために譲渡した資産の代替資産とすることができます。

　あなたの場合、①の譲渡資産が短期保有資産ですから、取得された宅地をその代替資産とすると税負担が少なくなるので有利です。

　なお、一つの収用事業のために二以上の資産を譲渡し、かつ、その譲渡資産についての代替資産の取得をし、買換差金（譲渡収入金額が代替資産の取得価額を超える場合のその超過額をいいます。）が生ずる場合には、その買換差金の額をそれぞれの譲渡資産の譲渡の時の価額の比にあん分して計算した金額をそれぞれの譲渡資産についての買換差金とすることになります（措通33-47の2）。

−148−

第2章　譲渡所得等の課税の特例

同一の資産を二以上の年の代替資産とする場合

> 【問2-22】 私の所有地が平成29年に府立高校の用地（収用事業の用地）
> として6,000万円で買い取られました。平成29年分の確定申告書提出
> 時には代替地を取得していなかったため、見積額により代替資産を取
> 得した場合の課税の特例を適用して申告しました。
>
> 平成30年5月になり、私の別の所有地が市の小学校用地として
> 7,000万円で買い取られました。代替資産となる土地を探したのです
> が、なかなか私の意にかなうものがなく、結局1億2,500万円の土地を
> 買い取ることとしました。代替資産として取得した1億2,500万円の
> 土地のうち6,000万円に相当する部分を平成29年の収用等により譲渡
> した土地の代替資産とし、6,500万円に相当する部分を平成30年の収
> 用等により譲渡した土地の代替資産とすることができるでしょうか。

**【答】代替資産の取得の期間内であれば、6,000万円に相当する土地の部分を
平成29年の譲渡の代替資産とし、6,500万円に相当する土地の部分を平成30
年の譲渡の代替資産とすることができます。**

【解説】 代替資産は、平成29年の譲渡と平成30年の譲渡と各年別に取得しな
ければならないということはありません。

収用補償金で代替資産を取得した場合の修正申告期限

> 【問2-23】 私は、平成29年2月10日にA市の行う市道拡幅事業により、
> 土地を買い取られ、対価補償金8,000万円を取得しました。翌年3月、
> この補償金の全額で代替資産を取得する旨の買換（代替）資産の明細
> 書を提出し、租税特別措置法第33条を適用して確定申告を済ませまし
> た。
>
> 平成30年6月1日に代替資産として土地を7,500万円で取得しまし
> たが、今後、残った500万円で代替資産を取得するつもりはありませ
> ん。
>
> この場合、平成29年分の譲渡所得についての修正申告はいつまでに
> しなければならないのでしょうか。

【答】収用等のあった日以後2年を経過した日に当たる平成31年2月10日か

－149－

ら４か月以内に修正申告をしなければなりません。

【解説】 収用等のあった日の属する年の翌年１月１日から収用等のあった日以後２年を経過した日までの期間（取得指定期間）内に代替資産を取得する見込みであり、かつ、代替資産の取得予定年月日及び取得価額の見積額等について、収用等に伴い代替資産を取得した場合の課税の特例の適用を受けた場合には、その後、代替資産の取得価額が見積額に満たなかったとき、又は取得指定期間内に代替資産を取得しなかったときには修正申告をしなければならないこととされています（措法33の５①）。

この場合、修正申告期限はともに取得指定期間を経過した日から４か月以内とされています（措法33の５①二、措通33の５－１）。

相続人が取得した代替資産

> **【問２-24】** 私の父は本年の３月にＡ市に上水道事業用地（収用事業の用地）として、田を7,000万円で譲渡しました。
>
> 父は、その代金で代替資産として田を取得することとし、売買契約を締結していましたが、６月に急死しました。
>
> そこで、相続人である私が、父の遺志を引き継ぎ、代金の全部で代わりの田を本年９月に取得しました。
>
> この場合、収用等に伴い代替資産を取得した場合の課税の特例の適用を受けることができるでしょうか。

【答】 収用等に伴い代替資産を取得した場合の課税の特例を受けることができます。

【解説】 個人の所有する資産（所得税法第２条第１項第16号に規定する棚卸資産その他これに準ずる資産を除きます。）が公共事業のために収用等された場合に、その代金でもって代替資産を取得することができるのは、原則として収用等された個人に限られています（措法33①）。

しかし、代替資産を取得しないで死亡した場合であっても、その死亡前に被相続人が代替資産の取得に関する売買契約又は請負契約を締結しているなど代替資産が具体的に確定しており、かつ、その相続人が所定の期間内にその代替資産を取得したときは、その死亡した者に係る譲渡所得の計算上、例外的に代替資産の取得があったものとして、特例適用が認められています（措通33-45）。

－150－

第2章　譲渡所得等の課税の特例

代替資産として国外の資産を取得した場合

【問2-25】私の所有していた土地が市立中学校の建設用地（収用事業の
　用地）として市に買収されることになりました。今回この補償金でア
　メリカの土地を取得する予定ですが、国外にある資産を取得した場合
　でも、収用等に伴い代替資産を取得した場合の課税の特例の適用を受
　けることができるでしょうか。

【答】収用等に伴い代替資産を取得した場合の課税の特例を受けることがで
きます。
【解説】収用等に伴う代替資産の取得については、資産の種類及び効用に関
してはその範囲が定められていますが、取得資産の所在場所に関する規定は
ありません。

代替資産の取得価額

【問2-26】私は居宅とその借地権をA市に小学校用地（収用事業の用地）
　として譲渡し、代替資産として宅地を取得し、居宅を新築しました。
　　この場合、居宅の新築に当たって支出した次の費用は代替資産の取
　得費に加算できるでしょうか。
　　①　上棟式に要した飲食の費用
　　②　落成式に要した飲食費、記念品
　　③　居宅の移転に要した荷造費、食費、運搬費

【答】（1）上棟式及び落成式に要した通常必要と認められる諸費用は、その
資産を取得するために直接要した費用として建物の取得価額に算入できま
す。
（2）居宅の移転のために要した諸費用は、代替資産の取得費に算入すること
はできません。

－151－

第2章　譲渡所得等の課税の特例

代替資産の所有期間

【問2-27】私は次のとおり同一年中に2度にわたり公共事業用地（収用事業の用地）として宅地を譲渡しました。

　①　A市××町　宅地50㎡　5,000万円　A市の市道用地
　②　B市○○町　宅地70㎡　5,500万円　B市の公園用地

　②のB市の宅地70㎡は、A市の譲渡資産の代替資産として取得したもので、わずか4か月ほど所有していただけです。

　このように短期間の所有であり、しかも同一年中に譲渡したような場合であっても、①の譲渡資産についての代替資産とすることができますか。

【答】**B市内の宅地をA市内の譲渡資産の代替資産として、特例の適用を受けることができます。**

【解説】収用等の場合における代替資産の取得の特例（措法33）に関しては、次のとおり譲渡資産に対する代替資産の取得の期限が定められていますが、代替資産の所有期間については何ら定められていません。

〈代替資産の取得期限に関する規定〉

　①　資産を譲渡した日の属する年の12月31日まで（措法33①）
　②　資産を譲渡した日以後2年を経過した日まで（措法33②）
　③　資産を譲渡した日以後3年を経過した日まで（措令22⑰二）
　④　資産を譲渡した日以後4年6か月（特別な場合は8年6か月）を経過した日まで（措令22⑰一）

(注)　上記④は、税務署長に対して代替資産の取得期限延長承認申請を行い、その承認を得ることが必要です。

－152－

第2章　譲渡所得等の課税の特例

代替資産の取得時期

> 【問2-28】私は、平成26年に、昭和55年に取得した宅地を国道工事の施
> 行により2,000万円で買収されました。私は自己資金を1,500万円追加
> して3,500万円の土地を取得し、代替資産の課税の特例を適用して譲
> 渡所得に係る申告をしました。
>
> 　ところが、平成30年になって甲不動産会社からこの3,500万円で取
> 得した代替資産を5,000万円で買い取りたいという申出がありました。
>
> 　私がこの土地を売却した場合、追加資金1,500万円に相当する部分
> は短期譲渡所得として課税されるのでしょうか。

【答】あなたの場合、譲渡代金の全額が長期譲渡所得として課税されます。
【解説】収用等の場合の譲渡所得の課税の特例のうち代替資産を取得した場
合の課税の特例を適用した場合、収用等された資産の取得費及び取得時期が
そのまま代替資産に引き継がれますので、代替資産に追加支出額がある場合
でも、従来から所有していたものとみなされます（措法33の6①、措通31・
32共-5）。

収用等の場合の特別控除と所得税法の特別控除との競合

> 【問2-29】私は十数年来○○湾で漁業を営んでいますが、この度、H県
> が公有水面埋立法第2条に規定する免許を受けて、工業用地造成のた
> め○○湾の海面埋立てを行うことになりました。これに伴い、漁業権
> が完全に消滅しますので、私は、漁業権の消滅に係る補償金として
> 5,500万円を受け取ることになります。このことによる所得は総合課
> 税の譲渡所得として所得税の課税対象になると聞いていますが、私は
> この譲渡所得について収用等の場合の5,000万円特別控除の特例の適
> 用を受けたいと思っています。
>
> 　ところで、総合課税の譲渡所得については、その金額の計算におい
> て、別途50万円が控除されると聞きましたが本当でしょうか。

**【答】総合課税の譲渡所得については、譲渡所得の金額の計算上収用等の場
合の5,000万円特別控除額のほか、50万円の特別控除額を控除することがで
きます。**

第２章　譲渡所得等の課税の特例

【解説】 総合課税の譲渡所得について、譲渡所得の金額は次の算式により計算されます（所法33③④）。

譲渡所得
の 金 額 ＝譲渡による総収入金額－（取得費の額＋譲渡費用の額）
　　　　　　－50万円（ただし、譲渡益が50万円に満たない場合はその譲渡益）

　また、収用等の場合の5,000万円特別控除の特例の適用に当たっては、譲渡による総収入金額から取得費と譲渡費用の合計額を控除し、更にこの残額から5,000万円（残額が5,000万円に満たない場合は、その残額に相当する金額）を控除することとされています（措法33の４①四）。

　ご質問の場合、仮に取得費の額が450万円、譲渡費用の額０円とすると、次の算式のとおりとなり、結果的に合計5,050万円が特別控除できることになります。

　5,500万円－（450万円＋０円）－<u>5,000万円</u>－<u>50万円</u>＝０円

代替資産の特例と特別控除の関係

【問２-30】 私の所有していた土地が学校用地（収用事業用地）として買い取られました。申告に際して、私は代替資産を取得するつもりでしたので、買換（代替）資産の明細書を提出し、収用等に伴い代替資産を取得した場合の課税の特例の適用を受けました。しかし取得期限までに代替資産を取得することができなかったので、修正申告をしようと思います。この場合5,000万円の特別控除の特例の適用を受けることができるでしょうか。

【答】 取得期限を経過してから４か月以内に修正申告書を提出すれば、収用等の場合の5,000万円特別控除の特例の適用を受けることができます。

【解説】 代替資産を取得する予定で買換（代替）資産の明細書を提出していた場合で、その取得予定期間内に代替資産を取得しなかったときは、その期間を経過した日から４か月以内に修正申告書を提出すれば、5,000万円特別控除の特例の適用を受けることができます（措法33の４①、措法35の５①）。

(注) 5,000万円特別控除の特例は、公共事業施行者から、最初に買取り等の申出を受けた日から６か月以内にその資産を譲渡したときに限り適用されます（措法33の４③一）。

－154－

第２章　譲渡所得等の課税の特例

同一事業について２年にまたがって買い取られた場合(1)

> 【問２-31】私の所有地が、平成29年に市立小学校の建設用地（収用事業
> の用地）として市に買い取られ、5,000万円の特別控除を適用して申告
> しました。ところが、平成30年になって、同じ小学校の建設用地（収
> 用事業の用地）として更に、私の所有地を4,500万円で譲渡しました。
> 今回の譲渡も事業施行者より買取りの申出を受けてから６か月以内に
> 譲渡したものです。
> 　この場合は、譲渡の収入金額は5,000万円以下ですので、税金はか
> からないと思いますが、どうでしょうか。

**【答】同一事業の施行のための用地の買取りが２年に渡って２回行われてい
ますので、買取りが２回に分けられた合理的な理由がない限り今回（２回
目）の譲渡については収用等の場合の5,000万円特別控除の特例は適用でき
ません。**

【解説】資産を収用等により譲渡した場合の5,000万円特別控除の特例は、同
一の事業について、譲渡が年をまたがって二以上に分けて行われた場合に
は、その二以上の譲渡のうち最初の年の譲渡についてのみ適用されます（措
法33の４③二）。

　ただし、同一の公共事業を２回以上に分けて施行することについて、事業
施行者において合理的と認められる事情があるときは、それぞれ別個の事業
として取り扱うことができます（措通33の４－４）。

　なお、5,000万円特別控除の特例が適用できない場合であっても、同一年
中の他の譲渡資産について5,000万円特別控除の特例の適用を受けないとき
は、代替資産として定められている一定の範囲の資産を取得すれば、収用等
により代替資産を取得した場合の課税の特例の適用を受けることができま
す。

－155－

第2章　譲渡所得等の課税の特例

同一事業について2年にまたがって買い取られた場合(2)

【問2-32】私は、平成29年に市の小学校用地（収用事業の用地）として
　　　農地700㎡を6,000万円で買い取られ、その代金で代替資産を同額で取
　　　得し、収用等に伴い代替資産を取得した場合の課税の特例を適用して
　　　確定申告を済ませました。しかし、平成30年になって、また同じ小学
　　　校の用地として隣接農地200㎡が1,500万円で買収されることになりま
　　　した。この場合、平成29年分については5,000万円特別控除の特例の
　　　適用を受けていませんので、平成30年分について5,000万円特別控除
　　　の特例の適用が受けられると思いますがよろしいですか。

【答】平成30年に買い取られた分について、5,000万円の特別控除の適用を受
けることができません。

【解説】資産を収用等により譲渡した場合の5,000万円特別控除の特例は、同
一の事業について、譲渡が二以上に分けて行われた場合には、その二以上の
譲渡のうち最初の年の譲渡についてのみ適用されます（措法33の4③二）。

共有資産が収用等された場合の5,000万円の特別控除

【問2-33】父からの相続で母と共有（私3分の2、母3分の1）で取得
　　　した宅地が、今度A市の小学校用地（収用事業の用地）として1億
　　　2,000万円で買い取られました。
　　　　そこで私は持分に相当する8,000万円の全額で代わりの資産を取得
　　　し収用等に伴い代替資産を取得した場合の課税の特例の適用を受けよ
　　　うと思っています。
　　　　ところで知人の話では、収用等に伴い代替資産を取得した場合の課
　　　税の特例の適用を受けると、5,000万円控除の特例は受けられないと
　　　のことですが、私たちの場合、私の譲渡について収用等に伴い代替資
　　　産を取得した場合の課税の特例の適用を受けたときには、母の譲渡に
　　　ついて、5,000万円特別控除の特例の適用を受けられなくなるのでし
　　　ょうか。

【答】あなたのお母さんは、収用等に伴い代替資産を取得した場合の課税の
特例又は5,000万円特別控除の特例のいずれか一方を選択することができま

－156－

第２章　譲渡所得等の課税の特例

す。つまり、**あなたとお母さんは、異なる特例の適用の選択をすることがで
きます。**

【解説】公共事業のため土地等が買い取られた場合で買取りの申出を受けた
日から６か月以内に譲渡したときは、収用等に伴い代替資産を取得した場合
の課税の特例又は5,000万円特別控除の特例のうちどちらの特例の適用を受
けるかは、納税者が自由に選択できることになっており、双方の特例の適用
は受けられないことになっています（措法33の４①）。

　しかし、これらの特例の適用についての選択権は、譲渡者ごとに認められ
ているので、共有者の１人が収用等に伴い代替資産を取得した場合の課税の
特例の適用を受けた場合でも、他の共有者には何ら影響を及ぼしません。

仮換地を収用等により譲渡した場合

【問２-34】私は、土地区画整理事業により仮換地の指定を受け、そこに
家屋を新築し住んでいます。

　ところがそこに小学校ができるということで、Ａ市より仮換地の買
取りの申出を受け１か月後に同意しました。

　しかし、よく考えてみますと売買の対象となる土地はあくまでも従
前地であり、従前地は小学校の建築計画区域外にあります。

　このような場合でも収用等の場合の課税の特例の適用を受けること
ができるでしょうか。

【答】**収用等の場合の課税の特例の適用を受けることができます。**

【解説】土地区画整理事業の施行地内の公共用地等は、本来事業の中で換地
処分の手法を通じて確保されるべき性格のものですが、仮換地の指定後換地
処分までは、通常相当の期間を要します。

　ところがどうしても急を要する事業もあり、換地処分を待たず、仮換地を
使用する場合があります。

　そこで従前地が起業地外にある場合であっても仮換地が起業地内にあり、
かつ、次に掲げる場合に該当して補償金又は対価を取得するときは、その補
償金又は対価についても収用等の場合の課税の特例が適用されることになっ
ています（昭48.1.19付直審５−１・直審４−３）。

①　仮換地等が土地収用法等の規定に基づいて使用された結果、その仮換
　地について有する使用収益権が消滅する場合

－157－

第2章　譲渡所得等の課税の特例

　②　仮換地等について有する使用収益権の消滅の申出を拒むときは、土地
　　収用法等の規定に基づいてその仮換地等が使用されその権利が消滅する
　　こととなる場合において、その権利が契約により消滅するとき
　なお、ご質問の場合には上記②に該当します。

土地区画整理事業の換地処分による清算金に対する課税

> 【問2-35】私がS市に持っている土地について数年前からS市施行の土
> 　地区画整理事業が行われていましたが、最近事業が完了し換地処分の
> 　公告が行われました。
> 　　私の換地は従前の土地とほぼ同じ位置に定められ、道路部分に相当
> 　する分が減歩になり、清算金300万円の交付を受けることになりまし
> 　たが、この清算金に対しての課税関係はどうなりますか。

【答】交付を受けた清算金について収用等の場合の課税の特例の適用を受け
ることができます。
【解説】土地区画整理事業で換地を定めた場合において、従前の宅地と換地
の位置、地積、土質、水利、利用状況、環境等を総合的に考慮し、不均衡が
生じると認められるときは、金銭でこの不均衡を是正することとしていま
す。清算金とは、このような場合に徴収又は交付される金銭のことです。
　土地区画整理事業の施行による換地処分に伴い、換地とともに清算金を取
得する場合は、従前の土地のうち、その清算金に対応する部分について譲渡
があったものとされますが、その清算金に対応する部分については、収用等
に伴い代替資産を取得した場合の課税の特例の適用を受けるか、5,000万円
特別控除の特例の適用を受けるかのいずれかの選択が認められています（措
法33、33の4）。
　土地区画整理事業の施行により交付される清算金には、換地処分により換
地とともに交付されるもののほか、次のようなものがあります。
　①　過小宅地等について換地が定められない場合の清算金（土地区画整理
　　法91③、92③）
　②　公共施設（例えば道路）用地について換地が定められない場合の清算
　　金（同法95⑥）
　③　土地所有者の申出等によって換地が定められない場合の清算金（同法
　　90）

－158－

第2章　譲渡所得等の課税の特例

　①と②については収用等の場合の課税の特例の適用が認められていますが、③については私人間の任意の売買と異ならないため、通常の譲渡の場合と同様に課税されます。

やむを得ない事情により権利変換を希望しない旨の申出をした場合

> 【問2-36】　私は某電鉄会社の駅前商店街の入口でタバコ小売商をしています。母と子供2人の4人暮らしですが、母は2年ほど前から寝たきりで、私が店番をしながらその面倒をみています。最近この駅前商店街で再開発の計画が具体化し、私は再開発ビルの1階に店舗を、4階に住居をもらえることになりましたが、今までのように母の世話や家事をしながら店番をするというわけにはいかなくなり、どうしようかと悩んでいます。
>
> 　この事業は市街地再開発事業として、組合を設立して施行されるということです。私はいっそのこと再開発ビルに入らず、金銭補償を受けようかと思っています。
>
> 　私のような場合、課税上どのように取り扱われますか。

【答】　あなたの場合は、再開発ビルにおいて生活又は事業を営むことが困難と認められますので、所要の手続を経て支払を受ける金銭補償金について、収用等の場合の課税の特例の適用を受けることができます。

【解説】 第一種市街地再開発事業（収用事業）が施行されますと、床面積が過小となるため再開発ビルの区分所有権を取得する権利を与えられないこととなる場合や、権利変換により新たな権利に変換することがない地役権や工作物所有のための地上権等を除いて、従前の土地建物等はすべて再開発ビルの区分所有権等又はその敷地の共有持分若しくは地上権の共有持分を取得する権利を与えられる処分を受けることになります。この処分を権利変換といいます。

　お尋ねのような家庭事情がありますと、再開発ビルに入った場合には従前どおりの生活を継続することはできないと思われます。このような場合は、市街地再開発組合の設立認可の公告のあった日（地方公共団体が施行する場合は事業計画決定の公告のあった日）から30日以内に、組合に対し再開発ビルの区分所有権やその敷地の共有持分についての権利を与えられる代わりに金銭の給付を受けたいという申出をすればよいことになっています（都市再

-159-

第2章　譲渡所得等の課税の特例

開発法71①)。

　このような手続を経て金銭給付を受けた場合においては、その金銭給付を受けた事情が次に掲げる場合のいずれかに該当し、やむを得ないものであることについて、事業施行者が審査委員の過半数の同意を得て（地方公共団体施行の場合は市街地再開発審査会の議決を経て）認めたものであれば収用等の場合の課税の特例の適用が受けられることになっています（措令22⑪)。

① 　金銭給付の申出をした者（以下「申出人」といいます。）の権利変換に係る建築物が建築後の建築基準法の規定等の変更により事業施行時点では都市計画法の規定による用途地域の制限に抵触するとき

② 　申出人が再開発ビルの保安上危険であり、又は衛生上有害である事業を営んでいるとき

③ 　申出人が再開発ビルに居住する者の生活又は再開発ビル内における事業に対し著しい支障を与える事業を営んでいるとき

④ 　事業の施行地区内において住居を有し若しくは事業を営む申出人又はその者と住居及び生計を一にしている者が老齢又は身体上の障害のため再開発ビルにおいて生活し又は事業を営むことが困難となるとき

⑤ 　①から④までに掲げる場合のほか、再開発ビルの構造、配置設計、用途構成、環境又は利用状況につき申出人が従前の生活又は事業を継続することが困難又は不適当な事情があるとき

建物移転補償金により新築する家屋

【問2-37】私の土地が道路用地（収用事業の用地）として買い取られることになり、その上にある建物を移転させなければなりません。この建物の移転に要する費用として補償金の交付を受けていますが、建物は移転させずに取り壊したいと考えています。そして、交付を受けた補償金でもって新しく建物を建築したいのですが、この場合、受け取った補償金についての課税関係はどのようになるのでしょうか。

【答】建物移転補償金は、原則的には、一時所得として課税されます。しかし、建物を取り壊した場合には移転補償金を対価補償金として取り扱うことができますので、その場合には譲渡所得として課税されます。譲渡所得として課税される場合には、収用等の場合の課税の特例の適用を受けることができます。

【解説】資産の収用等に伴い交付される補償金のうち、資産の移転に要する

－160－

第2章　譲渡所得等の課税の特例

費用として交付を受ける補償金は、その交付の目的に従って支出した場合には、支出した額については所得税法第44条の規定が適用され、所得税は課税されません。ただし、その支出した額を差し引いて残額が生じた場合、又は、その目的に従って支出しなかった場合には、その残額又は支出しなかった額については一時所得として課税されることになります（所基通34-1(9)）。

　しかし、建物の移転の費用として受けた補償金であっても、その建物を移転せずに取り壊したときには、その補償金は取り壊した資産の対価補償金として取り扱うことができます（措通33-14）。

　したがって、その補償金に対しては譲渡所得として課税されることになり、所得金額の計算に当たっては、収用等の場合の課税の特例が適用されます。

　譲渡所得の計算に当たっては、5,000万円特別控除（買取りの申出を受けてから6か月以内に譲渡した場合に限ります。）の特例か、収用等に伴い代替資産を取得した場合の課税の特例のいずれかを適用することができますが、いずれの特例を適用するかは、あなたが選択することになっています。ただし、二つの特例を併せて適用することはできませんのでご注意ください。

借家人補償金の取扱い

> 【問2-38】　私はK市の住宅街で借家住いをしていましたが、この度、この借家がH県の道路拡幅事業（収用事業）にかかり立ち退かなければならなくなりました。県からは借家人補償金が出るそうですが、この補償金に対しては課税されることになるのでしょうか。

【答】　あなたの受領する借家人補償金は対価補償金にあたりますので、5,000万円特別控除の特例の適用を受けることもできますし、補償金に相当する金額を転居先の建物の賃借に要する権利金に充てたときは、その金額を代替資産の取得に充てた金額として代替資産を取得した場合の課税の特例の適用を受けることもできます（措通33－30）。

【解説】　公共事業のために土地が収用又は使用され、その土地の上にある建物の移転をしなければならなくなった場合の借家人の移転に伴う損失は、従前の建物の移転方法のいかんによって異なっています。建物所有者と借家人の事情、移転先等により従前の賃貸借関係を継続することが著しく困難になると認められるときは、従前の建物と同程度の他の建物を賃借するために通

－161－

第2章　譲渡所得等の課税の特例

常必要とされる権利金、礼金等の費用が補償されます。

　また、従前の建物の家賃が新たに賃借する建物の正常な賃料に比べて著しく低額であると認められるときは、賃借の事情を総合的に考慮して適正に算定した家賃差額の損失が補償されます。

　これらの補償金は、いわゆる借家権の消滅に伴う補償金として対価補償金の取扱いを受けることができます。

　なお、動産移転費用補償金、仮住居費用補償金等が併せて支払われる場合は、これらの補償金は実際に要した費用を差し引いて残額があれば一時所得として課税されることになります。

(注)　賃借していた建物を店舗又は事務所等のように事業用として使用していた場合には、その建物と同じ用途に供する土地又は建物を取得して代替資産とすることもできます。

残地買収の対価

> **【問2-39】** O市の都市計画街路事業（収用事業）のため私の住宅を移転しなければならなくなりました。従前の宅地300㎡のうち買収される部分の面積は260㎡で40㎡が残りますが、三角地となり建物の敷地として利用できる状態ではありません。O市の用地買収担当の職員の話ではこの残地も含めて買取りを行う予定であると聞きました。このような場合、この残地買収については収用の場合の課税の特例の適用が認められますか。

【答】 残地部分だけでは、従前の用途に利用することができませんので、残地の譲渡についても収用等の場合の課税の特例を受けることができます。

【解説】 同一の土地所有者に属する一団の土地の一部が収用され、残地を従来利用していた目的に供することが著しく困難となるときは、土地所有者はその全部の収用を請求できる（土地収用法76①）こととされており、O市の用地買収担当の職員があなたの希望によって残地を買い取ってもよいといっているのはおそらくこのことによるものであろうと思われます。

　ただし、多少の不便があっても残地を従来利用していた目的に供することができる場合には、特例の適用対象となりませんのでご注意ください。

-162-

第2章　譲渡所得等の課税の特例

現に賃貸中の土地の起業者の買取り

> 【問2-40】町立中学校の敷地のなかに、賃貸借契約により賃借している
> 土地があります。今回契約期間が切れることになり、地主の方から、
> この土地を買い取ってくれなければ明渡してもらいたいとの申出があ
> りました。町としては、やむを得ずこの土地を買い取ることにしまし
> たが、この土地の譲渡について、地主は収用等の場合の課税の特例の
> 適用を受けることができるのでしょうか。

**【答】町と地主との間には、借地借家法等の規定により賃貸借契約を更新で
きない等の事情がある場合に限り、地主は土地の譲渡について収用等の場合
の課税の特例の適用を受けることができます。**

【解説】現に賃借している土地について借地借家法の規定によって契約の更
新ができない等の事情があり、地主が賃貸借契約の更新を拒む場合には、土
地収用法に基づく収用権を行使し得るものと認められる事情があるときに限
り収用等の場合の課税の特例の適用を受けることができます（土地収用法
4）。

立木補償金をもってアパートを取得した場合

> 【問2-41】私は山林の輪伐経営者ですが、収用等に係る立木補償金をも
> ってアパートを取得した場合、そのアパートは、租税特別措置法施行
> 令第22条第6項の規定によりその立木の代替資産としての適用はある
> のでしょうか。

**【答】立木は棚卸資産等に該当しますので、立木補償金について代替資産の
特例の適用はありません。**

【解説】山林とアパートは同種の資産ではありませんので、事業用資産に該
当する場合に限り代替資産の特例の適用があります（措令22⑥）。しかし、
輪伐業者の所有する立木は、事業の用に供されていた固定資産とはいえませ
んので、ご質問の場合は代替資産の特例は適用できません。

－163－

第2章　譲渡所得等の課税の特列

仮営業所設置補償金で店舗を新築した場合

> **【問2-42】** 私はA市の市街地で紳士服の販売をしています。
>
> 　このほど、表道路において市営地下鉄の工事が行われるため、その間他所で仮営業所を設置することになり、事業施行者より仮営業所設置補償金として1,500万円を受け取りました。
>
> 　しかし従来より店舗の増設計画がありましたので、その補償金で店舗を新築しました。
>
> 　この新築代金を仮営業所設置補償金から差し引くことはできますか。

【答】店舗の新築代金を仮営業所設置補償金から差し引くことはできません。したがって、その仮営業所設置補償金は、事業所得の計算上総収入金額に算入することになります。

【解説】 公共事業者から支払われる補償金の課税上の取扱いを区分しますと次に掲げるとおりとなります（措通33-9）。

① 　対価補償金

② 　収益補償金

③ 　経費補償金

④ 　移転補償金

⑤ 　その他対価補償金の実質を有しない補償金

　このうち代替資産の取得が認められる補償金は①の対価補償金に限られます。

　あなたが受け取られた仮営業所設置補償金は、仮営業所の設置の費用に対する補償ですから、上記の区分では③の経費補償金となります。

－164－

第2章　譲渡所得等の課税の特例

第3節　特定事業の用地買収等の場合の課税の特例

土地区画整理事業として行う公共施設の整備改善等のために土地を譲渡した場合

> 【問2-43】　私はK市が土地区画整理事業として行う公共施設の整備改善等のために、土地を譲渡しました。
>
> 　この場合、租税特別措置法第34条に規定する2,000万円控除の特例の適用があると聞きましたが本当でしょうか。

【答】　K市に買い取られた土地について、租税特別措置法第35条の適用を受ける部分がなく、かつ、その土地の全部又は一部につき同法第36条の2、第36条の5、第37条、第37条の4又は第37条の9の適用を受けないときは、2,000万円特別控除の特例の適用があります。

【解説】 国、地方公共団体、独立行政法人都市再生機構、又は地方住宅供給公社が、土地区画整理事業として行う公共施設の整備改善又は宅地の造成に関する事業の用に供するため土地等（土地及び土地の上に存する権利をいいます。）を買い取ることがあります。

　これらの事業は、収用対象事業ではありませんが、土地等がこれらの事業の用地として買い取られた場合は、2,000万円控除の特例の適用があります（措法34）。

　なお、居住用財産を譲渡した場合の3,000万円の特別控除の規定（措法35①）の適用を受ける部分の土地等については、2,000万円控除の特例を適用することはできません。また、その土地等の全部又は一部について、次の特例の適用を受ける場合には、2,000万円控除の特例の適用はありません。

① 特定の居住用財産の買換えの場合の長期譲渡所得の課税の特例（措法36の2）

② 特定の居住用財産を交換した場合の長期譲渡所得の課税の特例（措法36の5）

③ 特定の事業用資産の買換えの場合の譲渡所得の課税の特例（措法37）

④ 特定の事業用資産を交換した場合の譲渡所得の課税の特例（措法37の4）

⑤ 平成21年及び平成22年に土地等の先行取得をした場合の譲渡所得の課税の特例（措法37の9）

第2章　譲渡所得等の課税の特例

（参考）
　措置法第34条に規定する2,000万円の特別控除の特例については同条第2項各号に規定する事業の用に供するために土地等が買い取られる場合において、同一事業の用地として2以上の年にわたって土地等を譲渡したときは、これらの譲渡のうち、最初の譲渡が行われた年以外の譲渡については2,000万円控除の特例は適用できないこととされています（措法34③）。

特定土地区画整理事業の特別控除と地上建物の移転補償金による特定の事業用資産の買換え

> **【問2-44】** 私は、K市が施行する土地区画整理事業の区域内で店舗を所有し営業していますが、近く、K市の土地買取募集に応じて土地を売却したいと考えています。
>
> 　K市の担当者の説明では、土地の対価については、2,000万円の特別控除が適用されますが、店舗の移転補償金は、この特別控除の対象とならないそうです。
>
> 　私は、店舗が老朽化しているため、移転せずに取り壊し、移転補償金で貸家を新築するつもりです。私の場合、土地の対価については特別控除の特例を、店舗の移転補償金については買換えの特例を適用することができますか。

【答】 店舗及び土地の補償金について、次のように租税特別措置法第37条の適用を受けることができます。
① 　土地については租税特別措置法第34条（2,000万円控除）の特例を適用し、建物については、同法第37条の特例を適用すること。
② 　土地・建物を併せて租税特別措置法第37条の適用をすること。
【解説】 特定土地区画整理事業等のために土地等を譲渡した場合の特別控除の適用は、土地又は土地の上に存する権利（地上権、借地権、耕作権等）の譲渡による所得について適用され、建物及び構築物の譲渡による所得については適用されません（措法34①）。

　次に、建物の移転補償金の取扱いについては、収用事業等の場合は【問2-37】で説明していますとおり、原則として一時所得の収入金額となりますが、建物を取り壊した場合にあっては、本人の選択により対価補償金として取り扱うこともできるとされています（措通33-14）。

－166－

第2章　譲渡所得等の課税の特例

　土地区画整理事業のための用地買収は、強制収用権を背景にした用地買収
とは異なりますが、同じく建物を取り壊した場合にはその移転補償金を譲渡
の対価として取り扱っても差し支えありません（措法33③二、措通33-14）。

重要文化財として指定された土地等についての国等の買取り

> 【問2-45】自宅の庭園の一隅にある茶室は、約400年前の建築物で重要
> 文化財に指定されていましたが、今回、その建築様式が桃山時代の建
> 築美を伝える貴重なものであるとして、国に買い取られることになり
> ました。国家的な財産として買い取られたわけですから、何らかの課
> 税の特例があるでしょうか。

【答】重要文化財として指定された家屋及びその敷地については、いずれも
課税の特例の適用がありますが、特例の内容は土地と土地以外の財産とで異
なり、それぞれ次のとおりです。

　①　土地の譲渡に係る譲渡所得については、2,000万円の特別控除ができ
　　ます（措法34②四）。
　②　土地以外の財産については、所得税は課税されません（措法40の2
　　①）。

【解説】お尋ねの場合、茶室のみを譲渡された場合には課税されませんが、
茶室と共にその敷地を併せて譲渡された場合には、敷地部分に相当する譲渡
所得を計算し、2,000万円控除を行ってもなおその年分の確定申告書を提出
しなければならない場合には、その年分の確定申告書にこの特別控除の特例
の適用を受けようとする旨を記載し、買収者である国が、その土地を買い取
ったものである旨を証する書類を添付する必要があります（措法34②四、
④、措規17①四）。

－ 167 －

第２章　譲渡所得等の課税の特列

史跡として仮指定された土地の譲渡と2,000万円控除

> **【問２-46】** 文化財保護法第110条第１項の規定により史跡として仮指定を受けていた土地がＡ市に買い取られました。
>
> 　この場合、特定土地区画整理事業等のための土地等の譲渡として2,000万円特別控除の特例が適用されますか。

【答】 仮指定の史跡等を国・地方公共団体等に買い取られても2,000万円特別控除の特例の適用は認められませんので、一般の売買として課税されます。

【解説】 文化財保護法第110条第１項に規定する史跡、名勝、天然記念物の仮指定の効力は２年間であり（同法112②）、同法第109条第１項の規定による本指定のようにその効力が永久的なものではありません。

　つまり、史跡、名勝若しくは天然記念物として本指定された土地が、国又は地方公共団体（土地開発公社等地方公共団体が100％出資して設立した団体を含みます。）に買い取られた場合（独立行政法人国立博物館、独立行政法人国立科学博物館又は一定の業務を主たる目的として行う地方独立行政法人に買い取られる場合を含みます。）にのみ、2,000万円の特別控除を認めることとされています（措法34②四）。

国が買収する土地の対償地に充てるための代行買収

> **【問２-47】** 国土交通省が行う国道改修事業によりＡの土地が買い取られることになりましたが、Ａは、対償地を要求しましたので国土交通省では、事業施行地のＢ県に買収を依頼し、Ｂ県は私の土地を対償用地として買収しました。
>
> 　対償用地を代行買収した地方公共団体であるＢ県は、事業施行者又はその者に代わるべき者として設立された団体のいずれでもないため1,500万円控除の適用は受けられないと聞きましたがいかがでしょうか。

【答】 地方公共団体であるＢ県が代行買収者ですので1,500万円の特別控除の適用を受けることができます。

【解説】 代行買収は、府県市町村のような地方公共団体、地方公共団体が財産を提供して設立した土地開発公社などの団体又は独立行政法人都市再生機

第2章　譲渡所得等の課税の特例

構がすることができます。

　ご質問の場合、B県は事業施行者である国に代わって用地を取得することとなるため、国の機関の長は、B県知事に対して代行買収依頼並びに当事者間における代行買収についての覚書等の締結等の手続を行っておく必要があります（措法34の2②二、措令22の8②、措通34の2－3）。

建物の取壊し補償の対償に充てるための土地等の買取り

【問2-48】　A市が施行している小学校の拡張工事のため、被買収者Bから、土地買収金1,000万円と建物の移転補償金1,500万円の対償として代替地の要求があり、A市から私に、現在空地である宅地を対償地として買い取りたい旨の申出がありました。A市はBの土地を買収しないと事業が進行しないので、私は協力することにしてその宅地を2,500万円で譲渡した場合、収用事業のための対償に充てるための譲渡ですから、特定住宅地造成事業等のための譲渡として1,500万円特別控除の特例の適用を受けることができますか。

　　なお、この宅地は、昭和44年に500万円で取得したものです。

【答】　あなたの譲渡した宅地のうち1,000万円に相当する部分は、特定住宅地造成事業等のための譲渡として1,500万円特別控除の特例の適用を受けることができますが、建物の移転補償金に見合う1,500万円に相当する部分については、この特例の適用はなく一般の譲渡として取り扱われます。

【解説】　特定住宅地造成事業等のための譲渡の特例のうち、収用対償地の特例（措法34の2②二）は、租税特別措置法第33条第1項第1号の収用、同項第2号の買取り及び同条第3項第1号の使用の対償に充てるための買取りに限って適用されることとされています。

　お尋ねの場合ですが、被買収者Bの土地の買収は、収用事業（小学校拡張事業）のための買収ですから上記の買取りに該当しますが、建物の移転はA市が収用事業に伴い、地上の物件（家屋）に対して補償を行ったもので上記の買取りには該当しません（措通34の2－5（1）（注））。

(注)　被買収者Bが受領する建物移転補償金は、Bがその建物を取り壊す場合には、措通33－28の2により対価補償金として取り扱うことができます。

　譲渡所得の計算は次のとおりとなります。

－169－

第2章　譲渡所得等の課税の特例

〔特定住宅地造成事業等のための譲渡〕

（収入金額）　　（取得価額）　　　　　　　　　　　　　　　　　（特別控除）

$$1,000万円 - \left(500万円 \times \frac{1,000万円}{1,000万円 + 1,500万円}\right) - 800万円 = 0$$

〔上記以外の部分〕

$$1,500万円 - \left(500万円 \times \frac{1,500万円}{1,000万円 + 1,500万円}\right) = 1,200万円 \left(\begin{array}{l}課税長期譲\\渡所得金額\end{array}\right)$$

収用の対償地を譲渡し、対価の一部を被収用者より受領する場合

【問2-49】私の農地が、収用の対償に充てるため、1,500万円で買い取られることになりましたが、農地は、公共事業の施行者に引き渡すのではなくて、収用により資産を譲渡した者に対して引き渡すことになっています。ただし、対価については、収用対象の事業用地の対価が1,000万円ですので、事業施行者より収用補償金相当額の1,000万円を受け取り、残りの500万円は、収用により資産を譲渡した者より直接受け取ります。

　この場合、1,500万円特別控除の特例の適用はあるのでしょうか。また適用されるとすれば、譲渡収入金額のすべてに対して適用されるのでしょうか。

【答】譲渡収入金額1,500万円のうち1,000万円は、収用対象の事業用地についての補償金の範囲内ですので、1,500万円特別控除の適用対象となりますが、残金の500万円部分については、その収用の対償に充てるために買い取られたものではありませんので、1,500万円特別控除の特例の適用対象から除かれます。

【解説】個人の所有する土地等が、土地収用法等に基づく収用を行う者によって、その収用の対償に充てるために買い取られた場合には1,500万円の特別控除が認められます。ただし、その土地等を収用により資産を買い取られた者に直接譲渡した場合には、この特別控除の特例の適用を受けることはできません。

　しかし、収用の対償地として買い取られた土地が農地等である場合には、農地法の規定により、公共事業の施行者が、その農地等を取得することができないため、事業施行者、収用により資産を譲渡した者及びその対償地を提

-170-

供した者の三者において一括した契約を締結した場合には、「収用の対償に充てるために買い取られる場合」に該当するものとして、特別控除の規定が適用されることになります。

したがって、農地の所有者が農地を収用により資産を譲渡した者に直接引き渡した場合であっても、上記の事項を内容とする契約を締結しているときには、収用の対償に充てるために買い取られた場合に該当するものとして1,500万円の特別控除が認められることになります（措通34の2-4）。

なお、この農地の譲渡について特別控除の対象となるのは、事業用地の所有者に支払われるべき事業用地の譲渡に係る補償金又は対価のうち、公共事業施行者から農地等の譲渡の対価として農地等の所有者に直接支払われる金額に相当する部分に限られます（措通34の2-4（注））。

なお、対償地の対価の金額が収用補償金の範囲内であっても、事業施行者から事業用地の提供者にいったん金銭の支払がされた後においては、この特例の適用はありませんのでご注意ください。

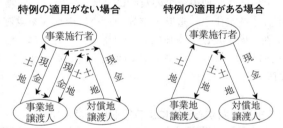

第2章　譲渡所得等の課税の特例

家屋の譲渡と特定住宅地造成事業等のために土地等を譲渡した場合の1,500万円の特別控除

> **【問2-50】** 私がA市内に所有する貸家とその敷地が市営住宅用地として
> A市に買い取られることになりました。市営住宅の規模は30戸という
> ことで収用等の場合の課税の特例の適用はないとのことですが、特定
> 住宅地造成事業等のために土地等を譲渡した場合の1,500万円の特別
> 控除が認められるということを聞いています。
>
> 　買い取られる金額は、土地が1,200万円、建物が800万円です。
>
> 　この場合、土地、建物の両方から1,500万円特別控除の特例の適用
> を受けることができるのでしょうか。

【答】 土地の譲渡所得については、1,500万円特別控除の特例の適用対象になりますが、建物については適用対象にはなりません。

【解説】「特定土地区画整理事業等のために土地等を譲渡した場合の2,000万円の特別控除」、「特定住宅地造成事業等のために土地等を譲渡した場合の1,500万円の特別控除」及び「農地保有合理化等のために農地等を譲渡した場合の800万円の特別控除」の特例は、いずれも適用の対象となる資産は土地等の譲渡に限られています。

公有地の拡大の推進に関する法律による買取りと借地権

> **【問2-51】** 地主であるAさんが、借地人である私の同意を得て公有地の
> 拡大の推進に関する法律第5条の規定によりB市に土地を買い取って
> もらうべくC県知事に申出をすることになりました。
>
> 　ところが、借地権については同条に規定する買取りの対象とならな
> いということでしたので、形式上は借地権者である私とAさんとで土
> 地の賃貸借を解除してC県知事に届出をし、B市に買い取られまし
> た。私はAさんからその譲渡代金のうち借地権相当分を受け取りまし
> た。
>
> 　Aさんの場合は、1,500万円特別控除の特例の適用があるとのこと
> ですが、私の場合も同様に扱われるのでしょうか。

【答】 あなたの借地権の譲渡については、公有地の拡大の推進に関する法律

－172－

第2章　譲渡所得等の課税の特例

（以下「公拡法」といいます。）の申出又は届出の対象にはなりませんので、1,500万円特別控除の特例の適用を受けることはできません。

【解説】　公拡法には、都市の健全な発展と秩序ある整備を促進するために必要な土地の先買いに関する制度が定められています。

　先買いの対象となる土地の範囲は、同法第4条に定める都市計画施設の区域内、例えば、道路や都市公園の区域として決定された区域内にある土地のように他に譲渡しようとする場合においては、必ず届出をしなければならない土地と、同法第5条に定める、都市計画区域内にある面積が200㎡以上(注)の土地のように土地の所有者による任意の買取希望の申出のあった土地です。

(注)　ただし、当該地域及びその周辺の地域における土地取引等の状況に照らし、都市の健全な発展と秩序ある整備を促進するため特に必要があると認められるときは、都道府県知事は、都道府県の規則で、区域を限り、100平方メートル以上200平方メートル未満の範囲内で、その規模を別に定めることができます。

　なお、その先買いの対象は土地に限られています。

　したがって、あなたの借地権については公拡法第5条に規定する買取りの申出の対象にはならないことになります。

　ところで、土地が公拡法第6条第1項の協議により地方公共団体等に買い取られる場合には、1,500万円特別控除の特例の適用がありますが（措法34の2②四）、この「協議」は、公拡法第4条、第5条の届出又は申出があった場合に行われるものです。つまり、この特例は公拡法第4条、第5条の届出又は申出に対する協議により土地が買い取られた場合に限り適用があります。

－173－

第2章　譲渡所得等の課税の特例

中心市街地整備推進機構に土地等を買い取られる場合

【問2-52】この度、私の所有しているＡ市にある宅地が、特定中心市街地の整備のための公園整備のために、Ｂまちづくり公社に買い取られることになりました。

　　この場合、私は特定住宅地造成事業等のために土地等を譲渡した場合の特別控除を受けることができるでしょうか。ちなみにＢ公社はＡ市が出資する公益法人であり、本件事業に関してＡ市長の指定を受けているとのことです。

【答】特定住宅地造成事業等のために土地等を譲渡した場合の1,500万円の特別控除を受けることができます。

【解説】地方公共団体又は一定の中心市街地整備推進機構が「中心市街地の活性化に関する法律」の認定基本計画の内容に即して行う一定の事業の用に供するために認定中心市街地の区域内の土地等がこれらの者に買い取られる場合には、1,500万円の特別控除の適用を受けることができます（措法34の2②八）。

　この特例の対象となる上記「一定の中心市街地整備推進機構」とは、

①　公益社団法人（その社員総会における議決権の総数の2分の1以上の数が地方公共団体により保有されているものに限ります。）又は公益財団法人（その設立当初において拠出をされた金額の2分の1以上の金額が地方公共団体により拠出をされているものに限ります。）であること

②　解散時にその残余財産が地方公共団体又は同機構と類似の目的をもつ他の公益を目的とする法人に帰属する旨の定めが寄附行為や定款に定められていること

　また、「一定の事業」とは、認定中心市街地の区域内において行われる次に掲げる事業（その事業が中心市街地整備推進機構により行われる場合には、地方公共団体の管理の下に行われるものに限られます。）をいいます（措令22の8⑫）。

①　道路、公園、緑地その他の公共施設又は公用施設の整備に関する事業

②　都市計画法の市街地開発事業

③　都市再開発法の認定再開発事業計画に基づいて行われる同法の再開発事業

－174－

第２章　譲渡所得等の課税の特例

1,500万円控除の重複適用制限

【問２-53】私は、Ａ市が行う住宅建設事業のために資材置場として賃貸
していた土地を譲渡することになりました。しかし、貸付先との賃貸
借契約の関係上、土地の半分は本年中に譲渡し、残りの部分は翌年に
譲渡したいと考えています。
　この場合、本年分と翌年分の譲渡所得について1,500万円の特別控
除の特例は適用できるでしょうか。

【答】**本年分の譲渡所得については、1,500万円特別控除の特例の適用を受け
ることができますが、翌年分の譲渡所得については適用を受けることはでき
ません。**
【解説】地方公共団体が行う住宅の建設又は宅地の造成を目的とする事業の
ために土地等を譲渡した場合には、その譲渡所得の金額の計算上1,500万円
の特別控除の適用ができることとされています（措法34の２②一）。
　しかし、この1,500万円控除の適用対象となる譲渡のうち、措置法第34条
の２（特定住宅地造成事業等のために土地等を譲渡した場合の譲渡所得の
1,500万円特別控除）第２項第１号から第３号まで、第６号から第16号まで、
第19号、第22号又は、第22号の２に掲げる買取りによる土地等の譲渡につい
ては、同一事業の用地として２以上の年にわたって土地等を譲渡した場合に
は、これらの譲渡のうち、最初の譲渡が行われた年以外の譲渡については
1,500万円の特別控除は適用できないこととされています（措法34の２④）。

－175－

第2章　譲渡所得等の課税の特例

相手先を指定してあっせんを依頼した農地の譲渡と農地保有の合理化等のために農地等を譲渡した場合の800万円の特別控除

> **【問2-54】** 私は、農用地区域内の農地を不動産業者の仲介により、知人Ａに譲渡することになり、売買契約を結び手付金も受け取りました。
>
> 　農用地区域内の農地を農業委員会のあっせんにより譲渡した場合には、譲渡所得について800万円の特別控除の特例が認められることを聞き、Ａの了解を得た上で、売渡しの相手方を指定して農業委員会であっせんをしてもらうことにしました。
>
> 　このような場合も、農地保有の合理化等のために農地等を譲渡した場合の800万円特別控除の特例の適用を受けることができますか。

【答】 あなたの場合、農地保有の合理化等のために農地等を譲渡した場合の800万円特別控除の特例の適用を受けることはできません。

【解説】 農業振興地域の整備に関する法律によりますと農業振興地域内の農用地について、それぞれ農業上の用途区分が指定され、この指定された用途に利用されていない場合には、その土地について市町村長の勧告や都道府県知事の調停が行われ、また、農業委員会は農用地区域内の農地について農地保有の合理化に資するようあっせんをすることになっています。そして、農業委員会のあっせんにより譲渡があった場合は、あっせん調書及びあっせん台帳に記載されます。

　このように、あっせん等による譲渡については、任意の譲渡に比べて譲渡者の意思が何らかの制限を受けることになるため、800万円の特別控除が認められています（措法34の3）。

　お尋ねの場合は、農業委員会のあっせんに入る以前に不動産業者の仲介により売買契約がされ、手付金が支払われていますので、農業振興地域の整備に関する法律第18条（農地等についての権利の取得のあっせん）に規定された「あっせん」により土地を譲渡されたものではありません。

　なお、同法第18条に規定された「あっせん」により土地を譲渡した場合に該当するときであっても、農業委員会の「あっせん価額」（あっせん調書及びあっせん台帳に記載されている価額）以外の別途金の授受があるなど「あっせん価額」と異なる金額で売買された場合にもこの特例の適用はありません。

－176－

第２章　譲渡所得等の課税の特例

第４節　居住用財産の譲渡所得の特別控除

居住用土地のみの譲渡

【問２-55】私は300㎡の土地とその上に存する床面積120㎡の居住用家屋
　を所有し、そこに居住していましたが、ある事情によりその敷地のう
　ち150㎡を売却するため建物の一部（15㎡）を取り壊し、残りの建物
　に居住することになりました。この場合譲渡した150㎡の敷地の上に
　は一部家屋が建っていましたので3,000万円特別控除の特例の適用を
　受けることができると思いますがいかがでしょうか。

【答】今回売却した土地に係る譲渡所得について3,000万円特別控除の特例の
適用を受けることができません。

【解説】居住用財産を譲渡した場合の3,000万円控除の特例は、原則として自
分が住んでいる家屋やその家屋と共にその敷地を譲渡した場合に適用されま
すが、土地のみの譲渡でも家屋が災害により滅失した場合やその敷地を有利
に売却するために家屋を取り壊した場合にも、所定の要件を満たす場合には
同じく特例が適用されることとされています。

　ところで、あなたの場合は、敷地の譲渡のために取り壊した家屋の部分以
外の部分に引き続き居住されており、家屋の大きさは縮小されるものの、そ
の家屋は機能的にみて独立した居住用家屋であると認められますので特例の
適用対象となる居住用財産の譲渡には該当しません（措通31の３-10、35-
６）。

居住用財産の譲渡先の範囲

【問２-56】私は、住宅の買換えをするため現在の居宅を売却し、その代
　金を資金に充てたいと思っています。この話を弟にしたところ、弟が
　自分に売ってほしいと申し入れてきました。弟は妻子とともに社宅に
　住んでいますが、弟に売却した場合、居住用財産を譲渡した場合の
　3,000万円特別控除の特例を適用できるのでしょうか。

【答】居住用財産を譲渡した場合の3,000万円控除を適用することができま
す。

－177－

第2章　譲渡所得等の課税の特例

【解説】居住用財産を譲渡した場合の3,000万円控除の特例は、譲渡先が配偶者その他その個人と特別な関係のある者以外の者に譲渡することが要件とされています。この場合、特別な関係のある者とは、次の者をいいます（措令20の3①、23②）。

①　その個人の配偶者及び直系血族
②　その個人の親族（①を除く。）でその個人と生計を一にしているもの及びその個人の親族（①を除く。）で居住の用に供している家屋の譲渡がされた後その個人とその家屋に居住する者
③　その個人と内縁関係にあるもの及びその者の親族でその者と生計を一にしている者
④　①～③に掲げる者及びその個人の使用人以外の者でその個人から受ける金銭その他の財産によって生計を維持している者並びにこれらの者の親族でこれらの者と生計を一にしている者
⑤　その個人、その個人の①又は②に掲げる親族、その個人の使用人若しくはその使用人の親族でその使用人と生計を一にしているもの又はその個人に係る上記③及び④に掲げる者を判定の基礎となる株主等とした場合に、法人税法施行令第4条第2項に規定する特殊の関係その他これに準ずる関係のあることとなる会社その他の法人

　なお、これらの特別な関係にある者に該当するかどうかは、その譲渡をした時において判定します（措通31の3-20、35-6）。

居住用家屋の取壊しによる敷地の一部譲渡

> 【問2-57】現在、居住用家屋（床面積100㎡）を所有していますが、老朽化したため、敷地（300㎡）の3分の1（100㎡）を譲渡し、その代金を新築住宅資金に充てようと思っています。売却する予定の土地については、現在居住している家屋の大部分がかかっているため、その家屋を取り壊した後に譲渡するつもりです。この場合、居住用家屋の敷地である土地の一部の譲渡について居住用財産を譲渡した場合の3,000万円控除の特例の適用を受けることができるでしょうか。なお、残った敷地の上に居住用住宅を建築するつもりです。

【答】あなたは、居住用財産を譲渡した場合の3,000万円特別控除の特例の適用を受けることができます。

－178－

【解説】居住の用に供していた家屋を取り壊し、その敷地のみを譲渡した場合にも特例が認められる場合があるのは【問2-55】で説明したとおりです。
　あなたの場合は譲渡する部分の土地が従前の居住用家屋の敷地と認められ、かつ、敷地である土地の一部（100㎡）を譲渡するためには、従前の居住用家屋を取り壊さなければならない状態であったと認められますので、その敷地である土地の一部の譲渡であっても居住用財産を譲渡した場合の課税の特例の適用があります（措通35-2）。
　ただし、その敷地の譲渡が次に掲げる要件のすべてを満たしている必要があります。
① その敷地の譲渡契約が、家屋を取り壊した日から1年以内に締結され、かつ、家屋を居住の用に供さなくなった日以後3年を経過する日の属する年の12月31日までに譲渡したものであること
② 家屋を取り壊した後譲渡契約の締結日まで、その敷地を貸付けその他の用に供していないこと

居住用家屋の引き家による敷地の一部譲渡

【問2-58】娘の結婚費用に充てるため、現在居住している家屋の敷地の一部を譲渡しようと思っています。現在は、図のaの位置に居宅がありますが、この家屋をAの位置に引き家し、敷地の一部を譲渡した場合、居住用財産を譲渡した場合の課税の特例の適用を受けることができるでしょうか。

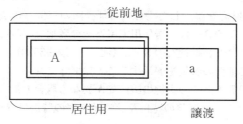

【答】居住用財産を譲渡した場合の課税の特例の適用を受けることはできません。
【解説】現に存している居住用家屋の敷地の一部を譲渡した場合の特例の適用については、次のとおりです（措通31の3-18、35-2、35-6）。

第2章 譲渡所得等の課税の特例

(1) その敷地の一部を居住用家屋と同時に譲渡した場合は、居住用財産を譲渡した場合の課税の特例の適用を受けることができます。
(2) その敷地の一部を居住用家屋と同時に譲渡しなかった場合、例えば、居住用家屋を譲渡しないでその敷地の一部である庭先のみを譲渡したり、居住用家屋を引き家してその跡地を譲渡した場合には、居住用財産を譲渡した場合の課税の特例の適用を受けることができません。

居住用家屋は売買とし、その敷地は交換とした場合

> 【問2-59】 私は、居住用家屋を友人に売却し、同時にその敷地を友人の父が所有する宅地と等価交換しました。この場合、友人に売却した居住用家屋については、居住用財産を譲渡した場合の3,000万円特別控除の特例と軽減税率の特例を適用し、かつ、友人の父と交換した敷地については、固定資産の交換の特例を適用することはできますか。

【答】 ご質問の場合、居住用財産の譲渡のうち家屋の譲渡についてのみ特別控除の特例又は軽減税率の特例の適用を受け、同時に土地については固定資産の交換の特例を受けることはできません。したがって、敷地の交換を含むその譲渡の全部について特別控除の特例及び軽減税率の特例の適用を受けるか、又は特別控除の特例及び軽減税率の特例の適用を受けないで、その敷地の譲渡についてのみ固定資産の交換の特例の適用を受けるかの選択になります。

【解説】 居住用財産を譲渡した場合の特別控除の特例（措法35）及び軽減税率の特例（措法31の3）は、居住用家屋とその敷地を同時に譲渡することを要件（措法31の3②、措通31の3-3（注）1、措法35①）としており、土地と建物について別個の特例を適用することはできません。

なお、居住用家屋とその敷地の譲渡先が異なる場合であっても居住用財産を譲渡した場合の特別控除の特例及び軽減税率の特列は適用されます（【問2-69】）。

－180－

第2章　譲渡所得等の課税の特例

代替資産の特例と併用できる場合

【問2-60】私の居宅兼店舗の敷地がＡ市の小学校用地として買い取られ、敷地の対価補償金として7,000万円、家屋の移転補償金として3,000万円、計1億円を受領しました。なお、居宅と店舗の割合は、居宅40％、店舗60％です。

私は家屋を取り壊し、別の所有地にアパートを6,000万円で建築して賃貸するつもりですが、収用等に伴い代替資産を取得した場合の課税の特例と居住用財産を譲渡した場合の課税の特例の両方の適用を受けることができますか。

【答】店舗に相当する部分6,000万円（1億円×60％）についてはアパートを代替資産として収用等に伴い代替資産を取得した場合の課税の特例を、居宅に相当する部分4,000万円（1億円×40％）については、居住用財産を譲渡した場合の課税の特例を受けることができます。

【解説】収用等により資産を買い取られた場合において、収用等に伴い代替資産を取得した場合の課税の特例（措法33）の適用を受けた場合には、原則として、収用交換等の場合の5,000万円控除、居住用財産を譲渡した場合の3,000万円控除などの特別控除の特例は適用されないこととされています。

しかし、例外として次のすべてに該当する場合には、収用等に伴い代替資産を取得した場合の課税の特例と居住用財産を譲渡した場合の課税の特例の両方を適用することができます（措通35-1）。

① 譲渡資産が居住用部分と非居住用部分とから成る家屋又はその敷地であること

② 非居住用部分に相当する譲渡についてのみ収用等に伴い代替資産を取得した場合の課税の特例を適用すること

③ ②の代替資産の特例については、租税特別措置法施行令第22条第5項又は同条第6項（効用を同じくする資産又は事業用資産・【問2-18】参照）に規定する資産を代替資産とする場合に限られます。

－181－

第2章　譲渡所得等の課税の特例

居住用財産を譲渡した場合における敷地面積の取扱い

> **【問2-61】** 私は、建築延面積130㎡の居住用家屋とその敷地300㎡を所有
> していますが、今回、土地建物を一括して譲渡することになりました。
> 敷地のうち家屋の敷地以外の部分については庭と家庭用菜園として利
> 用しているのですが、これらの部分についても居住用財産を譲渡した
> 場合の3,000万円控除の特例を適用できるのでしょうか。

【答】 庭園の一部を家庭用菜園としているような場合には、家庭用菜園部分
についても同じく特例の適用対象になります。

【解説】 譲渡した土地が居住用財産になるかどうかは、その土地が社会通念
上居住用家屋と一体として利用されている土地と認められるかどうかによっ
て判定することになります（措通31の3-12、35-6）。

　したがって、家屋の敷地部分のみでなく、庭園や駐車場など家屋と一体と
して利用されている土地も居住用家屋と同時に譲渡された場合には特例の適
用があります。

居住期間と特例適用との関係

> **【問2-62】** 私の所有するＡ市に所在する土地、建物については、勤務の
> 都合で永らく空き家にしていましたが、今回、この家から通勤可能な
> 職場に転勤したので数か月間居住しました。しかし、その後事情がで
> きてこの家を他人に譲渡することになりました。
> 　知人の話では、「居住用財産を譲渡した場合の課税の特例」は、相
> 当期間その家屋に居住していなければ適用されないとのことですが、
> 居住期間の制限はありますか。

【答】 あなたが、Ａ市の建物を仮住居ではなく、生活の本拠として利用して
いるならば、居住期間が短い場合でも、特例の対象となる居住用財産に該当
します。

【解説】 譲渡した資産が、特例の適用対象となる居住用財産であるかどうか
の判定は、その家屋及び敷地の用に供されている土地等が、譲渡者及びその
家族の生活の本拠として使用されているかどうかによることとされ、居住期
間の長短は直接関係ありません（措通31の3-2、35-6）。

－182－

第２章　譲渡所得等の課税の特例

一時的に居住の用に供した家屋

【問２-63】居住用家屋が老朽化したため、これを取り壊しその跡地に家
　　屋を新築しました。この間住居がないため、以前他人に貸し付けてい
　　た家屋で空屋となっていたものに、新しい家屋が完成するまでの間約
　　３か月ほど入居しました。
　　　新築家屋完成後、直ちにその家屋に入居したので不要となった以前
　　貸し付けていた居住用家屋を譲渡しましたが、居住用財産を譲渡した
　　場合の課税の特例の適用が受けられるでしょうか。

【答】**譲渡した家屋は、新しい居住用家屋の建築期間中だけ一時的に居住の
用に供していただけですので特例の適用対象となる居住用財産には該当しま
せん。**
【解説】特例の適用対象となる居住用財産であるかどうかの判定は、【問
２-62】で説明したとおり譲渡者及びその家族の生活の本拠であるかどうかに
よります。したがって、次のような家屋は特例の対象となりません（措通31
の３-２、35-６）。
　①　特例の適用を受けるためのみの目的で入居したと認められる家屋
　②　居住用家屋の新築期間中だけの仮住まいである家屋
　③　その他一時的な目的で入居したと認められる家屋
　④　主として趣味、娯楽又は保養の目的で有する別荘などの家屋

－183－

第2章　譲渡所得等の課税の特例

特例適用年分の選択

【問2-64】私は、平成28年に7年間所有していた居宅とその敷地を譲渡
し、その代金で別の土地に居宅を新築し入居しましたが、この新築し
た居宅とその敷地も平成30年に譲渡しました。なお、平成28年に居宅
を譲渡したときに居住用財産を譲渡した場合の3,000万円特別控除の
特例の適用を受けています。

　平成30年に居宅を譲渡した際、税金を計算してみますと短期譲渡所
得であるため、税負担の面から考えますと、平成28年分より平成30年
分で3,000万円特別控除の特例の適用を受けた方が有利となります。

　このような場合、平成28年分の申告について3,000万円特別控除の
特例の適用を受けないこととする修正申告をし、改めて、平成30年分
の居住用財産の譲渡について3,000万円特別控除の特例の適用を受け
ることができるでしょうか。

**【答】あなたの平成28年分の申告は適法になされたものですから、それを撤
回することはできません。また、平成28年分で3,000万円特別控除の特例の
適用を受けているので、平成29年分及び30年分ではこの特例の適用を受ける
ことはできません。**

【解説】居住用財産を譲渡した場合の3,000万円特別控除の特例の適用対象と
なる資産を譲渡した者が、その年の前年又は前々年において既に居住用財産
の譲渡所得の特別控除（措法35①）、特定の居住用財産の買換え及び交換の
場合の長期譲渡所得の課税の特例（措法36の2、36の5）、居住用財産の買
換え等の場合の譲渡損失の損益通算及び繰越控除の特例（措法41の5）、又
は、特定居住用財産の譲渡損失の損益通算及び繰越控除の特例（措法41の5
の2）の適用を受けている場合には、その資産の譲渡についての3,000万円
控除の特例は受けられないことになっています（措法35②）。

－184－

第2章　譲渡所得等の課税の特例

離婚に伴う居宅の財産分与

【問2-65】 今年の2月妻と離婚し子供は妻が養育することとしました。この離婚に伴い居住していた居宅（時価3,500万円）を妻に分与するとともに、子供が大学を卒業するまで生活費として毎月10万円支払い続けることになりました。

　なお、妻と子は離婚後もこの住宅に引き続いて居住していますが、近く3,800万円で売却するとのことです。

　この場合、居住用財産を譲渡した場合の3,000万円特別控除の特例の適用を受けることはできますか。

【答】 あなたも元の奥さんも居住用財産を譲渡した場合の3,000万円特別控除の特例の適用を受けることができます。

【解説】 離婚に伴う財産分与は、離婚により生じた財産分与義務の履行として行われるものであって、財産分与義務が消滅するという経済的利益を対価とする譲渡です。したがって、分与時の価額により資産を譲渡したこととなり、所得税が課税されることになります（所基通33-1の4）。

　ところで、分与した財産が居住用家屋である場合には、租税特別措置法第35条に規定する3,000万円特別控除の特例が適用できるかどうかですが、この特例は譲渡の相手方が、配偶者、直系血族及びその他特別な関係がある者の場合には適用されません（措令20の3①、23②）。

　しかし、離婚に伴う財産分与は離婚後の譲渡であって配偶者に対する譲渡に該当するものではなく、また、離婚後もあなたの給付する養育費によって生計を維持していますが、このような場合には特殊関係者の範囲に規定する「当該個人から受ける金銭等によって生計を維持している者」に該当しない者として取り扱うこととされています（措通31の3-23、35-6）。

　また、分与財産が長期保有資産であるときは、【問2-9】の税率の特例が適用されることになりますが、これらの特例は、特例を受ける旨を記載した確定申告書を提出することが必要となります。

　なお、財産分与を受けた者については、離婚に伴う財産の分与ですので通常の金額であれば原則として贈与税は課税されません。また、この場合、分与を受けた者の分与財産の取得費は、分与時のその財産の価額とされます。

　譲渡所得の計算方法は次のとおりです。

　①　あなたの場合（取得価額を5％とした場合）

－185－

（収入金額）　（必要経費）　（特別控除）　（譲渡所得金額）
　　3,500万円－　175万円　－3,000万円　＝　325万円

② 　妻の場合

　　（収入金額）　（必要経費）　（特別控除）　（譲渡所得金額）
　　3,800万円－3,500万円　－　300万円　＝　　　0

(注)　建物の減価償却の計算については便宜上省略してあります。

転勤により居所を離れた家屋の譲渡

> **【問2-66】** 私は、数年前転勤のため、それまで居住していた家屋を離れ
> て単身赴任し、独身寮に入居していました。転勤の事情が解消した場
> 合には元の住居に戻るつもりでいましたが、不便ですので現在の場所
> で住居を取得し妻と長女とともに居住しました。元の住居は、母と長
> 男が居住していますが、長男が高校を卒業した後売却しようと考えて
> います。
> 　　このような場合、居住用財産を譲渡した場合の課税の特例を受ける
> ためには、いつまでに譲渡すればよいでしょうか。

【答】 現在の場所の住居を取得してから、３年後の年末までに譲渡すれば、
居住用財産を譲渡した場合の課税の特例を受けることができます。

【解説】 転勤、転地療養等特殊な事情のため、配偶者等と離れ、単身で他に
起居している場合であっても、その事情が解消したときに、その配偶者等と
起居をともにすることとなると認められるときは、その配偶者等が居住の用
に供している家屋は、その者にとっても、「居住の用に供している家屋」に
該当します。ただし、これにより居住用家屋を二以上有することとなるとき
は、その者が主として居住の用に供している一の家屋のみが、3,000万円控
除の対象となります（措通31の3-2(1)、35-6）。

－186－

第2章　譲渡所得等の課税の特例

同一年中における二以上の居住用財産の譲渡

> **【問2-67】** 私は、本年1月に20年来居住の用に供していた家屋とその敷地を3,000万円で譲渡し、同月銀行ローン1,000万円を加えて4,000万円で分譲住宅を取得して翌月2日にそこに居住しました。
>
> 　ところが、個人事業が不振に陥り運転資金が必要となったため、どうしてもその土地建物を処分しなければならず、本年10月に4,500万円で譲渡しました。
>
> 　このように同一年中に2度にわたって居住用財産を譲渡した場合、居住用財産を譲渡した場合の3,000万円特別控除の特例の適用関係はどのようになるのでしょうか。

【答】 いずれの居宅の譲渡についても居住用財産を譲渡した場合の3,000万円特別控除の特例を適用することができます。

【解説】 居住用財産を譲渡した場合の3,000万円特別控除の特例は、その居住用財産を譲渡した日の属する年の前年又は前々年において既にこの特例、特定の居住用財産の買換え、及び交換（措法36の2、36の5）の場合の長期譲渡所得の課税の特例、居住用財産の買換え等の場合の譲渡損失の損益通算及び繰越控除の特例（措法41の5）、又は、特定居住用財産の譲渡損失の損益通算及び繰越控除の特例（措法41の5の2）の適用を受けていない場合に限り適用を受けられることになっています（措法35②）。

　したがって、あなたの場合の特別控除額は、2つの譲渡を併せて3,000万円を限度としますので、まず、10月に譲渡された譲渡益（短期譲渡所得）から控除し、残りを1月に譲渡された譲渡益（長期譲渡所得）から控除します。

　なお、同一年中に自己の居住用財産と被相続の居住用財産の譲渡があった場合の3,000万円控除の適用についても、特別控除額は、併せて3,000万円が限度となります（措通35-7）。

第2章 譲渡所得等の課税の特例

共有物件2戸のうち1戸の譲渡

【問2-68】兄弟3人の共有（持分はそれぞれ3分の1）となっている2戸の家屋のうち1戸だけを譲渡することになりました。この譲渡する家屋は、長男夫婦が住宅として使用していましたが、2人の弟はもう1戸の家屋に居住し、食事のみを長男夫婦と一緒にしていました。

この場合、居住用財産を譲渡した場合の3,000万円特別控除の特例は、兄弟3人のすべてに適用することができるのでしょうか。

【答】居住用財産を譲渡した場合の3,000万円特別控除の特例は、**長男については適用がありますが、2人の弟については適用がありません。**

【解説】居住用財産を譲渡した場合の3,000万円特別控除の特例の適用が認められる居住の用に供している家屋とは、その者が生活の本拠として利用している家屋をいいますが、譲渡した家屋が生活の本拠とする家屋に該当するかどうかは社会通念に照らして総合的に判断することになります。

ご質問の場合には、譲渡した家屋は長男が居住の用に使用されていたものですから、他の共有者である2人の弟については、生活の本拠として利用している家屋に該当するものとは認められません。

家屋と土地の譲渡先が異なる場合

【問2-69】居住の用に供していた家屋とその敷地を譲渡することになりましたが、依頼していた不動産仲介業者のあっせんにより、次の図のように分割して同時に譲渡することになりました。

この場合、Bに対しての譲渡にも居住用財産を譲渡した場合の3,000万円特別控除の特例の適用がありますか。

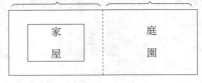

【答】居住用家屋及びその敷地と庭園部分との譲渡先が異なっていても、同時に譲渡していますので、A、B両方の譲渡を合わせた金額について3,000

第2章　譲渡所得等の課税の特例

万円特別控除の特例の適用があります。

【解説】居住用財産を譲渡した場合の3,000万円特別控除の特例は、その者の居住の用に供している家屋とともにその敷地の用に供される土地を譲渡した場合に適用されます。この「家屋とともに譲渡する」とは、必ずしも居住用財産全体の譲渡先が同一であることを必要とするのではなく、家屋とその敷地とを同時に譲渡すれば足りるとされています。

居住用財産の一部の譲渡

【問2-70】　子供達が独立して妻と2人だけになったので、いままで家族と一緒に居住の用に使用していた2棟からなる家屋のうち1棟だけを譲渡しました。

　　現在は、妻と2人で残った1棟の家屋に居住していますが、この譲渡については居住用財産を譲渡した場合の3,000万円特別控除の特例の適用はないのでしょうか。

【答】譲渡後の残った1棟の家屋に居住していますので、居住用家屋の一部を譲渡したことになります。したがって、居住用財産を譲渡した場合の3,000万円特別控除の特例を適用することはできません。

【解説】居住用財産を譲渡した場合の特別控除の特例は、現にその者の居住の用に供している家屋の全部を譲渡した場合に適用されます。したがって、次のような場合には、居住用家屋の全部を譲渡したことにはなりませんので、この特例は適用できないことになります。

①　その居住の用に供している家屋を区分して所有権の目的として、その一部のみを譲渡した場合

②　2棟以上の建物からなる一構えの居住の用に供している家屋のうち一部のみを譲渡した場合

　しかし、このような居住用家屋の一部のみの譲渡であっても、その譲渡した後に残った部分が機能的にみて独立した居住用の家屋と認められない場合に限って、その家屋の一部の譲渡は「居住の用に供している家屋の譲渡」に該当するものとして取り扱われ、特例の対象とされます（措通31の3-10、35-6）。

— 189 —

第2章　譲渡所得等の課税の特例

居住用家屋を取り壊し、マンションを建築して分譲した場合

> 【問2-71】戦前から居住の用に供していた家屋を取り壊して、その跡地
> にマンションを建築し分譲しました。このマンション分譲による譲渡
> 益のうち、土地の譲渡による所得については、居住用財産を譲渡した
> 場合の3,000万円特別控除の特例を適用することができますか。
> 　なお、私は他に居住用建物を取得し転居しています。

【答】居宅を取り壊した後、マンションを建築していますので、その敷地は
居住用財産には当たりません。
　したがって、居住用財産を譲渡した場合の3,000万円特別控除の特例を適
用することはできません。

【解説】固定資産である土地にマンションを建設して譲渡した場合には、原
則として事業所得又は雑所得として課税されることになります（所基通33-
4）。ただし、後で説明するように、特定の場合には土地部分について譲渡
所得として取り扱うことができる部分があります。

　あなたの場合、マンションの分譲による所得のうち譲渡所得として取り扱
われる部分については居住用財産を譲渡した場合の特別控除の特例が適用で
きるかどうかということですが、この特例は、原則としてその者の居住の用
に供している家屋を譲渡した場合、又は家屋とともに敷地を譲渡した場合に
適用されます。

　そのほか、居住用の敷地のみを譲渡した場合であっても、次のすべての要
件を満たしているときは居住用財産の譲渡に該当するものとされます（措通
35-2）。

① 　土地の譲渡に関する契約が、家屋を取り壊してから1年以内に締結さ
　れること

② 　土地の譲渡が、その家屋を居住の用に供しなくなってから3年後の12
　月31日までにされること

③ 　家屋を取り壊した後上記①の契約日まで貸付けその他の用に供してい
　ないこと

　なお、参考までにマンションの譲渡による所得について説明しますと、そ
の建物の建築に係る土地が極めて長期間（おおむね10年以上）引き続き所有
されていたものであるときは、その土地の譲渡による所得のうち建物の建築
による利益に対応する部分を除いて譲渡所得とすることができます。この場

－190－

合、その譲渡所得の収入金額は、建物の建築着手直前の土地の価額によります。また譲渡費用はすべて事業所得又は雑所得計算上の必要経費となります（所基通33-5）。

したがって、あなたの場合には、居住用家屋を取り壊してマンションを建築し分譲したとのことですから、原則としてマンション分譲による所得の全部について事業所得又は雑所得となります。しかし、土地については長期間所有されていたものであり、土地の譲渡による所得のうち、建物建築による利益及び建築後の土地の価額の値上がり益に対応する部分を除いて譲渡所得とすることができます。

居住用家屋を取り壊し、その敷地に建築されたマンションと交換した場合

【問2-72】長年住んでいた居宅が老朽化したので、平成29年4月1日に転居しその後は倉庫として使用していましたが、平成30年4月1日に取り壊しました。居宅を新築する予定でしたが、資金繰りの都合で着工を延ばしていたところ、平成30年末にA建設会社から次のような申込みがありました。
　　①　A建設会社は、この土地の上にマンションを建築する。
　　②　建築完了後そのマンションの一部と敷地とを交換する。
　　③　差金は、交換時の土地と建物の価額の差額で精算する。
　　このような場合、居住用財産を譲渡した場合の3,000万円特別控除の適用を受けることができますか。

【答】次の3つの要件全部を満したときに限り、居住用財産を譲渡した場合の3,000万円の特別控除の適用を受けることができます。
　①　家屋を取り壊した平成30年4月1日以後貸付けその他の用に供してないこと。
　②　A建設会社との交換契約を、平成31年4月1日までに締結すること。
　③　建築後のマンションの取得を、平成32年12月31日までにすること。
【解説】居住用財産を譲渡した場合の3,000万円特別控除の特例は、居住用の家屋又は家屋とともに敷地を譲渡した場合に適用されるのが原則です。しかし、取引の実態は、買主の要望など家屋を取り壊して譲渡した方が有利な場合が多いようです。そのため、家屋を取り壊して敷地のみを譲渡した場合でも次の要件を満たしているときは、この特例が適用されます（措通35-2）。

-191-

この要件を図解すると次のようになります。

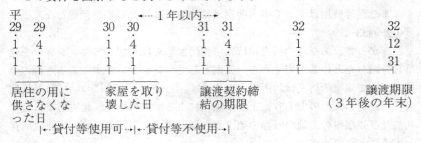

土地と家屋の所有者が異なり家屋の所有者が別居している場合

> 【問2-73】私が所有している土地に父名義の家屋が建っており、私が居住しています。この土地及び家屋を譲渡すれば、私の譲渡所得の計算上、居住用財産を譲渡した場合の3,000万円特別控除の特例を適用できますか。なお、父は別に住宅をもっており、別居しています。

【答】譲渡する家屋にお父さんが居住していませんので、あなた及びお父さんは、居住用財産を譲渡した場合の3,000万円特別控除の特例を適用することはできません。

【解説】居住の用に供している家屋の所有者と、その敷地の所有者とが異なる場合に、家屋とともにその敷地を譲渡したときには、原則として家屋の所有者だけが居住用財産を譲渡した場合の3,000万円特別控除の特例を適用することができます。しかし、家屋の所有者と敷地の所有者とが異なる場合であっても次に掲げる要件のすべてを満たす場合には土地の所有者についてもこの特例が適用できます。その場合、特別控除額はまず家屋の譲渡所得の金額から控除し、控除し切れなかった特別控除の残額をその敷地の譲渡所得の金額から控除することとなります（措通35-4）。

① その家屋と敷地が同時に譲渡されたものであること
② その家屋の所有者とその敷地の所有者とが、親族関係にあり、かつ、生計を一にしていること
③ その敷地の所有者は、その家屋の所有者とその家屋に同居していること

第２章　譲渡所得等の課税の特例

マンションを譲渡した場合

【問２-74】私は、５年前から居住しているマンションを、この度、譲渡
　しようと思っています。このマンションのうち建物は私が区分所有し
　ていますが、その敷地は区分所有に係る建物の床面積の比による共有
　となっています。
　　この場合、居住用財産を譲渡した場合の3,000万円特別控除の特例
　は、その敷地部分についても適用できるでしょうか。

【答】あなたの場合、建物とその敷地持分すべてについて居住用財産を譲渡
した場合の3,000万円特別控除の特例を適用することができます。

【解説】自分が居住している区分所有に係る建物とその敷地を譲渡した場合、
建物についてはすべて居住用財産となることはいうまでもありません。とこ
ろで、お尋ねのようにその敷地の持分についてはすべて居住用財産となるか
どうかが問題となりますが、これについては次のように取り扱うことになり
ます。

　すなわち、次の①の割合と②の割合とがおおむね等しい場合には、敷地の
うち共有持分に相当する部分は、その区分所有に係る建物とともに居住用財
産として特例の適用を受けられます。

①　敷地の共有持分割合

②　区分所有に係る建物の床面積（建物の階その他の部分ごとに利用
　　の効用が異なるときは、その部分ごとにその異なる効用に係る適
　　正な割合を勘案して算定した床面積。分母においても同じです。）
　　───────────────────────────────
　　　　　　　　　建物のすべての床面積

－193－

第 2 章　譲渡所得等の課税の特例

共有家屋とともにその敷地を譲渡した場合

【問 2-75】　AとBは、鉄筋 3 階建の家屋とその敷地をそれぞれ持分 2 分の 1 で共有しています。この家屋の 1 階部分は店舗として第三者に貸し付けており、2 階部分はA、3 階部分はBがそれぞれ居住しています。この家屋と敷地をAとBが譲渡した場合、居住用財産を譲渡した場合の 3,000 万円特別控除の特例の適用関係はどのようになりますか。なお、この家屋の各階部分の床面積の比はすべて等しくなっています。

【答】　A・Bとも家屋と敷地の各々の持分のうち、その 3 分の 2 に相当する部分が特例の適用の対象となります。

【解説】　居住用財産を譲渡した場合の特別控除の特列は、譲渡した人が居住している家屋やその家屋とともにその敷地を譲渡した場合に適用があります。そして、譲渡した家屋のうちに居住の用に供している部分とそれ以外の部分があるときは、居住の用に供している部分についてのみ特例の適用があります（措法35①、措令23①、20の 3 ②）。

　ところで、ご質問のように家屋と土地をそれぞれ共有し、かつ、家屋の各階の利用も異なっている場合には、各人にとって居住の用に供している部分をどのようにみるかが問題となりますが、これについては次のようになります。

(1) 家屋について

　　譲渡した人の居住専用割合（家屋のうち譲渡した人の居住専用部分が、家屋全体に占める割合）が、

　　イ　家屋の共有持分の割合以上である場合には、その共有持分に係る家屋の全部が特例の対象となります。

　　ロ　家屋の共有持分の割合未満である場合には、その人の共有持分に係

第2章　譲渡所得等の課税の特例

る家屋のうち次の算式により計算した割合に相当する部分が特例の対象となります。

$$\frac{\text{自己の家屋の居住専用割合}}{\text{自己の家屋の共有持分の割合}} = \text{特例の対象となる部分の割合}$$

(2) 敷地について

　譲渡した人の居住専用割合が、

　イ　敷地の共有持分の割合以上である場合には、その共有持分に係る敷地の全部が特例の対象となります。

　ロ　敷地の共有持分の割合未満である場合には、その人の共有持分に係る敷地のうち次の算式により計算した割合に相当する部分が特例の対象となります。

$$\frac{\text{自己の家屋の居住専用割合}}{\text{自己の土地の共有持分の割合}} = \text{特例の対象となる部分の割合}$$

　ご質問の場合、A・Bとも居住専用割合が家屋及び敷地の共有持分（いずれも2分の1）の割合未満ですので、家屋と敷地の各々の持分のうち、特例の対象となる部分が占める割合は、

$$\frac{\text{3分の1}}{\text{2分の1}} = \text{3分の2}　\text{となります。}$$

居住用家屋の所有者と土地の所有者が異なる場合の譲渡と3年に1回の適用との関係

【問2-76】私は2年前に居住用財産を譲渡し、その譲渡所得については、居住用財産を譲渡した場合の3,000万円特別控除の特例の適用を受けました。その年に私は、その譲渡代金で父の所有する宅地に家屋を新築して父と居住していたのですが、事情があって今年、この私の家屋とその敷地である父の宅地とを同時に譲渡しました。

　この場合、居住用財産を譲渡した場合の特別控除の特例は適用できるでしょうか。

【答】あなたは2年前に3,000万円の特別控除の特例を受けていますので、今年の居宅の譲渡所得について特例の適用を受けることはできません。また、家屋の所有者であるあなたに特例の適用がありませんので、敷地の所有者であるお父さんもこの特例の適用を受けることはできません。

第2章　譲渡所得等の課税の特例

【解説】居住用財産を譲渡した場合の3,000万円特別控除の特例は、前年又は前々年にこの特例の適用を受けている場合又は特定の居住用財産の買換え、及び交換の場合の（措法36の２、36の５）長期譲渡所得の課税の特例、居住用財産の買換え等の場合の譲渡損失の損益通算及び繰越控除の特例（措法41の５）、又は、特定居住用財産の譲渡損失の損益通算及び繰越控除の特例（措法41の５の２）の適用を受けている場合には適用できません（措法35②）。

　次にお父さんの場合ですが、居住用家屋の所有者と土地の所有者とが異なる場合の取扱いについては、【問２-73】で説明しているとおりです。

　すなわち、居住用財産を譲渡した場合の課税の特例は、居住用家屋の所有者がその家屋とともに敷地（借地権を含みます。）を譲渡した場合に適用されるものですので、その家屋の所有者についてこの特例の適用がない場合においては、その敷地の所有者についても適用は認められません。

生計を一にする親族の居住の用に供している家屋

> 【問２-77】私はマイホームを購入し、妻と娘、息子と住んでいましたが、４年前に転勤に伴い東京の社宅に妻と入居していました。マイホームには学校の関係で娘と息子が住んでいましたが、それぞれ就職・進学するためこの機会に売却しようと考えています。この場合、居住用財産を譲渡した場合の3,000万円特別控除の特例の適用を受けることはできますか。

【答】あなたは次の【解説】の要件を満たせば特例を適用できます。

【解説】居住用財産を譲渡した場合の3,000万円特別控除の特例が適用される「居住の用に供している家屋」とは、その者が生活の拠点として利用している家屋をいいますが、それに該当しない場合であっても次に掲げる要件のすべてを満たしているときは、その家屋はその所有者にとっても「その居住の用に供している家屋」に該当するものとして取り扱うことができます。

　ただし、その家屋等の譲渡が次の②の要件を欠くに至った日から１年を経過した日以降に行われた場合は、除かれます（措通31の３-６、35-６）。

　①　その家屋は、その所有者が従来所有者として居住の用に供していた家屋であること

　②　その家屋は、その所有者が居住の用に供さなくなった日以降引き続き

－196－

第2章　譲渡所得等の課税の特例

その生計を一にする親族の居住の用に供している家屋であること
③　その所有者は、その家屋を居住の用に供さなくなった日以降において、既に居住用財産を譲渡した場合の譲渡所得の課税の特例（3,000万円特別控除又は買換え、交換の特例、買換えの繰越控除）の適用を受けていないこと
④　その所有者が現在居住の用に供している家屋は、その所有者の所有する家屋でないこと

居住している者が譲渡人と生計を一にする親族でない場合の譲渡

【問2-78】妻の所有する家屋に現在妻の母が居住しています。妻の母は亡父の遺産で生計を立てていますが、高齢になったので引き取って扶養することになり、その家屋を譲渡することになりました。この場合、居住用財産を譲渡した場合の3,000万円特別控除の特例の適用を受けることができますか。

【答】あなたの妻のお母さんは、あなたの妻と生計を一にする親族ではありませんので、居住用財産を譲渡した場合の3,000万円特別控除の特例を受けることはできません。
【解説】生計を一にする親族が居住の用に供している家屋を譲渡した場合において、居住用財産として3,000万円特別控除の適用ができる家屋の要件については、【問2-77】で説明したとおりです。

居住用財産を他人に賃貸し、2年経過後に売却した場合

【問2-79】私は、以前から住んでいた家屋が狭くなったため、別の場所に新築して転居しました。以前から所有していた家屋は、他人に賃貸して2年になりますが、この度、借主の希望で売却しました。
　　この場合、居住用財産を譲渡した場合の3,000万円特別控除の特例の適用を受けることができますか。

【答】居住用財産を譲渡した場合の3,000万円特別控除の特例の適用を受けることができます。
【解説】居住の用に供していた家屋を、居住の用に供さなくなった日以降3

－197－

第2章 譲渡所得等の課税の特例

年を経過する日の属する年の12月31日までに譲渡した場合は、居住用財産を譲渡した場合の3,000万円特別控除の特例を適用することができます（措法35①）。

　この場合において、譲渡した家屋が居住用の家屋に該当するかどうかは、その家屋を居住の用に供さなくなった時点で判定します（措通31の3－9、35－6）。

事業用資産の買換えとの関係

> **【問2-80】** 私は、平成27年7月に居住用家屋の一部を改造し店舗として使用していましたが、平成30年4月にこの店舗兼住宅を譲渡しました。
> 　この場合、①居住用財産を譲渡した場合の3,000万円特別控除の特例を適用することができますか。②また、事業用部分の譲渡については、特定の事業用資産の買換えの特例を適用することができますか。

【答】 事業用部分の譲渡について、特定の事業用資産の買換えの特例を適用することができます。

　なお、居住用財産を譲渡した場合の特例の適用については、特定の事業用資産の買換えの特例の適用有無により、次の①又は②に分けられます。

　①　事業用部分の譲渡について特定の事業用資産の買換えの特例を受けない場合には、譲渡した店舗兼住宅の全部について居住用財産を譲渡した場合の3,000万円控除の特例の適用を受けることができます。

　②　事業用部分の譲渡について特定の事業用資産の買換えの特例を受ける場合には現に居住の用に供していた部分の譲渡について、居住用財産を譲渡した場合の3,000万円特別控除の特例の適用を受けることができます。

【解説】 ①　居住用家屋をその居住の用に供されなくなった日から同日以後3年を経過する日の属する年の12月31日までの間に譲渡した場合には、その居住の用に供されなくなった後におけるその家屋の利用状況のいかんを問わず、居住用財産を譲渡した場合の3,000万円特別控除の特例の適用があるので、事業用部分の譲渡について特定の事業月資産の買換えの特例等の適用を受けない場合には、事業用兼住宅の譲渡の全部について、居住用財産の3,000万円控除の特例の適用があります。

②　居住用家屋の一部分を事業の用に転用し、その他の部分を引き続き居住

－198－

第2章　譲渡所得等の課税の特例

の用に供している場合において、その家屋を譲渡したときは、当該家屋のうち事業の用に転用した部分の譲渡について特定の事業用資産の買換えの特例の適用を受けるときであっても、現に居住の用に供している部分の譲渡については、居住用財産を譲渡した場合の3,000万円特別控除の特例の適用があります。

なお、居住用家屋をその居住の用に供されなくなった後その家屋の一部を事業の用に転用し、その転用後に当該家屋を譲渡した場合において、譲渡時の利用状況に基づいて特定の事業用資産の買換えの特例の適用を受ける場合には、2年前にその全部を居住の用に供していたからといって、事業用部分以外の他の部分について居住用財産を譲渡した場合の3,000万円特別控除の特例を適用することはできません（措通31の3−1、35−1）。

住民基本台帳に登載されていた住所が譲渡資産の所在地と異なる場合

【問2-81】　私は、O市で飲食店を経営し、住居はA市にあります。この度、A市の住宅を譲渡することになりましたが住民登録は営業所であるO市にありますので、居住用財産の3,000万円特別控除の特例の適用を受けるための住民票の写しが添付できません。このような場合、どうすればよいのでしょうか。

【答】　居住用財産を譲渡した者の住民基本台帳に登載されていた住所が、譲渡契約を締結した日の前日において譲渡資産の所在地と異なる場合には、次の書類を確定申告書に添付する必要があります（措通31の3 -26、35-6）。

①　その者の戸籍の附票の写し（当該譲渡をした日から2か月を経過した日後に交付を受けたものに限ります。）又は消除された戸籍の附票の写し

②　その者の住民基本台帳に登載されていた住所が当該財産の所在地と異なっていた事情の詳細を記載した書類

③　その者が当該資産に居住していた事実を明らかにする書類

なお、③の書類としては、電気、ガス、水道等の公共料金の領収証などがあります。

第2章　譲渡所得等の課税の特例

第5節　被相続人の居住用財産に係る譲渡所得の特別控除

被相続人の居住用財産に係る譲渡所得の特別控除の特例の創設について

> **【問2-82】** 平成28年度税制改正において、被相続人の居住用財産の譲渡所得の特別控除の特例が創設されたと聞きましたが、どのような制度なのですか。

【答】 相続開始の直前において被相続人の居住の用に供されていた一定の要件を満たす家屋（以下「被相続人居住用家屋」といいます。）及びその敷地の用に供されていた土地等を相続又は遺贈により取得をした個人が、平成28年4月1日から平成31年12月31日までの間に、次の2の譲渡をした場合には、その譲渡に係る譲渡所得の金額について3,000万円の特別控除を適用することができることとされました（措法35①③）。

1　被相続人居住用家屋

　「被相続人居住用家屋」とは、①昭和56年5月31日以前に建築され、②区分所有建物ではなく、③相続開始の直前において被相続人以外に居住をしていた者がいなかった家屋のうち、被相続人が主として居住の用に供していた一の建築物をいいます（措法35④、措令23⑥）。

2　特例の対象となる譲渡

　特例の対象となる譲渡は、平成28年4月1日から平成31年12月31日までの間に行われた次の(1)又は(2)の譲渡のうち、相続開始日から3年を経過する日の属する年の12月31日までの間にしたもので、その譲渡対価の額（譲渡が複数回行われるときは、それらの譲渡対価の額の合計額）が1億円以下であるものです。

(1)　相続等による取得後、譲渡の時まで事業の用、貸付けの用又は居住の用に供されていたことがなく、耐震基準に適合するよう必要に応じてリフォームを行った被相続人居住用家屋の譲渡又は被相続人居住用家屋とともにするその敷地等の譲渡

(2)　相続等による取得後、取壊し等の時まで事業の用、貸付けの用又は居住の用に供されていたことがない被相続人居住用家屋の全部を取壊し等した後、その家屋とともに相続等により取得をした敷地等で、相続開始

－200－

第2章　譲渡所得等の課税の特例

　　の時から譲渡の時まで事業の用、貸付けの用又は居住の用に供されたことがなく、取壊し等の時から譲渡の時まで建物又は構築物の敷地の用に供されていたことがないものの譲渡

3　他の特例との適用関係

　　この特例は、「相続財産に係る譲渡所得の課税の特例（措法39）」等との選択適用となります。（ただし、居住用部分と非居住用部分から成る被相続人居住用家屋又はその敷地を譲渡した場合において、非居住用部分について措法39条の規定の適用を受けるときは、居住用部分の譲渡については、非居住用部分の譲渡につき措法39条の規定の適用を受ける場合であっても、居住用部分の譲渡が措法35条3項の規定による要件を満たすものである限り、措法35条3項の規定の適用があります（措通35-8）。）なお、居住用財産についての譲渡所得の他の特例（措法36の2、41の5、41の5の2）とは重複して適用することができます。

被相続人居住用家屋の敷地等の判定

> **【問2-83】** 平成30年1月に父が死亡し、父が亡くなる直前まで居住していた父所有の建物（母屋：350㎡、離れ：100㎡、倉庫：50㎡）とその敷地（1,000㎡）を、それぞれ私が4分の3、弟が4分の1の割合で相続しました。建物を全て取り壊して更地にした後、同年10月、私と弟はその更地を売却しました。
>
> 　被相続人の居住用財産の譲渡所得の特別控除の特例の適用に当たっては、被相続人居住用家屋の敷地等の部分しか対象とならないと聞きましたが、どのように特例が適用となる部分を計算するのですか。

【答】 特例が適用となる部分について、相続開始の直前においてその土地が用途上不可分の関係にある2以上の建築物（母屋と離れなど）のある一団の土地であった場合には、その土地のうち、その土地の面積にその2以上の建築物の床面積の合計のうちに一の建築物である被相続人居住用家屋（母屋）の床面積の占める割合を乗じて計算した面積に係る土地の部分に限られます（措法35④、措令23⑦）。

　具体的には、被相続人居住用家屋の敷地等の部分の計算は次のとおりとなります（措通35-13）。

－201－

第2章　譲渡所得等の課税の特例

$$\dfrac{\text{一団の土地の}}{\substack{\text{面積（注1）}\\ A}} \times \dfrac{\substack{\text{相続の開始の直前における一団の土地にあった}\\ \text{被相続人居住用家屋の床面積　B}}}{\substack{\text{B}\ +\ \text{相続の開始の直前における一団の土地}\\ \text{にあった被相続人居住用家屋以外の建築物（注}\\ \text{2）の床面積}}} \times \dfrac{\substack{\text{譲渡した土}\\ \text{地等の面積}\\ \text{（注3）}}}{A}$$

(注)1　被相続人以外の者が相続の開始の直前において所有していた土地等の面積も含まれます。

2　被相続人以外の者が所有していた建築物も含まれます。

3　被相続人から相続又は遺贈により取得した被相続人の居住の用に供されていた家屋の敷地の用に供されていた土地等の面積のうち、譲渡した土地等の面積によります。

ご質問の場合について実際に計算してみると、あなたとあなたの弟の被相続人居住用家屋の敷地等に該当する部分は、それぞれ750㎡のうち525㎡、250㎡のうち175㎡となります。

1　あなたが譲渡した土地（1,000㎡×3/4＝750㎡）のうち、被相続人居住用家屋の敷地等に該当する部分の計算

$$1,000㎡ \times \dfrac{350㎡}{350㎡+(100㎡+50㎡)} \times \dfrac{750㎡}{1,000㎡} = 525㎡$$

2　あなたの弟が譲渡した土地（1,000㎡×1/4＝250㎡）のうち、被相続人居住用家屋の敷地等に該当する部分の計算

$$1,000㎡ \times \dfrac{350㎡}{350㎡+(100㎡+50㎡)} \times \dfrac{250㎡}{1,000㎡} = 175㎡$$

第2章　譲渡所得等の課税の特例

第6節　特定の土地等の長期譲渡所得の特別控除

特定の土地等の長期譲渡所得の特別控除(1)

> 【問2-84】特定の土地等の長期譲渡所得の特別控除の概要について教え
> てください。

【答】平成21年1月1日から平成22年12月31日までの間に取得をした国内に
ある土地又は土地の上に存する権利（以下「土地等」といいます。）を将来
において譲渡し、その譲渡をした年の1月1日において所有期間が5年を超
える場合には、その土地等の譲渡に係る譲渡所得の金額から1,000万円（長
期譲渡所得の金額が1,000万円に満たない場合には、その長期譲渡所得の金
額）を控除することができます（措法35の2①）。
　なお、ここでいう「取得」については、配偶者その他特別の関係がある一
定の者からの取得、相続、遺贈、贈与、交換、代物弁済及び所有権移転外リ
ース取引による取得は含まれません（措法35の2①、措令23の2①②）。

特定の土地等の長期譲渡所得の特別控除(2)

> 【問2-85】平成22年8月に300㎡の空き地を購入しました。将来、仮に
> この土地を5年以上保有して、それぞれ異なる年に切り売りして譲渡
> 益が出た場合、特定の土地等の長期譲渡所得の特別控除の特例は、最
> 初に譲渡した年にしか適用できないのでしょうか。

【答】**譲渡した年の1月1日において所有期間が5年を超えていれば、譲渡
したそれぞれの年分において、特定の土地等の長期譲渡所得の特別控除の特
例の適用を受けることができます。**
【解説】この特例は、適用回数に制限がありませんので、譲渡した年のそれ
ぞれの年分において、1,000万円（その長期譲渡所得の金額が1,000万円に満
たない場合には、その長期譲渡所得の金額）を控除することができます。

－203－

第2章　譲渡所得等の課税の特例

特定の土地等の長期譲渡所得の特別控除(3)

> **【問2-86】** 私は、平成22年9月に自宅の隣地である空き地を取得しました。数年後には自宅を増築し二世帯住宅にして、息子夫婦と暮らそうと考えています。仮に、なんらかの事情により自宅と空き地を売却することとなった場合、空き地について特定の土地等の長期譲渡所得の特別控除の適用を受けることはできるでしょうか。

【答】 譲渡した年の1月1日において所有期間が5年を超えていれば、特定の土地等の長期譲渡所得の特別控除の特例の適用を受けることができます。

【解説】 特定の土地等の長期譲渡所得の特別控除の特例は、適用要件に用途制限がありませんので、空き地のまま譲渡しても譲渡した年の1月1日において所有期間が5年を超えていれば、この特例の適用を受けることができます。

－204－

第２章　譲渡所得等の課税の特例

第７節　特定の居住用財産の買換え及び交換の特例

制度の概要

> **【問２-87】** 特定の居住用財産の買換えの場合の長期譲渡所得の課税の特
> 例の内容を教えてください。

【答】 平成31年12月31日までの間に、居住用財産を譲渡し、買換えを行った
場合について、次の要件を満たすときには譲渡がなかったものとされます
（措法36の２、措令24の２）。

　特例の適用要件

(1) 譲渡の年の１月１日現在における所有期間が10年を超える居住用財産の
　譲渡であること

(2) 国内にある一定の居住用財産で譲渡者の居住の用に供している期間が10
　年以上であること

(3) 譲渡資産の譲渡に係る対価の額が１億円以下であること

(4) 国内にある買換家屋（その取得の日以前25年以内に建築されたもの又は
　一定の耐震基準に適合すると証明がなされたもの**(注)1**に限ります。）
　で、居住用部分の床面積が50㎡以上であること

　(注)1　耐火建築物以外の場合は、譲渡の年の12月31日又は翌年に取得する場合
　　　は、その取得期限までに一定の耐震基準に適合すると証明されたものも含み
　　　ます。

(5) 買換家屋の敷地面積が500㎡以下のものであること

(6) 買換資産は譲渡の年の前年１月１日から譲渡の日の属する年の翌年12月
　31日までの間に取得をし（又は取得をする見込みであり）、かつ、取得の
　日から譲渡の日の属する年の翌年12月31日（譲渡の日の属する年の翌年中
　の取得の場合は、翌々年12月31日）までに居住の用に供すること（又は、
　供する見込みであること）

　(注)2　特定非常災害に基因するやむを得ない事情により、取得期限までに買換資
　　　産の取得が困難となった場合は、別途定めがあります。

(7) 譲渡の年、前年及び前々年において、以下の課税の特例を受けていない
　こと

　① 居住用財産を譲渡した場合の長期譲渡所得の課税の特例（措法31の３）

　② 居住用財産の譲渡所得の特別控除（措法35）

　③ 居住用財産の買換え等の場合の譲渡損失の損益通算及び繰越控除の特

－205－

例（措法41の５）

④　特定居住用財産の譲渡損失の損益通算及び繰越控除の特例（措法41の
　　５の２）

　なお、この特例の適用を受けるためには、確定申告書の特例適用条文欄に
措法36の２と記載し、以下の書類を添付して提出する必要があります（措法
36の２⑤⑦、措規18の４⑤⑥）。

（譲渡資産に係るもの）

(1) 譲渡所得の内訳書（確定申告書付表兼計算明細書）

(2) 譲渡資産の登記事項証明書、その他これに類する書類で、譲渡資産の所
　　有期間が10年を超えるものであることを明らかにするもの

(3) 譲渡をした譲渡資産の所在地を管轄する市町村長から交付を受けた住民
　　票の写し、戸籍の附票の写し、その他これに類する書類で、譲渡者が譲渡
　　資産を居住の用に供していた期間が10年以上であることを明らかにする書
　　類

（買換資産に係るもの）

(1) 取得をした買換資産に係る登記事項証明書、売買契約書その他の書類
　　で、買換資産を取得したこと、買換家屋の床面積が50㎡以上であること、
　　買換土地等の面積が500㎡以下であること、及び買換家屋が建築後使用さ
　　れたことのある家屋である場合にはその取得の日以前25年以内に建築され
　　たものであることを明らかにする書類又は一定の耐震基準に適合する旨を
　　証する書類

(2) 取得をした資産の所在地を管轄する市町村長から交付を受けた住民票の
　　写し

　なお、この特例は特定の居住用財産を交換し、一定の要件を満たす場合に
ついても適用があります（措法36の５）。

第2章　譲渡所得等の課税の特例

家屋と土地の所有期間が異なる場合

【問2-88】私は昭和50年に住まいである家屋とその敷地を取得し、それ以来そこに住んでいますが、家屋は5年前に建て替えています。

　平成30年4月にこの家屋とその敷地を売却し、その売却代金で買い換えをしたいと思っていますが、「特定の居住用財産の買換えの場合の長期譲渡所得の課税の特例」の適用を受けることができるでしょうか。

【答】譲渡家屋は、譲渡の年の1月1日において所有期間が10年を超えるものでないため、特例の適用を受けることができません。

【解説】「特定の居住用財産の買換えの場合の長期譲渡所得の課税の特例」については、譲渡した家屋及びその敷地が居住用財産に該当するものであっても、その譲渡家屋及びその敷地のいずれか一方のその年の1月1日における所有期間が10年以下であるときは特例の対象となる譲渡資産に該当しませんので、その譲渡所得についてこの特例を適用することはできません（措通36の2-1）。

居住期間の判定（途中転勤等で中断がある場合）

【問2-89】私は、平成14年2月に取得して以来住まいとしてきた家屋とその敷地を平成30年5月に売却しました。私はこの売却代金で買い換えをし「特定の居住用財産の買換えの場合の長期譲渡所得の課税の特例」の適用を受けたいと思っています。

　ところで、この特例を受ける場合、居住期間が10年以上必要であると聞いていますが、私の場合は平成22年4月から平成25年3月までの間転勤でこの家を空き家にしていたため、連続して10年以上住んでいたことになりません。

　このような場合でも特例の適用を受けることができるでしょうか。

【答】譲渡した家屋に居住していた期間を通算すると10年以上となりますので、その他の要件を満たしていれば、「特定の居住用財産の買換えの場合の長期譲渡所得の課税の特例」の適用を受けることができます。

【解説】「特定の居住用財産の買換えの場合の長期譲渡所得の課税の特例」の

第２章　譲渡所得等の課税の特例

適用を受けるためには、その要件の一つとして、「譲渡者の居住の用に供している期間が10年以上であること」が必要です（措法36の２①一）。

　この居住期間について、途中にその譲渡家屋を居住の用に供していなかった期間がある場合には、その居住していなかった期間を除きその前後の居住の用に供していた期間の合計期間により判定することになります（措通36の２－２）。

譲渡資産と一体として居住の用に供されていた土地等を贈与した場合

【問２-90】私は、平成30年５月に現在住んでいる自宅を取り壊し、敷地が広かったため、その敷地を分割して、その一部を平成30年12月に9,000万円で売却し、残りの土地（時価3,000万円）は息子が家を建てる土地として、贈与したいと思っています。

　私は本年の確定申告において、特定の居住用財産の買換えの特例を適用して申告したいのですが、特例の適用はできるのでしょうか。

【答】あなたが息子さんに贈与された土地は、譲渡資産と一体としてあなたの居住の用に供されていた土地であり、贈与のときにおける時価に相当する金額をもって譲渡に係る対価とされるため、１億円を超えることになり、特定の居住用財産の買換え及び交換の場合の長期譲渡所得の課税の特例は適用できません。

(1)　譲渡資産の譲渡をした日の属する年、その年の前年若しくは前々年又は譲渡資産の譲渡をした日の属する年の翌年若しくは翌々年に、その譲渡資産と一体としてその個人の居住の用に供されていた家屋又は土地若しくは土地の上に存する権利の譲渡（以下「一体資産の譲渡」といいます。）をした場合において、その一体資産の譲渡に係る対価の額とその譲渡資産の譲渡に係る対価の額との合計額が１億円を超えることとなったときは、適用されません（措法36の２①③④）。

　なお、一体資産の譲渡に係る対価の額の判定においては、贈与又は著しく低い価額の対価（譲渡時における価額の２分の１に満たない金額）による譲渡の場合、その贈与等の時における価額に相当する金額（時価）をもって、譲渡に係る対価の額とすることとなります（措令24の２⑨、措規18の４④）。

(2)　交換譲渡資産についても、交換の日における交換譲渡資産の価額に相

－208－

当する金額要件が1億円以下となるほか、上記と同様の要件となります（措法36の5、36の2①）。
(3) 特例の適用期限は平成31年12月31日までとなっています（措法36の5）。

共有で取得した場合の買換資産の面積要件

> 【問2-91】私は、妻と20年間住まいとしてきた夫婦共有である家屋とその敷地（共有持分各々2分の1）を売却し、その売却代金で新しい住まいとその敷地を妻と各々2分の1の共有で購入したいと思っています。
> ところで、「特定の居住用財産の買換えの場合の長期譲渡所得の課税の特例」の適用を受けるためには、その要件の一つとして買換資産の居住用家屋の床面積及びその家屋の敷地の面積に制限があると聞いていますが、私たちが新しく取得する住まいは下図のとおりで、土地については全体として、この面積要件を満たしておりません。
> 私たち夫婦は、「特定の居住用財産の買換えの場合の長期譲渡所得の課税の特例」の適用を受けることができるでしょうか。

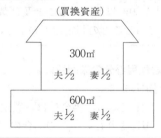

【答】買換土地等の全体の面積で判定しますと、買換家屋の敷地面積の要件を満たしていないため、**敷地の譲渡については、特例の適用を受けることはできません。**
　ただし、**家屋についてはこの特例の適用を受けることができます。**
【解説】買換家屋の床面積及び買換土地の面積に係る要件は、次のとおりです（措令24の2③）。
(1) 買換家屋の居住用部分の床面積（当該家屋のうちその独立部分を区分所有する場合には、その独立部分の床面積のうちの居住用部分の床面積）が50㎡以上であること（【問2-87】参照）

第2章　譲渡所得等の課税の特例

(2) 買換家屋の敷地面積（当該土地等が独立部分を区分所有する家屋の敷地
の用に供しているものである場合には当該土地等の全体の面積に当該家屋
の床面積のうちにその区分所有する独立部分の床面積の占める割合を乗じ
て計算した面積）が500㎡以下のものであること

　この面積要件の判定について、買換資産である家屋又はその敷地である土
地等を共有により取得した場合は、その買換家屋の全体の床面積（当該家屋
のうちその独立部分を区分所有する場合には、その独立部分の床面積）又は
買換土地等の全体の面積（当該土地等が独立部分を区分所有する家屋の敷地
の用に供しているものである場合には、当該土地等の全体の面積に当該家屋
の床面積のうちにその区分所有する独立部分の床面積の占める割合を乗じて
計算した面積）によります（措通36の2－13(2)）。

店舗併用住宅の場合の買換資産の面積要件

> 【問2-92】私は、長年住まいとしていた家屋とその敷地を売却し、店舗
> 併用住宅を取得して「特定の居住用財産の買換えの特例」の適用を受
> けたいと考えています。店舗併用住宅の場合の買換家屋の居住の用に
> 供する部分の床面積が50㎡以上であること及び敷地の用に供する土地
> の面積が500㎡以下であることの判定はどのようにするのでしょうか。

**【答】家屋については、居住用部分の床面積により、また、土地については、
土地全体の面積により判定します。**

【解説】買換家屋が店舗兼住宅である場合には、買換家屋の床面積要件の判
定は、居住用部分の床面積により行い、この場合の当該店舗兼住宅の居住用
部分の床面積は、措通31の3－7に準じて計算した居住用部分の床面積によ
ります。また、買換土地等の面積要件の判定は、当該店舗兼住宅の敷地の用
に供される土地等の全体の面積により行います（措通36の2－13(3)）。

　これにより判定した家屋の居住の用に供する部分の床面積が、当該家屋全
体の床面積のおおむね90％以上である場合において、当該家屋の全部を居住
の用に供している部分に該当するものとして、「特定の居住用財産の買換え
の特例」を適用するときは、家屋の全体の床面積により面積要件を判定する
こととなります。

－210－

第２章　譲渡所得等の課税の特例

買換資産の取得時期

> **【問２-93】** 私は、現在の住宅を売却して、もっと広い住宅への買換えを計画し、平成30年７月に住宅を売却しました。買換資産としての土地は平成30年４月に取得していますが、住宅は平成31年２月完成の予定です。この４月に先行取得した土地は、特定の居住用財産の買換えの場合の長期譲渡所得の課税の特例の適用上、買換資産に該当しますか。

【答】 買換資産を譲渡の年の同年中又は前年中に先行取得した場合にもその買換資産は取得期限内に取得したことになり、特例の適用対象となる買換資産に該当します。

【解説】 買換資産は、譲渡資産の譲渡の年の前年中、その年中又はその翌年中に取得（建設を含みます。）することが必要です（措法36の２①②）。

(注) 【問２-87】の要件を満たしていなければ特例の適用がありません。

買換資産を居住の用に供すべき期限

> **【問２-94】** 私は、長年居住していた住宅を平成30年６月に売却して、宅地を取得しましたが、建物の建築が遅れています。特定の居住用財産の買換えの場合の長期譲渡所得の課税の特例の適用を受けるためには、買換資産をいつまでに居住の用に供すればよいのでしょうか。

【答】 買換資産の取得が平成31年中になる場合は、平成32年12月31日までに居住の用に供すれば特例の適用を受けることができます。

【解説】 買換資産を取得した者は、次の区分に応じそれぞれ次に掲げる日までに、その買換資産をその者の居住の用に供することが必要です（措法36の２①②）。

① 譲渡資産の譲渡の年中又はその前年中に買換資産の全部を取得した場合（措法36の２①該当）　譲渡資産の譲渡の年の翌年12月31日

② 譲渡資産の譲渡の年の翌年中に買換資産を取得した場合（譲渡の年中又はその前年中に買換資産の一部を取得している場合を含みます。）（措法36の２②該当）　買換資産の取得の年の翌年12月31日

(注)１ その者が買換資産の取得後、上記①又は②に掲げる日までに死亡した場合

－211－

において、その買換資産を相続により取得した者がその取得後上記①又は②に掲げる日までにその居住の用に供したときは、その買換資産はその死亡した者が居住の用に供したものとみなされます（措令24の2⑬）。
  2 【問2-87】の要件を満たしていなければ特例の適用がありません。
  3 特定非常災害に基因するやむを得ない事情により、取得期限までに買換資産の取得が困難となった場合は、別途定めがあります。

〔参考〕【問2-93】と【問2-94】との関係
　居住用資産の譲渡の日と買換資産の取得期間及び買換資産を居住の用に供する期限との関係を図で示すと次のようになります。

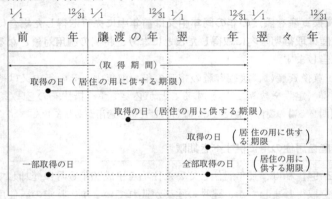

借地を買い取って家屋とともに譲渡した場合の買換えの特例の適用

【問2-95】私は、昭和56年に借地の上に家屋を建て、居住していました。平成25年に地主から底地を買い取ってほしいとの申出があり、その土地を買い取りました。
　この家屋と土地を平成30年3月に譲渡した場合、特定の居住用財産の買換えの場合の長期譲渡所得の課税の特例はどうなりますか。
　なお、平成25年当時の土地（更地）の時価は1,000万円でしたが、500万円で買い取りました。

【答】譲渡収入金額のうち、家屋と旧借地権に相当する部分のみが、特例の適用対象となります。
【解説】借地権を有する者がその借地権に係る土地を取得した場合には、その土地の取得の日は旧借地権部分と旧底地部分とに分けて判定することにな

第２章　譲渡所得等の課税の特例

っています（所基通33-10、【問１-74】参照）。

　ご質問の場合、家屋及び借地権部分は所有期間が譲渡した年の１月１日現在において10年を超えていますので、この特例の適用を受けることができます。しかし、底地部分は、所有期間が譲渡した年の１月１日現在において10年未満であるのでこの特例の要件には該当していません。

　したがって、この場合、譲渡収入金額を特例の適用のある旧借地権部分と特例の適用のない底地部分に分ける必要があります。

　旧借地権部分に係る譲渡収入金額は次のように計算し、この収入金額から控除する取得費は、旧借地権の取得費となります（ただし概算取得費によるときは、収入金額の５％相当額によります。）。

$$\underbrace{\text{その土地の譲} \atop \text{渡対価の額} - \left(\text{その土地の譲} \atop \text{渡対価の額} \times \frac{\text{旧底地の取得時の旧底地の価額}}{\text{旧底地の取得時の土地の更地価額}}\right)}_{\text{旧底地部分に係る譲渡収入金額}} = \text{旧借地権部} \atop \text{分に係る譲} \atop \text{渡収入金額}$$

(注)　「旧底地の取得時の旧底地の価額」はその底地の取得につき対価を支払った場合において、その対価の額が適正と認められるときは、その対価の額（手数料その他の附随費用の額を含みません。）によることができます（所基通33-11の３）。

　ご質問の場合に、家屋と土地の譲渡対価の総額が4,000万円、そのうち土地の譲渡対価（時価）が3,000万円であったと仮定しますと、買換特例の対象となる譲渡収入金額は、次の計算により2,500万円となります。

$$\overset{\text{(家屋の譲渡} \atop \text{収入金額)}}{1,000万円} + \overset{\text{(土地の譲渡} \atop \text{収入金額)}}{3,000万円} - \left(\overset{\text{(旧底地部分に係る譲渡収入金額)}}{3,000万円 \times \frac{500万円}{1,000万円}}\right)$$

$$\overset{\text{(買換特例の対象となる譲渡収入金額)}}{= 2,500万円}$$

　また、買換特例の対象とならない短期譲渡所得は、次のように1,000万円となります。

$$\left(\overset{\text{(旧底地部分に係る収入金額)}}{3,000万円 \times \frac{500万円}{1,000万円}}\right) - \overset{\text{(底地の取得費)}}{500万円} = \overset{\text{(短期譲渡所得金額)}}{1,000万円}$$

(注)　【問２-87】の要件を満たしていなければ特例の適用がありません。

第2章　譲渡所得等の課税の特例

特定の居住用財産の買換えの場合の課税の特例における譲渡所得金額の計算

> **【問2-96】** 私は、昭和51年に5,000万円で取得した居住用家屋とその敷
> 地を平成30年6月に1億円で売却し、同年10月に8,000万円で居住用
> の住宅を購入しました。この場合、特定の居住用財産の買換えの場合
> の長期譲渡所得の課税の特例の適用を受けたときの譲渡所得金額の計
> 算方法について教えてください。
> 　なお、譲渡に要した費用は400万円です。

【答】 特定の居住用財産の買換えの場合の長期譲渡所得の課税の特例（措法
36の2）の適用を受ける場合の譲渡所得金額の計算は次によります。

(1) 譲渡資産の譲渡価額が買換資産の取得価額以下である場合
　　譲渡資産の譲渡がなかったものとします。

(2) 譲渡資産の譲渡価額が買換資産の取得価額を超える場合
　　譲渡資産のうちその超える金額に相当する部分の譲渡があったものとし
て、その部分につき譲渡所得が課税されます。

(注) 課税される譲渡所得金額の計算方法

$$収入金額 = 譲渡資産の譲渡価額 - 買換資産の取得価額$$

$$必要経費 = \left(\begin{array}{c}譲渡資産\\の取得費\end{array} + \begin{array}{c}譲渡\\費用\end{array}\right) \times \frac{譲渡資産の譲渡価額 - 買換資産の取得価額}{譲渡資産の譲渡価額}$$

したがって、あなたの場合の譲渡所得金額は次のとおりです。

(注) 減価償却についての計算は省略しています。

（譲渡資産の譲渡価額）　（買換資産の取得価額）　（収入金額）

$$10,000万円 - 8,000万円 = 2,000万円$$

$\left(\begin{array}{c}譲渡資産\\の取得費\end{array} + \begin{array}{c}譲渡\\費用\end{array}\right)$　（譲渡資産の譲渡価額 - 買換資産の取得価額）（必要経費）

$$(5,000万円 + 400万円) \times \frac{(10,000万円 - 8,000万円)}{10,000万円} = 1,080万円$$

（譲渡資産の譲渡価額）

（収入金額）　（必要経費）（長期譲渡所得金額）

$$2,000万円 - 1,080万円 = 920万円$$

(注) 【問2-87】の要件を満たしていなければ特例の適用がありません。

－214－

第２章　譲渡所得等の課税の特例

特定の居住用財産の買換えの場合の長期譲渡所得の課税の特例の適用が受けられない譲渡

【問２-97】居住用財産を譲渡（取得）した場合であっても特定の居住用財産の買換えの場合の長期譲渡所得の課税の特例の適用が受けられない場合もあるのでしょうか。

【答】（1）この特例の対象となる居住用財産の「譲渡」には、譲渡所得の基因となる不動産等の貸付けは含まれますが、次のいずれかの場合に該当するときは、その資産の譲渡についてはこの特例の適用を受けることができません（措法36の２①、措令24の２①、②、④）。

①　居住用財産の譲渡が、その譲渡人の配偶者その他その者と特別の関係がある者に対してされたものである場合

②　その譲渡につき次の規定のいずれかの適用を受ける場合

収用等に伴い代替資産を取得した場合の課税の特例（措法33）、交換処分等に伴い資産を取得した場合の課税の特例（措法33の２）、換地処分等に伴い資産を取得した場合の課税の特例（措法33の３）、収用交換等の場合の譲渡所得等の特別控除（措法33の４）、特定の事業用資産の買換えの場合の譲渡所得の課税の特例（措法37）、特定の事業用資産を交換した場合の譲渡所得の課税の特例（措法37の４）、特定普通財産とその隣接する土地等の交換の場合の譲渡所得の課税の特例（措法37の８）、平成21年及び平成22年に土地等の先行取得をした場合の譲渡所得の課税の特例（措法37の９）

③　贈与、交換（別途交換の特例があります。）、出資又は金銭債務の弁済に代えてする代物弁済（金銭債務の弁済に代えてするものに限る。）による譲渡である場合

（2）この特例の対象となる買換資産の「取得」には建設が含まれますが、その取得が贈与、交換（別途交換の特例があります。）又は金銭債務の弁済に代えてする代物弁済によるものであるときは、この特例の適用を受けることはできません。

（注）【問２-87】の要件を満たしていなければ特例の適用がありません。

第2章　譲渡所得等の課税の特例

更正の請求、修正申告書等

【問2-98】　私は、平成30年6月に、自分の居住している住宅を6,000万
　　円で売却しました。代わりの住宅は土地の造成等の関係で平成31年5
　　月ごろ完成の予定ですので、確定申告書の提出の際には買換資産の取
　　得価額の見積額を5,000万円として特定の居住用財産の買換えの場合
　　の長期譲渡所得の課税の特例を受けようと思っています。買換資産の
　　取得価額の見積額と実際の取得価額との間に差額が生じた場合にはど
　　のような手続をとることになるのでしょうか。

【答】**買換資産の取得価額が見積額に満たないときは、修正申告書の提出を、
見積額を超えるときは更正の請求をしてください。**

【解説】　買換資産を居住の用に供すべき期限までにその者の居住の用に供し
なかった場合等又は買換資産の取得価額が見積額に対して過不足がある場合
等においては、次により修正申告書を提出し、又は更正の請求をすることが
できます（措法36の3）。

(1) 譲渡資産の譲渡の年中及びその前年中に買換資産の全部を取得してこの
　　特例の適用を受けた者が、その譲渡の年の翌年12月31日までに買換資産を
　　その者の居住の用に供しない場合又は供しなくなった場合……その譲渡の
　　年の翌年末から4か月を経過する日までに所得税の修正申告書を提出し、
　　修正申告により納付すべき税額を納付しなければなりません。

(2) 譲渡資産の譲渡の年の翌年中に買換資産の全部又は一部を取得する見込
　　みでこの特例の適用を受けている者が、次のいずれかに該当することとな
　　った場合

　(イ) 買換資産の取得価額が税務署長の承認を受けたその見積額に対して過
　　　大となったとき……買換資産の取得をした日から4か月を経過するまで
　　　に更正の請求をすることができます。

　(ロ) 次のAからCまでのいずれかに該当することとなったとき、それぞれ
　　　に掲げる日から4か月を経過するまでに所得税の修正申告書を提出し、
　　　修正申告により納付すべき税額を納付しなければなりません。

　　　A　買換資産の取得価額が取得価額の見積額に対して不足額を生ずる
　　　　 こととなったとき……買換資産を取得した日

　　　B　譲渡資産の譲渡の年の翌年12月31日までに買換資産の取得をして
　　　　いないとき……譲渡資産の譲渡の年の翌年12月31日

-216-

第2章　譲渡所得等の課税の特例

　　C　買換資産の取得後、譲渡資産の譲渡の年の翌々年12月31日までに
　　　買換資産をその者の居住の用に供しないとき、又は供しなくなった
　　　とき……譲渡資産の譲渡の年の翌々年12月31日

買換資産に付すべき取得価額の計算等

【問2-99】特定の居住用財産の買換えの場合の長期譲渡所得の課税の特
　例の適用を受けた場合は買換資産の取得価額はどのようになるのでし
　ょうか。

【答】特定の居住用財産の買換えの場合の長期譲渡所得の課税の特例の適用
を受けて取得した買換資産についてその取得の日以後に譲渡（譲渡所得の基
因となる不動産等の貸付けを含みます。）、相続、遺贈又は贈与があった場合
の譲渡所得金額の計算の基礎とされるその買換資産の取得価額は、次に掲げ
る場合の区分に応じ、それぞれ次に掲げる金額とされます（措法36の4、措
令24の3④）。

① 譲渡資産の譲渡による収入金額が買換資産の取得価額を超える場合

$$\left(\begin{array}{c}譲渡資産の取得価額、\\ 設備費、改良費の合計額\end{array} + \begin{array}{c}譲渡資産の\\ 譲渡費用\end{array}\right) \times \dfrac{買換資産の\\ 取得価額}{譲渡資産の譲渡\\ による収入金額}$$

② 譲渡資産の譲渡による収入金額が買換資産の取得価額に等しい場合

$$\begin{array}{c}譲渡資産の取得価額、\\ 設備費、改良費の合計額\end{array} + \begin{array}{c}譲渡資産の\\ 譲渡費用\end{array}$$

③ 譲渡資産の譲渡による収入金額が買換資産の取得価額に満たない場合

$$\left(\begin{array}{c}譲渡資産の取得価額、\\ 設備費、改良費の合計額\end{array} + \begin{array}{c}譲渡資産の\\ 譲渡費用\end{array}\right) + \left(\begin{array}{c}買換資産の\\ 取得価額\end{array} - \begin{array}{c}譲渡資産の譲渡\\ による収入金額\end{array}\right)$$

(注)　買換資産の取得の日は、特定の事業用資産の買換えの場合の課税の特例（措法
　37）の場合と同様、買換資産の実際の取得の日によるのであり、いわゆる取得の
　日の引継ぎはしないこととされています。

－217－

第2章　譲渡所得等の課税の特例

特定の居住用財産を交換した場合の長期譲渡所得の課税の特例

【問2-100】居住用財産の譲渡と取得が交換の方法で行われた場合には、課税関係はどのようになりますか。

【答】**一定の要件を満たす場合、譲渡がなかったものとして取り扱われます。**

【解説】特定の居住用財産の買換えの場合の長期譲渡所得の課税の特例の適用対象となる資産の譲渡と取得が交換の方法で行われた場合には、買換えの場合と同様にその譲渡所得について課税の繰延べが認められる「特定の居住用財産を交換した場合の長期譲渡所得の課税の特例」（措法36の5）があります。

この内容は次のとおりです。

(1) その者の有する家屋及び土地若しくは土地の上に存する権利で特定の居住用財産の買換えの場合の長期譲渡所得の課税の特例（措法36の2①）の適用の対象となる譲渡資産（交換譲渡資産）とその者の居住の用に供する家屋又は土地若しくは土地の上に存する権利で特定の居住用財産の買換えの場合の長期譲渡所得の課税の特例の適用対象となる買換資産（交換取得資産）との交換をした場合（その交換に伴い交換差金を取得し、又は支払った場合を含みます。）又は交換譲渡資産と交換取得資産に該当しない資産との交換をし、かつ、交換差金を取得した場合（この場合のことを「他資産との交換」といいます。）において、その交換差金に対応する金額でもって別の買換えの対象となる資産を取得した場合には、次のように資産の譲渡又は取得をしたものとみなして、特定の居住用財産の買換えの場合の長期譲渡所得の課税の特例に関する規定を適用します（措法36の5、措令24の4②）。

① その交換譲渡資産（他資産との交換の場合にあっては、交換差金に対応する部分に限ります。）は、その者が、その交換の日において、その交換譲渡資産の時価により譲渡したものとみなします。

(注) 交換差金に対応する部分は、次により計算します。

$$\text{交換譲渡資産の価額} \times \frac{\text{交換差金の額}}{\text{交換差金の額} + \text{交換により取得した他資産の額}}$$

② その交換取得資産は、その者が、その交換の日において、その交換取得資産の時価により取得したものとみなします。（他資産との交換の場

-218-

第２章　譲渡所得等の課税の特例

合にあっては、交換取得資産については、特例の適用がありませんが、交換差金によって、別途取得した買換資産をもって特例の適用を受けることができます。）

(2) この特例は、その交換が次のいずれかに該当するものである場合には、適用がありません（措法36の５、措令24の４①）。

①　租税特別措置法第33条の２第１項第２号に規定する土地改良事業等の施行による交換

②　租税特別措置法第37条の４（特定の事業用資産を交換した場合の譲渡所得の課税の特例）、第37条の５第４項（既成市街地等内にある土地等の中高層耐火建築物等の建設のための交換の場合の譲渡所得の課税の特例）、第37条の８（特定普通財産とその隣接する土地等の交換の場合の譲渡所得の課税の特例）又は所得税法第58条第１項（固定資産の交換の場合の譲渡所得の課税の特例）の適用を受ける交換

(注)　交換譲渡資産、交換取得資産の特例適用要件は、「特定の居住用財産の買換えの特例」の場合と同様です（【問２-87】参照）。

特定の居住用財産の買換え（交換）の場合の長期譲渡所得の課税の特例と住宅借入金等を有する場合の所得税額の特別控除

> 【問２-101】 特定の居住用財産の買換え（交換）の特例の適用を受けて取得した住宅についても所得税の確定申告をすれば住宅借入金等を有する場合の所得税額の特別控除の適用が受けられるのでしょうか。

【答】住宅の取得等をした場合の所得税額の特別控除は適用できません。

【解説】租税特別措置法第31条の３（居住用財産を譲渡した場合の長期譲渡所得の課税の特例）、第35条（居住用財産の譲渡所得の特別控除）、第36条の２（特定の居住用財産の買換えの場合の長期譲渡所得の課税の特例）、第36条の５（特定の居住用財産を交換した場合の長期譲渡所得の課税の特例）、第37条の５（既成市街地等内にある土地等の中高層耐火建築物等の建設のための買換え及び交換の場合の譲渡所得の課税の特例）の適用を受けて取得された住宅については、住宅借入金等を有する場合の所得税額の特別控除ができません（措法41⑮）。

第2章　譲渡所得等の課税の特例

店舗併用住宅を譲渡した場合の特定の居住用財産の買換えの場合の長期譲渡所得の課税の特例

> 【問2-102】昭和49年8月に取得した店舗併用住宅を譲渡して、居住専用住宅を買い換えようと思っています。譲渡する店舗併用住宅の譲渡価額は8,000万円で、店舗部分の面積は30％です。仮に、買換資産の取得価額を4,500万円とした場合、特定の居住用財産の買換えの場合の長期譲渡所得の課税の特例の適用を受けた場合の譲渡所得はどのように計算されますか。

【答】　まず買換えの特例の適用が受けられるのは、店舗部分を除いた居住専用部分ですから、ご質問の場合は8,000万円×70％＝5,600万円に相当する部分を「譲渡資産」として買換えの特例の適用ができます。

　したがって、譲渡所得の金額は次のように計算されます。なお、譲渡資産の取得費は明らかにされていませんので、概算取得費（譲渡価額の5％）によることとします。

(1) 居住用部分の譲渡所得の金額

　　イ　収入金額　　　　　5,600万円－4,500万円＝1,100万円

　　ロ　取得費

$$\underset{\substack{\left(\text{概算取得費}\right)\\ \left(8,000万円 \times 5\%\right)}}{400万円} \times 70\% \times \frac{5,600万円 - 4,500万円}{5,600万円} = 55万円$$

　　ハ　譲渡所得の金額　　1,100万円　－　55万円＝1,045万円Ⓐ

(2) 店舗部分の譲渡所得の金額

　　イ　収入金額　　　　　8,000万円×30％＝2,400万円

　　ロ　取得費　　　　　　400万円×30％＝　120万円

　　ハ　譲渡所得の金額　　2,400万円－120万円＝2,280万円Ⓑ

(3) 買換取得資産の取得費とされる金額

$$\left(400万円 \times 70\%\right) \times \frac{4,500万円}{5,600万円} = 225万円$$

　したがってご質問の場合は、Ⓐ＋Ⓑ＝1,045万円＋2,280万円＝3,325万円が長期譲渡所得金額となり、一方、4,500万円で取得する買換資産を将来譲

－220－

第2章　譲渡所得等の課税の特例

渡等した場合において、譲渡所得金額の計算上買換資産の取得価額とされる
金額は、(3)のとおり225万円となります。

第2章　譲渡所得等の課税の特例

第8節　特定の事業用資産の買換え及び交換の特例

譲渡資産の所有期間

> **【問2-103】** 特定の事業用資産の買換え・交換の場合の譲渡所得の課税
> の特例を適用する場合には、譲渡資産を一定の期間所有していること
> が要件となっているそうですが、どのくらい所有していればよいので
> しょうか。

**【答】事業用資産のうち、譲渡の年の1月1日における所有期間が5年以下
である土地等には、事業用資産の買換え・交換の特例を適用できないことに
なっています**（措法37⑤、措令25㉑）。

　**ただし、平成10年1月1日から平成32年3月31日までの間の譲渡に限り、
譲渡の年の1月1日における所有期間が5年以下の土地等であっても特例の
適用ができることとされています**（措法37⑫）。

　なお、租税特別措置法第37条第1項の表（特定の事業用資産の買換えの特
例が適用できる区域の一覧表）の第1号（既成市街地等の内から外への買換
え）及び第7号（国内にある所有期間10年超の資産の買換え）に規定する譲
渡資産となる建物又は土地等は、譲渡の日の属する年の1月1日において所
有期間が10年を超えるものに限られます。

　また、租税特別措置法第37条第1項の表（特定の事業用資産の買換えの特
例が適用できる区域の一覧表）の第8号（船舶の買換え）に規定する譲渡資
産となる船舶は、譲渡の日において所有期間が25年又は40年に満たないもの
に限定されています。

　(注) 1　第7号（国内にある長期保有の土地等、建物又は構築物から国内にある一
定の土地等、建物、構築物又は機械及び装置への買換え）については、買換
資産の範囲から機械及び装置が除かれた上、適用期限が平成32年3月31日ま
でとなります。

　　2　譲渡資産となる建物又は土地等の所有期間の判定、取得の日については【問
2-2】を参照してください。

－222－

第２章　譲渡所得等の課税の特例

土地区画整理事業等の施行地区内の土地等の譲渡

> **【問２-104】** 土地区画整理事業の施行により仮換地の指定を受け、当該
> 仮換地を事業の用に供していましたが、不動産業者から買入れの申出
> があったので土地区画整理事業の施行地区内にある従前の宅地を譲渡
> することになりました。
>
> 　従前の宅地は、空き地のままとなっていますが、仮換地は事業用と
> して利用しています。この場合、買換えの特例の適用を受けることは
> できるでしょうか。

**【答】仮換地を事業の用に供していることから、譲渡した従前の土地につい
ても事業用資産に該当するものとして、特定事業用資産の買換えの特例の適
用が受けられることになります。**

【解説】 特定事業用資産の買換えの特例は、その者の事業の用に供している
特定の資産を譲渡した場合に適用されますが、土地区画整理事業等の施行地
区内にある従前の土地を譲渡した場合には、次のいずれかに該当するとき
は、当該従前の土地は、現に事業の用に供していなくても租税特別措置法第
37条又は第37条の４に規定する事業の用に供している資産に該当するものと
して取り扱うことができることとされています（措通37-21の２）。

① 　従前の土地等の所有者が、仮換地又は一時利用地を当該事業の用に供
して している場合

② 　事業の用に供していた従前の土地等を、その事業の用に供さなくなっ
た日から１年以内に仮換地の指定があった場合において、事業の用に供
さなくなった日からその仮換地の指定の効力発生の日（使用収益の開始
日が定められている場合には、その日）以後１年以内に従前の土地等を
譲渡した場合

(注) 　この特例の適用がある譲渡期限を図解すると次のとおりです。

－223－

第2章 譲渡所得等の課税の特例

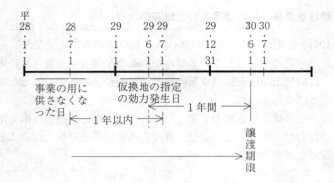

なお、買換資産として同様の土地を取得される場合も、その従前の土地に係る仮換地を事業の用に供すればよいことになります。また、譲渡資産及び買換資産について、租税特別措置法第37条第2項の面積制限（5倍等）を計算する場合には、従前の宅地の面積でなく仮換地の面積によります（措通37-21の3）。

生計を一にする親族の事業の用に供する資産の譲渡

> **【問2-105】** 私の土地に夫名義のアパート（12室）が建っていますが、この土地をアパートとともに譲渡し、新しく事業を始めるため店舗を建築することにしました。
> 　私は所得がなく、夫の扶養親族になっていますが、今回譲渡するアパートの敷地は、事業用資産に該当するものとして、特定事業用資産の買換えの特例の適用を受けることができますか。

【答】 あなたと生計を一にする親族の事業に使用されている土地はあなたの事業用資産に該当することになります。

【解説】 特定事業用資産の買換えの特例は、自己の事業の用に供している特定の資産を譲渡し、その者の事業の用に供する特定の資産を取得した場合に適用されるというのが原則です。しかし、譲渡した資産がその所有者以外の者の事業の用に供されている場合であっても、事業を営む者がその資産の所有者と生計を一にする親族であって、かつ、その事業が不動産所得、事業所得、山林所得を生ずべき事業である場合には、その譲渡した資産は所有者にとっても事業の用に供していたものとして取り扱うこととされています（措

-224-

第２章　譲渡所得等の課税の特例

通33-43、37-22)。

　なお、取得された店舗を、取得の日から１年以内に事業の用に供することが必要ですが、その事業は、あなたの事業でもご主人の事業でもかまいません。

一時的な貸付資産の譲渡（事業に準ずるものの範囲）

> **【問２-106】** A市に所有する宅地を不動産屋を通じ売りに出していましたが、なかなか買手が見つからず、遊ばせておくのも何ですから約３か月前から、買手が見つかれば立ち退くことを条件として、友人に資材置場として世間相場の賃料で貸しました。
>
> 　権利金等は一時貸しのため授受していません。
>
> 　この宅地を譲渡した場合に事業に準ずるものの用に供している資産を譲渡したことになりますか。

【答】一時的に貸し付けた資産は、事業に準ずる用に供した資産には該当しません。

【解説】 特定事業用資産の買換えの特例の対象となる譲渡資産又は買換資産は、事業の用に供するもののほか事業に準ずる一定の範囲のものの用に供するものも含まれます。ここでいう事業に準ずる一定の範囲のものとは、事業と称するに至らない不動産又は船舶の貸付けその他これに類する行為で「相当の対価を得て継続的に行われているもの」をいい、その判定は次により行われることになります（措通37-3、37-21(6)）。

(1) 相当の対価

　イ　その貸付け等の用に供している資産の減価償却費の額（その資産の取得につき租税特別措置法第37条第１項（同条第３項及び第４項において準用する場合を含みます。）の規定の適用を受けているときは、同法第37条の３第１項の規定により計算された引継ぎ取得価額を基として計算した減価償却費の額）、固定資産税その他必要経費を回収した後において、なお相当の利益が生じるような対価を得ているかどうかによります。

　ロ　その貸付け等をした際に一時金を受け、かつ、継続的に対価を得ている場合には、一時金の額と継続的に受けるべき対価の額とを総合して判定します。

－225－

第2章　譲渡所得等の課税の特列

　ハ　相当な対価で貸し付けていない場合でも、事業に関して貸し付ける次
　　のようなものは、事業の用に供したものとされます。
　　(イ)　工場、事業所等の作業員社宅、売店等
　　(ロ)　自己の商品等の下請工場、販売特約店等に対するその商品等につい
　　　て加工、販売等に必要な施設
(2)　継続的に対価を得ているかどうか
　　その貸付け等をした際にその対価を一時に受け、その後一切対価を受け
　ない場合には、継続的に対価を得ていることになりません。
(3)　継続的に貸付け等の行為を行っているかどうか
　　その貸付け等に係る契約の効力の発生した時の現況において、その貸付
　け等が相当期間継続して行われることが予定されているかどうかによりま
　す。

**譲渡者が買換資産を取得せずに死亡し、相続人が買換資産を取得して事業の
用に供した場合の特例適用**

> **【問2-107】**　私の父は、農地を譲渡した資金で農業用倉庫を建築する予
> 　定で確定申告書を提出し、特定事業用資産の買換えの特例の適用を受
> 　けているのですが、農業用倉庫を建築中に死亡してしまいました。こ
> 　のような場合にこの買換えの特例の適用を受けることができるのでし
> 　ょうか。

【答】　**お父さんの死亡前に、買換資産は具体的に確定していると認められま
すので、あなたが法定期間内に建物を完成させ、事業の用に供した場合には、
この買換えの特例の適用を受けることができます。**
【解説】　特定の事業用資産の買換えの特例は、譲渡者が買換資産を取得して
事業の用に供した場合に適用が認められるのが原則です。したがって譲渡者
が買換資産を取得しないで死亡した場合には、原則としてこの特例は認めら
れません。
　しかし、譲渡者が買換資産を取得しないで死亡した場合であっても、譲渡
者が死亡前に買換資産の取得に関する売買契約又は請負契約を締結している
など買換資産が具体的に確定しており、かつ、相続人が法定期間内にその買
換資産を取得し事業の用に供したとき（譲渡者と生計を一にしていた親族の
事業の用に供した場合も含みます。）には、死亡した譲渡者について特例の

－226－

第2章 譲渡所得等の課税の特例

適用ができることとされています（措通37-24）。

譲渡資産に土地がない場合の面積制限

> **【問2-108】** 私は、同居している母から無償で借りた土地の上に建物を建築し、貸事務所として事業の用に供していました。
>
> 　本年11月に私と母は、この土地建物を一括して譲渡し、私は、その建物部分に係る譲渡代金で事業用の土地建物を取得する予定です。
>
> 　この場合、私は、土地建物のすべてを買換資産として特定の事業用資産の買換えの場合の特例を受けることができるのでしょうか。

【答】取得する土地建物のうち建物部分のみを買換資産とすることができます。

【解説】 特定の事業用資産の買換えの場合の課税の特例では、土地等を買換資産として取得した場合、その土地の面積が譲渡資産の土地等の面積の5倍（譲渡資産が一定の要件を満たす場合には10倍）を超えるときは、その超える部分の面積に対応する部分は、買換資産に該当しないこととされています（措法37②、措令25⑯）。

　そこで、譲渡資産のうちに少しでも土地等が含まれていた場合には、この条文が適用され、買換資産の面積に制限が付されるのに対して、土地等が含まれていない場合には、制限が付されない（譲渡資産に土地等がないと、買換資産の制限面積が計算できない）のは不合理であると考えられます。

　また、譲渡資産が建物のみである場合の適用については譲渡資産である土地の面積は零であり、零に倍数を乗じても零ですから、譲渡資産に土地等が含まれていない場合には、土地等を買換資産とすることはできません。

－227－

1 個の買換資産を2年以上の買換資産として適用する場合

【問2-109】 私は、現在工場を建設中で、平成30年の末には完成し稼動できる見込みです。その建設資金として、平成29年に農地を4,000万円で売却し、平成30年3月の確定申告に際し特定の事業用資産の買換えの特例の適用を受けるものとして買換資産の明細書を提出しています。

工場の建設費の総額は、1億円となる見込みですので、平成30年6月にも農地を4,000万円で売却しました。資金繰りの状況によっては、来年も農地を売却する予定です。

このような場合に、今年譲渡した農地及び来年譲渡する農地の譲渡所得について、この工場を買換資産として特例の適用を受けることができますか。また、工場の完成が来年となった場合はどのようになりますか。

【答】あなたの場合は、工場が今年中に完成した場合には、前年分、本年分、来年分の譲渡のいずれについても、工場を買換資産として特定の事業用資産の買換えの特例の適用を受けることができます。

なお、工場の完成が来年になった場合には、原則として、前年分の譲渡については、特例の適用を受けることができません。

【解説】 特定の事業用資産の買換えの特例の適用を受けるためには、買換資産を次の図の期間内に取得する必要があります（措法37①③④、措令25⑰）。

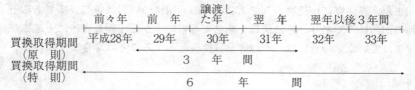

特則期間の適用は、工場等の敷地の用に供するための宅地の造成やその工場等の建設、移転に要する期間が通常1年を超えると認められる事情がある場合に限り適用されます。

買換資産の取得時を中心に、特例の適用できる譲渡の期間を図で説明しますと次のとおりとなります。

第2章 譲渡所得等の課税の特例

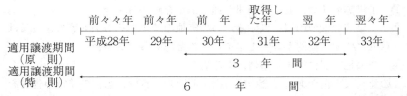

(注) 買換資産の先行取得をした場合には、買換資産を取得した年の翌年3月15日までに、先行取得資産が買換えの特例の適用を受ける資産である旨及び次に掲げる事項を記載した届出書を税務署長に提出しなければなりません（措令25⑱）。
　1　届出者の氏名及び住所
　2　取得資産の種類、規模（面積）、所在地、用途、取得年月日及び取得価額
　3　譲渡見込資産の種類
　4　その他参考となるべき事項

買換資産の取得期限の延長

> **【問2-110】** 私は、平成30年10月に工場を譲渡し、平成31年3月の確定申告に当たっては、新しい工場を買換資産として申告する予定です。工場の建設には、2年必要ですので、平成31年末までに完成させることは困難です。
> 　特別の事情がある場合には取得期限の延長ができると聞きましたが、私の場合は、延長できますか。
> 　なお、当初の期限までに完成させることができなくなったのは、建築関係法令による規制を新たに受けることになったために一部設計の変更をせざるを得なかったことが原因です。

【答】買換資産の取得が遅延することについて、やむを得ない事情があると税務署長が認めた場合、税務署長が承認した日まで取得期限が延長されます。ご質問の場合には、やむを得ない事情があると認められるものと考えられます。

【解説】 租税特別措置法第37条《特定の事業用資産の買換えの特例》の買換資産の取得期限は、原則として譲渡の日の属する年の翌年末（あなたの場合は平成31年末）となっています。
　ただし、特別な事情がある場合には、この取得期限は2年間の範囲内で延長されます（措法37④、前問参照）。
　この特別な事情とは次のとおりです（措令25⑰）。

— 229 —

第2章　譲渡所得等の課税の特例

① 工場等の建設に要する期間が通常1年を超える場合
② 工場等の敷地の用に供するための宅地の造成やその工場等の建設又は移転に要する期間が通常1年を超えると認められる場合
③ その他上記に準ずる事情がある場合

　この特別な事情がある場合の取得指定期間の延長は、当初の確定申告書を提出する際に税務署長の承認を受ける必要があります。
(注) 特定非常災害として指定された非常災害に基因するやむを得ない事情により、取得指定期間内に買換資産の取得をすることが困難となった場合は、別途定めがあります（措法37⑧）。

資産の資本的支出と事業用資産の取得の関係

> 【問2-111】　私は、近く店舗の改造をすることを予定していますが、その費用が相当な額になりますので、別の店舗を譲渡し、その譲渡代金で行うことにしています。この場合、店舗の改造費は資本的支出に当たると思いますが、この資本的支出は、事業用資産の取得として特定の事業用資産の買換えの特例の適用を受けることができますか。

【答】既に有する資産について行う「資本的支出」は買換資産の取得に該当せず、特例の適用を受けることができません。

【解説】 既に所有している資産の使用可能期間を延長させ、又は資産の価額を増加させるような支出を「資本的支出」といいます。しかしこの資本的支出は、既に有する資産について行われるものですので、「資産の取得」には該当しません。

　なお、例外として次のような資本的支出については、特例の適用を受けることができます（措通37-15、37-16）。

(1) 新たに取得した買換資産について、その資産を事業の用に供するために、取得の日から1年以内で、かつ、所定の買換資産を取得すべき期間内（【問2-109】参照）にされた改良、改造等
(2) (1) のほか、例えば、建物の増改築又は構築物の拡張若しくは延長等をする場合のように実質的に新たな資産を取得すると認められる改良、改造等
(3) 既に所有する水田、池沼の土盛り等をしたり、がけ地の切土をして宅地等の造成をした場合で、その造成費用が相当な額となり実質的に新たに土

-230-

第2章　譲渡所得等の課税の特例

地を取得したと同様と認められるもの

交換差金についての買換え

【問2-112】固定資産の交換に伴い取得する交換差金については、譲渡所得として課税されるそうですが、事業の用に供している固定資産を交換し交換差金を受け取った場合にこの交換差金で事業用の資産を取得しようと考えています。この場合、事業用資産の交換については、固定資産の交換の特例（所法58）を、交換差金で取得した事業用資産に関しては、特定事業用資産の買換えの特例（措法37）を適用し、申告しようと考えていますが、いかがでしょうか。

【答】事業用資産を交換し、所得税法第58条の固定資産の交換の特例を適用した場合には、交換差金でもって租税特別措置法第37条に規定する特定の事業用資産に該当する事業用資産を取得しても、特定の事業用資産の買換えの特例の適用は認められません（措法37の4、措令25の3、措通37の4-1）。

【解説】固定資産を交換した場合に、一定の要件に当てはまるときには、譲渡がなかったものとして課税を繰り延べる特例（第13節参照）が適用されますが、交換に伴い交換差金を取得した場合には、その額が交換した資産の価額の20％以内であるときは交換差金に相当する部分についてのみ譲渡があったものとして課税されることになります（所法58）。

　ところで、ご質問の場合には取得した交換差金の額が交換譲渡資産の価額の20％以内ですから、所得税法の交換の特例が適用できることになり、交換差金に相当する部分についてのみ譲渡があったものとして課税されます。

　この場合、交換差金で事業用資産を取得すれば特定の事業用資産の買換えの特例の適用が認められるかどうかですが、特定の事業用資産の買換えの特例の適用を受けることのできる譲渡には、上記の所得税法第58条の特例の適用を受ける交換や収用交換等による譲渡及び贈与、交換、現物出資、代物弁済等による譲渡は除外されています。

第2章　譲渡所得等の課税の特例

特定の事業用資産の買換えの特例による譲渡所得の計算

【問2-113】特定の事業用資産の買換えの特例を適用した場合の譲渡所
　得の計算方法について、説明してください。

【答】特定の事業用資産の買換えの特例を適用した場合、譲渡資産の譲渡収
入金額のうち、次の部分について譲渡があったものとして、譲渡所得の計算
を行います（措法37①、措令25④⑤）。

イ　譲渡資産の譲渡収入金額≦買換資産の取得価額の場合……譲渡資産の譲
　渡収入金額の20％相当額の譲渡があったものとする。

ロ　譲渡資産の譲渡収入金額＞買換資産の取得価額の場合……（買換資産の
　取得価額×20％）＋（譲渡資産の譲渡収入金額－買換資産の取得価額）＝
　譲渡があったものとみなす部分

　なお、以上を図で示すと次ページのようになります。また、そのあとに「譲
渡所得の内訳書（確定申告書付表兼計算明細書）」を掲載しています。

(注)　第7号に規定する一定の資産については、上記算式中「20％」とあるのは「25
　％」又は「30％」が適用されます（措法37⑩）。

－232－

第2章 譲渡所得等の課税の特例

譲渡代金≦買換資産の取得価額の場合（万円）

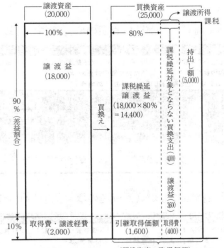

譲渡代金＞買換資産の取得価額の場合（万円）

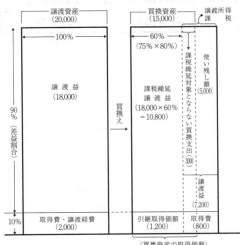

第2章　譲渡所得等の課税の特例

●譲渡所得の内訳書（確定申告書付表兼計算明細書）【土地・建物用】

4　面

1　譲渡資産の譲渡価額（①）が買換資産の取得価額（④）以下の場合

6　譲渡所得金額の計算をします。

　「2面」・「3面」で計算した「①譲渡価額」、「②取得費」、「③譲渡費用」と上記「5」で計算した「④買換（代替）資産・交換取得資産の取得価額の合計額」により、譲渡所得金額の計算をします。

（2）特定の事業用資産の買換え（交換）（措法37・37の4）の場合

区　分	特例適用	J　収　入　金　額	K　必　要　経　費	L　譲渡所得金額
① ≦ ④	条　文	① × 20%	（② + ③）× 20%	（ J － K ）
① > ④		（① － ④）+ ④ × 20%	（② + ③）× $\frac{J}{①}$	
短　期　長　期	措法 37 条の＿	40,000,000　円	4,000,000　円	36,000,000　円

2　譲渡資産の譲渡価額（①）が買換資産の取得価額（④）を超える場合

6　譲渡所得金額の計算をします。

　「2面」・「3面」で計算した「①譲渡価額」、「②取得費」、「③譲渡費用」と上記「5」で計算した「④買換（代替）資産・交換取得資産の取得価額の合計額」により、譲渡所得金額の計算をします。

（2）特定の事業用資産の買換え（交換）（措法37・37の4）の場合

区　分	特例適用	J　収　入　金　額	K　必　要　経　費	L　譲渡所得金額
① ≦ ④	条　文	① × 20%	（② + ③）× 20%	（ J － K ）
① > ④		（① － ④）+ ④ × 20%	（② + ③）× $\frac{J}{①}$	
短　期　長　期	措法 37 条の＿	80,000,000　円	8,000,000　円	72,000,000　円

－234－

第2章　譲渡所得等の課税の特例

第9節　既成市街地等内にある土地等の中高層耐火建築物等の建設のための買換え及び交換の特例

既成市街地等内にある土地等の中高層耐火建築物等の建設のための買換え

【問2-114】　私は大阪市内に工場跡地を持っていますが、建設業者から再開発事業として建築するマンションの建設用地として譲渡してほしいとの申込みを受けて平成30年6月20日に売却しました。
　　聞くところによると、マンションへの買換えの特例が適用できるそうですが、どのような特例でしょうか。

【答】個人が、特定民間再開発事業施行地区内にある土地等（借地権及び建物等を含みます。）若しくは既成市街地等内にある土地等（借地権及び建物等を含みます。）を譲渡し、一定期間内に、その譲渡した土地等の上に特定民間再開発等の事業として建築された地上階数4若しくは3以上の中高層耐火建築物若しくは耐火共同住宅の全部又は一部を取得し、その取得の日から1年以内に事業の用又は居住の用に供した場合には課税の繰延べをすることができます（措法37の5、措令25の4、措規18の6）。

　この特例の適用要件は次のとおりです。

(1) 特定民間再開発事業の施行地区内における中高層耐火建築物への買換え

イ　譲渡資産の範囲

　次の①～⑧に掲げる区域又は地区内において施行される特定民間再開発事業の施行地区内にある土地等、建物又は構築物（個人の事業の用に供しているものを除きます。）

　　① 三大都市圏の既成市街地等（首都圏整備法施行令別表、近畿圏整備法施行令別表及び首都圏、近畿圏及び中部圏の近郊整備地帯等の整備のための国の財政上の特別措置に関する法律施行令別表に規定される区域をいいます。）

　　⑩ 都市計画法第4条第1項に規定する都市計画に都市再開発法第2条の3第1項第2号に掲げる地区として定められた地区

　　⑧ 次のi～iiに掲げる地区若しくは区域で都市計画法第4条第1項に規定する都市計画に定められたもの、中心市街地の活性化に関する法律第16条第1項に規定する認定市街地の区域、都市再生特別措置法第2条第3項に規定する都市再生緊急整備地域又は同法第99条に規定する認定誘

－235－

第2章　譲渡所得等の課税の特例

　　導事業計画の区域又は都市の低炭素化の促進に関する法律第12条に規定
　　する認定集約都市開発事業計画の区域（当該認定集約都市開発事業計画
　　に一定の事項が定められているものに限ります。）
　　ⅰ　都市計画法第8条第1項第3号に掲げる高度利用地区
　　ⅱ　都市計画法第12条の4第1項第2号に掲げる防災街区整備地区計画
　　　の区域及び同項第4号に掲げる沿道地区計画の区域のうち一定の要件
　　　に該当するもの
　ロ　取得資産の範囲
　　㋑　特定民間再開発事業の施行により、譲渡した土地又は建物若しくは構
　　　築物の敷地の用に供されていた土地等の上に建築された地上階数4以上
　　　の中高層の耐火建築物（敷地の用に供されている土地等を含みます。）
　　　の全部又は一部で、かつ、その取得の日から1年以内に居住の用（親族
　　　の居住を含みます。）に供する、又は供する見込みのものであること。
　　㋺　イの㋺、㋩の地区又は区域内にある土地等又は建物等を特定民間再開
　　　発事業の用に供するために譲渡して、その事業の施行される地区と同一
　　　の地区内において行われる他の特定民間再開発事業又は市街地再開発事
　　　業等の施行によりその地区内に建築された地上階数4以上の中高層の耐
　　　火建築物で建築後使用されたことのないもの（その敷地の用に供されて
　　　いる土地等を含みます。）又はその建築物に係る構築物の全部又は一部
　　　で、かつ、その取得の日から1年以内に居住の用（親族の居住を含みま
　　　す。）に供する、又は供する見込みのものであること。
　ハ　特例の対象となる特定民間再開発事業（措令25の4、措規18の6）
　　民間が行う再開発事業のうち地上階数4以上の中高層耐火建築物の建築を
　目的とする事業で、その事業が前記イの区域又は地区内において施行される
　ものであること及び次に掲げる要件のすべてを満たすものであることにつ
　き、その中高層の耐火建築物の建築主の申請に基づき都道府県知事が認定し
　たものであること。
　　㋑　事業の施行地区の面積が1,000㎡以上であること。
　　㋺　事業の施行地区内において都市施設（道路、駐車場、公園など）若し
　　　くは一定の施設の用に供される土地又は建築基準法施行令第136条第1
　　　項に規定する空地が確保されていること。
　　㋩　事業の施行地区の土地につき所有権者又は借地権者の数が2以上であ
　　　り、かつ、当該中高層の耐火建築物の建築後における当該施行地区内の

－236－

第2章　譲渡所得等の課税の特例

　　土地に係る所有権又は借地権がこれらの者又はこれらの者及び当該建築
　　物と所有することとなる者の2以上の者により共有されるものであるこ
　　と。

ニ　取得資産の取得時期（措法37の5②、措法37④、措令25⑰）

　原則として、譲渡した年中に取得した場合に適用がありますが、その譲渡
した年の翌年中に取得する見込みである場合にも適用があります（建設等に
要する期間が通常1年を超えると認められる等の事情がある場合には譲渡し
た年の翌年以後3年以内に取得する見込みである場合でも適用があります
が、この場合は、税務署長の承認を受ける必要があります。）。

(注)　特定非常災害として指定された非常災害に基因するやむを得ない事情により、
　　　取得指定期間内に買換資産の取得をすることが困難となった場合は、別途定めが
　　　あります（措法37の5②、措法37⑧）。

ホ　譲渡・取得の範囲

　譲渡資産の譲渡には、一般的な任意の売買による譲渡のほか、借地権や地
役権の設定等による対価が譲渡所得とされる場合のその設定の行為（いわゆ
る譲渡所得の基因となる不動産の貸付け）が含まれますが、贈与、出資及び
交換による譲渡は除外されます。また、取得資産の取得には、取得資産の建
設を含みますが、贈与、交換又は所有権移転外リース取引により取得される
ものは除外されます。

　なお、交換の場合については、別途に規定されていますので【問2-115】を
ご覧ください。

ヘ　他の特例との選択適用

　この土地等の譲渡について、①収用交換等の場合の課税の特例（措法33か
ら措法33の4）、②特定土地区画整理事業等のために土地等を譲渡した場合
の譲渡所得の特別控除の特例（措法34）、③特定住宅地造成事業等のために
土地等を譲渡した場合の譲渡所得の特別控除の特例（措法34の2）、④農地
保有合理化等のために土地等を譲渡した場合の譲渡所得の特別控除の特例
（措法34の3）、⑤居住用財産を譲渡した場合の特別控除の特例（措法35）、
⑥特定の土地等の長期譲渡所得の特別控除（措法35の2）、⑦特定の居住用
財産の買換えの場合の長期譲渡所得の課税の特例（措法36の2）、⑧特定の
事業用資産の買換えの場合の譲渡所得の課税の特例（措法37）の規定の適用
を受ける場合には、この特例は適用できません。

－237－

(2) 既成市街地等における耐火共同住宅への買換え

イ　譲渡資産の範囲

　次の㋑及び㋺に掲げる区域内にある土地等、建物又は構築物（用途は問いません。）

　　㋑　三大都市圏の既成市街地等（首都圏整備法施行令別表、近畿圏整備法施行令別表及び首都圏、近畿圏及び中部圏の近郊整備地帯等の整備のための国の財政上の特別措置に関する法律施行令別表に規定される区域をいいます。）

　　㋺　首都圏整備法第2条第4項に規定する近郊整備地帯、近畿圏整備法第2条第4項に規定する近郊整備区域又は中部圏開発整備法第2条第3項に規定する都市整備区域のうち、既成市街地等に準ずる区域として定められた一定の区域（昭和58.3.31国土庁・建設省告示第1号、平4.3.31改正）

　　㋩　中心市街地の活性化に関する法律第12条第1項に規定する認定基本計画に基づいて行われる同法第7条第6項に規定する中心市街地共同住宅供給事業（同条第4項に規定する都市福利施設の整備を行う事業と一体的に行われるものに限る。）の区域。

ロ　取得資産の範囲

　イの㋑及び㋺の事業の施行によりその土地等の上に建築された地上階数3以上の耐火共同住宅（その敷地を含みます。）又はその耐火共同住宅に係る構築物

ハ　取得資産の取得時期等

　取得資産の取得時期、譲渡・取得の範囲及び他の特例との選択適用については、特定民間再開発事業の施行地区内における中高層耐火建築物への買換えと同様です（(1)ニ～ヘ参照）。

(3) 譲渡所得金額の計算方法等

　譲渡資産の収入金額が取得資産の取得価額以下である場合には、その土地等の譲渡はなかったものとされ、譲渡資産の収入金額が取得資産の取得価額を超える場合には、その超える部分に相当する土地の譲渡があったものとして課税されます。

　以上のほか、次のような取扱いがあります。

①　買換資産について特別償却の不適用

②　取得価額の引継ぎ（取得時期は引き継がれません。）

③　事業の用又は居住の用に供さなくなった場合の修正申告の義務

第２章　譲渡所得等の課税の特例

既成市街地等内にある土地と中高層耐火建築物の交換

【問２-115】 私は既成市街地等内に空き地200㎡を所有していますが、今回建設業者による「特定民間再開発事業」が施行され、私の所有地を含めた5,000㎡の土地に地上階数６階のマンションが建設されます。

　私は、所有地と建設されるマンションの一部とを等価で交換し、居住の用に供したいと思っていますが、既成市街地等内にある土地と中高層耐火建築物とを交換した場合には、既成市街地等内にある土地等の中高層耐火建築物等の建設のための買換え及び交換の特例の適用を受けることができますか。

　なお、私の所有地は租税特別措置法第37条の５第１項の表の第１号の上欄に規定する資産に該当し、建築されるマンションは同号の下欄に規定する資産に該当します。

【答】 特例の適用を受けることができます。

【解説】 租税特別措置法第37条の５《既成市街地等内にある土地等の中高層耐火建築物等の建設のための買換え及び交換の特例》は「交換」の場合も適用があります（措法37の５④）。

　前問で説明しました「譲渡資産」に該当する資産と「取得資産」に該当する資産とを交換した場合（交換差金を取得し又は支払った場合を含みます。）又は、「譲渡資産」に該当する資産と「取得資産」に該当しない資産との交換をし、かつ、交換差金を取得した場合（以下「他資産との交換」といいます。）には、

① 交換譲渡資産（他資産との交換にあっては、交換差金に対応する部分に限ります。）は、その交換の日において、その交換の日におけるその資産の価額に相当する金額で譲渡があったものとし、

② 交換取得資産は、その交換の日において、その日におけるその資産の価額に相当する金額で取得があったものとして、

この特例が適用されます。

　この場合において、上記①により譲渡があったものとみなされる他資産との交換の場合の交換差金に対応する部分は、交換に係る譲渡資産のうち、次の算式により計算した金額に相当する部分とされています。

－239－

第２章　譲渡所得等の課税の特例

$$
交換に係る譲渡資産の価額 \times \frac{交換差金}{交換差金の額 + \begin{array}{l}交換により取得した\\他資産の価額\end{array}}
$$

　なお、この交換による場合の買換特例は、所得税法の固定資産の交換の特例又は特定の事業用資産の交換の特例の適用を受ける交換については適用しないこととされています。

既成市街地等内にある土地にマンションを建築し分譲した場合

> 【問２-116】A市の既成都市区域内に15年前より所有している土地があります。
>
> 　この土地に、租税特別措置法第37条の５第１項第２号の規定に該当するマンションを建築し、約４分の３を分譲し建築費に充てたいと考えています。なお、分譲に際しては、土地についてもマンションの床面積の割合に応じた持分で売却します。
>
> 　私はサラリーマンですので建物部分の売却益は雑所得となるとしても、敷地の売却金額に相当する部分は譲渡所得の収入金額となると考えます。この譲渡について、建築したマンションのうち分譲しない４分の１部分を買換資産として、「既成市街地等内にある土地等の中高層耐火建築物等の建設のための買換え又は交換の特例」の適用を受けることができますか。

【答】**マンションを建築した年に譲渡した場合には特例の適用を受けることができ、その年の翌年以降に譲渡した場合には特例の適用を受けることができません。**

【解説】租税特別措置法第37条の５《既成市街地等内にある土地等の中高層耐火建築物等の建設のための買換え及び交換の特例》は、その土地等を譲渡し、その譲渡した土地等の上に建設された建物（一定の要件に該当する建物）の一部又は全部を一定の期間内に取得した場合に適用があります。すなわち、土地等の譲渡が建物の取得より先に行われるのが原則です。

　しかし、買換資産の取得が土地等の譲渡より先行する場合でも、譲渡した年の１月１日以後に取得したものであるときは買換資産とすることができます（措通37の５-４）。

　なお、売却するマンションとその敷地の持分についての収入金額のうち、

－240－

第2章　譲渡所得等の課税の特例

買換えの特例の対象となるのは譲渡所得の収入金額に相当する部分に限られ
ます（譲渡所得以外の所得に係る収入金額は対象となりません。）が、その
算定は、マンション建築の着手直前におけるその土地の価額を基として行
い、着手後における値上がり益部分は、あなたの場合は雑所得の収入金額に
なると考えられます（措通37の5-4の2）。

既成市街地等内にある土地等の中高層耐火建築物の交換

【問2-117】　A市の既成都市区域内に空き地（時価2億円）を所有して
いますが、建設会社の申込みにより共同で全戸が居住用部分であるマ
ンションを建築することになりました。建築資金6億円は全額建設会
社が負担し、完成後にその建物の約4分の1を私が取得し土地は建設
会社と建物の床面積に応じた持分で共有にすることとなります。
　　この場合、「既成市街地等内にある土地等の中高層耐火建築物等の
建設のための買換え又は交換の場合の課税の特例」の適用を受けられ
ますか。

【答】土地の持分4分の3を1億5,000万円（2億円×$\frac{3}{4}$）で譲渡し、建物の
4分の1を1億5,000万円（6億円×$\frac{1}{4}$）で取得したものとして、特例の適
用を受けることができます（措法37の5①二、措法37の5④）。

【解説】【問2-115】で説明しましたように、租税特別措置法第37条の5の特
例は、「交換」の場合も適用があります。

　なお、建築されるマンションについての要件、取得後の利用区分、交換差
金があった場合の交換取得建物についての特別償却の不適用、取得価額の引
継ぎ、事業の用又は居住の用に供さなくなった場合の修正申告の義務等につ
いての取扱いは【問2-114】で説明したとおりです。

－241－

第2章　譲渡所得等の課税の特例

借地権の設定と中高層耐火建築物の取得

> **【問2-118】** 私はＡ市の既成都市区域内に時価2億円の土地を所有しています。
>
> 　この土地に賃貸マンションを建築する予定で建設会社と交渉したところ、建設会社より次のような提案がありました。
>
> ①　建築費の総額6億円の内、会社が4億5,000万円、私が1億5,000万円負担し、完成後の延床面積の4分の3を会社が取得し、私が4分の1を取得する。
>
> ②　会社の区分所有する建物の敷地については、会社は借地権を有することとし、その設定の対価は1億円とする。
>
> ③　完成後より会社は地代として月額20万円を支払う。
>
> 　このような土地を賃貸する場合でも租税特別措置法第37条の5「既成市街地等内にある土地等の中高層耐火建築物等の建設のための買換え又は交換の特例」の適用を受けることができますか。

【答】 借地権の設定の対価が土地の価額の2分の1を超えますので、**資産の譲渡とみなされ、「既成市街地等内にある土地等の中高層耐火建築物等の建設のための買換え又は交換の特例」の適用を受けることができます。**

【解説】「既成市街地等内にある土地等の中高層耐火建築物等の建設のための買換え又は交換の特例」の対象となる譲渡には、借地権の設定などの譲渡所得に該当する不動産の貸付けを含むとされています（譲渡所得として取り扱われる借地権の設定についての詳細は、【問1-29】から【問1-32】をご覧ください。）。

　あなたの場合は、建物の一部を所有する借地権の設定となりますが、次ページの図のように、借地権の設定の対象となる土地の価額が1億5,000万円（2億円（土地の価額）×$\frac{3}{4}$（床面積の比率））、借地権の設定の対価の金額が1億円であり、借地権の設定の対価が土地の価額の2分の1を超えます。

第2章　譲渡所得等の課税の特例

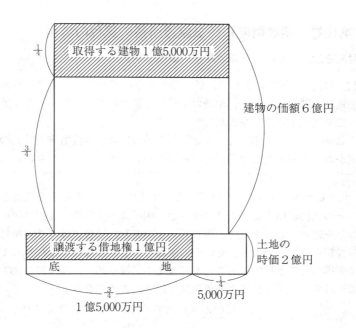

第2章 譲渡所得等の課税の特例

第10節　相続財産に係る譲渡所得の課税の特例

相続財産を譲渡した場合の譲渡所得の課税の特例

【問2-119】私達兄弟3人は、平成30年1月に父が死亡し、いくらかの
土地を相続しましたが、相談の結果、相続税の納付のためその土地の
一部を譲渡することを計画しています。
　　私達のように、相続財産を譲渡した場合には、譲渡所得の課税の特
例があると聞きましたが、その内容について説明してください。

【答】相続又は遺贈（以下「相続等」といいます。）により財産を取得した個
人が、その相続開始のあった日の翌日から相続税の申告書の提出期限の翌日
以降3年を経過する日までに、相続財産を譲渡した場合には、その納付すべ
き相続税額のうち一定の金額を、その譲渡した資産の取得費に加算して、そ
の譲渡所得の計算上控除することができます（措法39①、措令25の16①）。
　この取得費に加算される相続税額は、以下のようになります。

$$確定相続税額 \times \frac{譲渡資産の課税価格の計算の基礎に算入された価額}{譲渡者の相続税の課税価格}$$

※　平成26年12月31日以前に開始した相続又は遺贈により取得した土地等を譲渡した
　場合は、この計算式の「譲渡資産の課税価格の計算の基礎に算入された価額」を
　「相続等により取得した土地等の課税価格の計算の基礎に算入された価額の合計
　額」とすることとされていました。

(1) 譲渡資産が土地等の場合

$$確定相続税額 \times \frac{相続等により取得した土地等の課税価格の計算の基礎に算入された価額の合計額}{譲　渡　者　の　相　続　税　の　課　税　価　格}$$

(2) 譲渡資産が土地等以外の資産である場合

$$確定相続税額 \times \frac{譲渡資産の課税価格の計算の基礎に算入された価額}{譲渡者の相続税の課税価格}$$

　この計算式の「確定相続税額」及び「相続税の課税価格」とは次のものを
いいます。

【確定相続税額】譲渡の日の属する年分の所得税の納税義務の成立する時（原
則としてその年の12月31日、ただしその日が相続税の申告期限の前であると
きは、その申告期限）において、確定している相続税額をいいます。また、

-244-

第２章　譲渡所得等の課税の特例

相続開始前３年以内に被相続人からの贈与があった場合には控除される贈与税の額がないものとして計算した相続税額とされ、国税通則法に規定する附帯税に相当する金額は除かれます。

【相続税の課税価格】 相続税の計算上、控除する債務及び葬式費用がある場合には、その金額がなかったものとして相続税の課税価格を計算し、また、相続開始前３年以内に被相続人から贈与を受けた財産がある場合には、その財産の価額を加算した金額が相続税の課税価格となります。

　なお、被相続人の居住用財産の譲渡について、措法39条（相続財産に係る譲渡所得の課税の特例）の規定の適用を受ける場合には、被相続人の居住用財産の譲渡所得の特例（措法35③）の規定の適用はできません。

　ただし、譲渡した被相続人の居住用財産が居住用部分と非居住用部分から成る被相続人居住用家屋又は被相続人居住用家屋の敷地等である場合において、非居住用部分の譲渡についてのみ措法39条の規定の適用を受けるときは、居住用部分の譲渡については、非居住用部分につき措法39条の規定の適用を受ける場合であっても、居住用部分の譲渡が措法35条３項の規定による要件を満たすものである限り、措法35条３項の適用があります（措通35-8）。

代償金を支払って取得した相続財産を譲渡した場合の相続税の取得費加算

【問２-120】 私は、平成30年１月に父が死亡し、相続により財産を取得しましたが、相続税を納付するために、今年（平成30年）４月に相続財産である乙土地を譲渡することにしました。

　なお、私は遺産分割に当たり、相続人の一人である弟に代償金を支払ってますが、相続財産を譲渡した場合の取得費加算額の計算上、何か影響があるのでしょうか。

相続財産（評価額）甲地　　３億円　　　その他財産　　３億円

　　　　　　　　　乙地　　２億円

支払代償金　　　　　　　２億円

相続税額　　　　　10,000万円

【答】 乙地の譲渡所得の計算上、取得費に加算される相続税額は2,500万円となります。

第2章　譲渡所得等の課税の特例

$$
\text{取得費に加算される相続税額} = 10,000万円 \times \dfrac{2億円 - 2億円 \times \dfrac{2億円}{6億円 + 2億円}}{6億円} = 2,500万円
$$

【解説】遺産相続に当たり、代償分割が行われた場合の租税特別措置法第39条の規定による譲渡資産の取得費に加算する相続税額については、平成27年1月1日以後の相続開始の場合、次のとおり計算することになります（措通39-7）。

$$
\text{確定相続税額} \times \dfrac{\text{譲渡資産の相続税評価額B} - \text{支払代償金C} \times \dfrac{B}{A+C}}{\text{資産を譲渡した者の相続税の課税価格（債務控除前）A}}
$$

代償分割とは、共同相続人又は包括受贈者の1人又は数人が相続又は包括遺贈により取得した財産の現物を取得し、その現物を取得した者が他の共同相続人又は包括受贈者に対して債務を負担する分割をいいます。

ところで遺産分割が代償分割の方法で行われた場合に、代償分割により債務を負担した者に係る相続税は、相続等により取得した財産から代償債務の金額を控除した価額で相続税の課税価格を計算することから、取得費に加算する相続税相当額の計算に当たっては、何らの調整もしない場合は、取得費に加算する相続税相当額がその者の相続税額を上回るという不合理な実態が生じる可能性があります。このため、相続税における代償分割が行われた場合の取扱いについて、このように定められています。

－246－

第２章　譲渡所得等の課税の特例

特例の対象となる相続税（相次相続控除等がある場合）

【問２-121】私の祖父は、平成30年１月に死亡し、父がその財産を相続
しました。ところが、引き続いて平成30年の６月に父が死亡したため
私が父の財産を相続することになりました。
　　相続税額は計算してみますと、第１次相続（父の相続）の相続税は
500万円、第２次相続（私の相続）の相続税は相次相続控除により零
となります。
　　私は学生ですので、私が承継した父の納めるべき相続税額500万円
の納付に当たっては祖父の代からの相続財産を売却しなければなりま
せんが、この場合、譲渡所得の計算上、取得費に加算することができ
るでしょうか。

【答】第１次相続の相続税の申告書の提出期限の翌日以降３年を経過する日
までに売却した場合は、取得費に加算することができます。
【解説】ご質問の場合のように祖父、父が続いて死亡し２回相続があったと
きに、祖父の代からの相続財産を譲渡しても、第２次相続の相続税が零であ
るため譲渡所得の計算上取得費に加算すべきものがないことになりますが、
その子が本来父の納付すべき相続税額を承継していることを考えると実情に
そぐわないこととなります（措通39-11）。
　　したがって、相続財産を譲渡した場合において、その譲渡所得の計算上、
相続により取得した譲渡資産の取得費に加算して控除される相続税額は、そ
の相続税の計算について贈与税額控除及び相次相続控除の適用がある場合に
は、次により計算した相続税額を基礎として計算されます（措通39-４）。
(1) 贈与税額控除があり納付すべき相続税額がある場合
　　控除された贈与税額を加算した金額
(2) 贈与税額控除があり納付すべき相続税額がない場合
　　贈与税額控除（譲渡した者の）がないものとして計算した場合に算出さ
れる相続税額
(3) 相次相続控除がある場合
　　その控除される金額を加算した金額

－247－

第2章　譲渡所得等の課税の特例

特例の対象となる財産の範囲

【問2-122】 相続税の課税対象となった資産を譲渡し、その代金で代わりの資産を取得して、特定事業用資産の買換えの特例の適用を受けました。

　この度、その代わりの資産を譲渡しようと思いますが、この場合でも「相続財産に係る譲渡所得の課税の特例」の適用を受けることができますか。

【答】 **譲渡資産は、相続税の課税価格の計算に算入された資産ではないので特例の適用を受けることはできません。**

【解説】 「相続財産に係る譲渡所得の課税の特例」は、相続税の課税価格（相続開始前3年以内の贈与財産で相続税の課税価格に加算されたものを含みます。）の計算の基礎に算入された資産そのものを譲渡した場合にのみ、適用があります（措法39①）。

　ただし、相続税の課税価格の計算に算入された資産で、措法33の3（換地処分等に伴い資産を取得した場合の課税の特例）の適用を受けた場合に、その資産に係る換地処分（措法33の3①）又は権利変換（同法②、④、⑥）により取得した資産は、特例適用対象資産とされています（措法39⑦）。

－248－

第2章 譲渡所得等の課税の特例

第11節 土地等の先行取得をした場合の譲渡所得の課税の特例

平成21年及び平成22年に土地等の先行取得をした場合の譲渡所得の課税の特例

> 【問2-123】平成21年及び平成22年に土地等の先行取得をした場合の譲渡所得の課税の特例について教えてください。

【答】不動産所得、事業所得等の業務を行う者で、平成21年1月1日から平成22年12月31日までの間に取得した国内にある土地等（以下「先行取得土地等」といいます。）がある場合において、その取得をした日の属する12月31日後10年以内にその者の所有する他の事業用土地等の譲渡をしたときは、その事業用土地等に係る譲渡益からその譲渡益の8割(注)1に相当する金額（以下「繰延利益金額(注)2」といいます。）を控除した金額に相当する金額を事業用土地等の譲渡による譲渡所得の金額とすることができます（措法37の9①）。

この特例の適用を受けた場合には、先行取得土地等の取得価額は、適用を受けた年の取得価額から繰延利益金額を控除した残額となります（措法37の9⑤）。

(注)1　一定の先行取得土地等が平成22年中に取得したもののみである場合の繰延利益金額は、事業用土地等に係る譲渡益の6割に相当する金額になります。

2　繰延利益金額である譲渡益の8割（6割）に相当する金額が、その譲渡をした日の属する年の一定の先行取得土地等の取得価額の合計額を超える場合は、その取得価額の合計額に相当する金額が限度となります。

(参考)

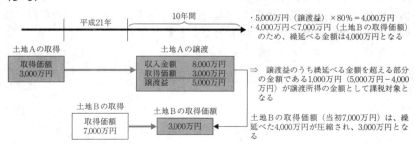

― 249 ―

第2章　譲渡所得等の課税の特例

先行取得土地等が複数ある場合の繰延利益金額の圧縮順序

【問2-124】　私は不動産業を営んでおり、平成21年5月と10月に取得し
た土地があります。先行取得土地等を取得した日の属する年の12月31
日後10年以内に他の事業用土地等を譲渡したときは、その土地の譲渡
益からその譲渡益の80％に相当する金額（以下「繰延利益金額」とい
います。）を繰り延べることができると聞きましたが、私のように平
成21年に複数の先行取得土地等を取得している場合には、この繰延利
益金額をどの先行取得土地等の取得価額から控除することになるので
しょうか。

**【答】　平成21年又は平成22年の同一年分に取得した先行取得土地等が複数あ
る場合には、いずれの先行取得土地等の取得価額から繰延利益金額を控除し
てもかまいません。**

【解説】　ご質問のように、平成21年又は平成22年の同一年分に取得した先行
取得土地等が複数ある場合には、いずれの先行取得土地等の取得価額から繰
延利益金額を控除するかは、自由に選択することができます。

　ただし、平成21年と平成22年に取得した先行取得土地等が複数ある場合に
は、まず、平成21年に取得した先行取得土地等の取得価額から繰延利益金額
を控除することになります。

　また、事業用土地等を譲渡した年に、平成21年に取得した先行取得土地等
から繰延利益金額を控除することができる場合には、譲渡益の80％相当額を
繰延利益金額（一定の先行取得土地等の取得価額が限度となります。）とす
ることができますが、事業用土地等を譲渡した年に、繰延利益金額を控除す
ることができる先行取得土地等が平成22年に取得した先行取得土地等のみで
ある場合には、繰延利益金額は、譲渡益の60％相当額（一定の先行取得土地
等の取得価額が限度となります。）となります。

第２章　譲渡所得等の課税の特例

第12節　国等に対して財産を寄附した場合の特例

学校法人を設立するために資産を贈与した場合

【問２-125】　私は、10数年前より個人で私立の幼稚園を経営しておりますが、この度、この幼稚園を学校法人化することになり、私所有の園舎とその敷地を法人設立のために寄附することになりました。法人に対する贈与については、時価で譲渡したとみなされて所得税（譲渡所得）が課税されるとのことですが本当でしょうか。

【答】法人に対して資産を贈与したときは、原則として、贈与したときの時価で譲渡したものとみなされ譲渡所得が課税されます（所法59）。ただし、公益社団法人、公益財団法人、特定一般法人その他公益を目的とする事業を営む法人（学校法人、社会福祉法人、更生保護法人、宗教法人等）に対する財産の贈与又は遺贈（法人を設立するためにする財産の提供を含みます。）で、これらの贈与又は遺贈が教育又は科学の振興、文化の向上、社会福祉への貢献その他公益の増進に著しく寄与する場合において、国税庁長官の承認を受けたときは、所得税は非課税とされます（措法40）。

【解説】所得税が非課税とされる国税庁長官の承認を受けるための要件としては、贈与等した資産が贈与等があった日以後２年以内に贈与等を受けた法人の公益を目的とする事業の用に供されるとともに、法人に対して財産の贈与等をすることにより、贈与者及び贈与者の親族その他これらの者と特別の関係がある者の相続税若しくは贈与税等の負担を不当に減少させる結果とならないことが必要です。

　また、国税庁長官の承認は、寄附者からの申請により行うこととされており、その申請書は寄附後４月以内に寄附者の住所地を所轄する税務署長を経由して、国税庁長官に提出しなければなりません（寄附後４月以内に、法人に対する贈与があった日の属する年分の所得税の確定申告書の提出期限が到来する場合には、その確定申告書の提出期限までとなります。）。あなたのように、寄附によって公益法人を設立する場合も同様で、その公益法人（学校法人）の設立日以後４月以内に申請書を提出する必要があります。

(注)　贈与者及び贈与者の親族その他これらの者と特別の関係がある者の相続税若しくは贈与税等の負担を不当に減少させるかどうかは、次により判定されます。

　　①　その運営組織が適正であるとともに、その寄附行為、定款又は規則において、役員等に占める贈与者等の親族関係者に対する制限規定、解散に伴う残余財産

－251－

第2章　譲渡所得等の課税の特例

　　の帰属など一定の要件を定めていること
　②　贈与者、公益法人の役員等又はこれらの親族等に対し施設の利用、金銭の貸
　　付け、資産の譲渡、給与の支給、役員の選任その他財産の運用及び事業の運営
　　に関して特別の利益を与えないこと
　③　その法人につき公益に反する事実がないこと

公益法人に対して自己の絵画を寄附した場合

【問2-126】　私は画家ですが、この度、友人が役員を勤める公益法人で
　ある美術館から私が描いた絵を譲って欲しいといわれました。自分の
　描いた絵ですし、親友からの頼みということもあって寄附することに
　しました。
　　公益法人に財産を寄附した場合には、みなし譲渡所得が非課税とな
　る特例があると聞きましたが、私の場合、この特例を受けることがで
　きるでしょうか。

【答】　あなたは寄附した時における絵画の棚卸資産としての価額を事業所得
の総収入金額に算入することとなりますので、みなし譲渡所得を非課税とす
る特例（措法40）の適用を受けることはできません。

【解説】　法人に対して資産を贈与したときは、原則として、贈与したときの
時価で譲渡したものとみなされ譲渡所得が課税されます（所法59）が、公益
法人等に対して資産を贈与し、国税庁長官の承認を受けたときは譲渡所得が
課税されません（措法40①後段）。

　しかし、お尋ねの場合、あなたは画家で生計を立てていますので、あなた
が描いた絵は事業所得の基因となる棚卸資産にあたります。棚卸資産を一定
の者に贈与した場合には、その年分の事業所得の金額の計算上、その贈与が
あった時における棚卸資産価額を総収入金額に算入することになります（所
法40①、所令87）。

　したがって、みなし譲渡所得を非課税とする特例（措法40）の適用を受け
ることができません。

-252-

第2章　譲渡所得等の課税の特例

公益法人への遺贈があった日について

【問2-127】私の父は平成30年4月1日に亡くなりました。亡くなった
後、しばらくして遺言状が見つかり、その遺言状にはA宅地を社会福
祉法人Gに寄附して欲しいと記載されていました。生前父はボランテ
ィア活動等をしており社会福祉に大変関心がありましたので、父の意
思を尊重しようと思い、同年7月10日に寄附を行い、同年9月5日理
事会で正式に受理されました。
　この寄附について、みなし譲渡所得の非課税の特例を受けようと思
っていますが、承認申請書の提出期限はいつになりますか。

**【答】みなし譲渡所得の非課税の特例（措法40条）の承認申請書の提出期限
は、贈与又は遺贈のあった日から4か月以内となりますので、お尋ねの場合
の提出期限は、平成30年8月1日になります。**

【解説】遺言の効力は、遺言者の死亡の時から生じることになりますので
（民法985）、遺言のあった日とは、遺言者の死亡の日となります。
　なお、公益法人等に対して贈与をした場合には、その法人の理事会等権限
のある機関においてその受入れの決議をした日（設例でいうと、平成30年9
月5日になります。）が贈与のあった日となります。

自治会への寄附（地方自治法関係）

【問2-128】私の所有する山林1,000㎡（時価1,000万円相当）を、私の
住むA町自治会に寄附しようと考えています。
　A町自治会は、地方自治法第260条の2第1項の規定により市町村
長の認可を受けている、いわゆる「認可地縁団体」です。地縁による
団体は、法人税法上公益法人とみなされるということですので、私の
今回の山林の寄附について、譲渡所得は非課税になるのでしょうか。

**【答】地方自治法第260条の2第1項に規定する「認可地縁団体」は、租税特
別措置法第40条第1項後段に規定する「公益を目的とする事業を営む法人」
として、承認申請対象法人となります。**

【解説】地縁による団体は、平成3年の地方自治法の改正により認められる
こととなった、いわゆる町内会、自治会等が法人化したものです。従来、町

－253－

内会、自治会等は人格のない社団としての地位しか認められていませんでしたので、不動産を個人名義でしか登記できず、財産管理上の種々の不便があり、これを解消するために法人化が認められたとされています（地方自治法260の2）。

この「地縁による団体」のうち市町村長の認可を受けた認可地縁団体は、「その区域の住民相互の連絡、環境の整備、集会施設の維持管理等良好な地域社会の維持及び形成に資する地域的な共同活動を行うことを目的」とする団体です。

一方、「公益社団法人及び公益財団法人の認定等に関する法律」（以下「認定法」といいます。）では、認定法の対象となる事業の1つとして、「地域社会の健全な発展を目的とする事業」が掲げられています。

したがって、認可地縁団体が行う活動は認定法に掲げる事業と同様のものであると解されますので、認可地縁団体については、租税特別措置法第40条第1項に規定する「公益を目的とする事業を行う法人」として、承認申請対象法人とすることが相当と考えられます。

もっとも、認可地縁団体が租税特別措置法第40条の承認申請対象法人となったとしても、公益社団法人をはじめとする「公益を目的とする事業を行う法人」と同様に、承認要件を満たさなければ非課税の規定は適用されません。

第2章　譲渡所得等の課税の特例

第13節　固定資産の交換の場合の譲渡所得の特例

種類の異なる二以上の資産の同時交換

> 【問2-129】私の所有する土地及び建物を、友人の所有する土地及び建物と同時に一括して交換しました。この交換した資産の価額は、譲渡した土地3,000万円、同建物1,000万円、取得した土地2,800万円、同建物1,200万円で全体として等しい価額になります。また、交換後もそれぞれ従前と同じ用途に供していますので、課税されないと思いますが、どうでしょうか。

【答】種類の異なる二以上の資産を同時に交換した場合には、同じ種類の資産ごとに交換があったものとして取り扱われます。

　あなたは土地の差額200万円について、相手方は建物の差額200万円について、交換差金200万円で譲渡があったこととなり課税されます。

【解説】固定資産を交換した場合、次の要件のすべてに当てはまるときには譲渡がなかったものとして、課税を繰り延べる特例の適用を受けることができます。

　① 交換する資産は同種の固定資産であること
　② 交換譲渡資産も交換取得資産も、それぞれの所有者が1年以上有していたものであり、しかも、交換の相手方が持っていた資産は交換の目的で取得したものではないこと
　③ 交換による取得資産を、譲渡資産の譲渡直前の用途に供すること
　④ 資産の価額の差額が、いずれか高い方の価額の2割以内であること
　もっとも、この要件のすべてに当てはまる場合であっても、交換による取得資産とともに、金銭その他の資産を取得したときには、その取得した金銭の額及びその他の資産の額（以下「交換差金」といいます。）に相当する部分の譲渡資産については、譲渡所得が課税されることになります（所法58①②）。

　御質問は、種類の異なる二以上の資産を同時に交換したとのことですが、このような場合には、同じ種類の資産ごとに交換したものとして取り扱われます。したがって、全体では4,000万円と等しい価額であっても、土地及び建物ごとに価額が異なっていますから、それぞれの差額（200万円）は次のように交換差金として取り扱われます（所基通58-4）。

－255－

　土地及び建物の差金（200万円）は、いずれも高い方の価額の20％以内となりますので交換の要件の前記④に該当することとなりますが、土地の価額の差額200万円については相手方の受けた交換差金として、また、建物の価額の差額200万円についてはあなたの受けた交換差金としてそれぞれ課税されることになります。

客観的価値の異なる資産の交換

【問2-130】私は、下図のA宅地300㎡（時価3,000万円）を所有し、甲会社は隣接するB宅地を所有しています。この度、甲会社より、貸ビルを建設するためにA宅地の買申込みがあり拒否したところ、甲会社が他に所有しているC宅地1,000㎡（6,000万円）と交換してほしいとの申出がありました。このような場合、交換資産の時価の差額は20％を超えますが、「固定資産の交換の特例」の適用を受けることはできないのでしょうか。
　なお、差金の授受はありませんし、特例の他の要件はすべて備えております。

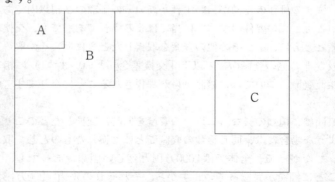

【答】あなたと甲会社の間で、資産の価額が合理的に算定されていると認め

第2章　譲渡所得等の課税の特例

られる場合は、「固定資産の交換の特例」の適用を受けることができます。

【解説】 所得税法第58条の固定資産の交換の特例の適用要件は前問【問2-129】のとおりですが、その要件の④に、「資産の価額の差額がいずれか高い方の価額の2割以内であること（所法58②）」があります。

　ご質問の場合には、客観的な価値の差額が2割を超えますが、このような場合でも、交換当事者間において合意されたその資産の価額が、交換をするに至った事情等に照らし合理的に算定されていると認められるものであるときは、その合意された価額が通常の取引価額と異なるときであっても、資産の価額は当事者間において合意されたところによることになります（所基通58-12）。

親子間で時価の異なる土地を交換した場合

【問2-131】 私の所有する甲宅地（時価3,000万円、相続税評価額2,400万円）と父の所有する乙宅地（時価5,000万円、相続税評価額4,000万円）とを交換差金なしで交換することになりました。この場合「固定資産の交換の特例」の適用を受けることができますか。

　なお、各々の土地はともに1年以上所有しております。

【答】 交換当事者間に特殊関係がある場合には、交換された各々の資産の価額は客観的価値によることとされます。

　ご質問の場合は、資産の価額の差が20％を超えますので、特例の適用を受けることはできません。

【解説】 所得税法第58条の固定資産の交換の特例の適用要件の一つに、「交換の時における取得資産の価額と譲渡資産の価額との差額がいずれか高い方の価額の20％以内であること」という要件があります（所法58②）。

　交換当事者間に特殊関係がない場合は、【問2-130】のとおりですが、ご質問の場合のように交換当事者間に特殊関係がある場合は、各々の土地の価額を客観的価値によって判定することになり、ご質問の場合は前記の要件を欠きます（5,000万円－3,000万円＞5,000万円×20％）ので、交換の特例の適用は受けられません。

　あなたもお父さんもそれぞれ甲宅地と乙宅地を3,000万円で譲渡したものとして申告すべきことになります。

　なお、あなたは、お父さんから甲宅地と乙宅地の取得時における通常の取

－257－

第２章　譲渡所得等の課税の特例

引価額に相当する金額の差額2,000万円を贈与されたものとして贈与税の申告も必要となります（相法７、平元.3.29直資２-204）。

交換差金の判定（交換取得資産の一部を譲渡直前の用途に供しない場合）

> 【問２-132】私の所有する宅地（5,000万円）を、知人Ａの所有する宅地（3,000万円）及び農地（2,000万円）と交換しました。そして、ここ数年はこの農地を耕作していくつもりです。この場合、交換により取得した宅地部分（3,000万円）については、同種類の資産の交換として固定資産の交換の特例が適用されますか。

【答】交換取得した農地（2,000万円）を交換譲渡した宅地の譲渡直前の用途（宅地の用）に供していませんので、この部分は交換差金となります。その結果、交換差金の額（2,000万円）が、交換に供された土地のうちいずれか高い方の金額（5,000万円）の20％を超えますので、特例の適用を受けることはできません。

【解説】所得税法第58条の固定資産の交換の特例を受けるためには、特例の要件【問２-129】のすべてを具備していることが必要です。

　ところで、この特例の適用に当たり、交換により種類を同じくする二以上の資産を取得した後その資産の一部を譲渡直前の用途と同一の用途に供さなかった場合は、その用途に供さなかった資産は交換差金等とされます（所基通58-5）。

交換差金の判定（資産の一部分を売買とした場合）

> 【問２-133】Ａから工場用地拡張のため、私の所有の隣接する２宅地（甲地3,000万円、乙地2,000万円）を譲ってほしい旨の申出がありました。そして、Ａがたまたま甲地と同額の宅地を所有していたため、甲地についてはＡの所有宅地と交換し、乙地については2,000万円で売買することになりました。この場合、甲地については固定資産の交換の特例を受けることができますか。
> 　なお、甲地、乙地は隣接しており一体として利用していました。

【答】甲地と乙地は「一の資産」と認められますので、甲地、乙地全体につ

－258－

第2章　譲渡所得等の課税の特例

いて交換があったものとされ、乙地の売買代金2,000万円はその交換差金となります。その結果、交換差金（2,000万円）が甲地、乙地の合計価額（5,000万円）の20％を超えることになるため、甲地について固定資産の交換の特例は適用されません。

【解説】所得税法第58条の固定資産の交換の特例の適用を受けるためには、特例の適用要件【問2-129】のすべてを満たしていることが必要です。ところで、ご質問の場合はこの特例を適用する際、甲地だけで判定するのか、それとも甲地、乙地を一の土地として判定するのかが問題となりますが、これについては次のように取り扱うことになります。

　すなわち、一の資産（土地については一体となって利用されている一団の土地）につき、その一部分について交換とし、他の部分については売買としているときは、他の部分を含めて交換があったものとし、売買代金は交換差金等とされます（所基通58-9）。

(注)　甲地と乙地が場所を異にし、一体として利用されていない場合は、甲地について【問2-129】の要件を満たしていれば、固定資産の交換の特例が適用されます。

耕作権と他の農地の交換（同種の資産の判定）

> **【問2-134】**永年の間、Aさんに農地を賃貸し耕作してもらっていましたが、都合により他の農地を提供し農地法第18条の許可を受け賃貸借を解約しました。
> 　この場合、固定資産の交換の特例の適用を受けることができますか。

【答】農地と農地法に規定する耕作権は同種の資産となりますので、**【問2-129】で述べたその他の要件を具備している場合には固定資産の交換の特例の適用を受けることができます。**

【解説】所得税法の定めによる「固定資産の交換」の特例は、交換譲渡資産と交換取得資産が「同種の固定資産」であることが要件とされています（【問2-129】①参照）。

　この同種の固定資産の判定は、次に掲げる区分により行われます（所法58①、所基通58-2の2）。

　①　土地（建物又は構築物の所有を目的とする地上権及び賃借権並びに農地法に規定している耕作権を含みます。）

－259－

第2章　譲渡所得等の課税の特例

② 建物（附属する設備や構築物を含みます。）

③ 機械及び装置

④ 船舶

⑤ 鉱業権（租鉱権や採石権その他土石を採掘し又は採取する権利を含みます。）

不動産業者が所有している販売用土地との交換

> **【問2-135】** 私が所有している郊外の土地を、最近不動産業者が買いに来ました。私自身、今すぐ売る気はありませんので一度はこの申出を断りましたが、今度は、不動産業者が他に所有している土地と交換してくれという話を持って来ました。その業者のいう土地を見たところ、環境的に申し分のない土地ですので、交換に応じてもよいと思っています。
>
> 　このような交換については固定資産の交換の特例の適用を受けることができるのでしょうか。

【答】固定資産である土地を棚卸資産である土地と交換した場合には、固定資産の交換の特例の適用を受けることができません。

【解説】 所得税法第58条の特例は、「固定資産」の交換の特例ですので、交換により譲渡する資産も交換により取得する資産も共に同種の固定資産である場合に適用されます。

　あなたが交換により譲渡する土地は固定資産であっても、交換により取得する土地が、不動産業者が販売を目的として所有している「棚卸資産」に該当するときは、この特例の適用はありませんのでよく確かめてみる必要があります。

　なお、不動産業者等の販売目的の土地、建物のほか次のものも、いわゆる販売予定資産であって固定資産ではありません。

① 地方公共団体等が分譲を目的として取得した土地等

② 土地区画整理事業の施行により生じた保留地

－260－

第2章　譲渡所得等の課税の特例

三者交換

【問2-136】　私と友人B、Cは、それぞれ居宅を建設する予定の宅地を所有していますが、転勤等により勤務の場所が変わりましたので、次のように交換して居宅を建築することになりました。
　この場合、各人は、固定資産の交換の特例の適用を受けることができますか。
　なお、交換する宅地は、いずれも1年以上所有しており、また、価値も同じくらいですので交換に際しての差金の授受はありません。

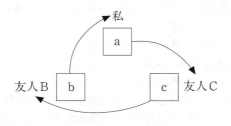

【答】あなたは宅地のaをCに渡し、宅地bをBから受け取っていますから、「当事者が互いに」取引を行ったものでないため固定資産の交換の特例は適用されません。また、B、Cについても同様、特例は適用されません。
【解説】資産を交換した場合には、原則として、交換により取得した資産の価額により譲渡があったものとして所得税が課税されます。
　しかし、その交換が一定の要件（【問2-129】参照）を満たすときは、譲渡がなかったものとすることができます。
　この場合の「交換」とは、民法の交換契約に基づくものをいいます。民法第586条によると「交換は、当事者が互いに金銭の所有権以外の財産権を移転することを約することによって、その効力を生ずる。」と定められています。
　つまり、交換とは「当事者が互いに」財産権のやりとりを行う取引、つまり「二者交換」ということになります。
　ご質問のような取引をいわゆる「三者交換」といい、固定資産の交換の特例には該当しないことになります。
　なお、「二者交換」に該当しない場合でも、その交換が「法律の規定に基づかない区画形質の変更に伴う土地の交換分合」（【問1-18】参照）に該当す

第２章　譲渡所得等の課税の特例

る場合には、譲渡がなかったものとすることができます。

譲渡直前の用途(1)

> 【問２-137】耕作者Ａは、地主Ｂから農地約1,000㎡を賃借していました
> が、平成30年４月に、Ａは、その賃借中の農地1,000㎡のうち500㎡に
> 相当する部分を地主Ｂに返還し、その代わりに残りの500㎡の部分の
> 底地をＢから取得しました。言い換えれば、Ａは耕作権の一部と底地
> の一部とを交換し、返還しなかった借地の部分の農地について完全な
> 所有権を取得したわけです。Ａは、引き続きその農地を耕作の用に供
> しました。
>
> 　ところが、その７か月後の平成30年11月になって、Ａは交換により
> 取得した農地500㎡を不動産業者に売却しました。
>
> 　このＡのように、交換によって取得した資産を交換の日の属する年
> 中に売却した場合においても、交換取得資産を譲渡直前の用途と同一
> の用途に供しておれば、固定資産の交換の特例の適用を受けることが
> できますか。

**【答】Ａさんの場合には、固定資産の交換の特例の適用に関する他の要件の
すべてを満たすものである限り、その耕作権と底地の交換については、特例
の適用を受け、その特例の適用後の交換取得資産を譲渡したものとして取り
扱われることになります。**

【解説】固定資産を交換した場合において、所得税法第58条の固定資産の交
換の特例の適用を受けるためには、交換による取得資産を、譲渡資産の譲渡
直前の用途に供しなければなりません。そして、この「譲渡直前の用途と同
じ用途」に供したかどうかは、その資産の種類に応じ、おおむね次の区分に
より判定されます（所基通58-6）。

(1) 土地の場合

　　宅地、田畑、鉱泉地、池沼、山林、牧場又は原野、その他

　(注)　宅地と宅地の交換であれば、その交換が空き地と建物の敷地との交換であ
　　　っても同じ用途と判定されます。

(2) 建物の場合

　　居住の用、店舗又は事務所の用、工場の用、倉庫の用、その他の用

　(注)　店舗又は事務所と住宅とに併用されている家屋は、居住専用又は店舗専用

－262－

第2章　譲渡所得等の課税の特例

　　　　　若しくは事務所専用の家屋と認めて差し支えないとされています。
(3) 機械及び装置
　　その機械及び装置の属する耐用年数省令別表第二に掲げる設備の種類の
　区分
(4) 船舶
　　漁船、運送船（貨物船、油槽船、薬品槽船、客船等をいいます。）、作業
　船（しゅんせつ船及び砂利採取船を含みます。）、その他
　次に、取得資産を上記の区分の用途に供する時期については、その交換の
日の属する年分の確定申告書の提出期限までに供すれば、この交換の特例の
適用があるものとされています。
　この場合において、取得資産について譲渡資産の譲渡直前の用途と同一の
用途に供するため改造等を要するもので、その確定申告書の提出期限までに
改造等に着手しているときは、その提出期限までに同一の用途に供されたも
のとして取り扱われます（所基通58-8）。
　さて、お尋ねの場合ですが、交換により取得した農地について、取得後も
引き続いて耕作の用に供したとのことですので、譲渡資産（耕作権）の譲渡
直前の用途（耕作の用）に供した後、他へ譲渡したものと認められます。

－263－

第２章　譲渡所得等の課税の特例

譲渡直前の用途(2)

> **【問２-138】**地主Ａと耕作者Ｂは、次のような手続により農地1,000㎡（時価2,000万円）の底地の一部と耕作権の一部とを交換しました。なお、交換差金はなく、農地は、それぞれが戦前より所有又は耕作しています。
>
> ①　農地法第18条の許可を受け1,000㎡全部の耕作権を地主に返還
>
> ②　返還した農地1,000㎡のうち、400㎡を農地法第５条の届出により、ＡからＢに無償譲渡
>
> ③　Ａは返還を受けた農地600㎡の地上に家屋を建築
>
> ④　Ｂは取得した農地をその後引き続き耕作している。なお、農地法第５条届出の手続によったのは、耕作面積が少ないため、第３条の許可を受けることができなかったためである。
>
> 　この場合、地主Ａ及び耕作者Ｂについて、固定資産の交換の特例の適用はどのようになりますか。

【答】地主Ａさんは交換後農地を宅地に転用しているため特例の適用を受けることができません。また、耕作者Ｂさんはたとえ非農地化するための所有権移転を前提とした農地法上の手続（第５条届出）を経て土地を取得したとしても、現実に耕作していれば「譲渡直前の用途（農地）」に供しているため特例の適用を受けることができます。

【解説】所得税法第58条の固定資産の交換の特例の適用要件は、**【問２-129】**で説明してあるとおりです。ご質問の交換は、次の図のように地主Ａの所有する底地権400㎡（480万円）と耕作者Ｂの所有する耕作権600㎡（480万円）とを交換したこととなります。

農地1,000㎡（2,000万円）

	交　換　前	交　換　後 地　主　Ａ 600㎡（1,200万円）	耕作者Ｂ 400㎡（800万円）
Ｂ耕作権　40% （800万円）		Ｂ→Ａ 800万円 × 60% = 480万円	移転なし 800万円 × 40% = 320万円
Ａ底地権　60% （1,200万円）		移転なし 1,200万円 × 60% = 720万円	Ａ→Ｂ 1,200万円 × 40% = 480万円

第2章　譲渡所得等の課税の特例

　固定資産の交換の特例の適用要件である①同種の資産、②所有期間1年以上、③交換差額20％以下については、それぞれ該当していますが、地主Aさんは資産の「譲渡直前の用途」に供しなかったため、特例の適用はなく、譲渡した底地権400㎡については、取得した耕作権600㎡の価額480万円を収入金額として課税されます。

　耕作者Bさんは、現実に耕作していますので、「譲渡直前の用途（農地）」に供したものと判定され特例の適用があります。

農地を宅地に造成した後交換した場合

> 【問2-139】私は、30年前から所有している農地2,000㎡を宅地に造成した後、相手方が所有している固定資産である宅地と等価で交換しました。知人の話では、固定資産の交換の特例は適用されないとのことですが本当でしょうか。

【答】造成規模が小規模（おおむね3,000㎡以下）の場合、又は解説の(2)による交換差金が、いずれか高い方（交換取得資産）の金額の20％以下であれば、固定資産の交換の特例の適用を受けることができます。

【解説】固定資産の交換の特例の適用要件に、①相互に1年以上所有していた同種の固定資産（譲渡所得の基因となる資産）、②交換により取得資産を譲渡資産の譲渡直前の用途に供することがあります。

　ところで、農地等を宅地に造成して譲渡した場合の譲渡による所得は、原則として、事業所得又は雑所得として取り扱うこととされています（所基通33-4）。しかし、その土地が極めて長期間（おおむね10年以上をいいます。）保有されていたものであるときは、その造成による利益に対応する部分は事業所得又は雑所得とされ、その他の部分は譲渡所得としても差し支えないこととされています（所基通33-5）。

　このことから、お尋ねのような疑問が生じますが、これについては次のように取り扱うこととされています（所基通58-7）。

(1) 農地を宅地に造成した後、他人が所有する固定資産である宅地と交換した場合において、その土地のうち、譲渡所得の基因となる部分についてのみ固定資産に該当するものとして、特例の適用をすることができます。

(2) 事業所得又は雑所得に係る収入金額に相当する金額は、交換差金に該当します。

第2章　譲渡所得等の課税の特例

（注）　造成規模が小規模である場合は、その土地は固定資産に該当するものとしても
差し支えないとされています（所基通33-4（注）1）。

交換取得直後の譲渡

> **【問2-140】** 不動産業者がＡさんの所有する甲宅地の買入れを申し出て
> いましたが、Ａさんは譲渡する意思がないため、15年前から持ってい
> た私の乙宅地と交換し、私が交換直後に甲宅地を不動産業者へ5,000
> 万円で譲渡しました。
> 　この交換した資産の価額は、いずれも5,000万円であり差金の収受
> はありません。
> 　この場合、私は、固定資産の交換の特例の適用を受けることができ
> ますか。

**【答】交換により取得した資産を交換直後に他へ転売していますから、交換
による取得資産を従前と同一の用途に供したことにはなりませんので、固定
資産の交換の特例の適用を受けることができません。**

【解説】 固定資産を交換した場合の課税の特例の適用を受けるためには、交
換により取得した資産を従前と同一の用途に供する等の一定の要件に当ては
まることが必要です。

したがって、交換により譲渡した土地については、交換により取得した土
地の価額でもって譲渡したものとして所得税が課税されることになりますの
で、交換取得資産の価額5,000万円が、長期譲渡所得の収入金額になります。

ところで、この交換により取得した土地を交換直後に他へ転売しています
が、この譲渡した土地は、交換による譲渡として所得税が課税される5,000
万円でもって交換時に取得したことになりますので、この土地の譲渡は短期
保有資産の譲渡となります。

しかし実際上、譲渡価額と取得費が5,000万円で等しいことになりますの
で、短期譲渡所得は発生しません。

なお、Ａさんの場合は、交換により取得した資産を従前と同一の用途に供
する等の一定の要件を満たしていれば、固定資産の交換の特例の適用を受け
ることができます。

-266-

第2章　譲渡所得等の課税の特例

交換取得資産の所有期間の判定

【問2-141】私は、昨年10月にＡ市に所有していた宅地と同市内で知人
　甲が所有していた宅地を交換し、固定資産の交換の特例の適用を受け
　ましたが、本年5月に至り、甲から交換により取得した宅地を更に乙
　所有の宅地と交換しました。この場合甲との交換により取得した土地
　は「1年以上所有していた固定資産」として固定資産の交換の特例が
　適用できるでしょうか。

【答】**乙との交換のために譲渡した宅地は保有期間が1年未満となり、固定
資産の交換の特例の適用はできません。**

【解説】所得税法第58条の固定資産の交換の特例の適用要件のひとつである
「1年以上所有」していたかどうかについては、次により判定されます（所
基通58-1の2）。

(1) 贈与、相続（限定承認に係るものは除かれます。）等により取得した資
　産（所法60①）又は収用交換等により取得し代替資産の特例の適用を受け
　た資産（措法33の6①）については、引き続き所有していたものと認めら
　れます。

(2) 固定資産の交換の特例（所法58）の適用を受けた資産については、その
　実際の取得の日を基礎として判定されます。

　なお、譲渡所得の計算上、長期譲渡所得と短期譲渡所得の判定を行う場合
には、取得時期の引継ぎが認められますので、昨年10月に交換により譲渡し
た資産の取得時期が今回譲渡した資産の取得時期として所有期間を計算する
ことになります（所令168、措令20②一）。

－267－

第2章　譲渡所得等の課税の特例

第14節　居住用財産の買換え等の場合の譲渡損失の損益通算及び繰越控除の特例

制度の概要

> 【問2-142】私は、この度10年間居住したマンションを売却し、一戸建てを購入しようと思います。マンションは購入した当時に比べかなり値下がりしてしまいました。
> 　土地・建物等の譲渡に係る譲渡損失の金額については、土地・建物等の譲渡所得以外の所得との損益通算をすることができないそうですが、私の場合もマンションの譲渡損失を他の所得と通算することはできないのでしょうか。

【答】 一定の要件を満たす場合には、その年の他の所得と損益通算することができます。また、その損失を控除しきれなかった場合は、その譲渡の年の翌年以後3年間繰り越すことにより、各年分の所得から控除することができます（措法41の5）。

【解説】 損益通算と繰越控除が認められるための要件は以下のとおりです。

○損益通算

〔譲渡資産について〕

①　平成10年1月1日から平成31年12月31日までの間に譲渡していること

②　譲渡した年の1月1日において所有期間が5年を超える居住用財産であること（居住用財産の範囲については、本章第4節をご参照ください。）

〔買換資産について〕

①　居住用財産を譲渡した年の前年の1月1日から譲渡した年の翌年の12月31日までの間に買換資産を取得すること(注)

②　買換資産を、その取得をした年の翌年の12月31日までに居住の用に供すること

③　買換資産を取得した日の属する年の12月31日において、その買換資産に係る住宅借入金等（償還期間10年超等の一定の要件を満たすもの）があること

④　居住用部分の床面積が50㎡以上であること

－268－

第2章　譲渡所得等の課税の特例

〔その他〕

① 譲渡した年の前年又は前々年に居住用財産の譲渡に係る特例（3,000万円特別控除（被相続人の居住用財産の譲渡に係る特例（措法35③）を除きます。）、軽減税率、買換え又は交換）の適用を受けていないこと

② その年の前年以前3年内に生じた他の居住用財産の譲渡損失について措法41条の5又は措法41条の5の2の特例の適用を受けていないこと

③ 譲渡した年に措法41条の5の2の特例の適用を受けていないこと

○繰越控除

① 損益通算の特例について期限内申告書を提出していること

② その年の12月31日において、買換資産に係る住宅借入金等の金額があること

③ その年の合計所得金額が3,000万円以下であること

(注) 特定非常災害として指定された非常災害に基因するやむを得ない事情により、取得期限までに買換資産の取得が困難となった場合は、別途定めがあります。

第2章　譲渡所得等の課税の特例

「住宅借入金等」の範囲

> 【問2-143】　私は居住用財産を売却し、新しい家を償還期間5年で1,000万円の住宅ローンを組んで購入しました。
>
> 　売却に際し譲渡損失が発生しますが、居住用財産の買換え等の場合の譲渡損失の損益通算及び繰越控除の特例の適用は可能でしょうか。

【答】　**あなたの場合、居住用財産の買換え等の場合の譲渡損失の損益通算及び繰越控除の特例は適用できません。**

【解説】　特例の適用に当たっては、買換資産に係る「住宅借入金等」を有している必要がありますが、この買換資産に係る「住宅借入金等」とは、一定の金融機関等からの借入金で、住宅の用に供する家屋の新築若しくは取得又はその家屋の敷地の用に供される土地等の取得に要する資金に充てるために、契約において償還期間又は賦払期間が10年以上の割賦償還又は割賦払いの方法により返済することとされているものをいいます（措法41の5⑦四、措令26の7⑫、措規18の25⑤～⑪）。

　あなたの場合は、償還期間が10年に満たないローンを組んでいますので、買換資産に係る住宅借入金等を有することにはなりません。

－270－

第２章　譲渡所得等の課税の特例

住宅借入金等を借換えた場合

【問２-144】 私は平成29年６月に居住用財産を売却し、同月に償還期間10年のローンを組んで新居を購入しました。

　売却した居住用財産については、損失が生じていたため平成29年分の確定申告を行い、譲渡損失の損益通算の特例の適用を受けましたが、その損失を控除しきれなかったため、平成30年分の確定申告において繰越控除の特例を受ける予定です。

　今年に入って償還期間９年のローンに借換えましたが、平成30年分の確定申告において、繰越控除の特例が受けられるでしょうか。

【答】繰越控除の特例は受けられません。

【解説】 買換資産の取得に係る借入金を借換えた場合は、新たな借入金が当初の借入金を消滅させるためのものであることが明らかな場合で、一定の金融機関からの借入金又は一定の使用者等からの借入金であり、かつ、償還期間が10年以上の割賦償還により返済されるものであるときは、新たな借入金は買換資産に係る住宅借入金等に該当します（措通41の５-16）。

　あなたの場合、借換えた住宅借入金等の償還期間が10年に満たないことから、平成30年12月31日において、特例の適用要件を満たす買換資産に係る住宅借入金等を有することになりませんので、平成30年分以降については繰越控除の特例を受けることはできません。

第2章　譲渡所得等の課税の特例

住宅借入金等を繰上返済した場合

【問2-145】私は平成29年6月に居住用財産を売却し、同月に償還期間15年のローンを組んで新居を購入し、7月から返済を開始しました。

売却した居住用財産については損失が生じていたため、平成29年分の確定申告を行い、譲渡損失の損益通算の特例の適用を受けましたが、その損失を控除しきれなかったため、平成30年分の確定申告において繰越控除の特例を受ける予定です。

平成30年6月に住宅ローンの繰上返済をした結果、償還期間が6年短縮されましたが、平成30年分の確定申告において、繰越控除の特例が受けられるでしょうか。

【答】繰越控除の特例は受けられません。

【解説】「住宅借入金等」とは、償還期間が10年以上の一定の借入金とされています（【問2-143】参照）。繰上返済を行った場合の「償還期間」とは当初の契約により最初に償還した月から、繰上返済により短縮された償還期間の最終の償還月までの期間をいい、この期間が10年以上であれば特例が受けられます（措通41の5-17）。

あなたの場合、繰上返済により住宅借入金等の償還期間が短縮され10年に満たないこととなったため、平成30年12月31日において、特例の適用要件を満たす買換資産に係る住宅借入金等を有することになりませんので、平成30年分以降については繰越控除の特例を受けることはできません。

買換資産の取得をしなかった場合

【問2-146】私は、平成29年中に居住用財産を売却し、譲渡損失が発生しました。

平成30年中に買換資産を取得する予定であったため、平成30年3月の平成29年分の確定申告において損益通算の特例を受けました。

ところが、事情により平成30年中に買換資産を取得することができなくなりました。

この場合に私がとるべき手続きを教えてください。

【答】平成31年4月30日までに平成29年分確定申告に係る修正申告書を提出

-272-

第2章　譲渡所得等の課税の特例

しなければなりません。
【解説】 居住用財産の買換え等の場合の損益通算及び繰越控除の特例に該当する見込みで特例を適用して申告した者が、居住用財産（譲渡資産）を譲渡した年の翌年末までに新たに居住用財産（買換資産）を取得しない場合（下図のケース１）には、損益通算の特例を適用することができないことになるため、譲渡資産を譲渡した年の翌年末から４か月以内に損益通算をした年分の所得税について修正申告書を提出し、かつ、その期限内に修正申告書の提出により納付すべき税額を納付しなければなりません（措法41の５⑬）。

なお、これらの期限内に提出された修正申告書は期限内申告書とみなされますので、加算税はかかりません。また、これらの提出期限までの期間に係る延滞税もかかりません。

特例の適用要件に該当しなくなったケース別の修正申告書の提出期限は、次のとおりとなります。

≪ケース１≫　譲渡した年の翌年末までに買換資産を取得しない場合

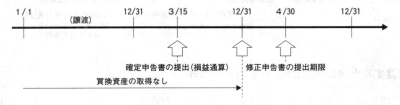

≪ケース２≫　買換資産を取得した年の年末に住宅借入金等を有しない場合

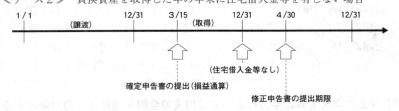

第2章　譲渡所得等の課税の特例

≪ケース3≫　買換資産を居住の用に供しない場合(譲渡した年に買換資産を取得した場合)

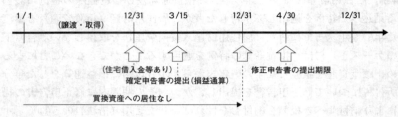

≪ケース4≫　買換資産を居住の用に供しない場合(譲渡した年の翌年に買換資産を取得した場合)

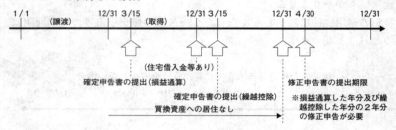

譲渡する土地の面積が500㎡を超える場合

【問2-147】　私が売却した居宅の敷地面積は600㎡あります。
　売却した居宅については譲渡損失が生じているため、平成30年分の所得税の確定申告において「居住用財産の買換え等の場合の譲渡損失の損益通算及び繰越控除の特例」を適用したいと思うのですが、生じた譲渡損失の全額を特例の対象とすることができるでしょうか。
　なお、新居についてはすべて居住用として利用しています。

【答】　平成30年分の確定申告においては損失の全額を損益通算の対象とすることができますが、譲渡資産の土地等の面積が500㎡を超える場合は、500㎡を超える部分に相当する金額は翌年以降に繰り越すことができません。
【解説】　繰越控除ができる損失の具体的な計算は次のようになります。
　　　　居住用財産の譲渡損失の金額……2,000万円
　　　　（内、土地等に係る譲渡損失の金額……1,500万円）

― 274 ―

第2章　譲渡所得等の課税の特例

　　給与所得の金額……1,000万円
　　（この他に所得はないものとします。）

$$（2,000万円 - 1,000万円）\times \frac{1,500万円}{2,000万円} \times \frac{600\text{㎡} - 500\text{㎡}}{600\text{㎡}}$$

　　　＝125万円……繰越控除の対象とならない損失
　よって、翌年以降へ繰り越される譲渡損失は
2,000万円 - 1,000万円 - 125万円 = 875万円となります。

第２章　譲渡所得等の課税の特例

第15節　特定居住用財産の譲渡損失の損益通算及び繰越控除の特例

制度の概要

【問２-148】私は、この度、親元へ戻ることとなったため、10年間居住したマンションを売却しようと思います。マンションは購入した当時に比べかなり値下がりしてしまい、売却代金をすべて住宅ローンの返済に充てても全額を返済することができません。

　土地・建物等の譲渡に係る譲渡損失の金額については、土地・建物等の譲渡所得以外の所得との損益通算をすることができないそうですが、私の場合もマンションの譲渡損失を他の所得と通算することはできないのでしょうか。

【答】特定居住用財産の譲渡損失の金額については、買換資産の取得をしない場合でも、一定の要件を満たすときは、その年の他の所得と損益通算することができます。

　また、その損失を控除しきれなかった場合は、その譲渡の年の翌年以後３年間繰り越すことにより、各年分の所得から控除することができます。

　ただし、損益通算及び繰越控除の対象となる損失の金額は、譲渡契約締結日の前日における一定の住宅借入金等の金額が譲渡価額を上回る部分の金額が限度となります（参考図）。

【解説】損益通算と繰越控除が認められるための要件は以下のとおりです。

①　平成16年１月１日から平成31年12月31日までの間に譲渡していること

②　売却した年の１月１日において所有期間が５年を超える居住用財産であること（居住用財産の範囲については、本章第４節をご参照ください。）

③　譲渡契約締結日の前日に譲渡価額を上回る一定の住宅借入金等があること

④　繰越控除をする年については、合計所得金額が3,000万円以下であること

（その他の要件）

①　譲渡した年の前年又は前々年に居住用財産の譲渡に係る特例（3,000万円特別控除、軽減税率、買換え又は交換）の適用を受けていないこと

－276－

第2章　譲渡所得等の課税の特例

② その年の前年以前3年内に生じた他の居住用財産の譲渡損失について措法41条の5又は措法41条の5の2の特例の適用を受けていないこと
③ 譲渡した年に措法41条の5の特例の適用を受けていないこと

【参考図】損益通算及び繰越控除の限度額の計算
○譲渡損失の金額と譲渡価額の合計がローンの残高を上回る場合

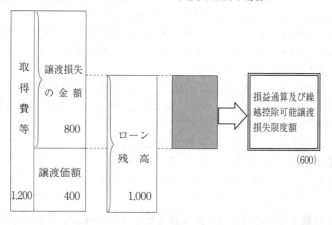

○譲渡損失の金額と譲渡価額の合計がローンの残高を下回る場合

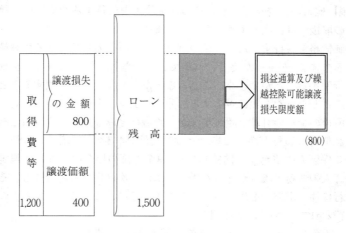

第2章　譲渡所得等の課税の特例

第16節　保証債務の履行の場合の譲渡所得の課税の特例

保証債務を履行するための資産の譲渡

【問2-149】 A社は、4年前に事業規模拡大のため、多額の運転資金を借入れ、代表取締役である私が土地を担保として提供し、保証人となっていました。しかし、1年ほど前に、A社の得意先が倒産したことによって、A社は極度の資金不足に陥りました。

　その後、経営を建て直すべく努力したのですが、業績が回復しないまま昨年暮に倒産してしまい、結局私の土地は競売にかけられA社の債務の返済に充てられました。

　A社は借入金返済のため所有していた資産のすべてを処分したのですが、返済しきれず、手形債務などを合わせると残債はおよそ7,000万円もあります。

　このようにして私が持っていた土地はなくなり、A社に対して求償権を行使しても返済を受ける見込みが全くないわけですが、このような場合でも所得税は課税されるのでしょうか。

【答】「保証債務を履行するために資産を譲渡した場合の課税の特例」の適用を受けることができ、譲渡がなかったものとして取り扱うことができます。

【解説】 他人の債務を保証し、その保証債務を履行するため資産を譲渡した場合の取扱いは、次のようになっています。

　保証債務を履行するため資産の譲渡（譲渡所得の対象となる借地権の設定を含みます。）があった場合において、その履行に伴う求償権の全部又は一部を行使することができないこととなったときは、その行使することができないこととなった金額に対応する部分の金額は、その旨の申告をしますと、譲渡所得の金額の計算上譲渡がなかったものとみなされます（所法64②）。

　保証債務の履行があった場合とは、民法第446条《保証人の責任等》に規定する保証人の債務又は同第454条《連帯保証の場合の特則》に規定する連帯保証人の債務の履行があった場合のほか、次に掲げる場合にも、その債務の履行に伴う求償権を生ずることとなるときは、これに該当するものとして取り扱われます（所基通64-4）。

① 不可分債務の債務者の債務の履行があった場合
② 連帯債務者の債務の履行があった場合

－278－

第2章　譲渡所得等の課税の特例

③　合名会社又は合資会社の無限責任社員による会社の債務の履行があっ
　た場合
④　身元保証人の債務の履行があった場合
⑤　他人の債務を担保するため質権若しくは抵当権を設定した者がその債
　務を弁済し又は質権若しくは抵当権を実行された場合
⑥　法律の規定により連帯して損害賠償の責任がある場合にその損害賠償
　金の支払があった場合
　求償権の全部又は一部を行使することができなくなった金額とは、その求
償の相手方である主たる債務者等について、次のような事実が発生した場合
等におけるそれぞれに掲げる金額がこれに該当するものとして取り扱われま
す（所基通64-1）。
①　会社更生法又は金融機関等の更生手続の特例等に関する法律の規定に
　よる更生計画の認可の決定又は民事再生法の規定による再生計画の認可
　の決定があった場合で、その決定により切り捨てられることとなった部
　分の金額
②　会社法の規定による特別清算に係る協定の認可の決定があった場合
　で、その決定により切り捨てられることとなった部分の金額
③　法令の規定による整理手続によらない関係者の協議決定で、次により
　切り捨てられた場合で、その切り捨てられることとなった部分の金額
　イ　債権者集会の協議決定で合理的な基準により債務者の負債整理を定
　　めているもの
　ロ　行政機関又は金融機関その他の第三者のあっせんによる当事者間の
　　協議により締結された契約でその内容がイに準ずるもの
④　債務者の債務超過の状態が相当期間継続し、その貸金等の弁済を受け
　ることができないと認められる場合において、その債務者に対し債務免
　除額を書面により通知した場合で、その通知した債務免除額

－279－

第2章　譲渡所得等の課税の特例

保証債務の履行のために資産を譲渡した場合の取得費

【問2-150】友人Aが開業資金をB銀行より借り入れるに当たり、債務
　保証をしていたところ、業績不振で倒産し借入金の返済が不能となっ
　たため、B銀行より保証人である私に返済請求がありました。
　　そこで、私個人の所有地を7,000万円で売却し、そのうち元利合計
　6,500万円をB銀行に返済したのですが、A自身は資力喪失の状態に
　あったため同人に対する求償権は放棄しなければなりませんでした。
　　この売却した土地は昭和45年に父親より相続したもので、父がいく
　らで取得したものかは不明です。
　　保証債務を履行するために資産を譲渡した場合の課税の特例を適用
　して譲渡所得の申告をしようと思いますが、取得費の計算はどのよう
　になるのでしょうか。

【答】概算取得費計算によりますと、**350万円（7,000万円×5％）が取得費
となります**。
【解説】ご質問は、保証債務の履行後の譲渡所得の計算上収入金額とされる
金額から控除すべき額が、保証債務の履行がなかったものとした場合に算出
される金額か、それとも保証債務の履行後の収入金額に対応する金額のどち
らによるのかお尋ねになっていることと思います。
　保証債務の履行に伴う求償権の行使不能額については、その担税力の面を
考慮し、譲渡所得の金額の計算上収入金額がなかったものとみなしているだ
けでその部分の譲渡そのものを否定しているものではありません。
　したがって、なかったものとみなされた部分に対応する取得費も譲渡所得
の計算上、必要経費として控除の対象となります。

－280－

第２章　譲渡所得等の課税の特例

保証債務を履行した場合の譲渡所得の計算方法（二以上の譲渡資産に係る回収不能額等の各資産への配分）

【問２-151】　私は、会社の借入金の連帯保証人になっていましたが、会社が倒産したため、4,500万円の保証債務を履行しなければならなくなり、担保に入れていた土地を平成30年に9,000万円で譲渡しました。会社に対して求償権を行使しても回収できる見込みはありません。

　　私が譲渡した土地は、父から昭和40年に相続したものと平成26年に買い増したものとからなっています。

　　このような場合の譲渡所得の金額の計算はどのようになるのでしょうか。

	$\left(\begin{array}{c}\text{相続した土地}\\\text{長期保有資産}\end{array}\right)$	$\left(\begin{array}{c}\text{買増した土地}\\\text{短期保有資産}\end{array}\right)$	（合　計）
(1)　譲渡価額	6,000万円	3,000万円	9,000万円
(2)　取得費	300万円	2,000万円	2,300万円
(3)　譲渡費用	200万円	100万円	300万円
(4)　保証債務額（求償権行使不能額）			4,500万円

【答】　二以上の譲渡資産がある場合の譲渡所得の金額の計算は、次のとおりです。

(1)　保証債務額（求償権行使不能額）の配分（所基通64-3の４）

　　イ　短期保有資産の土地の収入金額に係る求償権行使不能額

　　　　　　　　　　　　　　　　　　　　　　　　　　　………1,500万円

$$\underset{\text{4,500万円}}{\left(\begin{array}{c}\text{求償権行}\\\text{使不能額}\end{array}\right)} \times \frac{\overset{\left(\begin{array}{c}\text{短期保有資産}\\\text{の収入金額}\end{array}\right)}{\text{3,000万円}}}{\underset{\text{万円}}{\left[\begin{array}{c}\text{短期保有}\\\text{資産の収}\\\text{入金額}\end{array}\right]3,000} + \underset{\text{万円}}{\left[\begin{array}{c}\text{長期保有}\\\text{資産の収}\\\text{入金額}\end{array}\right]6,000}} = 1,500万円……①$$

　　ロ　長期保有資産の土地の収入金額に係る求償権行使不能額

　　　　　　　　　　　　　　　　　　　　　　　　　　　………3,000万円

$$\underset{\text{4,500万円}}{\left(\begin{array}{c}\text{求償権行}\\\text{使不能額}\end{array}\right)} \times \frac{\overset{\left(\begin{array}{c}\text{長期保有資産}\\\text{の収入金額}\end{array}\right)}{\text{6,000万円}}}{\underset{\text{万円}}{\left[\begin{array}{c}\text{短期保有}\\\text{資産の収}\\\text{入金額}\end{array}\right]3,000} + \underset{\text{万円}}{\left[\begin{array}{c}\text{長期保有}\\\text{資産の収}\\\text{入金額}\end{array}\right]6,000}} = 3,000万円……②$$

　　※①及び②の金額は、譲渡所得の金額の計算上なかったものとみなされる金額

第2章　譲渡所得等の課税の特例

(2) 譲渡所得金額の計算

　　イ　短期保有資産の譲渡所得……………… 0

$$
\underset{(\text{譲渡価額})}{3{,}000万円} - \underset{\left(\begin{smallmatrix}\text{取　得　費}\\\text{譲渡費用}\end{smallmatrix}\right)}{2{,}100万円} = \underset{\left(\begin{smallmatrix}\text{短期譲渡}\\\text{所得金額}\end{smallmatrix}\right)}{900万円}
$$

$$
\underset{\left(\begin{smallmatrix}\text{短期譲渡}\\\text{所得金額}\end{smallmatrix}\right)}{900万円} - \underset{\left(\begin{smallmatrix}\text{なかったものと}\\\text{みなされる金額}\end{smallmatrix}\right)}{1{,}500万円} = △600万円 → 0
$$

$$
\left(\begin{array}{l}\text{計算上赤字の場合には、短期譲渡所得は0となり}\\\text{長期譲渡所得から差し引かれることになります。}\end{array}\right)
$$

　　ロ　長期保有資産の譲渡所得

$$
\underset{(\text{譲渡価額})}{6{,}000万円} - \underset{\left(\begin{smallmatrix}\text{取　得　費}\\\text{譲渡費用}\end{smallmatrix}\right)}{500万円} = \underset{\left(\begin{smallmatrix}\text{長期譲渡}\\\text{所得金額}\end{smallmatrix}\right)}{5{,}500万円}
$$

$$
\underset{\left(\begin{smallmatrix}\text{長期譲渡}\\\text{所得金額}\end{smallmatrix}\right)}{5{,}500万円} - \underset{\left(\begin{smallmatrix}\text{なかったものと}\\\text{みなされる金額}\end{smallmatrix}\right)}{3{,}000万円} - \underset{\left(\begin{smallmatrix}\text{イの}\\\text{赤字}\end{smallmatrix}\right)}{600万円} = 1{,}900万円
$$

　　　　　　　　　　　　　　　　　　……………長期譲渡所得金額

(注)　2以上の資産を譲渡し、それらの資産の中に税負担の重いものと軽いものとがある場合（例えば措置法第31条の2の適用のある土地と一般の土地とがある場合）には、(1)の譲渡所得の計算上なかったものとみなされる金額は、(1)のイ、ロのあん分計算によらず、納税者の有利な方の所得（税負担の重い方の所得）についてまず発生したものとして計算することができます（所基通64-3の4ただし書）。

－282－

第2章　譲渡所得等の課税の特例

他人のために農業協同組合等から借り入れた債務（員外貸付け）の弁済

【問2-152】私は、Ａ社の代表取締役でしたが、３年前Ａ社の運転資金をＢ農協より借り入れる際に、Ｂ農協の要求により私個人名義で借り入れました。

　これは、Ａ社がＢ農協の組合員でないため組合員である私名義で借り入れたもので、借入金は全額会社が受け入れ、帳簿及び決算書にもＢ農協よりの借入金として計上しています。

　ところが、Ａ社が倒産してしまいましたので、Ｂ農協の借入金は、名義人の私が農地を譲渡して返済することになりました。この借入金は、実質上Ａ社の債務ですので保証債務の履行があったものとして取り扱われますか。

【答】実質上の債務者のＡ社に対する求償権の行使が不能である場合には、保証債務の履行があったものとして取り扱われます。

【解説】借入金が、あなた自身の債務でありその債務を返済したことは、保証債務を履行したことに該当しませんが、借入れに係る名義人であるあなたが、その借入れに係る資金を運用せずまた利益を得ていない場合には、実質上の債務者のために債務を保証したと同様に取り扱うことができます。

　この場合、次の要件のすべてを満たす場合に限って保証債務の履行の場合の譲渡所得の課税の特例が適用されます。

① 実質上の債務者が農業協同組合等の組合員でないため、その組合から資金の借入れができないので、その組合員（名目上の債務者）がその資格を利用してその組合から資金を借り入れて、これを実質上の債務者に貸し付けた場合のように、その借入れ及び貸付けが債務を保証することに代えて行われたものであること

② 実質上の債務者が、その貸付けを受ける時において資力を喪失した状態にないこと

③ 名目上の債務者が借り入れた資金は、その借入れを行った後直ちに実質上の債務者に貸し付けられており、その資金が名目上の債務者により運用された事実がないこと

④ 名目上の債務者が、その貸付けに伴い実質上の債務者から利ざやその他金利に相当する金銭等を収受した事実がないこと

なお、実質上の債務保証について保証料等の利益を受けている場合には、

第2章　譲渡所得等の課税の特例

この特例の適用はなく、求償権の行使不能額は貸倒れとしてその年の雑所得
（貸付金の利息等）の費用となります。

保証債務の範囲（相続開始があった場合）

> 【問2-153】私の父が経営していた会社が破産したため、会社の銀行借
> 　入金5,000万円は、居宅を担保として提供していた父が弁済しなけれ
> 　ばならないこととなりました。
> 　　父は現在入院中ですが、医師の話では回復不可能だそうです。
> 　　この場合、父の死亡後私が居宅と保証債務を相続し、私が以前から
> 　所有している土地を譲渡してこの債務を弁済したいと思いますが、保
> 　証債務の履行のために資産を譲渡した場合の課税の特例の適用を受け
> 　ることができますか。

【答】保証債務を相続し、その弁済に充てるために相続財産以外の財産を譲
渡した場合にも、特例の適用を受けることができます。

【解説】相続の開始があった場合において、保証債務についても、主たる債
務者が弁済不能で保証債務者が弁済しなければならない場合で、かつ、求償
権の行使が不能の場合には、保証債務者の債務控除の対象とされます（【問
4-64】参照）。

　この保証債務を債務控除の対象にした場合でも保証債務の性質が変わるも
のではありません。したがって、あなたが保証債務を相続し、その弁済に充
てるために相続財産や相続財産以外の財産を譲渡した場合にも、特例の適用
を受けることができます。

　なお、保証債務の履行を借入金で行い、その借入れをした者が死亡し、そ
の相続人が、その借入金を返済するために資産を譲渡し、その資産の譲渡が
被相続人の保証債務を履行した日からおおむね1年以内に行われたときは、
【問2-154】と同様に取り扱い、特例の適用を受けることができます（所基通
64-5）。

-284-

第２章　譲渡所得等の課税の特例

借入金により保証債務の履行を行った後に資産を譲渡した場合

【問２-154】友人Ａの債務保証をしていたところ、同人が昨年、事業に失敗し、借入金の返済が不能となったため、債権者から私に返済請求がありました。

　私には返済資金の手持ちはなかったので、私所有の土地を売ってその返済に充てようとしましたが、なかなか適当な値段で売れませんでした。

　そこで、昨年10月、やむなく、銀行から一時的に借入れをして借入金の返済をしました。今年８月になって、ようやく売りに出していた土地に買手がついたので、その売却代金で銀行からの借入金を返済しました。

　この場合でも保証債務を履行するために資産を譲渡したことになりますか。

【答】借入金を返済するための資産の譲渡が、保証債務を履行した日からおおむね１年以内に行われていますので、保証債務の履行のための資産を譲渡した場合の課税の特例の適用を受けることができます。

【解説】所得税法第64条第２項に規定する「保証債務を履行するために資産の譲渡があった場合」とは、原則として、資産を譲渡した後その譲渡代金により保証債務の履行がなされる場合をいい、履行後に資産を譲渡した場合にはこれに該当しません。

　しかし、資産の買手がなかなか見つからない場合等のように、どうしても資産の譲渡より保証債務の履行が先行する場合も少なくありません。

　そこで、借入金を返済するための資産の譲渡が、①保証債務を履行した日からおおむね１年以内に行われている場合、②保証債務を履行した日から１年を超えて行われた場合であっても、その譲渡が実質的に保証債務を履行するためのものであることについての明確な立証がなされたときは、実質的に保証債務を履行するための譲渡と何ら変わらないと認められ、「保証債務を履行するため資産の譲渡があった場合」に該当するものとして取り扱われます（所基通64-5）。

　なお、その借入金についての利息は、資金調達のための費用ですので「保証債務の履行」の金額に含まれません。

－285－

第2章　譲渡所得等の課税の特例

預金等で保証債務の履行を行った後に資産を譲渡した場合

【問2-155】　私は、友人Aの事業資金の借入れについて債務保証をして
いたところ、Aが事業に失敗し倒産したため借入金の返済ができなく
なったので、債権者から私に返済の請求がありました。
　余りにも急なことであったため、とりあえず手持ちの国債を売却し
て保証債務を履行しました。
　その後、土地が売却でき、その譲渡代金を国債の取得に充てたので
すが、このような場合の土地の譲渡は、保証債務を履行するために資
産を譲渡したことになりますか。

【答】　**保証債務を履行するための譲渡とはいえません。**

【解説】　所得税法第64条第2項に規定する「保証債務を履行するために、資
産の譲渡があった場合」とは、原則として、保証債務を履行するため資産を
譲渡し、その譲渡代金で返済するなどの場合をいいますから、資産を譲渡す
る時において保証債務を履行しなければならない義務が存在していなければ
なりません。

　お尋ねの場合は、土地を譲渡した時においては、あなたは手持ちの国債を
売却して、友人Aの債務を返済しており、いわゆる保証債務を履行してしま
っているのですから、保証債務を履行する義務は存在していません。

－286－

第2章　譲渡所得等の課税の特例

連帯保証人間の求償権

【問2-156】私の長男甲は、同族会社であるM建設㈱の代表者として会社経営に携わっておりました。2年前、同社が資金繰りに困ったときT銀行より借入れをしましたが、私と長男が連帯保証人になりました。しかし、同社は今年になり経営不振に陥りついに倒産してしまいました。

　そのためT銀行から連帯保証人である私と長男に対してM建設㈱の借入金の返済を求めてきましたので、私が所有する不動産を譲渡し借入金の返済を行いました。M建設㈱は残余財産もなく事業再開の見込みもありませんので求償権の行使も不可能な状態です。

　このような場合、保証債務の履行のために資産を譲渡した場合の課税の特例の適用を受けることができますか。

【答】**あなたは、ご長男に対する求償権の行使ができると認められますので、その求償権の行使ができる部分については特例の適用はありません。**

【解説】お尋ねによりますとM建設㈱は残余財産もなく事業再開の見込みもないとのことですので、主たる債務者であるM建設㈱に対しては求償権の行使はできないと考えられます。しかし、民法第465条《共同保証人間の求償権》により数人の保証人がある場合において1人の保証人が全額その他自己の負担を超える部分の弁済をしたときは、他の保証人に対して各自の負担部分の求償権を有すると規定されています。

－287－

第2章　譲渡所得等の課税の特例

保証債務を履行するために資産を譲渡した場合の譲渡所得の課税の特例の対象となる資産

> **【問2-157】** 私は友人Aの債務保証をしていたところ、Aが破産し借入金の返済が不能となったため、債権者から私に返済請求がありました。私には返済資金の手持ちはなく、また、土地・建物も私の事業に使用しているため、以前から所有していた株式を売却して返済資金に充てました。
>
> 　株式を売却した場合でも、「保証債務を履行するために資産を譲渡した場合の譲渡所得の課税の特例」の対象になるのでしょうか。

【答】 適用することができます。

【解説】 株式も譲渡所得の基因となる資産となりますので、他の要件を満たせば保証債務を履行するために資産を譲渡した場合の譲渡所得の課税の特例を適用することができます。

手形裏書人が割り引いた手形債務を支払うための資産の譲渡

> **【問2-158】** 私は、友人が振り出した約束手形を裏書譲渡し、その譲渡代金を友人に貸し付けていましたが、友人が事業に行き詰まり、その手形が不渡りとなってしまいました。私はやむを得ず土地を譲渡し、その代金で手形を買い戻しました。友人は、所在不明の状態にあり手形代金の回収をすることはできません。
>
> 　このような場合、手形の裏書が友人の資金調達のための保証として、譲渡した土地の譲渡所得について、保証債務の履行の場合の特例の適用が受けられるでしょうか。

【答】 あなたは、友人への貸付資金調達のために友人の振り出した手形を裏書譲渡したものであって、友人の借入金の保証をしたものとは認められません。

　したがって、あなたがその手形の買戻しのために土地を譲渡したとしても、その譲渡所得について、保証債務の履行のために資産を譲渡した場合の課税の特例の適用を受けることはできません。

-288-

債務者の資力喪失後の債務保証の場合

> 【問2-159】 長男の主宰しているA㈱は、経営不振のためここ数年赤字
> が続き資力喪失の状態になっています。
>
> 　先年、銀行借入れにより事業の再起を図ることになりましたが、A
> ㈱及び長男の資力、信用だけでは借入れができないとのことで、私が
> 保証をし、A㈱が借入れをしました。しかし、A㈱は、事業の再起を
> 図ることができず、ついに倒産してしまいました。このため私の所有
> する土地を譲渡して、A㈱の銀行借入金の弁済に充てました。
>
> 　この場合、譲渡した土地の譲渡所得について保証債務の履行のため
> に資産を譲渡した場合の課税の特例の適用を受けることができます
> か。

【答】 保証債務の履行によって求償権の全部又は一部を行使することができ
ない場合であっても、保証をする際に、主たる債務者が既に資力を喪失して
いる状態にあり保証債務という形式を採っていても、実質的に債務の引受け
や贈与と認められるときには、特例は適用できません。

申告後に求償権の行使ができなくなった場合

> 【問2-160】 私は、長男が主宰するA法人の銀行借入れについて保証を
> していました。昨年、銀行より借入金の返済を迫られましたが、A法
> 人には返済資金がなかったため保証人である私の土地を譲渡し、その
> 譲渡代金でA法人の銀行借入金の返済をしました。A法人は営業を続
> けておりましたので、求償権の行使ができるものとして、本年3月に
> は譲渡所得の申告を済ませましたが、10月になってA法人が経営不振
> に陥りついに倒産してしまいました。
>
> 　このため、A法人への求償権の行使ができなくなったのですが、申
> 告済の譲渡所得について何か考慮されないでしょうか。

【答】 求償権の全部又は一部の行使ができなくなった日から2月以内に所轄
税務署長に「更正の請求」をすれば、求償権の行使ができない部分について
は譲渡がなかったものとして取り扱われます。
【解説】 譲渡代金の全部又は一部の回収ができなくなった場合、保証債務を

第2章　譲渡所得等の課税の特例

履行するために資産を譲渡した場合でその履行に伴う求償権の全部又は一部
を行使することができなくなった場合の事実が譲渡所得の申告後に生じた場
合には、これらの事実が生じた日の翌日から2月以内に限り「更正の請求」
ができることになっています（所法152）。

第2章　譲渡所得等の課税の特例

第17節　合理的な再生計画に基づく私財提供非課税措置の特例

債務処理計画に基づき資産を贈与した場合の課税の特例

【問2-161】債務処理計画に基づき法人に対して資産を贈与した場合の課税の特例が創設されたと聞きましたが、その概要を教えてください。

【答】債務処理計画に基づき、中小企業者である再生企業の保証人となっている経営者が、平成25年4月1日から平成31年3月31日までの間に行う、中小企業者への一定の事業用資産の私財提供（贈与）については、次の要件の下、みなし譲渡課税は適用されません（措法40の3の2）。

(1) その経営者が、債務処理計画に基づき、その内国法人の債務の保証に係る保証債務の一部を履行していること

(2) その債務処理計画に基づき行われた、私財提供（贈与）及び保証債務の一部の履行後においても、その経営者が保証債務を有していることが債務処理計画において見込まれていること

(3) その内国法人が、私財提供（贈与）を受けた後にその資産を事業の用に供することが債務処理計画において定められていること

(4) その内国法人が中小企業等に対する金融の円滑化を図るための臨時措置に関する法律第2条第1項に規定する金融機関から受けた事業資金の貸付けにつき、その貸付けに係る債務の弁済の負担を軽減するため、その法律の施行の日から平成28年3月31日までの間に条件の変更が行われていること

(注) 1　「中小企業者」とは、次のいずれかの法人をいいます（措令27の4⑤）。
　　　(1) 資本金の額もしくは出資金の額が1億円以下の法人のうち次に掲げる法人以外の法人
　　　　・その発行済み株式又は出資の総数又は総数の2分の1以上が同一の大規模法人の所有に属している法人
　　　　・上記に掲げるもののほか、その発行済株式又は出資の総数又は総額の3分の2以上が大規模法人の所有に属している法人
　　　(2) 資本もしくは出資を有しない法人のうち常時使用する従業員の数が1,000人以下の法人
　　2　「経営者」とは、再生企業の取締役又は業務を執行する社員（持分会社における業務執行権を有する社員のこと）である個人で、再生企業の債務の保証に係る保証債務を有していなければなりません。

－291－

第3章 山 林 所 得

第1節 山林所得の範囲

山林所得の範囲(1)

【問3-1】山林所得とはどのようなものですか。また事業所得とどのように区分されているのですか。

【答】山林所得とは、山林（立木）の伐採又は譲渡による所得をいいます。

立木は、元来、最終的にパルプ材や建築用材として使用されることを目的として植栽育成を行うものですから、立木を伐採して譲渡したり、立木のまま譲渡することによる所得は、米や麦などの農作物を収穫することによって生じる所得や物品の製造、販売により生じる所得と本質的に異なるところはありません。

しかし、山林は、植林から伐採までの期間、つまり資本を投下してから回収するまでの期間が非常に長く、また立木の伐採又は譲渡によって生じる所得は、その間に蓄積された所得が一度に実現するという特色を有します。このような所得を資本の回転期間が比較的短く、資本の投下効果が各年にあらわれる事業から生じる所得と同じように課税することは、課税の公平を失するという観点から、所得税法においては、山林所得と事業所得とを区分して、分離課税方式、5分5乗方式、特別控除の制度など特別の措置が講じられています。

山林所得の範囲(2)

【問3-2】山林所得となる「山林」にはどのようなものが含まれますか。

【答】山林所得となる「山林」とは、一般的に建築用材又は薪炭材等に使用するためにその立木の伐期齢まで集団的に育成管理される立木をいうものと解されています。

【解説】山林所得とは「山林」を伐採して譲渡したり、又は「山林」を伐採

－292－

第3章　山　林　所　得

しないで立木のまま譲渡したことによって生じた所得をいいます（所基通32-1）。

　この場合、保有期間が5年以内の伐採又は譲渡による所得は山林所得とはならず、その所有者が素材業者などの場合は、事業所得、それ以外の場合は雑所得として取り扱われます。

　次に掲げるものは、山林所得の基因となる「山林」に該当しないものとして取り扱われています。

　①　果樹、桑樹、茶木、その他収穫樹
　②　庭園用その他主として観賞用のために植栽されている植木
　③　販売目的のため植栽される苗木など

区有林を譲渡した場合

> 【問3-3】この度、区有林を売却し、神社を改築することになりました。区の戸数は50戸で立木代金は、3,000万円程度になるそうです。神社を改築して残ったお金は均等に分配するつもりです。この場合、山林所得は課税されますか。

【答】区有林の所有の形態に応じて、山林所得又は一時所得として課税されることになります。

【解説】区有林の実態は、それぞれの地方、慣習によりかなり違うようです。課税上の取扱いは、その所有の形態に応じて次のとおりとなっています。

(1)　譲渡した区有林が区の住民の共有であり、その山林について区の住民各人が共有持分を有している場合には、区の住民各人に対し、共有持分に応じその譲渡の時点において山林所得として課税されることになります。

(2)　譲渡した区有林が区の住民の共有ではなく、その区有林について区の住民が共有持分を有しないなどいわゆる「総有」の状態にある場合には、譲渡の時点では課税関係は生じません。

　　しかし譲渡代金の全部又は一部が現実に区の住民に分配されたときには、その時点において一時所得（継続的に分配を受ける場合には雑所得）として課税されることになります。

－293－

第3章 山 林 所 得

土地付で立木を譲渡した場合

> 【問3-4】 先祖伝来の植林した山林を、このほど土地付で売却しまし
> た。このような場合でも収入金額の全部を山林所得として申告しても
> よろしいでしょうか。

【答】 土地付で立木を譲渡した場合には、譲渡価額のうち立木の部分は、山
林所得の収入金額となり、土地の部分は譲渡所得の収入金額となります（所
基通32-2）。
【解説】 土地付で立木を譲渡したために、それぞれの収入金額が明確に区分
されていないときは、譲渡の時における時価によって譲渡価額の総額を立木
部分と土地部分に区分して計算することになります。

桐の伐採・譲渡による所得

> 【問3-5】 12年前に裏の畑地に植林していた桐を伐採し、譲渡しまし
> た。この場合、畑から生じた所得ですから農業所得ではないかという
> 人もありますが、どんな取扱いになるのでしょうか。

【答】 その立木が伐期まで相当な規模で集団的に育成管理されてきたもので
あれば、山林所得として取り扱われます。
【解説】 一般的に山林の育成は、技術的にも経済的にも農業や放牧など林業
以外の産業には適していない、いわゆる「林地」を利用して行われるのが通
常です。
　しかし、桐の木のように非常に成育が早く、短期間で伐期齢に達し、建築
材や家具材などの用材としての用途が広いため「林地」ばかりでなく「畑地」
などの農耕に適する土地にも植栽されることがあるようです。
　このような場合、その立木が家具材等の用材として使用するため伐期まで
相当な規模で集団的に育成管理されてきたものであれば、これを伐採、譲渡
することにより生じた所得は、山林所得として取り扱われます。
　なお、例えば屋敷の庭にある2～3本程度の桐の木を伐採して譲渡したよ
うな場合は、用材として相当な規模で集団的に育成管理されてきたものでは
ありませんから、山林所得ではなく譲渡所得（総合課税の対象）として取り
扱われます。

第3章　山　林　所　得

松（立木）の枝の譲渡

> 【問3-6】私は裏山にある松（立木）の枝を切り、その枝を生花用とし
> て某園芸会社へ売却しました。この所得は山林所得となるでしょう
> か。

【答】あなたの場合は、枝だけを売却されたのですから、山林所得には該当
しません。原則として譲渡所得（総合課税の対象）となります。ただし、こ
のような譲渡が、連年にわたって継続的に行われている場合には、雑所得（又
は事業所得）に該当します。

立木を自家消費した場合

> 【問3-7】来年の大学受験を控えて子供の勉強部屋を増築することにな
> り、その用材は自分の持ち山を伐採することにしています。このよう
> な場合でも所得税（山林所得）が課税されるのでしょうか。

【答】**山林を伐採し、自家消費した場合には所得税が課税されます。**
【解説】一般の商店で、店の商品を自家消費したり、嫁入り道具として持た
せてやったりした場合にも、事業所得の計算上収入金額に算入するのと同じ
ように、あなたの所有されている山林を家事のために消費した場合にも次の
ような取扱いとなります（所基通39-4）。
(1) 保有期間が5年を超える山林にあっては、「その山林を他人に売ったな
　らばいくらになるか。」という金額を山林所得の計算上の収入金額として
　算入することとされています。
(2) 保有期間が5年以内の山林にあっては次のとおりです。
　イ　あなたが製材業や素材業を職業としておられる場合は、その消費した
　　ときの価額が、その年分の事業所得の計算上の収入金額として算入され
　　ます。
　ロ　あなたが製材業者等でない場合は、その消費したときの価額が、その
　　年分の雑所得の計算上収入金額として算入されます。
　なお、製材業者が保有期間が5年を超える山林を伐採し、製材その他の加
工をして家事のために消費した場合には、棚卸資産を自家消費したことにな
りますので、その消費したときの価額が、その年分の事業所得の計算上総収

－295－

第3章　山　林　所　得

入金額に算入されます。ただし、自家消費のために伐採した山林が製材業者自ら植林又は幼齢林を買入れして育成した山林の場合は次問【問3-8】を参照してください。

製材業者が植林から製材まで行う場合

> 【問3-8】私は製材業を経営していますが、私の植林した山林が伐期に達していますので伐採して製材し販売したいと思います。この場合に生じる所得は山林所得となりますか。

【答】原則的には、製材業者が自ら植林して育成したり、幼齢林を取得して育成した山林を伐採し、製材加工して販売する場合には、植林から製品の販売までの全部の所得が製材業者の事業所得となります。しかし、自ら植林し又は幼齢林を取得し、伐採するまで育成管理をしている場合は、その取得から伐採までの所得は、伐採した原木をその製材業者の通常の原木貯蔵場等に運搬した時の価額で計算した所得を山林所得とし、製材から販売までの所得は、その製品を販売した時の事業所得としても差し支えないこととされています（所基通23～35共-12）。

分収造林契約の意義

> 【問3-9】友人から土地を提供され、私が植林し将来山林を伐採したときに、その収益を折半しようという相談を持ち掛けられています。分収造林契約をすれば、土地を提供する友人の収入金も山林所得として申告すればよいそうですが、分収造林契約とはどのようなことをいうのですか。

【答】「分収造林」とは、一定の土地についての造林に関し、その土地の所有者と土地の所有者以外の者でその土地について造林を行う者（造林者）とが、一定の割合によりその造林による収益を分収することを約して行う林業をいいます。この場合、土地所有者及び造林者以外の者でその造林に要する費用の全部若しくは一部を負担する者（費用負担者）の三者が当事者となる場合もあります。
　つまり、土地の所有者、造林者及び費用負担者が別個であること、一定の

第3章 山 林 所 得

割合により収益を分収すること、植栽した樹木は各当事者の共有であり、各共有持分の割合は先の一定の割合に等しいものとすることなどを要件としています。

　そして、これらのことを約するのが「分収造林契約」です。ご質問にあるように、この分収造林契約に基づいて、その契約の当事者がその契約の目的となった山林の伐採又は譲渡による収益をその契約において定めている一定の割合によって分収する金額は、山林所得の収入金額に算入されます。

　しかし、分収造林契約であっても、主伐による収益だけを分収し、間伐によるものは分収しない場合には、山林所得に該当しないものとして取り扱われますからご注意ください。

　なお、分収造林契約をされる場合は必ず契約証書を作成するようにしてください。

分収造林契約の権利の取得後5年以内の譲渡

【問3-10】 私は分収造林契約をしている造林者の権利を3年前に取得しましたが、今回ある事情により知人に譲渡することになりました。若干の利益を得ましたが、この所得は山林所得になりますか。

【答】 その分収造林契約の権利の所有者であるあなたが立木・素材の売買を業としておられる場合は事業所得として、それ以外の場合には、雑所得として課税されることになります。

【解説】 分収造林契約の権利は、所得の種類を判定する上において山林と同じように考えられていますから、その所得が山林所得になるかどうかは、その権利を取得してから5年を超えているかどうかにより判定します。

　したがって【問3-2】で説明しましたとおり、山林を取得してから5年以内に伐採又は譲渡した場合の所得は、事業所得又は雑所得として課税されることになっています。

－297－

第3章　山　林　所　得

分収造林契約者（土地所有者）の受け取る地代

【問3-11】私が土地所有者、知人Aが費用負担者となって造林をBに任
　せることで三者間に分収造林契約を結びました。この契約では、山林
　の伐採又は譲渡したときの利益は、一定の割合で分収することにして
　いますが、契約を締結するに際して私は土地の使用料として、また知
　人Aは費用として出資した金額の金利として一定金額の支払を受けま
　した。
　　この場合、私及び知人Aの受け取った金銭は、山林所得に該当しま
　すか。

【答】**収益を分収するほか、土地の使用料、費用の金利などを受領する場合
には、その受領した金銭は山林所得に該当しません。**
【解説】分収造林契約によって配分される金額が、山林所得になるのは、分
収造林契約の対象となっている山林を伐採又は譲渡した場合の収益をあらか
じめ定めている一定の割合によって分収する場合に限られます。
　ご質問の場合は、あなたの受け取られたものは土地の使用料ですから不動
産所得、知人Aの受け取られたものは貸金の利子ですから、Aが金融業を営
んでいる場合は事業所得として、そうでない場合は雑所得として課税されま
す。

分収育林契約の意義

【問3-12】10年前、植林された山林を相続により取得しましたが、仕事
　の都合上、山林の保育、管理ができませんので、友人に育林を依頼し、
　私が将来山林を伐採したときに、その収益を折半しようと思っていま
　す。分収育林契約をすれば、山林の保育及び管理する友人の収入金も
　山林所得として申告すればよいそうですが、分収育林契約とはどのよ
　うなことをいうのですか。

【答】「分収育林」とは、一定の土地に生育する山林の保育及び管理（以下「育
林」と呼びます。）に関し、その土地の所有者とその土地の所有者以外の者
でその山林につき育林を行うものとが、一定の割合によりその育成による収
益を分収することを約して行う林業をいいます。この場合、土地の所有者及

-298-

第3章　山　林　所　得

び育林を行う者以外の者でその育林に要する費用の全部若しくは一部を負担する者（育林費負担者）の三者が当事者となる場合もあります。

　つまり、土地の所有者、育林者及び育林費負担者が別個であること、一定の割合により収益を分収すること、育林した樹木は各当事者の共有であり、各共有持分の割合は先の一定の割合に等しいものとすることなどを要件としています。そして、これらのことを約するのが「分収育林契約」です。

　すなわち、分収造林と分収育林との差異は、基本的には、苗を植えて造林を開始する段階からスタートするものを「分収造林」と呼ぶのに対し、造林の開始後育成の途中の段階においてスタートするものを「分収育林」と呼ぶところにあります。

　ご質問にあるように、この分収育林契約に基づいて、その契約の当事者がその契約の目的となった山林の伐採又は譲渡による収益をその契約において定めている一定の割合によって分収する金額は、山林所得の収入金額に算入されます。なお、分収育林契約をされる場合は必ず契約証書を作成するようにしてください。

－299－

第3章 山 林 所 得

第2節　山林の譲渡時期、取得時期

山林所得の収入すべき時期(1)

> **【問3-13】** 私は、平成29年11月に樹齢50年の杉を売却しました。その時
> はおよそ1,500万円と見積って売買契約を結び、手付金として300万円
> を受け取り、残代金の決済は平成30年3月とし、その日を引渡しの日
> としました。出材のとき寸検してみますと、よく育成していたのか思
> ったより材積があり、200万円の追加払を含めて3月の引渡しの日に
> 受け取りました。この場合、山林所得についてどのような申告をすれ
> ばよいのでしょうか。

【答】 収入金額1,700万円で譲渡があったものとして、山林の引渡しのあった
日、すなわち平成30年分の所得税（山林所得）の確定申告をすればよいこと
になります。

【解説】 山林所得の総収入金額の収入すべき時期は、原則としてその山林の
引渡しがあった日によることとされています。

　ただし、譲渡に関する契約の効力が発生した日に収入があったものとし
て、総収入金額に算入して申告してもよいことになっています（所基通
36-12）。

山林所得の収入すべき時期(2)

> **【問3-14】** 銘木販売会社の社長が、個人所有の立木（杉20年生）を人工
> 床柱用に加工するため、プラスチックの板を巻かせてくれと言ってき
> ました。1本当たり1万円で譲渡することになり、内金として1本当
> たり3,000円を受け取りました。立木は2年位すれば商品化できるの
> で、残金はその際に受け取る予定です。
> 　立木を伐採したわけではないのですが、山林所得として課税対象と
> なりますか。もし課税されるとすれば、いつの所得として申告すれば
> よいのですか。

【答】 山林所得として課税対象となり、実際にプラスチック板を巻かせるた
めに立木の管理を相手方に移した時の所得として申告する必要があります。

－300－

第3章　山　林　所　得

　なお、プラスチック板を巻かせることを承諾した契約の時の所得として申告することもできます。

【解説】 山林所得には、山林を伐採しないで立木のまま譲渡したことによって生じた所得も含まれます。

　なお、あなたが自分の山林（立木）に人工床柱用としてプラスチック等を巻き床柱などの商品として販売された場合の所得区分は次のようになりますのでご注意ください。

　①　立木にプラスチック等を巻く時点までに対応する所得は山林所得
　②　巻くことにより商品価値が高くなった部分に対応する所得は雑所得（又は事業所得）

立木を委託販売した場合の譲渡時期

> **【問3-15】** 私は、昨年2ヘクタールの山林（立木）についてA森林組合と委託販売契約を結びました。A森林組合は、本年中に約7割の立木を伐採し販売しましたが、残りの3割は来春に清算を完了することになっています。最終的な清算を了する来年分としてすべてを申告すればよいと思っていましたところ、本年中に伐採譲渡した部分は、来年の3月15日までに申告しなければならないとある人から聞きましたがどうなのでしょうか。

【答】 あなたが本年中に伐採譲渡した部分は、来年の3月15日までに申告しなければなりません。

【解説】 受託者であるA森林組合が、立木を伐採して市場に出し、売買が成立した都度その売却代金を委託者に支払うという契約により、伐木を譲渡している場合は、その契約によって、その年中にA森林組合が譲渡した伐木の対価の合計額が委託者であるあなたのその年の山林所得の収入金額になります。

第3章 山 林 所 得

山林の取得の日

【問3-16】 保有期間が5年以内の山林を伐採又は譲渡したときは山林所
得とはならず、事業所得又は雑所得として取り扱われるそうですが、
その取得の日はどのように判定すればよいのでしょうか。

【答】 保有期間を判定するための要素となる山林の取得の日は、次により取
り扱うこととなっています。

(1) 売買などにより他から取得した山林については、原則としてその山林の
引渡しがあった日を取得の日とすることになっています。

　　ただし、その山林の譲渡に関する契約の効力が発生した日を取得の日と
して申告してもよいことになっています（所基通32-3）。

(2) 自分で植林した山林については、植林が完了した日が取得の日となりま
す。また他人に請け負わせて植林した山林については、植林が完了して引
渡しを受けた日が取得の日とされます。

　　この場合において、植林の完了した日又は引渡しを受けた日の判定は、
その植林の林分ごとに行うこととなります（所基通32-3）。

(注) 林分とは、林相が一様で周囲のものと区分できる山林経営上の単位となる立
木の集団をいいます。

(3) 相続や遺贈により取得した山林については、次に掲げるものを除き、被
相続人がその山林を取得した日が取得の日とされます。また、次に掲げる
ものは、相続等により所有権が移転した日をその山林の取得の日とします
（所法60①）。

① 相続（限定承認に係るものに限ります。）により取得した山林

② 遺贈（包括遺贈のうち限定承認に係るものに限ります。）により取得
した山林

(4) 贈与により取得した山林については、贈与をした者がその山林を取得し
た日が取得の日とされます（所法60①）。

－302－

第3章　山　林　所　得

第3節　山林所得の計算

山林所得の計算方法

> 【問3-17】昭和26年に買った山林（当時20年生のひのき1ヘクタール）
> を立木のまま素材業者に譲渡しました。この山林所得の計算は、どう
> すればよいのでしょうか。具体的に教えてください。

【答】山林所得の金額の計算方法には、所得税法による原則的な方法と、租
税特別措置法に定める概算経費控除による方法の2通りがあります。
　ご質問の場合は、次の(1)、(2)いずれの方法で計算されても結構です。

(1) **原則的な方法**

　収入金額－（植林費、取得に要した費用、育成費、管理費）－（伐採費、
譲渡費用）－青色専従者給与額又は専従者控除額のうち伐採費、譲渡費用
以外の金額－山林所得の特別控除額＝山林所得の金額

(注)1　山林所得の必要経費については次問【問3-18】で説明しています。

　　2　山林所得の特別控除額は50万円ですが、特別控除前の金額が50万円に満た
　　　ない場合には、その金額が特別控除額となります。(2)においても同様です。

　　3　租税特別措置法に定める山林所得に係る森林計画特別控除は、山林所得の
　　　特別控除前の所得金額から控除されます。

　　　なお、森林計画特別控除については【問3-36】で説明しています。

(2) **概算経費控除の方法**

　｛収入金額－（伐採費、譲渡費用）－（青色専従者給与額又は専従者控除
額のうち伐採費、譲渡費用の部分の金額）｝×概算経費率（50%）＋（伐
採費、譲渡費用）＋（青色専従者給与額又は専従者控除額のうち伐採費、
譲渡費用の部分の金額）＝必要経費の額(A)

　収入金額－必要経費の額(A)－山林所得の特別控除額＝山林所得の金額

(注)　概算経費率については【問3-32】で説明しています。

山林所得の必要経費(1)

> 【問3-18】私は今年山林所得を計算しなければなりませんが、必要経費
> として、どんなものが控除できるのでしょうか。具体的にご教示くだ
> さい。

【答】**山林所得の計算上必要経費に算入される金額は、その山林の植林費、**

－303－

第3章 山林所得

取得に要した費用、管理費、伐採費、その他その山林の育成又は譲渡に要した費用（償却費以外の費用でその年において債務の確定していないものを除きます。）の額とされています（所法37②）。

【解説】必要経費の概要は次のとおりです。

(1) 植林費

　　苗木の買入代金やその買入れのために要した費用、植付の人夫賃など植林のために要した費用

(2) 取得に要した費用

　　山林が自生し又は植林されたものである場合の買入代金や仲介手数料など買い入れるために要した費用

(3) 管理費

　　森林組合費等の租税公課、火災保険料、機械器具の減価償却累計額、山守看守料（【問3-25】参照）など山林を維持管理するための費用

(4) 育成費

　　肥料代、防虫費、下刈り・枝打ち・除草のための人夫賃など山林を育成するための費用

(5) 伐採費

　　立木を伐採するために要した人夫賃などの費用

(6) 譲渡に要した費用

　　伐採した山林を搬出するための人夫賃やトラック運賃、測樹費、仲介手数料、商談費など山林を譲渡するための費用

　なお、以上の山林所得の金額の計算上控除する必要経費の金額の計算を簡略化するため、租税特別措置法第30条において概算経費控除の制度が設けられています（【問3-32】参照）。

山林所得の必要経費(2)

> 【問3-19】父が植林してくれた山林を伐採して譲渡しましたが、私には伐木用の機具がありませんでしたので、本年にチェンソー（小型2個9万円、大型3個90万円）を購入し使用しました。これらの購入費は譲渡のための費用として全額控除してもよいでしょうか。

【答】**小型のチェンソーについては全額が、大型のチェンソーについては減価償却費相当額が必要経費として控除できます。**

－304－

第3章 山　林　所　得

【解説】山林所得の必要経費には、機械器具の減価償却費を含めて計算することになっています。

　ところで、あなたが購入されたチェンソーのうち小型のものは、1個当たり10万円未満で少額減価償却資産に該当しますから、全額必要経費に算入することができます（所令138）。

　次に、大型のチェンソーは1個当たり30万円となり少額の減価償却資産には該当しませんので、減価償却対象資産として所定の計算により算出された減価償却費相当額が必要経費に算入されることになります。

（注）　減価償却資産で取得価額が10万円以上20万円未満のものについては、通常の方法により償却することに代えて、その減価償却資産の全部又は特定の一部を一括し、その一括した減価償却資産の取得価額の合計額を3年間で均等償却する制度を選択することができます。

山林所得の必要経費(3)

> **【問3-20】** 山林所得の必要経費とされる管理費や育成費は、支出した年分の山林所得の金額の計算上必要経費とすることができますか。

【答】伐採譲渡しない山林について支出した管理費や育成費などの費用は、その年に伐採譲渡した山林の山林所得の金額の計算上必要経費として控除することはできません。

【解説】山林所得の金額の計算上控除する必要経費は、伐採譲渡した山林ごとに計算することになっています（所法37②）。

　その年に支出した費用で、伐採譲渡しない山林について支出した費用は、将来その山林を伐採譲渡したときに必要経費として控除されることになります。

間伐山林の必要経費(1)

> **【問3-21】** 山林を間伐して譲渡した場合には、どんな計算をすればよいのでしょうか。

【答】間伐して譲渡した山林所得の計算上必要経費に算入する費用の額は、その山林の伐採及び譲渡に要した費用の額のほか、間伐した部分に係る植林費、取得に要した費用、管理費及び育成費の額が含まれます（所基通37-32）。

－305－

第3章　山　林　所　得

　なお、その山林が譲渡の年の15年前の年の12月31日以前から所有している
ものであれば、概算経費率を適用して簡便に計算する方法によることができ
ます。

間伐山林の必要経費(2)

> 【問3-22】　私の所有する山林（杉、ひのき20〜30年生）１ヘクタールを
> 　間伐することになり、間伐するに際し１ヘクタール全山について下刈
> 　りしましたが、その下刈経費について全額譲渡経費として控除してよ
> 　ろしいか。

【答】　山林所得の計算上必要経費に算入する費用の額は、その山林の伐採及
び譲渡に要した費用に限られますので、**間伐した部分についてのみ必要経費**
となります。
　したがって合理的に間伐経費が個別的に算出できる場合はそれによるべき
ですが、一般的には、

$$下刈経費（全山）\times \frac{間伐面積（本数）}{下刈した総山林面積（本数）}（間伐割合）$$

により計算することとなります。

譲渡に要した費用

> 【問3-23】　所得税法第37条第２項に規定されている山林の「譲渡に要し
> 　た費用」の範囲はどのようなものですか。

【答】　山林の譲渡に係る次の費用（取得費とされるものを除きます。）をいい
ます（所基通37-38、33-7）。
(1)　山林の譲渡に際して支出した仲介手数料、運搬費、登記若しくは登録に
　要する費用その他譲渡のために直接要した費用
(2)　(1)の費用のほか、既に売買契約を締結している山林を更に有利な条件
　で他に譲渡するためその契約を解除するに当たって支払った違約金などが
　含まれます。
(注)　譲渡した山林の植林費、下刈費、山守の看守料などいわゆる山林の取得費又は
　　育成管理費は、譲渡費用ではありませんが、山林所得の必要経費になります。

－306－

第3章　山　林　所　得

譲渡契約を解除し違約金を支払った場合の取扱い

> **【問3-24】** 知り合いの素材業者に700万円で山林を譲渡することで売買
> 契約を結び、手付金100万円を受け取ったのですが、1週間ほどして、
> その山林を1,000万円で買うから是非売ってほしいと頼まれ、500万円
> の内金を持ってきた人がいました。そこで、知人には、先に受け取っ
> た100万円と別に違約金100万円の合わせて200万円を支払い、契約を
> 解除しました。山林所得の申告をする際に、支払った違約金100万円
> は必要経費になるでしょうか。

【答】 必要経費に算入されます（所基通37-38）。

【解説】 既に締結した譲渡契約を解除して、その契約内容より有利な条件で
他へ譲渡するため、違約金を支払った場合には、支払った違約金の額（手付
金の返還金に相当する金額が含まれている場合には、その金額を除きます。）
は、山林の譲渡に要した費用に含めて、山林所得の計算上、必要経費として
控除されます。

看守料

> **【問3-25】** 看守料として山守に支払った金額は山林所得の計算上どのよ
> うに取り扱われますか。

**【答】 一般に看守料は立木の育成管理のための役務の対価とみられますの
で、管理費として取り扱われています。**

【解説】 看守料の名目で支払う場合であっても、その金額のなかに立木の伐
採、譲渡の仲介又は譲渡のための立木調査等譲渡のための役務の対価として
支払われる金額が含まれている場合、その部分の金額は山林所得の計算上、
譲渡に要した費用となります。

　また、看守料は概算経費率を適用する場合には原則として別枠で控除する
ことはできませんが、その中に上記「譲渡に要した費用」に該当する部分が
あれば、その部分の金額は控除できます。

第3章　山　林　所　得

立木を取得した時の借入金の利子の取扱いについて

> **【問3-26】** 私は投資の目的で昭和55年に自己資金及び借入金で山林（立
> 木）を買入れしましたが、この度都合により売ることになりました。
> これまでに支払った利子を山林所得の計算上必要経費として差し引く
> ことはできないのでしょうか。

【答】 借入金の利子については、借入金のうち個々の山林の取得に充てた金
額に対応する部分に限り山林所得の計算上必要経費に算入されます。
　ただし、概算経費率を適用する場合は、概算経費の外枠として控除するこ
とはできません。

【解説】 山林所得の計算上必要経費に算入される金額は、その山林の植林費、
取得に要した費用、管理費、伐採費、その他その山林の育成又は譲渡に要し
た費用の額とされています（所法37②）。
　ただし、概算経費率を適用する場合は、概算経費の控除の外枠として控除
することはできません。

林道分担金の取扱い

> **【問3-27】** 村当局と森林組合が共同して林道を新設するため、私の所有
> している山林にもその費用の一部に充てるために賦課金がかかってき
> ました。この賦課金は、山林所得の計算をする際どのような取扱いに
> なるのでしょうか。

【答】 独立行政法人森林総合研究所、地方公共団体、森林組合又は森林組合
連合会が、林道の開設に伴ってその開設費の全部又は一部を山林所有者又は
林地所有者に賦課し、又は負担させた場合のその賦課金等はそれぞれ次のよ
うに取り扱われます。

(1) **林地賦課金**

　　受益地の所有者に対し受益面積に応じて賦課される金額をいい、元本相
　当部分を林地の改良費として土地の取得費に加算し、利息相当分をその林
　地に生立する山林の管理費として譲渡したときの必要経費に含めることに
　なっています（所基通37-33）。

(2) **立木賦課金**

第3章　山　林　所　得

受益地に生立する山林の所有者に対し、その所有する山林の価額に応じて賦課される金額をいい、その山林の管理費に算入します（所基通37-34）。

現実には、林道分担金として賦課される場合が多く、「林地賦課金」と「立木賦課金」との区分が明らかでないものがあるようです。

そのような場合には、その賦課金の90％相当額を立木賦課金の額とし、その残額（10％）を林地賦課金の額とすることに取り扱われています（所基通37-36）。

所有権等を確保するために要した訴訟費用等

【問3-28】10年前にひのき山を購入しましたが、当時から隣接の所有者と境界争いをしていたものです。私も弁護士に依頼して訴訟を続けていましたところ、やっと和解が成立しました。

問題解決までに相当弁護士費用を支払っていますが、この費用は山林所得の計算上、どのように取り扱われるのでしょうか。

【答】買入れ山林の所有権の帰属についての紛争や譲渡契約の効力に関する争いなどその所有権を確保するため直接要した訴訟費用、和解費用等の額は、その支出した年分（当該山林の管理費その他その育成に要した費用とされるものは、その山林の伐採又は譲渡の属する年分）の山林所得の計算上必要経費に算入されたものを除き、資産の取得に要した費用とすることになっています（所基通37-25）。

また、譲渡契約の効力に関する紛争においてその契約が成立することになったときの費用は、山林所得の金額の計算上、譲渡費用とされます。

出材作業中の事故に対して支払った見舞金の取扱い

【問3-29】私の持ち山で立木の出材作業中に労務者が誤って死亡しました。山主として放っておけないので、その遺族に立木の売却代金から見舞金として500万円を支払いました。山林所得の計算上、控除していただけますか。

【答】あなたが遺族に支払われた見舞金の500万円は、山林所得の必要経費と

－309－

第3章　山　林　所　得

して控除することはできません。

【解説】山林所得の必要経費に算入される金額は、植林費、取得費、管理費、育成費、伐採費、譲渡費用の額と限定されています（所法37②）。

　なお、山主が労務者を雇い作業に従事させる際に、不慮の事故に備えて労災保険料を支払っている場合には、その年に支払った保険料は、その年の山林所得の必要経費に算入することができます。

山林の火災による損失

> 【問3-30】私の所有している山林がハイカーの失火から山火事となり焼失しました。その損害額は、時価にすれば約1,000万円ですが山林所得の計算上火災による損失額として控除してもらえるでしょうか。なお、火災保険金や損害賠償金などは受け取っていません。

【答】災害損失として山林所得の計算上必要経費に算入することができる金額は、山林の時価1,000万円ではなく、その山林を譲渡したと仮定した場合、必要経費に算入することができる植林費、取得費、育成費、管理費等の合計額になります。

【解説】山林が火災、風水害、噴火、落雷、冷害、雪害などの自然現象の変化によって被った災害や、鉱害、火薬類の爆発その他人為による異常な災害並びに害虫、害獣その他の生物による異常な災害（所令9）によって損害を生じたときは、その損失を生じた日までに支出している費用で、未回収部分の金額、すなわち、植林あるいは取得に要した費用、肥料代、下刈りや枝打ち、除草のための人夫賃などの育成費用、火災保険料、機械器具の減価償却費等の管理費用の合計額のうち、間伐の収益等により回収されていない部分の金額から、保険金や損害賠償金によって補てんされた金額を差し引いた金額を、災害のあった年分の山林所得の金額の計算上必要経費に算入します（所法51③、所令142二、143二）。

　したがって、火災等による損害の額は、その山林の焼失する直前の時価ではありません。

第3章 山 林 所 得

被災事業用資産の損失の金額

【問3-31】被災事業用資産の損失の金額は課税上どのように取り扱われ
るのでしょうか。

【答】被災事業用資産の損失の金額とは、①災害により山林や林業経営のた
めに使用していた業務用の固定資産について「災害のあった年中」に生じた
損失の金額や、②「災害がやんだ日から1年以内」に支出した①の資産に関
する原状回復のための費用などの災害関連費用をいい、その年の山林所得の
計算上必要な経費として控除できます。
　また、山林所得の必要経費の計算を概算経費率による場合は、災害関連費
用は概算経費の別枠で控除できます。

概算経費の控除

【問3-32】山林所得の金額を計算するについて、その控除する必要経費
を簡略化した方法で計算する制度があると聞きましたが、どんな制度
でしょうか。詳しく説明してください。

【答】山林所得の金額の計算上控除する必要経費の計算については、原則的
方法（【問3-18】参照）とその計算を簡略化した概算経費控除の方法と2通
りの方法があります。このうち、概算経費については租税特別措置法第30条
に「個人がその年の15年前の年の12月31日以前から引き続き所有していた山
林を伐採し、又は譲渡した場合において、当該伐採又は譲渡による山林所得
の金額の計算上総収入金額から控除すべき必要経費は、所得税法第37条第2
項〔必要経費〕並びに第2編第2章第2節第4款及び第5款の規定にかかわ
らず、当該伐採又は譲渡による収入金額（当該伐採又は譲渡に関し、伐採費、
運搬費その他財務省令で定める費用を要したときは、当該費用を控除した金
額）に第4項の規定により定められた割合を乗じて算出した金額（その控除
した金額又は山林所得を生ずべき業務につきその年において生じた同法第70
条第3項〔純損失の繰越控除〕に規定する被災事業用資産の損失の金額があ
るときは、これらの金額を加算した金額）とすることができる。」と定めら
れています。
　この規定は山林所得の必要経費のうち、伐採又は譲渡に関して要した費用

第3章 山 林 所 得

及び被災事業用資産の損失額並びに災害関連費用以外の費用については、所得税法の規定により計算した金額によらないで、収入金額に財務省令で定めた割合を乗じて計算した金額によることができることを定めたものです。

したがって、所得税法に定められている取得費、植林費はもちろんのこと育成費、管理費の計算もする必要がありません。

言い換えると概算経費率により所得金額を計算する場合には、これらのものは別枠で控除することはできないということです。

その逆に、概算経費の別枠で控除することのできる経費には、伐採費、運搬費、譲渡のための仲介手数料、測樹費等の経費（租税特別措置法第30条第1項においてかっこ書している経費）、被災事業用資産の損失額及び災害関連費用があります。

以上により概算経費率による場合の山林所得の計算上収入金額から控除する必要経費の額は、次の算式により計算することになっています（措通30-2）。

$$\left(\begin{array}{l}\text{その年の15年前の年}\\\text{の12月31日以前から}\\\text{引続き有していた山}\\\text{林の収入金額}\end{array} - \begin{array}{l}\text{左の山林の伐採又は譲}\\\text{渡に関して要した伐採}\\\text{費、運搬費、仲介手数}\\\text{料その他の費用の額A}\end{array}\right) \times \begin{array}{l}\text{概 算}\\\text{経費率}\end{array}$$

$$+ \left(\text{A} + \begin{array}{l}\text{山林所得を生ずべき業務につきその年にお}\\\text{いて生じた被災事業用資産の損失の金額}\\\text{（災害関連費用を含む。）}\end{array}\right)$$

(注) 山林所得の金額の計算を概算経費を控除して行う方法によった場合は、確定申告書に「措法第30条適用」と記載する手続が必要です。

雪起こし費用と概算経費控除の特例

> **【問3-33】** 私の持っている山林が豪雪によって相当な雪害を受けました。そのため多額の雪起こし費用がかかりましたが、今年の山林所得を計算する際に、概算経費控除に加えて計算してもよろしいでしょうか。

【答】 災害によって相当な被害を受け、そのため復旧費用を要した場合には**【問3-31】**でご説明しましたとおり災害関連費用として概算経費の別枠で控除することができます。

なお、雪起こし関連費用の確認のため、実際に支払った領収証等を保管しておいてください。

第3章　山　林　所　得

青色申告と概算経費控除

> 【問3-34】私は、山林所得について青色申告をしている者ですが、例年は床柱用の丸太を主として伐採譲渡しているため、山林所得の必要経費の計算に当たって、取得費を通常の計算方法による植林費、育成管理費の合計額によることにしています。ところが今年は、自宅を建て替えるため多額の資金が必要になり、先代が植林した山林を伐採しました。
>
> 　この場合、通常の計算方法による必要経費の額より、概算経費率を適用して計算した必要経費の方が有利になると思われますので、そのように計算して申告することができるでしょうか。

【答】概算経費率を適用して計算して申告することができます。

【解説】山林所得の概算経費控除は、青色申告をしているかどうかに関係なく山林を伐採した年の15年前の年の12月31日以前から引き続き所有していた山林を伐採譲渡した場合には、納税者の選択により所得税法で定めている必要経費の計算方法によらないで、概算経費率を適用して計算することができます。

青色事業専従者給与

> 【問3-35】山林所得についても、青色申告をすれば家族に対する給与を必要経費として控除することができますか。

【答】青色申告書を提出することについて税務署長の承認を受けている山林所得を生ずべき事業を営む者が、生計を一にする配偶者や15歳以上の親族で1年間のうち6か月を超える期間、専らその事業に従事している者に給料を支払っている場合、税務署長に届出している金額の範囲内でしかも労務の対価として妥当な額であれば、必要経費とすることができます。

【解説】上記の給与の金額が妥当な額であるかどうかの判断は、次の点を総合的に検討します（所令164①）。

①　青色事業専従者の労務に従事した期間、労務の性質及びその提供の程度

②　その事業に従事する他の使用人が支払を受ける給与の状況及びその事

第3章 山 林 所 得

業と同種の事業でその規模が類似するものに従事する者が支払を受ける
給与の状況
③　その事業の種類及び規模並びにその収益の状況

第3章　山　林　所　得

第4節　山林所得の計算の特例

森林計画特別控除制度

> 【問3-36】山林所得を計算する際に、「森林計画特別控除」という制度があると聞きましたが、どのような内容の制度でしょうか。適用するためにはどのような手続をすればよいかご教示ください。

【答】個人が、平成24年から平成32年までの各年において、その所有する山林について森林法の規定による市町村長の認定を受けた森林経営計画（公益的機能別森林施業を実施するため特定広葉樹育成施業森林に係るもの（特定広葉樹育成施業森林を対象とする部分に限ります。）又は木材の安定供給の確保に関する特別措置法第9条第4項の規定による認定の取消しがあったものを除きます。）に基づき、その山林の全部又は一部を伐採して譲渡したり又は立木のまま譲渡した場合に、その年分の山林所得の金額の計算については、次の算式により計算した金額が「森林計画特別控除額」として控除されます。

　ただし、森林の保健機能の増進に関する特別措置法第2条第2項第2号に規定する森林保健施設を整備するための山林の伐採又は譲渡には、この特例を適用することができません（措法30の2①②）。

(1) 必要経費の計算について概算経費控除率を使用した場合

$$\left(\begin{array}{l}\text{この特例の適用があ}\\\text{る山林の収入金額}\end{array} - \begin{array}{l}\text{伐採費・譲渡}\\\text{に要した費用}\end{array}\right) = A$$

　① 　Aの金額が2,000万円以下のとき　　A×20％

　② 　Aの金額が2,000万円を超えるとき　A×10％＋200万円

　　（※平成27年分以前については、上記算式①・②中「2,000万円」とあるのは「3,000万円」として適用され、算式②中「200万円」は、「300万円」となります。）

(2) 上記以外（実額により必要経費を計算した場合）

　次の①、②のうちいずれか低い方となります。

　① 　上記(1)の算式

　② 　$$\left(\begin{array}{l}\text{この特例の適用があ}\\\text{る山林の収入金額(A)}\end{array} - \begin{array}{l}\text{伐採費・譲渡}\\\text{に要した費用}\end{array}\right) \times 50\% -$$

$$\left\{\begin{array}{l}\text{(A)に対応する部}\\\text{分の必要経費}\end{array} - \left(\begin{array}{l}\text{伐採費・譲渡}\\\text{に要した費用}\end{array} + \begin{array}{l}\text{(A)に対応する部}\\\text{分の被災事業用}\\\text{資産の損失の金額}\end{array}\right)\right\}$$

－315－

第3章 山 林 所 得

(注) 1 伐採費等とは、山林の伐採又は譲渡に要した伐採費、運搬費及び仲介手数料等をいいます。

2 被災事業用資産の損失のうち、森林計画特別控除の対象となる収入金額に対応する部分については、次の算式により計算することとされています（措令19の6②）。

$$被災事業用資産の損失の金額 \times \frac{森林計画特別控除の対象となる収入金額}{その年分の山林所得の総収入金額} \left(\begin{array}{c} 分数割合の小数 \\ 点以下3位未満 \\ 切上げ \end{array} \right)$$

なお、山林を交換、出資、収用等により譲渡等したとき及び相続、遺贈、贈与により資産が移転したもののうち、資産の譲渡とみなされたときは、この控除は受けられません。

森林計画特別控除の適用を受けるための手続としては、その年の確定申告書の「特例適用条文」欄に「措法30条の2」と記載し、次の書類を添付することが必要です（措法30の2③、措規13③）。

① 山林所得の金額の計算に関する明細書

② その伐採、譲渡が「森林経営計画」に基づくものである旨、その山林に係る林地の面積並びにその樹種別及び樹齢別の材積などの市町村長等の証明書

③ ②の山林に係る林地の測量図

④ 森林経営計画書の写し

強制換価手続による山林の譲渡

> **【問3-37】** 私は、食堂を経営していましたが、事業不振で倒産し、担保に入れていた財産は全部債権者に処分されてしまい、将来子供の学資にするために持っていた山林までも競売されました。この山林について所得税がかかりますか。現在、私は生活にも事欠くような状態で納税する能力がありません。

【答】 あなたのように資力を喪失して債務を弁済することが著しく困難な場合において競売、滞納処分など強制換価手続を執行されることが避けられない事情の下において行われた代物弁済等の任意の譲渡で、その譲渡の対価をもって債務を弁済したときは、その山林所得は非課税とされます（所法9①十、所令26）。

ただし、山林の伐採又は譲渡による所得であっても、相当規模の山林を保

第3章　山　林　所　得

有して営利を目的として継続的に山林の伐採又は譲渡をしている場合については、非課税とはなりません（所基通9-12の3）。

（注）1　資力を喪失して債務を弁済することが著しく困難である場合とは債務の額が明らかに積極財産の価格を超え、かつ、その人の収入状況又は信用の状況その他の事情からその債務を弁済することが困難である場合をいいます。

　　2　強制換価手続による資産の譲渡とは、滞納処分、強制執行、担保権の実行としての競売、企業担保権の実行手続、破産手続により資産を譲渡することをいいます。

山林の交換

> **【問3-38】** 先日、隣村の甲さんから甲さん所有の山林と私の所有している山林とを交換してくれと頼まれました。交換した方がお互いに地理的にも便利になりますので交換しようかと思います。土地を交換した場合の課税の特例については知っているのですが、立木の交換についても同じような特例があるのでしょうか。

【答】立木を交換した場合については、譲渡がなかったものとみなす特例がありませんので、双方に所得税（山林所得）が課税されることになります。

【解説】 資産を交換した場合に、その交換が一定の要件に該当していますと譲渡はなかったものとして課税の繰延べが行われます（【問2-129】参照）が、その交換する資産がどんなものでもよいというわけではありません。交換の特例が適用される資産には、立木、その他独立して取引の対象となる土地の定着物は含まれていません（所基通58-2）。

－317－

第3章 山林所得

保証債務の履行による山林の譲渡

> **【問3-39】** 私は一昨年義兄が銀行から事業資金を借入れする際に、頼まれて保証人となりました。
>
> ところが、昨年急に義兄の事業が不振となり、とうとう3か月ほど前に倒産してしまいました。そのため銀行から保証人の私に義兄の借入金を支払うよう催促してきました。やむを得ず先祖の山林を700万円で売却し、そのうちから500万円を支払いました。
>
> 義兄は財産らしいものはすっかり失くしてしまい、とても回収の見込みはありません。このような場合、山林所得の計算上なんとか考慮してもらえないものでしょうか。

【答】 保証債務を履行するため5年を超える期間保有している山林を譲渡した場合で、保証債務の履行に伴う求償権の全部又は一部の行使ができないこととなった場合の、その求償権の行使ができないこととなった部分の金額は、譲渡所得の場合と同様に山林所得の金額の計算上なかったものとみなされます（所法64②）。

【解説】 上記の規定を適用することができるのは、①保証債務の履行のためであること（ただし、主たる債務者が返済することができないことが分かっていながら保証した債務は除かれます。）、②求償権の行使ができないことの二つの条件が必要です。

保証債務かどうかは、山林の所有者が他人の債務について保証しているものであればよく、必ずしもその山林を担保に供していることを要しません。

次に、求償権が行使できないかどうかの判定は、相手方（主たる債務者）に破産宣告、事業閉鎖、行方不明などの事情があるため、回収の見込みがないかどうかによって判断します。

なお、この特例の適用を受けるためには、譲渡所得の場合と同様に確定申告書の「特例適用条文」欄に「所法64条2項」と記入するとともに一定の事項を記載した書類を添付することが要件となっています（所法64③、所規38）。

さて、あなたの場合には、あなたが保証された時の義兄の財産内容と、求償権の行使ができるかどうかが問題となります。

これらの事実関係が前述の条件に該当するときは、売却代金700万円のうち銀行に支払った500万円については、次のいずれか低い金額が求償権の行

第3章　山　林　所　得

使ができないこととなった年分の山林所得の金額の計算上なかったものとして取り扱われます。

① 求償権の行使が不可能となった金額（500万円）

② 求償権の行使が不可能となった時の直前において確定しているその年分の総所得金額等、山林所得金額及び退職所得金額の合計額

③ 山林所得金額（伐採費及び譲渡に要した費用がない場合、700万円×（1 −0.5）＝350万円）

(注) ただし、山林経営を業としている人（山林の輪伐のみによって通常の生活費を賄うことができる程度の規模において行う山林の経営をしている人をいいます。）や、事業とまではいかないが、営利を目的として山林を継続的に譲渡している人が保証債務を履行するため山林を譲渡した場合は、この特例は適用されません（所基通64-5の2）。

山林所得の損益通算

> **【問3-40】** 山林所得の金額の計算上生じた赤字は、他の所得の金額と通算できますか。

【答】 山林所得に損失が生じたときは、その損失の金額は、まず利子所得、配当所得、不動産所得、事業所得、給与所得及び雑所得の金額から控除し、控除しきれない損失の金額があるときは、譲渡所得の金額及び一時所得の金額から控除し、なお控除しきれない損失があるときは、退職所得の金額から控除します（所令198六）。

【解説】 譲渡所得の金額から控除する場合に、譲渡所得に短期譲渡所得と長期譲渡所得がある場合には、まず短期譲渡所得の部分から控除し、控除しきれない金額を長期譲渡所得から控除します。

更にそのうえ赤字が残るときは、その人が青色申告書を提出している場合及びその山林の赤字が山林の災害によるものである場合には、純損失として翌年以降3年間の繰越控除が認められます。

−319−

第3章　山林所得

山林の収用の場合の課税の特例

> 【問3-41】私の持っていた山林が公共事業のために収用されることにな
> りました。この場合に課税の特例があると聞いていますが、詳しく説
> 明してください。

【答】山林が収用された場合の補償金に対する課税については、譲渡所得と
同じようにいろいろな軽減措置が講じられています。しかし、収用された山
林が、山林所得の基因とならない山林（保有期間が5年以内の山林）のとき
は、軽減措置の適用はありません。

　多くの場合、土地（林地）が収用される場合でも併せて立木が収用される
場合はほとんどありません。したがって、土地を収用されることによって、
その土地の上に生育する立木を伐採しなければならないこととなり、その伐
採に伴って補償金の交付を受けるケースが多いと思います。このような場合
には、立木所有者の伐採計画などに関係なく、伐採するため①林地の収用が
なければ、通常の伐期が来れば得られたであろう所得が得られなくなること
による損失、又は②多量の立木を一時に伐採するため売却価額が低下すると
認められるときにおいて、その低下による損失が補償されることになります。

　これらの補償金については、対価補償金として次のような収用等の場合の
課税の特例が受けられます。しかし、立木を処分することによる所得につい
てはこの特例の適用はありません。

(1) 収用等された山林の対価としての補償金（対価補償金）で代替資産とし
て山林を取得した場合には、その代替資産の取得に要した金額に対応する
山林所得の課税を繰り延べるいわゆる代替資産の特例

(2) 収用等された山林に代え、交換などにより代わりの山林を取得し、山林
の対価補償金がない場合には、課税を繰り延べるいわゆる交換処分の特例

(3) 上記(1)の補償金で代替資産を取得しない場合で、一定の要件に当ては
まる場合【問2-29】参照）には5,000万円の特別控除を行う特例

　なお、代替資産の特例と5,000万円の特別控除とは併せて適用できません
ので、どちらか一方の特例を納税者自身が選択することになっています。

　特例を適用する場合の山林所得の金額の算式を示しますと次のとおりとな
ります。

－320－

第3章　山　林　所　得

イ　代替資産の特例を適用する場合

$$\left\{ \begin{pmatrix} 補償金な \\ どの額Ⓐ \end{pmatrix} - \begin{pmatrix} 補てんされなか \\ った譲渡費用Ⓑ \end{pmatrix} - \begin{pmatrix} 代替資産の \\ 取得価額Ⓓ \end{pmatrix} \right.$$

$$\left. - \begin{pmatrix} 収用などされた山林の取 \\ 得費、育成費、管理費Ⓒ \end{pmatrix} \times \frac{Ⓐ-Ⓑ-Ⓓ}{Ⓐ-Ⓑ} \right\}$$

$$- \begin{pmatrix} 山林所得の特別 \\ 控除額（50万円） \end{pmatrix} = 山林所得の金額$$

ロ　5,000万円の特別控除を適用する場合

$$\left[\left\{ \begin{pmatrix} 補償金な \\ どの額 \end{pmatrix} - \begin{pmatrix} 補てんされなか \\ った譲渡費用 \end{pmatrix} \right\} - \begin{pmatrix} 収用などされた \\ 山林の取得費、 \\ 育成費、管理費 \end{pmatrix} \right.$$

$$\left. - 5,000万円 \right] - \begin{pmatrix} 山林所得の特別 \\ 控除額（50万円） \end{pmatrix} = 山林所得の金額$$

　以上のような公共事業のために買取り等をされた場合の適用の要件、手続等については、第2章を参照してください（措法33）。

山林の収用の場合の特別控除の特例

> 【問3-42】　先祖伝来の山林が、この度公共事業のために買収されることになり、土地（林地）の買収価額のほかに立木補償金を受領しました。
> 　この場合、5,000万円の特別控除ができると聞きましたが、土地に対する譲渡所得、立木に対する山林所得の双方から、それぞれ5,000万円控除ができますか。

【答】5,000万円の特別控除額は、まず山林所得の金額の計算上控除し、控除不足額については長期譲渡所得の金額の計算上控除することになります。
【解説】山林が収用された場合の立木補償金に対しても、一定の要件に当てはまる場合には5,000万円の特別控除ができます（【問3-41】参照）。
　ところで、この収用等における特別控除は、譲渡所得・山林所得のそれぞれより差し引くことができますが、その額は通算して5,000万円を限度としています。この場合、まず分離課税の短期譲渡所得から控除し、総合課税の譲渡所得、山林所得、分離課税の長期譲渡所得の順に行うこととなっています（措令22の4①）。

－321－

第3章 山 林 所 得

山林の延払条件付譲渡

> 【問3-43】 今年山林を1,000万円で譲渡しましたが、代金は5年の年賦
> にして毎年200万円ずつ受領することにしており、今年の分は既に受
> け取っています。
> 　代金を年賦で受け取る場合でも山林所得の申告は契約した本年分と
> してしなければいけないといわれましたが、納税する資金がありませ
> ん。何か特例がないものでしょうか。

【答】 **山林を延払条件付で譲渡した場合で、一定の条件を満たしているとき
は、確定申告の際、その納付すべき所得税額の全部又は一部について5年以
内の延納の申請をすることができます（所法132、所令265）。**
【解説】 延納の申請ができる延払条件付譲渡とは、次に掲げる要件のすべて
に該当するものをいいます。
① 　月賦、年賦その他賦払いの方法によって3回以上に分割して山林の譲
　　渡代金を受領すること
② 　その譲渡の目的物の引渡しの期日の翌日から最終の支払期日までの期
　　間が2年以上であること
③ 　延払条件付譲渡の契約で定められているその山林の引渡し時期までに
　　支払期日の到来する賦払金（頭金等）の合計額が、その譲渡代金の3分
　　の2以下となっていること
なお、延納申請ができるのは、上記の延払条件付譲渡に該当するほか、次
の要件を満たしていることが必要です（所法132）。
① 　延払条件付譲渡をした年分の確定申告書をその提出期限までに提出し
　　たこと
② 　延払条件付譲渡に係る税額が、その年分の所得税額の2分の1を超
　　え、かつ、30万円を超えること
③ 　延納税額について所定の担保を提供すること（ただし、その延納税額
　　が100万円以下で、かつ、延納期間が3年以下である場合又はその期間
　　が3か月以下である場合は、担保の提供は不要です。）

第3章　山　林　所　得

第5節　消費税等と山林所得の計算

山林所得計算と消費税等の関係

> 【問3-44】山林所得を計算する場合に消費税等はどのように関係してくるのでしょうか。

【答】消費税等の課税事業者が立木の伐採・譲渡をした場合には、消費税及び地方消費税（以下「消費税等」といいます。）が課税され、また、取得費や管理費及び伐採・譲渡費用については、消費税等が含まれています。

　ところで、お尋ねになっているのは、山林所得の計算上、譲渡価額、取得費・管理費及び伐採・譲渡費用に含まれている消費税等をどのように取り扱うのかということだと思います。

　譲渡所得計算上の取扱いは【問1-121】～【問1-124】で説明しましたが、山林所得計算上の取扱いは、消費税等に係る調整計算を行うという点で譲渡所得の場合と異なっています。

　その取扱いは次のとおりです。

1　消費税等の課税事業者が行う立木の伐採・譲渡（分収造林契約又は分収育林契約に係る権利又は持分の譲渡を含みます。以下同じです。）の場合

　山林所得の計算に当たり課税事業者が行う取引に係る経理処理については、税抜経理方式又は税込経理方式のいずれの方式によることとしても差し支えありません（平元.3.29直所3-8「2」）。

　山林所得の計算は、その経理方式が税込経理方式か税抜経理方式かによって、次のとおり異なります。

(1)　税込経理方式の場合

　譲渡価額、取得費・管理費、伐採・譲渡費用はすべて消費税等込みの価額を基に計算します（概算経費控除、森林計画特別控除の計算も消費税等込みの価額を基に計算します。）。

　また、山林の伐採・譲渡をした年に納付した山林の伐採・譲渡に係る消費税等の額は、山林所得の金額の計算上必要経費に算入し、還付を受けた消費税等の額は総収入金額に算入します（平元.3.29直所3-8「7」「8」）。

　なお、その算入の時期は、原則として消費税等の納税申告書の提出された年ですが、課税事業者が申告期限未到来の納付すべき消費税等の額又は還付される消費税等の額を未払金又は未収入金に計上したときは、当該計

－323－

上した年の山林所得の金額の計算上必要経費又は総収入金額に算入しても差し支えありません（平元.3.29直所3-8「7」「8」ただし書）。

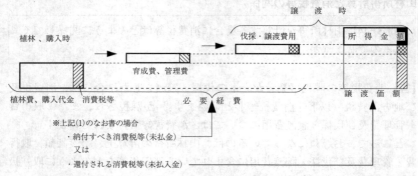

(2) 税抜経理方式の場合

譲渡価額、取得費・管理費、伐採・譲渡費用は下記の注書を適用する場合を除いてすべて消費税等抜きの価額によって計算します。

この場合、消費税等の額は仮受消費税等及び仮払消費税等として清算しますが、次に掲げる場合には、それぞれ次に掲げるところにより、山林所得の金額の計算上必要経費算入又は総収入金額算入の調整を行います（平元.3.29直所3-8「6」「12」）。

① 資産に係る控除対象外消費税等がある場合

その控除対象外消費税等について所得税法施行令第182条の2の規定（控除対象外消費税等の必要経費算入）の適用を受ける場合は必要経費に、適用を受けない場合はその資産の取得価額に算入します。

② 簡易課税を適用している場合

仮受消費税等の金額と仮払消費税等の金額との差額と簡易課税を適用したことにより納付すべきこととなる消費税等の額又は還付されるべき消費税等の額との差額を総収入金額又は必要経費に算入します。

第3章　山　林　所　得

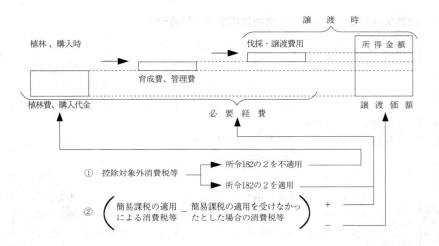

(注)　課税事業者が山林の伐採・譲渡に係る収入金額を税抜経理方式で行っている場合には山林の取得等（植林、取得、管理、育成をいいます。）に係る取引又は山林の伐採費・譲渡費用の支出に係る取引のいずれか一方の取引について税込経理方式を選択適用できます（平元.3.29直所3-8「3」）。

2　非事業者又は免税事業者が行う立木の伐採・譲渡の場合

この場合の伐採・譲渡に対しては、消費税等が課税されません。しかし、取得費・管理費や伐採・譲渡費用については、その支払先が課税事業者であれば、消費税等が含まれています。

山林所得の金額の計算は、すべて税込みの価額を基に行います（平元.3.29直所3-8「5」）。

したがって、山林所得の金額の計算は譲渡価額を除き、すべて税込みの価額を基に計算します。

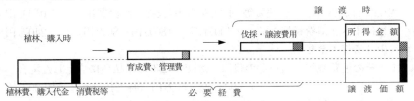

第3章 山 林 所 得

山林所得の金額の計算と消費税等の関係（計算例1）

> **【問3-45】** 私は父から相続によって取得した山林（50年程前に父が植林した杉）を本年7月に伐採・譲渡しました。私は消費税の課税事業者ですので、この伐採・譲渡による収入金額に対しても消費税等が課税されることは分かるのですが、山林所得の金額の計算はどのように行うのでしょうか。
>
> なお、譲渡価額、植林費・管理費等は次のとおり（金額はすべて税込み）で、経理方式は税込経理方式によりたいと思います。
>
> 　　○譲渡価額　　　　　　　　　　　　　　　　　　　　5,400万円
> 　　○植林費・管理費等（消費税法施行前の支出）　　　　2,000万円
> 　　○伐採・譲渡費用　　　　　　　　　　　　　　　　　1,080万円
> 　　○伐採・譲渡後の植林に要した費用に係る消費税等の額　80万円

【答】 税込経理方式を適用している場合の山林所得の金額の計算において、譲渡価額、植林費・管理費等又は伐採・譲渡費用はすべて税込価額によります。

　また、山林の伐採・譲渡をした年の納付すべき山林の伐採・譲渡に係る消費税等の額は、山林所得の金額の計算上必要経費に算入されるのですが、その消費税等の額を伐採・譲渡をした年の未払金に計上した場合と計上しなかった場合とで算入する時期が異なってきます。

　したがって、次のニの①、②の区分に応じてそれぞれに掲げるとおりとなります。

イ　収入金額……………………………………………………………　5,400万円

ロ　必要経費

　2,000万円（植林費・管理費等）＋1,080万円（伐採・譲渡費用）＝　3,080万円

ハ　納付すべき消費税等の額……400万円－（80万円＋80万円）＝　240万円

ニ　山林所得の金額

　①　その消費税等の額をその伐採・譲渡した年の未払金に計上した場合

　　　　　　　　　イ－ロ－ハ－50万円（特別控除額）＝2,030万円

　②　その消費税等の額をその伐採・譲渡した年の未払金に計上しなかった場合

　　　　　　　　　イ－ロ－50万円（特別控除額）＝2,270万円

　　※　この場合、上記ハの納付すべき消費税等の額240万円は、消費税

－326－

第3章　山　林　所　得

　　　　等の納税申告書の提出された年の山林所得の金額の計算上必要経費
　　　　に算入されます。

〈参　考〉
　この質問のケースで、「伐採・譲渡後の植林に要した費用に係る消費税等
の額」が500万円であったとした場合には、消費税等の額が還付されること
となり、山林所得の計算上総収入金額に算入されるのですが、その還付され
る消費税等の額についても、その消費税等の額を伐採・譲渡をした年の未収
入金に計上した場合と計上しなかった場合とで算入する時期が異なってきま
す。
　したがって、次のへの①、②の区分に応じてそれぞれに掲げるとおりとな
ります。
イ　収入金額‥‥‥‥‥‥‥‥‥‥‥‥‥‥‥‥‥‥‥‥‥‥‥‥‥　5,400万円
ロ　必要経費
　　2,000万円(植林費・管理費等)＋1,080万円(伐採・譲渡費用)＝　3,080万円
ホ　還付される消費税等の額‥‥‥‥(80万円＋500万円)－400万円＝　180万円
へ　山林所得の金額
　①　その消費税等の額をその伐採・譲渡した年の未収入金に計上した場合
　　　　　　　　　　　　イ＋ホ－ロ－50万円（特別控除額）＝2,450万円
　②　その消費税等の額をその伐採・譲渡した年の未収入金に計上しなかっ
　　　た場合　　　　　　　イ－ロ－50万円（特別控除額）＝2,270万円
　　　※　この場合、上記ホの還付される消費税等の額180万円は、消費税
　　　　　等の納税申告書の提出された年の山林所得の金額の計算上総収入金
　　　　　額に算入されます。

第3章 山 林 所 得

山林所得の金額の計算と消費税等の関係（計算例2）

【問3-46】消費税の課税事業者である林業専業の私は本年9月に山林を
伐採・譲渡しました。
　山林所得の経理方式は税抜経理方式を適用しますので、山林所得の金
額の計算はすべて税抜きの価額で計算すればよいと思っているのです
が、簡易課税方式の適用をした場合には更に消費税等の額に係る調整
計算が必要だということを聞きました。
　この調整計算とは、具体的にどのように行うのでしょうか。
　なお、譲渡価額、取得費・管理費等は次のとおりです。
　○譲渡価額（税抜き）　　　　　4,000万円→消費税等 320万円
　○取得費（消費税施行前の取得）　2,000万円
　○伐採・譲渡費用（税抜き）　　 1,000万円→消費税等　80万円
　○本年のその他の課税仕入れ　　　 800万円→消費税等　64万円

【答】税抜経理方式を適用している場合の山林所得の金額の計算において、
譲渡価額、植林費・管理費等又は伐採・譲渡費用はすべて税抜価額によりま
す。
　また、簡易課税方式を適用している場合に、仮受消費税等と仮払消費税等
の差額（つまり簡易課税方式を適用しなかったとした場合の納付すべき消費
税等の額又は還付される消費税等の額）と簡易課税方式を適用したことによ
る納付すべき消費税等の額又は還付される消費税等の額との差額があるとき
は、その差額は山林所得の金額の計算上総収入金額又は必要経費に算入しま
す。あなたの言われる「消費税等の額に係る調整計算」とはこのことです。
　質問のケースの具体的な計算は次のとおりです。
イ　収入金額……………………………………………………………… 4,000万円
ロ　必要経費
　　　……2,000万円（取得費）＋1,000万円（伐採・譲渡費用）＝3,000万円
ハ　簡易課税方式を適用しなかったとした場合の納付すべき消費税等の額
　　　　　　　　……320万円－（80万円＋64万円）＝　176万円
ニ　簡易課税方式を適用したことによる納付すべき消費税等の額
　　　　　　　　　　……4,000万円×30％×8％＝　96万円
ホ　山林所得の金額
　　　　　　……イ＋（ハ－ニ）－ロ－50万円（特別控除額）＝1,030万円

－328－

第3章　山　林　所　得

〈参　考〉

　この質問のケースで、「本年のその他の課税仕入れ」が2,400万円（消費税等192万円）であったとした場合の計算は次のとおりです。

イ　収入金額………………………………………………………………　4,000万円

ロ　必要経費

　　　……2,000万円（取得費）＋1,000万円（伐採・譲渡費用）＝3,000万円

ハ　簡易課税方式を適用しなかったとした場合の納付すべき消費税等の額

　　　　　　　……320万円－（80万円＋192万円）＝　48万円

ニ　簡易課税方式を適用したことによる納付すべき消費税等の額

　　　　　　　……4,000万円×30％×8％＝　96万円

ホ　山林所得の金額……イ－（ニ－ハ）－ロ－50万円（特別控除）＝　902万円

－329－

第4章 相続税

第1節 相続税の納税義務者

同時死亡の場合の法定相続人の判定

【問4-1】乙（長男）の運転する乗用車が交通事故を起こし、同乗していた甲（父）とともに即死しました。この場合の甲、乙の法定相続人及びその相続分はどうなりますか。
　なお、甲、乙の親族構成は次のとおりです。

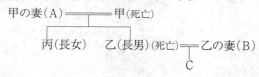

【答】甲、乙それぞれの相続人とその相続分は次のとおりとなります。
（甲の相続人とその相続分）
　甲の妻A（相続分2分の1）、乙の子C（相続分4分の1）、
　甲の長女丙（相続分4分の1）
（乙の相続人とその相続分）
　乙の妻B（相続分2分の1）、乙の子C（相続分2分の1）

【解説】甲と乙は民法第32条の2《同時死亡の推定》の規定により、同時に死亡したものと推定されますので、乙は甲の相続人として甲の財産を相続することはできませんが、乙の子のCは乙の代襲相続人として甲の財産を相続することができます。

身分関係が重複する場合の相続分

【問4-2】私は、父が5年前に死亡しましたので、祖父、祖母夫婦の養子として2年前に縁組しました。
　この度、祖父が死亡しましたが、この場合、私の相続分はどうなるのでしょうか。
　なお、祖母、叔母ともに健在で、父の子は私ひとりだけです。

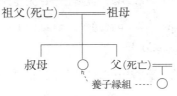

【答】祖父の相続人及びその相続分は、祖母（相続分2分の1）、叔母（相続分6分の1＝$\frac{1}{2}×\frac{1}{3}$）、あなた（相続分3分の1＝$\frac{1}{2}×\frac{1}{3}+\frac{1}{2}×\frac{1}{3}$）となります。
【解説】あなたは、亡父の代襲相続人という身分（民法887）と、祖父、祖母夫婦との養子縁組により祖父の嫡出子たる身分（民法809）の二重の相続権を有することになります。

内縁の妻・養子・後妻の連れ子等の相続分

【問4-3】次の人の場合は相続権がありますか。また、あるとすればその相続分はどうなりますか。
① 内縁の妻
② 養子
③ 後妻の連れ子
④ 認知した子（非嫡出子）

【答】①　内縁の妻……内縁の妻には相続権はありません。
②　養子……養子は民法第809条《嫡出子の身分の取得》の規定により、縁組の日から養親の嫡出子たる身分を取得し、離縁するまでは子としての相続権を有することになります。
　なお、養子は、特別養子（民法817の2）を除き、その実父母に対して

第4章 相　続　税

も実子としての相続権を持っていますので、養父母及び実父母の両方に対して、子としての相続権、相続分を有することになります。

(注) 相続税の計算上法定相続人に算入される養子の数については制限される場合があります（【問4-73】参照）。

③　後妻の連れ子……下図の場合の後妻の連れ子甲は、Aと養子縁組し、入籍していなければAの財産に対して相続権は持っていません。Aの財産に対して相続権を持っているのは、後妻B及び先妻Dとの子乙のみです。

C（後妻の先夫）－－－－－－B（後妻）＝＝＝＝A（夫）－－－－－－D（先妻）
　　　　　　　長男 甲　　　　　　　　　　　長男 乙

④　認知した子（非嫡出子）……この場合は、認知した者の財産について相続権があります。

　下図の場合、Aが乙を認知すれば乙は民法第900条《法定相続分》第4号の規定により長男Cと等しい相続分を有することになります。すなわち、Aが死亡した場合の相続人及びその相続分は次のようになります。

甲－－－－－A（夫）＝＝＝＝B（妻）
　乙 認知　　　　C（長男）

妻Bの相続分　　　2分の1
長男Cの相続分　　4分の1＝½×½
乙の相続分　　　　4分の1＝½×½

(注) 平成25年12月5日、民法の一部を改正する法律が成立し、嫡出でない子の相続分が嫡出子の相続分と同等になりました。
　　なお、平成25年9月5日以後に開始した相続について適用されます。

第4章　相　続　税

胎児がある場合の相続分

【問4-4】私の友人甲は、妊娠6か月の妻乙を残して死亡しました。親族関係は下図のとおりですが、この場合の相続人及び相続分はどうなりますか。

```
父A ════ 母B
   長男 甲(死亡) ════ 妻 乙(妊娠6か月)
```

【答】甲の相続人及びその相続分は、妻乙が2分の1、乙の胎児が2分の1となります。

【解説】胎児は、民法上、相続については既に生まれたものとみなされ（民法886①）、子としての相続権を有しています。

　ただし、胎児が死産であった場合は、妻乙の相続分は3分の2、父Aは6分の1、母Bは6分の1となります。

　なお、相続人となるべき胎児が相続税の申告書を提出する日までに出生していない場合は、相続税法第15条第1項（遺産に係る基礎控除）に規定する相続人の数には算入しません（相基通15-3）。

人格のない社団等が財産の遺贈を受けた場合の課税関係

【問4-5】私が代表をしている社交クラブA（人格のない社団）は、私の友人であった甲から財産の遺贈を受けましたが、その場合の相続税はどのようになりますか。

【答】社交クラブAは個人とみなされ相続税が課税されます。

【解説】相続税の納税義務者は、原則的に相続又は遺贈により財産を取得した個人ですが、このほか、相続税法においては、

① 代表者又は管理者の定めのある人格のない社団又は財団が遺贈により財産を取得した場合（相基通1の3・1の4共-2(2)）

② 持分の定めのない法人が遺贈により財産を取得した場合において、その遺贈者の親族その他遺贈者と特別の関係がある者の相続税の負担が不当に減少する結果になると認められる場合（相基通1の3・1の4共-2(3)）

③ 特定一般社団法人等の場合（次に掲げる要件のいずれかを満たす一般

第4章 相 続 税

社団法人等をいいます。）（相基通1の3・1の4共-2(4)）
・相続開始の直前におけるその被相続人に係る同族理事の数の理事の総数
　のうちに占める割合が2分の1を超えること。
・相続開始前5年以内において、その被相続人に係る同族理事の数の理事
　の総数のうちに占める割合が2分の1を超える期間の合計が3年以上で
　あること。

　　(注)1 「一般社団法人等」とは、一般社団法人又は一般財団法人（公益社団法人
　　　　　又は公益財団法人その他一定の一般社団法人又は一般財団法人を除きま
　　　　　す。）をいいます。

　　　　2 「同族理事」とは、一般社団法人等の理事のうち、被相続人又はその配偶
　　　　　者、三親等内の親族その他のその被相続人と相続税法施行令第34条第3項
　　　　　に規定する特殊の関係のある者をいいます。

には、これらは個人とみなされて相続税が課税されます（相法66①④、相法
66の2①）。

　ただし、人格のない社団又は財団及び持分の定めのない法人が遺贈によっ
て取得した財産の価額が法人税法の規定により各事業年度の所得の金額の計
算上益金の額に算入され、法人税等が課された場合には、その額を個人とみ
なされて課税される相続税額から控除することになります（相法66⑤、相法
66の2③）。

特別縁故者が財産の分与を受けた場合の課税関係

【問4-6】 私は被相続人Aの内縁の妻ですが、Aには相続人がないため
　家庭裁判所から特別縁故者としてAの遺産のすべてである土地の分与
　を受けました。この場合、相続税の申告は必要でしょうか。

**【答】 あなたが分与を受けた土地の価額（分与を受けた時の相続税評価額）
が相続税の基礎控除額（相続開始時の法令に基づく金額）を超える場合には
相続税の申告が必要になります。**

【解説】 被相続人と特別の縁故があった者が、相続財産の全部又は一部の分
与を受けた場合には、その分与を受けた者が、分与を受けた時におけるその
財産の時価（相続開始の時の時価ではありません。）に相当する金額を被相
続人から遺贈により取得したものとみなされ相続税が課税されることになり
ます（相法4）。

第4章 相　続　税

特別縁故者が財産分与を受けた場合の課税

【問4-7】甲は、身寄りのない乙の療養看護に努めてきましたが、乙は平成24年6月に死亡しました。

　　乙には、相続人がいないため、甲は家庭裁判所の審判により乙の遺産の一部について、平成30年2月に財産分与を受けました。この場合の課税関係はどうなりますか。

　　なお、分与を受けた財産（甲の居住用財産）の価額は次のとおりです。

　　　平成24年分相続税評価額　　7,000万円

　　　平成30年分相続税評価額　　5,500万円

【答】相続税額の計算は、次のとおり、その相続税の申告書を、財産分与があったことを知った日の翌日から10か月以内に提出しなければなりません。

(1) 課税価格

　　5,500万円－5,000万円（基礎控除額）＝500万円

　　(注)　平成24年分の基礎控除額：5,000万円＋（1,000万円×0人）＝5,000万円

(2) 相続税額

　　500万円×10％＝50万円

　　50万円＋（50万円×20％）＝60万円

　　※　算出された相続税額に、その20％相当額を加算するのは、**相続税法第18条（相続税額の加算）**の規定によるものです。

【解説】特別縁故者が財産の分与を受けたときは、その財産は遺贈により取得したものとみなして相続税が課税されることになります。この場合、相続税の課税価格となる財産の価額は、死亡時における価額ではなく分与を受けた時の価額となります（前問参照（相法4））。ただし、相続税額の計算は、あくまでもその死亡した人の相続開始日に適用される法令によりますのでご注意ください（ご質問の場合は平成24年分の税率、基礎控除額によります。）。

　　また、財産分与は一定の手続が必要であることから、通常の申告期限までに財産の分与を受けることができない場合も生じますので、財産分与による相続税の申告期限については、財産分与があったことを知った日の翌日から10か月以内とされています（相法29）。

第4章 相 続 税

停止条件付遺贈があった場合の取扱い

【問4-8】 父が死亡しましたので、その財産を相続することになりまし
たが、父は、甥に対して停止条件付の遺贈をしていました。
この条件の成就する前に、相続税の申告をしなければなりません
が、どのように計算すればよいのでしょうか。

【答】 遺贈の目的となった財産は、未分割財産として取り扱い、相続人が民
法に定める相続分により取得したものとして計算することになります。
【解説】 停止条件付の遺贈があった場合には、その条件が成就するまでは遺
贈の効果が発生していないことになりますので、当該遺贈の目的となってい
る遺産は、条件が成就するまでの間、相続人が受託者として所有しているこ
とになります。すなわち、相続税の申告期限までに条件が成就しない場合に
は、当該財産は受遺者に帰属することが確定していないことになります。

そこで、このような場合には、その遺贈の目的となった財産を、未分割財
産として取り扱い、相続人が民法に定める相続分によって取得したものとみ
なして計算することとされています（相基通11の2-8）。

なお、相続人がその財産を、相続財産として分割した場合には、その分割
の割合によって取得したものとしても差し支えないものとされています。

後日、条件が成就し、甥が遺贈の目的となった財産を取得した場合に、相
続人は更正の請求をすることができます（相法32①六、相令8②三）。

また、財産を取得した甥は、その条件が成就した日の翌日から10か月以内
に相続税の申告書を提出しなければなりません（相基通27-4(9)）。

相続税の納税義務者

【問4-9】 平成30年度税制改正により、相続税の納税義務者及び課税財
産に係る規定が変わったと聞きましたが、その内容について教えてく
ださい。

【答】 平成30年4月1日以後に相続又は遺贈によって取得する財産に係る相
続税の納税義務者及び課税される財産の範囲は、次のようになっています
（相法1の3、2、相基通1の3・1の4共-3）。

－336－

第4章 相 続 税

① 相続又は遺贈により財産を取得した者で、財産取得時に日本国内に住所を有している者（その者が一時居住者（**注**）1である場合には、被相続人が一時居住被相続人（**注**）2又は非居住被相続人（**注**）3である場合を除きます。）〔居住無制限納税義務者〕 **取得した全ての財産**

② 相続又は遺贈により財産を取得した者で、財産取得時に日本国内に住所を有しない次に掲げる者〔非居住無制限納税義務者〕 **取得した全ての財産**

  イ 日本国籍を有している者の場合は、次のいずれかの者

  （イ） 相続の開始前10年以内に日本国内に住所を有していたことがある者

  （ロ） 相続の開始前10年以内に日本国内に住所を有していたことがない者（被相続人が一時居住被相続人又は非居住被相続人である場合を除きます。）

  ロ 日本国籍を有していない者（被相続人が一時居住被相続人、非居住被相続人又は非居住外国人である場合を除きます。）

③ 相続又は遺贈により日本国内にある財産を取得した者で、財産取得時に日本国内に住所を有する者（①に掲げる者を除きます。）〔居住制限納税義務者〕 **日本国内にある財産**

④ 相続又は遺贈により日本国内にある財産を取得した者で、財産取得時に日本国内に住所を有しない者（②に掲げる者を除きます。）〔非居住制限納税義務者〕**日本国内にある財産**

（**注**）1 「一時居住者」とは、相続開始の時において在留資格を有する者で、その相続の開始前15年以内に日本国内に住所を有していた期間の合計が10年以下の者をいいます。

（**注**）2 「一時居住被相続人」とは、相続開始の時において在留資格を有し、かつ、日本国内に住所を有していた被相続人で、その相続の開始前15年以内に日本国内に住所を有していた期間の合計が10年以下の者をいいます。

（**注**）3 「非居住被相続人」とは、相続開始の時においてこの法律の施行地に住所を有していなかった当該相続に係る被相続人で、①相続の開始前10年以内のいずれかの時においてこの法律の施行地に住所を有していたことがある者のうちそのいずれの時においても日本国籍を有していなかった者又は②相続の開始前10年以内のいずれの時においてもこの法律の施行地に住所を有していたことがない者をいいます。

なお、所得税法第137条の2（国外転出時課税の適用がある場合の納税猶予）及び第137条の3（国外転出（贈与・相続）時課税の適用がある場合の

第４章　相　　続　　税

納税猶予）の適用を受ける者が死亡又は贈与をした場合における、相続税又は贈与税の納税義務については、別に定めがあります（相法１の３②一〜三、１の４②一〜三）。

被相続人 贈与者 ＼ 相続人 受贈者	国内に住所あり 一時居住者（※１）	国内に住所なし 日本国籍あり 10年以内に住所あり	10年以内に住所なし	日本国籍なし
国内に住所あり				
一時居住被相続人（※１） 一時居住贈与者（※１）				
国内に住所なし　10年以内に住所あり	国内・国外財産ともに課税			
相続税　外国人　贈与税　短期滞在外国人(※２)　長期滞在外国人(※３)				
10年以内に住所なし			国内財産のみに課税	

※１　出入国管理法別表第１の在留資格で滞在している者で、相続・贈与前15年以内において国内に住所を有していた期間の合計が10年以下の者

※２　出国前15年以内において国内に住所を有していた期間の合計が10年以下の外国人

※３　出国前15年以内において国内に住所を有していた期間の合計が10年超の外国人で出国後２年を経過した者

(注)　平成29年４月１日から平成34年３月31日までの間に、日本国内に住所及び日本国籍を有しない者（上記②ロが、平成29年４月１日から相続若しくは遺贈又は贈与の時まで引き続き日本国内に住所及び日本国籍を有しない者（すなわち、同日までに日本を出国した外国人で引き続き日本に住所を有しない者）から相続若しくは遺贈又は贈与により取得した国外財産に対しては、相続税又は贈与税は課されません（平成29年改正法附則31②）。

　　また、贈与税の非居住無制限納税義務者（日本国籍を有しない個人に限る。）に該当する者であっても平成30年４月１日から平成31年３月31日までの間に非居住外国人から贈与により国外財産を取得した場合は、贈与税は課せません（平成30年改正法附則43②）。

－338－

第4章　相　続　税

海外留学者等の住所の判定

【問4-10】平成30年5月に父が死亡しました。相続人は母、私及び私の
　長男（父と養子縁組されている。）の3人です。
　　私の長男は、平成28年9月からアメリカの大学に2年間の留学中で
　あり、その間の長男の生活費や教育費は、私が日本から送金していま
　す。
　　父の相続財産のなかにはハワイの別荘がありますが、これを長男が
　相続する予定です。長男のように海外に住所を有する者については、
　海外にある相続財産は課税されますか。

【答】相続財産として課税されます。

【解説】 前問【問4-9】の答④のとおり、相続や遺贈で日本国内にある財産
を取得した者で、財産取得時に日本国内に住所を有しない者（同②に掲げる
者を除きます。）である場合には、相続した財産のうち日本国内にある財産
のみが課税財産となりますので、海外にある財産を相続しても相続税の課税
財産とはなりません。

　なお、日本の国籍を有している者が相続により財産を取得した時において
日本国内を離れている場合であっても、その者が次に掲げる者に該当する場
合は、その者の住所は、日本国内にあるものとして取り扱うこととされてい
ます（相基通1の3・1の4共-6）。

ア　学術、技芸の習得のため留学している者で日本国内にいる者の扶養親族
　となっている者

イ　国外において勤務その他の人的役務の提供をする者で国外における当該
　人的役務の提供が短期間（おおむね1年以内である場合をいいます。）で
　あると見込まれる者（その者の配偶者その他生計を一にする親族でその者
　と同居している者を含みます。）

(注)　その者が相続により財産を取得した時において日本を離れている場合であって
　　も、国外出張、国外興行等により一時的に日本を離れているにすぎない者につい
　　ては、その者の住所は日本にあることとなります。

　ご質問の場合、上記アに該当すると思われますので、ご長男は相続税の無
制限納税義務者となり、アメリカにある別荘について、相続財産として課税
されることになります。

第4章 相　　続　　税

国外財産を相続又は遺贈により取得した場合の相続税

【問4-11】　私は、外国人であるＡと結婚し、10年前に、日本からＡの本
　国に移住し、現在に至るまでＡの本国に住んでいます。
　　ところで、本年5月に日本に住んでいる私の父が死亡しました。父
　は、日本国内にある預貯金とＡの本国にある私達夫婦の居宅を各2分
　の1ずつ私とＡに遺贈する旨の遺言書を残していました。
　　私たち夫婦は、その遺言書の内容に従ってこれらの財産を取得する
　ことになりました。
　　この場合、私たち夫婦が取得した預貯金及び居宅は、相続税の課税
　の対象になりますか。なお、Ａは外国籍ですが、私の国籍は日本です。

【答】　あなた及びＡさんのいずれも、預貯金及び居宅のすべてについて、相
続税の課税の対象になります。
【解説】　あなたは、【問4-9】の答の②イに該当し、Ａさんは②ロに該当する
ことになりますので、国内・国外財産を問わず、相続により取得した財産の
全てが相続税の課税の対象になります。

－340－

第4章　相　続　税

第2節　相続税の課税財産

相続財産の意義

> 【問4-12】相続税の課税の対象となる財産とはどのようなものをいうの
> でしょうか。

【答】相続税の課税対象となる「財産」とは、金銭に見積ることができる経済的価値のあるすべてのものをいいます。

　具体的に相続税の課税対象となる財産とは、被相続人が相続開始の時に有していた土地、建物、借家権、借地権、有価証券、預貯金、現金、貴金属、書画骨とう、立木等の一切の財産をいいますが、

① 物権、債権、無体財産権だけでなく、信託受益権、電話加入権等も含まれること

② 法律上の根拠を有しないものであっても経済的価値のあるもの、例えば、営業権のようなものも含まれること

③ 質権、抵当権又は地役権のような従たる権利は、主たる権利の価値を担保し、又は増加させるものであって、独立して財産を構成しないことなどに注意する必要があります（相基通11の2-1）。

　そのほか、民法上の相続や遺贈によって取得した財産には該当しないものであっても、被相続人の死亡退職金や生命保険金などのように実質的には相続又は遺贈によって取得したのと同様な経済的効果があるものについては、相続税法でこれらの財産を相続又は遺贈によって取得したものとみなして相続税が課税されることになります（【問4-17】以下参照）。

売買契約成立後に相続の開始があった場合

> 【問4-13】甲は、乙に宅地を5,000万円で譲渡する契約を結び、手付金
> 500万円を受け取った時点で死亡しました。甲の相続人A及びBは甲
> の死亡後乙から残金4,500万円を受け取りこの土地の引渡しをしまし
> たが、この場合、相続税の課税の関係はどうなるのでしょうか。

【答】甲の相続により取得した財産は、その売買契約に基づく残代金請求権
（その価額は相続開始時における未収入金の額）となります。

－341－

第4章　相　続　税

【解説】土地等又は建物等の売買契約が締結され、その取引に関する売買契約の当事者の義務の全部が履行される前に、売買契約の売主又は買主に相続が開始した場合におけるその土地等又は建物等の課税価格については原則として次に掲げるところによります。

①　売主に相続が開始した場合には、相続又は遺贈により取得した財産は、その売買契約に基づく土地の譲渡の対価のうち相続開始時における未収入金となります。

②　買主に相続が開始した場合には、相続又は遺贈により取得した財産は、その売買契約についての土地の引渡請求権等とし、その財産取得者の負担すべき債務は、相続開始時における未払金となります。

(注)　上記②の土地等の引渡請求権等の価額は、原則としてその売買契約に基づく土地等の譲渡の対価の額によりますが、その売買契約の日から相続開始の日までの期間が通常の売買の例に比較して長期間であるなどその対価の額が相続開始の日におけるその土地等の時価として適当でない場合には、別途適切な売買実例等を検討して評価した価額によります。

譲渡担保の取扱い

> **【問4-14】**譲渡担保の目的となっている財産に係る相続税の課税については、どのように取り扱われますか。

【答】金銭消費貸借の担保として、その担保物の所有権の移転登記をしたもの又は債権金額によって買戻しする特約を付したいわゆる譲渡担保の目的となっている財産についての相続税の課税については、原則として、次のように取り扱うこととされています（相基通11の2-6）。

①　被相続人が債権者である場合には、債権に相当する金額を課税価格の計算の基礎に算入し、その譲渡担保の目的になっている財産の価額に相当する金額は、これに算入しないことにしています。

②　被相続人が債務者である場合には、その譲渡担保の目的になっている財産の価額に相当する金額を課税価格の計算の基礎に算入し、債務に相当する金額は控除することにしています。

-342-

第4章 相　続　税

所有権留保契約に基づいて買い入れた物品の課税財産の取扱い

> **【問4-15】** 私は、父が生前にA割賦販売会社から所有権留保契約により
> 100万円で購入していたピアノを相続することになりました。
> 　しかし、父の死亡日現在で未払金が50万円あります。
> 　この場合、相続税の申告の際、どのように取り扱えばよいでしょう
> か。

【答】 ピアノを相続財産に計上し、未払金50万円を債務として申告をしても
差し支えありません。

【解説】 所有権留保契約とは、買主が売買代金を完済するまでは、当該物品
の所有権は売主に留保する契約をいいます。

　しかし、所有権留保契約が単に割賦未払代金の担保を目的としたものであ
り、かつ、買主において購入物品を、使用、収益、処分ができる状態である
場合には相続税の申告においては当該購入物品を財産として計上し、未払割
賦代金を債務として計上して差し支えないと思われます。

住宅ローンの残額が、団体信用保険の保険金で返済された場合の債務控除

> **【問4-16】** 甲は3年前に土地、家屋を購入し、銀行借入れの際に、下記
> のような団体信用保険に加入していました。
> 　甲が先月亡くなり、A銀行からの住宅ローンが免除されることにな
> りますが、この住宅ローンの残額は相続税の課税上、どのように取り
> 扱われるのでしょうか。
> 　〈保険契約の内容〉
> 　（1）契約者及び保険金受取人…A銀行（債権者）
> 　（2）被保険者…甲（債務者）
> 　（3）保険金額…保険事故発生時における住宅ローンの残額
> 　（4）A銀行（債権者）は、甲（債務者）との間に保険金の受領を停
> 　　　止条件として住宅ローンの残額を免除する特約を結んでいる。

【答】 住宅ローンの残額はないものとして取り扱われます。

【解説】 ご質問の場合、A銀行における保険金の受領、すなわち、甲の死亡
が債務免除の停止条件とされていますので、住宅ローンの残額は甲の死亡と

－343－

第4章　相　続　税

同時に免除されることとなります。

　そうすると、住宅ローンの残額は、相続開始の際現に存する債務（相法13
①一）には該当しないこととなります。

生命保険金の課税関係

> 【問4-17】民法上の相続や遺贈という原因で取得した財産でなくても、
> 被相続人が死亡したことによって相続人等が取得した生命保険契約に
> 基づく保険金又は保険契約に関する権利について相続税が課税される
> と聞いていますが、どのような場合に課税されるのですか。また、計
> 算方法についても具体的に説明してください。

【答】　相続税が課税される財産には、民法上の相続や遺贈によって取得した
財産のほか、相続税法において相続、遺贈によって取得したものと擬制してい
いる財産、いわゆる「みなし相続財産」があります。

　生命保険契約に基づく生命保険金等は、この「みなし相続財産」に属する
ものですが、相続税が課税される場合について説明します。

(1)　保険事故の発生している場合の課税関係

　イ　被相続人の死亡により取得した生命保険契約の保険金でその保険金の
　　保険料の全部又は一部を被相続人が負担している場合の課税関係は文末
　　の表のとおりです（相法3①一、5①）。

　ロ　保険金の額のうち相続又は遺贈によって取得したものとみなされる額
　　は、次により計算します。

$$\text{生命保険} \times \frac{\text{被相続人の負担した保険料の金額}}{\text{相続開始までの払込保険料の金額}} = \begin{matrix}\text{相続又は遺贈によ}\\\text{って取得したもの}\\\text{とみなされる額}\end{matrix}$$

(2)　保険事故の発生していない場合の課税関係

　相続開始時にまだ保険事故が発生していない生命保険契約（掛捨て保険
を除きます。）で、その保険料の全部又は一部を被相続人が負担しており、
かつ、被相続人以外の者が契約者である場合は、相続又は遺贈により取得
したものとみなされ、相続税の課税対象となります（相法3①三）。

　生命保険契約に関する権利の評価は、相続税法第22条の規定に基づき時
価により行うこととなります（【問6-134】参照）。

－344－

第4章　相　続　税

区分	契約者	被保険者	保険料負担者	受取人	課　税　関　係
①	A	A	A	B	Aが死亡した場合は、Aの相続財産とみなされBに課税されます。Bが相続権を放棄している場合は遺贈により取得したものとみなされます。 **(注)**　満期の場合はAからBへの贈与とみなされます。
②	A	A	C	B	Aが死亡した場合又は満期の場合はともにCからBへ贈与があったとみなされます。
③	A	A	A	A	Aが死亡した場合には、Aの相続財産とみなされAの相続人に課税されます。 **(注)**　満期のときはAに所得税が課税されます。
④	A	B	A	A	Bが死亡した場合又は満期の場合ともにAに所得税が課税されます。Aが死亡した場合には本来の相続財産として相続税が課税されます。
⑤	A	A	A½ C½	B	Aが死亡した場合には、2分の1はAの相続財産とみなされBに相続税が課税されます。残りの2分の1はCからの贈与とみなされBに贈与税が課税されます。 **(注)**　満期の場合には、A、Cからの贈与とみなされBに贈与税が課税されます。
⑥	A従業員	A従業員	C雇用主	A従業員	A従業員に対する給与所得としての所得税の課税の対象になったかどうかにかかわらず従業員が保険料を負担したものとされます。したがって、A従業員が死亡し、その相続人が取得した場合には、退職金に充当する旨の定めがあるものは死亡退職金として、それ以外については生命保険金としてA従業員の相続財産とみなされます。
⑦	C雇用主	A従業員	C雇用主	A従業員	「⑥」の例に準じて取り扱われます。

第4章 相　続　税

年金払の生命保険金に対する課税関係

【問4-18】平成22年度税制改正により、相続税、贈与税に係る定期金に関する権利の評価方法が変わったと聞きましたが、その内容について教えてください。

【答】定期金に関する権利の評価（相法24、25）

定期金に関する権利の評価について、次のとおり改められました。

(1) 定期金給付事由が発生している定期金に関する権利の評価（相法24）

定期金給付契約でその契約に関する権利を取得した時において定期金給付事由が発生しているものに関する権利の価額は、次のイからニに掲げる定期金又は一時金の区分に応じ、それぞれに掲げる金額によることとされました（相法24①一〜四）。

イ　有期定期金　次に掲げる金額のうちいずれか多い金額

(イ) 定期金給付契約に関する権利を取得した時においてその契約を解約するとしたならば支払われるべき解約返戻金の金額

(ロ) 定期金に代えて一時金の給付を受けることができる場合には、定期金給付契約に関する権利を取得した時においてその一時金の給付を受けるとしたならば給付されるべき一時金の金額

(ハ) 定期金給付契約に関する権利を取得した時におけるその契約に基づき定期金の給付を受けるべき残りの期間に応じ、その契約に基づき給付を受けるべき金額の1年当たりの平均額に、その契約に係る予定利率による複利年金現価率を乗じて得た金額

ロ　無期定期金　次に掲げる金額のうちいずれか多い金額

(イ) 定期金給付契約に関する権利を取得した時においてその契約を解約するとしたならば支払われるべき解約返戻金の金額

(ロ) 定期金に代えて一時金の給付を受けることができる場合には、定期金給付契約に関する権利を取得した時においてその一時金の給付を受けるとしたならば給付されるべき一時金の金額

(ハ) 定期金給付契約に関する権利を取得した時における、その契約に基づき給付を受けるべき金額の1年当たりの平均額を、その契約に係る予定利率で除して得た金額

ハ　終身定期金　次に掲げる金額のうちいずれか多い金額

(イ) 定期金給付契約に関する権利を取得した時においてその契約を解約

-346-

第４章　相　　続　　税

するとしたならば支払われるべき解約返戻金の金額

(ロ)　定期金に代えて一時金の給付を受けることができる場合には、定期
金給付契約に関する権利を取得した時においてその一時金の給付を受
けるとしたならば給付されるべき一時金の金額

(ハ)　定期金給付契約に関する権利を取得した時におけるその目的とされ
た者に係る余命年数に応じ、その契約に基づき給付を受けるべき金額
の１年当たりの平均額に、その契約に係る予定利率による複利年金現
価率を乗じて得た金額

ニ　相続税法第３条第１項第５号に規定する一時金　その給付金額

(2)　定期金給付事由が発生していない定期金に関する権利の評価（相法25)

定期金給付契約（生命保険契約を除く。）でその契約に関する権利を取
得した時において定期金給付事由が発生していないものに関する権利の価
額は、次のイ又はロに掲げる場合の区分に応じ、それぞれに掲げる金額に
よることとされました（相法25一、二）。

イ　定期金給付契約に解約返戻金を支払う旨の定めがない場合

次の(イ)又は(ロ)に掲げる場合の区分に応じ、それぞれ次に掲げる金額
に、100分の90を乗じて得た金額

(イ)　定期金給付契約に係る掛金又は保険料が一時に払い込まれた場合

掛金又は保険料の払込開始の時からその定期金給付契約に関する権
利を取得した時までの期間（次の(ロ)において「経過期間」という。）
につき、その掛金又は保険料の払込金額に対し、その契約に係る予定
利率の複利による計算をして得た元利合計額

(ロ)　(イ)に掲げる場合以外の場合

経過期間に応じ、その経過期間に払い込まれた掛金又は保険料の金
額の１年当たりの平均額に、その定期金給付契約に係る予定利率によ
る複利年金終価率を乗じて得た金額

ロ　イに掲げる場合以外の場合

定期金給付契約に関する権利を取得した時においてその契約を解約す
るとしたならば支払われるべき解約返戻金の金額

－347－

第4章 相 続 税

契約者貸付金を差し引かれた場合の生命保険金の額

【問4-19】 私の父は、2年前に自宅を新築するに当たって保険会社より、自己が保険契約者となっている生命保険の範囲内で借入れをしました。

　ところで、本年2月に父が死亡し、私が3,000万円の生命保険金の支払を受けましたが、その際父の借入金の元利金500万円が保険金から差し引かれました。

　この場合の生命保険金は、借入金の元利合計金額を差し引く前の額か、それとも差引き後の額のどちらになるのでしょうか。

【答】 課税対象となる生命保険金の額は、借入金の元利合計金額を差し引いた

　3,000万円－500万円＝2,500万円

となります。

【解説】 生命保険の契約者は、解約返戻金の範囲内で、保険会社から借入れを受けることができます。

　これを契約者貸付金といい、保険料の振替貸付金及び未払保険料と同様に、保険事故発生時には、保険約款に基づいて、保険金受取人の受け取るべき保険金から、元利合計が差し引かれることになっています。

　ところで、あなたの場合のように被相続人（父）が保険契約者である場合には、保険金受取人が、契約者貸付金の額を控除した金額に相当する保険金を取得したものとし、契約者貸付金の額に相当する債務はなかったものとして取り扱うこととされています（相基通3-9(1)）。

退職手当金の取扱いとその判定

【問4-20】 退職手当金はみなし相続財産として課税されると聞きましたが、その場合の「被相続人に支給されるべきであった退職手当金、功労金、その他これらに準ずる給与」について、その取扱いや判定方法を説明してください。

【答】 被相続人に支給されるべきであった退職手当金、功労金、その他これらに準ずる給与とは、その名義のいかんにかかわらず実質上被相続人の生前在職中の役務に関し、退職手当金、功労金等として支給される金品をいいま

－348－

第4章　相　　続　　税

す（相基通3-18）が、それが現金で支給されるか、現物で支給されるかは問いません。そして、被相続人の死亡により相続人、その他の者が受ける金品が退職手当金に該当するかどうかは、①その金品が退職給与規程、その他これに準ずるものの定めに基づいて受ける場合には、それにより判定し、②その他の場合においては、その被相続人の地位、功労などを考慮し、その被相続人の雇用主などが営む事業と類似する事業における被相続人と同様な地位にある人が受け、又は受けると認められる額などを勘案して判定することになります（相基通3-19）。

退職手当金等の支給を受けた者の判定

> 【問4-21】　退職金の支給を受ける者については、退職給与規程により定められている場合と定められていない場合とがありますが、相続税における「支給を受けた者」の判定はどのようになっていますか。

【答】　被相続人に支給されるべきであった退職手当金、功労金、その他これに準ずる給与の「支給を受けた者」については、次によって判定されます（相基通3-25）。

(1)　退職給与規程その他これに準ずるものの定めにより、その支給を受ける者が具体的に定められている場合……「その退職給与規程等により支給を受けることとなる者」

(2)　退職給与規程等により、支給を受ける者が具体的に定められていない場合、又はその被相続人が退職給与規程等の適用を受けない者である場合

　　イ　相続税の申告書を提出するとき又は国税通則法第24条から第26条までの規定による更正若しくは決定までに、その被相続人についての退職手当金等を現実に取得した者があるとき……「その取得した者」

　　ロ　相続人全員の協議により、その被相続人についての退職手当金等の支給を受ける者を定めたとき……「その定められた者」

　　ハ　上記「イ」及び「ロ」以外のとき……「その被相続人についての相続人全員」

　　(注)　この場合に相続人が数人ある場合には、各人の取得すべき金額は民法で規定する相続分によらないで、均等の割合により計算した金額となります。

－349－

第4章 相　続　税

弔慰金の取扱い

> 【問4-22】 先月、夫が死亡し、勤務していた会社から、退職手当金以外
> に弔慰金が支給されましたが、その取扱いについて説明してくださ
> い。

**【答】弔慰金については、花輪代、葬祭料、香典等と同様に原則として相続
税の対象とはなりませんが、「弔慰金」か「退職手当金」かの判断は、その
名称のいかんにかかわらずあくまで実質によって判断します。**
【解説】弔慰金等については、【問4-20】で述べた方法により退職手当金に該
当するかどうかを判定します。

　次に、この判定でなお退職手当金に該当しなかった金額及び判定の困難な
金額については、次により算定した金額が弔慰金等に該当するものとして取
り扱われます（相基通3-20）。

　①　被相続人の死亡が業務上の死亡であるときは、その者の死亡当時にお
　　ける賞与以外の普通給与の3年分に相当する金額
　②　被相続人の死亡が業務上の死亡でないときは、その者の死亡当時にお
　　ける賞与以外の普通給与の半年分に相当する金額

　そして、弔慰金等に該当しない金額は、退職手当金として相続税の課税対
象となります。

業務上死亡と業務外死亡の判定基準

> 【問4-23】 私の父は社用で出張中に自動車事故のため死亡しましたが、
> 「業務上の死亡」に該当するでしょうか。

**【答】出張先で業務遂行中に起こった自動車事故かどうか明らかではありま
せんが、仮に、被相続人が自己の業務を遂行中に自動車事故のため死亡され
たものとしますと、「業務上の死亡」に該当するものと思われます。**
【解説】「業務上の死亡」か「業務外の死亡」かの判定はむずかしい問題です
が、基本的には、死亡原因が業務に直接起因しているかどうかによって判定
することになります。

　「業務」とは、その被相続人に遂行すべきものとして割り当てられた仕事
をいい、「業務上の死亡」とは、直接業務に起因する死亡又は業務と相当因

－350－

第4章　相　　続　　税

果関係があると認められる死亡をいうものとして取り扱うこととされていま
す（相基通3-22）。

生前に退職した会社から受けた特別弔慰金

> 【問4-24】私の父は、平成28年3月にA社を退職（退職時に退職手当金
> の支給を受けています。）し、B社に再就職していましたが平成30年
> 5月に死亡しました。
> 　この死亡に伴い、A社及びB社から次のとおり弔慰金等の支給があ
> りましたが、相続税の課税関係はどのようになりますか。
> 　A社　特別弔慰金（弔慰金支給規程）　500万円
> 　B社　退職慰労金（退職給与規程）　300万円

【答】（1）　A社から支給される特別弔慰金は、相続税法第3条第1項第2号
に規定する退職手当金に該当しませんので、相続税の課税関係は生じません
が、相続人の一時所得として所得税の課税の対象になります。
　（2）　B社から支給される退職慰労金は、被相続人の在職中の役務の対価と
認められますので、相続税法第3条第1項第2号に規定する退職手当金等に
該当し、相続税の課税対象となります。
【解説】あなたのお父さんは、A社からの退職手当金の支給を退職時に既に受
けていますので、この度、A社から支給される特別弔慰金は、雇用者以外の
者から支払われるものであり、被相続人の生前の役務の対価とはいえませ
ん。

－351－

第4章 相　続　税

被相続人の死亡後確定した退職手当金

> 【問4-25】 当社の会長Aが老齢のため退任することになり平成29年11月
> の決算総会で退任決議を行うとともに退職手当金の支給時期と支給金
> 額を取締役会に一任する旨の決議をしました。ところが、平成29年12
> 月にAが死亡し、平成30年2月に退職手当金の支給金額が確定しまし
> た。
> 　このような場合、Aの相続人が支給を受けた退職手当金は、相続税
> の課税上どのように取り扱われるのでしょうか。

【答】 被相続人の死亡後に支給額が確定した退職手当金等も、相続税法に規定するみなし相続財産に含まれます。

【解説】 被相続人の生前退職による退職手当金等であっても、その支給が被相続人の死亡前に確定しなかったもので、被相続人の死亡後3年以内に支給金額が確定した退職手当金等については、みなし相続財産として取り扱われることとされています（相法3①二）。

　なお、被相続人の死亡後3年を超えて支給金額が確定した退職手当金等については、相続人の一時所得として取り扱います。

受益者の死亡により信託受益権を取得した場合

> 【問4-26】 私の父は、本年10月にS信託銀行と土地信託契約を結びました。
> 　この内容は、父の所有地を信託財産として、これをS信託銀行に移
> 転し、S信託銀行は信託財産の運用の一環として、借入金によりビル
> を建設してその賃貸事業を行い、その利益を父が受け取るというもの
> です。
> 　父が死亡し、私がこの信託の受益者になった場合の課税関係はどう
> なりますか。

【答】 あなたは、お父さんからその信託に関する権利を遺贈により取得したこととみなされ、相続税が課税されます。

【解説】 信託の受益者であった者の死亡により、適正な対価を負担せずに新たにその信託の受益者等となる者は、その信託に関する権利をその信託の受

－352－

第4章　相　続　税

益者であった者から遺贈により取得したものとみなされます（相法9の2
②）。

　また、信託が【問1-112】の要件を満たすものであれば、その信託に関する
権利を取得した者は、その信託の信託財産に属する資産及び負債を取得し、
又は承継したものとみなされます（相法9の2⑥）。

　したがって、あなたの場合は、お父さんから、土地と賃貸用ビルの遺贈を
受け、その建設に係る借入金債務を引き継いだものとして相続税が課税され
ることになります。

遺言により信託の設定をした場合

> 【問4-27】私は、遺言で長男を受益者とする信託を設定しようと思いま
> 　すが、課税関係はどうなりますか。

**【答】あなたがお亡くなりになった場合、ご長男があなたからその信託に関
する権利を遺贈により取得したこととみなされ、相続税が課税されます。**
【解説】委託者の死亡により信託の効力が生じた場合において、適正な対価
を負担せずにその信託の受益者等となる者は、その信託に関する権利をその
信託の委託者から遺贈により取得したものとみなされます（相法9の2①）。

　また、信託が【問1-112】の要件を満たすものであれば、その信託に関する
権利を取得した者は、その信託の信託財産に属する資産及び負債を取得し、
又は承継したものとみなされます（相法9の2⑥）。

受益者連続型信託の課税関係

> 【問4-28】私には子供がいないので、私の亡き後、財産は妻に残してや
> 　りたいのですが、妻の死亡後はその財産は私の甥に継いでもらいたい
> 　と思っています。
> 　　聞くところによると、信託によれば、そのようなことが可能という
> 　ことですが、どのようなものでしょうか。また、課税関係はどのよう
> 　になるでしょうか。

【答】　信託法の中に、「**受益者連続型信託**」という類型の信託があります。
この規定は、「受益者の死亡により、当該受益者の有する受益権が消滅し、

－353－

第4章 相　続　税

他の者が新たな受益権を取得する旨の定め」のある信託が有効に成立すると
いう内容になっています（信託法91）。

　お尋ねの場合であれば、遺言信託で受益者をまず妻にしておき、妻の死亡
により、甥が新たな受益者となる旨の定めをすればよいことになります。

　この場合の課税関係は次のとおりです。

① 　あなたの死亡により遺言信託の効力が生じたとき

　　→ 　あなたの妻があなたから信託に関する権利を遺贈により取得したと
　　　みなされる

② 　あなたの妻が死亡したとき

　　→ 　あなたの甥はあなたの妻から受益権を遺贈により取得したとみなさ
　　　れる

【解説】受益者等の存する信託について、その受益者の死亡に基因して、適
正な対価を負担せずに新たにその信託の受益者等が存するに至った場合は、
その時において、新たに受益者となった者はその信託に関する権利をその信
託の受益者等であった者から遺贈により取得したものとみなされます（相法
9の2②）。

受益者連続型信託の受益権の評価

> 【問4-29】父は、遺言で私を受益者とする信託を設定しましたが、そこ
> には、私の死亡後は受益者を私の弟の息子とする旨の定めがありまし
> た。信託に関する権利を申告するに当たって、なにか注意することが
> あるのでしょうか。

【答】あなたが取得する信託に関する権利について、利益を受ける期間の制
限その他の当該権利の価値に作用する要因としての制約が付されている場合
には、その制約がないものとして評価されます。

【解説】「受益者連続型信託」に関する権利を取得した場合で、その利益を受
ける期間等に制約が付されている場合には、その制約はないものとして評価
することとされています（相法9の3）。

－354－

第4章　相　　続　　税

第3節　相続税の非課税財産

非課税財産の種類

> 【問4-30】相続税の非課税財産にはどのようなものがありますか。ま
> た、その非課税の範囲などを説明してください。

【答】相続税の非課税財産には、次のように相続税法上の非課税財産と租税
特別措置法上の非課税財産とがあります。

(1) 相続税法上の非課税財産（相法12①、相令2、相令附則④）

イ　皇室経済法の皇位に伴う由緒ある物の規定により皇位とともに皇嗣が
　受けた物

ロ　墓所、霊びょう及び祭具並びにこれらに準ずるもの

ハ　宗教、慈善、学術その他公益を目的とする事業を行う者で一定の要件
　に該当するものが、相続又は遺贈により取得した財産でその公益を目的
　とする事業の用に供することが確実なもの

　　なお、一定の要件とは、専ら社会福祉事業、更生保護事業、児童福祉
　法第6条の3に規定する家庭的保育事業、小規模保育事業又は事業所内
　保育事業、学校教育法第1条に規定する学校又は認定こども園を設置、
　運営する事業その他の宗教、慈善、学術等公益を目的とする事業で、そ
　の事業活動によって文化の向上、社会福祉への貢献その他公益の増進に
　寄与することが著しいと認められるものとされています。

　　しかし、これら公益を目的とする事業を行う者であってもその者が、
　㋑個人である場合には、その者の親族その他特別の関係がある者に対し
　て特別の利益を与える場合、㋺人格のない社団又は財団である場合に
　は、公共性が低い場合などは、相続税法にいう公益事業を行う者には該
　当しません。

　　また、公益の用に供することが確実なものとは、その財産について、
　相続開始の時において公益を目的とする事業の用に供することに関する
　具体的計画があり、かつ、その用に供される状況にあるものをいい（相
　基通12-3）、その取得の日から2年を経過した日までにその事業の用に
　供していないときには、その財産を取得した時の時価によって評価して
　相続税の課税財産の価額に算入することになります（相法12②）。

(2) 租税特別措置法上の非課税財産（措法70）

－355－

第4章 相 続 税

相続税の申告期限までに国や地方公共団体、特定の公益法人等又は特定公益信託に贈与した相続財産(これは、被相続人の生前の意思に基づくものが多いこと及び科学又は教育の振興、社会福祉の向上等が重要であることからそれらの財産は非課税財産とされています。)

なお、この特例の適用を受けるためには、一定の手続が必要です(【問4-35】参照)。

受取人が同時死亡した場合の生命保険金の非課税規定の適用

【問4-31】 乙(長男)は、保険契約者である甲(父)の死亡を保険事故とする生命保険金1,000万円の指定受取人となっていましたが、交通事故により甲とともに即死しました。

そのため、甲の死亡により受け取る生命保険金1,000万円は、乙の相続人が均等に取得することとなると思いますが、この場合、相続税法第12条の非課税財産の規定の適用はどのようになりますか。

なお、甲及び乙の相続人の状況は次のとおりであり、保険料はすべて甲が支払っていました。

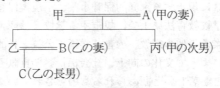

【答】 Bの取得する500万円については、その全額が相続税の課税価格に算入されることとなり、Cの取得する500万円については、その全額が非課税となります。

【解説】 生命保険契約では、保険事故発生前に指定受取人が死亡した時には契約者は受取人を再指定できますが、再指定をしないで死亡した場合には、指定受取人であった者の相続人がその生命保険金の受取人となります。

ご質問の場合、指定受取人であった乙が死亡したのですから、その相続人であるB(乙の妻)及びC(乙の長男)がそれぞれ500万円ずつ均等に生命保険金を受け取ることになります。

ところで、相続税法第12条の非課税財産の規定の適用があるのは相続人(A、C及び丙)の取得した生命保険金に限られています。(この場合の相

— 356 —

第4章　相　　続　　税

続人には、養子のうち法定相続人の数に算入されないこととなる養子も含まれます。）

　このため、Cについては、相続税法第12条の規定の適用がありますが、Bは甲の相続人ではないので非課税財産の規定の適用はありません。

相続を放棄した者等の生命保険金等の非課税規定の適用

【問4−32】先月、Aが死亡しましたが、相続人B子は、生前に多額の贈与を受けているため、相続を放棄しました。ところが、B子は1,000万円の生命保険金を受け取っていますので、相続税の申告が必要かと思いますが、B子は、相続税法第12条の非課税規定（500万円控除）の適用は受けられるでしょうか。

【答】相続放棄をしているB子には生命保険金の非課税規定の適用がありません。

【解説】相続税法第12条第1項第5号及び第6号に規定されている生命保険金及び退職手当金の非課税規定は、相続を放棄した者又は相続権を失った者が取得した生命保険金又は退職手当金等については適用がありません（相基通12−8、12-10）。

被保険者に支払われるべきであった生命保険金をその相続人が受領した場合

【問4−33】甲は交通事故により重傷を負い、保険会社より高度障害保険金として3,000万円を支給されることになっていましたが、その支払を受ける前に死亡しました。
　そこで、甲の死亡後に、その相続人（A）が受領することになりましたが、相続税はどのように課税されるのでしょうか。

【答】Aの取得する財産は、あくまでも「未収金」という本来の相続財産であって「みなし相続財産」としての保険金ではありません。したがって、生命保険金に対する非課税規定の適用はなく、「未収金」として3,000万円が相続税の課税対象となります。

【解説】被相続人（被保険者）の死亡を保険事故として取得する生命保険金等は「みなし相続財産」として相続税が課税されることになっていますが、

− 357 −

その保険金の受取人が相続人であるときは、一定額までの金額は非課税とされています（相法12）。

　ところで、ご質問の場合は、傷害や疾病などの死亡を伴わない保険事故により、すでに甲に帰属した権利（未収保険金の請求権）を、Ａが相続により取得し、その権利に基づいて保険金の支払を受けたことになります。つまり、Ａの取得する財産は、あくまでも「未収金」という本来の相続財産であって「みなし相続財産」としての保険金ではありません。

生命保険の剰余金に対する課税関係

> **【問４-34】** この度、父の死亡により生命保険金とともに保険契約に基づいて剰余金の支払を受けました。
> 　この剰余金についても保険金と同様に相続税法第12条の非課税財産の規定の適用があるでしょうか。

【答】 剰余金についても保険金と同様に非課税規定の適用があることになります。

【解説】 保険契約に係る保険事故が発生した場合に、保険金受取人が保険金とともに支払を受ける剰余金、割戻金及び前納保険料は、保険約款に基づいて保険金受取人が取得するものであり、保険金受取人にとっての経済的な利益は、保険金と異なりません。

　このため、この剰余金等については、相続税法第３条第１項第１号に規定する保険金に含むこととされています（相基通３-８）。

遺産を国等に贈与した場合の取扱い

> **【問４-35】** 私は、故人が生前お世話になっていたＡ市に遺産の一部を寄附しましたが、この寄附財産についても相続税が課税されるでしょうか。

【答】 相続財産を地方公共団体に寄附した場合、その財産について相続税は課税されません。

【解説】 相続又は遺贈によって財産を取得した者が、その財産を取得後相続税の申告期限までに、国や地方公共団体、教育や科学の振興などに寄与する

ことが著しい公益法人又は特定公益信託等に贈与した場合には、その贈与が
その者又はその者の親族等の相続税の負担が不当に減少することとなると認
められる場合を除き、相続税の課税価格には算入しないことになっています
（措法70①③⑩）。
　この特例の適用を受ける場合は、その適用を受けようとする者の相続税の
申告書に、その適用を受ける旨を記載し、次のような書類を添付して、相続
税の申告書の提出期限までに納税地の税務署長に提出する必要があります
（措法70⑤、措規23の3②）。
① 　贈与をした財産の明細書（相続税申告書第14表）
② 　国若しくは地方公共団体又は措置法施行令第40条の3第1項の各号に
　　掲げる法人の、贈与を受けた旨、その贈与を受けた年月日及び財産の明
　　細及びその法人の贈与を受けた財産の使用目的を記載した書類
③ 　その贈与を受けた法人が、措置法施行令第40条の3第1項第1号の3
　　又は第4号に掲げる法人である場合には、これらの号に掲げる法人に該
　　当するものであることについて、地方独立行政法人法第6条第3項に規
　　定する設立団体又は私立学校法第4条に規定する所轄庁の証明書類

相続財産を公益法人設立のために提供した場合

> 【問4-36】被相続人Aは、生前からある慈善事業を行っており、そのた
> めの公益法人を設立したいと考えていましたが、昨年末に死亡しまし
> た。
> 　Aの相続人たちは、Aの遺志を尊重して、Aの望んでいた公益法人
> を相続人たちの手で設立することとし、遺産の一部を提供することに
> しました。この場合、相続税の非課税規定の適用は受けられるでしょ
> うか。

**【答】公益法人を新規に設立するために相続財産を提供するものですから、
たとえ被相続人の遺志に基づくものであるとしても、租税特別措置法第70条
の非課税規定の適用はありません。**
【解説】相続等により財産を取得した者が相続財産を、相続税の申告期限ま
でに国・地方公共団体又は特定の公益法人に贈与した場合、その贈与した財
産の価額は相続税の課税価格に算入しないこととされています（措法70）。
　しかし、この特例は、既に設立されている特定の公益法人に対して贈与し

第4章　相　　続　　税

た場合に限って適用されるのであって、新たに公益法人を設立するために財産を提供した場合には適用されません（相措通70-1-3）。

　なお、その公益法人の設立許可申請中に相続が開始した場合で、相続開始した後、設立許可により相続財産がその公益法人に帰属した場合は、その財産は、その公益法人が被相続人から正式遺言による遺贈により取得したものと同様に取り扱われます。

　また、その公益法人の設立許可申請前に相続が開始した場合においても、次のいずれにも該当するときは、その公益法人に帰属した財産についてその公益法人が被相続人から正式遺言による遺贈により取得したものと同様の取扱いを受けることができます。

①　被相続人が公益法人の設立のため財産を提供する意思を有していたことが明らかであること

②　その公益法人に帰属した財産について、被相続人の親族その他特別関係者の相続税の負担が不当に減少する結果になると認められないこと

③　その公益法人が相続税の申告書の提出期限までに設立されたものであること（その期限までに設立されなかったことについて正当な理由があると認められる場合で、その期限までに設立許可申請がされているときを含みます。）

　これらに該当しない場合は、その帰属した財産については、相続人に対しては相続税及び譲渡所得に対する所得税、公益法人に対しては、贈与をした者の親族その他親族と特別の関係がある者の相続税又は贈与税の負担が不当に減少する結果となるときは、贈与税の課税関係が生じます。

(注)　上記①に該当するかどうかは、次により判定されます。

①　被相続人から指示を受けた者が、設立準備のための作業を進めていたこと

②　被相続人の作成に係る寄附行為があること

③　被相続人の日記、書簡等にその旨が記載されていること

④　その他被相続人の意思を立証することができる生前の事実があること

申告期限後に支給された退職手当金を公益法人に寄附した場合の非課税規定の適用

【問4-37】私の父（甲）は、平成29年1月26日に死亡し、相続税の申告期限内に相続税の申告書を提出しましたが、その後、父の勤務先の会社から、母（C）、私（A）と弟（B）に対して退職手当金3,000万円が支給されることになり、平成30年2月6日に受領しました（内訳は、Cが1,500万円、A及びBが各750万円）。

ところで、Cは、支給された退職手当金のうちから500万円を、平成30年3月15日に日本赤十字社に寄附しました。

このような場合には、寄附は相続税の申告期限後となっていますが、租税特別措置法第70条の規定の適用が受けられますか。また、退職手当金の非課税規定との関係はどのようになりますか。

なお、相続人の状況は次のとおりです。

【答】退職手当金の支給に伴う修正申告書の提出時までに寄附されていれば、非課税となります。

また、相続税法第12条の退職手当金等の非課税との適用関係は、まず、租税特別措置法第70条の規定により非課税とされる金額（500万円）を控除し、その控除後の金額（2,500万円）を基礎として退職手当金の非課税金額を計算することになります。

【解説】相続又は遺贈により取得したものとみなされる退職手当金等を、国等に寄附した場合には、その財産については一定の要件のもとに非課税とされています（【問4-35】参照）。この規定の適用については、相続税の申告期限後に支給額が確定した退職手当金等を、国等に寄附した場合にも、その寄附が、当該退職手当金等の支給額の確定による相続税の期限後申告書又は修正申告書を提出する時までに行われているときは、非課税規定の適用が受けられることとなります（相措通70-1-5）。

なお、相続開始前3年以内に当該相続に係る被相続人から贈与により取得

第4章　相　　続　　税

した財産で相続税法第19条の規定により、その価額が相続税の課税価格に加算されるもの並びに相続時精算課税の適用を受ける財産で相続税法第21条の15第1項の規定により相続税の課税価格に加算されるもの及び同法第21条の16第1項の規定により相続又は遺贈により取得していることとみなされるものは、非課税規定の適用はありません。

具体的には、次の金額が各人の課税される金額となります。

C　① 　租税特別措置法第70条による非課税金額……500万円
　　② 　相続税法第12条による非課税金額

500万円×3人（法定相続人の数）＝1,500万円（非課税限度額）

$$1,500万円×\frac{1,000万円}{2,500万円}＝600万円（Cの非課税金額）$$

　　③ 　1,000万円－600万円＝400万円（Cの課税金額）

A及びB　① 　相続税法第12条による非課税金額

$$1,500万円×\frac{750万円}{2,500万円}＝450万円（A及びBの非課税金額）$$

　　② 　750万円－450万円＝300万円（A及びBの課税金額）

（注） 　生命保険金の非課税金額の計算方法も上記に準じます。

個人立幼稚園等の教育用財産に対する非課税制度

> 【問4-38】生前父は、個人で幼稚園を経営していました。私は、相続によりその事業を承継し、その教育用財産について相続税の非課税規定の適用を受けたいと考えていますが、その場合の要件を教えてください。

【答】個人立の幼稚園等の事業を相続により承継した者については、その事業の用に供される教育用財産について、相続税の非課税制度が設けられています（相令附則④）。この特例の適用を受けるためには、次に掲げる事項に該当していることが条件となっています（相規附則③⑦）。

① 　被相続人が、相続開始の年の5年前の1月1日前から引き続いて、個人立幼稚園等を継続して運営しており、かつ教育用財産として税務署長に届け出ている財産を相続人が引き続いてその事業を行うことが確実と認められること

② 　相続開始の年の5年前の年以後の各年において、次の要件が満たされていること

イ　経営者が個人立幼稚園等の事業に係る資産からその者の報酬に充て

第4章　相　　続　　税

る金額について、相続開始の少なくとも5年前に、同種同規模の学校
法人立幼稚園等を設置する場合に比較して適正な水準である旨の税務
署長の認定を受けており、かつ、これらの額が相続開始前少なくとも
5年間は当該認定された金額以下であること

　なお、経営者は、個人立幼稚園等の事業に属する資産について、当
該事業以外の支出をしていないこと

　また、事業経営者と特別関係がある事業従事者の給与の金額が、労
務の提供の程度や同種の学校法人立幼稚園等の給与状況等に照らし、
相当であると認められること

ロ　経営者は相続税、贈与税又は所得税に関し、無申告加算税、重加算
税又は不納付加算税を課されたことがないこと

ハ　所得税法第2条第1項第40号に規定する青色申告書を提出している
こと

ニ　個人立幼稚園等の経営に係る所得と他の所得が明確に区分されて経
理され、かつ、支払給与その他必要事項を記載した帳簿が保存されて
いること

ホ　個人立幼稚園等の事業に係る施設については、当該事業以外の事業
並びにその事業経営者及びその者の特別関係者の用に供しておらず、
かつ、その事業のための担保以外の担保に供していないこと

－363－

第4章 相　続　税

第4節　相続税の課税価格と税額の計算

特殊な遺産分割（代償分割）をした場合の課税価格の計算

【問4-39】　父が死亡しましたので、その遺産の分割について私たち兄弟
で協議した結果、私がその財産の全部を相続し、弟には、私の固有の
財産を提供することになりました。
　　この場合、相続税の課税価格はどのようになりますか。また贈与税
は課税されるのでしょうか。

【答】弟さんには、あなたから取得した財産の価額に応じて相続税が課税さ
れ、あなたには相続した財産の価額から弟さんに提供した財産の価額を控除
した金額に応じて相続税が課税されます。

また、贈与税の課税関係は生じません。

【解説】相続財産の分割は、亡くなった者の財産を分割することが建前とな
っていますが、相続によって取得した財産のうちには、分割不可能なものも
あります。

　このような場合には、相続財産を相続人間で分割せず、特定の相続人が自
分の相続分を超えて相続財産を取得する代わりに、その者の固有の財産を他
の相続人に提供するなどの分割方法が採られたりしています。このような遺
産分割を一般に「代償分割」又は「債務負担による遺産分割」と呼んでおり、
これは相続財産を分割するための便法です。

　代償分割の方法により相続財産の全部又は一部の分割が行われた場合にお
ける相続税の課税価格の計算は次のとおりになります（相基通11の2-9）。

(1) 代償財産の交付を受けた者

　相続又は遺贈により取得した現物の財産の価額と交付を受けた代償財産
の価額との合計額

(2) 代償財産の交付をした者

　相続又は遺贈により取得した現物の財産の価額から交付をした代償財産
の価額を控除した金額

　例えば、あなたが取得された財産の価額が5,000万円で、その代わり、自
分の固有の財産（宅地：時価2,500万円、相続開始の時の相続税評価額2,000
万円）を弟さんに提供したとした場合の課税価格は次のようになります。

　　　あなたの課税価格　　5,000万円－2,000万円＝3,000万円

－364－

第4章 相　続　税

　　弟さんの課税価格　　　　　　　　　　　　　　2,000万円
　なお、この場合あなたが弟さんに提供した財産が宅地ですから、資産の譲渡があったことになり（所基通33-1の5）、あなたには資産を譲渡した時における時価、すなわち、2,500万円を収入金額として計算した譲渡所得について、所得税が課税されます。

遺産が未分割である場合の課税価格

> 【問4-40】父の死亡により、その財産を兄弟3人で相続することになりましたが、ある事情のため、申告期限内には遺産の分割ができなくなりました。
> 　このような場合、各人の相続税の課税価格はどのように計算するのでしょうか。

【答】**相続人又は包括受遺者が2人以上あり、かつ、相続税の申告期限までに遺産の全部又は一部が分割されていないときは、その分割されていない財産は、各共同相続人又は包括受遺者が民法に規定する相続分又は包括遺贈の割合に従って取得したものとして、各人の課税価格を計算することとされています。**

【解説】民法に規定する相続分とは、民法第900条《法定相続分》、同第901条《代襲相続人の相続分》、同第902条《遺言による相続分の指定》及び同第903条《特別受益者の相続分》に規定する相続分をいうこととされています（相基通55-1）。

　なお、民法第904条の2《寄与分》の規定は、この遺産が未分割の場合の課税価格の計算には適用されません（相法55）。

(注)　相続税の総額等の計算に際しては、法定相続人の数に算入する養子の数の制限規定（【問4-73】参照）にご注意ください。

－365－

第4章 相 続 税

遺言書の内容と異なる遺産の分割

【問4-41】先月父が死亡しましたが、相続人は長男である私、母と妹の
3人です。

父の遺産は、土地A（評価額8,000万円）、土地B（評価額6,000万
円）、預貯金3,000万円、その他家財等500万円です。

遺産について、相続人間で分割しようとしたところ、遺産のうち土
地Bを私に与える旨の遺言書がありました。

しかし、私たち相続人は遺言書の内容と異なる遺産の分割協議を行
い、私は土地Aを、母は土地Bと家財等を、妹は預貯金の全部をそれ
ぞれ取得することにしました。

このように遺言書の内容と異なった遺産の分割があった場合には、
各人の課税価格は、遺言書の内容によるのでしょうか、それとも遺産
分割協議によるのでしょうか。

**【答】各人の課税価格は、相続人全員で行われた分割協議の内容によること
になります。**

【解説】遺言により、財産を無償で贈与することを遺贈といい、遺贈には包
括遺贈と特定遺贈があります（民法964）。

包括遺贈とは、遺産の全部又は半分というように割合を示して行うもの
で、その割合に相当する遺産の権利義務を承継します。

また、特定遺贈とは、遺産のうちの特定の資産を指定して行うもので、一
般にはこの方法で遺言する場合が多いようです。

包括遺贈を放棄する場合は、受遺者は、相続の放棄と同じ手続が必要です
が（民法990）、特定遺贈（債務免除を目的とするものを除きます。）につい
ては、受遺者は原則として遺言者の死亡後いつでも遺贈の放棄をすることが
できます（民法986）。

遺贈が放棄されますと、放棄は遺言者の死亡の時にさかのぼってその効力
が生じます（民法986②）から、遺贈の目的物は共同相続人に帰属すること
になります（民法995）。

ご質問から、あなたへの遺贈は特定遺贈であると思われますが、相続人全
員の協議で遺言書の内容と異なる遺産の分割をしたということは、特定受遺
者であるあなたが遺贈を事実上放棄し、共同相続人間で遺産分割が行われた
とみるのが相当と考えられます。

－366－

第4章　相　　続　　税

(注)　包括遺贈があった場合には、その包括受遺者は、放棄の手続をとるものでない
　　限り、被相続人の財産及び債務を遺言で示された割合により承継することとなり
　　ます。この場合、包括受遺者は、遺産分割協議に参加して、個々の遺産の帰属を
　　協議することとなるのですが、その協議の内容が遺言書の示す割合と異なる場合
　　であっても、各人の課税価格は、遺産分割協議の内容によることになります。

小規模宅地等についての課税価格の計算の特例

【問4-42】平成27年1月1日以後に相続又は遺贈により取得する財産に
　　係る相続税において、小規模宅地等についての課税価格の計算の特例
　　制度の概要を説明してください。

【答】　1　制度の概要

　小規模宅地等についての相続税の課税価格の計算の特例の取扱いについて
は、以下のとおりとなります。

　相続又は遺贈により取得した財産のうちに、被相続人又は被相続人と生計
を一にしていた被相続人の親族（以下「被相続人等」といいます。）の**事業
の用**（郵便窓口業務を行う郵便局の敷地の用を含みます。以下同じです。）
又は**居住の用**に供されていた宅地等がある場合には、遺産である宅地等のう
ち次に掲げる限度面積までの部分については、通常の方法によって評価した
価額から、次に掲げる割合を乗じて計算した価額が相続税の課税価格の計算
に当たって減額されます（措法69の4①、郵政民営化法180）。

区　　　　分	小規模宅地等の種類	減額割合	限度面積
被相続人等の事業の用 に供されていた宅地等	特定事業用宅地等	80%	400㎡
	特定同族会社事業用宅地等		
	貸付事業用宅地等に該当する宅地等	50%	200㎡
被相続人等の居住の用 に供されていた宅地等	特定居住用宅地等	80%	330㎡
郵便局舎の敷地の用に 供されていた宅地等	特定宅地等（郵便窓口業務を行う郵便 局の敷地の用に供されている宅地等）	80%	400㎡

(注)　「特定同族会社事業用宅地等」については申告期限において清算中の法人は除かれ
ます。

　この特例の適用を受けるためには、原則として相続税の申告期限までに当
該宅地等を遺産分割しなければなりませんが、次のいずれかに該当すること

－367－

第4章 相　続　税

となったときには、特例の適用があります（措法69の4④）。
　イ　申告期限から3年以内に分割されたとき
　ロ　申告期限から3年以内に分割できないことについてやむを得ない事情
　　があり税務署長の承認を受けた場合で、分割できることとなった日とし
　　て定められた日の翌日から4か月以内に分割されたとき
　この場合、分割された日の翌日から4か月以内に更正の請求をすることに
なります。

2　手　続

　上記の特例の適用を受けるためには、その宅地等を相続等により取得した
個人が2人以上いる場合には、この特例の適用を受けるものとするその宅地
等の選択についてその取得した個人の同意が必要とされていますが、その宅
地等を取得した者のほかに相続等により「特定計画山林についての相続税の
課税価格の計算の特例」（【問4-60】参照）に係る特例対象山林又は特例対象
受贈山林を取得した個人がいる場合には、その取得した個人全員の同意も併
せて必要となります（措令40の2⑤三）。

　その他、上記の特例の適用を受ける場合には、相続税の申告書にその適用
を受けようとする旨を記載するとともに、所定の書類を添付することが必要
です。

　なお、相続開始前3年以内に贈与があった場合に相続税の課税価格に加算
される財産及び相続時精算課税制度の適用を受ける贈与財産については特例
の適用はありません（相措通69の4-1）。

被相続人等の事業の用に供されていた宅地等

> 【問4-43】　小規模宅地等についての課税価格の計算の特例の対象となる
> 　「被相続人等の事業の用に供されていた宅地等」の範囲について説明
> 　してください。

【答】　小規模宅地等についての課税価格の計算の特例の対象となる「被相続
人等の事業の用に供されていた宅地等」とは、被相続人に係る相続開始の直
前において、被相続人若しくは被相続人と生計を一にしていたその被相続人
の親族（以下「生計一親族」といいます。）の事業の用に供されていた宅地
等をいいます（措法69の4①）。

　この「事業」の範囲には、「事業と称するに至らない不動産の貸付けその

－368－

第4章 相　続　税

他これに類する行為で相当の対価を得て継続的に行うもの」（「準事業」といいます。）が含まれます。

　また、無償や、相当の対価に至らない程度の対価による不動産の貸付けは、ここでいう「事業」の範囲には該当せず、特例の適用を受けることはできません。

　この「被相続人等の事業の用に供されていた宅地等」の範囲については、「被相続人の有する宅地等の上にある建物又は構築物（「建物等」といいます。）の所有者の別」「事業を行っていた者の別」「建物等又は土地等の貸借の態様の別」により次のように明らかにされています（相措通69の4-4）。

　①　他に貸し付けられていた宅地等（その貸付けが「事業」に該当する場合に限られます。）

　②　①以外の宅地等のうち、被相続人又は生計一親族が所有していた建物等で、被相続人又は生計一親族の事業の用に供されていたものの敷地の用に供されていたもの

　③　①以外の宅地等のうち、被相続人と生計を一にしていたその被相続人の親族以外の親族（以下「生計別親族」といいます。）が所有していた建物等で、被相続人又は生計一親族がその生計別親族からその建物等を無償又は相当の対価に至らない程度の対価により借り受けて被相続人又は生計一親族の事業の用に供されていたものの敷地の用に供されていたもの

　なお、80％の減額対象となる「特定事業用宅地等」には、不動産貸付業、駐車場業、自転車駐車場業及び準事業の用に供されていた宅地等は該当せず、これらの用に供されていた宅地等の減額割合は50％となります。

「特定事業用宅地等である小規模宅地等」とは

> 【問4-44】80％減額の対象となる「特定事業用宅地等である小規模宅地等」について説明してください。

【答】「特定事業用宅地等である小規模宅地等」とは、次の1又は2のいずれかに該当する宅地等をいいます（措法69の4③一）。

　1　被相続人の事業の用に供されていた宅地等で、次の要件を満たす相続人が相続等により取得したもの

　①　その宅地等の取得者が、その宅地等の上で営まれていた被相続人の

－369－

第4章 相　　続　　税

　　　事業を相続税の申告期限までに継承し、かつ、申告期限まで引き続き
　　　その事業を営んでいること
　②　その宅地等を相続税の申告期限まで引き続き保有していること
　2　被相続人と生計を一にする被相続人の親族の事業の用に供されていた
　宅地等で、次の要件を満たす相続人が相続等により取得したもの
　①　相続開始直前から相続税の申告期限まで、引き続きその宅地等の上
　　　で事業を営んでいること
　②　その宅地等を相続税の申告期限まで引き続き保有していること
　「特定事業用宅地等である小規模宅地等」については、次の点に注意して
ください。
　　上記1又は2に規定する被相続人又は被相続人と生計を一にする被相続人
の親族の事業からは、不動産貸付業、駐車場業、自転車駐車場業及び準事業
は除かれています。したがって、これらは貸付事業用宅地等としてその減額
割合は50％となります。

「特定居住用宅地等である小規模宅地等」とは

> 【問4-45】80％減額の対象となる「特定居住用宅地等である小規模宅地
> 　　　等」について説明してください。

【答】「特定居住用宅地等である小規模宅地等」とは、被相続人等の居住の用
に供されていた宅地等（宅地等が二以上ある場合には、主として居住の用に
供していた宅地など一定のものに限ります。）で、被相続人の配偶者又は次
に掲げる要件のいずれかを満たす被相続人の親族が相続又は遺贈により取得
した宅地等をいいます（措法69の4③二、措令40の2⑩）。
1　次のイ、ロ及びハのすべての要件を満たす被相続人の親族
　イ　相続開始直前においてその宅地等の上に存する被相続人の居住の用に
　　　供されていた一棟の建物(注)に居住していること
　(注)　次の①、②の場合には、それぞれの部分に限ります。
　　　①　被相続人の居住の用に供されていた一棟の建物が建物の区分所有等に
　　　　関する法律第1条の規定に該当する建物である場合
　　　　　当該被相続人の居住の用に供されていた部分
　　　②　上記①に掲げる場合以外の場合
　　　　　被相続人又は当該被相続人の親族の居住の用に供されていた部分

－370－

第4章　相　続　税

　ロ　相続開始時から申告期限まで引き続きその家屋に居住していること
　ハ　相続開始時から申告期限まで引き続きその宅地等を保有していること
2　次のイ、ロ及びハのすべての要件を満たす被相続人の親族（被相続人の
　居住の用に供されていた宅地等を取得した者に限ります。）
　イ　相続開始前3年以内に相続税法の施行地内にある当該親族、当該親族
　　の配偶者、当該親族の三親等内の親族又は当該親族と特別の関係がある
　　一定の法人が所有する家屋（相続開始の直前において当該被相続人の居
　　住の用に供されていた家屋を除く。）に居住したことがないこと。
　ロ　当該被相続人の相続開始時に当該親族が居住している家屋を相続開始
　　前のいずれの時においても所有していたことがないこと。
　ハ　相続開始時から申告期限まで引き続きその宅地等を保有していること
3　被相続人と生計を一にしていた親族であって、次のイ及びロの要件を満
　たす被相続人の親族
　イ　相続開始前から申告期限まで引き続きその宅地等を自己の居住の用に
　　供していること
　ロ　相続開始時から申告期限まで引き続きその宅地等を保有していること

「特定同族会社事業用宅地等である小規模宅地等」とは

【問4-46】80％減額の対象となる「特定同族会社事業用宅地等である小
　　規模宅地等」について説明してください。

【答】「特定同族会社事業用宅地等である小規模宅地等」とは、相続開始直前
から相続税の申告期限まで引き続き次の1の要件を満たす法人の事業（不動
産貸付業、駐車場業、自転車駐車場業及び準事業を除くほか、申告期限まで
において清算中の法人も除かれます。）の用に供されていた宅地等で、かつ、
その宅地等の取得者うちに次の2のすべての要件を満たす被相続人の親族が
相続又は遺贈により取得したものをいいます（措法69の4③三）。
1　相続開始直前において、被相続人及びその被相続人の親族その他その被
　相続人と特別の関係がある者が所有する株式の総数又は出資の総額が発行
　済株式の総数又は出資の総額の50％超を有する法人であること
　　なお、この場合の株式若しくは出資又は発行済株式には議決権に制限の
　ある株式又は出資は含まれない（措令40の2⑬）
2　次のイ及びロの双方の要件を満たす親族であること

－371－

第4章　相　続　税

　イ　相続税の申告期限において、1の法人の法人税法第2条第15号に規定
　　する役員であること
　ロ　その宅地等を相続税の申告期限まで引き続き保有していること
　なお、上記1の要件を満たす法人の事業の用に供されている宅地等であっ
ても、その法人に対する貸付けが無償であるなど、被相続人等の事業に該当
しない場合にはそもそも小規模宅地等に該当しませんから、上記1及び2の
要件を満たす場合であっても特定同族会社事業用宅地等に該当しないことと
なります。

「特定宅地等である小規模宅地等」とは

> 【問4-47】80％減額の対象となる「特定宅地等である小規模宅地等」に
> ついて説明してください。

【答】「特定宅地等である小規模宅地等」とは、郵便窓口業務を行う郵便局の
敷地の用に供されている土地等で、以下の要件を満たすものをいいます。こ
の要件を満たす場合に限り、400㎡までの部分について80％の減額の対象と
することができます。
　1　平成19年10月1日前から被相続人又はその被相続人の相続人と旧日本
　　郵政公社との間に賃貸借契約に基づき、郵便等の業務を行う郵便局の用
　　に供するため旧日本郵政公社に貸し付けられていた建物（その賃貸借契
　　約の当事者である被相続人又はその被相続人の相続人が有していた建物
　　に限ります。）の敷地の用に供されていた土地等であること。
　2　平成19年10月1日から被相続人に係る相続開始の直前までの間におい
　　て、上記1の賃貸借契約（平成19年10月1日の直前に効力を有するもの
　　に限ります。）の契約事項に一定の事項以外の事項について変更がない
　　賃貸借契約に基づき引き続き郵便局舎の敷地の用に供されていた土地等
　　であること。
　3　相続又は遺贈によりその土地等を取得した相続人から、その相続の開
　　始の日以後5年以上上記2の郵便局舎を郵便局株式会社（平成24年10月
　　1日以後にあっては日本郵便株式会社）が引き続き借り受けることによ
　　り、その土地等を同日以後5年以上その郵便局舎の敷地の用に供する見
　　込みであることについて、総務大臣の証明がなされたものであること。
　4　その郵便局舎の敷地の用に供されている土地等について、既にこの特

－372－

第4章　相　続　税

例（適用要件変更後のものに限ります。）の規定の適用を受けていないこと。

特定居住用宅地(1)

【問4-48】 私の夫は平成30年3月に亡くなりました。相続人は、私と長男の2人です。夫の所有していた自宅には私と夫が住んでおり、長男は別に自宅を持ち、そこに居住しています。

　夫が所有していた自宅の敷地（250㎡）を私が相続する場合と、長男が相続する場合とでは、小規模宅地等の特例の適用が異なるのでしょうか。

【答】 妻であるあなたが自宅の敷地の全部を取得した場合には、「特定居住用宅地等である小規模宅地等」に該当し、限度面積である330㎡以内のため、自宅の敷地全ての部分が80％減額の対象となります。

　しかし、ご長男が自宅の敷地の全部を取得した場合には、小規模宅地等の特例の適用を受けることはできません。

特定居住用宅地(2)

【問4-49】 私の主人は平成30年5月に亡くなりました。主人の所有していた土地（200㎡）の上には、3階建の建物1棟が建っており、1階には私と主人が住んでおり、2階、3階は貸家にしておりました。

　この土地は私が相続する予定ですが、小規模宅地等の減額割合はいくらになるのですか。

【答】 あなたが取得した土地のうち、1階部分に対応する敷地面積は80％の減額割合となり、2階と3階部分に対応する敷地面積は50％の減額割合となります。

【解説】 あなたが取得した土地は、居住部分と貸付部分のある一棟の建物の敷地からなっているため、それぞれの部分ごとに按分して減額割合を計算することになります。

　1階部分に対応する敷地面積は、「特定居住用宅地等である小規模宅地等」に該当するものとして80％減額の対象となり、2階と3階部分に対応する敷

－373－

地面積は、「貸付事業用宅地等」に該当するものとして50%の減額の対象となります。

被相続人等の居住の用に供されていた宅地等

【問4-50】 平成30年5月に夫が亡くなり、一部を夫の居住用、その他の部分を貸家として利用していた一棟の建物と敷地を相続しました（下図参照）。

　私は、相続税の申告に当たって、この敷地300㎡のうち居住用部分から150㎡、貸家部分から109㎡を小規模宅地として選択しようと考えています。この場合に、当該敷地の課税価格の計算はどのようになるでしょうか。

　なお、宅地1㎡当たりの相続税の評価額は100,000円、借地権割合70%、借家権割合30%です。

| 貸家（割合50%） |
| 居住用部分（割合50%） |
| 土地（面積300㎡） |

【答】 小規模宅地等の特例の対象となる「居住用宅地等」について、当該宅地等を被相続人の配偶者が取得した場合には、「特定居住用宅地等」に該当し、「貸付用宅地等」については、「貸付事業用宅地等」に該当します（措法69の4③二、四）。

したがって、あなたの場合、課税価格の計算は次のようになります。

1　措法69条の4適用前の金額

（1）居住用部分

（相続税評価額）（面積）（居住用割合）
100,000円　×300㎡×　0.5　＝15,000,000円……①

（2）貸家部分

（相続税評価額）（面積）（貸家割合）
100,000円　×300㎡×　0.5　＝15,000,000円

（借地権割合）（借家権割合）
15,000,000円×（1－　0.7　×　0.3）　＝11,850,000円……②

2　措法69条の4適用上、減額される金額

（1）居住用部分のうち、「特定居住用宅地等」として減額される金額

$$15,000,000円 \times \frac{150㎡}{150㎡（300㎡ \times 0.5）} \times \underset{(減額割合)}{0.8} = 12,000,000円 \cdots\cdots ③$$

－ 374 －

第4章　相　　続　　税

(2)　貸家部分のうち「貸付用宅地等」として減額される金額

$$11,850,000円 \times \frac{109㎡}{150㎡（300㎡ \times 0.5）} \times \overset{（減額割合）}{0.5} = 4,305,500円 \cdots ④$$

3　相続税の課税価格に算入される金額

①－③により　　15,000,000円 － 12,000,000円 ＝　3,000,000円 ………⑤

②－④により　　11,850,000円 －　4,305,500円 ＝　7,544,500円 ………⑥

⑤＋⑥により　　　3,000,000円 ＋　7,544,500円 ＝ <u>10,544,500円</u>

土地信託に係る小規模宅地等の特例適用について

【問4-51】　私は、この度、父の死亡により賃貸用ビル及びその敷地を信託財産とする土地信託の信託受益権を相続しました。

　ところで、相続税の課税対象となる財産は信託財産である賃貸用ビル及びその敷地であると聞きましたが、この場合、その敷地について小規模宅地の評価減の特例が受けられますか。

【答】その敷地が、事業用宅地等に該当する場合には、貸家建付地の評価を行ったうえ、200㎡までの部分については、50％相当額の価額が減額されることになります。

【解説】信託受益権を相続した場合の相続税の課税関係については、信託財産である土地建物等を相続したものとして相続税が課税されます。

　ところで、信託財産である土地等が、相続の開始の直前において被相続人等の事業の用又は居住の用に供されていた宅地等に該当する場合は、その宅地等については、【問4-42】で説明したところの「小規模宅地等についての相続税の課税価格の計算の特例」の適用が受けられることになります（措令40の2⑳、相措通69の4-2）。

(注)　被相続人の事業の用に供されていた宅地等のうち、不動産貸付業の用に供されていた宅地等についての減額割合は50％になります。

－ 375 －

第4章 相　続　税

申告期限までに事業用建物を建て替えた場合

> 【問4-52】本年5月に父親が急死しました。私は長男なので、父が営ん
> でいた事業を引き継ごうと思っています。しかし、事業用店舗がかな
> り老朽化しており、ちょうどいい機会なのでこの際建て替えて事業を
> 再開しようと考え、同年9月工事にとりかかりました。
> 　このような場合、小規模宅地の特例は適用できないのでしょうか。

【答】お尋ねの場合、お父さんが事業の用に供していた建物が工事中であっ
ても、当該宅地については小規模宅地等の特例を適用することができます。
【解説】事業用宅地等が特定事業用宅地等に該当するためには、事業承継等
親族（以下親族という。）が被相続人の事業を相続税の申告期限（以下申告
期限という。）まで営んでいることが要件の1つとされています（措法69の
4③一）。

　しかし、事業用宅地等を取得した親族が申告期限までに建て替え工事に着
手したときは、その宅地のうち親族により事業の用に供されると認められる
部分については、申告期限において事業の用に供されているものとして取り
扱うこととしています（措通69の4-19）。

小規模宅地等についての課税価格の計算の特例の限度面積要件について

> 【問4-53】平成27年1月1日以後に相続又は遺贈により取得する財産に
> 係る相続税において、「小規模宅地等についての課税価格の計算の特
> 例」の限度面積要件の内容を説明してください。

【答】この特例の適用を受けることのできる面積は、小規模宅地等のうち、
特定事業用宅地等及び特定同族会社事業用宅地等（「特定事業用等宅地等」
といいます。）については400㎡までであり、特定居住用宅地等については
330㎡まで（「貸付事業用宅地等」については200㎡まで）とされています。

　これら適用限度面積の異なる3種類の小規模宅地等のうち、2種類以上の
小規模宅地等について特例の適用を受ける場合、特例の対象として選択する
宅地等の全てが「特定事業用等宅地等」及び「特定居住用宅地等」である場
合には、それぞれの適用対象面積まで適用することができますが、「貸付事
業用宅地等」を特例の対象として選択する場合の限度面積要件は、次の算式

－376－

第4章　相　　続　　税

によります（措法69の4②）。

$$A \times \frac{200}{400} + B \times \frac{200}{330} + C \leqq 200\text{m}^2$$

　　A：「特定事業用等宅地等」の適用面積
　　B：「特定居住用宅地等」の適用面積
　　C：「貸付事業用宅地等」の適用面積

「限度面積要件」の計算方法について

> 【問4-54】前問（【問4-53】）にありました、「限度面積要件」の具体的
> な計算方法を説明してください。
> 　（例）　　①　甲宅地（「特定事業用宅地」に該当）
> 　　　　　　　　200㎡（相続税評価額：1㎡当たり10万円）
> 　　　　　　②　乙宅地（「特定居住用宅地」に該当）
> 　　　　　　　　165㎡（相続税評価額：1㎡当たり20万円）
> 　　　　　　③　丙宅地（「貸付事業用宅地等」に該当）
> 　　　　　　　　60㎡（相続税評価額：1㎡当たり30万円）

【答】ご質問の限度面積要件の具体的な計算方法は次のようになります。な
お、算式等については、前問（【問4-53】）を参照してください。

◎**ケースⅠ**（①→②→③の順に優先して適用する場合）

　①の適用面積　200㎡（特定事業用宅地等）

　$\left(200\text{m}^2 - 200\text{m}^2 \times \dfrac{200}{400}\right) \times \dfrac{330}{200} = 165\text{m}^2$……②の適用限度面積

　②の適用面積　165㎡（特定居住用宅地等）

《減額される金額》

　　　200㎡×10万円×80％＋165㎡×20万円×80％＝4,240万円

◎**ケースⅡ**（①→③→②の順に優先して適用する場合）

　①の適用面積　200㎡（特定事業用宅地等）

　$200\text{m}^2 - 200\text{m}^2 \times \dfrac{200}{400} = 100\text{m}^2$……③の適用限度面積

　③の適用面積　60㎡（貸付事業用宅地等）

　$\left(200\text{m}^2 - 200\text{m}^2 \times \dfrac{200}{400} - 60\text{m}^2\right) \times \dfrac{330}{200} = 66\text{m}^2$……②の適用限度面積

　②の適用面積　66㎡（特定居住用宅地等）

－377－

第4章　相　　続　　税

《減額される金額》

200㎡×10万円×80％＋60㎡×30万円×50％＋66㎡×20万円×80％＝
3,556万円

《参考》

　本問のような場合には、次の算式により算出した金額の大きい宅地から優
先して特例を適用すると、課税価格から減額される金額も大きくなります。

○　特定事業用宅地等　　１㎡当たりの相続税評価額×80％×2

○　特定居住用宅地等　　１㎡当たりの相続税評価額×80％×$\frac{330}{200}$

○　貸付事業用宅地等　　１㎡当たりの相続税評価額×50％

特定居住用宅地等が２か所以上ある場合の適用関係

【問4-55】私の父は、本年６月に亡くなりました。父は、生前住居を２
　つ所有しており、いずれの住居も居住の用に供していました。このよ
　うな場合に、小規模宅地等の特例の適用については、いずれの住居に
　ついても特定居住用宅地として特例の適用を受けることができるので
　しょうか。

【答】特定居住用宅地等に該当する居住用の宅地等が複数ある場合の小規模
宅地等の特例の適用対象は、主として居住の用に供されていた一つの宅地等
になります。

【解説】特定居住用宅地等の適用関係については、次のように規定されてい
ます（措令40の２⑧）。

①　被相続人の居住の用に供されていた宅地等が２以上ある場合（③に掲
　げる場合を除きます。）

　　……その被相続人が主としてその居住の用に供していた一の宅地等

②　被相続人と生計を一にしていたその被相続人の親族の居住の用に供さ
　れていた宅地等が２以上ある場合（③に掲げる場合を除きます。）

　　……その親族が主としてその居住の用に供していた一の宅地等（親族が
　２以上ある場合には、その親族ごとにそれぞれ主としてその居住の用に
　供していた一の宅地等。③において同じです。）

③　被相続人及びその被相続人と生計を一にしていたその被相続人の親族
　の居住の用に供されていた宅地等が２以上ある場合

－378－

第4章　相　続　税

……次に掲げる場合の区分に応じそれぞれ次に掲げる宅地等
イ　被相続人が主としてその居住の用に供していた一の宅地等とその親
族が主として居住の用に供していた一の宅地等が同一である場合
……その一の宅地等
ロ　上記イに掲げる場合以外の場合
……被相続人が主としてその居住の用に供していた一の宅地等及びそ
の親族が主としてその居住の用に供していた一の宅地等

共同住宅の一部が空室となっていた場合

【問4-56】本年8月に夫が亡くなり、夫が所有していた土地を私が相続
することになりました。

夫は、この土地（200㎡）の上にアパート1棟（10室）を所有し、
これを貸し付けていましたが、相続開始の1か月前にこのアパートの
1室が空室となり、相続開始の直前においては9室を貸し付けていま
した。なお、この空室については、大学生である息子を住まわせるた
め新規の入居者の募集を中止していました。

この場合、小規模宅地等の特例の適用はどのようになるのでしょう
か。

**【答】あなたの場合は、当該土地（200㎡）のうち空室に対応する敷地部分
（20㎡）については、小規模宅地等の特例の適用を受けることはできません。**
【解説】 個人が相続又は遺贈により取得した宅地等が租税特別措置法第69条
の4第3項第4号に規定する「被相続人等の貸付事業の用に供されていた宅
地等」であるか否かの判定は、課税時期において、その宅地等が現実に貸付
事業の用に供されていたかにより行うのが原則です。課税時期において継続
的に貸付事業の用に供されていた場合には、貸付事業の用に供していたもの
として取り扱うことができます。つまり、貸付事業に係る建物等のうちに相
続開始の時において、たまたま一時的に賃貸されていなかったに過ぎない場
合には、その部分に係る宅地等の部分も貸付事業用宅地等に含まれます。

したがって、あなたの場合は、相続開始の直前において空室となったあと
は、不動産業者を通じて新規の入居者を募集するなど、いつでも入居可能な
状態に空室を管理している状況になく、あなたの息子さんを住まわせるため
新規の入居者の募集を中止していますので、当該土地（200㎡）のうち空室

-379-

に対応する敷地部分（20㎡）については、小規模宅地等の特例の適用を受けることができません。

　なお、相続開始時において現に貸付事業の用に供していた敷地部分（180㎡）については、小規模宅地等の特例の適用を受けることができ、50％相当額の価額が減額されることになります。

相続税の申告期限前に宅地の一部を譲渡した場合の「特定居住用宅地等」の範囲

> **【問4-57】** 本年5月に父が死亡しました。相続人は母、私及び弟の3人で、両親と私は同居していました。父の遺産は、居住用の土地建物と預貯金があり、私は土地建物を、母は預貯金をそれぞれ相続することになり分割協議が調いました。
>
> 　その後、相続税の申告期限前に、相続した自宅の敷地（200㎡）のうち庭先の一部（50㎡）を売却することになりました。
>
> 　この場合に、私は小規模宅地等のうち特定居住用宅地等として、その価額の80％を減額することができますか。

【答】 あなたが、相続した自宅の敷地（200㎡）のうち、売却した宅地（50㎡）を除いた150㎡について、80％を減額することができます。

【解説】 特定居住用宅地等は、被相続人等の居住の用に供されていた宅地等で、特定宅地等又は特定事業用等宅地等に該当するもの以外のもので一定の要件を満たす宅地等をいい、相続開始の直前においてこの宅地等の上に存する当該被相続人の居住の用に供されていた家屋に居住していた者であって、相続開始時から申告期限まで引き続きこの宅地等を保有し、かつ、その家屋に居住していることを満たす必要があります（措法69の4③二）。

　したがって、あなたは、相続した宅地（200㎡）のうち一部（50㎡）を譲渡した結果、申告期限まで引き続き宅地等を保有せず、かつ、家屋にも居住していないため、自宅の敷地のうち売却した宅地（50㎡）を除いた150㎡についてのみ特定居住用宅地等として小規模宅地等についての相続税の課税価格の計算の特例の対象となります。

第4章　相　　続　　税

公共事業の施行により従前地及び仮換地について使用収益が禁止されている場合

【問4-58】本年5月に父が死亡し、私は土地を相続することになりました。この土地は父が亡くなる直前に土地区画整理事業等の施行により仮換地の指定を受けたものですが、仮換地の指定を受ける前の土地（従前地）では、父の居住の用に供していました。

　このような場合、小規模宅地等の特例の適用を受けることはできないのでしょうか。なお、父が亡くなる直前に、仮換地及び従前地について使用収益が共に禁止されていました。

【答】相続開始時から相続税の申告期限までの間に被相続人等が仮換地を居住の用に供する予定がなかったと認めるに足りる特段の事情がなかったときは、小規模宅地等の特例の適用を受けることができます。

【解説】小規模宅地等の特例の適用対象となる宅地等には、個人が被相続人から相続又は遺贈により取得した被相続人等の居住用等（以下「従前地」といいます。）で、公共事業の施行による土地区画整理法に規定する仮換地の指定に伴い、その相続の開始の直前において従前地及び仮換地の使用収益が共に禁止されている場合で、その相続の開始の時から相続税の申告期限までの間にその被相続人等が仮換地を居住用等に供する予定がなかったと認めるに足りる特段の事情がなかったものが含まれることになります（措通69の4-3）。

　被相続人等が仮換地を居住用等に供する予定がなかったと認めるに足りる特段の事情とは、例えば、次に掲げる事情がある場合をいいます。

①　従前地について売買契約を締結していた場合

②　被相続人等の居住用等に供されていた宅地等に代わる宅地等を取得（売買契約中のものを含みます。）していた場合

③　従前地又は仮換地について相続税法第6章《延納又は物納》に規定する物納の申請をし又は物納の許可を受けていた場合

－381－

第4章 相　続　税

持分贈与により贈与税の配偶者控除等の課税の適用を受けた宅地等で、残る被相続人持分について小規模宅地等の課税価格の計算の特例を受ける場合

【問4-59】 私は、平成22年7月に店舗兼住宅（店舗部分の割合2分の1、住宅部分の割合2分の1）の土地建物とも持分3分の1を、夫から贈与を受け、翌年2月に贈与税の配偶者控除の適用を受けて申告をしました。この時の申告では、その持分を居住用部分から優先的に贈与を受けたものとして計算しています。

　　本年5月に夫が死亡しましたが、この場合の小規模宅地等の課税価格の計算の特例について、居住用部分と事業用部分の適用割合はどうなりますか。

【答】 小規模宅地等の課税価格の計算の特例における居住用部分と事業用部分の適用割合の判定は、その相続の開始の直前の現況で行うこととなります。

【解説】 小規模宅地等についての相続税の課税価格の計算の特例の適用がある店舗兼住宅の敷地の用に供されていた宅地等で、相続の開始の前年以前に被相続人からのその持分の贈与につき、相続税法第21条の6第1項に規定する贈与税の配偶者控除の適用を受けたもの（店舗兼生宅等の敷地で居住部分から優先的に特例の適用を受けたものに限ります（相基通21の6-3のただし書）。）又は相続の開始の年の被相続人からのその持分につき相続税法第19条第2項第2号の規定により特定贈与財産に該当することとなったもの（相基通19-10の後段の取扱いを適用して相続税の申告があったものに限ります。）であっても、被相続人等の居住の用に供されていた部分の判定は、その相続開始の直前における現況によって行うことになります（相措通69の4-9）。

　　したがって、ご質問について、店舗兼住宅に係る被相続人の持分3分の2のうち、被相続人の居住の用に供されていた部分は、次の割合に相当する部分となり、この割合を基礎として小規模宅地等についての相続税の課税価格の計算をします。

(被相続人の持分) 　(店舗兼住宅のうち被相続人等の 居住の用に供されていた部分) 　(小規模宅地等についての課税価格 の計算に係る居住用部分の割合)

$$\frac{2}{3} \times \frac{1}{2} = \frac{1}{3}$$

－382－

第4章　相　　続　　税

特定計画山林についての相続税の課税価格の計算の特例

> 【問4-60】特定計画山林についての相続税の課税価格の計算の特例制度
> について説明してください。

【答】「特定計画山林についての相続税の課税価格の計算の特例」（「特定計画
山林の特例」といいます。）とは、被相続人の親族が、その被相続人から相
続又は遺贈（その相続に係る被相続人からの贈与（贈与をした者の死亡によ
り効力を生ずる贈与を除きます。）により取得した財産で、相続時精算課税
制度の適用を受ける贈与を含みます。）により取得した財産のうちに、森林
経営計画の定められた区域内に存する立木若しくは土地等（土地又は土地の
上に存する権利をいいます。）がある場合には、一定の要件を満たすときに
限り、相続税の課税価格に算入すべき価額は、その財産（森林保健施設の整
備に係る地区内に存するものを除き、一体として効率的に森林施業を行うこ
ととされているものに限ります。）の価額に100分の95を乗じて計算した金額
とすることができる特例です（措法69の5①）。

　(注)　相続税法第26条の規定が適用になる立木についての相続税の課税価格に算入
　　　すべき価額は、まず、立木の時価から15％を乗じて計算した金額を控除し、次
　　　に、その残額から5％（特定計画山林の特例）を乗じて計算した金額を控除し
　　　た金額（立木の時価から19.25％を乗じて計算した金額を控除した金額）とな
　　　ります。

　この特例の適用を受けるためには、原則として相続税の申告期限までに、
当該特定計画山林を遺産分割しなければなりませんが、次のいずれかに該当
することとなったときには、特例の適用ができます（措法69の5③）。

　イ　申告期限から3年以内に分割されたとき

　ロ　申告期限から3年以内に分割できないことについてやむを得ない事情
　　があり、税務署長の承認を受けた場合で、分割できることとなった日の
　　翌日から4か月以内に分割されたとき

　　なお、この場合は、分割された日の翌日から4か月以内に更正の請求
　　をすることとなります。

　この特例の適用を受ける場合には、相続税の申告書にその適用を受ける旨
を記載するとともに、所定の書類を添付することが必要です（措法69の5⑦）。

－383－

第4章　相　続　税

特定土地等及び特定株式等に係る相続税の課税価格の計算の特例

> 【問4-61】近年災害が頻発していることを踏まえ、税制上の対応が復旧
> や復興の動きに遅れることのないよう、各税目にわたりあらかじめ規
> 定を整備することとされ、相続税について、特定土地等及び特定株式
> 等に係る相続税の課税価格の計算の特例が創設されたと聞きました
> が、その概要について教えてください。

【答】特定非常災害(注)1に係る特定非常災害発生日前に相続又は遺贈（そ
の相続に係る被相続人からの贈与により取得した財産で相続時精算課税の適
用を受けるものに係る贈与を含みます。）により財産を取得した者があり、
かつ、その相続又は遺贈に係る相続税の申告書の提出期限がその特定非常災
害発生日以後である場合において、その者がその相続若しくは遺贈により取
得した財産又は贈与により取得した財産（その特定非常災害発生日の属する
年（その特定非常災害発生日が1月1日から贈与税の申告書の提出期限まで
の間にある場合には、その前年）の1月1日からその特定非常災害発生日の
前日までの間に取得したもので、相続税法第19条（相続開始前3年以内の贈
与財産の加算）又は第21条の9第3項（相続時精算課税の適用を受ける財
産）の規定の適用を受けるものに限ります。）でその特定非常災害発生日に
おいて所有していたもののうちに、特定土地等(注)2又は特定株式等(注)3
があるときは、その特定土地等又はその特定株式等に係る相続税の課税価格
に算入すべき価額又は相続税の課税価格に加算される贈与により取得した財
産の価額は、その特定非常災害の発生直後の価額とすることができます（措
法69の6①）。

　なお、この特例は平成29年1月1日以後に相続若しくは遺贈又は贈与によ
り取得する財産に係る相続税又は贈与税について適用されます（改正附則88
①）。

(注)1　特定非常災害とは、特定非常災害の被害者の権利利益の保全等を図るための
　　　　特別措置に関する法律第2条第1項の規定により特定非常災害として指定され
　　　　た非常災害をいいます。これまでに適用された災害は、「阪神・淡路大震災」、
　　　　「平成16年新潟中越地震」、「東日本大震災」、「平成28年熊本地震」の4件です。
(注)2　特定土地等とは、特定地域（特定非常災害により被災者生活再建支援法第3
　　　　条第1項の規定の適用を受ける地域又は特定非常災害により相当な損害を受け
　　　　た地域として財務大臣が告示により指定する地域）内にある土地又は土地の上

－384－

第4章 相 続 税

に存する権利をいいます（措法69の6①）。

(注)3 特定株式等とは、特定地域内に保有する資産の割合が高い一定の法人の株式
又は出資（上場株式など一定のものを除きます。）をいいます（措法69の6①、
措令40の2の3②、措規23の2の3）。

大韓民国人である被相続人の日本人妻と相続税法第15条第2項に規定する法定相続人

> **【問4-62】** 被相続人（大韓民国人）とその妻（日本人）との婚姻関係は、
> 妻（日本人）の戸籍には、被相続人との婚姻届出の記載がありますが、
> 被相続人（大韓民国人）の本国における戸籍には、婚姻届出の記載が
> ありません。この場合、妻は相続税法第15条第2項に規定する法定相
> 続人に該当するのでしょうか。
> また、被相続人が外国人である場合の相続税の総額計算はどうすれ
> ばよいのですか。

【答】 妻は、相続税法第15条第2項に規定する法定相続人に該当することに
なります。

また、被相続人が外国人である場合の相続税の総額は、その者の本国法の
定めとは関係なく日本の民法の規定による相続人及び相続分を基として計算
します。

【解説】 大韓民国人と日本人との婚姻の成立要件は、日本国の法の適用に関
する通則法及び大韓民国の国際私法の規定により婚姻挙行地法に定める方式
によることとされていますので、日本人である妻の戸籍に日本法に基づいて
大韓民国籍の被相続人との婚姻の届出の記載がされていれば、その婚姻は有
効に成立していることになります（法の適用に関する通則法24①）。

なお、相続税の申告期限までに、相続財産の全部又は一部が分割されてい
ない場合には、その分割されていない相続財産については被相続人の本国法
による相続分に従って相続財産を取得したものとして課税価格を計算するこ
とになります。ただし、遺言による相続準拠法の指定により反致の成立があ
る場合があります。

－385－

第4章 相 続 税

限定承認をした後に生命保険金が支払われた場合の課税価格

【問4-63】 3か月前、父が死亡し相続人全員（4人）で限定承認の手続
を済ませました。そして、財産及び債務が詳しく調べられ、
財産……3億円（相続税評価額2億円）
債務……4億円（相続税評価額4億円）
であると判明しました。
ところがその後、父が保険料のすべてを支払っていた生命保険契約
に基づいて、母に1億円の死亡保険金が支払われました。
このような場合、相続税の課税価格はいくらになるのでしょうか。

【答】 相続税の課税価格は受取生命保険金のうち非課税とされる部分（相法
12①五）を控除した残りの8,000万円となります。
　　1億円－（500万円×4人）＝8,000万円
【解説】 限定承認は、相続人が相続によって取得した財産の範囲内で被相続
人の債務及び遺贈の義務を負担するという制度ですから、相続税の課税価格
の計算においても、本来の相続財産の価額を超えて債務控除をすることはで
きません。
　次に、あなたのお母さんが受け取られた生命保険金は、相続税法の規定に
より相続財産とみなされる財産（相法3①一）であって、本来の相続財産で
はありません。そのため、限定承認に伴って計算される財産の額には含める
べきものではありません。

控除できる債務の範囲

【問4-64】 次のような債務は、相続税法上控除の対象となりますか。
　①　被相続人が生前に購入した墓石の未払金
　②　保証債務
　③　連帯債務
　④　消滅時効の完成している債務
　⑤　被相続人に対する罰金で未払のもの

【答】 相続税法上債務控除の対象となる債務は、被相続人の債務で、原則と
して相続の際に現に存し（相法13）、かつ、確実と認められるものに限る（相

－386－

第4章　相　　続　　税

法14) ことになっています。

①　被相続人が生前に購入した墓石の未払金……被相続人の債務で、相続の際に現に存する確実なものであることが明らかであっても、墓石は相続税の非課税財産であり、それに対する未払金は相続財産から控除できる債務にはなりません（相法13③)。

②　保証債務……保証債務については、原則として債務控除の対象となりません。しかし、主たる債務者が弁済不能の状態にあるため、保証債務者がその債務を履行しなければならない場合で、かつ、主たる債務者に求償権の行使ができない場合には、その弁済不能の部分の金額について、当該保証債務者の債務控除の対象となります（相基通14-3(1)）。

③　連帯債務……連帯債務については、連帯債務者のうちで債務控除を受けようとする者の負担すべき金額が明らかとなっている場合には、その負担金額は債務控除の対象となります。

また、連帯債務者のうちに弁済不能者がある場合で、その求償権の行使ができず、かつ、当該弁済不能者の負担部分をも負担しなければならないと認められる場合には、その負担しなければならないと認められる部分の金額も債務控除の対象となります（相基通14-3(2)）。

④　消滅時効の完成している債務……相続開始の時において、既に消滅時効の完成した債務は、相続税法第14条第1項に規定する確実と認められる債務には該当しません（相基通14-4）。

⑤　被相続人に対する罰金で未払のもの……罰金は刑事罰であり、刑事罰はその受刑者の一身に専属するものであるところから相続性がないこととなっています。

したがって、未払であっても、その罰金が被相続人に課されていたものであれば債務にはなりません。

控除できる葬式費用の範囲

【問4-65】香典返しや法事の費用などは葬式費用として控除できないそうですが、控除できるものの範囲について説明してください。

【答】(1) 相続財産から控除できる葬式費用には次のようなものがあります（相基通13-4）。

①　葬式又は葬送に際し、あるいはこれらの前において埋葬、火葬、納骨

－387－

第4章 相　続　税

又は遺がい若しくは遺骨の回送その他に要した費用（仮葬と本葬の両方
を行った場合には、両方とも葬式費用として控除できます。）
②　葬式に際し施与した金品で、被相続人の職業、財産その他の事情に照
らして相当程度と認められるものに要した費用
③　その他葬式の前後に生じた出費で通常葬式に伴うものと認められるも
の
④　死体の捜索又は死体、遺骨の運搬に要した費用
(2) 相続財産から控除できない費用には次のようなものがあります（相基通
13-5）。
①　香典返戻費用（なお、香典は相続財産にはなりません。）
②　墓碑及び墓地の買入費並びに墓地の借入料
③　法会に要する費用
④　医学上又は裁判上の特別の処置に要した費用

遺贈により取得した財産から債務控除できる葬式費用等

> 【問4-66】私は被相続人甲と内縁関係にありましたが、甲の死亡によ
> り、甲が被保険者及び保険料の負担者となり私が保険金の受取人とな
> っている生命保険契約に基づき、生命保険金3,000万円を受け取りま
> した。
> 　そして、私は葬式費用の全額を負担したのですが、相続税の課税価
> 格の計算上、その葬式費用の額は、生命保険金から控除することがで
> きますか。

【答】葬式費用の額を控除することができません。

【解説】相続税の課税価格の計算に当たって、遺贈により取得した財産の価
額から、負担した葬式費用等を債務控除することができるのは、その遺贈
が、包括遺贈又は被相続人からの相続人に対する遺贈に限られています（相
法13）。

　なお、相続を放棄した人や相続権を失った人については、その人が実際に
葬式費用を負担した場合には、その負担額を、その人が遺贈（生命保険金な
ど遺贈により取得したとみなされる場合も含みます。）によって取得した財
産の価額から債務控除しても差し支えないものとしています（相基通13-1）。

－388－

第4章　相　　続　　税

定期預金の既経過利子に対する源泉所得税と債務控除

> 【問4-67】　私は、父の定期預金を相続しました。相続税の計算上、課税
> 時期現在の定期預金の既経過利息の額に対応する源泉徴収されるべき
> 所得税等の額は、債務として控除できるでしょうか。

【答】定期預金の既経過利子に対する源泉所得税は、定期預金の評価の中で
差し引かれることになりますので債務としては控除しません。

【解説】相続財産として課税される預貯金の価額は、課税時期における預入
額と同時期現在において解約するとした場合に既経過利子の額として支払を
受けることができる金額から、当該金額につき源泉徴収されるべき所得税
（地方税の利子割を含みます。）の額に相当する金額を控除した金額との合
計額によって評価することになります（評基通203）。

相続開始前3年以内の受贈財産からの債務控除

> 【問4-68】　父が死亡し、土地A（評価額1,000万円、10年前に父が取得）
> と銀行借入金1,500万円を相続することになりました。
> 　　ところで、私は2年前に父から土地B（評価額2,000万円）を贈与
> されていますので、相続開始前3年以内の贈与財産として、相続税の
> 課税価格に加算されることになりますが、相続財産から控除できなか
> った債務について、受贈財産から控除してもよいでしょうか。

【答】債務控除は、相続又は遺贈により取得した財産価額から控除すること
とされています（相法13）。

　したがって、受贈財産が相続税の課税価格に算入される場合であっても、
相続財産（土地A）から控除しきれない債務（500万円）を受贈財産（土地B）
から控除することはできません。

－389－

第4章 相　続　税

生前に贈与を受けた財産の課税関係(1)

【問4-69】私の父は2か月前に死亡しました。私は父が死亡する2年前に土地の贈与を受けています。この場合、この土地も他の相続財産に含めて相続税の申告をしなければならないと聞きましたが本当でしょうか。なお、私は相続時精算課税の適用を受けていません。

【答】あなたがお父さんから相続によって取得した財産がある場合には、2年前に贈与された土地についても、相続税の課税価格に加算して申告する必要があります。

【解説】相続又は遺贈によって財産を取得した者が、その相続の開始前3年以内に、その相続に係る被相続人から贈与を受けた財産がある場合には、その財産の価額は、相続税の課税価格に算入することになります（相法19）。

ただし、この規定は相続を放棄した人など相続又は遺贈によって財産を取得しなかった人には適用されません。

なお、相続財産に加算される贈与財産の価額は、贈与を受けた時の価額によることとされており、またこの贈与を受けたことにより納付すべき贈与税額は、相続税額から控除されます。

生前に贈与を受けた財産の課税関係(2)

【問4-70】私は、平成28年に夫より居住用の土地建物（評価額3,000万円）の贈与を受け、贈与税の配偶者控除の適用を受けていますが、平成30年の5月に夫が交通事故で死亡しました。

「相続開始前3年以内に被相続人から贈与を受けた財産がある場合には、その財産は相続財産に加算される」と聞いたのですが、私の場合も、夫から贈与を受けた居住用の土地建物3,000万円を相続財産に加算することになるのでしょうか。

【答】ご主人から贈与を受けた居住用の土地建物のうち、配偶者控除適用額2,000万円を差し引いた残り1,000万円が、相続財産に加算されることになります。

【解説】生前に贈与を受けた財産の課税関係については、【問4-69】のとおりですが、ご質問のように贈与を受けた財産が居住用財産で、贈与税の配偶者

－390－

第4章　相　　続　　税

控除の適用を受けている場合には、その財産のうち配偶者控除適用額については、相続財産に加算しません（相法19①、②一）。

特定贈与財産

【問4-71】私は、本年1月に自宅の家屋と敷地を主人から贈与により取得しました。私はこの贈与について、贈与税の配偶者控除の適用を受けるつもりでいましたが、本年6月に主人が急死してしまいました。

　主人には、居宅の他にも財産があり相続税の申告が必要ですが、1月に贈与を受けた自宅はどうなるのでしょうか（評価額　家屋500万円、敷地1,500万円）。

　なお、贈与税の配偶者控除の要件は満たしています。

【答】 **1月に贈与を受けた居住用財産について、下記の要件を満たす場合には贈与税の配偶者控除の適用を受けることができます。**

**　また、その居住用財産の額は相続税の課税価格に加算されません。**

【解説】 相続税の計算上、相続開始前3年以内に被相続人から贈与により取得した財産については、その価額を相続税の課税評価額に加算することとされています（相法19①）。

　このことから、相続開始の日の属する年に被相続人から贈与により取得した財産がある場合には、その財産については相続税が課税され、したがって、贈与税は課税されないこととなります（相法21の2④）。

　ところで、相続開始前3年以内に被相続人から贈与により取得した財産のうち、「特定贈与財産」に該当するものについては、上記の適用はなく、したがって、相続税の課税価格に加算されません（相法19①）。

　この「特定贈与財産」とは、相続税法第21条の6（贈与税の配偶者控除）に規定する婚姻期間が20年以上である配偶者に該当する被相続人から贈与により取得した居住用不動産又は居住用不動産を取得するための金銭で次に掲げる部分に該当するもので、それぞれに定める部分の金額をいいます（相法19②）。

(1) その贈与が相続開始の日の属する年の前年以前に行われている場合で、その贈与につき贈与税の配偶者控除の適用を受けている場合……控除された配偶者控除額の金額

(2) その贈与が相続開始の日の属する年と同年中に行われた場合で、受贈者

－391－

第4章 相 続 税

である配偶者が、その被相続人からの贈与につき既に贈与税の配偶者控除の適用を受けた者でないとき……贈与税の配偶者控除の適用があるものとした場合に、控除されることとなる配偶者控除額の金額

ところで、あなたが贈与を受けた財産について、贈与税の配偶者控除の適用を受けるためには、贈与を受けた居住不動産又は金銭の価額を贈与税の課税価格に算入する旨及び次に掲げる事項を記載した書類等を相続税の申告書に添付する必要があります（相規1の5①②）。

(1) 次の事項を記載した書類

① 贈与により取得した居住用不動産又は金銭の種類、数量、価額及び所在場所の明細並びにその取得の年月日

② 居住用不動産又は金銭のうち贈与税の課税価格に算入する部分のこれらの財産の価額

③ 相続開始の年の前年以前の各年分の贈与税について、贈与税の配偶者控除の適用を受けていない旨

④ その他参考となるべき事項

(2) 戸籍の附票の写し（贈与を受けた日から10日を経過したものに限ります。）

(3) 贈与を受けた居住用不動産に関する登記事項証明書その他の書類で当該贈与を受けた者が当該居住用不動産を取得したことを証するもの

なお、この相続開始の年に贈与税の配偶者控除の適用を受けられる財産で、特定贈与財産に該当する部分については、相続税の課税価格に加算されていないので、その部分については、相続開始の日の属する年分の贈与税の課税価格に算入されることになります。

したがって、その年分の贈与税を申告して、贈与税の配偶者控除の適用を受ける必要があります。

第4章　相　続　税

生前に贈与を受けた財産の課税関係(3)

【問4-72】今年、父が死亡した際、父の遺産1億円は私の兄弟が相続し、私は、父が保険料を負担していた生命保険金500万円だけを受け取りました。それというのも、私は、2年前に結婚した時、父より土地・建物の贈与を受けていましたので今回の遺産は兄弟に譲ったのです。

　ところで、私のように、今回、生命保険金を受け取っただけの場合でも、「相続又は遺贈により財産を取得した者」として3年以内の贈与加算をしなければなりませんか。なお、私は相続時精算課税の適用を受けていません。

【答】2年前に贈与を受けた財産の価額を今回の相続税の課税価格に加算して、相続税を計算することになります。

【解説】生前に贈与を受けた財産の課税関係については【問4-69】のとおりです。

　この「相続又は遺贈により財産を取得した場合」には、相続税法の規定により、相続又は遺贈により財産を取得したものとみなされる場合（相法3①一、5①）も含まれます。

　そして、生命保険金の非課税規定（相法12①五……500万円）により、受取生命保険金が非課税となっても、これは、相続税額の計算上、相続税の課税価格に算入しないこととされているだけであって、「相続又は遺贈により財産を取得した場合」に該当することとなります。

法定相続人の数に算入する養子の数の制限

【問4-73】法定相続人の数に算入する養子の数の制限規定について説明してください。

【答】相続税の計算上、被相続人の養子については、次の数しか法定相続人の数に含めることはできないこととされています。

　①　被相続人に実子がいるとき………養子のうち1人まで

　②　被相続人に実子がいないとき……養子のうち2人まで

　なお、この取扱いは次の計算を行う場合の法定相続人の数についてのみ適用されます。

－393－

第4章 相　続　税

　イ　遺産に係る基礎控除額（相法15②）
　ロ　生命保険金、退職手当金の非課税限度額（相法12①五、六）
　ハ　相続税の総額の計算（相法16）
　したがって、例えば、死亡保険金や死亡退職金の非課税規定については
その養子が取得した保険金・退職金にも適用されますし、その養子が未成年者
や障害者であれば、未成年者控除、障害者控除の適用は受けられます。
　なお、上記の①、②の1人又は2人の養子であっても、相続税の負担を不
当に減少させる結果になると税務署長が認める時は、これを否認して、相続
税額を更正決定できるという「養子の数の否認規定」も設けられています（相
法63）。

【適用除外となる養子】
　次の者は、上記の制限規定の適用上は実子とみなされます（相法15③）。
　①　民法第817条の2《特別養子縁組の成立》の規定によって特別養子（実
　　の親との親族関係を終了させる養子）になった人及び被相続人の配偶者
　　の特別養子であった人で被相続人の養子となった人
　②　被相続人の配偶者の実子で被相続人の養子となった者
　③　実子又は養子又はその直系卑属の死亡、相続権喪失により相続人《代
　　襲相続人》となったこれらの者の直系卑属である者

身分関係が重複する場合の相続人の数

> 【問4-74】【問4-2】の場合、私は亡父の代襲相続人としての身分（民法
> 　887）と、養子縁組による嫡出子たる身分（民法809）の二重の相続権
> 　を有していますが、相続税の総額を計算する場合の相続人の数はどう
> 　なりますか。

【答】　1人の相続人が、民法上の相続人として二つの身分を併わせ持ったと
しても、そのことにより1人の相続人が2人になるものではありません（相
基通15-4）。
　したがって、【問4-2】の場合の相続人は、祖母、叔母、私の3人となり
ます（相法15）。

第4章 相　続　税

身分関係が重複する養子がいる場合の相続人の数

【問4-75】次のような場合、相続税の総額を計算する上での法定相続人及び法定相続分はどのようになりますか。

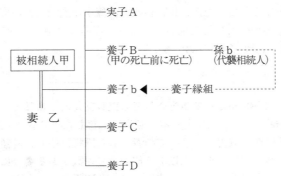

　　なお、養子C及び養子Dは特別養子縁組による養子ではありません。

【答】相続税の総額を計算する上での法定相続人は妻乙及び子3人（A、b、養子1人）となります。

　なお、孫bは甲の養子であるBの子供ですが、Bの死亡により代襲相続人となっていますから、養子数の制限規定の適用は受けず実子とみなされますので、法定相続人数に算入されます（【問4-73】の【適用除外となる養子】参照）。

　また、法定相続分は次のとおりとなります。

・妻乙　　　　　2分の1
・実子A　　　　8分の1（½×¼）
・孫b　　　　　4分の1（½×¼＋½×¼）
・養子1人　　　8分の1（½×¼）

（注）　孫bは、亡父Bの代襲相続人という身分と祖父母甲乙との養子縁組による甲の嫡出子たる身分の両方の相続権を有することになります。

第4章　相　　続　　税

相続税の総額のあん分割合の計算方法

> 【問4-76】　相続税法第17条の規定による相続税額の計算についてお尋ね
> します。主人が死亡して私（妻）が3分の1、長男が3分の2を相続
> することになりましたが、相続税額を計算する過程において、相続税
> の総額を各相続人の相続税額にあん分する場合の割合を妻0.33、長男
> 0.67とせず、妻0.34、長男0.66として申告しても差し支えないのでし
> ょうか。

【答】　**妻0.34、長男0.66として申告されても差し支えありません。**

【解説】　相続税法第17条に規定する「財産を取得した者に係る相続税の課税
価格が、当該財産を取得したすべての者に係る課税価格の合計額のうちに占
める割合」については、小数点以下2位未満の端数がある場合において、そ
の財産の取得者全員が選択した方法により、各取得者の割合の合計値が1に
なるようその端数を調整して、各取得者の相続税額を計算されているとき
は、その計算でも差し支えないものとして取り扱っています（相基通17-
1）。

相続税額の2割加算が行われる場合の範囲

> 【問4-77】　次の者が相続又は遺贈により財産を取得した場合、相続税法
> に規定されている税額の2割加算は適用されるのでしょうか。
> 　①　被相続人の養子（被相続人の孫ではない場合）
> 　②　被相続人の養子（被相続人の孫である場合）
> 　③　代襲相続人たる孫
> 　④　相続を放棄した被相続人の子
> 　⑤　被相続人の兄弟姉妹

【答】　相続又は遺贈によって財産を取得した人が、被相続人の一親等の血族
（代襲相続をした直系卑属を含みます。）及び配偶者の場合には、相続税額
の20％加算は行われません（相法18①）が、一親等の血族には、被相続人の
直系卑属がその被相続人の養子となっている場合を含まないものとされてい
ます（ただし、その被相続人の直系卑属が相続開始以前に死亡した等により、
代襲して相続人となっている場合はこの限りではありません。）（相法18②）。

－396－

第4章 相　　続　　税

　したがって、①の被相続人の養子は、一親等の法定血族であり税額の加算
は行われませんが、②の被相続人の養子は、一親等の血族ですが、被相続人
の直系卑属であるので相続税法第18条第２項により20％の税額加算が行われ
ます。③の孫は二親等の血族ですが、代襲相続人たる身分で相続人になった
わけですから、相続税法第18条第１項のかっこ書により税額の加算は行われ
ません。また、④の子は、相続を放棄していても、遺贈によって財産を取得
している一親等の血族ですから、税額の加算は行われませんが、⑤の兄弟姉
妹は二親等の血族となり、相続又は遺贈により財産を取得した場合には、20
％の税額加算が行われます。

代襲相続人が相続放棄した場合の相続税の２割加算

> 【問４-78】代襲相続人である孫が、相続開始後３か月以内に正式な手続
> により、相続を放棄しました。
> 　しかし、この孫は、被相続人である祖父から遺贈を受けることにな
> りましたので、相続税が課税されることになりました。このような場
> 合にも相続税の２割加算の規定が適用されるのでしょうか。

**【答】孫は代襲相続人となり得る者ですが、相続を放棄したことによって代
襲相続人とはなりません。したがって、この孫は一親等の血族に含めて取り
扱うことはできず、本来の二親等の血族として相続税の２割加算の規定が適
用されることになります。**
【解説】相続又は遺贈により財産を取得した者が、被相続人の一親等の血族
（被相続人の直系卑属がその被相続人の養子となっている場合を除きます。）
及び配偶者以外の者である場合には、その者の相続税額に20％相当額を加算
することとされています。しかし、孫等が代襲相続人となっている場合に
は、その者についても一親等の血族として取り扱われることになります（相
法18①②）。

第4章 相 続 税

税額控除

> **【問4-79】** 次のような場合、相続税法に規定されているそれぞれの税額
> 控除の対象になりますか。
> ① 内縁の妻に対する「配偶者の相続税額の軽減」
> ② 婚姻している未成年者に対する「未成年者控除」
> ③ 国内に住所を有する外国籍の障害者に対する「障害者控除」
> ④ 相続を放棄した相続人が遺贈により財産を取得した場合の「相
> 次相続控除」

【答】 ① 相続税法第19条の2に規定する配偶者に対する相続税額の軽減の
規定は、婚姻の届出をしていた者に限られており、内縁の妻には適用され
ません（相基通19の2-2）。
② 未成年者が婚姻した場合は、民法第753条《婚姻による成年擬制》の規
定により、成年に達したものとみなされますが、これとは関係なく相続税
法第19条の3第1項の規定により、満20歳に達するまでは適用できます
（相基通19の3-2）。なお、制限納税義務者には適用されません。
③ 国籍が外国にあっても、相続により財産を取得した時に、日本国内に住
所がある相続人が障害者である場合には、相続税法第19条の4の障害者控
除の適用が受けられます。
④ 相次相続控除は、相続を放棄した者及び相続権を失った者に対しては、
たとえ遺贈によって財産を取得しても適用できません（相基通20-1）。

配偶者の税額軽減の特例の申告手続

> **【問4-80】** 相続税の申告に当たって配偶者の税額軽減の特例の適用を受
> けたいと思っていますが、この場合の申告手続を教えてください。

【答】 配偶者の税額軽減の特例の適用を受ける場合には、相続税の申告書（期
限後申告書及び修正申告書を含みます。）又は更正請求書にこの特例の適用
を受ける旨及びその計算に関する明細を記載し、次に掲げる書類を添付して
提出しなければなりません（相法19の2③、相規1の6）。
　なお、申告書を提出する際に遺産の全部又は一部がまだ分割されていない
場合であっても、原則として申告期限から3年以内に分割されたときには、

-398-

第4章　相　　続　　税

分割後にこの特例の適用が受けられることとされていますので、このような場合には、申告書にその旨並びに分割されていない事情及び分割の見込みの詳細について記載してください。

① 遺言書の写し、遺産分割協議書の写し、その他の財産の取得を証する書類

② 遺産の全部又は一部が共同相続人等によってまだ分割されていない場合には、財産の分割がなされなかった事由の明細等を記載した書類

　また、申告期限内に相続税の申告書を提出している配偶者が、その申告期限から3年以内に分割された財産について税額軽減の特例を受けるときは、分割のあった日の翌日から4か月以内に更正の請求をすることができます（相法32①八）。

配偶者の税額軽減の特例

> 【問4-81】配偶者の税額軽減の特例計算に当たって、「相続開始前3年以内に被相続人から贈与を受けた財産」の価額は、含まれるのでしょうか。

【答】税額軽減の対象となる財産の価額に含まれます。

【解説】配偶者の税額軽減の特例計算を算式で示すと次のようになります。

$$相続税の総額 \times \frac{Ⓐ\binom{法定相続分（※）による配偶者の取得金額（課税価格）と1億6,000万円の多い方の金額}{}又はⒷ\binom{配偶者の実際取得額}{}のいずれか少ない金額}{（課税価格の合計額）}$$

（※）Ⓐの法定相続分は、相続の放棄があった場合には、その放棄がなかったものとした場合の法定相続分によります。

　この場合、Ⓑの「配偶者の実際取得額」には、遺産分割の協議により配偶者が取得することになった財産や、配偶者が受取人となっている生命保険金、死亡退職金のほか、「相続税の課税価格に加算される相続開始前3年以内に受けた被相続人からの贈与財産」も含まれることになっています（相法19、19の2）。

　したがって、ご質問の財産は配偶者の税額軽減の特例の対象となります。

第4章　相　　続　　税

配偶者の税額軽減の計算例

> 【問4-82】 平成30年6月1日に夫が死亡し、その財産を私と子供2人
> で、次のように相続することになりましたが、私の配偶者の税額軽減
> 額と納付税額はどのくらいになりますか。
>
> 　総遺産（債務控除後）…3億5,000万円
>
> 　私……2億6,000万円
>
> 　子……各4,500万円

【答】 あなたの相続税額の計算は、次のようになります。

(1) 遺産に係る基礎控除額

　　3,000万円＋600万円×3人＝4,800万円

(2) 課税価格の合計額

　　3億5,000万円－4,800万円＝3億200万円

(3) 相続税の総額の計算（次ページの相続税の速算表参照）

　　$\{3億200万円×\frac{1}{2}\}$　×40％－1,700万円＝4,340万円

　　$\{3億200万円×\frac{1}{4}(\frac{1}{2}×\frac{1}{2})\}$　×30％－700万円＝1,565万円

　　4,340万円＋1,565万円×2人＝7,470万円

(4) 各人の相続税額

　　$7,470万円×\dfrac{2億6,000万円}{3億5,000万円}＝55,491,428円$　（配偶者の分）

　　$7,470万円×\dfrac{4,500万円}{3億5,000万円}＝9,604,286円$　（子の各人分）

(5) 配偶者の税額軽減額

　　$7,470万円×\dfrac{3億5,000万円×\frac{1}{2}}{3億5,000万円}＝37,350,000円$

　したがって、配偶者の税額軽減額は、37,350,000円となり、納付税額は
18,141,400円（55,491,428円－37,350,000円。100円未満切捨て）となります。

－400－

第4章　相　続　税

【相続税の速算表】(平成27年1月1日以後適用)

各法定相続人の取得金額	税　率	控除額
1,000万円以下の場合	10　%	－
1,000万円を超え3,000万円以下の場合	15　%	50万円
3,000万円を超え5,000万円以下の場合	20　%	200万円
5,000万円を超え1億円以下の場合	30　%	700万円
1億円を超え2億円以下の場合	40　%	1,700万円
2億円を超え3億円以下の場合	45　%	2,700万円
3億円を超え6億円以下の場合	50　%	4,200万円
6億円を超える場合	55　%	7,200万円

財産の分割の協議に関する書類等

【問4-83】　私は、配偶者の税額軽減の特例を受けようと思っていますが、相続税の申告書に添付することとされている「財産の分割の協議に関する書類」、「その他の財産の取得の状況を証する書類」はどのような書類をいうのですか。

【答】「財産の分割の協議に関する書類」とは、共同相続人又は包括受遺者が、相続又は遺贈に係る財産の分割について協議した事項を記載した書類であり、その書式は特に定まっているわけではありませんが、その書類にその相続に係るすべての共同相続人及び包括受遺者が自署し、これらの者の住所地の市区町村長の印鑑証明を得た印を押して作成された書類をいいます。また相続人のうちに未成年者がいる場合には、その未成年者については、家庭裁判所で特別代理人の選任を受けて、その特別代理人が未成年者に代わって遺産の分割協議を行い、その者が自署し、その者の住所地の市区町村長の印鑑証明を得た印を押している書類をいいます（日本に住所を有しない者の場合は、公証人役場の私署証書の認証をもって印鑑証明書に代えることができます。）。

　次に「その他の財産の取得の状況を証する書類」とは、その財産が調停又は審判により分割されているものである場合は、その調停の調書又は審判書の謄本をいい、その財産が法の規定により相続又は遺贈により取得したもの

－401－

第4章　相　続　税

とみなされた財産である場合（生命保険金、死亡退職金など）には、その財産の支払通知書等その財産の取得を証する書類をいいます。

配偶者が分割前に死亡している場合

【問4-84】　父が死亡し、相続人である母と私たち兄弟4人は、相続税の申告をしましたが、そのときは遺産の分割をしていませんでしたので配偶者の税額軽減の特例適用について、分割の見込み等を申告書に記載して提出しました。しかし、父の遺産を分割する前に母が死亡しました。そこで、私たち兄弟間で父の遺産のうちの2分の1を母の取得分として分割し確定させましたが、この場合、母が受けるべきであった配偶者の税額軽減の特例の適用を受けることができますか。

【答】お母さんの相続人によって、お母さんの取得する財産が確定していますので、配偶者の税額軽減の特例の適用を受けることができます。

【解説】相続によって取得した財産の全部又は一部が相続人によって分割される前に、その相続（以下「第1次相続」といいます。）に係る被相続人の配偶者が死亡した場合において、第1次相続により取得した財産の全部又は一部が被相続人に係る配偶者以外の相続人及び死亡した配偶者に係る相続人によって分割され、その分割によってその配偶者の取得した財産として確定したものがあるときは、その財産は分割によって、その配偶者が取得したものとして配偶者の税額軽減の特例計算をすることになります（相基通19の2-5）。

－402－

第4章 相　続　税

重婚の場合の相続税の総額と配偶者の税額軽減額の計算

【問4-85】 被相続人甲（過去に外国の国籍を有していて日本に帰化した
　者です。）は、アメリカ国籍の女性Aと婚姻をしていましたが、以前
　より日本においても日本人の女性Bとも婚姻しており重婚の状態にあ
　りながら死亡しました。
　　甲とA及びBの間には、それぞれ子供があります。この場合、相続
　税の計算はどのようにすればよいのですか。また、相続税法第19条の
　2の規定による配偶者の税額軽減はどのようにすればよいのですか。

【答】 法定相続分については、配偶者が重婚の状態で2人ある場合は配偶者
が2人あるものとして民法の規定による配偶者の法定相続分の2分の1を各
人の相続分として計算します。また、甲とA及び甲とBの間の子はいずれも
嫡出子として相続分を計算します。
　なお、遺産に係る基礎控除額を計算する場合の法定相続人の数は、AとB
の2人に甲とA及び甲とBの間の子の合計人数を加えた人数になります。
　配偶者の税額軽減については、A及びBのいずれも適用されますが、その
軽減額の計算については、相続税の総額及びAとBの課税価格の合計額を基
礎として、A及びBにつき2人で1人分の配偶者の税額軽減額を計算し、そ
れぞれ課税価格の比によりあん分して控除することができます。

贈与税額控除の額が相続税額を上回る場合の取扱い

【問4-86】 父が死亡し、私は相続により財産を取得しましたが、相続税
　額を計算していたところ、贈与税額控除の額が相続税額を上回ること
　になりました。この場合の上回る贈与税額はどうなるのでしょうか。

【答】 贈与税額控除の額が、算出される相続税額を上回ってもその上回る部
分の金額の還付を受けることはできません。
　ただし、もし、あなたがお父さんからの贈与について、相続時精算課税の
適用を受けていた場合、相続時精算課税に係る贈与税額が相続税額を上回る
ときは、その上回る部分の金額の還付を受けることができます。
【解説】 1　暦年課税の場合
　相続や遺贈により財産を取得した者が、その相続開始前3年以内に、被相

第4章　相　　続　　税

続人から財産の贈与を受けている場合には、その贈与財産の価額を相続税の課税価格に加算して相続税額を算出し、その算出税額から贈与財産に係る贈与税額を控除した金額が、納付すべき相続税額となります（相法19）が、これは、相続税と贈与税とが二重に課税されることを防止するためのものであり、納付した贈与税額を相続開始時に清算するという趣旨で採られている制度ではありません。

2　相続時精算課税の場合

　相続時精算課税の適用を受ける財産に係る贈与税の税額（在外財産に対する贈与税額の控除（相法21の8）の規定による控除前の税額とし、延滞税、利子税、過少申告加算税、無申告加算税及び重加算税に相当する税額を除きます。）に相当する金額を相続税額から控除してもなおその控除しきれない金額がある場合においては、その控除しきれなかった金額（在外財産に対する贈与税額の控除の適用を受ける財産に係る贈与税について、在外財産に対する贈与税額の控除の適用を受けた場合にあっては、当該金額から在外財産に対する贈与税額を控除した残額とします。）に相当する税額の還付を受けるため、相続税の申告書を提出することができます（相法27③、33の2①）。

未成年者控除額が相続税額を上回る場合の取扱い

【問4-87】父が平成30年5月に死亡しましたが、相続人は、私A（21歳）、母Bと弟C（14歳）の3人です。

　未成年者控除を適用しないで計算した相続税額は、Aが50万円、Bが100万円、Cが30万円となりました。Cは14歳であり未成年者控除の対象になるとのことで、計算しましたところ、（20歳－14歳）×10万円＝60万円となり、Cが納付すべき相続税額30万円を上回り、30万円の控除不足額が算出されることになりました。この場合の控除不足額はどうなるのでしょうか。

【答】未成年者控除額のうち控除不足額30万円は、扶養義務者（A、B）の協議によって配分された場合にはその配分額により、その他の場合には、次の計算のように、Aの相続税額から10万円、Bの相続税額から20万円を控除することになります（相令4の3）。

－404－

第4章　相　続　税

$$30万円 \times \frac{Aの相続税額50万円}{\underset{額50万円}{Aの相続税} + \underset{額100万円}{Bの相続税}} = 10万円 \quad \left(\begin{array}{l} Aの相続税 \\ 額から控除 \\ する未成年 \\ 者控除額 \end{array} \right)$$

$$30万円 \times \frac{Bの相続税額100万円}{50万円 + 100万円} = 20万円 \quad \left(\begin{array}{l} Bの相続税額か \\ ら控除する未成 \\ 年者控除額 \end{array} \right)$$

【解説】相続や遺贈によって財産を取得した者（制限納税義務者を除きます。）が、民法に定めるいわゆる法定相続人でかつ20歳未満の者であるときは、その未成年者の納付すべき相続税額は、未成年者控除を適用しないで計算した相続税額に相当する金額から、その未成年者が満20歳に達するまでの年数（1年未満の端数は1年として計算します。）1年につき10万円の割合で計算した金額を控除した金額となります（相法19の3①）。

　この場合、控除しきれないときは、その控除しきれない部分の金額を、その未成年者の扶養義務者の相続税額から控除することができます（相法19の3②）。

　なお、この未成年者控除は、民法第753条《婚姻による成年擬制》の規定により成年に達したとみなされた者についても適用されます（相基通19の3－2）。また、民法第886条《相続に関する胎児の権利能力》に規定する胎児が、生きて生まれた場合には、その者の未成年者控除額は200万円（20歳×10万円）になります（相基通19の3－3）。

障害者控除額の計算

> 【問4-88】平成30年5月に甲の父である乙が死亡しました。55歳の特別障害者である甲が、相続により財産を取得した場合には、障害者控除の対象となるそうですが、その控除額の計算はどのようになるのでしょうか。なお、甲は5年前にも相続により財産を取得しており、このときは一般障害者として60万円の障害者控除を受けています。

【答】甲の今回の相続に係る相続税額の計算上控除できる金額は、次のようになります。

｛20万円×（85歳－55歳）＋10万円×（55歳－50歳）｝－60万円＝<u>590万円</u>

【解説】相続又は遺贈により財産を取得した者（非居住無制限納税義務者、制限納税義務者を除きます。）が、民法に定めるいわゆる法定相続人でかつ障害者である場合には、10万円（特別障害者である場合は20万円）にその者

－405－

が85歳に達するまでの年数を乗じて算出した金額が障害者控除として相続税額から控除されます。ただし、この控除を受けようとする者が、既に障害者控除を受けている場合には、既に控除を受けた金額が現在の算式で計算した金額に満たない部分の範囲内の額が控除できることとされています（相法19の４①③）。

　お尋ねの場合には、今回の相続により財産を取得した特別障害者が、以前において既に一般障害者として控除を受けているとのことですが、このような場合の障害者控除額の計算は、次の算式によるものとされています（相基通19の４-４）。

　　　　｜20万円×（85－Y）＋10万円×（Y－X）｜ －A＝控除できる金額
　(注)　算式中の符号は、次のとおりです。
　　　　X……前回の相続開始時における当該相続人の年齢
　　　　Y……今回の相続開始時における当該相続人の年齢
　　　　A……前回の相続に係る相続税額の計算上控除を受けた障害者控除額

相次相続控除の計算方法

> 【問４-89】　私の祖父は昨年の初め死亡し、父が祖父の全財産を相続しました。申告と納税を済ませた父は、今年に入り祖父の後を追うように急死しました。ところで、父には固有の財産がなく、今回、私たちが父から相続した財産は、父が祖父から相続した財産と同じであり短期間に２回も課税されることになりますが、何か特例がありますか。

【答】　通常に計算した相続税額に相当する金額から一定の算式により算出した相次相続控除額を控除することができます。
【解説】　相続人が相続又は遺贈により財産を取得した場合に、その相続（以下「第２次相続」といいます。）の被相続人が死亡前10年以内に開始した相続（以下「第１次相続」といいます。）によって財産を取得したことがある場合には、第２次相続の相続人の納付すべき相続税額は、その者についての通常に計算した相続税額に相当する金額から、次の算式により計算した金額を控除することができることとされており、これを「相次相続控除」といいます（相法20、相基通20-３）。

$$A \times \frac{C}{B-A} \times \frac{D}{C} \times \frac{10-E}{10} = 各相続人の相次相続控除額$$

第4章　相　　続　　税

A：第2次相続に係る被相続人が第1次相続により取得した財産（当該第1次
　相続に係る被相続人からの贈与により取得した財産で相続時精算課税の適
　用を受けるものを含みます。）につき課せられた相続税額（相続時精算課
　税の適用を受ける財産につき課せられた贈与税があるときは、その課せら
　れた贈与税の税額（相続税法第21条の8の規定による控除前の税額とし、
　延滞税、利子税、過少申告加算税及び重加算税に相当する税額を除きま
　す。）を控除した後の金額をいいます。）

B：第2次相続に係る被相続人が第1次相続により取得した財産（当該第1次
　相続に係る被相続人からの贈与により取得した財産で相続時精算課税の適
　用を受けるものを含みます。）の価額（債務控除をした後の金額）

C：第2次相続により相続人及び受遺者の全員が取得した財産（当該相続に係
　る被相続人からの贈与により取得した財産で相続時精算課税の適用を受け
　るものを含みます。）の価額の合計額（債務控除をした後の金額）

D：第2次相続により当該控除対象者が取得した財産（当該相続に係る被相続
　人からの贈与により取得した財産で相続時精算課税の適用を受けるものを
　含みます。）の価額（債務控除をした後の金額）

E：第1次相続開始の時から第2次相続開始の時までの期間に相当する年数（1年
　未満の端数は切り捨てます。）

　なお、上記算式中の $\dfrac{C}{B-A}$ の割合が $\dfrac{100}{100}$ を超えるときは $\dfrac{100}{100}$ として計算します。相続を放棄した者又は相続権を失った者については、たとえその人が遺贈によって財産をもらっている場合でも、相次相続控除を受けることはできないこととされています（相基通20-1）。

－407－

第4章 相 続 税

第5節 相続税の申告と納付

相続税の申告書の提出先

【問4-90】 私の父は先日住所地のA市で死亡しました。相続人は父と同
居していた母とB市に住所のある私、それにC市に嫁いでいる姉の3
人です。それぞれの相続税の申告書の提出先はどこになりますか。

【答】 相続税の申告書は、被相続人の住所地であるA市を所轄する税務署長
に対し、相続の開始があったことを知った日の翌日から10か月以内に提出す
る必要があります。

【解説】 相続又は遺贈によって財産を取得した各相続人又は受遺者は、被相
続人の死亡した時の住所地の所轄税務署長に対し、相続税の申告書を提出し
なければなりません（相法附則③）。

相続登記と相続税

【問4-91】 私の父は、昭和19年に死亡しましたが、その際に不動産の相
続登記をしなかったため、現在も父名義のままとなっています。
私も高齢になりましたので、この度、長男である私と弟2人で相続
登記をしたいと思います。この場合に相続税はかかるでしょうか。

【答】 今回、不動産の相続登記をされても新たに相続税の課税関係が生じる
ことはありません。なお、弟さんは相続により財産を取得することができま
せん。

【解説】 相続税は相続や遺贈（死因贈与を含みます。）により取得した財産に
かかりますが、相続税の申告を要する人は、相続の開始を知った日の翌日か
ら10か月以内に申告書を提出しなければなりません（相法27）。つまり、相
続登記の有無にかかわらず、取得した不動産は相続財産として申告する必要
があります。

今回、不動産の相続登記をされても新たに相続税の課税関係が生じること
はありませんが、相続の開始があった昭和19年当時は、旧民法が施行されて
いましたので、長男であるあなたが家督相続によって、お父さんの全財産を
取得したことになりますので、あなたが家督相続により名義を変更した後

－408－

第4章　相　　続　　税

に、その財産を弟さんの名義にすれば、あなたから弟さんに贈与したことになり、弟さんに贈与税が課税されます。

共同相続人に行方不明者がいる場合の相続税の申告

> **【問4-92】** 平成30年9月8日に父が死亡し、兄弟5人が父の相続をすることになりましたが、兄弟のうち次男が4年前に蒸発したまま行方不明となっています。
>
> 　このため、相続の手続は進めていませんが、このような場合の民法上の手続及び相続税の申告はどのようになるのでしょうか。

【答】（1）民法上の手続

　民法上、不在者が行方不明になってから7年を経ていない場合は、家庭裁判所に失そう宣告の申立てをすることはできません（民法30）。

　このような場合は、あなた方共同相続人が利害関係者となって、家庭裁判所に「不在者財産管理人の選任」の申立てをすれば、これにより選任された管理人と遺産分割協議を行うことができます（民法25）。

　なお、遺産分割協議は、相続財産の保存行為とはいえませんので、不在者財産管理人が遺産分割協議を行うには、別途家庭裁判所の許可が必要となります（昭39.8.7民事三発第597号民事局第三課長回答）。

（2）相続税の申告の手続

　相続税の申告は、相続の開始があったことを知った日の翌日から10か月以内にしなければなりません（相法27）。したがって、行方不明者である次男の方を除いたあなた方4人は、平成31年7月9日（火）までに申告をする必要があります。

　一方、行方不明の次男の方も同様に、次男の方が相続の開始のあったことを知った日の翌日から10か月以内に相続税の申告をしなければなりません。

第4章　相　続　税

失そう宣告を受けた場合の申告期限

【問4-93】私の友人Aは海外へ出張中に行方不明となり、7年間生死不明のため、Aの妻は、家庭裁判所へAの失そうの宣告を請求し、この度、失そうの宣告を受けました。この場合の相続税の申告期限はいつになりますか。

【答】相続税の申告期限は失そう宣告に関する審判の確定のあったことを知った日の翌日から10か月を経過する日になります。

【解説】失そうの宣告を受け死亡したものとみなされた場合は、その失そう宣告に関する審判の確定のあったことを知った日が相続の開始を知った日とされています（相基通27-4(1)）。

申告書提出期限の延長

【問4-94】共同相続人（A、B、Cの3名）間で遺産分割協議も終え、申告の用意をしていたところ、申告期限の20日前になって、先に出されていた甲の認知請求に対して裁判が確定し、甲の請求が認められました。

　そこで、甲を含めたところで改めて遺産分割をすることになりましたが、このような場合にも、申告期限までに申告しなければならないのでしょうか。

【答】あなた方3名（A、B、C）は、税務署長に申請し認められれば、甲の認知請求の認められた日から2か月の範囲内で申告期限を延長することができます。

【解説】相続税の申告期限前1か月以内に、認知、相続人の排除又はその取消しに関する裁判の確定、相続の回復及び相続の放棄の取消し等が生じ、相続人の数が変動したときは、当初から相続人等であった者の申請により、認知等の事実の生じた日から2か月の範囲で申告期限を延長することができます（相基通27-5、通法11、通則法基本通達（徴収部関係）の「第11条関係」の1の(3)）。

　なお、甲については、その認知請求の認められた日から10か月以内に申告しなければなりません。

－410－

第4章　相　続　税

胎児がある場合の申告期限の延長

【問4-95】　夫が交通事故で死亡し、5,700万円（債務控除後）の遺産を
　相続することになりましたが、相続人には、私（妻）のほか、子供3
　人と相続税の申告期限後に出産予定の胎児がおります。
　　そこで、この胎児がないものとして相続税の計算をすると、申告書
　を提出しなければなりませんが、胎児が生まれたものとすると提出義
　務がなくなります。
　　このような場合にも、法定の申告期限までに、いったん申告書を提
　出しなければならないのでしょうか。

【答】相続開始時に相続人となるべき胎児があり、かつ、相続税の申告期限
までに生まれないときは、その胎児はないものとして計算、申告しなければ
なりません。そして、その後において胎児が生まれたときは、更正の請求に
より、改めて相続税の計算をやり直すことになります。
　胎児以外の相続人等は、税務署長に申請し認められれば、その胎児の出生
した日後2か月の範囲内で、申告期限を延長することができます（相基通
27-6）。

胎児がある場合の相続税の申告方法

【問4-96】　私の友人Aは2か月前に急死しました。Aの妻は妊娠3か月
　で他に子供はなく、またAの両親は健在です。
　　この場合、Aについての相続税の申告について説明してください。

【答】　Aの妻とAの両親が相続税の申告書を提出しなければなりません。
【解説】民法の規定によると、相続については胎児は既に生まれたものとみ
なされ胎児の相続権が認められています（民法886）。しかし、相続税法では
相続開始の時に相続人となるべき胎児があり、かつ、相続税の申告書の提出
期限までにまだ生まれていない場合は、その胎児がないものとした場合にお
ける各相続人の相続分によって課税価格を計算し、申告することとされてい
ます（相基通11の2-3）。
　なお、胎児が出生した場合には、出生の日の翌日から10か月以内に同人の
親権者等が同人に代わって相続税の申告をしなければなりません（相基通

-411-

第4章 相　続　税

27-4（6））。

　この場合、Aの両親については、胎児の出生によって相続権がなくなるわけですから、相続税法第32条《更正の請求の特則》により、出生の事実を知った日の翌日から4か月以内に限り更正の請求をすることができます。

(注)　未成年者が、遺産の分割などの法律行為を行うにはその法定代理人（親権者）の同意が必要です（民法5）。しかし、親権を行う父又は母が未成年者である子とともに遺産分割の協議に参加するなどの利益が相反する行為や未成年者である複数の子が、同一の親権に服することとなる場合は、その子のために家庭裁判所に請求し、特別代理人を選任することとなります（民法826）。

　　したがって、親権を行う父又は母と未成年者である子の双方が相続人となるような場合、未成年者である子のために、特別代理人を選任し、遺産の分割の協議及びその相続税の申告を行うこととなります。

制限納税義務者が相続税の申告書に添付する印鑑証明書

> **【問4-97】** 被相続人甲は、本年4月に死亡しました。
>
> 　共同相続人のうち、Aは米国籍を有し、米国に居住しています。幸いなことに、今、日本に帰国していますので、この際、遺産分割協議を行い相続税の申告書を提出したいと考えています。ところで、知人に聞きますと分割協議書に印鑑証明書を添付しなければ、その協議書は無効だそうですが、どんなもので証明すればよいのですか。

【答】 米国籍を有するAの場合、印鑑証明書は取れませんのでパスポートで身分を証明し、アメリカ領事館又は公証人役場で同人の署名について認証を受けることができます。それをもって印鑑証明書に代えて遺産分割協議書に添付すればよいことになります。

【解説】 米国領事は、公証人の資格を持ち私署証書の認証事務を行うことになっていますので、その認証は、日本の印鑑証明書に代わる役割を持っています。

　なお、不動産登記の場合、登記義務者については印鑑証明書の添付が必要ですが、日本に住所を有しない外国人の場合、公証人役場の私署証書の認証をもって印鑑証明書に代えることができることになっています。

第4章　相　　続　　税

期限後申告の特則

【問4-98】私は父の死亡によって財産を相続できると思っていましたとこ
ろ、生前にすべて兄に贈与されており相続する財産がないことが判
明しました。そこで兄に対し遺留分による減殺請求をしたところ、兄
はそれを認めてくれ、新たに遺産の分割が確定しました。この結果、
相続税の申告が必要となってきましたが、相続の開始を知った日から
10か月を既に経過しています。この場合、延滞税はかかるのでしょう
か。

【答】**あなたが期限後申告書を提出する場合、納期限の翌日から申告書の提
出があった日までの期間は、延滞税の計算の基礎となる期間に算入されませ
んので、その期間に対する延滞税はかかりません。**

【解説】相続税の申告書の提出期限後において、次のそれぞれの事由により
新たに納付すべき相続税があることとなった者は、相続税の期限後申告書を
提出することができ、この場合、納期限の翌日から申告書の提出があった日
までの期間は延滞税の計算の基礎となる期間に算入されません（相法30①、
51②、相令8）。

①　分割されていない財産について、民法の規定による相続分又は包括遺
贈の割合に従って課税価格が計算されていた場合において、その後その
財産の分割が行われ、当初計算された課税価格と異なることとなったこ
と

②　認知、相続人の廃除又はその取消しに関する裁判の確定、相続の回
復、相続の放棄の取消し、その他の事由により相続人に異動が生じたこ
と

③　遺留分による減殺の請求に基づき返還すべき又は弁償すべき額が確定
したこと

④　遺贈（被相続人から相続人に対する遺贈に限ります。）に係る遺言書
が発見され又は遺贈の放棄があったこと

⑤　相続税法第42条第30項の規定により条件を付して土地等の物納が許可
されていた場合（相続税法第48条第2項の規定により、その許可が取り
消され、又は取り消されることとなる場合に限ります。）において、そ
の物納に充てた土地等に次の事由があったこと

・その土地の土壌が土壌汚染対策法第2条第1項に規定する特定有害物

－413－

第4章　相　続　税

質その他これに類する有害物質により汚染されていることが判明した
こと
・その土地の地下に廃棄物の処理及び清掃に関する法律第2条第1項に
規定する廃棄物その他の物で、除去しなければその土地の通常の使用
ができないものがあることが判明したこと
⑥　相続若しくは遺贈又は贈与により取得した財産についての権利の帰属
に関する訴えについての判決があったこと
⑦　分割後の被認知者の請求があったことにより弁済すべき額が確定した
こと
⑧　条件付又は期限付の遺贈について、条件が成就し、又は期限が到来し
たこと
なお、その他に相続税の申告書の提出期限後において、保険金請求権等の
買取りに係る買取額の支払を受けたことにより、新たに納付すべき相続税額
があることとなった者が提出した申告書についても、同様に取り扱われます
（相基通30-3）。

修正申告等の特則

【問4-99】当初提出していました相続税の申告書は、未分割の状態でし
たが、この度、相続人間において遺産の分割が確定し、その結果、相
続税額に異動が生じることとなりましたが、この場合の修正申告書等
の提出について説明してください。

【答】あなた方は修正申告書を提出することができます。なお、納期限の翌
日から修正申告書の提出があった日までの期間は、延滞税の計算の基礎とな
る期間に算入されませんので、その期間に対する延滞税はかかりません。
【解説】一般の場合の修正申告は、国税通則法の定めるところによりますが、
相続税法には修正申告の特則として次のような規定があります。
　申告又は決定により既に確定した相続税額が、前問【問4-98】①～⑧のい
ずれかの事由により不足が生じた場合には、相続税の修正申告書を提出する
ことができます。
　この場合、納期限の翌日から修正申告書の提出があった日までの期間は延
滞税の計算の基礎となる期間に算入されません（相法51②）。
　ご質問の場合は前問【問4-98】の「①」に該当します。

－414－

第4章 相　　続　　税

　また、相続財産法人に係る財産を与えられた者が、そのために既に確定した相続税額に不足を生じた場合には、その事由が生じたことを知った日の翌日から10か月以内に相続税の修正申告書を提出しなければなりません（相法31①、②）。

　前問【問4-98】の①～⑧いずれかの事由によって、その申告又は決定についての課税価格及び税額が過大となったときは、その事由が生じたことを知った日の翌日から4か月以内に限って、その課税価格や税額を正当な額に変更するよう更正の請求書を提出することができます（相法32①）。

相続税の連帯納付の義務

> 【問4-100】　今年、私は兄と2人で父の財産を相続しました。私は期限内に相続税を納付しましたが、兄は相続税を納付していません。この場合、私が兄の代わりに相続税を納付しなければならないでしょうか。

【答】**あなたは、相続により受けた利益の価額に相当する金額を限度として連帯納付の義務があるため、相続税を納付しなければならないことになります。**

【解説】　同一の被相続人から相続又は遺贈（相続時精算課税制度に係る贈与を含みます。）により財産を取得した全ての者は、その相続又は遺贈により取得した財産に係る相続税について、その相続又は遺贈により受けた利益の価額に相当する金額を限度として、互いに連帯納付の責任を負うことになります（相法34①）。

　ただし、次に掲げる場合には、相続税の連帯納付義務は負いません（相法34①但し書）。

①　申告期限から5年を経過した場合（相法34①一）

②　延納の許可を受けた場合（相法34①二）

③　次の納税猶予の適用を受けた場合（相法34①三、相令10の2）

　イ　農地についての相続税の納税猶予及び免除等（措法70の6）

　ロ　山林についての相続税の納税猶予及び免除（措法70の6の4）

　ハ　非上場株式等についての相続税の納税猶予及び免除（措法70の7の2）

　ニ　非上場株式等についての贈与者が死亡した場合の相続税の納税猶予

－415－

第4章　相　続　税

及び免除（措法70の7の4）

ホ　医療法人の持分についての相続税の納税猶予及び免除（措法70の7の8）

延納の許可を受けた場合の相続税の連帯納付の義務

【問4-101】昨年、私は弟と2人で父の財産を相続しました。相続税の納付は2人とも年賦延納の許可を受けていますが、最近弟の経営する事業の内容が不振で、そのため納税資力をなくしてしまいました。この場合、私は弟の相続税を連帯して納付しなければならないでしょうか。

【答】納付できなくなった弟さんの相続税については、あなたは連帯納付の義務を負いません。

【解説】同一の被相続人から相続又は遺贈（相続時精算課税制度に係る贈与を含みます。）により財産を取得した全ての者は、その相続又は遺贈により取得した財産に係る相続税について、その相続又は遺贈により受けた利益の価額に相当する金額を限度として、互いに連帯納付の責任を負うことになります（相法34①）が、納税義務者が延納の許可を受けた場合におけるその納税義務者に係る連帯納付義務者については、その延納の許可を受けた相続税額に係る相続税の連帯納付義務を負いません（相法34①二）。

－416－

第4章 相　　続　　税

連帯納付の責めにより相続税の納付があった場合

【問4-102】 私の父が本年の2月に亡くなったために、父の財産を私と
　兄で相続しました。
　　私の納付すべき相続税については10月に納付しましたが、兄は事業
　の失敗により、以前より持っていた自分の財産と相続した財産すべて
　を処分して、その代金全額を債務の返済に充てたため、納付資金がな
　くなってしまいました。
　　そこで連帯納付の責任により、しかたなく私が納付しようと考えて
　おりますが、兄には財産がなく、多額の借金を抱えている状態ですの
　で、兄への請求は放棄しようと考えています。
　　この場合、私はあくまでも法律の規定により、代わりに納付するこ
　とになるのですから、贈与があったものとみなされて、兄に贈与税が
　課税されることはないと考えていますが、それでよろしいでしょうか。

【答】 **あなたのお兄さんが資力を喪失して相続税の納付が困難なため、あな
たが連帯納付の責任により納付される場合には、贈与があったものとはみな
されません。**
【解説】 相続税の連帯納付の責任については、前問で述べたとおりですが、
この規定は、本来の納税義務だけに限定してしまうことは、相続人間の租税
負担の公平を阻害することばかりでなく、租税の徴収が困難となることが予
想されるため、現実の相続財産の取得者に相続税を負担させるのが妥当であ
るということで設けられたものです。
　この納付責任の性格は、民法上の連帯保証債務に類似するものと解されて
いますので、この規定により納付があった場合は、本来の納税義務者に対
し、求償権が発生するものと考えられます。
　したがって、この求償権を放棄したときは、贈与があったものとみなされ
ることになりますが、本来の納税義務者が資力を喪失して相続税を納付する
ことが困難であるため納付があったときは、贈与があったものとはみなされ
ないこととして取り扱われます（相基通34-3）。

－417－

第4章 相 続 税

延納制度

> **【問4-103】** 相続税の延納制度について説明してください。

【答】 租税は金銭をもって一時に納付することを原則としていますが、相続税及び贈与税は、財産課税であるという特質にかんがみ、延納の制度が設けられています。しかし、延納は特別な納期の延長ですので、それぞれ一定の要件を備えた場合に限って認められています。

さて、相続税の延納制度は、納付すべき相続税額が10万円を超え、かつ、納税義務者について納期限までに、又は納付すべき日に金銭で納付することを困難とする事由がある場合において、納税義務者の申請により、納付を困難とする金額を限度として、5年以内（延納税額が50万円未満である場合は、延納税額を10万円で除した年数とします。この場合、1年未満の端数があれば1年とします。）の年賦延納が認められることになっています。ただし、相続財産のうちに、不動産、不動産の上に存する権利、立木及び事業用の減価償却資産並びに株式及び出資（その者又はその親族その他その者と特別の関係がある者が法人の発行済株式又は出資（その法人が有する自己の株式又は出資を除く。）の総数又は総額の50％を超える数又は金額の株式又は出資を有する場合におけるその法人（証券取引所に上場されている法人その他これに類する法人の株式を除きます。）の株式又は出資に限る。）の財産の価額の合計額に占める割合が50％以上であるときには、これら不動産等の価額に対応する延納相続税額についての延納期間は15年以内とし、その他の部分については10年以内となります（相法38①、相令13）。また、上記の不動産等の占める割合が4分の3以上の場合には、その不動産等部分の延納相続税額については延納期間は20年以内とされます（措法70の10①）。しかし、毎年納付する分納税額は、最後の年に納付する年賦額を除き10万円を下らないものとされています（相法38）。

次に、相続税の延納をしようとする場合には、その延納しようとする相続税額が、期限内申告分の相続税額である場合は、その申告書の提出期限までに、期限後申告分又は修正申告分の相続税額である場合は、申告書提出の日までに、また、更正分又は決定分の相続税額である場合は、その納期限までに必要事項を記載した延納申請書を所轄税務署長に提出し、かつ、延納税額が100万円超の場合又は延納期間が4年以上の場合には担保を提供して延納の許可を受けなければなりません（相法38、39）。

－418－

第4章　相　続　税

　なお、延納できる期間及び延納にかかる利子税の割合は、相続財産に占める不動産等の割合に応じて、次のとおり定められています（相法52、措法70の8の2〜11、93）。

区　　　　分			延納期間 （最高）	延納利子税割合 （年割合）
相 続 税	不動産等の 割合が75% 以上の場合	①動産等に係る延納相続税額	10年	5.4%
		②不動産等に係る延納相続税額（③を除く。）	20年	3.6%
		③計画伐採立木の割合が20%以上の場合の計画伐採立木に係る延納相続税額	20年	1.2%
	不動産等の 割合が50% 以上75%未 満の場合	④動産等に係る延納相続税額	10年	5.4%
		⑤不動産等に係る延納相続税額（⑥を除く。）	15年	3.6%
		⑥計画伐採立木の割合が20%以上の場合の計画伐採立木に係る延納相続税額	20年	1.2%
	不動産等の 割合が50% 未満の場合	⑦一般の延納相続税額（⑧、⑨及び⑩を除く）	5年	6.0%
		⑧立木の割合が30%を超える場合の立木に係る延納相続税額（⑩を除く。）	5年	4.8%
		⑨特別緑地保全地区等内の土地に係る延納相続税額	5年	4.2%
		⑩計画伐採立木の割合が20%以上の場合の計画伐採立木に係る延納相続税額	5年	1.2%
贈　与　税		延　納　贈　与　税　額	5年	6.6%

(注)　1　延納税額が150万円未満（表の②、③及び⑥に該当する場合は200万円未満）の場合には、不動産等の価額の割合が50%以上（表の②及び③に該当する場合は75%以上）であっても、延納期間は、延納税額を10万円で除して得た数（1未満の端数は、切り上げます。）に相当する年数を限度とします。

　　　　また、表の③及び⑥のうち従来の特定森林経営計画又は平成14年4月1日以降に市町村長等から認定を受けた森林経営計画で一定の要件を満たすものに対応する場合は、延納期間（最高）が40年となります。

**　　2**　平成26年1月1日以降の期間に適用される延納利子税の割合については、各年の延納特例基準割合※が7.3%に満たない場合には、次の算式により計算される割合（特例割合）が適用されます。

$$延納利子税割合 \times \frac{延納特例基準割合※}{7.3\%} \qquad ※0.1\%未満の端数は切り捨て$$

> ※　延納特例基準割合とは、その分納期間の開始の日の属する年の前々年の10月から前年の9月までの各月における銀行の新規の短期貸出約定平均金利の合計を12で除して得た割合として各年の前年の12月15日までに財務大臣が告示する割合に、年1%の割合を加算した割合をいいます。

**　　3**　「不動産等」とは、不動産、立木、不動産の上に存する権利、事業用の減価償却資産並びに特定同族会社※の株式及び出資をいいます。

> ※　特定同族会社とは、相続や遺贈によって財産を取得した人及びその親族その他の特別関係者（相続税法施行令第31条第1項に掲げる者をいいます。）の有する株式の数又は出資の金額が、その会社の発行済株式の総数又は出資の総額の50%超を占めている非上場会社をいいます。

　　　　「不動産等の割合」とは、相続又は遺贈により取得した財産で、相続税額の計算の基礎となったものの価額の合計額（課税相続財産の価額）のうちに不動産等の価額が占める割合をいいます。

— 419 —

第4章 相　続　税

　　なお、「相続税法第19条の規定により相続税の課税価格に加算される贈与財産で相続税法第21条
　の2第4項の適用を受ける財産」及び「相続開始の年において、特定贈与者である被相続人からの
　贈与により取得した相続時精算課税の適用を受ける財産」のうちに不動産等がある場合には、当該
　不動産等の価額は、不動産等の割合の計算にあたって加算する取扱いとしています。
　4　計画伐採立木には、森林の保健機能の増進に関する特別措置法に規定する森林保健施設の整備に
　　係る地区内に存する立木は除かれます。
　5　緑地保全地区等内とは、都市緑地法の規定による緑地保全地区、古都における歴史的風土の保存
　　に関する特別措置法の規定による歴史的風土特別保存地区及び森林法第25条第1項第1号から第3
　　号までに掲げる目的を達成するため保安林として指定された区域をいいます。
　6　農地等に係る納税猶予の特例、非上場株式等に係る納税猶予の特例、又は山林に係る納税猶予の
　　特例を受ける場合の、延納期間及び利子税の割合の適用区分の判定に当たっては、特例農地等の価
　　額は農業投資価格、特例非上場株式等の価額は特例非上場株式等の価額の20%の額※（会社ごとに
　　計算し、1円未満の端数切捨て）、特例山林の価額は、特例山林の価額の20%の額によることにな
　　ります。

> ※　特例非上場株式等に係る認定承継会社等が外国会社等の株式等を有する場合には、当該認定
> 承継会社等が外国会社等の株式を有していなかったものとして計算した価額の20%の額と外国
> 会社等の株式等の価額との合計額となります。

物納制度

> 【問4-104】相続税の物納制度について説明してください。

【答】租税は原則として金銭で納付することを建前としており、相続税についても同様で、一時に金銭で納付することを原則としています。しかし、相続税が財産税の性格を持っていることから、金銭で一時に多額の相続税を納付することはもちろん、延納の方法によっても納付することが困難な場合があります。

　このような場合の救済制度として、また、租税金銭納付の例外として相続税の物納制度が認められています。

　すなわち、相続又は遺贈によって取得した財産が土地や家屋などのように、換金し難いものが大部分であることなどにより、一時に金銭で納付することはもちろん、延納の方法によってもなお金銭で納付することを困難とする事由がある場合においては、納付を困難とする金額を限度として物納を申請し、所轄税務署長の許可を得て、その課税価格の基礎となった財産で納付することができることとされています（相法41①）。

　この場合、物納の許可を受けるためには、次に掲げる要件のすべてに当てはまることが必要になります。

①　納税義務者が相続税額を金銭で納付することについて困難とする事由
　があること

－420－

第4章　相　　続　　税

②　物納申請書の提出があること

　次に、物納に充てることのできる財産について説明しますと、納税義務者の課税価格計算の基礎となった財産（その財産により取得した財産を含み、相続時精算課税の適用を受ける財産を除きます。）で、法施行地にあるもののうち次に掲げるものをいいます（相法41②⑤、相規21の２）。

①　第１順位

　　不動産、船舶、国債証券、地方債証券、上場株式等（特別の法律により法人の発行する債券及び出資証券を含み、短期社債等を除きます。）

②　第２順位

　　非上場株式等（特別の法律により法人の発行する債券及び出資証券を含み、短期社債等を除きます。）

③　第３順位

　　動産

　物納財産の収納価額については、原則として課税価格計算の基礎となったその財産の価額ですが、収納の時までに、その財産の状況に著しい変化が生じたときは、税務署長は収納の時の現況によってその財産の収納価額を定めることができることになっています（相法43①）。

　なお、物納に充てようとする相続財産が特定登録美術品（美術品の美術館における公開の促進に関する法律（以下「美術品公開促進法」といいます。）に定める登録美術品のうち、その相続開始時において既に美術品公開促進法の登録を受けているものをいいます。）であるときは、納税義務者の申請により、相続税法第41条第５項に定める物納に充てることができる財産の順位にかかわらず、物納を許可することができることとされています（措法70の12①）。

　この場合、その適用を受けようとする相続税の納税義務者は、相続税法第42条第１項の物納の許可の申請書に、物納に充てようとする特定登録美術品の種類及びその価額その他特定登録美術品に関する事項を記載した書類等を添付して税務署長に提出しなければなりません（措法70の12②）。

－421－

第4章 相　続　税

物納を撤回する場合

> 【問4-105】 物納の許可後でも、物納を撤回することができるそうです
> が、それは、どのような場合でしょうか。

【答】 次のすべての要件に当てはまる場合には、物納を撤回することが認め
られます。
　①　物納財産が賃借権その他の不動産を使用する権利の目的となっている
　　不動産であること
　②　物納財産が換価又は公用・公共の用に供されず現存していること
　③　物納の許可を受けた者が許可後1年以内に物納の撤回の申請をするこ
　　と
　④　物納の撤回に係る相続税を、金銭で一時に納付し又は延納の許可を受
　　けて納付することができること

【解説】 賃借権等のある不動産を相続した場合には、権利関係が錯そうして
いるため、相続税の納期限までに売却等の見込みがつかず、金銭で納付する
ことが困難となって、やむを得ず物納を選択せざるを得ない場合があります。このような場合に、その後関係者間で話合いがつき、納税者が自ら財産
を処分して本来の金銭納付に変更することを希望することがあります。この
ような場合のために、物納許可後1年以内に限って物納の撤回を認め、金銭
による即納又は延納に変更できるようにした物納の撤回制度が設けられてい
ます（相法46①）。
　なお、物納の撤回の申請書を受理した所轄税務署長は、その申請内容を検
討し、その結果物納の撤回の承認又は却下について書面で納税義務者に対し
行うこととされています。

－422－

第4章 相　続　税

第6節　農地等についての相続税の納税猶予及び免除等

納税猶予制度

> **【問4-106】** 農地等を相続した場合には、納税猶予制度があると聞きましたがその制度の趣旨について説明してください。

【答】 昭和50年の税制改正により、永続的に農業を営む意思のある相続人に対しては、その農業の用に恒久的に使用される農地等に対する相続税額のうち、農業にしか使用することができないとした場合に成立する価格（農業投資価格）を超える部分に対応する相続税額の納税を猶予する、いわゆる「相続税の納税猶予制度」が創設されました（措法70の6）。

　この制度を受けますと納税猶予期限まで納税が猶予された相続税は、原則として免除されます。

　しかし、納税猶予期限前に農業経営の廃止、農地等の譲渡・転用等の一定の事由が生じた場合には、猶予されていた相続税額の全部又は一部について納税猶予の期限が確定し、その相続税額を利子税とともに納付しなければなりません。

納税猶予制度の適用要件

> **【問4-107】** 農地等についての相続税の納税猶予及び免除等の適用要件について説明してください。

【答】 この特例の適用を受けるためには、次の要件のほか、一定の事項を記載した申告書と、その申告書に添付する一定の書類を相続税の申告期限までに提出することが必要です。

　また、納税猶予分の相続税額及び利子税の額に相当する担保を提出するか、又は特例農地等の全部を担保に提供することが必要です。

(1) 被相続人が次のいずれかに該当すること

　イ　死亡の日まで農業を営んでいた者（農業委員会の証明が必要です。措令40の7①一）

　ロ　農地等の生前一括贈与をした者（死亡の日まで贈与税の納税猶予及び免除又は納期限の延長の特例の適用を受けていた場合に限られます。措

－423－

第4章　相　続　税

令40の7①二）

（2）　農業相続人は、被相続人の相続人で次のいずれかに該当することについて農業委員会が証明した者

イ　相続税の申告期限までに農業経営を開始し、その後も引き続き農業経営を行うと認められる者（措令40の7②一）

ロ　農地等の生前一括贈与の特例の適用を受けた受贈者で、経営移譲年金の支給を受けるためその推定相続人の1人に対し農地等について使用貸借による権利を設定して、農業の経営を移譲し税務署長に届出をした者（贈与者の死亡の日後も引き続いてその推定相続人が農業の経営を行うものに限られます。措令40の7②二）

（3）　この特例の対象となる農地等は、次のイからハまでに掲げるもので、相続税の期限内申告書にこの特例の適用を受ける旨を記載したものに限られます。

イ　被相続人が農業の用に供していた農地等で申告期限までに遺産分割されているもの（措法70の6①、④）

ロ　被相続人から生前一括贈与により取得した農地等で、被相続人の死亡の時まで贈与税の納税猶予及び免除又は納期限の延長の特例の適用を受けていたもの（措法70の5）

ハ　相続や遺贈により財産を取得した人が相続開始の年に被相続人から生前一括贈与を受けた農地等（措令40の7④）

（注）1　農地等とは、農地及び採草放牧地（いずれも特定市街化区域農地等に該当するもの及び農地法第32条第1項又は第33条第1項の規定による利用意向調査に係る農地で、同法第36条第1項各号に該当する農地を除きます。）又は準農地をいいます。

2　準農地とは、農用地区域内にある土地で農業振興地域整備計画において用途区分が農地や採草放牧地とされているもののうち、10年以内に農地や採草放牧地に開発して、農業の用に供するものをいいます。

申告手続

【問4-108】農地等についての相続税の納税猶予制度の特例を受けるための手続はどのようにすればよいのでしょうか。

【答】この特例の適用を受けようとする人は、相続税の期限内申告書に、この特例の適用を受ける旨並びにこの特例の適用を受ける農地等の明細及び納

－424－

第4章　相　続　税

税猶予分の相続税の額の計算に関する明細その他所定の事項を記載し、次の
書類を添付して提出しなければなりません（措法70の6①㉛、措規23の8①
②③）。

イ　担保の種類、数量、価額及びその所在場所の明細を記載した書類並び
に担保提供に関する書類（措規23の8③一、二）

ロ　被相続人及び農業相続人が納税猶予の適用要件に該当することを証す
る農業委員会の書類（措規23の8①、③三、四）

ハ　農業相続人が使用借権の設定により農業経営の移譲をしている場合に
は、その推定相続人に使用貸借による権利を設定させていることの証明
書（措規23の8③五）

ニ　農業相続人が相続又は遺贈により取得した特例農地等に係る遺言書の
写し、財産の分割協議に関する書類の写しその他財産の取得の状況を証
する書類（措規23の8③六）

(注)　「財産の分割協議に関する書類の写し」は、相続又は遺贈に係るすべての共
同相続人及び包括受遺者が自署し、自己の印を押印しているものに限られ、ま
た、この写しには、印鑑証明書を添付しなければなりません。

ホ　上記ニの特例農地等の地目、面積、その所在場所及び都市営農農地
等、市街化区域内農地等（都市営農農地等を除く。）、これら以外の区域
の農地等の区分その他の明細並びにその特例農地等の農業投資価格並び
にこれを基準として計算したその特例農地等の価額を記載した書類（措
規23の8③七）

ヘ　農地等についての贈与税の納税猶予の適用を受けている受贈者が、そ
の適用を受けている農地等の譲渡等につき法第70条の4第15項又は16項
に規定する税務署長の承認を受けている場合で、その承認に係る代替農
地等を取得する前に贈与者が死亡し、その贈与者の死亡に係る相続税に
ついて受贈者である相続人が相続税の納税猶予の適用を受けるときに
は、その譲渡等の内容を記載した書類（措規23の8③八、九）

ト　農地等についての贈与税の納税猶予の適用を受けている受贈者が、そ
の適用を受ける農地又は採草放牧地の買取りの申出等につき法第70条の
4第17項の規定による税務署長の承認を受けている場合で、その承認に
係る代替農地等を取得する前又は都市営農農地等に該当する前に贈与者
が死亡し、その贈与者の死亡に係る相続税について受贈者である相続人
が相続税の納税猶予の適用を受けるときには、その買取りの申出等の内
容を記載した書類（措規23の8③十）

第4章 相　続　税

　なお、この制度の適用を受けようとする農地等のうちにいわゆる三大都市圏の特定市の区域内に所在する農地又は採草放牧地がある場合には、その農地又は採草放牧地が都市営農農地等又は市街化区域以外の区域に所在する農地等のいずれかに該当する旨を証する市町村長又は特別区の区長の書類も添付しなければなりません。一方、特定市街化区域内農地等（都市営農農地等を除く。）以外の市街化区域内農地等がある場合には、その農地等に該当する旨を証する市町村長の書類の添付が必要です。

　また、その農地又は採草放牧地のうちに生産緑地法の一部を改正する法律附則第4条第2項に規定する第二種生産緑地地区に係る農地又は採草放牧地がある場合には、上記の書類に加え、その第二種生産緑地地区に関する都市計画の決定又は変更の日及びその都市計画の失効の日を記載した書類も添付しなければなりません（措規23の8③七かっこ書）。

用語の定義

> 【問4-109】　農地等についての相続税の納税猶予及び免除等の適用要件にある「農業相続人」、「特例農地」及び「納税猶予期限」の意味を教えてください。

【答】　この特例の適用を受ける相続人を「農業相続人」といい、この特例の適用を受ける農地、採草放牧地又は準農地を「特例農地等」といいます。また、次のうちのいずれか早い日を「納税猶予期限」といいます。

(1)　農業相続人の死亡の日

(2)　納税猶予に係る相続税の申告期限の翌日から20年を経過する日

(3)　農業相続人が特例農地等について贈与税の納税猶予の特例の適用に係る贈与を行った場合は、その贈与があった日

(注)　特例農地等のうちに都市営農農地等が含まれている農業相続人については上記(2)の適用はなく、上記(1)又は(3)のいずれか早い日が「納税猶予期限」となります。

　　また、市街化区域内農地以外の農地及び生産緑地等がある農業相続人（上記の都市営農農地が含まれている農業相続人を除く。）は、上記と同様に（2）の適用はなく、上記（1）又は（3）のいずれか早い日が「納税猶予期限」となります。ただし、市街化区域内農地等以外の農地等の部分に限ります。

第4章　相　続　税

特定市街化区域農地等の範囲

【問4-110】納税猶予の適用がない三大都市圏にある特定市街化区域農
地等とは、どのような農地をいうのでしょうか。

【答】「特定市街化区域農地等」とは、都市計画法第7条第1項に規定する市
街化区域内に所在する農地又は採草放牧地で、平成3年1月1日において次
に掲げる市（東京都の特別区を含みます。）の区域内に所在するもの（「都市
営農農地等」に該当するものを除きます。）をいいます（措法70の4②三）。
　具体的には、次ページの表を参照してください。
　(1) 都の区域（特別区の存する区域に限ります。）……（いわゆる東京都
　　の23区）
　(2) 首都圏整備法第2条第1項に規定する首都圏、近畿圏整備法第2条第
　　1項に規定する近畿圏又は中部圏開発整備法第2条第1項に規定する中
　　部圏内にある地方自治法第252条の19第1項の市の区域……（いわゆる
　　三大都市圏内の政令指定都市）
　(3) 上記ロの市以外の市でその区域の全部又は一部が首都圏整備法第2条
　　第3項に規定する既成市街地若しくは同条第4項に規定する近郊整備地
　　帯、近畿圏整備法第2条第3項に規定する既成都市区域若しくは同条第
　　4項に規定する近郊整備区域又は中部圏開発整備法第2条第3項に規定
　　する都市整備区域内にあるものの区域
　なお、特定市街化区域農地等から除かれる「都市営農農地等」とは、次の
(1) 又は (2) に掲げる場合の区分に応じ、それぞれ次に定める農地又は採
草放牧地をいいます。
　(1) 平成30年3月31日以前に特例農地等を相続又は遺贈により取得した場
　　合
　　　都市計画法第8条第1項第14号に掲げる生産緑地地区内にある農地又
　　は採草放牧地で、平成3年1月1日において三大都市圏の特定市（首都
　　圏、近畿圏及び中部圏の特定市（東京都の特別区を含みます。）をいい
　　ます。以下同じです。）の区域内に所在し、生産緑地法第10条又は第15
　　条第1項の規定による買取りの申出がなされていないもの
　(2) 平成30年4月1日以後に特例農地等を相続又は遺贈により取得した場
　　合
　　　次のイ及びロに掲げる農地又は採草放牧地で、平成3年1月1日にお

－427－

いて三大都市圏の特定市の区域内に所在するもの

イ　都市計画法第8条第1項第14号に掲げる生産緑地地区内にある農地
又は採草放牧地（次に掲げるものを除きます。以下「生産緑地等」と
いいます。）

(イ)　生産緑地法第10条（同法第10条の5の規定により読み替えて適用
する場合を含みます。）又は第15条第1項の規定による買取りの申
出がされたもの

(ロ)　生産緑地法第10条第1項に規定する申出基準日までに同法第10条
の2第1項の特定生産緑地（以下「特定生産緑地」といいます。）
の指定がされなかったもの

(ハ)　生産緑地法第10条の3第2項に規定する指定期限日までに特定生
産緑地の指定の期限が延長されなかったもの

(ニ)　生産緑地法第10条の6第1項の規定による指定の解除がされたも
の

ロ　都市計画法第8条第1項第1号に掲げる田園住居地域内にある農地
（イに掲げる農地を除きます。以下「田園住居地域内農地」といいま
す。）

三大都市圏内に所在する特定の都市名 （措通70の4-2）

区　分	都府県名	都　　　　市　　　　名
首 都 圏 （106市）	茨城県 （5市）	龍ケ崎市、水海道市、取手市、岩井市、牛久市
	埼玉県 （36市）	川口市、川越市、浦和市、大宮市、行田市、所沢市、飯能市、加須市、東松山市、岩槻市、春日部市、狭山市、羽生市、鴻巣市、上尾市、与野市、草加市、越谷市、蕨市、戸田市、志木市、和光市、桶川市、新座市、朝霞市、鳩ケ谷市、入間市、久喜市、北本市、上福岡市、富士見市、八潮市、蓮田市、三郷市、坂戸市、幸手市
	東京都 （27市）	特別区※、〔武蔵野市〕、〔三鷹市〕、八王子市、立川市、青梅市、府中市、昭島市、調布市、町田市、小金井市、小平市、日野市、東村山市、国分寺市、国立市、福生市、多摩市、稲城市、狛江市、武蔵村山市、東大和市、清瀬市、東久留米市、保谷市、田無市、あきる市のうち旧秋川市

－428－

第4章 相 続 税

	千葉県 （19市）	千葉市、市川市、船橋市、木更津市、松戸市、野田市、成田市、佐倉市、習志野市、柏市、市原市、君津市、富津市、八千代市、浦安市、鎌ケ谷市、流山市、我孫子市、四街道市
	神奈川県 （19市）	（横浜市）、（川崎市）、横須賀市、平塚市、鎌倉市、藤沢市、小田原市、茅ケ崎市、逗子市、相模原市、三浦市、秦野市、厚木市、大和市、海老名市、座間市、伊勢原市、南足柄市、綾瀬市
中部圏 （28市）	愛知県 （26市）	（名古屋市）、岡崎市、一宮市、瀬戸市、半田市、春日井市、津島市、碧南市、刈谷市、豊田市、安城市、西尾市、犬山市、常滑市、江南市、尾西市、小牧市、稲沢市、東海市、尾張旭市、知立市、高浜市、大府市、知多市、岩倉市、豊明市
	三重県 （2市）	四日市市、桑名市
近畿圏 （56市）	京都府 （7市）	（京都市）、宇治市、亀岡市、向日市、長岡京市、城陽市、八幡市
	大阪府 （32市）	（大阪市）、守口市、東大阪市、堺市、岸和田市、豊中市、池田市、吹田市、泉大津市、高槻市、貝塚市、枚方市、茨木市、八尾市、泉佐野市、富田林市、寝屋川市、河内長野市、松原市、大東市、和泉市、箕面市、柏原市、羽曳野市、門真市、摂津市、泉南市、藤井寺市、交野市、四条畷市、高石市、大阪狭山市
	兵庫県 （8市）	（神戸市）、〔尼崎市〕、〔西宮市〕、〔芦屋市〕、伊丹市、宝塚市、川西市、三田市
	奈良県 （9市）	奈良市、大和高田市、大和郡山市、天理市、橿原市、桜井市、五條市、御所市、生駒市

(注) ※は租税特別措置法第70条の4第2項第3号のイに掲げる区域、（ ）書は同号ロに掲げる区域、その他は同号ハに掲げる区域に所在する市を示します。

なお、〔 〕書は同号ハに掲げる区域のうち首都圏整備法の既成市街地又は近畿圏整備法の既成都市区域に所在する市を示します。

第4章 相　続　税

農業経営を行う者の判定

> 【問4-111】私は、会社勤めをしていますが、先日、農業を営んでいた
> 父が死亡し、農地を相続することになりました。ある事情により会社
> 勤めをやめるわけにいかず今後勤務をしながら農業に従事しようと思
> っていますが、このような条件でも私が農業相続人になり得るでしょ
> うか。

【答】あなたが会社に勤務している場合であっても、実際に農業に従事する
ことができる状態にあり、引き続き農業経営を継続できるものであれば農業
委員会の証明を受けることにより農業相続人となることができます。

【解説】相続人が農業相続人となるためには、相続税の申告書の提出期限ま
でに相続により取得した農地等について農業経営を開始し、その後引き続い
て農業経営を行うと認められる者であることが要件になっており、これにつ
いては農業委員会の証明が必要です。

他人に一時耕作させている農地

> 【問4-112】私の父は生前農業を営んでいましたが、亡くなる1年ほど
> 前から体調を崩し、寝たきりになりました。そのため農業を営むこと
> ができなくなったので、父と同居し生計を一にしている私が父の代わ
> りに畑仕事をしていました。
> 　先日、父が亡くなり遺産分割した結果、その農地を長男である私が
> 取得することとなりました。父は亡くなる日まで農業を営んでいませ
> んでしたので、納税猶予の特例は受けられないのでしょうか。

【答】あなたのお父さんが農業を営んでいたものとして、納税猶予の特例を
受けることができます。

【解説】納税猶予の特例を受ける要件の1つに亡くなる日まで農業を営んで
いた者という規定があります（措法70の6①、措令40の7①一）。

　しかし、亡くなる日まで農業を営んでいない場合であっても、被相続人が
老齢又は病弱のために、その者と住居及び生計を一にする親族に農業経営を
移譲していたと認められる場合には、納税猶予の特例を受けることができま
す（措通70の6-6）。

－430－

第4章 相 続 税

農業協同組合へ農業経営を委託した農地

【問4-113】 私の父は、生前に所有する農地の一部について、農業協同
組合の行う受託農業経営事業のために使用収益権を設定し、農業経営
を委託していましたが、その収益は、父の農業所得として申告してお
りました。この度、父が死亡し、この農地を私が相続することになり
ましたが、ちょうど委託期間も満了しますので、今後は自分で耕作し
たいと考えております。
　この農地について、納税猶予の適用は受けられますか。

【答】 その収益を農業所得として申告している場合であっても、経営を委託
している農地については、納税猶予の適用は受けられません。

【解説】 所得税の取扱いにおいては、受託農業経営事業から生ずる損益は委
託者に帰属し、その事業から生ずる収入金額又は必要経費を委託面積等を基
として委託者ごとに割り当て、配分又は徴収することになっていることか
ら、その損益の帰属面をとらえ委託者の農業所得とされています。

　ところで、相続税の納税猶予の適用に当たっては、被相続人自らがその農
地について農業経営を行っていることが要件とされています。

相続税の納税猶予を受けている農地が都市計画の変更等により特定市街化区域農地等に該当することとなった場合

【問4-114】 私は、平成10年に父から相続した農地について相続税の納
税猶予を受けています。当時、その農地は市街化調整区域内にありま
したが、都市計画の変更により、市街化区域に変更されることになり
ました。
　私はこのまま農業を続けていくつもりですが、納税猶予について何
か手続が必要ですか。なお、相続により取得した農地はこの農地のみ
で、三大都市圏の特定市に所在しています。

【答】 都市計画法第20条第1項の規定による告示（以下「告示」といいます。）
があった日から1か月以内に、「代替農地等の取得又は都市営農農地等該当
に関する承認申請書」を提出し、納税地の所轄税務署長の承認を受けなけれ
ば、納税猶予の期限が確定することになります。

第4章 相　続　税

【解説】納税猶予を受けている農地が都市計画の変更等により、特定市街化区域農地に該当することとなった場合（当該変更により措法70の４②四に規定する田園住居地域内にある農地でなくなった場合を除く。）は、納税猶予の期限が確定する事由となります（措法70の６⑧二）。

　ただし、①告示があった日から１年以内にその農地等の全部又は一部を譲渡する見込みであり、かつ、譲渡等があった日から１年以内にその譲渡の対価の額の全額若しくは一部で農地等を取得する見込みであること、又は、②告示があった日から１年以内にその農地等が都市営農農地等に該当することとなる見込みであることについて、告示のあった日から１か月以内に、納税地の所轄税務署長に承認申請書を提出し、承認を受ければ、継続して納税猶予を適用することができます。

　なお、相続開始時点等に都市営農農地等であった場合は、相続人は死亡するまで耕作をしなければなりませんが、この場合は20年で免除されることに変更はありません。

納税猶予の対象となる農地

【問４-115】次の土地は、相続税の納税猶予の対象となる農地として認められますか。
① 借りている農地
② 貸している農地
③ 家庭菜園や一時耕作している土地

【答】① **該当します。**
　　② **該当しません（営農困難時貸付、特定貸付を除きます。）。**
　　③ **該当しません。**

【解説】① この特例の適用を受けることができる農地には、その地上権、永小作権、賃借権及び使用貸借による権利も含まれますので、他人から借りて耕作していた農地（賃借権等）は特例対象農地に該当します。

② 被相続人が所有していた農地であっても、貸している農地は、特例対象農地に該当しません。ただし、被相続人が営農困難時貸付又は特定貸付を行っていた特例農地等は、被相続人が死亡の日まで農業の用に供していたものとみなされ、特例対象農地に該当します（措法70の６㉙㉚、措法70の６の３①）。

－432－

第4章　相　　続　　税

③　現に耕作されている土地であっても、宅地の休閑地利用等のための家庭
菜園や通常であれば耕作されないような土地例えば運動場、工場敷地等を
一時耕作しているものは特例対象農地に該当しません。

土地区画整理事業の換地により取得した土地

【問4-116】父の遺産について相続人間で分割協議が成立し、私は自宅
近くにある土地を相続することになりました。
　この土地は、2年前に土地区画整理事業により換地を受けたもの
で、周囲はほとんど宅地化されています。
　相続した後は、父と同様に耕作地として使用することにしています
が、納税猶予の適用は受けられるのでしょうか。

【答】他の要件を満たしているときは、納税猶予の適用を受けることができ
ます。
【解説】土地区画整理事業における換地は、従前の土地の利用状況に照応し
て行うことが建前となっているため、事業の施行区域内には、宅地のほか農
地も存在することになります。
　したがって、その換地が土地区画整理事業の完了後に農地に該当するかど
うかは、周囲の状況とは関係なく、一般の場合と同様にその土地の現況に応
じて判断すればよいわけです。

植林用の苗木が植栽されている土地についての納税猶予の適用

【問4-117】私が相続した土地には、米や野菜を作っているいわゆる農
地のほかに植林用の杉、ひのき等の苗木や盆栽用の植木を植栽してい
る土地があります。これら苗木等を植栽している土地についても今後
継続して耕作していくつもりですが、相続税の納税猶予の適用が受け
られるでしょうか。

【答】その土地で植木を育成する目的で苗木を植栽し、かつ、その苗木の育
成について肥培管理を行っている場合は、特例対象農地に該当し、相続税の
納税猶予の適用を受けることができます。
　ただし、販売目的で既に育成された植木を販売するまでの間、仮植してお

－433－

第4章　相　続　税

くような土地は、納税猶予の適用は受けられません。

【解説】納税猶予の適用を受けることができる「農地」とは、耕作に供される土地をいい、この場合「耕作」とは、土地に労資を加え肥培管理を行って作物を栽培することをいいます。

温室の敷地についての納税猶予の適用

> 【問4-118】父が亡くなり、農地を相続しましたが、この中に温室の敷地となっている土地があります。この土地は、納税猶予の適用の対象となる農地になりますか。

【答】相続開始時において温室の敷地となっている土地について、その土地をもとの農地のまま耕作し続けている場合には農地に該当します。

農地等を共有で相続した場合の納税猶予の適用

> 【問4-119】農業を営んでいた父が死亡したため、その農地を相続することになりました。遺産分割に当たっては、複数の相続人が共有で農地を相続することとし、期限内に申告をする予定でいますが、次のようなケースについての相続税の納税猶予の適用はどうなるのでしょうか。
> ①　共有者のうち、1人だけが農業を行う場合
> ②　共有者のうちに未成年者がいる場合
> ③　共有者がともに農業を行う場合

【答】① 農業を行う者については適用でき、その他の者は適用できません。
　　② 適用できます。
　　③ 適用できます。

【解説】①については、共有者のうち、農業経営を行う者だけについて納税猶予の適用があるので、その者の持分に相当する納税猶予の対象となる農地等の価額を基にして納税猶予額を計算します。他の共有者の持分については、納税猶予の適用を受けることはできません。

　②については、その未成年者に代わって農業経営を行う親族（その未成年者と住居及び生計を一にする親族に限ります。）がいる場合は、その未成年

－434－

第4章　相　続　税

者の取得した農地等の持分について納税猶予の適用を受けることができます
（措通70の6-8）。

③については、共有者のそれぞれの者について納税猶予の適用がありま
す。

代償分割により取得した農地の納税猶予

> **【問4-120】** 遺産分割に当たり、土地の地形、価格等から、兄が所有し
> ている農地を代償分割により取得することになりました。この農地は
> 納税猶予の適用の対象になるでしょうか。

**【答】遺産の代償として取得する農地、採草放牧地又は準農地は、納税猶予
の対象となる特例農地等に該当しません。**

【解説】納税猶予の適用対象の農地等は、被相続人が所有していたもので、
かつ、被相続人の農業の用に供されていたものでなければなりません。

農地等についての納税猶予の適用を受けるための担保の提供

> **【問4-121】** 農地等についての贈与税及び相続税の納税猶予の適用を受
> けるための担保の提供について、次の事柄を説明してください。
> (1) 担保としては、どのような財産を提供すればよいのでしょうか。
> (2) 担保提供に必要な書類は、どのようなものをいうのでしょうか。
> (3) 担保財産の担保価額は、どのように算定するのでしょうか。

【答】(1) 担保の種類は、国税通則法第50条で次のように定めています。
① 国債及び地方債
② 社債（特別の法律により設立された法人が発行する債券を含みます。）
　その他の有価証券で税務署長等（国税に関する法律の規定により国税庁
　長官又は国税局長が担保を徴するものとされている場合には、国税庁長
　官又は国税局長）が確実と認めるもの
③ 土地
④ 建物、立木及び登記される船舶並びに登録を受けた飛行機、回転翼航
　空機及び自動車並びに登記を受けた建設機械で、保険に附したもの
⑤ 鉄道財団、工場財団、鉱業財団、軌道財団、運河財団、漁業財団、港

－435－

第4章　相　　続　　税

　　湾運送事業財団、道路交通事業財団及び観光施設財団
　⑥　税務署長等が確実と認める保証人の保証
　⑦　金銭
　　　納税猶予の適用を受ける場合には、これらの担保を提供すればよいわ
　　けですが、この場合には、申告書の提出期限の翌日から起算して3年を
　　経過するごとの日までに、引き続いてこの適用を受けたい旨及び特例農
　　地等に係る農業経営に関する事項を記載した届出書を納税地の所轄税務
　　署長に提出しなければなりません（措法70の6㉜）。
(2)　担保提供に必要な書類は、担保提供書のほか、提供する担保の種類に応
　　じ、次の表に掲げる書類となっています。

①　土地	イ　抵当権設定登記承諾書
	ロ　イの承諾書に押印した印鑑の印鑑証明書
	ハ　登記事項証明書
②　次の建物等で保険に付したもの　イ　建物　ロ　立木	イ　抵当権設定登記承諾書
	ロ　イの承諾書に押印した印鑑の印鑑証明書
	ハ　損害保険証書
	ニ　登記事項証明書
③　税務署長が確実と認める保証人の保証	イ　納税保証書
	ロ　納税保証書に押印した印鑑の印鑑証明書（保証人が法人の場合は、その法人の登記事項証明書を含む。）

(3)　担保財産の担保価額は、担保の種類によって異なりますが、例えば担保
　　財産が土地の場合には、時価の8割以内において適当と認める金額、建物
　　等の場合には、時価の7割以内において納税猶予期間中の予想される価値
　　の減耗等を考慮した金額とされています。

第4章　相　続　税

修正申告等に係る相続税額の納税猶予の適用

【問4-122】　2年前、相続税の申告を行い、納税猶予の適用を受けていましたが、今年になって、株式及び預貯金の申告漏れが判明し、修正申告を提出することになりました。この場合、修正申告による増差税額について、納税猶予の適用が受けられるでしょうか。

【答】株式、預貯金など、特例適用農地等以外の申告漏れ財産がある場合には、修正申告に係る増差税額については、納税猶予の適用はありません。

【解説】相続税（贈与税）の納税猶予は、期限内申告に係る税額についてのみ適用されるので、修正申告又は更正による税額については適用されません。ただし、修正申告が納税猶予税額の計算の基礎となる特例農地等の評価誤りと税額の計算誤りのみによるものである場合には、修正申告による増差税額についても納税猶予の適用が認められています。

農地等の贈与者が死亡した場合の相続税の課税

【問4-123】　私は、3年前に父から農地等の全部について贈与を受け、その贈与に係る贈与税について納税猶予の適用を受けていました。ところが、本年5月にその父が急死しました。

　このような場合、相続税の課税関係はどのようになるのでしょうか。

【答】農地等の一括贈与による贈与税の納税猶予の適用を受けている場合において、その農地等の贈与者が死亡したときは、猶予されていた贈与税は免除されます（措法70の4㉞）。

　そして、その贈与を受けた農地等については、死亡した贈与者から受贈者が、相続又は遺贈により取得したものとみなされ、相続税が課税されることになります（措法70の5）。この場合、相続税の計算の基になる農地等の価額は、贈与を受けた時の価額ではなく、その贈与者の死亡時における価額となります。

　また、相続税の申告に当たっては、一定の要件に該当すれば「相続税の納税猶予の特例」の適用が受けられます。

第4章 相　続　税

相続税の納税猶予の特例適用農地を道路建設事業のために一時的に貸し付ける場合

> **【問4-124】** 高速自動車国道の建設に伴い、その事業施行者から、建設
> 機械などの搬入路として、私の所有している農地（相続税の納税猶予
> の適用を受けています。）を平成29年10月以降2年間使用させてほし
> いとの申出を受けました。私としては、貸付期限満了後、元の農地の
> 状態に原状回復して返してもらうことを条件として、この申出に応じ
> てもよいと考えているのですが、このような場合、引き続き納税猶予
> の適用を受けることができるでしょうか。

【答】 相続税の納税猶予の適用を受けている農地を一時的に貸し付けること
について、一定の要件の下に書類を提出して所轄税務署長の承認を受ける場
合には、引き続き納税猶予の適用を受けることができます。

【解説】 相続税や贈与税の納税猶予の適用を受けている農地（以下「特例農地」
といいます。）を譲渡したり、特例農地に地上権、賃借権又は使用貸借権若
しくは賃借権の設定（当該特例農地等につき民法第269条の2第1項の地上
権の設定があった場合において当該農業相続人が当該特例農地等を耕作の用
に供しているときにおける当該設定を除きます。）をした場合には、原則と
して、納税が猶予されている相続税又は贈与税の全部又は一部を利子税とと
もに納付しなければなりません。

　しかし、特例農地の全部又は一部が①道路法による道路に関する事業、②
河川法が適用される河川に関する事業、③鉄道事業法による鉄道事業者がそ
の鉄道事業で一般の需要に応ずるものの用に供する施設に関する事業、④こ
れらの事業に準ずる事業として主務大臣が認定したもののために一時的に使
用する道路、水路、鉄道その他の施設の用地で、代替性のないものとして主
務大臣が認定したものの用に供するために貸付けを行った場合において、貸
付期限が到来したのち遅滞なく当該特例農地を再び自己の農業の用に供する
見込みであることにつき、所轄税務署長の承認を受ける場合には、引き続き
納税猶予の適用を受けることができます（措法70の4⑱、70の6㉒）。

　この貸付けに係る特例（以下「貸付特例」といいます。）の承認を受けよ
うとする場合には、当該貸付けを行った日から1月以内に承認申請書（主務
大臣が代替性のない施設用地として認定したことを証する書類やその貸付け
に係る契約書の写し（更に上記「④これらの事業に準ずる事業として主務大

臣が認定したもの」に該当する場合には、そのことを証する書類）などを添付したもの）を所轄税務署長に提出する必要があります（措令40の7㊹㊺、措規23の8㉒）。

あなたが貸付特例を受ける場合には、このような手続が必要となりますが、貸付けの目的となる事業が「①道路法による道路に関する事業」に該当しますので、「④」の事業に関する主務大臣の認定は必要ありません（**(注)**参照）。

なお、貸付特例の適用を受けた場合には、承認を受けた日の翌日から起算して1年を経過するごとの日までに継続貸付届出書を提出する必要があります（措法70の6㉓）。

また、貸付期限が到来した場合には、当該期限から2月を経過する日までに再び自己の農業の用に供する必要があります。このとき、一定の事項を記載した届出書を所轄税務署長に提出する必要があります（事業の施行の遅延により貸付期限が延長されることとなった場合には、貸付期限が到来する日から1月以内に所定の事項を記載した届出書を提出する必要があります。）（措令40の7(51)(53)）。

(注)　事業に関する主務大臣の認定は必要ありませんが、代替性のない施設用地としての主務大臣の認定は必要です。

なお、主務大臣による事業の認定が必要となる「④これらの事業に準ずる事業」の例については、次ページの**《参考》**を参照してください。

第4章　相　　続　　税

《参　考》道路、河川、鉄道事業の用に供する施設を整備する主な根拠法

【道　路】

根拠法	条項	施設の種類	整備主体	土地収用法第3条該当号
土地改良法等	2②一	農業用道路	国、地方公共団体、土地改良区等	五
道路運送法	2⑧	一般自動車道、専用自動車道	自動車運送事業者、自動車道事業者	一
港湾法	2⑤四	港湾道路（臨港交通施設）	港湾管理者	十
漁港漁場整備法	3二イ	道路（漁港施設）	漁港管理者	十
自然公園法	2六、令1一	道路（公園内）	公園管理者（国、地方公共団体）	二十九
都市計画法	11①一	都市計画道路（都市施設）	地方公共団体等	都市計画法第69条の規定により土地収用法第3条各号に該当するとみなされる

(注) 土地改良法の適用される農業用道路については、相措通70の4-12又は70の6-13が適用されるので一時的道路用地等としての貸付特例の適用はありません。

【河　川】

根拠法	条項	施設の種類	整備主体	土地収用法第3条該当号
都市計画法	11①四	都市河川（都市施設）	地方公共団体等	都市計画法第69条の規定により土地収用法第3条各号に該当するとみなされる

【鉄　道】

根拠法	条項	施設の種類	整備主体	土地収用法第3条該当号
鉄道事業法	34の2①	一般の需要に応ずる索道事業の用に供する施設	索道事業者	七
全国新幹線鉄道整備法	9①	新幹線鉄道施設に係る鉄道施設	独立行政法人鉄道建設・運輸施設整備支援機構	七の二

第4章　相　続　税

納税猶予の特例の適用を受けている農業相続人が農業経営基盤強化促進法に規定する農用地利用集積計画に定めるところによる賃借権等の設定に基づいて特例農地等を貸し付けた場合

> 【問4-125】相続税の納税猶予の特例の適用を受けている農業相続人が農業経営基盤強化促進法に規定する農用地利用集積計画に定めるところによる賃借権等の設定に基づいて特例農地等を貸し付けた場合で、一定の要件を満たす場合には納税猶予が継続すると聞きましたが、どのような場合ですか。

【答】相続税の納税猶予の特例の適用を受けている農業相続人が、特例の猶予期限前にその農地等の全部又は一部を農業経営基盤強化促進法に規定する農用地利用集積計画に定めるところによる賃借権等の設定に基づいて貸し付けた場合において、その貸し付けた農地等（以下**「貸付特例適用農地等」**といいます。）に代わるものとして、その農業相続人の農業の用に供する農地等を、農業経営基盤強化促進法に規定する農用地利用集積計画に定めるところによる賃借権等の設定に基づいて借り受けており、かつ、その借り受けている農地等（以下**「借受代替農地等」**といいます。）の面積がその貸付特例適用農地等の面積の80％以上であること及び賃借権等の設定が次の①及び②の要件をすべて満たすときは、その貸付特例適用農地等について賃借権等の設定はなかったものとみなし、納税猶予の継続適用を受けることができます（措法70の6⑩、措令40の7㉑、措規23の8⑪）。

①　借受代替農地等に係る賃借権等の設定をした日がその借受代替農地等に係る貸付特例適用農地等に係る賃借権等の設定をした日以前2月以内の日であること。

②　貸付特例適用農地等に係る賃借権等の存続期間の満了の日がその貸付特例適用農地等に係るすべての借受代替農地等に係る賃借権等の存続期間の満了の日以前の日であること。

③　借受代替農地等につき措置法第70条の6第11項の規定により届け出たものであること。

　この特例の適用を受けるためには、貸付特例適用農地等についてこの規定を受ける旨及びこの要件を満たすものである旨並びに貸付特例適用農地等に係る賃借権等の設定に関する事項等を記載し、添付書類とともに賃借権等の設定をした日から2月以内に納税地の所轄税務署長に提出しなければなりま

第4章 相 続 税

せん（措法70の6⑪、措令40の7㉒）。

　また、この規定の適用を受けた農業相続人は、届出書を提出した日の翌日から起算して1年を経過するごとの日までに、その貸付特例適用農地等に係る賃借権等の設定に関する事項等を記載した継続届出書とともに一定の書類を添付して納税地の所轄税務署長に提出しなければならないこととされています（措法70の6⑭、措令40の7㉕）。

　　(注)　贈与税の納税猶予の適用を受けている場合、一定の要件を満たせば、同様に納税猶予の継続適用を受けることができます（措法70の4⑧）。

農地等についての相続税の納税猶予の特例を適用している場合の特定貸付けの特例

> 【問4-126】 農地等についての相続税の納税猶予の特例を適用している場合の特定貸付けの特例の概要について教えてください。

【答】農地等について相続税の納税猶予の適用を受けている農業相続人が、納税猶予期限までに特例農地等（市街化区域内農地等を除きます。）の全部又は一部を次に掲げる貸付け（以下「特定貸付け」といいます。）を行った場合において、その貸付けを行った日から2か月以内に、貸付けを行っている旨を記載した届出書を提出したときに限り、貸付けはなかったもの及び農業経営は廃止していないものとみなして、引き続き特例の適用を受けることができます（措法70の6の2①）。

　特定貸付けとは、次に掲げる賃貸借等の設定による貸付けを行った場合とされています（措法70の6の2①）。

　①　農地中間管理事業の推進に関する法律第2条第3項に規定する農地中間管理事業のために行われるもの

　②　農業経営基盤強化促進法第4条第3項に規定する農地利用集積円滑化事業のために行われるもの

　③　農業経営基盤強化促進法第20条に規定する農用地利用集積計画の定めるところにより行われるもの

　なお、この特例は、農地法等の一部を改正する法律の施行日（平成21年12月15日）以後に適用することができますが、同法の施行前に農地等についての相続税の納税猶予の適用を受ける農業相続人が、この特例を選択した場合には、相続開始時における措置法の関係規定は適用されず、猶予期限、利子

－442－

第4章　相　続　税

税の割合等は全て平成21年度税制改正後の措置法の規定によることとなります（措法70の4の2⑩、70の6の2③）。

障害等により農業の用に供することが困難な場合

【問4-127】私は父から農地を相続し相続税の納税猶予の特例を受けていますが、交通事故に遭い、身体障害者2級の認定を受けました。今後は農業を続けていくことができないので、この特例は打ち切られるのでしょうか。

【答】障害、疾病その他の事由によって、特例を受けている農地について農業の用に供することが困難な状態となり、その農地について一定の貸付け（以下「営農困難時貸付け」といいます。）を行ったときは、営農困難時貸付けを行った日から2か月以内に営農困難時貸付けを行っている旨の届出書を所轄税務署長に提出したときに限り、貸付けはしていないもの及び農業経営は廃止していないものとみなして、引き続き特例の適用を受けることができます（措法70の6㉘）。

【解説】農業の用に供することが困難な状態とは、農地の納税猶予に係る相続税の申告期限後に農業相続人に次の事由が生じている状態をいいます。ただし、当該申告書の提出期限において既に次の事由が生じている者については、当該申告書の提出期限後に新たに当初と異なる事由が生じた者、障害の程度が2級から1級に変更された者、新たに身体障害者と認定された者（1級又は2級に該当する者に限ります。）を含みます（措令40の7㊶）。

① 精神障害者保健福祉手帳に障害等級が1級である者として記載されているものの交付を受けていること

② 身体障害者手帳に障害等級が1級又は2級である者として記載されているものの交付を受けていること

③ 要介護認定において、要介護状態区分が要介護5の認定を受けていること

④ ①から③の事由のほか、農業相続人が相続税の申告書の提出期限後に農業に従事することを不可能にさせる故障として農林水産大臣が財務大臣と協議して定めるものを有するに至ったことにつき、市町村長又は特別区の区長の認定を受けていること

なお、この特例は農地法等の一部を改正する法律の施行日（平成21年12月

－443－

第4章　相　　続　　税

15日）以後に適用することができます。
　また、贈与税の納税猶予についても同様の規定が設けられています。

第4章　相　　続　　税

第7節　非上場株式等についての相続税の納税猶予及び免除

非上場株式等についての相続税の納税猶予及び免除の特例

【問4-128】非上場株式等を相続した場合、納税が猶予される特例制度があると聞きましたが、その概要について教えてください。

【答】後継者である相続人等が、中小企業における経営の承継の円滑化に関する法律（以下「円滑化法」といいます。）の認定を受けている非上場株式又は出資を相続又は遺贈により取得した場合において、その非上場株式又は出資に係る相続税について、一定の要件のもと、その納税を猶予し、後継者の死亡等により、納税が猶予されている相続税の納付が免除される制度です。

【解説】この特例等には、租税特別措置法第70条の7の5から第70条の7の8までの各規定による措置（「**特例措置**」といいます。）と租税特別措置法第70条の7から第70条の7の4までの各規定による措置（「**一般措置**」といいます。）の2つの制度があり、その概要は、次の図のとおりです。

　なお、特例措置については、平成30年1月1日から平成39年12月31日までの10年間の制度とされています。

－445－

第4章 相続税

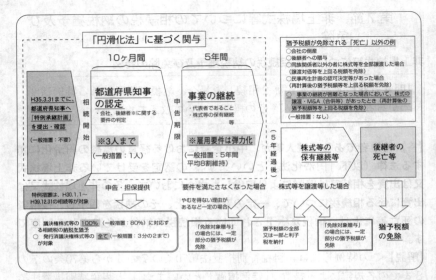

(参考) 特例措置と一般措置の比較

	特例措置	一般措置
事前の計画策定等	5年以内の特例承継計画の提出 平成30年4月1日から 平成35年3月31日まで	不要
適用期限	10年以内の相続等・贈与 平成30年1月1日から 平成39年12月31日まで	なし
対象株数(注1)	全株式	総株式数の最大3分の2まで
納税猶予割合	100%	相続等：80%、贈与：100%
承継パターン	複数の株主から最大3人の後継者	複数の株主から1人の後継者
雇用確保要件	弾力化(注2)	承継後5年間 平均8割の雇用維持が必要
事業の継続が困難な事由が生じた場合の免除	譲渡対価の額等に基づき再計算した猶予税額を納付し、従前の猶予税額との差額を免除	なし (猶予税額を納付)
相続時精算課税の適用	60歳以上の贈与者から20歳以上の者への贈与 (措法70の2の7等)	60歳以上の贈与者から20歳以上の推定相続人・孫への贈与 (相法21の9・措法70の2の6)

(注) 1　議決権に制限のない株式等に限ります。

2　雇用確保要件を満たさなかった場合には、中小企業における経営の承継の円滑化に関する法律施行規則（以下「円滑化省令」といいます。）第20条第3項に基づき、要件を満たさなかった理由等を記載した報告書を都道府県知事に提出し、その確認を受ける必要があります。

第4章　相　　続　　税

非上場株式等についての相続税の納税猶予及び免除の特例における相続人の
要件

【問4-129】非上場株式等についての相続税の納税猶予及び免除の特例
を適用するに当たって、株式等を取得した相続人等について要件はあ
るのでしょうか。

【答】被相続人から相続又は遺贈によって非上場株式等についての相続税の
納税猶予及び免除の特例の適用対象となる非上場株式等を取得した者は、一
定の要件を満たす必要があります。
　一定の要件の主なものは以下のとおりです（措法70の7の2②三、措法70
の7の6②七、措令40の8の2⑪、措規23の10⑧、措規23の12の3⑨）。
①　相続開始の日の翌日から5か月を経過する日において会社の代表権を有
　していること
②　相続開始の時において、後継者及び後継者と特別の関係がある者で総議
　決権数の50％超の議決権数を保有することとなること。
③　相続開始の時において後継者が有する議決権数が、次のイ又はロに該当
　すること
　イ　後継者が1人の場合
　　　後継者と特別の関係がある者の中で最も多くの議決権数を保有するこ
　　とになること。
　ロ　後継者が2人又は3人の場合
　　　総議決件数の10％以上の議決権数を保有し、かつ、後継者と特別の関
　　係がある者（他の後継者を除きます。）の中で最も多くの議決権数を保
　　有することとなること。
　　　なお、従前の一般措置については、「後継者と特別の関係がある者の中
　　で最も多くの議決権数を保有することとなること」が要件となります。
④　相続開始の直前において、会社の役員であったこと（被相続人が60歳未
　満で死亡した場合を除きます。）

第4章 相 続 税

非上場株式等を兄弟で相続した場合

> 【問4-130】 私の父が本年の5月に亡くなり、父の財産であるA株式会
> 社の株式を私と弟が相続により取得することになりました。
> 　私たちは、A株式会社の株式について相続税の納税猶予の特例の適
> 用を受けたいと考えていますが、特例適用は可能でしょうか。

【答】 特例措置を適用する場合は、あなたも弟さんも特例を受けることがで
きますが、一般措置を適用する場合、同一会社の株式について2人以上が同
時に相続税の納税猶予の特例の適用を受けることはできないことから、あな
た若しくは弟さんのいずれか一方しか適用を受けることができません。

　ただし、あなた又は弟さんのいずれかが、すでにお父さんから生前にA株
式会社の株式の贈与を受け、お父さんの相続開始時において、その株式につ
いて贈与税の納税猶予の特例の適用を受けている場合には、同一会社である
A株式会社について、その贈与を受けていない者は相続税の納税猶予の特例
の適用を受けることはできません。

【解説】 特例措置と異なり、一般措置の場合、被相続人から相続又は遺贈に
より取得をした非上場株式等に係る会社の株式等について、同一の会社につ
いて相続税の納税猶予の特例、贈与税の納税猶予の特例又は贈与者が死亡し
た場合の相続税の納税猶予の特例のいずれかの特例の適用を受けている者が
いる場合には、その納税猶予の特例の適用を受けている者以外の者は、その
同一の会社の株式等について納税猶予の特例を受けることはできないことと
されています（措法70の7の2⑧）。

　また、被相続人から既に同一の会社の株式について贈与を受け、非上場株
式等について贈与税の納税猶予の特例の適用を受けている場合には、その贈
与者の死亡に伴う相続税の申告において、その同一会社の非上場株式等につ
いて相続税の納税猶予の特例の適用を受けることはできないこととされてい
ます（措法70の7の2①かっこ書）。

　なお、贈与者の相続開始時において贈与税の納税猶予の特例の適用を受け
る特例受贈非上場株式等は、その贈与者から相続又は遺贈により取得をした
ものとみなされることから、その株式等について一定の要件を満たせば、贈与
者が死亡した場合の相続税の納税猶予の特例の適用を受けることができます。

－448－

第4章　相　続　税

非上場株式等についての相続税の納税猶予及び免除の特例を受けるための添付書類

【問4-131】非上場株式等についての相続税の納税猶予及び免除の特例を受けたいのですが、相続税の申告書にどのような書類を添付すればよいか教えてください。

【答】非上場株式等についての相続税の納税猶予及び免除の特例を受けようとする場合には、相続税の申告書（申告期限内に提出される場合に限ります。）に、この特例を受ける旨を記載し、次に掲げる書類を添付しなければなりません（措法70の7の2⑨、措法70の7の6⑥、措規23の10⑳、措規23の12の3⑭）。

① 会社の株主名簿の写しなど、相続開始の直前及び相続開始の時における会社のすべての株主又は社員の氏名等及び住所等並びにこれらの者が有する株式等に係る議決権の数が確認できる書類等（その会社が証明したものに限ります。）

② 相続開始の時における会社の定款の写し（会社法その他の法律の規定により定款の変更をしたものとみなされる事項がある場合には、当該事項を記載した書面を含みます。）

③ 遺言書の写し又は遺産分割協議書の写し並びに相続人全員の印鑑証明書（遺産分割協議書に押印したもの）

④ 中小企業における経営の承継の円滑化に関する法律（以下「円滑化法」といいます。）施行規則第7条第10項の経済産業大臣の認定書の写し及び同条第3項の申請書の写し

⑤ 会社が租税特別措置法第70条の7の2第2項第5号イ若しくは同法第70条の7の6第2項第8号に規定する外国会社又は租税特別措置法施行令第40条の8の2第12項若しくは同令第40条の8の6第15項に規定する法人の株式等を有する場合には相続開始の日の属する事業年度の直前の事業年度（資産保有型会社又は資産運用型会社に該当する場合は、相続開始の日の3年前の日の属する事業年度から相続開始の日の属する事業年度の直前の事業年度までの各事業年度）の貸借対照表及び損益計算書

なお、担保提供関係書類が別途必要となります。

－449－

第4章 相　続　税

納税猶予税額の計算方法①（一般措置）

> **【問4-132】** 非上場株式等についての相続税の納税猶予及び免除の特例
> について、納税猶予税額はどのように計算するのでしょうか。

【答】 非上場株式等についての相続税の納税猶予及び免除の特例を受ける場
合の納税猶予税額は、次の①から②を控除して求めます（措法70の7の2②
五）。

① 特例適用を受ける非上場株式等の価額を特例適用を受ける相続人等の
相続税の課税価格とみなして、相続税法第13条から第19条までの規定を
適用して計算した金額

② 特例非上場株式等の価額に100分の20をかけて計算した金額を特例適
用を受ける相続人の相続税の課税価格とみなして、相続税法第13条から
第19条までの規定を適用して計算した金額

※ 相続税法第13条、14条………債務控除
　　相続税法第15条………遺産に係る基礎控除
　　相続税法第16条………相続税の総額
　　相続税法第17条………各相続人等の相続税額
　　相続税法第18条………相続税額の加算
　　相続税法第19条………相続開始前3年以内に贈与があった場合の相続
　　　　　　　　　　　　　税額

納税猶予税額の計算方法②（特例措置）

> **【問4-133】** 非上場株式等についての相続税の納税猶予及び免除の特例
> について、納税猶予税額はどのように計算するのでしょうか。

【答】 特例適用を受ける非上場株式等の価額を特例適用を受ける相続人等の
相続税の課税価格とみなして、相続税法第13条から第19条までの規定を適用
して計算した金額が納税猶予税額となります（措法70の7の6②ハ）。

－450－

第4章　相　　続　　税

非上場株式等の贈与者が死亡した場合の相続税の納税猶予及び免除の特例

【問4-134】私は父親から非上場株式等の贈与を受け、非上場株式等に
　ついての贈与税の納税猶予及び免除の特例（以下「贈与税の納税猶
　予」といいます。）の適用を受けていましたが、この度、贈与者であ
　る父親が亡くなりました。この場合、納税猶予を受けていた贈与税額
　は、どのようになるのでしょうか。

【答】納税を猶予されている贈与税額は免除されることになりますが、贈与
を受けた者は、贈与税の納税猶予を受けていた非上場株式等を贈与者から相
続により取得したものとみなされます（措法70の7の3①、措法70の7の
7①）。
　なお、特例適用を受けた非上場株式等を相続により取得したとみなされた
受贈者は、一定の要件を満たすことにより、そのみなされた非上場株式等に
ついて相続税の納税猶予の特例の適用を受けることができます（措法70の7
の4①、措法70の7の8①）。
【解説】贈与の納税猶予を受けていた非上場株式等は、その贈与者の死亡に
よって、受贈者が相続又は遺贈により取得したものとみなした、贈与時の価
額により他の相続財産と合算して相続税の計算をすることになります。
　また、その相続に係る相続税の申告の際、経済産業大臣の認定を受け、一
定の要件を満たす場合には、そのみなされた非上場株式等（ただし、従前の
「一般措置」の場合は、発行済株式等の総数の3分の2までに限ります。）
について非上場株式等について相続税の納税猶予の特例の適用を受けること
ができます。
　なお、特例の適用対象となる非上場会社についての要件は「非上場株式等
についての相続税の納税猶予の特例」に規定する要件と同じですが、経済産
業大臣の認定を受ける必要はありません。

－451－

第4章　相　続　税

第8節　山林についての相続税の納税猶予及び免除

山林についての相続税の納税猶予及び免除の特例

> **【問4-135】** 山林を相続した場合、納税が猶予される場合があると聞き
> ましたが、その概要について教えてください。

【答】 林業経営相続人が、相続又は遺贈により、特定森林経営計画が定めら
れている区域内に存する山林（立木又は土地をいいます。以下同じ。）につ
いて当該特定森林経営計画に従って施業を行ってきた被相続人からその山林
を一括して取得した場合において、その林業経営相続人が当該特定森林経営
計画に基づいて引き続き施業を継続していくときは、その林業経営相続人が
納付すべき相続税額のうち、当該相続又は遺贈により取得した山林で一定の
要件を満たすものに係る課税価格の80％に対応する相続税額について、その
林業経営相続人の死亡の日までその納税が猶予されます（措法70の6の6）。
　林業経営相続人とは、被相続人から相続又は遺贈によりその被相続人がそ
の相続開始の直前に有していた全ての山林の取得をした個人であって、次の
①から③までに掲げる要件の全てを満たす者をいいます（措法70の6の6②
四、措規23の8の4⑧）。
　①　その個人が、その相続開始の直前において、その被相続人の推定相続
　　　人であること。
　②　その個人が、その相続開始の時からその相続に係る相続税の申告書の
　　　提出期限（その提出期限前にその個人が死亡した場合には、その死亡の
　　　日）まで引き続きその相続又は遺贈により取得をしたその山林の全てを
　　　有し、かつ、その特定森林経営計画に従ってその経営を行っているこ
　　　と。
　③　その個人が、その特定森林経営計画に従ってその山林の経営を適正か
　　　つ確実に行うものと認められる要件の全てを満たしていること。
　また、特定森林経営計画とは、市町村長等の認定を受けた森林法第11条第
1項に規定する森林経営計画であって、次の①から③までに掲げる要件の全
てを満たすものをいいます（措法70の6の6②二）。
　①　対象とする山林が同一の者により一体として整備することを相当とす
　　　るものとして財務省令で定めるものであること（措法70の6の6②二
　　　イ、措規23の8の4⑥）。

－452－

第4章　相　　続　　税

②　その森林経営計画に森林法第11条第3項に規定する事項が記載されて
　　いること（措法70の6の6②二ロ）。
③　①及び②に掲げるもののほか、その森林経営計画の内容が同一の者に
　　よる効率的な山林の経営（施業又はその施業と一体として行う保護をい
　　います。）を実現するために必要とされる財務省令で定める要件の全て
　　を満たしていること（措法70の6の6②二ハ、措規23の8の4⑦）。

第5章 贈 与 税

第1節 贈与税の意義

贈与税の意義

> 【問5-1】 私は、不動産の購入資金として、父から現金の贈与を受けました。
>
> この場合、贈与税が課税されるそうですが、贈与税とはどのような税金ですか。

【答】贈与税とは、個人から贈与により財産を取得した場合にその財産を取得した者に対して課税される税金です。

【解説】 相続、遺贈によって財産を取得したときには、相続税が課税されることはご存知のとおりです。しかし、生前に相続人その他の親族等に財産を贈与すれば、相続等と同一の効果を得ながら、相続税を回避することができます。

そこで、相続等により財産を取得した場合と生前贈与があった場合との税負担の公平を図るためには、生前贈与に対して課税することが必要になります。この生前贈与に対して課税する税金が贈与税です。

このように、贈与税は、相続税の補完税としての機能を有しており、相続という事実の発生しない法人からの贈与については課税されません（ただし、この場合は、一時所得として所得税が課税されます。）。

なお、将来において相続関係に入る一定の親子間の資産の移転について、生前における贈与と相続との間で、資産の移転時期の選択に対する課税の中立性を確保することにより、生前における贈与による資産の移転の円滑化に資することを目的として、平成15年度の税制改正において、相続時精算課税制度が創設されました（第6節参照）。

第5章　贈　　与　　税

第2節　贈与税の納税義務者と課税の時期

外国に留学している者が贈与を受けた場合

【問5-2】私は、昨年山林を処分して、かなりの譲渡収入がありました。そこでこの際、子供達にその売却代金の一部を贈与しようと思いますが、三男Cは現在英国の大学に留学中です。Cへの贈与だけを延ばすのもかわいそうで、手紙でその旨を伝えると、A銀行大阪支店にC名義で預金しておいてくれと返事がありました。

　ところで、受贈者が海外に留学中の場合でも、贈与税は課税されるのでしょうか。

【答】Cさんは留学で一時的に日本国内を離れているものであり、住所は日本国内にあるものと判定され、無制限納税義務者として、贈与税の納税義務が生じることとなります。

【解説】贈与税の納税義務者は、原則として贈与（贈与者の死亡により効力を生じるいわゆる死因贈与を除きます。以下同じ。）によって財産を取得した個人ですが、その財産を取得した時において、その者の住所が相続税法の施行地（日本国内）にあるか否か等により、その納税義務の範囲を異にします。詳しくは【問4-9】の【答】を参照してください。

　ところで、無制限納税義務者となるか制限納税義務者となるかの基となる住所の判定については、客観的にその者の生活の本拠がどこにあるかによることとしていますので留学、海外出張、海外興行等のように一時的に日本国内を離れている者については日本国内に住所があるものとして取り扱われます（相基通1の3・1の4共-6）。

　なお、所得税法第137条の2（国外転出時課税の適用がある場合の納税猶予）及び第137条の3（国外転出（贈与・相続）時課税の適用がある場合の納税猶予）の適用を受ける者が死亡又は贈与をした場合における、相続税又は贈与税の納税義務者については、別に定めがあります（相法1の3②一〜三、1の4②一〜三）。

－ 455 －

第5章 贈 与 税

国外財産を贈与により取得した場合の贈与税

【問5-3】父は、平成30年の5月と10月の2回にわたって、日本国内の財産と国外の財産を私に贈与してくれました。

私は、平成30年7月に、8年間住んでいた外国から日本に帰国してきましたが、どの財産について贈与税の申告をすればよいのでしょうか。

なお、私の国籍は日本にあります。また、父の住所も日本国内です。

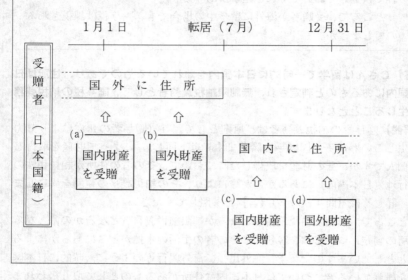

【答】**あなたが平成30年中に贈与を受けた財産のすべてについて、贈与税の申告をする必要があります。**

【解説】贈与税の納税義務者のうち、【問4-9】の【答】①及び②に相当する受贈者は無制限納税義務者に該当し、贈与により取得した財産の全てについて贈与税が課されることになり、同③及び④に相当する受贈者は制限納税義務者に該当し、贈与により取得した財産のうち日本国内の財産について贈与税が課されることになります。

国内財産(a)及び国外財産(b)の贈与を受けたとき、あなたは日本国内に住所がありませんが、日本国籍を有し、10年以内に日本国内に住所があり、あなたのお父さんは過去から日本国内に住所があり、また、国内財産(c)及び(d)を受けたとき、あなたは日本国内に住所があります。したがって、あ

-456-

第5章 贈　　与　　税

なたは無制限納税義務者に該当しますので、あなたがお父さんから贈与により取得した財産の全てが贈与税の課税の対象となります。

口約束で受けた財産の取得時期

> **【問5-4】**昨年末に父から宅地の贈与を受けました。親子の間ですから別に書類は作らず、口約束だけで済ませていました。今年の6月末日になってその不動産の名義を私に移しましたが、贈与による財産の取得の時期が昨年末の口約束の日であれば、贈与税の申告期限が過ぎており、また、登記の日であれば、来年に申告すればよいことになると思いますが、どちらが正しいのでしょうか。

【答】書面によらない贈与の場合、財産取得の時期は、その贈与が履行された時になります。したがって、贈与の履行の時が明らかでない場合、つまり昨年に贈与を受けたことの証明ができない限りその登記を済ませた本年6月末日が取得の日となり、来年に贈与税の申告をしなければなりません。

【解説】贈与による財産の取得の時期がいつであるかは、申告期限、申告による納税、財産の評価等について重要な問題となります。これについては、次のとおり取り扱われます（相基通1の3・1の4共-8(2)、1の3・1の4共-9(2)、1の3・1の4共-10）。

①　書面による贈与については、その贈与契約の効力の発生した時

②　書面によらない贈与については、その贈与の履行の時。ただし停止条件付の贈与については、その条件が成就した時

③　農地及び採草放牧地の贈与については、農地法による許可又は届出の効力の生じた日後に贈与があったと認められる場合を除き、その許可のあった日又は届出の効力が生じた日

また、所有権の移転の登記又は登録の目的となる財産についても、上記と同じ取扱いとなりますが、贈与の日が明確でないものについては、特に反証のない限り、その登記又は登録があった時に贈与があったものとして取り扱われます（相基通1の3・1の4共-11）。

第5章 贈 与 税

農地の贈与を受けた場合の取得時期

> 【問5-5】祖父から農地を贈与してもらうため、農業委員会を通じ県知
> 事へ農地法に規定する許可の申請をしていたところ、本年12月20日に
> 許可がありました。しかし、都合で所有権の移転登記は来年にしよう
> と考えています。
>
> 　不動産は登記の日に贈与があったとして申告すればよいと聞きまし
> たが、それでよいのでしょうか。

**【答】本年12月20日の県知事の許可があった日が、贈与の日となり、所有権
の移転登記を来年にすることにしても、単なる登記手続にすぎないと思われ
ますので本年の贈与として来年2月1日から3月15日までに申告をすること
が必要です。**

【解説】　農地及び採草放牧地の贈与については、農地法第3条第1項若しく
は第5条第1項本文の規定により都道府県知事の許可のあった日又は届出の
効力が生じた日が贈与による財産取得の時期となります。ただし、都道府県
知事の許可のあった日又は届出の効力の生じた日後に贈与することになって
いる場合には、その日が贈与による財産取得の時期となります（相基通1の
3・1の4共-10）。

　なお、次の要件のすべてに該当する農地については、前述にかかわらず、
農地法第3条第1項若しくは第5条第1項に規定する許可又は同項第3号に
規定する届出に関する書類（以下「申請書等」といいます。）を農業委員会に
提出した日を当該農地の贈与の日としても差し支えないこととされています
（昭48直資2-62）。

① 　その農地の所有権移転についての許可等の効力が、その許可等に係る申
　請書等を農業委員会に提出した日の属する年の翌年1月1日から3月15日
　までの間に生じていること

② 　その農地に係る贈与税の申告書が、その農地の所有権の移転についての
　許可等の効力が生じた日からその年の3月15日までに提出されていること

　なお、ここでいう「許可等の効力が生じた日」とは、農地法第3条第1項
又は第5条第1項に規定する許可にあっては、許可書が当該許可の申請者に
到達した日をいい、同法第5条第1項第6号に規定する届出にあっては、同
法施行令第10条に規定する受理通知書に届出の効力が生じた日として記載さ
れた日をいいます。

－458－

第5章 贈　与　税

第3節　贈与税の課税財産

相続を放棄した者の贈与税の課税価格

【問5-6】私と兄は今年の4月に父から現金300万円ずつの贈与を受け
ましたが、父は6か月後の10月に死亡しました。父の遺産は母と兄が
相続することとなり、私は相続を放棄しました。このように、その贈
与の年に贈与者の相続開始があった場合は、相続税として申告するの
でしょうか。それとも贈与税として申告するのでしょうか。

【答】お兄さんは、相続によって取得した財産がありますので、贈与を受け
た300万円については相続税の課税価格に加算して申告することとなります
が、あなたの場合は、相続の放棄をしており相続又は遺贈により財産を取得
していませんので、贈与税の申告が必要となります。

【解説】相続又は遺贈によって財産を取得した者が、相続開始のあった年に
おいて、その被相続人から贈与によって取得した財産がある場合には、その
財産については、贈与税を課税しないで、相続税の課税価格に加算すること
になります（相法21の2④）。

　しかし、相続開始のあった年に被相続人から贈与によって財産を取得した
場合でも、その被相続人から相続又は遺贈によって財産を取得しない場合
で、その贈与を受けた財産について暦年課税の適用を受ける者については、
上記の規定は適用されないで、通常の場合と同様に贈与税が課税されます
（相基通21の2-3）。

共有持分の放棄

【問5-7】昨年父から相続した土地を、遺産分割協議によって、私と兄
の共有にしておきました。
　今年になって、私がその土地の上に家屋を建築することになり、兄
はその土地の共有持分を放棄してもよいといっています。このような
場合についても贈与税が課税されるのでしょうか。

【答】お兄さんが共有持分の放棄をした場合、お兄さんの共有持分は、あな
たが贈与によって取得したものとして贈与税が課税されます。

－459－

第5章 贈　与　税

【解説】共有に属する財産の共有者の1人が、その持分を放棄（相続の放棄は除かれます。）したとき、又は死亡した場合においてその者の相続人がないときは、その者の持分は、他の共有者がその持分に応じ贈与又は遺贈により取得したものとして取り扱われます（相基通9-12）。

財産の名義変更

> 【問5-8】長男が個人事業を行っていたところ、資金繰りが悪化し、経営不振のために倒産しました。債権者会議等、借財の整理に当たって債権者の追及が厳しく、私財の処分を求められましたが、これらの財産がなくなると私たちの生活ができなくなるため、やむなく親戚知人の名義に財産を名義変更しました。この場合でも贈与税が課税されるのでしょうか。

【答】**財産の名義変更が、強制執行その他の強制換価手続を免れるため行われたと思われ、かつ、その行為をすることについて真にやむを得ない事情がある場合には贈与税は課税されません。**

　ただし、配偶者及び三親等内の親族の名義とした場合は、贈与税の課税対象となります。

【解説】贈与税は贈与によって取得した財産に対して課税される税金です。この贈与とは、当事者の一方が自己の財産を無償で相手方に与える意思表示をし、相手方がこれを承諾することにより成立する契約をいいますが、税務上においては、対価の授受が行われないで不動産、株式等の名義の変更があった場合や他人名義で新たに不動産、株式等を取得した場合にも、これらの行為は、原則として贈与として取り扱われます（相基通9-9）。

　しかし、当該名義変更等に係る不動産、有価証券等の従前の名義人等について、債権者の内容証明等による督促又は支払命令等があった後にその者の有する財産の全部又は大部分の名義を他人名義としている事実があることなどにより、これらの財産の名義変更等が、強制執行その他の強制換価手続を免れるため行われたと認められ、かつその行為をすることについて真にやむを得ない事情（例えば、これらの財産を失うときは、通常の生活に重大な支障を来す等の事情）がある場合に限り、これらの財産について、贈与がなかったものとして取り扱うことができることとされています。

　ただし、この取扱いは、配偶者及び三親等内の親族の名義とした場合を除

－460－

第5章　贈　　与　　税

きます（昭39直審（資）34「2」）。

他人名義により不動産等を取得した場合

【問5-9】他人名義により不動産、有価証券等を取得した場合における
　贈与税の一般的な取扱いについて説明してください。

【答】**原則として、名義人が贈与を受けたものとして取り扱われます。**
【解説】他人名義により不動産、船舶、自動車又は有価証券の取得、建築又
は建造の登記又は登録をした場合においては、これらの行為は原則として贈
与として取り扱われます。

　しかし、その名義人となった者について次の①及び②の事実が認められる
ときは、これらの財産に係る最初の贈与税の申告若しくは決定又は更正の日
前にこれらの財産の名義を取得又は建築若しくは建造をした者の名義とした
時に限り、これらの財産については、贈与がなかったものとして取り扱われ
ます（昭39直審（資）22「1」）。

(注) この場合の更正は、ここでいう財産以外の財産の贈与についてのみ申告し、又
　　は税務署長から決定を受けた後において、更にここでいう財産を課税価格に算入
　　する場合の税務署長の更正をいいます。

　①　これらの財産の名義人となった者（その者が未成年者である場合には
　　その法定代理人を含みます。）がその名義人となっている事実を知らな
　　かったこと（その知らないことが名義人となった者が外国旅行中であっ
　　たこと又は登記識別情報を保有していない等当時の状況等から確認でき
　　る場合に限ります。）

　②　名義人となった者がこれらの財産を管理運用、使用収益していないこ
　　と

　ただし、これらの取扱いを利用して贈与税のほ脱を図ろうとしていると認
められる場合、又は既にこの取扱いの適用を受け、この取扱いを熟知してい
ると認められる場合には、適用できません（昭39直審（資）22「4」）。

－ 461 －

第5章 贈　与　税

過誤等により取得財産を他人名義とした場合

> 【問5-10】 私は、不動産取引に不慣れのため友人のＸ氏に登記手続等を
> 委任していました。その後登記ができたということで、登記事項証明
> 書の交付を受けましたところ、妻と共有名義で登記されていました。
> 実際は私の単独取得なのですが、贈与税の取扱上どうなるのでしょうか。

【答】共有持分に係るあなたの奥さん名義を、贈与税の申告若しくは決定又
は更正の日前に取得者であるあなたの名義に変更しなければ贈与税が課税さ
れます。

【解説】自己の所有していた不動産、船舶、自動車又は有価証券の名義を他
の者の名義に名義変更の登記、又は登録等をした場合、あるいは他人名義に
より不動産、船舶、自動車又は有価証券の取得、建築又は建造の登記又は登
録等をしたことが過誤に基づき、又は軽率にされたものであり、かつそれが
取得者等の年齢、社会的地位その他により確認できるときは、これらの財産
に係る最初の贈与税の申告若しくは決定又は更正の日前にこれらの財産の名
義を取得者等の名義とした場合に限り、これらの財産については、贈与がな
かったものとして取り扱われます（昭39直審（資）22「5」）。

(注)　この場合の更正は、ここでいう財産以外の財産の贈与についてのみ申告し、
又は税務署長から決定を受けた後において、更にここでいう財産を課税価格に
算入する場合の税務署長の更正をいいます。

　また、最初の贈与税の申告若しくは決定又は更正の日前に、その名義を本
来の取得者又は元の名義人の名義としなかったため、贈与があったものとし
て贈与税の更正又は決定があった後であっても、次のすべての要件に該当し
ているときは、課税価格及び税額を更正することができることとされていま
す（昭39直審（資）22「7」）。

①　その更正や決定について異議の申立てがあること

②　その財産の名義を本来の取得者又は元の名義人の名義としなかったこ
　とが、税務署からこれらの取扱いの適用についての説明を受けていない
　等のため、その取扱いを知らなかったことに基づくものであること

③　①の異議の申立て後速やかにその財産の名義を本来の取得者又は元の
　名義人の名義とし、又はその財産の保険金等により取得した財産をこれ
　らの者の名義としたこと

　なお、後日の証拠として、あなたが単独で不動産を取得した書類（売買契

－462－

第5章 贈　与　税

約書、領収証、資金出所の分かる書類）を保存しておく必要があります。

(注)　上記「異議の申立て」は、平成28年4月1日以後「再調査の請求」に名称が変更されています。

他人名義による取得財産の処分代金を自己名義とした場合

> **【問5-11】** 私は知人に勧められて、昨年の秋、大手不動産会社が売り出した宅地を2,000万円で取得し、深い考えもなく東京の会社に勤めている長男〔23歳〕の名義で登記しておきましたが、今年1月取引先の人に頼まれて、原価同様の価額で譲りました。ところが、後で人に聞くと、他人の名義で資産を取得すると、その人に贈与税がかかるとのことです。私はその土地を長男に贈与するという気持ちは全くなかったのですが、その場合でも贈与税はかかるのでしょうか。なお、長男は名義人となっていることを全く知らず、その財産の管理運用も私がやっておりました。

【答】 ご長男が名義人となっていることを知らず、登記識別情報も保有していなかったとのことですから、宅地の譲渡代金をあなたの名義としたこと等により、本来の取得者の名義としていることを確認できる場合は、贈与がなかったものとして取り扱われます。

【解説】 (1) 財産を取得しこれを家族名義にしたり又は財産の名義変更が行われた場合においては、これらの行為は、原則として贈与として取り扱われます（相基通9-9）。しかし、これらの行為があっても次のような場合には、その財産についての最初の贈与税の申告若しくは決定又は更正の日前に、その財産の名義を本来の取得者又は元の所有者に直した場合に限り、その財産の贈与はなかったものとして取り扱われます。

(注)　この場合の更正は、ここでいう財産以外の財産の贈与についてのみ申告し、又は税務署長から決定を受けた後において、更にここでいう財産を課税価格に算入する場合の税務署長の更正をいいます。

イ　他人名義による不動産、船舶、自動車又は有価証券等の取得が贈与の意思に基づくものではない場合

　　他人の名義で不動産、船舶、自動車又は有価証券などを取得し、登記又は登録が行われているが、その名義人となった者が、(イ)その名義人となっている事実を全く知らず、かつ、(ロ)その財産を使用収益してい

－463－

第5章 贈 与 税

なかったり、又は管理運用していない事実が認められる場合、つまり他人名義による財産の取得が贈与の意思に基づかない場合です。

しかし、名義人となった者が、その事実を知らなかったということの確認は非常に困難ですから、取扱いでは、名義人となった者が外国旅行中であったとか、その財産の登記識別情報等を保有していないとか、当時の状況等から客観的にその事実が確認できる場合に限られています。

また、名義人となった者が未成年者のときは、その法定代理人がその事実を知っていれば、名義人もその事実を知っていたものとして取り扱われます（昭39直審（資）22「1」、「2」）。

ロ　過誤等により取得財産を他人名義とした場合

上記のイに該当しない場合であっても、共有として登記すべきものを自分単独の名義で登記したとか、また、買った株式の名義変更を証券会社等に任せたために妻の名義になったというような場合、すなわち、取得した財産を過誤に基づくか又は軽率に自己以外の者の名義に登記や登録などをした場合です。

なお、自己の有していた不動産、船舶、自動車又は有価証券などの名義を他の者の名義に名義変更の登記又は登録等をした場合において、それが過誤に基づき、又は軽率に行われた場合も、同様に取り扱われます。

ただし、これらの場合において、それが過誤に基づき、又は軽率に行われたことが、財産の取得者の年齢その他により確認できることが要件とされています（昭39直審（資）22「5」）。

(2)　上記(1)のイ又はロに該当する場合で、他人名義により取得した財産や名義変更のあった財産が、最初の贈与税の申告若しくは決定又は更正の日前に災害等により滅失したり、処分されたりしたため、その財産の名義を本来の取得者や、元の所有者の名義とすることができないときは、これらの本来の取得者等がその保険金、損害賠償金又は処分に係る譲渡代金等を取得し、かつ、その取得していることが保険金等により取得した財産をその者の名義としたこと等により確認できる場合に限り、これらの財産については、(1)のイ又はロに該当するものとして贈与がなかったものとして取り扱われます（昭39直審（資）22「3」、「5」）。

なお、宅地の譲渡に関する譲渡所得の申告については、ご長男ではなくあなたが行うこととなります。

－464－

第5章 贈　与　税

贈与契約の取消しをした場合

【問5-12】私は2年前、養子縁組の成立に際し、養親から山林1ヘクタールの贈与を受け、贈与税を納付しました。ところが事情があって、離縁することとなり、受贈していた山林を養親へ返すことにしました。このような場合、先に納付した贈与税は返してもらえますか。

【答】**贈与を受けた財産を返還するとしても、贈与税の還付を受けることはできません。**

【解説】贈与契約が取り消され、又は解除されるという場合には、法定取消権又は法定解除権によって取り消され、又は解除されるという場合のほかに、当事者の合意に基づいて取り消され、又は解除されるという場合もあります。これらについては次のように取り扱われます。

(1) 法定取消権等に基づいて贈与の取消し等があった場合

　　贈与契約が法定取消権又は法定解除権に基づいて取り消され又は解除され、その旨の申出があった場合においては、その取り消され又は解除されたことが、その財産の名義を元の所有者の名義に変更したことその他により確認できる場合に限り、その贈与はなかったものとして取り扱われます（昭39直審（資）22「8」）。

(2) 当事者の合意解除により贈与の取消しがあった場合

　　贈与契約が当事者の合意によって取り消され、又は解除された場合においても、その贈与契約による財産については贈与税が課税されます（昭39直審（資）22「11」）。しかし、当事者の合意による取消し又は解除が、次の要件のすべてに該当し、税務署長がその贈与契約に係る財産について贈与税を課税することにより、著しく負担の公平を害する結果となると認める場合に限り、その贈与はなかったものとして取り扱われます（昭39直審（資）34「4」）。

① 贈与契約の取消し又は解除がその贈与に係る贈与税の法定申告期限までに行われ、かつ、その贈与に係る財産の名義を変更したこと等により確認できること

② 贈与契約に係る財産が、受贈者によって処分されたり、担保物件その他の財産権の目的とされ又は差押えその他の処分の目的とされていないこと

③ 贈与契約に係る財産について、贈与者又は受贈者が譲渡所得又は非課

－465－

第5章 贈　与　税

　　税貯蓄等に関する所得税その他の租税の申告又は届出をしていないこと
　④　受贈者が贈与契約に係る財産の果実を収受していないこと、又は収受
　　した果実を贈与者に引き渡していること
　ご質問の場合、ある事情で離縁されたということで、その理由は明確では
ありませんが、協議離縁が直ちに贈与契約の取消し、又は解除になるとはい
えません。あなたの場合、財産の返還は、むしろ道義的、地方の慣習的な理
由からの合意による返還ではないかと思われます。当事者の合意による取消
し又は解除であった場合においては、上記(2)の①～④に掲げるすべての要
件に該当しない限り贈与税が課税されます。

低額譲受け

> **【問5-13】** 私は、自宅を建てる予定で土地を探しておりましたが、資金
> 　　の関係で、本年の6月に叔父の所有している時価1,000万円の土地を
> 　　400万円で購入しました。このような場合、贈与税が課税されますか。

【答】 あなたの場合、1,000万円－400万円＝600万円を叔父さんから贈与によ
り取得したものとみなされて贈与税が課税されます。
　また、叔父さんは、土地をあなたに400万円で譲渡されていますので、譲
渡益が生じる場合には、所得税（譲渡所得）が課税されます。
【解説】 贈与税は、本来の贈与によって取得した場合のほか、御質問のよう
に著しく低い対価で財産を譲り受けた場合にも、実質的には贈与を受けたも
のとして贈与税が課税されます。
　すなわち、著しく低い価額の対価で財産を譲り受けた場合（低額譲受けと
いいます。）には、その財産を譲り受けた時に、その対価と財産の時価との
差額に相当する金額を、その財産を譲渡した者から贈与によって取得したも
のとみなされ、贈与税が課税されます（相法7）。
　なお、この場合の財産の時価は、相続税評価額ではなく、通常の取引価額
に相当する金額とされています（負贈通1）。

第5章　贈　与　税

負担付贈与

> 【問5-14】私は、父から時価1,000万円の住宅の贈与を受けましたが、
> その代わり父の借金600万円を返済することが条件となっています。
> この場合でも贈与を受けた財産の価額は1,000万円として申告しなけ
> ればなりませんか。

【答】**贈与された財産の価額1,000万円から負担額600万円を差し引いた価額
400万円について申告すればよいことになります。**

【解説】債務を支払うなどの負担を条件に財産を受贈した場合のことを負担
付贈与といいます。負担付贈与があった場合には、贈与された財産の価額か
ら、負担額を差し引いた価額に相当する財産の贈与があったものとして取り
扱われます。

　また、この場合の財産の価額は、相続税評価額ではなく、通常の取引価額
に相当する金額とされています（負贈通1）。

　なお、お父さんの課税関係については、お父さんは住宅を贈与することに
より、600万円の債務を負担しなくてもよいことになるのですから、住宅を
600万円で譲渡し、債務を返済したのと同じ結果になります。したがって600
万円の譲渡収入金額から取得費等を差し引いて残額があれば譲渡所得の申告
をすることが必要となります。

負担付贈与の負担額が第三者の利益に帰する場合

> 【問5-15】私は、父から時価1,200万円の土地の贈与を受けましたが、
> このとき、弟の借金700万円を代わって返済することが条件になって
> いました。この場合、贈与税の課税はどのようになりますか。

【答】**あなたには500万円（1,200万円 － 700万円）に対して贈与税が課税さ
れます。また、あなたの弟さんには、700万円（負担額）に対して贈与税が
課税されます。**

【解説】負担付贈与があった場合には、贈与財産の価額から負担額を差し引
いた価額に相当する財産の贈与があったものとして取り扱われます（【問
5-14】参照）。

　また、あなたの弟さんについては、贈与の際に付された条件に基づき、あ

－ 467 －

第5章 贈 与 税

なたが代わって、弟さんの借金を返済したことにより、その金額に相当する
利益を受けたことになります。このように、負担付贈与があった場合に、そ
の負担額が第三者（ご質問の場合は弟）の利益に帰すときは、その第三者
が、当該負担額に相当する金額を贈与により取得したことになります（相基
通9-11）。

本来の納税義務者に代わって相続税及び贈与税の納付があった場合

【問5-16】 本来の納税義務者に代わって、他の相続人若しくは贈与者が
相続税及び贈与税を納付した場合、贈与があったものとみなされるの
でしょうか。

【答】 原則として、他の共同相続人又は贈与者が納税義務者に代わり、相続
税及び贈与税を納付した場合は、贈与があったものとして贈与税が課税され
ることになります。

【解説】 相続税又は贈与税は、相続、遺贈又は贈与により財産を取得した者
（以下「納税義務者」といいます。）が納付することになります。

なお、相続税法においては、納税義務者に資力がない場合等に備え、他の
共同相続人又は贈与者に連帯納付の義務を課す規定が設けられています（【問
4-100】）が、この規定に基づき他の共同相続人又は贈与者が相続税及び贈
与税を納付したとしても、納税義務者に対する求償権を放棄した場合や、明
らかに求償権を行使しないと認められる場合には、贈与があったものとして
取り扱われます。

共稼ぎ夫婦の間における住宅資金の贈与

【問5-17】 私たちは共稼ぎ夫婦です。今度銀行の住宅ローンを利用し
て、居住用不動産を取得することにしました。不動産の登記及びロー
ンは夫名義ですが、ローンの返済は共稼ぎの収入から行うことになり
ます。この場合、贈与税の課税関係はどうなりますか。

【答】 ご主人が受ける受贈額は、その年の返済金の合計額のうち所得あん分
によってあなたが負担したものとされる金額となります。

【解説】 共稼ぎ夫婦の一方が、住宅金融支援機構等から住宅建設資金や、敷

－468－

第5章 贈　与　税

地購入資金を借り入れて住宅や敷地を取得した場合に、その借入資金の返済がその借入者以外の者の負担において行われているときは、その負担部分は借入者に対する贈与とみられます。

しかし、借入金の返済が事実上、その共稼ぎ夫婦の収入によって共同でされていると認められるものは、その所得あん分で負担したものとして取り扱われます。

なお、借入者である夫又は妻が贈与を受けたものとされる金額は、借入れした金額を、一度に贈与があったもの（借入金の贈与）とするのではなく、返済の都度贈与（返済資金の贈与）があったものとして取り扱われます（昭34直資58）。

親子間などの金銭貸借

> 【問5-18】 夫と妻、親と子、祖父母と孫などの特殊関係者間の金銭貸借は贈与されたものと取り扱われていると聞きましたが、すべて、そのように取り扱われるのでしょうか。

【答】**真に金銭の貸借と認められるものであれば、贈与税は課税されません。**

【解説】 夫と妻、親と子などの特殊関係者相互間の金銭貸借がすべて贈与されたものと取り扱われるものではありません。

しかし、実際問題として、夫と妻、親と子、祖父母と孫というような特殊な間柄にある者の間において行われる貸借は、例えばその貸借の期間や利率が定められておらず、「ある時払いの催促なし」とか「将来返済能力ができたときに返済する」というように、その実態が贈与に近いものが多いところから、一般的にはこれら特殊関係者相互間の貸借は贈与されたものと取り扱われるといわれているのでしょう。

なお、特殊関係者間の金銭貸借について、贈与と取り扱われないための条件としては、次の事項が当事者間で明確に取り決められていることが必要と考えられます。

① 返済期間（期日）が明確にされていること。

② 通常支払われると認められる利息が付されていること。

③ 銀行口座振込みなどにより、返済事実が第三者に確認できるような返済方法であること。

－469－

第5章 贈 与 税

白色事業専従者が限度額以上の給与を受けて取得した不動産

【問5-19】 私は飲食店を経営している白色申告者ですが、生計を一にしている板前の長男Ａ（30歳）に事業専従者給与として月額16万円の報酬を払ってきました。この報酬のうち白色事業専従者控除限度額を超える部分（以下「限度超過額」といいます。）は、私の所得計算上必要経費に算入されていません。

　今度、Ａはこの報酬を貯めた預金で土地を購入しましたが、購入資金のうち、限度超過額に相当する部分については、私からの贈与とみなされるのでしょうか。

【答】 Ａさんの取得した不動産の取得資金源が、限度超過額の専従者給与からできているからという理由のみでは贈与とはなりません。

【解説】 生計を一にしている配偶者その他の親族が納税者の経営する事業に従事している場合、その納税者がこれらの人に給与を支払うことがあり、その納税者が白色申告者の場合、一定の金額を超える部分については、所得金額の計算上、必要経費に算入することができません。

　しかし、白色事業専従者控除の限度超過額の必要経費不算入は所得金額計算上の規定で、実際に授受された報酬までを認めないということではありません。したがって、Ａさんの受けた月額16万円はＡさんの収入となります。

　ご質問では、Ａさんは両親と生計を一にしているということですが、Ａさんの生活費などは当然自分で負担するものとして判定します。今回の不動産の取得の資金源となった預金は、Ａさんの収入から、これらの生活費や小遣いなど日常の費用を除いた残額からなっているのかどうかの検討が必要と思われます。

信託の取扱い（贈与とみなされる場合①）

【問5-20】 私は不動産を信託財産として銀行に信託し、その受益者を長男にしようと思いますが、この場合、贈与税の課税関係はどうなりますか。

【答】 信託行為（信託を設定する法律行為）のあった時に、委託者であるあなたから、ご長男がその信託に関する権利を贈与により取得したものとみな

第5章　贈　　与　　税

されます。

【解説】信託とは一般に、一定の目的に従って他人に自分の財産の管理又は処分をさせるために、その者に財産権を移転することをいいます。

　財産を信託するときには、通常、信託契約により、委託者がその信託から生ずる利益を受ける者（受益者）を指定することになっていますが、その受益者が委託者以外の者であり適正な対価を負担していないときは、受益者がその信託に関する権利（信託の受益権）をその委託者から贈与により取得したものとみなされます（相法9の2①）。

信託の取扱い（贈与とみなされる場合②）

【問5-21】私の祖父は、私の父を受益者として不動産を信託していましたが、この度、受益者を父から私へ変更するとのことです。この場合の課税関係はどうなりますか。

【答】**あなたは、受益者となったときにおいて、その信託に関する権利をあなたのお父さんから贈与により取得したものとみなされます。**

【解説】受益者等の存する信託について、適正な対価を負担せずに新たにその信託の受益者となる者は、その信託に関する権利をその信託の受益者等であった者から贈与により取得したものとみなされます（相法9の2②）。

　なお、その受益者であった者の死亡に基因して新たに受益者が存するに至った場合は、遺贈により取得したとみなされ相続税の課税対象となります。

信託の取扱い（贈与とみなされる場合③）

【問5-22】私の父は、私と私の兄を受益者として信託を設定しました。ところが、この度、兄が受益権を放棄するといい出しました。兄が受益権を放棄すると受益者は私だけになりますが、この場合の課税関係はどうなりますか。

【答】**あなたは、お兄さんからお兄さんが持っていた信託に関する権利を贈与により取得したとみなされます。**

【解説】受益者等の存する信託について、その信託の一部の受益者が存しなくなった場合において、適正な対価を負担せずに既にその信託の受益者であ

－471－

第5章 贈　与　税

る者がその信託について新たに利益を受けることとなるときは、その利益を
受ける者は、その利益をその信託の一部の受益者であった者から贈与により
取得したものとみなされます（相法9の2③）。

　なお、信託の受益者が二以上あるときには、その信託に関する権利の全部
をそれぞれの受益者等がその有する権利の内容に応じて有するものとされま
す（相令1の12③）。

　また、その信託の一部の受益者であった者の死亡に基因して、他の受益者
が新たに利益を受けることとなるときは、遺贈により取得したとみなされ相
続税の課税対象となります。

信託の取扱い（贈与とみなされる場合④）

> 【問5-23】私の父は、信託を設定し、父自身が受益者になっていますが、
> 　　私が残余財産受益者とされています。この場合の信託設定時の課税関
> 　　係はどうなりますか。

【答】あなたが信託法第182条第1項第1号に規定する残余財産受益者である
場合は、「受益者等」に該当し、信託設定時にあなたのお父さんから、信託
に関する権利の贈与を受けたこととみなされます（相法9の2①）。

　なお、この場合、あなたが贈与を受けた信託に関する権利の評価は、評基
通202(3)イにより行います。

【解説】「受益者等」とは、「受益者としての権利を現に有するもの」等とさ
れています（相法9の2①）。

　信託法第2条第6項、第7項の規定により、受益者とは、受益権、すなわ
ち、①信託行為に基づいて受託者が受益者に対して負う債務であって信託財
産に属する財産の引渡しその他信託財産に係る給付をすべきものに係る債権
（以下「受益債権」といいます。）及び②これらを確保するために信託法の
規定に基づいて受託者その他の者に対し一定の行為を求めることができる権
利（以下「受益債権を確保するための権利」といいます。）を有する者とさ
れています。

　信託法第182条第1項第1号に規定する残余財産受益者は、残余財産の給
付を内容とする「受益債権」を有しており、かつ、信託の終了前から「受益
債権を確保するための権利」を有することから、「受益者としての権利を現
に有する者」として「受益者等」に該当します。

－472－

第5章 贈　　与　　税

　一方、信託法第182条第１項第２号に規定する帰属権利者は、本来的に信託から利益を享受するものとされている受益者への給付が終了した後に、残存する財産が帰属する者に過ぎないので、信託が終了するまで「受益債権を確保するための権利」を有しておらず、「受益者等」には該当しません。

〈参考〉

信託法（抜粋）

（定義）

第二条　１～５（省略）

６　この法律において「受益者」とは、受益権を有する者をいう。

７　この法律において「受益権」とは、信託行為に基づいて受託者が受益者に対し負う債務であって信託財産に属する財産の引渡しその他の信託財産に係る給付をすべきものに係る債権（以下「受益債権」という。）及びこれを確保するためにこの法律の規定に基づいて受託者その他の者に対し一定の行為を求めることができる権利をいう。

８～12（省略）

（残余財産の帰属）

第百八十二条　残余財産は、次に掲げる者に帰属する。

　一　信託行為において残余財産の給付を内容とする受益債権に係る受益者（次項において「残余財産受益者」という。）となるべき者として指定された者

　二　信託行為において残余財産の帰属すべき者（以下この節において「帰属権利者」という。）となるべき者として指定された者

２　信託行為に残余財産受益者若しくは帰属権利者(以下この項において「残余財産受益者等」と総称する。）の指定に関する定めがない場合又は信託行為の定めにより残余財産受益者等として指定を受けた者のすべてがその権利を放棄した場合には、信託行為に委託者又はその相続人その他の一般承継人を帰属権利者として指定する旨の定めがあったものとみなす。

３（省略）

第5章 贈　与　税

信託の取扱い（贈与とみなされる場合⑤）

> 【問5-24】私の父は、信託を設定し、父自身が受益者になっていますが、私が帰属権利者となっています。信託が終了した場合の課税関係はどうなりますか。

【答】あなたが信託法第182条第1項第2号に規定する「帰属権利者」である場合には、信託終了時に、その信託の残余財産を、あなたのお父さんから贈与により取得したものとみなされます。

【解説】受益者等の存する信託が終了した場合において、適正な対価を負担せずにその信託の残余財産の給付を受けるべき、又は帰属すべき者となる者があるときは、その給付を受けるべき、又は帰属すべき者となった時において、その信託の残余財産の給付を受けるべき、又は帰属すべき者となった者は、その信託の残余財産（その信託の終了の直前においてその者が当該信託の受益者等であった場合には、その受益者等として有していたその信託に関する権利に相当するものを除く。）をその信託の受益者等から贈与（その受益者等の死亡に基因してその信託が終了した場合には、遺贈）により取得したものとみなされます（相法9の2④）。

　なお、あなたが信託法第182条第1項第1号に規定する「残余財産受益者」である場合は、その信託の残余財産の給付を受けるべき者となった時において、残余財産の受益権の贈与を受けたものとして贈与税が課税されていますので、信託の終了による残余財産の帰属時には課税はありません。

受益者等が存しない信託（信託設定時）

> 【問5-25】受益者等が存しない信託を設定した場合に、贈与税が課税されることがあるそうですが、どのような場合ですか。

【答】将来的に受益者となるべき者が、その信託の委託者の親族等であるときは、信託設定時に、その信託の受託者に対して贈与税又は相続税の課税が行われます。

【解説】受益者がまだ生まれていない子供である場合のように、受益者等が存しない信託に資産を信託した場合において、当該信託の受益者等となる者（受益者となる者が明らかでないときは、残余財産の給付を受けることとな

－474－

第5章 贈　　与　　税

る者）が当該信託の委託者の親族等であるときは、その信託の効力が生じる
ときにおいて、その信託の受託者が、委託者からその信託に関する権利を贈
与により取得したものとみなされ贈与税が課税されます（※）（相法9の4
①）。

　ところで、【問1-119】で説明していますように、受益者等が存しない信託
に関しては、その信託の設定時に、受託者（受託法人）に対し法人税の課税
（受贈益課税）が行われています。本問の場合、この法人税相当額（地方税
を含みます）が贈与税の計算上控除されることとなります。つまり、贈与税
額が法人税額を上回る場合のみ、その差額に対して贈与税が課税されること
となります。

　なお、委託者の死亡に基因して信託の効力が生じる場合は、贈与税に代え
て相続税が課税されます。

※　受託者が法人であっても贈与税（又は相続税）が課税されることとなります。

受益者等が存しない信託（受益者等が存することとなった場合）

> 【問5-26】まだ生まれていない孫を受益者とする信託を設定しました
> が、受益者等が存在しない信託に該当するとして、受託者に法人税が
> 課税されることになりました。将来、その生まれていない孫が出生
> し、受益者となった場合の課税関係はどうなりますか。

【答】お孫さんが出生したときに、お孫さんに対し贈与税が課税されます。

【解説】受益者等が存しない信託について、その信託の契約締結時等におい
て存しない者がその信託の受益者となる場合において、その信託の受益者等
となる者がその信託の契約締結時における委託者の親族等であるときは、そ
の存在しない者がその信託の受益者等となる時において、その信託に関する
権利を個人から取得したものとして、贈与税が課税されます。（相法9の5）。

　これは、まだ生まれていない孫等を受益者として信託を設定した場合、受
益者等が存しない信託として、信託の設定時の課税（法人税の課税と相法9
の4の規定による相続税又は贈与税の課税）のみで孫が信託に関する権利を
取得することとなり、相続税の課税回数を減らすことが可能となってしまう
ので、課税の公平の観点から贈与税の課税を行うこととしたものです。

　なお、受益者等が存しない信託について、受益者が存することとなった場
合において、受益者等となった者がその信託の契約締結時における委託者の

－475－

第5章 贈　与　税

親族でないときは、その受益者が信託に関する権利を取得することについて、所得税・贈与税は課税されないこととされています（所法67の3、相法9の5）。

受取人以外の者が保険料を負担した生命保険金

【問5-27】 今年祖父が亡くなり、私はA保険会社から500万円の生命保険金を受け取りました。この保険は祖父が契約したものですが、保険料は祖父が50万円、父が200万円支払っています。

祖父の死亡によって取得したものですから、全額相続財産として申告すればよいのでしょうか。

【答】 あなたが受け取った保険金のうち、100万円はおじいさんから遺贈によって取得したものとして相続税の課税対象となり、残り400万円はお父さんからの贈与により取得したものとして贈与税の課税対象となります。

【解説】 生命保険金は、生命保険契約に基づいて受取人が直接保険会社から取得するものですから、民法上の相続財産でも贈与財産でもありません。しかし、経済的には同じような効果を持つものですから、相続税法上は相続（遺贈）又は贈与により取得したものとみなすという規定が設けられています。

すなわち、保険事故が発生した場合において、その保険の保険料が、保険金受取人以外の者によって負担されていたときは、①その負担者が被相続人の場合は相続財産、②被相続人以外の場合は贈与財産とみなされます（相法3①一、5①）。

なお、保険料が上記①、②の双方によって負担されていた場合には、保険事故が発生した時までに払い込まれた保険料の全額に対する割合に相当する部分によって、それぞれ計算します。

したがって、ご質問の場合は次のようになります。

$$\underset{\text{(保険金)}}{500万円} \times \frac{50万円\binom{\text{祖父の負担した}}{\text{保険料の金額}}}{250万円\binom{\text{保険事故発生の時}}{\substack{\text{までに払い込まれ}\\\text{た保険料の金額}}}} = 100万円 \cdots\cdots \substack{\text{祖父から遺贈によって取}\\\text{得したとみなされる金額}}$$

$$\underset{\text{(保険金)}}{500万円} \times \frac{200万円\binom{\text{父の負担した}}{\text{保険料の金額}}}{250万円\binom{\text{保険事故発生の時}}{\substack{\text{までに払い込まれ}\\\text{た保険料の金額}}}} = 400万円 \cdots\cdots \substack{\text{父から贈与によって取得}\\\text{したとみなされる金額}}$$

第5章 贈　与　税

みなし遺贈の放棄と贈与税

【問5-28】 父の死亡により生命保険金1,000万円を受け取ることになりました。この生命保険は、父が生前保険料を負担していたもので、保険金の受取人は私になっていたものです。私は分家している手前、相続放棄をしておりますが、生命保険金についても受取を放棄し、兄に受け取ってもらいたいと思っていますが、この場合の課税関係はどうなりますか。

【答】 あなたが保険金受取人に指定されている保険金は、いったんあなたが受け取ることになりますので、遺贈により、取得したものとみなされて、あなたに相続税が課税されます。

　また、お兄さんには、あなたが受け取った保険金に相当する金銭を、あなたから贈与を受けたものとして贈与税が課税されます。

【解説】 ご質問の場合、保険金の受取を放棄するとのことですが、保険会社は、指定受取人であるあなた以外の人には支払わないのが通常です。

　相続税法第3条第1項第1号の規定は、民法に規定する遺贈により取得したものでないものを相続税法上、遺贈により取得したものとみなして、これを相続税の課税価格に算入するということですから、みなし遺贈の放棄ということはあり得ません。

定期金給付契約について契約者の変更があった場合の贈与税

【問5-29】 母が掛金全額を支払って締結している定期金の給付契約について、このたび、契約者を母から私に変更することにしました。この契約に基づき私が給付を受けることになりますが、給付が開始するのはまだ数年先です。契約者の変更をした場合、定期金給付契約に関する権利の贈与があったものとして、その権利の価額に相当する金額について贈与税が課税されますか。

【答】 契約者をあなたに変更したことについて贈与税は課税されませんが、給付事由が発生した場合には、給付事由が発生した時において、その取得した定期金給付契約に関する権利をお母さんから贈与により取得したものとみなされて贈与税が課税されます。

－477－

第5章 贈 　 与 　 税

【解説】相続税法では、定期金給付事由が発生した場合において、定期金受取人が掛金又は保険料を負担していないときは、掛金又は保険料の負担者から定期金を贈与により取得したものとみなすと規定されています（相法6①）。したがって、定期金の給付事由の発生前に契約者の変更があっても、その変更に対して贈与税が課税されることはありません。

　ただし、その契約者たる地位に基づいて定期金給付契約を解約し、解約返戻金を取得した場合には、保険契約者はその解約返戻金相当額を保険料負担者から贈与により取得したものとみなされて贈与税が課税されます（相法6②）。

定期金受取人以外の者が掛金を負担していた定期金

【問5-30】母が平成30年5月に死亡し、私はそれまで母が受け取っていた年金の継続受取人になりました。父親によれば、掛金はすべて父親が払い込んでいたとのことであり、契約の内容は次のとおりですが、この場合の課税関係はどうなりますか。

① 年金の給付は年2回で1回120万円（1年間に240万円）。

② 最終給付日は課税時期（平成29年5月）の5年7か月後であり、残り11回（計1,320万円）給付される。

③ 予定利率は1.5%。

④ 課税時期における解約返戻金の金額は1,250万円。

⑤ 定期金に代えて一時金を給付する定めはない。

【答】あなたは、定期金を受給する権利（12,533,400円）を、お父さんからの贈与により取得したものとみなされます。

【解説】定期金給付契約（生命保険契約を除きます。）の給付事由が発生し、定期金を受け取ることとなった場合に、その契約による掛金の全部又は一部を定期金受取人以外の者が負担していたときは、その定期金の給付を受ける権利のうち、定期金受取人以外の者が負担した掛金に相当する部分を掛金を負担した者から贈与によって取得したものとみなされます（相法6①）。

　これに該当する場合としては、①契約上の受取人として定期金に関する権利を取得した場合と、②継続受取人として保証期間付定期金に関する権利を取得した場合とがあります。

第5章 贈　　与　　税

　あなたの場合は、上記②により継続受取人として保証期間付定期金に関する権利を、相続の開始があった時に、その掛金の負担者であったお父さんから贈与によって取得したものとみなされます。

　有期定期金給付契約に関する権利の贈与については、①解約返戻金の金額、②定期金に代えて一時金の給付を受けることができる場合にはその一時金の金額及び③給付を受けるべき金額の1年当たりの平均額に残存期間に応ずる予定利率による複利年金現価率を乗じた金額のうち、いずれか多い金額により評価します（相法24①一）。

　具体的な計算は次のとおりです。

【計算】

①　給付期間の年数

　　6年（5年7か月の1年未満の端数切上げ）

②　給付を受けるべき金額の1年当たりの平均額

　　1,320万円（120万円×11回）÷6年＝220万円

③　予定利率による金額

　　予定利率1.5％、給付期間の年数6年の複利年金現価率：5.697

（小数点以下3位未満四捨五入）

　　予定利率による金額：220万円×5.697＝<u>12,533,400円</u>

　したがって、予定利率による金額（12,533,400円）が課税時期における解約返戻金の金額（12,500,000円）よりも多いため、定期金の価額は12,533,400円によることとなります。

同族会社に対する私財の提供等

> 【問5-31】私は自分が経営している同族会社（株主は全部親族です。）に、工場敷地として時価3,000万円の土地を2,000万円で譲渡しました。同族会社に資産を低額で譲渡した場合には、株主について贈与税の問題が起こるということですが、それはどういうことですか。

【答】**株主は、会社が時価より著しく低い価額で資産を取得したことに伴う株式の価額の増加分をあなたから贈与により取得したものとみなされます。**

【解説】同族会社の株式又は出資の価額が、次の①～④までに掲げるような事由により増加した場合には、その株主又は社員が、その株式又は出資の価

－479－

第 5 章 贈　与　税

額のうち増加した部分に相当する金額を、それぞれ次に掲げる者から贈与により取得したものとみなされます。

　この場合における贈与による財産の取得の時期は、それぞれ財産の提供があった時、債務の免除があった時、又は財産の譲渡があった時となります（相基通 9 - 2 ）。

　①　会社に対して無償で財産の提供があった場合は、その財産を提供した者

　②　時価より著しく低い価額で現物出資があった場合はその現物出資をした者

　③　対価を受けないで債務の免除があった場合はその債務を免除した者

　④　会社に対して時価より著しく低い価額の対価で財産の譲渡をした場合は、その財産を譲渡した者

　なお、上記の①から④までの場合において、会社の取締役、業務を執行する社員その他の者が、その会社が資力を喪失したときに、その会社に対して無償で財産を提供したとき、その会社の債務を引受け若しくは弁済したとき又は無償若しくは著しく低い価額の対価でその会社に利益を受けさせたときは、これらの価額の合計額のうちその会社の債務超過額に相当する部分の金額については、贈与によって取得したものとして取り扱わないこととされています。

　この場合において「その会社が資力を喪失した」とは、法令に基づく会社更生、再生計画認可の決定、会社の整理等の法定手続による整理はもちろん、株主総会の決議、債権者集会の協議等により再建整備のために負債整理に入ったような場合をいうのであり、単に一時的に債務超過となっている場合は、これに該当しません（相基通 9 - 3 ）。

　なお、個人から法人に対して時価の 2 分の 1 に満たない金額で資産の移転があった場合、その個人の譲渡所得の金額の計算については、時価によりその資産の譲渡があったものとみなされます（所法59①二）。（【問 1 -21】を参照）

第5章 贈　与　税

同族会社の募集株式引受権

【問5-32】同族会社の募集株式の引受けの権利を受けた場合に、贈与を受けたものとみなされて、贈与税が課税される場合があると聞きましたが、どのような場合に課税されるのか説明してください。

【答】同族会社が新株の発行をする際に、その新株の引受権（募集株式引受権）が同族会社の株主の親族等に与えられ、この募集株式引受権に基づき新株を取得した場合は、原則としてその親族等が募集株式引受権を同族会社の株主から贈与によって取得したものとして取り扱われます（相基通9-4）。

この募集株式引受権の付与が旧株主に平等に行われなかった場合におけるその募集株式引受権の利益に対する課税関係は、次のとおりです。

①　給与所得又は退職所得として所得税の課税対象とされるもの

旧株主と新株又は自己株式を引き受けた者とが親族等の関係にあるかどうか、また、発行会社が同族会社であるかどうかに関係なくその募集株式引受権の利益を与えられた場合

②　贈与により取得したものとして贈与税の課税対象とされるもの

①に該当しない場合で、旧株式と新株又は自己株式を引き受けた者とが親族等の関係にあり、かつ、その株式の発行会社が同族会社である場合

③　一時所得として所得税の課税対象とされるもの

①及び②のいずれにも該当しない場合

なお、合同会社及び合資会社の増資についても同様に取り扱われます（相基通9-6）。

－481－

第5章　贈　　与　　税

同族会社の新株の割当ての失権

> **【問5-33】** 私は同族会社の株主で、この会社の株主は全員私の親族です。このたびこの同族会社が新株を発行することとなり、株主に対し1株につき1株の新株の割当てを受ける権利を与えることになりましたが、私はこの権利を受けずに失権することにしました。失権株については新株の発行は行われませんが、その場合でも贈与税の課税関係は生じますか。

【答】 新株の割当てを受ける権利を与えられ新株を取得した株主は、新株を取得しなかった人から、その人が新株を取得したとした場合の株式の評価額と、取得しなかった結果の株式の評価額との差額について、利益を受けたものとして贈与税がかかります（相基通9-7）。

　なお計算式は次のとおりです。

（1）　その者が受けた利益の総額

$$\left(\begin{array}{l}\text{新株の発行後の1株} \\ \text{当たりの価額（A）}\end{array} \times \left(\begin{array}{l}\text{その者の新株の発行前に} \\ \text{おける所有株式数（B）}\end{array} + \begin{array}{l}\text{その者が取得した} \\ \text{新株の数（C）}\end{array}\right)\right) -$$

$$\left(\begin{array}{l}\text{新株の発行前の1株} \\ \text{当たりの価額（D）}\end{array} \times \begin{array}{l}\text{その者の新株の発行前に} \\ \text{おける所有株式数（B）}\end{array} + \begin{array}{l}\text{新株の1株当たり} \\ \text{の払込金額（E）}\end{array}\right.$$

$$\left.\times \begin{array}{l}\text{その者が取得した} \\ \text{新株の数（C）}\end{array}\right)$$

（2）　親族等である失権株主のそれぞれから贈与により取得したものとする利益の金額

$$\text{その者が受けた利益の総額} \times \frac{\begin{array}{l}\text{親族等である各失権株主が与えた利益} \\ \text{の金額（G）}\end{array}}{\text{各失権株主が与えた利益の総額（F）}}$$

(注)1　（1）の算式中の「A」は次により計算した価額によります。

$$\frac{\left(D \times \begin{array}{l}\text{新株の発行前の発行} \\ \text{済株式の総数（H）}\end{array}\right) + \left(E \times \begin{array}{l}\text{新株の発行により出資の履行} \\ \text{があった新株の総数（I）}\end{array}\right)}{(H+I)}$$

　2　（2）の算式中の「F」は失権株主のそれぞれについて次により計算した金額の合計額によります。

$$(D \times B + E \times C) - A \times (B + C)$$

－482－

第5章　贈　　与　　税

　　3　（2）の算式中の「G」は、失権株主のうち親族等である失権株主のそれぞ
　　れについて2の算式により計算した金額によります。

借地権の目的となっている土地をその借地権者以外の者が取得した場合

【問5-34】父の建物は借地上にあり、ずっと地代を支払ってきました
　が、今年になって地主からその土地を購入してほしいとの申出があり
　ました。父は無職で資金もないため私がその土地を買い取りました。
　もちろん、父との間では地代の授受は一切ありません。このような場
　合でも、贈与税が課税されますか。

【答】「借地権者の地位に変更がない旨の申出書」を提出すれば贈与税は課税
されません。

【解説】借地権の目的となっている土地（いわゆる底地）を借地権者以外の
者が取得し、その土地の取得者と借地権者との間に土地の使用の対価として
の地代の授受が行われないこととなった場合においては、その土地の取得者
は、借地権者からその土地に係る借地権の贈与を受けたものとして取り扱わ
れます。すなわち、ご質問の場合、原則的には、あなたは借地権者であるお
父さんから借地権部分の贈与を受けたこととなり贈与税が課税されます。

　しかし、その土地の使用の対価としての地代の授受が行われないことにな
った理由が使用貸借に基づくものでないとして、その土地の取得者から税務
署長に対し、借地権者との連署による「借地権者の地位に変更がない旨の申
出書」（次ページ参照）が提出されたときは、借地権の贈与はなかったもの
として取り扱われます（昭48直資2-189「5」）。

　なお、この取扱いを受けた場合、借地権者としての地位は従前のとおりお
父さんのままとなりますので、将来、お父さんが死亡された場合、家屋と借
地権の価額が相続税の課税価格に含まれることとなります。

－483－

第5章 贈　与　税

借地権者の地位に変更がない旨の申出書

平成　　年　　月　　日

_____税務署長　殿

（土地の所有者）

_____は、平成　　年　　月　　日に借地権の目的となっている

（借地権者）

下記の土地の所有権を取得し、以後その土地を_____に無償で貸し

付けることになりましたが、借地権者は従前の土地の所有者との間の土地の賃貸借契約に

基づく借地権者の地位を放棄しておらず、借地権者としての地位には何らの変更をきたす

ものでないことを申し出ます。

記

土地の所在_____

地　　積_____ ㎡

土地の所有者（住所）_____ （氏名）_____㊞

借 地 権 者（住所）_____ （氏名）_____㊞

第5章　贈　　与　　税

使用貸借による土地の借受け

> 【問5-35】 私は叔父の宅地を借り受け、居宅を新築することになりました。その土地の地代、権利金などは一切支払いませんが、その土地の固定資産税は支払うことになっています。このような場合、贈与税が課税されますか。

【答】贈与税は課税されません。

【解説】 無償で土地を借り受けた場合や公租公課程度の金額を支払うこととして土地を借り受けたような場合の土地使用権の価額については、零として取り扱うこととされています。

　なお、上記の取扱いの対象とされた土地について、将来その所有者が死亡した場合や、その土地を贈与した場合における評価額は、借地権等の設定されていない土地、すなわち更地として評価されることになります。

相当の地代を支払っている場合等の借地権についての贈与税

> 【問5-36】 義兄が所有する宅地について義兄と賃貸借契約を結び地代を払って土地を借り受けるつもりですが、権利金は支払いません。この場合、贈与税が課税されると聞きましたが、本当でしょうか。

【答】 その地域が、借地権の設定に際して権利金その他一時金（以下「権利金」といいます。）を支払う取引上の慣行のある地域である場合には、あなたに対して、借地権評価額に相当する金額が贈与されたものとして贈与税が課税されます。

　ただし、あなたの支払う地代が相当の地代と認められる場合には贈与税が課税されません。

【解説】 「相当の地代」とは、自用地としての相続税評価額に対しておおむね年6％相当額の地代をいい、権利金の一部の支払、又は低利による金銭の貸付け等による特別の経済的利益の授受があったときは、次の算式により求めた金額を自用地としての相続税評価額から控除して相当の地代を計算します。

$$\text{その権利金又は特別の経済的な利益の額} \times \frac{\text{当該土地の自用地としての価額}}{\text{借地権の設定時における当該土地の通常の取引価額}}$$

－485－

第5章 贈 与 税

　また、支払われる地代が通常その地域で支払われる地代を超えるが、相当
の地代に満たないときは、次の算式により計算した金額と支払われた権利金
等の額との差額に相当する金額について贈与があったものとされます（昭60
直資2-58「1」、「2」）。

（算式）

$$
\text{自用地とし}\atop\text{ての価額} \times \left\{ 借地権割合 \times \left(1 - \frac{実際に支払っている地代の年額 - 通常の地代の年額}{相当の地代の年額 - 通常の地代の年額} \right) \right\}
$$

賃借土地の親族への転貸

> 【問5-37】 私の自宅の敷地は他人からの借地です。この度、長男がこの
> 　敷地の一角を利用して店舗兼居宅を新築することとしました。もちろ
> 　ん、私と長男の間では地代の授受は一切行いませんが、このような場
> 　合でも土地の転貸に伴う贈与税の課税関係は生じますか。

**【答】 ご長男は借地権の使用貸借による転借を受けたことにより、借地権者
であるあなたから経済的利益を受けたことになりますが、「借地権の使用貸
借に関する確認書」を税務署に提出し、使用貸借であるとの確認を受けれ
ば、借地権の転借について贈与税の課税関係は生じません。**

【解説】 個人が借地権を持っている人からその借地権の目的となっている土
地の全部又は一部を使用貸借によって借り受けて、その土地の上に建物を新
築した場合には、その土地の使用権については、贈与税の課税対象にはなり
ません。

　この場合、その転貸借が使用貸借であることを確認するため「借地権の使
用貸借に関する確認書」を税務署長に提出することになっています（昭48直
資2-189「2」）。

　個人間で土地を使用貸借した場合は、土地を無償使用しているとの確認書
の提出を求めるまでもなく贈与税の課税はされませんが、転貸借の場合には
次のような問題があります。

　一般に借地権者の所有に係る借地上の建物が取り壊され、その借地上に借
地権者以外の者が建物を新築した場合又は借地権者の所有に係る借地上の建
物の贈与を受けた場合には、実際問題としては、地主と借地権者との間に締

－486－

第5章 贈　　与　　税

結されていた賃貸借契約の名義が地主と新たな建物の所有者との間の名義に書き換えられる場合が多いようです。

　この場合には、その名義変更のときに、新たな建物の所有者は借地権者から借地権の贈与を受けたことになります。また、その名義変更がない場合であっても、新たな建物の所有者が、その転借権の対価を支払わないで地代のみを負担することもあります。この場合には、その転借があった時に転借権の贈与を受けたことになります。

　したがってこのような場合には、その借地権又は転借権については、贈与税の課税対象となってきます。

　ところで、借地権又は転借権の贈与がなかった場合、つまり無償貸与の場合でも、借地権者がその建物等を所有していないので将来その借地権の帰属をめぐって紛争が生じるおそれがあります。

　そこで、これらを防止するため使用貸借による転借の場合は「借地権の使用貸借に関する確認書」を提出することとしています（次ページ参照）。

第5章 贈 与 税

借地権の使用貸借に関する確認書

① （借地権者）　　　　　　　　（借受者）

_____ は、_____ に対し、平成___年___月___日にその借地

している下記の土地 { ―――――に建物を建築させることになりました。―――――
　　　　　　　　　　　の上に建築されている建物を贈与（譲渡）しました。 } しかし、その土地の使用
　　　　　　　　　　　　　　　　　　　　（借地権者）

関係は使用貸借によるものであり、_____ の借地権者としての従前の地位には、何ら変

更はありません。

記

土地の所在 _____

地　　積 _____ ㎡

② 上記①の事実に相違ありません。したがって、今後相続税等の課税に当たりましては、建物の所有者はこ
の土地について何らの権利を有さず、借地権者が借地権を有するものとして取り扱われることを確認します。

平成　　年　　月　　日

借 地 権 者 （住所）_____ （氏名）_____ ㊞

建物の所有者 （住所）_____ （氏名）_____ ㊞

③ 上記①の事実に相違ありません

平成　　年　　月　　日

土地の所有者 （住所）_____ （氏名）_____ ㊞

㊞

上記①の事実を確認した。

平成　　年　　月　　日

（確認者）_____ 税務署 _____ 部門 担当者 ㊞

（注）　㊞印欄は記入しないでください。

－488－

第5章 贈　　与　　税

使用貸借に係る土地の上にある建物の贈与

> 【問5-38】 会社員である兄は、平成10年頃、父の土地を無償で借りて家
> 屋を建築し居住していました。ところが、兄は遠方に転勤することに
> なったため、その家屋を私に贈与してくれることになりました。な
> お、家屋の敷地は今までどおり父から無償で借りることになっていま
> す。
> 　この場合の贈与税の課税関係を教えてください。

【答】 お兄さんから贈与を受けた家屋のみの価額により、贈与税が課税され
ます。

【解説】 使用貸借に係る土地の上に存する建物を贈与により取得した場合に
おける贈与税の課税価格に算入する価額は、土地の使用借権の価額を零とし
て取り扱うこととしていることから、建物のみの贈与がなされた場合には、
その建物のみの価額について課税されます（昭48直資2-189「4」）。

農地等について使用貸借による権利の設定をした場合

> 【問5-39】 私は農業をしていますが、近く兄の所有している農地を借り
> 受けようと思っています。その際に農地法第3条の規定による許可を
> 受け使用貸借の権利を設定することにしますが、この場合、その農地
> の使用貸借の権利に係る贈与税の取扱いは、どうなるのですか。

【答】 贈与税の課税関係は生じませんが、この土地について将来、相続又は
贈与の課税事実が生じた場合の評価額は、借地権等の設定がされていない土
地、すなわち自用地として評価することになります。

【解説】 土地の使用貸借の権利の設定又は消滅の際の、贈与税の課税上、使
用借権は零と評価されることになりますので、その時点では贈与税は課税さ
れません。また、使用貸借の権利が設定された農地の価額は、相続税又は贈
与税の課税上自用のものであるとした場合の価額で評価することとされてい
ます。

－489－

第5章 贈　与　税

父の所有家屋に子が増改築を行った場合

【問5-40】 父の所有家屋に私が1,000万円を出して増築及び内装工事を
　　行う予定ですが、友人から、父名義のままだと増改築資金の贈与があ
　　ったとして、父に贈与税が課税されると聞きました。贈与税が課税さ
　　れないよう登記名義を変更したいのですがどうすればよろしいでしょ
　　うか。
　　　なお、増築前の家屋の時価は3,000万円程度で、取得した時の価額
　　から減価の額（償却費相当額）を差し引いた価額とほぼ等しいと思い
　　ます。

**【答】他人名義の家屋に増改築をした場合には、増改築前の家屋の所有者と、
増改築資金を提供した者の価値提供割合と家屋の持分とが等しくなるよう登
記名義を変更しなければ増改築資金の贈与があったことになり、贈与税の課
税対象になります。ご質問の場合、増改築後の家屋の時価の金額のうち、あ
なたの負担した増改築費用の金額の割合（4分の1）に相当する家屋の共有
持分をお父さんからあなたに名義変更すれば、贈与税は課税されません。**
【解説】 家屋の増改築が自己以外の人の支出によって行われた場合には、そ
の増改築した部分は、民法上の付合により、旧家屋の所有者のものとなるた
め、旧家屋の所有者が増改築費用に相当する経済的利益を受けたものとして
贈与税が課税されます。

　しかし、あなた方の場合、増改築前の家屋の持分のうち$\frac{1}{4}$（下記の計算
で求めた持分）をお父さんからあなたに譲渡し、その譲渡代金は、あなたが
負担した増改築資金のうち、お父さんが負担すべき部分の金額（1,000万円
$\times \frac{3}{4}=750$万円）と相殺することとすれば、お父さんが受ける経済的利益が
ないことになり、贈与税は課税されません。

$$父\cdots\frac{3,000万円}{3,000万円+1,000万円}=\frac{3}{4} \qquad 子\cdots\frac{1,000万円}{3,000万円+1,000万円}=\frac{1}{4}$$

　また、あなたは、お父さんの土地の上に、持分を有する建物を所有するこ
とになりますが、その土地を無償で使用する場合に限り、使用貸借として取
り扱われ土地使用権については贈与税は課税されません。

　ただし、上記の価値提供割合で計算し、登記名義を変更した場合にも、お
父さんに対して譲渡所得の課税問題が生じることがあります。これは、お父
さんの家屋の取得費（減価の額を控除後）がその時価より相当低い場合に生

－490－

第5章 贈 与 税

じることで、お父さんはその家屋の持分の$\frac{1}{4}$をあなたの増改築資金の負担額のうち自分の持分となる750万円（1,000万円×$\frac{3}{4}$＝750万円）で譲渡したことになるからです。したがって、他人名義の建物に増改築資金の提供があった場合は、贈与税か譲渡所得のどちらか又は両方の課税関係が生じることになります。

　しかし、ご質問では、あなたのお父さんの家屋の時価が、取得価額から減価の額を差し引いた価額と等しいとのことですので、収入金額（750万円）－取得価額（750万円）＝０となり譲渡所得は課税されません。

第5章 贈 与 税

第4節 贈与税の非課税財産

債務免除を受けても課税されない場合

> 【問5-41】私はAから500万円の借金をしていましたが、事業に失敗し、借金の返済ができなくなりました。私の父とAは相談の結果、父が私に代わってAに400万円を現金で支払い、残り100万円及び利息50万円は免除してもらうことになりました。私は無財産の状態ですが、それでも贈与税は課税されますか。

【答】あなたに代わって、お父さんが支払った現金400万円と債権者Aさんが免除した150万円については、贈与税の課税対象から除かれます。

【解説】対価を支払わないで、又は著しく低い価額で債務の免除、引受け又は第三者のためにする債務の弁済による利益を受けた場合には、これらの行為があった時に、その利益を受けた者が、その債務の免除、引受け又は弁済に係る債務の金額に相当する金額（対価の支払があった場合には、その価額を差し引いた金額）を、その債務の免除をした者から贈与によって取得したものとみなされ、贈与税が課税されます（相法8）。

債務免除とは、債権者が債務者に対する意思表示によって債務を免除することをいい（民法519）、債務の引受けとは債務者の債務を引き受け、事実上債務の引受けをした者が債務者となることをいいます。また第三者のためにする債務の弁済とは、債務者の債務を他の者が債務者に代わって弁済することをいいます。

したがって、債務者の債務を他の者が債務者に代わって弁済したときは、債務者の弁済すべき債務がなくなりますから債務者はそれだけの利益を受けたことになり、贈与税が課税されることになります。また対価を支払わないで、又は著しく低い価額で債務者が債務の免除、引受けを受けたときは、債務者が債務の免除、引受けをした者から金銭などをもらって債務を弁済したことと実質的には何ら異なりませんので、このような場合にも、受けた利益に対して贈与税が課税されることになっています。

ところで、債務の免除、引受け又は第三者のためにする弁済は、債務者が資力をなくしてしまったため、やむを得ずあるいはいわゆる道徳的義務として行われる場合が普通ですから、たとえ現実には利益を受けたとしても、このような場合に贈与税を課することが適当でない場合もあります。

－492－

第5章　贈　　与　　税

　そこで、相続税法では債務の免除等が次に掲げるような場合には、贈与と
みなされる金額のうち、その債務を弁済することが困難である部分の金額を
限度として贈与税の課税対象から除かれることになっています（相法8）。
　①　債務者が資力を喪失して、債務を弁済することが困難な場合に、その
　　債務の全部又は一部の免除を受けたとき
　②　債務者が資力を喪失し、債務を弁済することが困難である場合に債務
　　者の扶養義務者（配偶者及び民法第877条に規定する親族をいいますが、
　　これらの者のほか三親等内の親族で生計を一にする者については、家庭
　　裁判所の審判がない場合であってもこれに該当するものとして取り扱う
　　ものとします。なお、扶養義務者に該当するかどうかの判定は贈与の時
　　の状況によります（相基通1の2-1）。）によってその債務の全部又は
　　一部の引受け又は弁済がなされたとき
　なお、債務の弁済が困難である部分の金額の取扱いについては、債務（公
租公課も含みます。）と積極財産とにより社会通念上、明らかに債務の弁済
が困難である金額をいいます。この場合、債務者の信用による債務の借換
え、労務提供、今後の収入等により、近い将来において債務の弁済に充てる
ことができる金額も含めて債務の弁済が困難であるかどうかを判定します
（相基通8-4、7-5）。

生活費等を一度に受けた場合

> 【問5-42】東京の大学に入学することになった長男に、生活に責任を持
> 　　たすために在学中4年間の生活費として、720万円（月15万円）を一
> 　　度に渡したいと思います。学校に納入する授業料等については、支払
> 　　期の都度、銀行振替によって支払うことにします。生活費、教育費に
> 　　は贈与税は課税されないと聞きましたが、この場合はどうなります
> 　　か。

【答】在学中に必要な生活費720万円を一度に渡す場合には、贈与税が課税さ
れます。
　また仮にこの生活費を月々15万円渡すことにしても、通常必要な生活費を
超えると認められる場合には、その超える金額については課税されます。な
お、教育費については、必要に応じその都度支払われる場合には、贈与税は
課税されません。

－493－

第5章 贈　　与　　税

【解説】民法第877条《扶養義務者》では、親子、夫婦、兄弟姉妹などは、互いに扶養する義務のあることを定めています。税法上は、このような扶養義務者相互間において通常日常生活に必要な費用（生活費）又は教育上必要な費用（教育費）に充てるために財産の贈与があった場合には、その取得財産のうち、生活費又は教育費として通常必要と認められる範囲のものについては、贈与税の非課税財産として取り扱われます（相法21の3①二）。ところで、生活費又は教育費として非課税財産とされるのは、生活費又は教育費として必要な都度、直接これらの用に充てるために贈与によって取得した財産に限られます。したがって、生活費又は教育費の名目で取得した財産を預貯金した場合又は株式の買入代金若しくは、家屋の買入代金に充当したような場合などには、その預貯金又は買入代金等の金額は、通常必要と認められるもの以外のものとして取り扱われ贈与税が課税されます（相基通21の3－5）。なお、「通常必要と認められるもの」とは被扶養者の需要と扶養者の資力、その他一切の事情を勘案して、社会通念上適当と認められる範囲の財産をいいます（相基通21の3－6）。

　また、地代、家賃、配当など（財産の果実）を生活費又は教育費に充てるために財産（土地、家屋、株式など）の名義を変更したような場合には、その名義変更の時に、その財産を贈与によって取得したものとして贈与税が課税されます（相基通21の3－7）。

公益事業を行うものが贈与を受けた財産

> 【問5-43】老人ホームを経営している友人に対して、金銭を贈与したいと考えています。友人は、老人ホームの事業活動のため有益に使用することを約束していますが、贈与した金銭は贈与税の非課税財産として取り扱われますか。

【答】老人ホームの経営者や経営内容が一定の要件を満たすものである場合に限り、あなたの贈与された金銭は贈与税の非課税財産として取り扱われます。

【解説】宗教、慈善、学術その他公益を目的とする事業を行う者で専ら次に掲げる①～④のいずれかに該当する事業を行う者が贈与によって取得した財産で、その公益を目的とする事業の用に供することが確実なものについては、贈与税の非課税財産として取り扱われます。

－494－

第5章 贈　与　税

① 社会福祉法第2条に定める社会福祉事業

② 更生保護事業法第2条第1項に定める更生保護事業

③ 学校教育法第1条に定める学校を設置し、運営する事業

④ 宗教、慈善、学術その他公益を目的とする事業で、その事業活動により文化の向上、社会福祉への貢献その他公益の増進に寄与するところが著しいと認められるもの

しかし、上記のような公益事業を行う者であっても、その事業の運営に当たって、特定の者に利益を与えるなど次に掲げるような事実がある場合には、その者が贈与を受けた公益事業用財産は贈与税の課税対象とされます（相法21の3①三、②、相令2、4の5）。

イ　公益事業を行う者が個人である場合

その者にその財産の贈与をした者又はその者若しくはその贈与をした者若しくはこれらの者の親族その他これらの者と特別の関係のある者に対して、その事業の施設の利用、余裕金の運用その他その事業に関し特別の利益を与えること

ロ　公益事業を行う者が人格のない社団や財団（以下「社団等」といいます。）である場合

㋑　その社団等の役員その他の機関の構成、その選任方法その他その社団等の事業の運営の基礎となる重要事項について、その事業の運営が特定の者又はその親族その他特定の者と特別の関係がある者の意思に従ってなされていると認められる事実があること

㋺　その社団等の機関の地位にある者若しくは財産の贈与をした者、又はこれらの者の親族その他これらの者と特別の関係がある者に対してその社団等の事業の施設の利用、余裕金の運用、解散した場合の財産の帰属その他その事業に関し特別の利益を与えること

ハ　上記イ及びロのほか、公益事業用財産の贈与を受けた者が、その財産をもらった日から2年を経過しても、なおその公益事業の用に供していない場合

ご質問の場合、老人ホームの経営が、上記の①〜④のいずれかの事業に該当し、その事業を行う者が、個人である場合は上記イ及びハの事実がないと認められるとき、人格のない社団や財団である場合は上記ロ及びハの事実がないと認められるときは、その贈与した財産は、非課税財産として取り扱われます。

－495－

第5章 贈 与 税

特定障害者の信託受益権に係る非課税

> 【問5-44】 私の三男は、身体に障害があり身体障害者手帳に障害の程度
> が2級として記載されています。将来の生活は不安でなりません。今
> のうちに必要な財産を確保して贈与をしておいてやりたいと思ってい
> ます。心身障害者には、贈与税について特別の扱いがあると聞きまし
> たが、どのようなことですか。

【答】 あなたの三男は、相続税法第19条の4第2項に規定する特別障害者に
該当していますので、贈与税について、**「信託受益権に係る非課税制度」**の
適用を受けることができます。**この制度は、日本国内に住所を有する特定障
害者を受益者とする特定障害者扶養信託契約によって金銭、有価証券その他
の財産が信託されたときは、その信託受益権の価額のうち6,000万円（特定
障害者のうち特別障害者以外の者(注)にあっては3,000万円）までの金額を
非課税として、贈与税の課税価格に算入しないとする制度です**（相法21の
4、相令4の8〜4の20）。

(注) 特定障害者のうち特別障害者以外の者とは、精神上の障害により事理を弁識す
　　る能力を欠く常況にある者、児童相談所、知的障害者更生相談所、精神保健福祉
　　センター又は精神保険指定医（以下「児童相談所等」といいます。）の判定によ
　　り知的障害者とされた者、精神障害者保健福祉手帳の交付を受けている者及び精
　　神又は身体に障害のある年齢65歳以上の者でその障害の程度が精神上の障害によ
　　り事理を弁識する能力を欠く常況にある者又は児童相談所等の判定により知的障
　　害者に準ずるものとして市町村等の認定を受けている者のことをいいます。

　この非課税の適用を受けるためには、特定障害者は、信託の際に「障害者
非課税信託申告書」を受託者（信託銀行）の営業所を経由して特別障害者の
納税地の所轄税務署長へ提出しなければなりません（相令4の10①、4の
13）。

　なお、受託者と特定の財産について、特定障害者扶養信託契約を締結する
場合には、次のような要件を備えていることが必要ですからご注意くださ
い。

　①　特定障害者が、信託利益の全部の受益者となっていること（相法21の
　　4②）
　②　信託財産は、次に掲げるものであること（相令4の11）
　　イ　金銭
　　ロ　有価証券

－496－

第5章 贈　与　税

　ハ　金銭債権
　ニ　立木及び立木の生立する土地で立木とともに信託されるもの
　ホ　継続的に相当の対価を得て他人に使用させる不動産
　ヘ　特定障害者扶養信託契約に基づく信託の受益者である特定障害者の
　　居住の用に供する不動産（その契約に基づいてイ～ホまでに掲げる財
　　産のいずれかとともに信託されるものに限ります。）
③　受託者は、信託会社及び信託業務を行う銀行に限られ、二以上の信託
　受益権について、この非課税制度の適用を受ける場合には、同一銀行の
　同一営業所であること（相法21の４①③、相令４の13）
④　信託期間は、特定障害者の死亡の日に終了することとされていること
　（相令４の12一）
⑤　信託契約は、取消し又は合意による終了ができず、かつ、その信託期
　間及び受益者は変更することができない旨の定めがあること（相令４の
　12二）
⑥　信託の収益は、特定障害者の生活又は療養の費用に充てるため、定期
　に、かつ、その実際の必要に応じて適切に分配されることとされている
　こと（相令４の12三）
⑦　信託財産の運用は、安定した収益の確保を目的として、適正に行うこ
　ととされているものであること（相令４の12四）
⑧　信託受益権については、譲渡又は担保に供することができない旨の定
　めがあること（相令４の12五）

第5章　贈　与　税

協議離婚により財産をもらった場合

> **【問5-45】** 私は結婚して20年になりますが、ある事情から離婚しました。離婚に当たっては、財産の分与として現金500万円をもらうことになりました。婚姻中に、私は共働きをするなど、財産は2人で協力して蓄積したものです。このような場合でも贈与税がかかりますか。

【答】 財産分与によって取得した財産の額が、婚姻中の夫婦の協力によって得た財産の額その他一切の事情を考慮しても過大でなく、また離婚を手段として贈与税若しくは相続税のほ脱を図ったものでないと認められる場合には贈与税は課税されません。

【解説】 民法では、離婚をした者の一方は、相手方に対して財産の分与を請求することができることになっています（民法768）。この財産分与は夫婦が協力して得た財産のうち、妻の潜在的持分に相当する部分として、その夫婦の婚姻期間、収支の状況、生活の程度、職業、相手方の財産蓄積に対する寄与の程度など、一切の事情を考慮して、分与すべき財産の額などを当事者が協議して定めることとされています。なお、協議がうまく成立しないときは、離婚の日から2年以内に家庭裁判所に対して協議に代わる処分を請求することができます。

　このように、離婚による財産の分与は一般的に夫婦間における財産関係の清算といわれていますので、税務上は原則として贈与により取得した財産とはなりませんが、その取得した財産の額が婚姻中の夫婦の協力によって得た財産の額その他一切の事情を考慮しても、なお過大であると認められる場合には、その過大と認められる部分について贈与により取得した財産として贈与税がかかります（相基通9-8）。

第5章　贈　　与　　税

第5節　贈与税の配偶者控除

贈与税の配偶者控除

> 【問5-46】婚姻期間30年を記念し、現在居住の用に供している家屋及び
> その敷地を、夫から贈与により取得することになりました。この場
> 合、贈与税の計算はどのようになりますか。
> 　なお、この家屋及び土地の価額（相続税評価額）は2,500万円とな
> っており、これら以外に誰からも贈与を受ける予定はありません。

【答】贈与税の配偶者控除の特例の適用を受けると、贈与税額は、53万円となります。

【解説】婚姻期間（婚姻の届出のあった日から贈与があった日までの期間）が20年以上の夫婦間において、①国内にある専ら居住の用に供する土地若しくは土地の上に存する権利又は家屋（以下「居住用不動産」といいます。）の贈与が行われた場合、②金銭の贈与をし、その金銭で①の居住用不動産を取得した場合で、その贈与を受けた配偶者が①又は②の居住用不動産を、翌年3月15日（贈与税の申告期限）までに自己の居住の用に供し、かつその後も引き続いて居住の用に供すると認められる場合は、贈与税の基礎控除（110万円）のほかに2,000万円の特別控除が受けられます（相法21の6）。したがって、ご質問の場合は、婚姻期間が20年以上ですから、贈与により取得した家屋及び土地を引き続いて居住の用に供する限り、配偶者控除の特例の適用が受けられます。

　なお、ご質問の場合の配偶者控除を適用した税額計算は次のとおりとなります。

【税額の計算】

　受贈価額＝2,500万円

$$\underset{\left(\substack{\text{居住用不動}\\\text{産の価額}}\right)}{2,500万円} - \underset{\left(\substack{\text{配偶者}\\\text{控除額}}\right)}{2,000万円} - \underset{\left(\substack{\text{贈与税の基}\\\text{礎控除額}}\right)}{110万円} = \underset{\left(\substack{\text{基礎控除後}\\\text{の課税価格}}\right)}{390万円}$$

$$\underset{\left(\substack{\text{基礎控除後}\\\text{の課税価格}}\right)}{390万円} \times \underset{\substack{\text{税率}}}{20\%} - \underset{\substack{\text{控除額}}}{25万円} = \underset{\left(\text{贈与税額}\right)}{53万円}$$

（贈与税の速算表）……【問5-82】参照。

(注)　居住用不動産には、土地信託に係る信託財産として取得（信託受益権の取得によるものを含みます。）された土地等又は家屋も含まれます（相令4の6③）。

－499－

第5章 贈 与 税

贈与税の配偶者控除の申告手続

> **【問5-47】** 婚姻期間が20年以上の夫婦間において、居住用不動産の贈与
> が行われたときは、2,000万円の配偶者控除の特例が受けられると聞
> きましたが、その場合の申告手続を教えてください。

【答】 贈与税の配偶者控除の特例の適用を受ける場合には、**贈与税の申告書**
に、①配偶者控除の適用を受ける旨、②その控除額の明細、及び③配偶者控
除の適用を受けようとする年の前年以前に同一人からの贈与につき贈与税の
配偶者控除の適用を受けていない旨を記載し、次に掲げる書類を添付して提
出することが必要です（相法21の6②、相規9）。

① 贈与者との婚姻期間を証明する書類として、財産の贈与を受けた日か
ら10日を経過した日以後に作成された**戸籍の謄本又は抄本及び戸籍の附
票の写し**

② 居住用不動産を取得したことを証明する書類として、その**不動産の登
記事項証明書その他の書類**

信託に関する権利についてこの特例の適用を受ける場合は、居住用不
動産に係る信託目録が含まれた登記事項証明書その他の書類で不動産登
記法第97条1項各号に掲げる事項を明らかにするもの又は、信託の受託
者が信託財産として居住用不動産を取得したことを明らかにするものが
必要です（相基通21の6-9）。

－500－

贈与税の配偶者控除の対象となる居住用不動産の範囲

【問5-48】 私は、夫の所有する居住用家屋の敷地の贈与を受けたいと考えています。夫の所有する居住用家屋の敷地は、A、Bの2筆となっており、A土地には家屋の一部が建っているのみなのですが、このA土地の贈与を受ける場合でも、贈与税の配偶者控除の対象となる居住用不動産と認められるでしょうか。

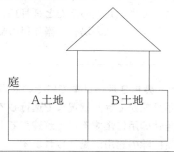

【答】 贈与税の配偶者控除の対象となる居住用不動産に該当します。

【解説】 A土地が、居住用不動産に該当するかどうかは、居住用家屋と一体として使用されている部分に属しているかを社会通念に照らして判定することとなります。

ご質問の場合、A土地は、居住用家屋と一体として使用されている部分に属しているものと認められます。

第5章 贈 与 税

居住用不動産に居住する時期

【問5-49】 私は夫（婚姻期間22年）から昨年9月10日に土地と金銭の贈与を受けました。その金銭でその土地の上に居住用の家屋を建築し、今年の3月15日までにこの家屋に居住する予定でしたが、工事請負人が病気になったことから工事の完成が遅れ、現在なお水道、ガス工事、壁の上塗り、内装などの工事中です。実際に居住できるのは4月中旬頃になるとのことです。知人の話だと3月15日までに居住することが条件ということですが、私の場合、贈与税の配偶者控除が受けられるでしょうか。

【答】 贈与の日の翌日から翌年3月15日までにその家屋について屋根や外壁が完成しているなど表示登記ができる状況まで進行しており、その後速やかに家屋の建築が完成し居住の用に供することが確実であると認められるときに限り、贈与税の配偶者控除の適用が受けられます。

【解説】 金銭の贈与を受けた場合の贈与税の配偶者控除は、贈与を受けた年の翌年3月15日までにその金銭でもって居住用不動産を取得して居住することが適用要件です。しかしお尋ねのような事情で家屋の建築工事が遅れた場合には、翌年3月15日以前において屋根及び周壁が完成しているなど表示登記のできる状態まで進行しており、その後速やかに当該家屋の建築が完成し、居住の用に供されることが確実と認められるときは特例の適用が受けられます。

この場合には、その家屋の登記事項証明書その他の書類で当該贈与を受けた者が当該居住用不動産を取得したことを証する書類はその家屋の完成後速やかに所轄の税務署に提出する必要があります。

－502－

第5章 贈　与　税

生命保険金で居住用財産を取得した場合の配偶者控除

【問5-50】夫（婚姻期間25年）が保険料を負担していた保険契約に基づ
　　いて、満期保険金300万円を私が取得しました。この度、この保険金
　　を頭金として妻である私名義で居住用家屋を購入しました。この場
　　合、この満期保険金についても配偶者控除の特例の適用を受けること
　　ができますか。

【答】配偶者控除の特例の適用を受けることができます。
【解説】贈与税の配偶者控除は、婚姻期間20年以上の配偶者から、居住用不
動産を贈与により取得した場合又は金銭の贈与を受け、その金銭でもって居
住用不動産を取得した場合に適用されます。
　ところで、この特例は、配偶者の老後の生活保障という趣旨から設けられ
たものであり、贈与により取得したものとみなされる保険金でもって居住用
不動産を取得した場合にも、この特例を適用することができるとされていま
す。

贈与税の配偶者控除の対象となる不動産の範囲

【問5-51】私は現在妻とともに居住している土地家屋のうち、土地のみ
　　を妻に贈与したいと思っています。妻とは結婚して25年になります
　　が、このように土地のみの贈与であっても居住用不動産として贈与税
　　の配偶者控除の対象になるでしょうか。

【答】配偶者控除の特例の適用を受けることができます。
【解説】居住用不動産とは、原則として専ら居住の用に供される家屋、又は
土地及び家屋をいいます。しかし、受贈者が専ら居住の用に供する家屋の存
する土地又は土地の上に存する権利のみの贈与を受けた場合であっても、そ
の家屋の所有者が受贈者の配偶者又は受贈者と同居するその親族であるとき
は、土地等のみの贈与についても居住用不動産の贈与として配偶者控除の対
象とされることになっています（相基通21の6-1(2)）。

－503－

第5章 贈 与 税

併用住宅（店舗兼住宅）の敷地を贈与した場合の取扱い

> **【問5-52】** 私は結婚25年を機会に、店舗兼住宅（200㎡、うち居住用部分は40％）の敷地の5分の3の持分を、夫から贈与により取得しました。この敷地全体の価額（相続税評価額）は4,000万円となっていますが、配偶者控除の計算はどのようになりますか。

【答】 受贈者が居住の用に供する家屋の存する土地等のみの贈与を受けた場合であっても、その家屋の所有者が受贈者の配偶者及び受贈者と同居するその親族であるときは、贈与により取得した土地等についても居住用不動産として配偶者控除の対象となります（相基通21の6-1(2)）。

ところで、お尋ねの場合には、土地の上に存する家屋は店舗兼住宅となっています。このような場合の居住用不動産の価額は、次のいずれか少ない方の金額とされています（相基通21の6-3）。

イ 受贈財産の価額 　　　A×受贈持分

ロ 居住用不動産の範囲 　$A \times \dfrac{C}{B}$

(注) 算式中の符号は次のとおりです。

　　　A……その敷地の価額

　　　B……併用住宅の全床面積

　　　C……全床面積のうち、居住の用に供している部分の床面積

したがって、ご質問の場合の配偶者控除は次のとおりとなります。

イ 受贈財産の価額……4,000万円×3/5＝2,400万円

ロ 居住用不動産の範囲……$4,000万円 \times \dfrac{80㎡}{200㎡}＝1,600万円$

ハ 居住用不動産の価額……1,600万円（イ、ロのいずれか少ない方）

ニ 配偶者控除額……<u>1,600万円</u>

増築資金に係る配偶者控除の適用

> **【問5-53】** 私は相続によって取得した土地建物に夫とともに居住しています。夫は今年退職したので、その退職金で家屋を増築しようと考えております。夫とは結婚して30年になりますが、このような増築資金についても、贈与税の配偶者控除の特例の適用を受けることができるでしょうか。

【答】 贈与税の配偶者控除の特例の適用を受けることができます。

-504-

第5章 贈　与　税

【解説】贈与税の配偶者控除の特例において、居住用の家屋の取得には、家屋の増築も含まれることとなっており、その増築資金の贈与を受けた場合も特例の適用対象となります（相基通21の6-4）。

併用住宅（店舗兼住宅）の取得に係る配偶者控除の適用

【問5-54】私は、本年の9月に夫（婚姻期間23年）と父から500万円ずつ金銭の贈与を受け、店舗兼住宅（居住用の部分600万円、店舗用の部分400万円）を購入し、すぐに夫婦で居住しました。
　居住用不動産の取得については贈与税の配偶者控除があると聞きましたが、私の場合、配偶者控除の金額はいくらになるのでしょうか。

【答】ご主人から贈与を受けた500万円すべてが配偶者控除の対象となります。なお、お父さんからの500万円については、110万円の基礎控除を差し引いた390万円が贈与税の課税価格となります。
【解説】配偶者から贈与によって取得した金銭及びその金銭以外の資金をもって、居住用不動産と同時に居住用不動産以外の財産を取得した場合には、配偶者から贈与によって取得した金銭はまず居住用不動産の取得に充てられたものとして取り扱われます（相基通21の6-5）。

2棟の建物の敷地の持分を贈与した場合

【問5-55】私は下図のような2棟の建物の敷地となっている土地について、2分の1の持分を妻に贈与しようと思います。この場合、贈与税の配偶者控除の特例を受けることができるでしょうか。

【答】ご質問の土地は、1棟の店舗兼住宅等の敷地でなく2棟の建物のそれぞれの敷地ですから、贈与する土地の持分のうち店舗の敷地に相当する部分については、配偶者控除の対象となる居住用不動産には該当しません。
【解説】ご質問のような場合には、2棟の建物のそれぞれの敷地部分をその

第5章 贈　与　税

利用状況に応じて合理的に分筆したうえで、居宅の敷地となった部分について贈与をすれば、そのすべてが贈与税の配偶者控除の対象となる居住用不動産に該当します。

低額譲受けによる利益相当額についての配偶者控除の適用

【問5-56】婚姻期間30年を迎え私は妻に、時価2,500万円の自宅とその敷地を贈与しようと思っていました。ところが、私の事業の悪化にともない、自宅のローンの返済が困難になってきましたので、贈与をするのではなく、妻が昨年相続した預金1,500万円でこの自宅と敷地を妻に売却し、その代金でローンを完済しようと思ってます。

妻は、2,500万円の不動産を1,500万円で取得をすることになるので、差額の1,000万円は低額譲受けによる利益として贈与税の課税対象となると聞きましたが、この利益について、贈与税の配偶者控除を適用することはできますか。

譲渡する自宅と敷地は、贈与税の配偶者控除の適用要件を満たしています。

【答】配偶者控除を適用することができます。

【解説】著しく低い価額で財産の譲渡を受けた場合には、その譲渡があった時において、その財産の譲渡を受けた者が、譲渡の対価と譲り受けた財産の時価との差額に相当する金額を、その財産の譲渡者から贈与によって取得したものとみなされます（相法7）。

また、婚姻期間が20年以上の夫婦間において、国内にある居住用不動産の贈与があった場合には、2,000万円の特別控除（配偶者控除）の特例を適用することができます（相法21の6①）。

ご質問の場合、奥さんは時価2,500万円の居住用財産を1,500万円で譲り受けたとのことですから、その差額に相当する1,000万円を、あなたから贈与を受けたものとして贈与税が課税されます。ただし、課税対象は低額譲受けによる利益であるものの、譲渡する自宅と敷地は居住用不動産として配偶者控除の適用要件を満たしており、実質的には1,000万円相当の居住用不動産の贈与を受けたものと考えられます。

したがって、低額譲受けによる利益である1,000万円について、配偶者控除を適用して差し支えありません。

－506－

第5章　贈　　与　　税

第6節　相続時精算課税制度

相続時精算課税制度の概要

【問5-57】「相続時精算課税制度」の概要について、教えてください。

【答】　相続時精算課税制度は、贈与時に贈与財産に対する贈与税を納付し、贈与者は相続時にその贈与財産の贈与時の価額と相続財産の価額を合計した価額を基に計算した相続税額から、既に納付した贈与税相当額を控除した額をもって納付すべき相続税額とするものであり、適用対象者等は次のとおりです。

1　適用対象者

(1)　受贈者……贈与者の推定相続人である直系卑属及び孫で、かつ、贈与を受けた年の1月1日において20歳以上である者

(2)　贈与者……贈与をした年の1月1日において60歳以上である者（相法21の9①、措法70の2の6①）

2　適用手続（相法21の9②、相令5①、相規10、11）

この制度の適用を受けようとする受贈者は、「相続時精算課税選択届出書」を贈与を受けた財産に係る贈与税の申告期間内にその贈与税の申告書に添付して納税地の所轄税務署長に提出します。

「相続時精算課税選択届出書」を提出した場合は、その届出書に係る贈与者からの贈与により取得する財産については、本課税を適用した年分以降、すべて本課税の適用を受けることになります（相法21の9③）。

この制度は、受贈者が各々、贈与者ごとに適用を受けることができ、一度この制度の適用を受けた場合には暦年課税への変更はできません（相法21の9⑥）。

3　適用対象となる財産等

この制度は、贈与財産の種類、金額、贈与回数に制限はありません。

4　贈与税額・相続税額の計算

(1)　贈与税額の計算

贈与税の額は、贈与者ごとの贈与財産の価額の合計額から、2,500万円までの特別控除額を控除した後の金額に、一律20％の税率を乗じて算出します。

第5章　贈　　与　　税

(2) 相続税額の計算

　この制度の適用を受けた受贈者は、この制度に係る贈与者の相続開始時にこの制度を選択した年分以後に贈与を受けた財産の贈与時における価額と相続財産の価額を合計した金額を相続税の課税価格とし、現行の課税方式により計算した相続税額から、上記(1)により既に支払った贈与税相当額を控除します。その際、相続税額から控除しきれない贈与税相当額については、還付を受けることができます。

相続時精算課税の適用対象者

> **【問5-58】** 私は、叔父と養子縁組をしており、今回、この叔父（養父）から土地の贈与を受けようと思っていますが、相続時精算課税を選択することができますか。
> 　なお、叔父（養父）は現在75歳であり、私は25歳になります。

【答】 相続時精算課税を選択することができます。

【解説】 相続時精算課税の適用を受けることができる適用対象者は、次のとおりです。

① 受贈者については、贈与者の推定相続人である直系卑属及び孫で、かつ、贈与を受けた年の1月1日において20歳以上である者

② 贈与者については、贈与をした年の1月1日において60歳以上である者

　あなたの場合、贈与者である叔父と養子縁組をしているということですので、あなたは贈与者の推定相続人である直系卑属に該当します。

　したがって、あなたは相続時精算課税を選択することができます。

　なお、この制度の適用を受けようとする場合には、「相続時精算課税選択届出書」を贈与を受けた財産に係る贈与税の申告期間内に贈与税の申告書に添付して納税地の所轄税務署長に提出する必要があります。

※　相続時精算課税選択届出書をその提出期限までに提出しなかった場合には、相続時精算課税の適用を受けることはできません（ゆうじょ規定はありません）ので注意してください（相基通21の9-3）。

－508－

第5章　贈　　与　　税

相続時精算課税の適用手続(1)

> **【問5-59】** 私は平成30年10月に父から土地の贈与を受け、相続時精算課税を選択しようと思っていますが、手続はどのようにすればよいのでしょうか。

【答】 贈与税の申告期間内（平成31年2月1日から平成31年3月15日まで）に「相続時精算課税選択届出書」及び必要書類を贈与税の申告書に添付して納税地の所轄税務署長に提出する必要があります。

【解説】 相続時精算課税の適用を受けようとする受贈者は、贈与を受けた財産に係る贈与税の申告期間内に「相続時精算課税選択届出書」を贈与税の申告書に添付して、納税地の所轄税務署長に提出しなければなりません（相法21の9②）。

　また、その届出書には次の書類を添付する必要があります（相令5②、相規11①、相基通21の9-5）。

	添　付　書　類
1	受贈者の戸籍謄本又は抄本及び受贈者の戸籍の附票の写しその他の書類で次の内容を証する書類（贈与を受けた日以後に作成されたものに限ります。） ① 　受贈者の氏名、生年月日 ② 　受贈者が20歳に達した時（又は平成15年1月1日）以後の住所又は居所 ③ 　受贈者が贈与者の推定相続人（孫を含む。）であること
2	贈与者の住民票の写しその他の書類で次の内容を証する書類（贈与を受けた日以後に作成されたものに限ります。） ① 　贈与者の氏名、生年月日 ② 　贈与者が60歳以上に達した時（又は平成15年1月1日）以後の住所又は居所 （注）②については、住民票の写しのほか、贈与者の戸籍の附票の写しなどが該当します。

(注) 　平成27年1月1日において20歳未満である者が、平成28年1月1日以後に贈与により取得する財産に係る贈与税については、上記1の②は不要です。

　なお、この届出書をその提出期限までに提出しなかった場合には、相続時精算課税の適用を受けることはできません（ゆうじょ規定はありません）ので十分注意してください（相基通21の9-3）。

第5章 贈　　与　　税

相続時精算課税の適用手続(2)

> 【問5-60】 私は、今年父と母から財産の贈与を受けました。父からの贈与についてのみ、相続時精算課税制度の適用を受けようと思うのですが、この場合、どのようになりますか。

【答】　お父さんからの贈与については、相続時精算課税を適用し、お母さんからの贈与については、暦年課税で贈与税額を計算します。

【解説】　相続時精算課税の適用は、贈与者ごとに選択できることとなっていますので、お父さんからの贈与についてのみ、相続時精算課税を適用することができます。

　この場合、お母さんからの贈与については、暦年課税で贈与税を計算することとなります。

　同一年中に特定贈与者と特定贈与者以外の贈与者から財産の贈与を受けた場合の計算方法は、【問5-69】のとおりです。

相続時精算課税の適用手続(3)

> 【問5-61】 今年8月に父からの贈与について、相続時精算課税制度を適用して申告しようと思っていますが、来年以降、新たに父から贈与を受けた場合、何か影響があるのでしょうか。

【答】　お父さんからの贈与については、来年以降も相続時精算課税の適用を受けることになります。

【解説】　相続時精算課税の適用を受けようとする受贈者は、贈与を受けた財産に係る贈与税の申告期間内に「相続時精算課税選択届出書」及び必要書類を贈与税の申告書に添付して、納税地の所轄税務署長に提出しなければならないこととなっています。

　そして、特定贈与者（上記「相続時精算課税選択届出書」に係る贈与者をいいます。）からの贈与により取得する財産については、その届出書に係る年分以降、相続時精算課税の適用を受けることになります（相法21の9③）。届出書を提出した翌年以降は、届出書を改めて提出する必要はありません。

　なお、一度提出されたその届出書は、撤回することができませんので注意してください（相法21の9⑥）。

－510－

第5章　贈　　与　　税

相続時精算課税の適用手続(4)

【問5-62】 私は、平成30年4月1日に父から財産の贈与を受け、相続時
精算課税の適用を受けようと思っていたのですが、贈与者である父が
同年4月20日に死亡してしまいました。この場合、相続時精算課税を
適用することはできないのでしょうか。

【答】平成31年2月20日（相続税の申告書の提出期限）までに相続税の納税
地（お父さんの住所地）の所轄税務署長に「相続時精算課税選択届出書」及
び必要書類を提出した場合には、相続時精算課税の適用を受けることができ
ます。

【解説】贈与者が贈与をした年の中途に死亡した場合において、受贈者が相
続時精算課税の適用を受けようとするときは、「相続時精算課税選択届出書」
を次の①又は②のいずれか早い日までに贈与者の死亡に係る相続税の納税地
の所轄税務署長に提出しなければなりません（相令5③④）。

① 贈与税の申告書の提出期限(通常は、贈与を受けた年の翌年の3月15
日)

② 贈与者の死亡に係る相続税の申告書の提出期限（通常は、贈与者につ
いて相続の開始があったことを知った日の翌日から10か月を経過する
日)

なお、②の日が届出書の提出期限となる場合において、贈与者の死亡に係
る相続税の申告書を提出するときには、相続税の申告書に届出書を添付しな
ければなりません（相令5④）。

また、相続税の課税価格（贈与を受けた財産の贈与時における価額と相続
財産の価額の合計額）が基礎控除額に満たない場合など、相続税の申告書を
提出する必要がない場合であっても、相続時精算課税の適用を受けるために
は、この届出書をその贈与者の死亡に係る相続税の納税地の所轄税務署長に
提出しなければならないことに注意してください。

したがって、あなたの場合、贈与税の申告書の提出期限である平成31年3
月15日よりも、お父さんの死亡に係る相続税の申告期限である平成31年2月
20日が早い日となりますので、平成31年2月20日までに「相続時精算課税選
択届出書」と必要書類を贈与税の納税地ではなく、お父さんの死亡に係る相
続税の納税地の所轄税務署長に提出する必要があります。

－511－

第5章 贈 与 税

戸籍の附票の写しで20歳以上になった時以後の住所が証明されない場合

> 【問5-63】私は現在40歳ですが、父からの贈与について相続時精算課税
> の適用を受けるため、市役所で戸籍の附票の写しの交付を受けまし
> た。ところが、25歳の時に結婚したので、結婚前の戸籍の附票の保存
> 期間が過ぎており、その写しの交付を受けることができません。この
> 場合交付を受けることができた戸籍の附票の写しのみの添付では、20
> 歳から25歳までの期間の住所又は居所が証明できていないこととなる
> ので、相続時精算課税の適用を受けることはできないのでしょうか。

【答】あなたの場合、平成15年1月1日以後の住所又は居所を証する書類（戸籍の附票など）の提出で代用することができます。

【解説】相続時精算課税選択届出書の添付書類の一つとして「相続時精算課税選択届出書の提出をする者の戸籍の謄本又は抄本及び戸籍の附票の写しその他の書類でその者の氏名、生年月日及びその者が20歳に達した時以後の住所又は居所並びに…を証する書類」（以下この「住所又は居所を証する書類」を、「住所等証明書類」といいます。）が掲げられています（相規11①一）。

　したがって、あなたの場合には、交付を受けることができた戸籍の附票の写しのみの添付では、20歳から25歳までの期間の住所又は居所が証明できていないため、住所等証明書類の添付がされていないこととなり、相続時精算課税の適用を受けることはできないこととなります。しかし、住所等証明書類については、平成15年1月1日以後の住所又は居所を証する書類の添付をもって、住所等証明書類の添付に代えることができます（相基通21の9-5）。

　ただし、平成27年1月1日において20歳未満である者が平成28年1月1日以後に贈与により取得する財産に係る贈与税については、上記の「その者が20歳に達した時以後の住所又は居所」を証する書類は不要となりますのでご注意下さい。

-512-

第5章 贈 与 税

年の中途で推定相続人となった場合の取扱い

【問5-64】私は、平成30年6月に叔父から現金の贈与を受け、同年8月に叔父と養子縁組をしました。その後11月になって、その叔父（養父）から土地の贈与も受けました。相続時精算課税の適用を受ける場合、平成30年分の贈与税の計算はどのようになりますか。

【答】平成30年6月に受けた現金の贈与については暦年課税で、11月に受けた土地の贈与については相続時精算課税を適用し、それぞれ贈与税額を計算することになります。

【解説】その年の1月1日において、20歳以上の者が、同日において60歳以上の者から贈与により財産を取得した場合において、受贈者である20歳以上である者が、その年の中途において贈与者の養子となったことその他の事由によりその贈与者の推定相続人（その贈与者の直系卑属になる者に限ります。）になったときには、推定相続人となる前にその贈与者からの贈与により取得した財産については、相続時精算課税の適用はありません（相法21の9④）。

したがって、贈与者の推定相続人となった時以後における、その贈与者からの贈与により取得した財産についてのみ、相続時精算課税の適用を受けることができます。

つまり、贈与者の推定相続人となる前の贈与については、暦年課税により贈与税額を計算し、それ以後の贈与については、相続時精算課税により贈与税額を計算することとなります。なお、暦年課税の適用を受ける贈与の計算に当たっては、基礎控除（110万円）の適用があります。

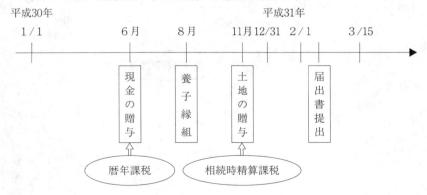

― 513 ―

第5章 贈　　与　　税

特定贈与者の推定相続人でなくなった場合の取扱い

【問5-65】私は、叔父と養子縁組をしていますが、平成30年8月にその養父である叔父から現金の贈与を受けたので、相続時精算課税の適用を受けようと思いますが、将来、養子縁組を解消した後、その叔父から再び財産の贈与を受けた場合、暦年課税となるのですか。

【答】相続時精算課税選択届出書に係る年分、つまり、平成30年分以降はすべて相続時精算課税の適用を受けることになります。

【解説】特定贈与者（「相続時精算課税選択届出書」に係る贈与者をいいます。）から贈与により取得する財産については、その届出書に係る年分以降、すべて相続時精算課税の適用を受けることとなりますが、いったん相続時精算課税を適用すると、たとえ、養子縁組の解消等、特定贈与者の推定相続人でなくなった場合においても、その後その特定贈与者からの贈与により取得する財産についても、引き続き相続時精算課税を適用することとなっています（相法21の9⑤）。

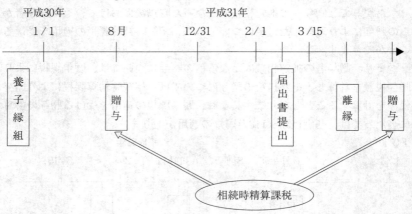

第5章 贈　　与　　税

受贈者が相続時精算課税の適用を受ける前に死亡した場合の取扱い

> 【問5-66】私の父は、贈与により祖父から財産を取得しましたが、「相
> 続時精算課税選択届出書」の提出前に死亡しました。この場合、相続
> 時精算課税の選択はできるでしょうか。なお、法定相続人は私と弟です。

【答】お父さんが亡くなってから10か月以内にあなたと弟さんが「相続時精
算課税選択届出書」に連署して、お父さんの住所地を管轄する税務署長に共
同して提出することにより、相続時精算課税を適用することができます。

【解説】贈与により財産を取得した者が相続時精算課税の適用を受けること
ができる場合に、その被相続人が「相続時精算課税選択届出書」を提出しな
いで死亡したときは、その被相続人の相続人（包括受遺者を含み、その贈与
者を除きます。）は、その相続の開始があったことを知った日の翌日から10
か月以内に、相続時精算課税選択届出書に次に掲げる書類を添付してその被
相続人の贈与税の納税地の所轄税務署長に共同して提出することができます
（相法21の18①、相令5の6、相規11、相基通21の9-5）。

	提　出　書　類
1	**相続時精算課税選択届出書付表**
2	**被相続人（受贈者）の相続人の戸籍謄本又は抄本**その他の書類で被相続人のすべての相続人を明らかにする書類（贈与を受けた日以後に作成されたものに限ります。）
3	**被相続人（受贈者）の戸籍謄本又は抄本**及び**受贈者の戸籍の附票の写し**その他の書類で次の内容を証する書類（贈与を受けた日以後に作成されたものに限ります。） ①　受贈者の氏名、生年月日 ②　受贈者が20歳に達した時（又は平成15年1月1日）以後の住所又は居所 ③　受贈者が贈与者の推定相続人（孫を含む）であること （注）　平成27年1月1日において20歳未満である者が平成28年1月1日以後に贈与により取得する財産に係る贈与税については、②は不要です。
4	**贈与者の住民票の写し**その他の書類で次の内容がわかる書類（贈与を受けた日以後に作成されたものに限ります。） ①　贈与者の氏名、生年月日がわかるもの ②　贈与者が60歳以上に達した時（又は平成15年1月1日）以後の住所又は居所がわかるもの （注）　②については、住民票の写しのほか**贈与者の戸籍の附票の写し**などが該当します。

－515－

第5章 贈　与　税

ただし、贈与により財産を取得した者の相続人が贈与をした者のみである場合には、相続時精算課税選択届出書は、提出することはできません（相基通21の18-1）。なお、あなたと弟さんのように、贈与により財産を取得した者の相続人が2人以上いる場合には、相続時精算課税選択届出書の提出は、これらの者が一の相続時精算課税選択届出書に連署して行わなければならず、その相続人のうち1人でも欠けた場合には、相続時精算課税の適用を受けることはできませんので注意してください（相令5の6③、相基通21の18-2）。

特定贈与者1人から財産の贈与を受けた場合の計算方法

【問5-67】 私は、平成30年9月に父から2,300万円の土地の贈与を受け、相続時精算課税の適用を受けるつもりです。仮に来年も父から800万円の土地の贈与を受けた場合、平成30年分・31年分の贈与税は、どのように計算するのですか。

【答】 平成30・31年分の贈与税は、次のとおりです。

平成30年分の贈与税の計算

（課税価格）　（特別控除額）
2,300万円 － 2,300万円 ＝ 0円

平成31年分の贈与税の計算

（課税価格）（特別控除額）(注)　　　　　　　（税率）　（贈与税額）
800万円 － 200万円 ＝ 600万円　　600万円 × 20% ＝ 120万円

　（注）特別控除額の計算
　　　　（2,500万円 － 2,300万円 ＝ 200万円）

【解説】 相続時精算課税における贈与税額は、贈与税の課税価格から特別控除額を控除した後の金額に、一律20％の税率を乗じて計算します。

相続時精算課税適用者が特定贈与者からの贈与により取得した財産については、特定贈与者ごとにその年中において贈与により取得した財産の価額を合計し、それぞれの合計額をもって、贈与税の課税価格とし、特定贈与者ごとの贈与税の課税価格からそれぞれ次に掲げる金額のうちいずれか低い金額

第5章 贈　　与　　税

を控除します（相法21の10、21の12①）。

① 2,500万円（既にこの特別控除を適用し控除した金額がある場合には、その金額の合計額を控除した残額）

② 特定贈与者ごとの贈与税の課税価格

なお、特別控除は、期限内申告書に特別控除を受ける金額、既にこの特別控除を適用し控除した金額がある場合にはその金額その他の必要事項の記載があるときに限り適用されるので注意してください（相法21の12②）。

そして、相続時精算課税適用者がその年中において特定贈与者からの贈与により取得した財産に係るその年分の贈与税の額は、特定贈与者ごとに計算した贈与税の課税価格（特別控除額を控除した金額）にそれぞれ20％の税率を乗じて計算した金額となります（相法21の13）。

同一年中に特定贈与者２人以上から財産の贈与を受けた場合の計算方法

【問5-68】私は、本年５月に父から3,000万円の土地の贈与を受け、６月に母から2,500万円の上場株式の贈与を受けました。父、母双方からの贈与について、相続時精算課税の適用を受けようと思っていますが、贈与税の計算はどのようになるのですか。

【答】贈与税額の計算は次のとおりです。

（父から贈与を受けた財産に係る贈与税額の計算）

　（課税価格）　（特別控除額）　　　　　　　　　　（税率）（贈与税額）
　3,000万円 － 2,500万円＝500万円　　500万円 × 20％＝100万円……①

（母から贈与を受けた財産に係る贈与税額の計算）

　（課税価格）　（特別控除額）
　2,500万円 － 2,500万円＝０円 …………………………………………②

（納付すべき税額）

　① ＋ ② ＝ 100万円

【解説】相続時精算課税における贈与税額の計算方法については、前問【問5-67】の解説のとおりです。

－517－

第5章 贈　与　税

同一年中に特定贈与者及び特定贈与者以外の贈与者から財産の贈与を受けた
場合の計算方法

> 【問5-69】 私は、本年5月に父から3,000万円の土地の贈与を受け、6
> 月に母から200万円の現金の贈与を受けました。父からの贈与につい
> てのみ相続時精算課税の適用を受けようと思っていますが、この場合
> の贈与税の計算はどのようになるのですか。

【答】 贈与税額の計算は次のとおりです。

（父から贈与を受けた財産に係る贈与税額の計算）

　（課税価格）　（特別控除額）　　　　　　　　　　　　　（税率）（贈与税額）
　3,000万円 － 2,500万円＝500万円　　500万円 × 20％＝100万 ………①

（母から贈与を受けた財産に係る贈与税額の計算）

　（課税価格）（基礎控除額）　　　　　　　　　　　（税率）（贈与税額）
　200万円 － 110万円＝90万円　　90万円 × 10％＝9万円 ……………②

　　　　　　　　　　　　　　　（暦年課税の特例贈与財産の税率表（特例税率）を適用します。）

（納付すべき税額）　　　① ＋ ② ＝ 109万円

少額贈与についての申告の要否

> 【問5-70】 私は、昨年、父から不動産の贈与を受け、相続時精算課税を
> 適用して贈与税の申告をしました。今年も父から現金の贈与を受ける
> 予定ですが、110万円以下の贈与を受けた場合であっても贈与税の申
> 告は必要ですか。

【答】 あなたが、今年もお父さんから贈与を受けた場合、110万円以下であっ
ても、贈与税の申告をする必要があります。ただし、相続時精算課税を選択
していない他の贈与者から受けた贈与の合計額が110万円以下の場合は、そ
れについて申告する必要はありません。

【解説】 相続時精算課税をいったん選択した場合、特定贈与者からの贈与に
ついては、暦年課税に係る贈与税の基礎控除の規定は適用されませんので
（相法21の11）、「相続時精算課税選択届出書」を提出した年分以降、特定贈
与者からの贈与により取得した財産については、その金額の多寡にかかわら
ず、すべて贈与税の申告をしなければなりません（相法21の9③）。なお、
贈与税の期限内申告書の提出がない場合には、相続時精算課税に係る贈与税

－518－

第5章 贈　与　税

の特別控除を受けることはできません（相法21の12②）。

　また、将来の特定贈与者の死亡に係る相続税の計算において、相続時精算課税の選択後における特定贈与者から贈与を受けた財産については、相続時精算課税に係る特別控除の適用の有無にかかわらず相続時精算課税適用者の相続税の課税価格に算入されることとなります（相法21の15①、21の16①）。

特定贈与者が死亡した場合の相続税の計算方法

【問5-71】平成30年5月に父が亡くなりました。父の財産を私たち兄弟4人（甲、乙、丙、丁）が相続することになりました。

　私たちが父から相続により取得した財産及び生前に父から贈与を受けた財産で相続時精算課税の適用を受けたものについての内容は次のとおりです。

　相続税の計算はどのようになりますか。

相続人	法定相続分	相続又は遺贈により取得した財産の価額	相続時精算課税の適用を受ける贈与財産の価額	相続時精算課税における贈与税額の合計額
甲（子）	1／4	1億円	5,000万円	500万円
乙（子）	1／4	100万円	5,000万円	500万円
丙（子）	1／4	－	2,000万円	0円
丁（子）	1／4	1,900万円	－	－

(注)　1　「相続時精算課税の適用を受ける贈与財産の価額」は贈与時の価額です。

　　　2　相続税の課税される財産のうち在外財産は含まれていないものとします。

【答】相続税額の計算は次のとおりとなります。

（課税価格の合計額）

　甲　　　1億円　＋　　5,000万円　＝　1億5,000万円　（相法21の15①）

　乙　　100万円　＋　　5,000万円　＝　　5,100万円　（相法21の15①）

　丙　　　　　　　　　　2,000万円　（相法21の16①）

　丁　　　　　　　　　　1,900万円　（相法11の2）

　　　　　　　課税価格の合計額　　2億4,000万円

（課税遺産総額）

　2億4,000万円 － （3,000万円＋600万円×4人）＝1億8,600万円

（相法21の14）

－519－

第5章 贈 与 税

（相続税の総額）

$$（1億8,600万円×\frac{1}{4}）×20％-200万円=730万円$$

730万円×4人＝2,920万円　（相法16）

（各人の相続税額）

　　甲　（計算過程省略）　1,825万円

　　乙　（計算過程省略）　　620万5,000円

　　丙　（計算過程省略）　　243万3,333円

　　丁　（計算過程省略）　　231万1,666円

（納付すべき相続税額等）

　　甲　1,825万円－500万円＝1,325万円　（相法21の15③）

　　乙　620万5,000円－500万円＝120万5,000円　（相法21の15③）

　　丙　243万3,300円　（相法21の16③）

　　丁　231万1,600円

死亡した相続時精算課税適用者の相続人が特定贈与者のみである場合

> **【問5-72】** 長男は、私と妻からの贈与について相続時精算課税を適用していましたが、今年事故で急死しました。
>
> 　長男の相続人は私と妻だけですが、長男のように特定贈与者である父母よりも先に死亡した場合、長男の納税に係る権利義務はどのようになるのでしょうか。

【答】 お父さんから贈与を受けたことに伴う納税に係る権利義務は、ご長男の相続人であるお母さんが承継し、また、お母さんから贈与を受けたことに伴う納税に係る権利義務は、ご長男の相続人であるお父さんが承継することになります。

【解説】 特定贈与者の死亡以前にその特定贈与者に係る相続時精算課税適用者が死亡した場合には、その相続時精算課税適用者の相続人（以下「承継相続人」といいます。）は、その相続時精算課税適用者が有していた相続時精算課税の適用を受けていたことに伴う納税に係る権利又は義務を承継します（相法21の17①）。この承継相続人は、包括受遺者は含まれますが、特定贈与者は除くこととされています。

　したがって、ご質問の場合、お父さんからの贈与に係る相続時精算課税の

－520－

第5章 贈　　与　　税

適用に伴う権利義務については、特定贈与者であるお父さんは承継しないことになりますので、もう一人の相続人であるお母さんが承継することになります。同様に、お母さんからの贈与に係る権利義務については、お父さんが承継することになります。

　この場合、相続時精算課税適用者の承継相続人が承継する還付を受ける税額又は納税する税額については、遺産分割にかかわらず民法第900条《法定相続分》から第902条《遺言による相続分の指定》までに規定する相続分（相続時精算課税適用者の相続人のうちに特定贈与者がある場合には、当該特定贈与者がないものとして相続分を計算します。）により按分した金額とされています（相法21の17③、相令５の５）。

未分割の場合の課税価格（相続時精算課税適用財産がある場合）

> 【問5-73】今年の１月に私の夫が亡くなりました。相続人は、妻である私と長女Ａ、長男Ｂの３人ですが、遺産分割協議が調っていません。夫の財産は７億円ですが、Ａは昨年、夫から生計の資本として１億円の贈与（特別受益）を受け、相続時精算課税の適用を受けています。この場合に相続税の申告を行うとすれば、各人の相続税の課税価格はいくらになりますか。

【答】あなたの課税価格は４億円、Ａさんは２億円、Ｂさんは２億円となります。

【解説】共同相続人又は包括受遺者間において、相続又は遺贈により取得した財産の分割が確定していないときには、その分割されていない財産については、各共同相続人又は包括受遺者が民法（第904条の２《寄与分》を除きます。）の規定による相続分又は包括受遺者の割合に従って取得したものとして各共同相続人又は包括受遺者の課税価格を計算することとされています（相法55）。

　したがって、Ａさんが贈与を受けた相続時精算課税適用財産は、民法第903条《特別受益者の相続分》第１項に規定する「婚姻、養子縁組のため若しくは生計の資本として」の贈与であることから、次により各共同相続人の課税価格を計算することとなります。

あなた：（７億円＋１億円）× $\frac{1}{2}$ － 0（特別受益なし）＝ <u>４億円</u>

－521－

第5章 贈 与 税

Aさん：（7億円＋1億円）× $\frac{1}{4}$ － 1億円（特別受益）＝ 1億円

　　　　　1億円＋1億円（相続時精算課税適用財産）＝ 2億円

Bさん：（7億円＋1億円）× $\frac{1}{4}$ － 0（特別受益なし）＝ 2億円

相続時精算課税における贈与税額の還付

> 【問5-74】相続時精算課税における贈与税額の還付の申告書について教えてください。

【答】相続時精算課税の適用を受ける財産に係る贈与税の税額（在外財産に対する贈与税額の控除（相法21の8）の規定による控除前の税額とし、延滞税、利子税、過少申告加算税、無申告加算税及び重加算税に相当する税額を除きます。）に相当する金額を相続税額から控除してもなおその控除しきれない金額がある場合においては、その控除しきれなかった金額（在外財産に対する贈与税額の控除の適用を受ける財産に係る贈与税について、在外財産に対する贈与税額の控除の適用を受けた場合にあっては、その金額から在外財産に対する贈与税額を控除した残額とします。）に相当する税額の還付を受けるため、相続税の申告書を提出することができます（相法27③、33の2①）。

　なお、還付を受けるための相続税の申告書は、特定贈与者に係る相続開始の日の翌日から起算して5年を経過する日まで提出することができます（通法74①）。

相続時精算課税選択の特例の概要

> 【問5-75】贈与した者が60歳未満であっても、相続時精算課税を適用することができる特例があると聞きましたが、どのようなものですか。

【答】平成15年1月1日から平成33年12月31日までの間に、その年の1月1日において60歳未満の者からの贈与により住宅取得等資金(注)1の取得をした特定受贈者(注)2が、次に掲げる場合に該当するときは、その特定受贈者については、相続時精算課税を適用することができます（「相続時精算課税選択の特例」といいます。）（措法70の3①～③）。

【住宅用家屋の新築等】

①　特定受贈者が贈与により住宅取得等資金の取得をした日の属する年の翌

第5章　贈　　与　　税

年3月15日までにその住宅取得等資金の全額を住宅用家屋の新築若しくは
建築後使用されたことのない住宅用家屋の取得又はこれらの住宅用家屋の
新築若しくは取得とともにするその敷地の用に供されている土地若しくは
土地の上に存する権利の取得**(注)3**のための対価に充ててその住宅用家屋
の新築又は取得をした場合において、同日までに新築若しくは取得をした
これらの住宅用家屋をその特定受贈者の居住の用に供したとき又は同日後
遅滞なくその特定受贈者の居住の用に供することが確実であると見込まれ
るとき。

【既存住宅の取得等】

②　特定受贈者が贈与により住宅取得等資金の取得をした日の属する年の翌
年3月15日までにその住宅取得等資金の全額を既存住宅用家屋の取得又は
その既存住宅用家屋の取得とともにするその敷地の用に供されている土地
若しくは土地の上に存する権利の取得のための対価に充ててその既存住宅
用家屋の取得をした場合において、同日までにその既存住宅用家屋をその
特定受贈者の居住の用に供したとき又は同日後遅滞なくその特定受贈者の
居住の用に供することが確実であると見込まれるとき。

【増改築等】

③　特定受贈者が贈与により住宅取得等資金の取得をした日の属する年の翌
年3月15日までにその住宅取得等資金の全額をその特定受贈者が居住の用
に供している住宅用家屋について行う増改築等又はその家屋についてその
増改築等とともにするその敷地の用に供されることとなる土地若しくは土
地の上に存する権利の取得の対価に充ててその住宅用の家屋についてその
増改築等をした場合において、同日までに増改築等をしたその住宅用の家
屋をその特定受贈者の居住の用に供したとき又は同日後遅滞なくその特定
受贈者の居住の用に供することが確実であると見込まれるとき。

　相続時精算課税選択の特例の適用に当たっては、贈与税の申告書にその特
例の適用をする旨を記載し、相続時精算課税選択届出書とともに計算明細書
その他の書類（措規23の6⑨）を添付して、贈与税の申告期間内に贈与税の
納税地の所轄税務署長に提出しなければなりません（相法21の9②、措法70
の3⑧）。

(注)1　住宅取得等資金とは、次のいずれかに掲げる新築、取得又は増改築等（特定
受贈者の配偶者その他の特定受贈者と一定の特別の関係がある者との請負契約
その他の契約に基づき新築若しくは増改築等をする場合又はその特別の関係が
ある者から取得する場合を除きます。）の対価に充てるための金銭をいいます

－523－

第5章 贈　与　税

（措法70の3③五、措令40の5⑥）。

(1) 特定受贈者による住宅用家屋の新築又は建築後使用されたことのない住宅用家屋の取得（これらの住宅用家屋の新築又は取得とともにするその敷地の用に供されている土地等の取得**(注)3**を含みます。）

(2) 特定受贈者による既存住宅用家屋の取得（その既存住宅用家屋の取得とともにするその敷地の用に供されている土地等の取得を含みます。）

(3) 特定受贈者が所有している住宅用の家屋につき行う増改築等（その住宅用の家屋についてのその増改築等とともにするその敷地の用に供されることとなる土地等の取得を含みます。）

2　特定受贈者とは、次の要件を満たす者をいいます（措法70の3③一）。

(1) 相続税法第1条の4第1項第1号又は第2号に規定する個人であること（居住無制限納税義務者又は非居住無制限納税義務者）

(2) 住宅取得等資金の贈与をした者の直系卑属である推定相続人（孫を含む。）であること。

(3) 住宅取得等資金の贈与を受けた日の属する年の1月1日において20歳以上の者であること。

3　平成23年1月1日以降の贈与については、その住宅用家屋の新築に先行してするその敷地の用に供されることとなる土地等の取得を含みます。

なお、住宅取得等資金の贈与を受けた場合の相続時精算課税に係る贈与税の1,000万円の特別控除の特例（旧措法70の3の2）は、平成21年12月31日をもって廃止されました。

相続時精算課税選択の特例の対象となる住宅用家屋等の範囲

【問5-76】 相続時精算課税選択の特例の対象となる住宅用家屋等とは、どのような家屋ですか。

【答】 相続時精算課税選択の特例の適用を受ける住宅用家屋等の範囲は、次の表のとおりです。

区　分		要　　　件		
日本国内に存するも	**1　新築若しくは建築後使用されたことのない住宅用家屋**	①　その家屋の床面積の2分の1以上に相当する部分が専ら居住の用に供されるもの（居住の用に供する家屋を2以上有する場合には、主たるものに限ります。）		
		②　床面積が50㎡以上であるもの	判定	1棟の家屋の場合には、その床面積によります。
				区分所有建物である場合には、その区分所有する部分の床面積によります。

－524－

第5章 贈 与 税

の	2 既存住宅用家屋（建築後使用されたことのある住宅用家屋）	① その家屋の床面積の2分の1以上に相当する部分が専ら居住の用に供されるもの（居住の用に供する家屋を2以上有する場合には、主たるものに限ります。）
		② 床面積が50㎡以上であるもの（床面積の判定は1の②に同じ。）
		③ その家屋が取得の日以前20年以内（耐火建築物は25年以内）に建築されたもの又は一定の耐震基準に適合すると証明がなされたものであること。
	3 居住の用に供されている住宅用の家屋について行う増改築等	① 自己が所有し、居住の用に供している家屋（主として居住の用に供すると認められるもの） ② 増改築等の工事費が100万円以上のもの（居住用部分の工事費が全体の工事費の2分の1以上であること） ③ 増改築等後の家屋の床面積の2分の1以上に相当する部分が専ら居住の用に供されるもの ④ 増改築等後の床面積が50㎡以上であるもの（床面積の判定は1の②に同じ。） ⑤ 増改築等の要件 【一棟の家屋】 　イ 増築、改築、建築基準法第2条第14号に規定する大規模の修繕及び同条第15号に規定する大規模の模様替 　ロ 家屋のうち居室、調理室、浴室、便所等の1室の床又は壁の全部について行う修繕又は模様替 　ハ 建築基準法施行令第3章及び第5章の4の規定又は地震に対する安全性に係る基準に適合させるための修繕又は模様替 　ニ 高齢者等が自立した日常生活を営むのに必要な構造及び設備の基準に適合させるための修繕又は模様替 　ホ エネルギーの使用の合理化に資する修繕又は模様替 　ヘ 給水管、排水管又は雨水の侵入を防止する部分（住宅の品質確保の促進等に関する法律施行令第5条第2項に規定する雨水の侵入を防止する部分をいいます。）に係る修繕又は模様替（瑕疵を担保すべき責任の履行に関し保証保険契約が締結されているものに限ります。） 　ト エネルギーの使用の合理化に著しく資する住宅用の家屋、大規模な地震に対する安全性を有する住宅用の家屋又は高齢者等が自立した日常生活を営むのに特に必要な構造及び設備の基準に適合する住宅用の家屋としての基準に適合させるための修繕又は模様替 【区分所有建物】 　イ 建築基準法第2条第5号に規定する主要構造部である床及び最下階の床の過半又は主要構造部である階段の過半について行う修繕又は模様替 　ロ 間仕切壁の室内に面する部分の過半について行う修繕又は模様替で間仕切壁の一部について位置の変更を伴う

－ 525 －

第5章 贈　与　税

		もの
		ハ　主要構造部である壁の室内に面する部分の過半について行う修繕又は模様替で壁の過半について遮音又は熱の損失の防止のための性能を向上させるもの
		ニ　【一棟の家屋】のロ〜ト

(参考)　1　「増築」とは、一の敷地内にある既存の家屋を棟続きで床面積を増加させること又は別棟扱いで床面積を増加させることをいいます。
　　　　2　「改築」とは、家屋の全部又は一部を除却し又はこれらの部分が災害等によって消失した後、引き続きこれと用途、規模及び構造の著しく異ならない家屋を建てることをいいます。
　　　　3　「修繕」とは、既存の建築物の部分に対して、おおむね同様の形状、寸法、材料により行われる工事をいいます。
　　　　4　「模様替」とは、おおむね同様の形状、寸法によるが、材料、構造種別等は異なるような既存の建築物の部分に対する工事をいいます。

【解説】 相続時精算課税選択の特例の適用の対象となる住宅用家屋等の範囲は、上記のとおりですが、特例の対象となる住宅用家屋の取得等に当たっては、次の点に注意してください。

1 (1)　住宅用家屋の新築又は取得の場合

① 　住宅用家屋の新築は、住宅取得等資金を贈与により取得した翌年の3月15日までに行わなければなりませんが、同日において屋根（その骨組みを含みます。）を有し、土地に定着した建造物として認められる時以後の状態（新築に準ずる状態）であれば同日までに新築されたものとされます（措規23の6①）。

② 　住宅用家屋の取得とは、売主から住宅用家屋の引渡しを受けたことをいいます。したがって、いわゆる建売住宅や分譲マンションについては、売買契約が締結されている場合又はこれらの建物が①の新築に準ずる状態にある場合であっても、住宅取得等資金を贈与により取得した翌年の3月15日までに引渡しを受けていない限り、相続時精算課税選択の特例の適用はありません（相措通70の3-8）。

③ 　住宅用家屋の新築又は取得とともにするその敷地の用に供されている土地等を例示すると、次のとおりとなります（相措通70の3-2）。

(イ)　住宅用家屋の新築の場合

・家屋の新築請負契約と同時に締結された売買契約又は家屋の新築請負契約を締結することを条件とする売買契約によって取得した土地等

・家屋を新築する前に取得したその家屋の敷地の用に供されることとなる土地等

(ロ)　住宅用家屋の取得の場合

－ 526 －

第5章　贈　与　税

　　　家屋とその敷地を同時に取得する売買契約によって取得したいわ
　　ゆる建売住宅の土地等、分譲マンションの土地等

(2) 既存住宅用家屋の取得の場合

①　既存住宅用家屋の取得とは、売主から既存住宅用家屋の引渡しを受け
　たことをいいます。したがって、売買契約が締結されていても、住宅取得
　等資金を贈与により取得した翌年の3月15日までに引渡しを受けていない
　限り、相続時精算課税選択の特例の適用はありません（相措通70の3-8）。

②　既存住宅用家屋の取得とともにするその敷地の用に供されている土地
　等とは、家屋とその敷地を同時に取得する売買契約によって取得したも
　のをいいます（相措通70の3-2）。

③　既存住宅用家屋は、その家屋が取得の日以前20年以内（耐火建築物は
　25年以内）に建築されたもの又は一定の耐震基準に適合すると証明がな
　されたものでなければ相続時精算課税選択の特例の適用はありません
　（措令40の5③）。なお、耐火建築物とは、建物の主たる部分の構成材
　料が石造、れんが造、コンクリートブロック造、鉄骨造、鉄筋コンクリ
　ート造又は鉄骨鉄筋コンクリート造の建物をいいます（措令40の5②、
　措規23の6③）。

(3) 居住の用に供されている住宅用家屋について行う増改築等の場合

①　住宅用の家屋について行う増改築等は、住宅取得等資金を贈与により
　取得した日の翌年の3月15日までに完了しなければなりませんが、同日
　において屋根（その骨組みを含みます。）を有し、その家屋と一体とな
　って土地に定着した建造物として認められる時以降の状態（増改築等の
　完了に準ずる状態）であれば同日までに増改築等が完了されたものとさ
　れます（措規23の6②）。

②　家屋（マンションの場合は、区分所有されている部分をいいます。）
　の増改築等の工事に要した費用の額の判定は、その家屋の工事に要した
　費用の額の総額により判定します（相措通70の3-10）。

　(注)1　その家屋の一部が店舗として使われる場合など住宅取得等資金の贈与を受
　　　　けた者の居住の用以外に供されているもの又は供されるものであるときに
　　　　は、その工事に要した費用の額には、その居住の用に供されていない部分又
　　　　は供されない部分の工事に要した費用の額も含まれます。

　　　2　その家屋が2人以上の者で共有されているものにあっては、住宅取得等資
　　　　金の贈与を受けた者以外の共有持分の部分の工事に要した費用の額もその工
　　　　事に要した費用の額に含まれます。

－527－

第5章 贈　与　税

2　住宅用家屋の床面積の判定
(1)　床面積要件の判定
　住宅用家屋の床面積が50㎡以上であるかどうかの判定は次のとおり判定します（相措通70の3-5）。
　① 戸建の場合、登記簿上の床面積（家屋の各階又はその一部で壁その他の区画の中心線で囲まれた部分の水平投影面積）をいい、その家屋が2以上の階を有する家屋であるときは、各階の床面積の合計となります。
　② マンションの場合、区分所有する登記簿上の床面積（建物の区分所有等に関する法律第2条第3項に規定する専有部分の床面積（登記簿上表示される壁その他の区画の内側線で囲まれた部分の水平投影面積）をいいます。
　(注)　床面積（専有部分の床面積）には、数個の専有部分に通じる廊下、階段室、エレベータ室、屋上等の部分の床面積は含まれません。
(2)　店舗兼住宅の場合の床面積要件の判定
　次に掲げる家屋（マンションの場合は、区分所有されている部分をいいます。）については、それぞれに掲げる床面積により判定します（相措通70の3-6）。
　① その家屋の一部が住宅取得等資金の贈与を受けた者の居住の用以外の用に供されている（店舗兼住宅等）の場合、その居住の用以外の用に供されている部分の床面積を含めた家屋全体の床面積（相続時精算課税選択の特例が適用されるのは、その家屋の床面積の2分の1以上に相当する部分が専ら居住の用に供されているものに限られます。）により判定します。
　② その家屋が2人以上の者の共有となっている場合、その家屋全体の床面積により判定します。

－528－

第5章 贈 与 税

贈与資金を土地の取得の対価に充てた場合の相続時精算課税選択の特例の適用

【問5-77】平成30年5月に駅近くの土地が売りに出され、価格も手ごろ
なので購入を検討しています。土地を購入後直ちに家屋を建築するつ
もりですが、まずは父から2,000万円の贈与を受けて土地を購入して
おいて、その後、銀行ローンで家屋を建てようと思っています。父は
まだ59歳なので、相続時精算課税は適用できないと思っていたとこ
ろ、住宅取得等資金の贈与の場合は贈与者が60歳未満でも相続時精算
課税を選択できると聞きました。
　私のように、住宅用の土地を購入するための資金の贈与について
も、相続時精算課税の適用はできますか。

【答】あなたのように贈与を受けた住宅取得等資金の全額を先行して取得す
る土地の取得対価に充てた場合も、相続時精算課税の適用はできます。
【解説】平成23年1月1日以降については、住宅用家屋の取得に先行して行
うその敷地の用に供されることとなる土地等の取得のための対価に充てた場
合も、住宅取得等資金と認めることとされました。
　ただし、この場合においても、特定受贈者が贈与により住宅取得等資金の
取得をした日の属する年の翌年3月15日までにその住宅用家屋の新築がされ
ない場合には、この規定の適用はありません。
※　【問5-106】住宅取得等資金の贈与税の非課税の特例（措法70の2）における住
　宅用家屋の新築若しくは取得とともに取得するその敷地の用に供されている土地若
　しくは土地の上に存する権利についても、この取扱いと同様です（相措通70の2-3）。

相続時精算課税選択の特例の適用手続

【問5-78】相続時精算課税選択の特例を適用するときの贈与税の申告書
には、どのような書類を添付すればよいのでしょうか。

【答】相続時精算課税選択の特例（【問5-75】）を適用するときの贈与税の申
告に当たっては、「相続時精算課税選択届出書」及び【問5-59】に掲げる書類
のほか次の書類を贈与税の申告書に添付し提出しなければなりません（相令
5②、相規11①、措法70の3⑧、措規23の6④⑤⑨）。
1　住宅取得等資金の贈与を受けた人で、住宅用家屋の新築又は取得（既存
　住宅用家屋の取得を含む。）をする者

－529－

第5章 贈　与　税

　次に掲げる区分に応じ、下表の○を付した書類を申告書に添付して提出する必要があります。

イ　住宅取得等資金の贈与を受けた年の翌年の３月15日までに住宅用家屋の新築又は取得をして居住の用に供した場合

ロ　住宅取得等資金の贈与を受けた年の翌年の３月15日までに住宅用家屋の新築又は取得をし、同日後遅滞なく居住の用に供することが確実であると認められる場合

ハ　住宅取得等資金の贈与を受けた年の翌年の３月15日までに住宅用家屋が新築に準ずる状態である場合

	イ	ロ	ハ	提　出　書　類
1	○	○	○	住宅取得等資金の贈与を受けた日の属する年分のその贈与者に係る贈与税の課税価格及び贈与税の額その他の贈与税の額の計算に関する明細書（「**相続時精算課税の計算明細書（申告書第二表）**」に必要事項を記載します。）
2	○	○		新築又は取得をした**住宅用家屋に関する登記事項証明書**（取得した住宅用の家屋が建築後使用されたことのある家屋で、登記事項証明書によって床面積等が明らかでないときには、これらを明らかにする書類、一定の耐震基準に適合するものとして証明を受ける家屋である場合にはその要件を満たすものであることを証する書類（耐震基準適合証明書）も必要となります。） ※　住宅取得等資金によりその住宅用家屋の新築又は取得とともにその敷地の用に供されている土地等を取得する場合には、その「**土地等に関する登記事項証明書等**」も併せて提出します。
3	○	○	○	住宅用家屋（その敷地の用に供されている土地等を取得する場合は、その土地等の取得を含みます。）を措置法令第40条の５第６項各号に掲げる者以外の者から取得等をしたことを明らかにする書類 ※　上記の内容が登記事項証明書等で明らかになる場合は、登記事項証明書等で差し支えありません。
4		○		**住宅用家屋の新築又は取得後直ちに居住の用に供することができない事情及び居住の用に供する予定時期を記載した書類**
5		○		住宅用家屋を遅滞なく居住の用に供することを約する書類
6			○	住宅用家屋の新築の**工事の請負契約書その他の書類**でその家屋が住宅用家屋に該当することを明らかにするもの**又はその写し**
7			○	住宅用の家屋が新築に準ずる状態にあることを証するこの**工事を請け負った建設業者等の書類**で、この工事の完了予定年月日の記載があるもの

第5章 贈　　与　　税

| 8 | | | ○ | 住宅用の家屋を遅滞なく居住の用に供すること及び居住の用に供したときは遅滞なくその家屋に関する登記事項証明書を**所轄税務署長に提出することを約する書類**で、居住の用に供する予定時期の記載のあるもの
※　住宅用の家屋を居住の用に供したときには、遅滞なく**登記事項証明書**を提出します。 |

2　住宅取得等資金の贈与を受けた人で、住宅用の家屋の増改築等をする者

下表の○を付した書類を申告書に添付して提出する必要があります。

イ　住宅取得等資金の贈与を受けた年の翌年の3月15日までに家屋の増改築等をし、居住の用に供した場合

ロ　住宅取得等資金の贈与を受けた年の翌年の3月15日までに居住の用に供している家屋の増改築等をしたが居住の用に供することが確実であると認められる場合

ハ　住宅取得等資金の贈与を受けた年の翌年の3月15日において家屋が増改築等の完了に準ずる状態にある場合

	イ	ロ	ハ	提　　出　　書　　類
1	○	○	○	住宅取得等資金の贈与を受けた日の属する年分のその贈与者に係る贈与税の課税価格及び贈与税の額その他の贈与税の額の計算に関する明細書（「**相続時精算課税の計算明細書（申告書第二表）**」に必要事項を記載します。）
				居住の用に供している家屋の増改築等に係る工事が、次に掲げるいずれかの工事に該当するものであることを証する書類 　a　その工事が増築、改築、建築基準法第2条第14号に規定する大規模の修繕又は同条第15号に規定する大規模の模様替である場合には、建築主事から交付を受けた建築基準法第6条第1項に規定する**確認済証の写し**、建築主事等から交付を受けた建築基準法第7条第5項に規定する**検査済証の写し**又は**増改築等工事証明書** 　b　その工事が区分所有建物について行う次に掲げるいずれかの修繕又は模様替である場合には、**増改築等工事証明書** 　　①　その区分所有する部分の主要構造部である床及び最下階の床の過半又は主要構造部である階段の過半について行う修繕又は模様替 　　②　その区分所有する部分の間仕切壁の室内に面する部分の過半について行う修繕又は模様替（その間仕切壁の一部について位置の変更を伴うものに限ります。） 　　③　その区分所有する部分の主要構造部である壁の室内に面する部分の過半について行う修繕又は模様替（その修繕又は模様替に係る壁の過半について遮音又は熱の損失の防止のための性能を向上させるものに限ります。）

第5章 贈 与 税

2	○	○	c その工事が家屋（区分所有建物については贈与を受けた人が区分所有する部分に限ります。）のうち居室、調理室、浴室、便所、洗面所、納戸、玄関、廊下の一室の床又は壁の全部について行う修繕又は模様替である場合には、**増改築等工事証明書** d その工事が家屋について行う次の規定又は基準に適合させるための修繕又は模様替である場合には、建築士から交付を受けた**増改築等工事証明書** 　① 建築基準法施行令第3章及び第5章の4の規定 　② 地震に対する安全上耐震関係規定に準ずるものとして国土交通大臣が定める基準 e その工事が家屋について行う高齢者等が自立した日常生活を営むのに必要な構造及び設備の基準に適合させるための修繕又は模様替である場合には、**増改築等工事証明書** f その工事が家屋について行うエネルギーの使用の合理化に資する修繕又は模様替である場合には、**増改築等工事証明書** g その工事が家屋について行う給水管、排水管又は雨水の浸入を防止する部分（住宅の品質確保の促進等に関する法律施行令第五条第二項に規定する雨水の浸入を防止する部分をいいます。）に係る修繕又は模様替（瑕疵を担保すべき責任の履行に関し保証保険契約が締結されているものに限ります。）である場合には、**増改築等工事証明書及びリフォーム工事瑕疵担保責任保険契約が締結されていることを証する書類** h その工事が家屋について行うエネルギーの使用の合理化に著しく資する住宅用家屋、大規模な地震に対する安全性を有する住宅用家屋または高齢者等が自立した日常生活を営むのに特に必要な構造及び設備の基準に適合させるための修繕又は模様替である場合には、**増改築等工事証明書**
3	○	○	**増改築等をした家屋**（増改築等家屋といいます。）**に関する登記事項証明書** 　ただし、その登記事項証明書により、その増改築等家屋が次のいずれかに該当すること（その家屋の床面積の2分の1以上に相当する部分が専ら居住の用に供されるものに限ります。）が明らかでない場合には、それを明らかにする書類又はその写しの提出が必要となります。 　① 一棟の家屋で床面積が50㎡以上であること 　② 区分所有建物でその区分所有する部分の床面積が50㎡以上であること ※ 住宅取得等資金によりその増改築等とともにその敷地の用に供されている土地等を取得する場合には、その「**土地等に関する登記事項証明書**」も併せて提出します。
4	○	○	増改築等家屋の増改築等に係る**工事の請負契約書その他の書類**で、その増改築等した年月日並びにその増改築等に係る工事に要した費用の額及びその明細を明らかにするもの**又はその写し**

－532－

第5章 贈 与 税

5	○	○	○	措置法令第40条の5第6項各号に掲げる者以外の者との請負契約その他の契約に基づき増改築等（増改築等とともにするその敷地の用に供されることとなる土地等の取得を含みます。）をしたことを明らかにする書類 ※ 上記の内容が登記事項証明書等で明らかになる場合は、登記事項証明書等で差し支えありません。
6		○		**増改築後直ちに増改築等家屋を居住の用に供することができない事情及び居住の用に供する予定時期を記載した書類**
7		○		増改築等家屋を遅滞なく居住の用に供することを**約する書類**
8			○	増改築等をしている家屋が次に該当すること（その家屋の床面積の2分の1以上に相当する部分が専ら居住の用に供されるものに限ります。）を明らかにする**工事の請負契約書その他の書類又はその写し** ① 一棟の家屋で床面積が50㎡以上であること ② 区分所有建物でその区分所有する部分の床面積が50㎡以上であること
9			○	増改築等をしている家屋の増改築等に係る工事の状態が、増築又は改築部分の屋根（屋根の骨組みを含みます。）を有し、既存の家屋と一体となって土地に定着した建造物と認められる時以後の状態にあることを証するこの**工事を請け負った建設業者等の書類**で、この工事の完了予定年月日の記載があるもの
10			○	増改築等に係る工事が完了したとき（増改築等家屋を居住の用に供した時が増改築等に係る工事が完了した時より後になる場合には、居住の用に供したとき）は遅滞なく上記2から5の書類を**所轄税務署長に提出することを約する書類** ※ 増改築等に係る工事が完了したとき又は居住の用に供したときは遅滞なく上記2から5の書類を提出します。

相続時精算課税選択の特例の適用後に贈与を受けた場合の取扱い

【問5-79】私（25歳）は、今年、父（55歳）から住宅取得等資金の贈与を受け、相続時精算課税選択の特例を受けようと思っています。仮に3年後に、父から住宅取得等資金以外の贈与を受けた場合、父は58歳となり60歳未満ですので、相続時精算課税は適用されないのでしょうか。

【答】相続時精算課税を適用して贈与税の申告をすることになります。

【解説】住宅取得等資金の贈与を受けた者が、相続時精算課税選択の特例の適用を受けた場合には、その特例の対象となる住宅取得等資金の贈与のあった年分以降、その特例に係る特定贈与者からの贈与を受けた財産について

— 533 —

第 5 章 贈 与 税

は、たとえ特定贈与者が60歳に達していなくとも財産の種類にかかわらず、すべて相続時精算課税の適用を受けることとなります（措法70の3②、相法21の9③、相措通70の3－4）。

(注) 相続時精算課税選択の特例に係る特定贈与者から同一年中に住宅取得等資金の贈与とそれ以外の財産の贈与があった場合において、その住宅取得等資金以外の財産の贈与がその住宅取得等資金の贈与以前にあったとしても、その住宅取得等資金について相続時精算課税選択の特例の適用を受ける場合には、その住宅取得等資金以外の財産についても相続時精算課税が適用されることになります（相措通70の3－4）。相続時精算課税選択の特例は、平成33年12月31日までに住宅取得等資金の贈与を受けた場合に適用することができます（【問5－75】参照）。

相続時精算課税を適用して賃貸アパートの贈与を受けた場合

> 【問5-80】私は、今年父から賃貸アパート（土地と建物）の贈与を受け、相続時精算課税を選択しました。ところで、その際、父が賃借人から預かった敷金に相当する現金200万円についても同時に贈与を受けました。私の場合、贈与税の申告はどのようにしたらよいでしょうか。

【答】賃貸アパートについては、相続税評価額により評価して、贈与税の申告をすることとなります。なお、敷金相当額に対応する200万円は、債務承継部分と相殺になるため、申告に計上する必要はありません。

【解説】敷金とは、不動産の賃借人が、賃料その他の債務を担保するために契約成立の際、あらかじめ賃貸人に交付する金銭（権利金と異なり、賃貸借契約が終了すれば賃借人に債務の未払いがない限り返還されます。）であり、その法的性格は、停止条件付返還債務である（判例・通説）とされています。

　また、賃貸中の建物の所有権の移転があった場合には、旧所有者に差し入れた敷金が現存する限り、たとえ新旧所有者間に敷金の引継ぎがなくても、賃貸中の建物の新所有者は当然に敷金を引き継ぐ（判例・通説）とされています。

　ところで、あなたの場合のように、旧所有者（あなたのお父さん）が賃借人に対して敷金返還義務を負っている状態で、新所有者（あなた）に対し賃貸アパートを贈与した場合には、法形式上は、負担付贈与に該当しますので、賃貸アパートの負担付贈与と、現金の贈与をしたとも考えられます。

　しかし、その敷金返還債務に相当する現金の贈与を同時に行っている場合には、一般的にその敷金返還債務を承継させる意図が贈与者・受贈者間においてなく、実質的な負担はないと認定することができますので、実質的に負

－534－

第5章 贈　　与　　税

担付贈与に当たらないと解するのが相当です。なお、実質的に負担付贈与に
該当しないことから、お父さんに対しても譲渡所得の課税は生じません。

贈与税の申告内容の開示

> **【問5-81】**相続時精算課税制度の導入に伴い、贈与税の申告内容につい
> て開示の請求ができると聞きましたが、どのような場合にできるので
> すか。

【答】相続又は遺贈（相続時精算課税の適用を受ける財産に係る贈与を含み
ます。以下同じ）により財産を取得した者は、他の共同相続人等（その相続
又は遺贈により財産を取得した他の者をいいます。以下同じ）がある場合に
は、被相続人に係る相続税の期限内申告書、期限後申告書若しくは修正申告
書の提出又は更正の請求に必要となるときに限り、他の共同相続人等がその
被相続人から相続開始前3年以内に取得した財産又は他の共同相続人等がそ
の被相続人から取得した相続時精算課税の適用を受けた財産に係る贈与税の
申告書に記載された贈与税の課税価格（贈与税について修正申告書の提出又
は更正若しくは決定があった場合には、その修正申告書に記載された課税価
格又は更正若しくは決定後の贈与税の課税価格）の合計額について、開示の
請求をすることができます（相法49①）。

　なお、①相続税の申告書を提出すべき者がその申告書の提出前に死亡した
場合において、国税通則法第5条の規定により相続税の納付義務を承継した
者、②相続税法第21条の17第1項及び第21条の18第1項の規定により相続時
精算課税の適用に伴う権利義務を承継した者についても、開示の請求ができ
ます（相基通49-1）。

　これは、平成15年1月1日以後に贈与により取得した財産に係る贈与税の
申告書に記載された贈与税の課税価格について適用されます（平15附則21）。

－535－

第5章　贈　与　税

第7節　税額の計算と納付

暦年課税の場合の贈与税額の計算

【問5-82】私は今年10月に叔父が保険料を負担していた簡易生命保険が
満期になり郵便局で300万円を受け取りました。その他に今年6月に
叔母から定期預金500万円の贈与を受けています。贈与税をどのよう
に計算すればよいのでしょうか。

【答】贈与税の税額は、配偶者控除（【問5-46】参照）及び基礎控除後の課税
価格に次に示した税率表の各階級に区分した税率を乗じて計算します。この
税率も所得税や相続税の税率と同じように、課税価格が一定の金額を超える
に従って、適用される税率が高くなるという超過累進税率となっています。

したがって、この税率表によって税額を計算する場合には、配偶者控除及
び基礎控除後の課税価格を各ランクに区分し、各ランクに対応する税率を適
用して算出した金額を合計して、贈与税額を求めます（相法21の7）。

贈与税の税率表（一般税率）

200万円以下の金額	10%	600万円を超え、1,000万円以下の金額	40%
200万円を超え、300万円以下の金額	15%	1,000万円を超え、1,500万円以下の金額	45%
300万円を超え、400万円以下の金額	20%	1,500万円を超え、3,000万円以下の金額	50%
400万円を超え、600万円以下の金額	30%	3,000万円を超える金額	55%

あなたの場合、贈与税の税額の計算は次のようになります。

（満期保険金）（定期預金）
今年中の受贈額合計　300万円 ＋ 500万円 ＝800万円

（基礎控除額）
800万円 － 110万円 ＝ 690万円

690万円を順次、上記の税率表に当てはめて計算すると次のとおりです。

$$
\begin{aligned}
&200万円×10\% = 20万円 \\
&100万円×15\% = 15万円 \\
&100万円×20\% = 20万円 \\
&200万円×30\% = 60万円 \\
&90万円×40\% = 36万円
\end{aligned}
\quad 計　151万円
$$

－536－

第5章 贈　　与　　税

　このような計算を簡略化するため、次のような速算表によって贈与税額を
求めることができます。

【一般贈与財産の贈与税の速算表】（平成27年1月1日以後適用）

基礎控除、配偶者控除後の課税価格	税　率	控除額
200万円以下	10%	――
200万円超　300万円以下	15%	10万円
300万円超　400万円以下	20%	25万円
400万円超　600万円以下	30%	65万円
600万円超1,000万円以下	40%	125万円
1,000万円超1,500万円以下	45%	175万円
1,500万円超3,000万円以下	50%	250万円
3,000万円超	55%	400万円

（注）　【問5-83】の特例税率の適用がある財産のことを「特例贈与財産」といい、特
　　例税率の適月がない財産（一般税率の適用がある財産）のことを「一般贈与財産」
　　といいます。

　690万円×40％−125万円＝151万円

　なお、算出した税額に100円未満の端数があるとき、又はその全額が100円
未満のときは、その端数又はその全額を切り捨てます。

直系尊属から贈与を受けた場合の贈与税の税率の特例

【問5-83】私は、今年10月に祖父から現金300万円を受け取りました。
　その他に今年6月に父から定期預金500万円の贈与を受けています。
　贈与税をどのように計算すればよいでしょうか。
　なお、私は、今年1月1日において25歳です。

【答】平成27年1月1日以後に直系尊属からの贈与により財産を取得した受
贈者（ただし、その年の1月1日において20歳以上の者に限ります。）につ
いては、下記の「特例税率」を適用して贈与税を計算します（措法70条の2
の5）。

－537－

第5章 贈 与 税

贈与税の税率表（特例税率）

200万円以下の金額	10%	1,000万円を超え、1,500万円以下の金額	40%
200万円を超え、400万円以下の金額	15%	1,500万円を超え、3,000万円以下の金額	45%
400万円を超え、600万円以下の金額	20%	3,000万円を超え、4,500万円以下の金額	50%
600万円を超え、1,000万円以下の金額	30%	4,500万円を超える金額	55%

あなたの場合、贈与税の税額の計算は次のようになります。

（現金）　（定期預金）
今年中の受贈額合計300万円＋500万円＝800万円

800万円－110万円＝690万円

690万円を順次、上記の税率表に当てはめて計算すると次のとおりです。

$$
\left.\begin{array}{l}
200万円×10\% ＝　20万円 \\
200万円×15\% ＝　30万円 \\
200万円×20\% ＝　40万円 \\
\ 90万円×30\% ＝　27万円
\end{array}\right\} \ 計　117万円
$$

　このような計算を簡略化するため、次のような速算表によって贈与税額を求めることができます。

【特例贈与財産の贈与税の速算表】（平成27年1月1日以後適用）

基礎控除、配偶者控除後の課税価格	税 率	控除額
200万円以下	10%	――
200万円超　400万円以下	15%	10万円
400万円超　600万円以下	20%	30万円
600万円超1,000万円以下	30%	90万円
1,000万円超1,500万円以下	40%	190万円
1,500万円超3,000万円以下	45%	265万円
3,000万円超4,500万円以下	50%	415万円
4,500万円超	55%	640万円

(注)「特例税率」の適用がある財産のことを「特例贈与財産」といい、一般税率の適用がある財産のことを「一般贈与財産」といいます。

690万円×30%－90万円＝117万円

なお、算出した税額に100円未満の端数があるとき、又は、その全額が100

－538－

円未満のときは、その端数又はその全額を切り捨てます。
　この規定の適用を受ける者は、次の必要書類を贈与税の申告書に添付して、納税地の所轄税務署長に提出しなければなりません（措法70の２の５④、措規23の５の５①②）。
　①　贈与税の額の計算に関する明細書
　②　受贈者の戸籍謄本又は抄本その他の書類でその者の氏名、生年月日及びその者が当該贈与をした者の直系卑属に該当することを証するもの（既に②の書類を添付した申告書を提出している場合には、当該申告書を提出した税務署の名称及びその提出に係る年分を記載した書類）
　ただし、贈与税の基礎控除及び配偶者控除後の課税価格が300万円以下である場合には、上記②の書類の提出は要しません。

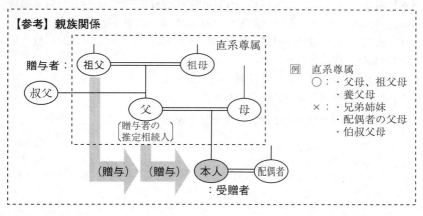

年の中途で直系卑属となった場合の取扱い

【問５-84】私は、平成30年６月に叔父から現金の贈与を受け、同年９月に叔父と養子縁組をしました。その後、11月になって、その叔父（養父）から土地の贈与も受けました。直系尊属から贈与を受けた場合の贈与税の税率の特例の適用を受ける場合、平成30年分の贈与税の計算はどのようになりますか。

【答】その年の１月１日において20歳以上の者が、贈与により財産を取得した場合において、その年の中途にその贈与をした者の直系卑属となったときは、直系卑属となった時前にその贈与をした者からの贈与により取得した財

第5章 贈　与　税

産については、直系尊属から贈与を受けた場合の贈与税の税率の特例の適用
はありません（措法70の2の5②）。

贈与により一般贈与財産と特例贈与財産を取得した場合の計算

【問5-85】 私は今年10月に祖父が保険料を負担していた簡易生命保険が
満期になり郵便局で300万円を受け取りました。その他に今年6月に
叔父から定期預金500万円の贈与を受けています。贈与税をどのよう
に計算すればよいのでしょうか。
なお、私は今年1月1日において25歳です。

【答】 あなたが祖父から受け取った満期保険金300万円は、特例贈与財産に該
当し、叔父から贈与を受けた定期預金500万円は一般贈与財産に該当します。
　贈与により、一般贈与財産と特例贈与財産を取得した場合における贈与税
額の計算は、次のとおりです。

次の①及び②の合計額 （①＋②＝税額）
一般贈与財産に対応する金額： $a \times \dfrac{A}{C}$ …①
特例贈与財産に対応する金額： $b \times \dfrac{B}{C}$ …②

A：一般贈与財産の価額
B：特例贈与財産の価額
C：合計贈与価額（A＋B）
（※A、B及びCは、課税価格の基礎に算入される価額）
a：合計贈与価額Cについて一般税率を適用して計算した金額
b：合計贈与価額Cについて特例税率を適用して計算した金額

　贈与により②一般贈与財産500万円と⑥特例贈与財産300万円（合計800万
円）を取得したあなたの場合、贈与税の税額の計算は次のようになります。
今年中の受贈額合計300万円＋500万円＝800万円
800万円－110万円＝690万円（基礎控除後の課税価格）
　〔一般税率を適用〕
　　690万円×40％－125万円＝151万円
　〔特例税率を適用〕
　　690万円×30％－90万円＝117万円
②に対応する金額：

－ 540 －

第5章　贈　　与　　税

$$（690万円×40％－125万円）×\frac{500万円}{800万円}=943,750円…①$$

ⓑに対応する金額：

$$（690万円×30％－90万円）×\frac{300万円}{800万円}=438,750円…②$$

①＋②＝<u>1,382,500円</u>（税額）

　なお、算出した税額に100円未満の端数があるとき、又はその全額が100円未満のときは、その端数又はその全額を切り捨てます。

人格のない社団又は財団への寄附金

> **【問5-86】** 私は約20年ほど前から、趣味を同じくする仲間10数名と「郷土史研究会」（代表者私）を主宰し、郷土の歴史を研究してきました。会員も年々増え、この度、研究成果を展示するための史料館を建築するため会員から寄附を募りたいと考えています。建築費用は約500万円で会員1人当たり1万円～5万円程度の寄附金額になります。このような場合、寄附を受ける同会に贈与税が課税されるのでしょうか。

【答】 1人当たりの寄附金額が1万円～5万円程度であり、贈与者ごとの贈与税額は算出されませんので寄附金500万円については贈与税は課税されないことになります。

【解説】 代表者又は管理者の定めのある人格のない社団又は財団が、個人から贈与によって財産を取得した場合においては、その社団又は財団は個人とみなされて贈与税の納税義務者となります。

　人格のない社団又は財団が2人以上の者から財産の贈与を受けた場合には、個人の納税義務者の場合のように贈与を受けた財産の合計額を課税価格としないで、贈与者の異なるごとに、贈与者各1人のみから贈与を受けたものとみなして、それぞれ別々に課税価格を求め、基礎控除を行い、贈与税額を算出しその合計額をもって納付すべき贈与税額とされます（相法66①）。

第5章 贈　与　税

受贈財産が災害によって被害を受けた場合

【問5-87】 私は、今年5月に叔父から建物（相続税評価額300万円）の贈与を受け、所有権移転登記を終えました。

　ところが、同年10月に、台風により当該建物が全壊し、損害保険金200万円を受け取りました。

　この場合、贈与税の計算はどのようになりますか。

【答】 贈与により取得した財産について、震災、風水害、火災等の災害によって、受贈財産価額又は、受贈した動産（金銭及び有価証券を除きます。）、不動産（土地及び土地の上に存する権利を除きます。）及び立木（以下「動産等」といいます。）の価額の10％以上の被害を受けた場合には、次によって贈与税が軽減されます（災免法4、6、災免令11、12）。

(1) 災害が法定申告期限後の場合

　この場合には、災害のあった日以後に納付すべき贈与税額（災害があった日現在において滞納中の税額、延滞税、利子税及び加算税を除きます。）のうち、次の算式で計算した金額が免除されます。

　なお、免除を受けようとする人は、被害の状況、被害額等を記載した申請書を、災害のやんだ日から2か月以内に、納税地の所轄税務署長に提出しなければなりません。

$$
免除額 = \begin{pmatrix} 災害のあっ \\ た日以後に \\ 納付すべき \\ 贈与税額 \end{pmatrix} \times \frac{被害を受けた部分の価額\text{（注）}}{\begin{matrix}課税価格の計算の基礎\\となった財産の価額\end{matrix}}
$$

（注） 保険金、損害賠償金等で補てんされた金額は除きます。

(2) 災害が法定申告期限前の場合

　この場合には、贈与によって取得した財産の価額から、被害を受けた部分の価額（保険金、損害賠償金等で補てんされた金額は除きます。）を控除して課税価格を計算することとされています。

　なお、この特例を適用しようとする人は、贈与税の申告書に、被害の状況、被害額等を記載し、申告期限内に提出しなければなりません。

　ところで、ご質問の場合には、贈与税の法定申告期限前に災害により被害を受けておられますので、贈与税の計算は次のとおりとなります。

① 課税価格の計算

$$
\begin{pmatrix} 受贈財産の価額又は受 \\ 贈した動産等の価額 \end{pmatrix} - \begin{pmatrix} 被害額又は動産等について \\ 被害を受けた部分の価額 \end{pmatrix} \begin{pmatrix} 補てんされた価額 \end{pmatrix}
$$

　　　　300万円　　　－　　　（300万円　－　200万円）＝　200万円

－542－

第5章　贈　　与　　税

② 贈与税額の計算

200万円－110万円（基礎控除額）＝90万円

90万円×10％＝9万円（贈与税額）

(注) 税額の計算は、【問5-82】の速算表参照。

贈与税の期限後申告の特則等により申告があった場合の延滞税

【問5-88】私の父は、平成28年5月に亡くなりました。相続人は、母と
兄と私の3人で、相続税の申告期限までに遺産分割協議が調わず、法
定相続分により申告していました。平成30年6月、遺産分割協議が成
立し、父の遺産については母がすべて相続し、私たち兄弟は何も相続
しないことになりましたので、母は修正申告書を、兄と私は更正の請
求書を9月に提出しました。

　ところで、私は平成28年1月に父から300万円の現金の贈与を受け
ていました。当初相続税の申告をした際には、相続税の計算の中に含
めて申告していましたが、遺産分割協議の成立により、相続財産を取
得しないこととなったため、この300万円については、贈与税の期限
後申告書を提出し、納税も済ませました。私のような事情がある場合
でも、贈与税に延滞税がかかるのでしょうか。なお、私は父からの贈
与について、相続時精算課税の適用は受けていません。

【答】あなたの場合、贈与税について延滞税はかかりません。

【解説】 相続又は遺贈（相続時精算課税に係る贈与を含みます。以下同じ。）
によって財産を取得した者が、被相続人から相続開始の年に暦年課税に係る
贈与を受けた財産（以下「相続開始年の贈与財産」といいます。）については、
贈与税の課税価格に算入されず、相続税の課税価格に加算することとされて
います（相法19、21の2④）が、贈与税の申告期限後において、後発的事由
（相法32①一～六に規定する事由に限ります。）が生じたことにより、その
者が相続又は遺贈により財産を取得しないこととなった場合には、その相続
開始年の贈与財産について贈与税の期限後申告書又は修正申告書を提出する
ことができます（相法30②、31④）。

　相続税の申告期限後に後発的事由が生じたことによる贈与税の期限後申告
書若しくは修正申告書の提出（相法30②、31④）があった場合には、その期
限後申告若しくは修正申告の提出があった日までは延滞税の計算の基礎とな

－543－

第5章 贈　与　税

る期間に算入されません（相法51③一）。

贈与税の連帯納付の義務

> **【問5-89】** 私は、父から土地の贈与を受けましたが、事情があってその
> 土地を弟に贈与しました。ところが私は、最近事業がうまく行かず、
> 資金繰りがつかなくなりました。この場合、贈与税の納付はどのよう
> にすればよいのでしょうか。

**【答】納付できなくなったあなたの贈与税については、お父さんと弟さんが、
連帯納付の義務を負うことになります。**

【解説】 贈与税は、贈与により財産を取得した者が、それぞれ納税義務を負
っています。しかし、納税義務をこれらの者だけに限定してしまうことは、
租税確保上適当でない問題も生じることが予想されます。このため、課税価
格の計算の基礎となった財産について、贈与等による移転があった場合に
は、その取得した者及び財産を贈与した者等について、それぞれ連帯納付の
義務を負わせています。

(1) 相続人の連帯納付の義務……同一の被相続人から相続又は遺贈によって
　財産を取得したすべての者は、被相続人の納付すべきであった贈与税につ
　いて、その相続又は遺贈によって受けた利益の価額に相当する金額を限度
　として、お互いに連帯納付の義務を負うことになっています（相法34②）。

(2) 相続税又は贈与税の課税対象となった財産を贈与等により取得した者の
　連帯納付の義務……相続税又は贈与税の課税価格の計算の基礎となった財
　産について、更に、贈与、遺贈若しくは寄附行為による移転があった場合
　においては、その贈与等によって、財産を取得した者又はその寄附行為に
　より設立された法人は、その贈与、遺贈若しくは寄附行為をした者のその
　財産を課税価格に算入した相続税額に、その財産の価額が、その相続税の
　課税価格に算入された財産のうちに占める割合を乗じて算出した金額に相
　当する相続税又はその財産を課税価格に算入した年分の贈与税額に、その
　財産の価額が、その贈与税の課税価格に算入された財産のうちに占める割
　合を乗じて算出した金額に相当する贈与税について、その受けた利益の価
　額に相当する金額を限度として連帯納付の義務を負うことになっています
　（相法34③）。

(3) 財産を贈与した者の連帯納付の義務……財産を贈与した者は、その贈与

－544－

第5章　贈　　与　　税

により財産を取得した者のその年分の贈与税額のうち、贈与した財産の価額に対応する部分の金額について、贈与した財産の価額に相当する金額を限度として、連帯納付の義務を負うことになっています（相法34④）。
ご質問の場合は、上記の(2)及び(3)に該当することになります。

延納の許可を受けた場合の贈与税の連帯納付の義務

【問5-90】昨年、私は長男に土地の贈与をしました。長男は贈与税の納期限までに金銭で納付することができなかったので、延納の許可を受けているのですが、最近長男の経営する事業の内容が不振でそのため納税資力をなくしてしまいました。この場合、私は長男の贈与税を連帯して納付しなければならないのでしょうか。

【答】**納付できなくなった長男の贈与税については、あなたは贈与した財産の価額に相当する金額を限度として連帯納付の義務を負うことになります。**
【解説】財産を贈与した者は、その贈与により財産を取得した者のその財産を取得した年分の贈与税額にその財産の価額がその贈与税の課税価格に算入された財産の価額のうちに占める割合を乗じて算出した金額として、次の①及び②の金額に相当する贈与税について、その財産の価額に相当する金額を限度として連帯納付の責任があります（相法34④、相令11）。
①　相続時精算課税制度の適用を受ける財産
　　その財産について相続税法第21条の12及び同法第21条の13の規定により計算された贈与税額
②　相続時精算課税制度の適用を受けない財産
　　贈与により財産を取得した者の年分の贈与税額にその財産の価額がその贈与税の課税価格に算入された財産の価額のうちに占める割合を乗じて算出した金額
　なお、延納の許可を受けた相続税については、平成24年度税制改正において連帯納付義務は負わないこととされましたが、延納の許可を受けた贈与税については、従来の制度が維持されているため、連帯納付義務を負うことになります。

－545－

第5章 贈　与　税

贈与税の延納

> 【問5-91】 父から宅地の贈与を受けました。贈与税額200万円を納付しなければなりませんが、サラリーマンの私は、現在預金が100万円あるだけで、とても一時に納付することはできません。分割で納付することはできないでしょうか。

【答】 贈与税の納期限までに税務署長に対して延納の申請をし許可を受ければ、5年以内の範囲で分割して納付することができます。

【解説】 税金は、金銭でもって一時に納付することを原則としていますが、贈与税は財産に対する課税であるという特質から、次の要件に該当する場合に限り、その納付を困難とする金額を限度として、分割で納付する「延納」の制度が設けられています。この場合、延納の適用を受けようとする人は、延納を求める贈与税の納期限までに、又は納付すべき日に、所定の申請書を所轄の税務署長に提出しなければなりません（相法38③、39㉙）。

① 納付すべき贈与税額が10万円を超えていること
② 延納税額に相当する担保の提供があること（延納税額が100万円未満で、かつ延納期間が3年以下である場合は、担保を提供する必要はありません。）
③ 年賦延納期間が5年以内であること
④ 納期限までに又は納付すべき日に金銭で納付することを困難とする事由があること

　なお、延納の許可を受けた贈与税額に対しては、年6.6％の割合で利子税がかかることになります（相法52①）。

　ただし、措法93②の適用がある場合はその割合によります。

－546－

第5章 贈　　与　　税

第8節　農地等についての贈与税の納税猶予及び免除等

農地等についての贈与税の納税猶予及び免除等

【問5-92】私は、今年農業高等学校を卒業し、現在農業に従事している長男（19歳）に農業を継承させようと考えています。この長男に農地を贈与し、贈与税の納税猶予の適用を受けさせたいと考えていますが、適用を受けるための受贈者の要件のひとつに「3年以上引き続いて農業に従事していたこと」というものがあると聞きました。私の長男の場合、農業高等学校に在学していた期間は農業に従事していた期間に含めて判断してもよいのでしょうか。

【答】大学、高等学校等で農業に関する学科を学んだ期間は、その人が農業に従事していた期間に含めて判断しても差し支えありません。

【解説】農地についての贈与税の納税猶予の適用を受けるためには、受贈者は次に掲げる要件のすべてに該当していなければなりません。また、農業委員会（農業委員会を設置しない市町村にあっては市町村長）がこれに該当しているとして証明した個人であることとされています（措令40の6⑥、措規23の7②）。

① 贈与を受ける者は、贈与者の推定相続人のうちの1人で、その贈与のあった日において年齢が、18歳以上であること

② その農地の取得の日まで、3年以上引き続いて農業に従事していたこと

③ その贈与による農地の取得後速やかにその農地に係る農業経営を行うこと

④ 農業委員会の証明の時において効率的かつ安定的な農業経営の基準として農林水産大臣が定めるものを満たす農業経営を行っていること

なお、3年以上引き続いて農業に従事していた期間には、大学、高等学校等で農業に関する学科を学んだ期間及び学生、生徒又は給与所得者等として農繁期及び休祭日等に農業に従事していた期間を含めて判断しても差し支えないものとされています（相措通70の4-11）。

あなたのご長男は、上記の要件の他、贈与者の範囲及び特例の対象となる農地等について次に掲げる要件のすべてを具備している場合には、特例を受けることができますので、納税猶予の適用を受けたい旨を記載した贈与税の

－547－

第5章 贈　　与　　税

期限内申告書の提出と担保の提供の手続を所轄の税務署にしてください。

(1) 贈与者の範囲

贈与者は、贈与の日まで3年以上引き続き農業を営んでいた個人で次に掲げる場合に該当する者以外の者とされています（措法70の4①、措令40の6①）。

イ　贈与をした日の属する年（「対象年」といいます。）の前年以前においてその農業の用に供していた措置法第70条の4第1項に規定する農地をその者の推定相続人に対し贈与している場合であってその農地が相続時精算課税の選択の規定を受けるものであるとき

ロ　対象年において、その贈与以外の贈与により、措置法第70条の4第1項に規定する農地及び採草放牧地並びに準農地の贈与をしている場合

(2) 特例の対象となる農地等

受贈者が、特例の適用を受けることができる農地等は次の要件のすべてに該当する農地、採草放牧地、準農地です（措法70の4①、措令40の6②③④⑤）。

イ　特定市街化区域農地等に該当するもの及び農地法第32条第1項又は第33条第1項の規定による利用意向調査に係る農地で、同法第36条第1項各号に該当するものでないこと（【問4-107】参照）

ロ　農地及び採草放牧地は、贈与者が農業の用に供しているものであること

ハ　この特例の適用対象となる財産は、農地にあってはその全部、採草放牧地及び準農地にあっては、その3分の2以上の面積の土地であること

ニ　贈与税の期限内申告書に、この特例の適用を受ける旨の記載をした農地等であること

なお、平成15年度の税制改正による相続時精算課税制度の創設に伴い、相続時精算課税適用者又はその年中の農地等以外の財産の贈与について相続時精算課税選択届出書を提出しようとする者が、特定贈与者等から贈与により取得した農地等について、納税猶予の適用を受ける場合には、その農地等については、相続時精算課税の適用を受けることはできないこととされています（措法70の4③）。

-548-

第5章 贈　　与　　税

相続時精算課税と贈与税の納税猶予の関係

【問5-93】 私は昨年、次男に農地の一部を贈与し、次男は相続時精算課税の適用を受けて贈与税の申告をしました。

今年は長男に、残りの農地全部を生前一括贈与しようと思っています。長男は、農業を営んでいますので、贈与税の納税猶予の適用を受けることができますか。

【答】過去に農地の一部を次男に贈与した場合、今回あなたが所有する農地を全て長男に贈与したとしても、次男がその農地の贈与について相続時精算課税を適用しているときは、今回の長男への贈与について納税猶予を適用することはできません。

【解説】相続時精算課税制度の導入に伴い、贈与税の納税猶予についても改正が行われ、次に該当する贈与者からの贈与については、贈与税の納税猶予を適用することができなくなりました。

① 　その贈与をした日の属する年（以下「対象年」といいます。）の前年以前に、その農業の用に供していた農地をその者の推定相続人に対し贈与をしている場合であってその農地が相続時精算課税の適用を受けるものであるとき（措令40の6①一）

② 　対象年において、その贈与以外の贈与により農地及び採草放牧地並びに準農地の贈与をしている場合（措令40の6①二）

なお、相続時精算課税適用者又はその年中の農地等以外の財産の贈与について相続時精算課税選択届出書を提出しようとする者が、特定贈与者等から贈与により取得した農地等について、納税猶予の適用を受ける場合には、その農地等については、相続時精算課税の適用を受けることはできないこととされています（措法70の4③）。

第5章 贈　与　税

樹園地について納税猶予を受けた場合の果樹の取扱い

【問5-94】 私は、果樹農業を経営していますが、老齢となりましたので
　長男に継承させようと考えています。果樹が植栽されている農地（樹
　園地）については贈与税の納税猶予の適用を受けたいと思っています
　が、その場合、果樹についての贈与税はどうなりますか。

【答】 農地の受贈に係る贈与税の申告期限までに「農業の経営委譲に係る果
樹についての申出書」を所轄税務署長に提出すれば、果樹についての課税は
相続開始時まで留保されることになります。

【解説】 贈与税の納税猶予の特例の適用対象となる財産は、一定の要件に該
当する農地、採草放牧地、準農地であり、果樹は特例の対象とはなりません。
　したがって、贈与された農地に植栽されている果樹については贈与があっ
たものとして取り扱われます。
　しかし、果樹を有する農家について、納税猶予に該当する農地の贈与が行
われた場合で、その贈与の当事者（贈与者及び受贈者）がその農地に植栽さ
れている果樹について、贈与の留保の取扱いを希望するときは、次の事項を
記載した申出書（農業の経営委譲に係る果樹についての申出書）をその年分
の贈与税の申告期間中に所轄税務署長に提出したものに限り贈与税の課税が
留保されます（相措通70の4-15）。
　①　果樹について贈与の留保を希望する旨
　②　贈与者が死亡した場合は当該果樹の贈与時の相続税評価額を贈与者を
　　被相続人とする相続財産価額に算入する旨
　③　当該農地等の所在地番、地目及び面積
　④　③のうち果樹が植栽されている農地の面積並びに果樹の樹種、樹齢、
　　本数及び相続税評価額

－550－

第5章 贈　　与　　税

負担付贈与の場合の納税猶予

【問5-95】父から農地の贈与を受けますが、父には農機具等の購入代金の未払分や借入金250万円があります。父の経営の全部を引き継ぐという意味からこれらの負債を私が負担することとしたいと思います。

　この農地に係る贈与税について納税猶予の適用を受けることができますか。

【答】**負担付贈与により取得した農地であっても要件が具備されている場合には、納税猶予の適用を受けることができます。**

【解説】お尋ねの場合は、あなたのお父さんの債務負担を条件として農地の贈与を受けるといういわゆる負担付贈与に当たります。この場合の贈与税の課税価格に算入すべき価額は、贈与を受けた時における通常の取引価額からその負担額を控除した価額となります。

　なお、特例農地の面積は、贈与を受けた農地の面積そのままとされます（贈与を受けた農地の面積にその農地の価額のうちに負担額の占める割合を乗じて計算した面積に圧縮することはしません。）。

納税猶予の適用を受ける場合の贈与税の計算(1)

【問5-96】私は、農業に従事しており、近く父が農耕している農地の全部（80アール）と宅地（300㎡）の贈与を受けることになりました。農地について、納税猶予の適用を受けた場合、贈与税の計算はどのようになりますか。

　なお、私は贈与を受けた年の1月1日において30歳です。

【答】贈与を受けた土地の価額は、「財産評価基本通達」に基づいて評価することにしていますが、これにより評価した土地の価額が、仮に農地8,000万円、宅地900万円としますと贈与税の計算は、次のようになります（【問5-83】の速算表参照）。

(1) その年分の贈与税額

$$\underset{\left(\substack{贈与を受ける農地と\\宅地の価額の合計額}\right)}{課税価格\quad 8,900万円} \;-\; \underset{\left(\substack{贈与税の\\基礎控除}\right)}{110万円} \;=\; 8,790万円$$

－551－

第5章 贈 与 税

納付税額 $\underset{\substack{\text{基礎控除後}\\\text{の課税価格}}}{8,790万円}\times\underset{\text{(特例税率)}}{55\%}-\underset{\text{(控除額)}}{640万円}=4,194万5,000円$

(2) 納期限内に納付すべき贈与税額

課税価格 $\left(\underset{\substack{\text{贈与を受ける農地と}\\\text{宅地の価額の合計額}}}{8,900万円}-\underset{\substack{\text{贈与を受ける}\\\text{農地の価額}}}{8,000万円}\right)-\underset{\substack{\text{贈与税の}\\\text{基礎控除}}}{110万円}=790万円$

納付税額 $\underset{\substack{\text{基礎控除後}\\\text{の課税価格}}}{790万円}\times\underset{\text{(特例税率)}}{30\%}-\underset{\text{(控除額)}}{90万円}=147万円$

(3) 納税猶予される贈与税額

$$4,194万5,000円 - 147万円 = 4,047万5,000円$$

納税猶予の適用を受ける場合の贈与税の計算(2)

【問5-97】 父から、農地の贈与を受け、納税猶予の特例を受けましたが、その後、特例適用農地の一部を次のとおり、数回にわたって譲渡しました。この場合、納税猶予を受けている贈与税の取扱いはどうなりますか。

① 贈与により取得した農地150アール（贈与時における価額1,500万円）

② 納税猶予額6,695千円

③ 特例適用農地の譲渡

イ 第1回譲渡 農地5アール（贈与時における価額50万円）

ロ 第2回譲渡 農地8アール（贈与時における価額80万円）

ハ 第3回譲渡 農地8アール（贈与時における価額80万円）

　　 譲渡収入金額の全額400万円について、全額買換えの承認を受け、代替取得農地5アールを取得した。

ニ 第4回譲渡

　　 上記ハによって、取得した代替取得農地5アールの全部を友人に譲渡した。

【答】 納税猶予の特例を受けている農地について、任意に譲渡をした場合には、特例農地の面積の20%を超えているときは、贈与税の全部について、納税猶予が打ち切られることになります。譲渡する面積が、特例農地の面積の20%以下のときは、猶予税額のうち、その譲渡に対応する部分に相当する額

－552－

第５章　贈　　与　　税

の納税猶予が打ち切られます。なお、納税猶予が打ち切られた贈与税は、その譲渡があった日の翌日から２か月を経過する日までに贈与税の申告期限の翌日からの利子税とともに納付しなければならないこととされています。

　あなたの場合、譲渡によって納税猶予が打ち切られることとなる贈与税額は次のとおりとなります。

(1) 第１回譲渡による納税猶予打切（納付）税額

　イ　譲渡をした特例適用農地の面積が100分の20を超えるかどうかの計算

$$\frac{今回譲渡した特例適用農地の面積}{特例適用農地の受贈時の面積} = \frac{5アール}{150アール} < \frac{20}{100}$$

　　したがって、この場合には、譲渡をした特例適用農地の面積が100分の20を超えることにならないので、納税猶予税額のうち、譲渡をした特例適用農地の価額に対応する部分の税額だけを納付すればよいこととなります（措法70の４④）。

　ロ　納付税額の計算

$$納税猶予税額 \times \frac{譲渡があった特例適用農地の受贈時の価額}{特例適用農地の受贈時の価額} = 6,695千円 \times \frac{50万円}{1,500万円}$$

$$= 223,100円（100円未満の端数切捨て）$$

(2) 第２回譲渡による納税猶予打切（納付）税額

　イ　譲渡をした特例適用農地の面積が100分の20を超えるかどうかの計算

$$\frac{今回譲渡した特例適用農地の面積 + 既往において譲渡した特例適用農地の面積}{特例適用農地の受贈時の面積} = \frac{8アール + 5アール}{150アール}$$

$$= \frac{13アール}{150アール} < \frac{20}{100}$$

　ロ　納付税額の計算

$$6,695千円 \times \frac{80万円}{1,500万円} = 357,000円（100円未満切捨て）$$

(3) 第３回譲渡による納税猶予打切（納付）税額

　　譲渡対価の全額をもって、代替取得農地を取得しているので、譲渡による納税猶予打切（納付）税額は算出されません。

(参考)　仮に、第３回譲渡における譲渡対価400万円のうち300万円だけについて買換えの承認を受け、300万円を代替取得農地等の取得に充てたときは、第３回譲渡による納税猶予打切（納付）税額は、次のようになります。

　　イ　譲渡をした特例適用農地の面積が100分の20を超えるかどうかの判定

－ 553 －

第5章 贈 与 税

$$\frac{\text{今回譲渡した特例}}{\text{適用農地の面積(A)}} + \frac{\text{既往において譲渡した}}{\text{特例適用農地の面積}} = \frac{2\text{アール}+(5\text{アール}+8\text{アール})}{150\text{アール}}$$

$$= \frac{15\text{アール}}{150\text{アール}} < \frac{20}{100}$$

$$(A) = \frac{\text{買換承認に}}{\text{係る譲渡農}} \times \frac{\substack{(B)\text{のうち代替農地等の取得} \\ \text{に充てられなかった金額}}}{\text{譲渡対価の額(B)}} = 8\text{アール} \times \frac{100\text{万円}}{400\text{万円}} = 2\text{アール}$$

ロ　納付税額の計算

$$6,695\text{千円} \times \frac{20\text{万円(C)}}{1,500\text{万円}} = 89,200\text{円}　（100円未満切捨て）$$

$$(C) = \frac{\text{買換承認に係る}}{\substack{\text{譲渡農地等の} \\ \text{受贈時の価額}}} \times \frac{\substack{(D)\text{のうち代替農地等の取得} \\ \text{に充てられなかった金額}}}{\text{譲渡対価の額(D)}} = 80\text{万円} \times \frac{100\text{万円}}{400\text{万円}} = 20\text{万円}$$

(4) 第4回譲渡による納税猶予打切（納付）税額

イ　譲渡をした特例適用農地の面積が100分の20を超えるかどうかの計算

$$\frac{\substack{\text{今回譲渡した特例} \\ \text{適用農地の面積}} + \substack{\text{既往において譲渡した} \\ \text{特例適用農地の面積}}}{\substack{\text{特例適用} \\ \text{農地の受} \\ \text{贈時の面} \\ \text{積}} + \left(\substack{\text{代替取} \\ \text{得農地} \\ \text{等の面} \\ \text{積}} - \substack{\text{既往において譲渡等をした特例適用} \\ \text{農地の面積のうち代替取得農地等の} \\ \text{取得により譲渡がなされたものとみ} \\ \text{なされた特例適用農地の面積}} + \substack{\text{左の面積のうち} \\ \text{その後譲渡等が} \\ \text{あったものとみ} \\ \text{なされた面積}}\right)}$$

$$= \frac{5\text{アール}+(5\text{アール}+8\text{アール})}{150\text{アール}+(5\text{アール}-8\text{アール}+0)} = \frac{18\text{アール}}{147\text{アール}} < \frac{20}{100}$$

ロ　納付税額の計算

$$6,695\text{千円} \times \frac{80\text{万円}}{1,500\text{万円}} = 357,000\text{円}　（100円未満切捨て）$$

(注)　譲渡をした農地が、既往の買換えによる代替取得農地である場合の「譲渡があった特例適用農地の受贈時の価額」は、次の算式により計算した金額によります。

$$\substack{\text{買換えの承認に係る} \\ \text{譲渡等の特例適用農} \\ \text{地等の受贈時の価額}} \times \frac{\substack{\text{分母の価額のうち、代替取得農} \\ \text{地等の取得に充てられた金額}}}{\substack{\text{当該買換えの承認に係る譲渡等} \\ \text{の対価の額}}}$$

したがって、あなたの場合の当該金額は、譲渡対価400万円の全額を代替取得農地等の取得に充てていますので、既往の買換えに係る譲渡農地（8アール）の受贈時の価額80万円の全額となりますが、(3)の（参考）に述べました譲渡対価の一部が代替取得農地等の取得に充てられていないケースの場合は、上記ロの算式の分子の80万円は、次の計算により60万円となります。

$$80\text{万円} \times \frac{300\text{万円}}{400\text{万円}} = 60\text{万円}$$

第5章　贈　　与　　税

納税猶予の適用を受けている農地について換地処分が行われた場合

> 【問5-98】贈与税の納税猶予の適用を受けている農地について、数年前から土地区画整理事業が施行されていましたが、この度、換地処分が行われました。この農地について税務上、何か問題があるのでしょうか。なお、清算金の授受はありません。

【答】譲渡所得については、譲渡等はなかったものとみなされますが、納税猶予については「代替農地等の取得等に関する承認申請書」（以下「承認申請書」といいます。）を1か月以内に提出しなければ、納税猶予の期限が確定することになります。

【解説】まず、譲渡所得についてですが、土地区画整理法による土地区画整理事業等が施行された場合において、換地処分により土地等を取得したときは、換地処分等により譲渡した土地等の譲渡がなかったものとみなされます（土地等とともに清算金を取得した場合、清算金の額に対応する部分は除きます。）。

　しかし、所得税の課税上、譲渡がなかったものとみなされたとしても、納税猶予については「譲渡等」に該当し、確定事由となります（措法70の4①一）。

　したがって、換地処分があった日から1か月以内に承認申請書を納税地の所轄税務署長に提出する必要があります（措令40の6㉙）。

贈与税の申告期限と納税猶予（受贈者が申告期限前に死亡した場合）

> 【問5-99】私は、長男へ今年の2月に農地の生前一括贈与をしました。ところが、長男が10月に交通事故で急死しました。この場合、贈与税の申告は、どのようにするのでしょうか。また納税猶予の適用は受けられるのでしょうか。

【答】ご長男の相続人が、相続の開始があったことを知った日の翌日から10か月以内に納税猶予の適用要件を満たした贈与税の申告書を、ご長男の納税地の所轄税務署長に提出した場合には、特例の適用を受けることができます。

【解説】受贈者が、贈与を受けた年の途中で死亡した場合、又はその翌年の

－555－

第5章 贈　与　税

贈与税の申告期限前に、その申告書を提出しないで死亡した場合には、受贈者の相続人は、その相続の開始があったことを知った日の翌日から10か月以内に、死亡した受贈者の提出すべきであった贈与税の申告書を受贈者の納税地の所轄税務署長に提出しなければなりません（相法28②）。

また、贈与税の納税猶予の特例の適用については、提出した申告書が納税猶予の適用要件を満たしている場合に限り、適用があるものとして取り扱われます（相措通70の4-20）。

なお、この場合は受贈者が死亡しているため、納税猶予期限は確定し、所定の手続をすれば、納税猶予額は免除されます（措法70の4㉞）。

納税猶予の適用を受けた農地の転用

【問5-100】 父から農地の贈与を受け、納税猶予の適用を受けていますが、この農地の一部分に温室と農作業場を建てたいと考えています。また、将来この農地を転用して、クリ、ナシなどの果樹園も経営したいと思っています。この場合、これらの土地は農地以外の土地となりますが、農業経営に利用することには変わりありません。既に受けている贈与税の納税猶予はどのようになるのでしょうか。

【答】 納税猶予は継続して適用されます。

【解説】 贈与税の納税猶予の適用を受けた後、その農地を温室又は農作業場の建物の敷地として転用した場合でも農業を引き続き経営するためのものであれば、納税猶予は引き続き受けられます（措令40の6⑨）。しかしその後、これらの敷地を譲渡し又は農作業場等の敷地以外のものに転用（農地又は採草放牧地への転用を除きます。）をした場合には、その時点で納税猶予が打ち切られ、納税猶予の期限が確定することになります。

－556－

第5章　贈　　与　　税

納税猶予の適用を受けている農地等について使用貸借による権利の設定をした場合

> 【問5-101】私は昭和50年に父から農地の一括贈与を受け贈与税の納税
>   猶予の適用を受けています。私はかねてから農業者年金に加入し、掛
>   金を支払ってきましたが、今年60歳になり経営移譲年金の受給資格が
>   できましたので、私の長男に農業経営の移譲をし、年金の支給を受け
>   たいと思っています。経営移譲すると贈与税の納税猶予が打ち切られ
>   贈与税を納付しなければならないことになるのではないかと心配して
>   います。私のような場合はどうなるのか説明してください。

【答】「特例農地等についての使用貸借による権利の設定に関する届出書」に
所要の記載をし、必要な証明書等を添付して設定の日から２か月を経過する
日までに納税地の所轄税務署長に提出すれば、納税猶予の継続適用を受ける
ことができます。

【解説】独立行政法人農業者年金基金法の規定に基づく特例付加年金（同法
附則第６条第３項の規定によりなおその効力を有するものとされる農業者年
金基金法の一部を改正する法律附則第８条第１項の経営移譲年金を含む。）
の支給を受けるため後継者に対し使用貸借権を設定する方法により、農業の
経営移譲をされた場合は、一定の要件を付して納税猶予の継続適用が認めら
れます。

　納税猶予の継続適用を認められるための要件は次のとおりです。なお要件
はそのすべてを満たしていることが必要です（措法70の４⑥）。
(1) 後継者の要件
　　使用貸借権の設定を受ける後継者は受贈者の推定相続人のうちの１人で
　あって次の要件のすべてに該当することについて農業委員会（農業委員会
　を置かない市町村にあっては市町村長）が証明していることが必要です
　（措令40の６⑮）。
　イ　使用貸借権の設定を受けた日における年齢が18歳以上であること
　ロ　使用貸借権の設定を受けた日まで引き続き３年以上農業に従事してい
　　たこと
　ハ　使用貸借権の設定を受けた日後速やかにその農地及び採草放牧地に係
　　る農業経営を行うと認められること
(2) 使用貸借権の設定の要件

－557－

第 5 章 贈 与 税

使用貸借権の設定は、その設定の時の直前において受贈者が有する農地
等で納税猶予の適用を受けているもののすべてについて行われていること
が必要です（措令40の6⑯）。
(3) 受贈者の要件（措令40の6⑰）
　イ　使用貸借権の設定後、受贈者が遅滞なく特例付加年金の支給を受ける
　　ための届出（経営移譲年金の支給を受ける場合にはその請求）をしてい
　　ること
　ロ　使用貸借権の設定をした受贈者がその設定に係る農地等につき、その
　　設定を受けた推定相続人が営むこととなる農業に従事する見込みである
　　こと

**納税猶予の特例の適用を受けている者が農業経営基盤強化促進法に規定する
農用地利用集積計画に定めるところによる賃借権等の設定に基づいて特例農
地等を貸し付けた場合**

【問5-102】贈与税の納税猶予の特例の適用を受けている者が農業経営
　　基盤強化促進法に規定する農用地利用集積計画に定めるところによる
　　賃借権等の設定に基づいて特例農地等を貸し付けた場合で、一定の要
　　件を満たす場合には納税猶予が継続されると聞きましたが、どのよう
　　な場合ですか。

【答】贈与税の納税猶予の特例の適用を受けている受贈者が、特例の適用を
受けている農地等を贈与者の死亡の日前にその農地等の全部又は一部を農業
経営基盤強化促進法に規定する農用地利用集積計画に定めるところによる賃
借権等の設定に基づいて貸し付けた場合において、その貸し付けた農地等
（以下「**貸付特例適用農地等**」といいます。）に代わるものとして、その受
贈者の農業の用に供する農地等を、農業経営基盤強化促進法に規定する農用
地利用集積計画に定めるところによる賃借権等の設定に基づいて借り受けて
おり、かつ、その借り受けている農地等（以下「**借受代替農地等**」といいま
す。）の面積が貸付特例適用農地等の面積の80％以上であること及び賃借権
等の設定が次の①及び②の要件をすべて満たすときは、その貸付特例適用農
地等について賃借権等の設定はなかったものとみなし、納税猶予の継続適用
を受けることができます（措法70の4⑧、措令40の6㉑、措規23の7⑮）。
　①　借受代替農地等に係る賃借権等の設定をした日がその借受代替農地等

－558－

第5章　贈　　与　　税

に係る貸付特例適用農地等に係る賃借権等の設定をした日以前2月以内
の日であること。

②　貸付特例適用農地等に係る賃借権等の存続期間の満了の日がその貸付
特例適用農地等に係るすべての借受代替農地等に係る賃借権等の存続期
間の満了の日以前の日であること。

この特例の適用を受けるためには、貸付特例適用農地等についてこの規定
の適用を受ける旨及びこの要件を満たすものである旨並びに貸付特例適用農
地等に係る賃借権等の設定に関する事項等を記載した届出書を、添付書類と
ともに賃借権等の設定をした日から2月以内に納税地の所轄税務署長に提出
しなければなりません（措法70の4⑨、措令40の6㉒、措規23の7⑯⑰）。

また、この規定の適用を受けた受贈者は、届出書を提出した日の翌日から
起算して1年を経過するごとの日までに、貸付特例適用農地等に係る賃借権
等の設定に関する事項等を記載した継続届出書とともに一定の書類を添付し
て納税地の所轄税務署長に提出しなければならないこととされています（措
法70の4⑫、措令40の6㉕、措規23の7⑲⑳）。

農地等についての贈与税の納税猶予を適用している場合の特定貸付けの特例

> 【問5-103】農地等についての贈与税の納税猶予を適用している場合の
> 特定貸付けの特例の概要について教えてください。

【答】　農地等について贈与税の納税猶予の適用を受けている一定の受贈者
が、贈与者の死亡の前日に納税猶予の適用を受ける農地等のうち農地又は採
草放牧地の全部又は一部について農業経営基盤強化促進法（以下「促進法」
といいます。）による一定の貸付けを行った場合において、その貸付けを行
った日から2か月以内に、貸付けを行っている旨を記載した届出書を提出し
たときに限り、貸付けはなかったもの及び農業経営は廃止していないものと
みなして、引き続き特例の適用を受けることができます（措法70の4の2
①、②）。

この促進法による一定の貸付けとは、次に掲げる賃貸借等の設定による貸
付けを行った場合とされています（措法70の4の2①）

①　農地中間管理事業の推進に関する法律第2条第3項に規定する農地中
間管理事業のために行われるもの

②　促進法第4条第3項に規定する農地利用集積円滑化事業（農地所有者

－559－

第5章 贈　与　税

代理事業又は農地売買等事業に限ります。）のために行われるもの
③　促進法第20条に規定する農用地利用集積計画の定めるところにより行
　われるもの
　また、贈与税の納税猶予の適用を受けている一定の受贈者とは、次に掲げ
る場合の区分に応じて定められている（措法70の４の２②）。
(1)　上記①の貸付けを行った場合
　　贈与税の納税猶予の適用を受ける受贈者
(2)　上記②又は③の貸付けを行った場合
　　イ　贈与税の納税猶予の適用を受ける受贈者で、上記②又は③の貸付け
　　　が行われた日において65歳以上である者（贈与税の納税猶予に係る贈
　　　与税の申告書の提出期限から当該貸付けが行われた日までの期間（次
　　　のロにおいて「適用期間」という）が10年以上であること）
　　ロ　贈与税の納税猶予の適用を受ける受贈者で、イに掲げる受贈者以外
　　　の者（適用期間が20年以上であること）

－560－

第5章　贈　　与　　税

第9節　非上場株式等についての贈与税の納税猶予及び免除

非上場株式等についての贈与税の納税猶予及び免除の特例

【問5-104】非上場株式等を贈与した場合の納税猶予及び免除の特例の
　概要について教えてください。

【答】一定の要件を満たす非上場会社（以下「特例認定贈与承継会社」とい
います。）の株式又は出資（以下「株式等」といいます。）を贈与により取得
した受贈者が、贈与税の申告期限までに納付すべき贈与税額のうち、納税猶
予分の贈与税額に相当する担保を提供した場合に限り、その株式等を贈与し
た者の死亡の日まで、その納税が猶予されます（措法70の7の5①）。

　特例認定贈与承継会社とは、一定の要件を満たすものをいいます（措法70
の7②）。

　一定の要件の主なものは以下のとおりです（措法70の7の5②一、三、
四、措令40の8の5⑤〜⑨）。

　次の会社のいずれにも該当しないこと

① 　上場会社

② 　中小企業者に該当しない会社

③ 　風俗営業会社

④ 　資産管理会社**(注)**（一定の要件を満たすものを除きます。）

　なお、上記特例については、平成30年1月1日から平成39年12月31日まで
の特例措置として平成30年改正で創設されたものであり、これまでの措置に
ついても、従前どおり制度があります。

(注) 　資産管理会社とは、有価証券、自ら使用していない不動産、現金・預金等の特
　定の資産の保有割合が貸借対照表上に計上されている帳簿価額の総額の70％以上
　の会社（資産保有型会社）やこれらの特定の資産からの運用収入が総収入金額の
　75％以上の会社（資産運用型会社）のことをいいます。

－561－

第5章 贈　　与　　税

非上場株式等についての贈与税の納税猶予及び免除の特例における受贈者の要件

> 【問5-105】非上場株式等についての贈与税の納税猶予及び免除の特例
> を適用しようと考えていますが、受贈者の要件はあるのでしょうか。

【答】贈与者からの贈与によって非上場株式等についての贈与税の納税猶予
及び免除の特例の適用対象となる非上場株式等を取得した者は、一定の要件
を満たす必要があります。

一定の要件の主なものは以下のとおりです（措法70の7②三、措法70の7
の5②六、措令40の8⑪、措令40の8の5⑭、措規23の9⑨⑩、措規23の12
の2⑨）。

① 贈与の時において会社の代表権を有していること

② 贈与の時において20歳以上であること

③ 贈与の時において役員等の就任から3年以上経過していること

④ 後継者及び後継者と特別の関係がある者で総議決権数の50%超の議決権
数を保有し、かつ、これらの者の中で最も多くの議決権数を保有すること
となること

⑤ 後継者の有する議決権数が、次のイ又はロに該当すること（特例措置）

イ 後継者が1人の場合

後継者と特別の関係がある者の中で最も多くの議決権数を保有するこ
ととなること

ロ 後継者が2人又は3人の場合

総議決権数の10%以上の議決権数を保有し、かつ、後継者と特別の関
係がある者（他の後継者を除きます。）の中で最も多くの議決数を保有
することとなること

(注) 一般措置の場合、後継者は1人であるため、⑤の要件は、「後継者と特別の関
係がある者の中で最も多くの議決権数を保有することになること」となります。

－562－

第5章　贈　　与　　税

第10節　住宅取得等資金の贈与税の非課税の特例

住宅取得等資金の贈与税の非課税の特例

【問5-106】住宅を取得するために現金をもらった場合、贈与税が課税
　されない制度が創設されたと聞きましたが、その概要を教えてくださ
　い。

【答】　平成24年1月1日から平成33年12月31日までの間に、父母や祖父母な
どの直系尊属から住宅取得等資金の贈与を受けた場合には、その住宅取得等
資金のうち一定の金額について贈与税が非課税になります（措法70の2①）。
　また、この特例によって非課税となった金額については、贈与者が死亡し
たときのその贈与税に係る相続税の計算において、相続税の課税価格に算入
されません。

1　相続税法第1条の4第1項第1号又は第2号に規定する個人であること

①　居住無制限納税義務者又は非居住無制限納税義務者

②　贈与を受けた時に贈与者の直系卑属であること

③　贈与を受けた年の1月1日において、20歳以上であること

④　贈与を受けた年分の合計所得金額が2,000万円以下であること

⑤　贈与を受けた年の翌年3月15日までに、住宅取得等資金の全額を充て
　て住宅用の家屋の新築若しくは取得又は増改築等をすること

　※　「住宅用の家屋の新築」には、その新築とともにするその敷地の用に供され
　　る土地等又は住宅用の家屋の新築に先行してするその敷地の用に供されること
　　となる土地等の取得を含み、「住宅用の家屋の取得又は増改築等」には、その
　　住宅用の家屋の取得又は増改築等とともにするその敷地の用に供される土地等
　　の取得を含みます。

⑥　贈与を受けた年の翌年3月15日までに、その家屋に居住すること又は
　同日後遅滞なくその家屋に居住することが確実であると見込まれること

⑦　受贈者の配偶者、親族などの一定の特別の関係がある者から住宅用の
　家屋を取得したものではないこと、又はこれらの者との請負契約等によ
　り新築若しくは増改築等をしたものではないこと

⑧　平成26年分以前の年分において、旧非課税制度（平成22、24、27年度
　の各税制改正前の「住宅取得等資金の贈与税の非課税」のことをいいま
　す。）の適用を受けたことがないこと

－563－

第5章 贈　与　税

2　受贈者ごとの非課税限度額 (注) 1

(1) 下記(2)以外の場合

住宅用の家屋の新築等 に係る契約の締結日 (注) 3 ／ 住宅用の家屋の種類	省エネ等住宅 (注) 4	左記以外の住宅
平成27年12月31日まで	1,500万円	1,000万円
平成28年1月1日から 平成32年3月31日まで	1,200万円	700万円
平成32年4月1日から 平成33年3月31日まで	1,000万円	500万円
平成33年4月1日から 平成33年12月31日まで	800万円	300万円

(2) 住宅用の家屋の新築等に係る対価等の額に含まれる消費税等の税率が10％である場合 (注) 2

住宅用の家屋の新築等 に係る契約の締結日 (注) 3 ／ 住宅用の家屋の種類	省エネ等住宅 (注) 4	左記以外の住宅
平成31年4月1日から 平成32年3月31日まで	3,000万円	2,500万円
平成32年4月1日から 平成33年3月31日まで	1,500万円	1,000万円
平成33年4月1日から 平成33年12月31日まで	1,200万円	700万円

(注) 1　非課税限度額

　　　受贈者ごとの非課税限度額は、新築等をする住宅用の家屋の種類ごとに、受贈者が最初に新非課税制度の適用を受けようとする住宅用の家屋の新築等に係る契約の締結日に応じた金額となります。

　　　また、既に新非課税制度の適用を受けて贈与税が非課税となった金額がある場合には、その金額を控除した残額が非課税限度額となります。ただし、上記(2)の表における非課税限度額は、平成31年3月31日までに住宅用の家屋の新築等に係る契約を締結し、既に新非課税制度の適用を受けて贈与税が非課税となった金額がある場合でも、その金額を控除する必要はありません。

　　　なお、平成31年4月1日以後に住宅用の家屋の新築等に係る契約を締結して新非課税制度の適用を受ける場合の受贈者ごとの非課税限度額は、上記(1)及び(2)の表の金額のうちいずれか多い金額となります。

　　2　住宅用の家屋の新築等に係る対価等の額に含まれる消費税等の税率

　　　個人間の売買で、建築後使用されたことのある住宅用の家屋（中古住宅）を取得する場合には、原則として消費税等がかかりませんので上記(2)の表には

－564－

第5章 贈 与 税

該当しません。

3 住宅用の家屋の新築等に係る契約の締結日

　新非課税制度の適用を受けるためには、平成33年12月31日までに贈与により住宅取得等資金を取得するだけではなく、住宅用の家屋の新築等に係る契約を同日までに締結している必要があります。

4 省エネ等住宅 ※1〔平成24年3月31日　国土交通省告示389号・390号〕

　省エネ等住宅とは、エネルギーの使用の合理化に著しく資する住宅用の家屋、大規模な地震に対する安全性を有する住宅用の家屋又は高齢者等が自立した日常生活を営むのに特に必要な構造及び設備の基準に適合する住宅用の家屋をいいます。

　具体的には、省エネ等基準（①断熱等性能等級4若しくは一次エネルギー消費量等級4以上相当であること、②耐震等級（構造躯体の倒壊等防止）2以上若しくは免震建築物であること又は③高齢者等配慮対策等級（専用部分）3以上であることをいいます。）に適合する住宅用の家屋であることにつき、<u>次のいずれかの証明書などを贈与税の申告書に添付することにより証明がされたものをいいます。</u>

証明書などの種類 ※4	証明対象の家屋
住宅性能証明書	イ　新築をした住宅用の家屋 ロ　建築後使用されたことのない住宅用の家屋
建設住宅性能評価書の写し	ハ　建築後使用されたことのある住宅用の家屋 ※2 ニ　増改築等をした住宅用の家屋 ※3
長期優良住宅建築等計画の認定通知書等の写し及び住宅用家屋証明書（その写し）又は認定長期優良住宅建築証明書	イ　新築をした住宅用の家屋 ロ　建築後使用されたことのない住宅用の家屋
低炭素建築物新築等計画認定通知書等の写し及び住宅用家屋証明書（その写し）又は認定低炭素住宅建築証明書	

※1　平成27年3月31日以前に上記の証明書などの申請があった場合は、省エネルギー対策等級4相当である住宅用の家屋も対象となります。

　　平成27年4月1日から平成28年3月31日までの間に住宅性能証明書などの申請があった場合には、断熱等性能等級4又は1次エネルギー消費量等級4以上相当である住宅用の家屋も対象となります。

※2　建築後使用されたことのある住宅用の家屋の場合は、その取得の日前2年以内又は取得の日以降に、その証明のための家屋の調査が終了したもの又は評価されたものに限ります。

※3　住宅用の家屋の増改築等をした場合に、省エネ等基準に適合させるための工事であることについての証明がされた「増改築等工事証明書」を、「住宅性能証明書」又は「建設住宅性能評価書の写し」に代えることができます。

－565－

第5章 贈　　与　　税

※4　上記の証明書などの発行につきましては、国土交通省又は地方整備局にお尋ね
　　ください。

3　住宅用家屋の新築、取得又は増改築等の要件

　適用対象となる住宅用の家屋は、日本国内にあるものに限られます（措法
70の2②、措令40の4の2①〜⑧）。

(1)　住宅用の家屋の新築又は取得をした場合の要件

1	新築又は取得をした住宅用の家屋の登記簿上の床面積（マンションなどの区分所有建物の場合はその専有部分の床面積）が50㎡以上240㎡以下で、かつ、その家屋の床面積の2分の1以上に相当する部分が受贈者の居住の用に供されるものであること
2	取得をした住宅用の家屋が次のいずれかに該当するものであること ①　建築後使用されたことのない住宅用の家屋 ②　建築後使用されたことのある住宅用の家屋で、その取得の日以前20年以内（耐火建築物の場合は25年以内）に建築されたもの 　（注）　耐火建築物とは、登記簿に記録された家屋の構造が鉄骨造、鉄筋コンクリート造、鉄骨鉄筋コンクリート造などのものをいいます。 ③　建築後使用されたことのある住宅用の家屋で、耐震基準に適合するものであることにつき次のいずれかの書類により証明がされたもの <table><tr><td>a</td><td>耐震基準適合証明書</td></tr><tr><td>b</td><td>建設住宅性能評価書の写し（耐震等級（構造躯体の倒壊等防止）1、2又は3であるもの）</td></tr><tr><td>c</td><td>既存住宅売買瑕疵担保責任保険契約が締結されていることを証する書類</td></tr></table> （注）　家屋の取得の日前2年以内に、その証明のための家屋の調査が終了したもの、評価されたもの又は保険契約が締結されたものに限ります。 ④　建築後使用されたことのある住宅用の家屋（上記②及び③に該当しないものに限ります。）で、その住宅用の家屋の取得の日までに同日以後その住宅用の家屋の耐震改修を行うことにつき、次の申請書等に基づいて都道府県知事などに申請をし、贈与を受けた年の翌年3月15日までにその耐震改修によりその住宅用の家屋が耐震基準に適合することとなったことにつき次の証明書等により証明がされたもの

－566－

第5章 贈　　与　　税

	申請書等	証明書等
a	建築物の耐震改修の計画の認定申請書	耐震基準適合証明書
b	耐震基準適合証明申請書（仮申請書）	耐震基準適合証明書
c	建設住宅性能評価申請書（仮申請書）	建設住宅性能評価書の写し（耐震等級（構造躯体の倒壊等防止）1、2又は3であるもの）
d	既存住宅売買瑕疵担保責任保険契約の申込書	既存住宅売買瑕疵担保責任保険契約が締結されていることを証する書類

(注)　申請書等は住宅用の家屋の取得の日までに行った申請に係るものに、また、証明書等は贈与を受けた年の翌年3月15日までに耐震基準に適合することとなった住宅用の家屋に係るものに限ります。

(2) 住宅用の家屋の増改築等をした場合の要件

1	増改築等をした後の住宅用の家屋の登記簿上の床面積（マンションなどの区分所有建物の場合はその専有部分の床面積）が50㎡以上240㎡以下で、かつ、その家屋の床面積の2分の1以上に相当する部分が受贈者の居住の用に供されるものであること
2	増改築等の工事が、自己が所有し、かつ、居住している家屋に対して行われたもので、次のいずれかの工事に該当することにつき一定の書類（※）により証明がされたものであること 　イ　増築、改築、大規模の修繕又は大規模の模様替 　ロ　区分所有する部分（例えばマンション）について行う次の修繕又は模様替 　　a　主要構造部である床等の過半又は主要構造部である階段の過半の修繕又は模様替 　　b　間仕切壁の室内に面する部分の過半の修繕又は模様替 　　c　主要構造部である壁の室内に面する部分の過半の修繕又は模様替 　ハ　居室などの一室の床又は壁の全部について行う修繕又は模様替 　ニ　耐震基準に適合させるための修繕又は模様替 　ホ　高齢者等が自立した日常生活を営むのに必要な構造及び設備の基準に適合させるための修繕又は模様替 　ヘ　エネルギーの使用の合理化に資する修繕又は模様替

－567－

第5章 贈　与　税

> 　ト　給水管、排水管又は雨水の浸入を防止する部分に係る修繕又は
> 　　模様替
> 　チ　省エネ等基準に適合させるための修繕又は模様替
> 　**(注)**　省エネ等基準については、565ページの「**(注)** 4省エネ等住宅」をご
> 　　　参照ください。
> **(※)** 一定の書類
>
> | a | 確認済証の写し、検査済証の写し又は増改築等工事証明書（イ） |
> |---|---|
> | b | 増改築等工事証明書（ロ～ヘ、チ） |
> | c | 増改築等工事証明書及びリフォーム工事瑕疵担保責任保険契約が締結されていることを証する書類（ト） |

3	増改築等の工事に要した費用の額が100万円以上であること **(注)** 増改築等の工事の部分に居住の用以外の用に供される部分がある場合には、増改築等の工事に要した費用の額の2分の1以上が、自己の居住の用に供される部分の工事に充てられていなければなりません。

(注)　「新築」には、贈与を受けた年の翌年3月15日において屋根（その骨組みを含みます。）を有し、土地に定着した建造物として認められる時以後の状態にあるものが含まれます。また、「増改築等」には、贈与を受けた年の翌年3月15日において増築又は改築部分の屋根（その骨組みを含みます。）を有し、既存の家屋と一体となって土地に定着した建造物として認められる時以後の状態にあるものが含まれます。

　なお、「取得」の場合には、これらの状態にあるものが含まれませんので、贈与を受けた住宅取得等のための金銭を建売住宅又は分譲マンションの取得の対価に充てている場合でも、贈与を受けた年の翌年3月15日までにその引渡しを受けていなければ、新非課税制度の適用を受けることはできません。

4　適用手続

　住宅取得等資金の贈与税の非課税の特例は、贈与税の申告期間内に贈与税の申告書及び添付書類などを提出した場合に限り、その適用を受けることができます（措法70の2⑭）。

第5章 贈　　与　　税

第11節　教育資金の一括贈与を受けた場合の贈与税の非課税の特例

教育資金の非課税制度

> 【問5-107】教育資金の一括贈与を受けた場合に、贈与税が課税されない制度があると聞きましたが、その概要を教えてください。

【答】平成25年4月1日から平成31年3月31日までの間に、個人（教育資金管理契約を締結する日において30歳未満の者に限ります。）が、教育資金に充てるため、
① 祖父母や父母などの直系尊属と信託会社との間の教育資金管理契約に基づき信託の受益権を取得した場合
② 祖父母や父母などの直系尊属からの書面による贈与により取得した金銭を教育資金管理契約に基づき銀行等の営業所等において預金若しくは貯金として預入をした場合
③ 教育資金管理契約に基づき祖父母や父母などの直系尊属からの書面による贈与により取得した金銭等で証券会社の営業所等において有価証券を購入した場合
には、その信託受益権、金銭又は金銭等の価額のうち1,500万円までの金額（既にこの制度の適用を受けて贈与税の課税価格に算入しなかった金額がある場合には、その算入しなかった金額を控除した残額）に相当する部分の価額については、贈与税の課税価格に算入されません（措法70の2の2①）。
(注)1　この制度の適用を受けるためには、一定の申告手続が必要となります（【問5-108】参照）。
　　2　「金銭等」とは、金銭又は公社債投資信託の受益証券のうち一定のもの（いわゆるMRF又はMMFをいいます。）をいいます（措令40の4の3②、措規23の5の3①）。

－569－

第5章 贈　与　税

教育資金の非課税制度の適用を受ける場合

> **【問5-108】** 私は祖父から教育資金に充てるため金銭の贈与を受けましたが、「教育資金の非課税」の特例の適用を受けるためには何か手続が必要ですか。

【答】「教育資金の非課税」の特例の適用を受けるためには、その適用を受けようとする受贈者が、教育資金非課税申告書をその教育資金非課税申告書に記載した取扱金融機関の営業所等を経由して、

①　信託がされる日

②　預金若しくは貯金の預入をする日

③　有価証券を購入する日

までに、その受贈者の納税地の所轄税務署長に提出しなければなりません（措法70の2の2③）。

　また、教育資金非課税申告書が取扱金融機関の営業所に受理された場合には、その受理された日にその受贈者の納税地の所轄税務署長に提出されたものとみなされます（措法70の2の2⑤）。

　なお、①から③の預入等期限までに教育資金非課税申告書の提出がない場合には、「教育資金の非課税」の特例の適用を受けることはできません（措法70条の2の2③）。

(注)　教育資金非課税申告書は、取扱金融機関の営業所等を経由して提出しなければなりません。したがって、預入等期限までに税務署で行っていただく手続はありません。

－570－

第5章 贈　与　税

教育資金管理契約を終了することなく２つの教育資金管理契約を締結した場合

> **【問5-109】** 私は祖父から300万円の金銭の贈与を受け、平成30年７月に
> Ａ銀行で教育資金管理契約を締結し教育資金非課税申告書を提出しま
> した。その後改めて祖母から200万円の金銭の贈与を受け、平成30年
> 10月に学校から近いＢ銀行で教育資金管理契約を締結し教育資金非課
> 税申告書を提出しました。教育資金非課税申告書を提出していますの
> で、それぞれについて「教育資金の非課税」の特例の適用を受けるこ
> とはできますか。

【答】 教育資金非課税申告書は、受贈者が既に教育資金非課税申告書を提出
している場合には提出することはできません。
　お尋ねの場合、平成30年７月にＡ銀行に提出した教育資金非課税申告書に
ついては、「教育資金の非課税」の特例の適用を受けることはできますが、
平成30年10月にＢ銀行に提出した教育資金非課税申告書については、教育資
金非課税申告書を重ねて提出することができないため、「教育資金の非課税」
の特例の適用を受けることはできません。この場合には、贈与を受けた200
万円が贈与税の課税価格に算入されることとなります（措法70条の２の２
⑥）。
　なお、非課税の限度額（1,500万円）までであれば、最初に教育資金非課
税申告書を提出した金融機関（お尋ねの場合はＡ銀行）に「追加教育資金非
課税申告書」を預金の預入をする日までに提出すれば、教育資金の非課税の
特例の適用を受けることができます。

教育資金管理契約が終了した場合

> **【問5-110】** 私は祖父から教育資金の贈与を受けて「教育資金の非課税」
> の特例の適用を受けており先日30歳になりました。しかし、教育資金
> 管理契約の口座の預金に残高がまだありますので続けて特例の適用が
> 受けられるでしょうか。

【答】 教育資金に充てるため、祖父母や父母などの直系尊属から金銭等の贈
与を受けた場合には、金融機関で教育資金管理契約を締結するなど、一定の

－571－

第5章 贈　与　税

申告手続をすることで、「教育資金の非課税」の特例の適用を受けることができますが、教育資金管理契約は、次に掲げる場合に応じ、次に定める日のいずれか早い日に終了します（措法70条の2の2⑩）。

①　受贈者が30歳に達した場合　受贈者が30歳に達した日

②　受贈者が死亡した場合　当該受贈者が死亡した日

③　教育資金管理契約に係る信託財産の価額が零となった場合、教育資金管理契約に係る預金若しくは貯金の額が零となった場合又は教育資金管理契約に基づき保管されている有価証券の価額が零となった場合において受贈者と取扱金融機関との間でこれらの教育資金管理契約を終了させる合意があった場合　当該教育資金管理契約が当該合意に基づき終了する日

　したがって、あなたの場合は①に該当しますので、教育資金管理契約の口座の預金に残高がある場合であっても、「教育資金の非課税」の特例の適用は終了し、その預金残高は、30歳に達した年の贈与税の課税価格に算入されます。

第5章 贈 与 税

第12節 直系尊属から結婚・子育て資金の一括贈与を受けた場合の贈与税の非課税の特例

結婚・子育て資金の非課税制度

【問5-111】結婚・子育て資金の一括贈与を受けた場合に、贈与税が課税されない制度が創設されたと聞きましたが、その概要を教えてください。

【答】平成27年4月1日から平成31年3月31日までの間に、個人（租税特別措置法第70条の2の3第2項第2号に規定する結婚・子育て資金管理契約（以下「結婚・子育て資金管理契約」といいます。）を締結する日において20歳以上50歳未満の者に限ります。）が、結婚・子育て資金に充てるため、①その直系尊属と信託会社との間の結婚・子育て資金管理契約に基づき信託の受益権を取得した場合、②その直系尊属からの書面による贈与により取得した金銭を結婚・子育て資金管理契約に基づき銀行等の営業所等において預金若しくは貯金として預入をした場合又は③結婚・子育て資金管理契約に基づきその直系尊属からの書面による贈与により取得した金銭等で証券会社の営業所等において有価証券を購入した場合には、その信託受益権、金銭又は金銭等の価額のうち1,000万円までの金額（既にこの「結婚・子育て資金の非課税」の特例の適用を受けて贈与税の課税価格に算入しなかった金額がある場合には、その算入しなかった金額を控除した残額）に相当する部分の価額については、贈与税の課税価格に算入されません（措法70の2の3①）

(注)1 この制度の適用を受けるためには、一定の申告手続が必要となります（【問5-112】を参照してください。）。

2 「金銭等」とは、金銭又は公社債投資信託の受益証券のうち一定のもの（いわゆるMRF又はMMFをいいます。）をいいます（措令40の4の4②、措規23の5の4①）。

－573－

第5章 贈 与 税

結婚・子育て資金の非課税制度の適用手続

【問5-112】 私は、祖母から結婚・子育て資金に充てるため金銭の贈与
を受けましたが、「結婚・子育て資金の非課税」の特例の適用を受け
るためには何か手続が必要ですか。

【答】「結婚・子育て資金の非課税」の特例の適用を受けるためには、その適
用を受けようとする受贈者が、結婚・子育て資金非課税申告書をその結婚・
子育て資金非課税申告書に記載した取扱金融機関の営業所等を経由して、信
託がされる日、預金若しくは貯金の預入をする日又は有価証券を購入する日
（以下この問において「預入等期限」といいます。）までに、その受贈者の
納税地の所轄税務署長に提出しなければなりません（措法70の2の3③）。
　また、結婚・子育て資金非課税申告書が取扱金融機関の営業所等に受理さ
れた場合には、その受理された日にその受贈者の納税地の所轄税務署長に提
出されたものとみなされます（措法70の2の3⑤）。
　なお、預入等期限までに結婚・子育て資金非課税申告書の提出がない場合
には、「結婚・子育て資金の非課税」の特例の適用を受けることはできませ
ん（措法70の2の3③）。

(注) 結婚・子育て資金非課税申告書は、取扱金融機関の営業所等を経由して提出し
なければなりません。したがって、預入等期限までに税務署で行っていただく手
続はありません。

第6章 財 産 評 価

第1節 土地及び土地の上に存する権利

評価の単位(1) （原則）

【問6-1】 宅地の価額は、「１画地の宅地」ごとに評価すると聞いていますが、この「１画地の宅地」の解釈を、次の例について説明してください。

①　同一人が所有する２筆からなる空閑地の場合

②　１筆の宅地を二以上に区分し、それぞれ別の者に貸し付けている場合

③　２筆以上の自用地に店舗及び住宅がある場合

④　Aからの借地とBからの借地の上に、居住用の建物がある場合

⑤　１筆の宅地に２棟の貸家がある場合

【答】①**全体を１画地の宅地とします。**

②**貸し付けられている部分ごとにそれぞれ１画地の宅地とします。**

③**全体を１画地の宅地とします。**

④**全体を１画地の宅地とします。**

⑤**各棟の敷地ごとに１画地の宅地とします。**

【解説】ご質問のように宅地の価額は、１画地の宅地ごとに評価することと定められており、１画地の宅地とは、利用の単位となっている１区画の宅地をいうものとされています（評基通７-２(1)）。

この場合の「１画地の宅地」の判定は、原則として、①宅地の所有者による自由な使用収益を制約する他者の権利（原則として使用貸借による使用借権を除きます。）の存在の有無により区分し、②他者の権利が存在する場合には、その権利の種類及び権利者の異なるごとに区分して判定します。設例について具体的に説明しますと次のとおりとなります。

(1) 空閑地の場合は、原則として同一の所有者に属する部分ごとに、それぞれ一つの利用とします。

(2) 貸地については、同一人に貸し付けている部分ごとに、それぞれ一つの

－575－

第6章 財 産 評 価

　利用とします。例えば、1筆の宅地を3人に貸している場合には、1筆の宅地を三つの画地として計算することになります。

(3)　1筆又は2筆以上の自用地に店舗及び住宅がある場合には、その全体を一つの利用とします。したがって、自用地として利用されている宅地については、宅地の筆数に関係なく、また、住宅、店舗、工場等の別に関係なく一つの画地とします。

(4)　同一人が2人以上の者から借地し、それを一体として利用している場合、その借主の借地権の評価に当たってはその全体を一つの利用とします。

(5)　1筆の宅地に2棟の貸家がある場合の貸家建付地の評価は、1棟の家屋の敷地ごとに、それぞれを一つの利用とします。したがって、筆数には関係なく家屋の棟ごとにその敷地に相当する部分を、それぞれ1画地として評価することになります。

第6章 財 産 評 価

評価の単位(2) (不合理分割)

【問6-2】 父の死亡に伴い、相続人である私と弟は父の遺産について分割協議した結果、次の図のような宅地をA部分は私が、B部分は弟が相続することになりました。
　私も弟もそれぞれが取得するA部分又はB部分を一画地として評価していいのでしょうか。

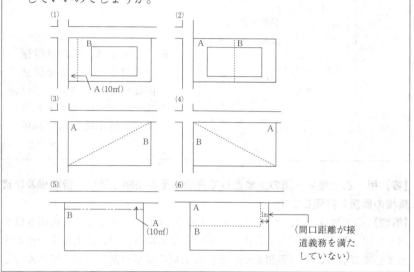

【答】 ご質問の(1)～(6)の宅地の場合は、著しく不合理な分割と認められますので分割前の画地を1画地として評価します。

【解説】 贈与、遺産分割等による宅地の分割が親族間等で行われた場合において、通常は分割後の所有者単位で評価しますが、例えば、分割後の画地が宅地として通常の用途に供することができないなど、その分割が著しく不合理であると認められるときは、その分割前の画地を「1画地の宅地」とします(評基通7-2(1)(注))。なお、その分割が著しく不合理であると認められる場合とは、無道路地、帯状地又は著しく狭い画地を創出するなど分割後の画地では現在及び将来においても有効な土地利用が図られないと認められる分割をした場合が考えられます。

— 577 —

評価の単位(3) (地目の異なる土地が一体として利用されている場合)

【問6-3】 私は、次の図のように建物の敷地部分を知人Aから、駐車場部分を知人Bからそれぞれ賃借しています。この場合の私の有する借地権と賃借権はどのように評価するのですか。

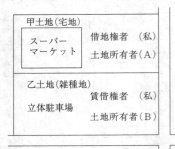

※ 乙土地は、私が賃借権の登記を行い、2階建立体駐車場(構築物)を設け、スーパーマーケットの買物客の駐車場として利用しています。

【答】 甲・乙土地を一団の土地として評価しその価額を基に、借地権及び賃借権の価額を評価します。

【解説】 乙土地は、スーパーマーケットの買物客の駐車場として利用されており、甲土地と一体として利用されていることから、甲、乙土地を一団の土地として評価し、その価額をそれぞれの土地の地積の割合に応じてあん分して甲土地と乙土地の価額を求めます。次に甲土地の価額に借地権割合を、乙土地の価額に賃借権割合をそれぞれ乗じて借地権の価額及び賃借権の価額を評価します。

なお、Aの貸宅地(底地)の価額を評価する場合には、甲土地を1画地の宅地として評価し、Bが貸し付けている雑種地の価額を評価する場合には、乙土地を一団の雑種地として評価します。

第6章 財産評価

評価の単位(4)（自用地と自用地以外の宅地が連接している場合）

【問6-4】 私は父から次のように利用している宅地を相続しましたが、
この場合はどのように評価するのですか。

A　　　居　住　用
B　　1～2Ｆ自用店舗 　　　3～4Ｆ貸事務所

※　A、Bとも父が所有し、A
は自用家屋の敷地として、B
は左のように利用している1
棟の建物の敷地として利用し
ていました。

【答】 AとBとは利用の単位が異なりますから、それぞれを一画地の宅地と
して評価します。

【解説】 ①　Aについては、通路部分が明確に区分されている場合には、そ
の通路部分も含めたところで不整形地としての評価を行います。

　通路部分が明確に区分されていない場合には、原則として、接道義務を
満たす最小の幅員の通路が設置されている土地（不整形地）として評価し
ますが、この場合には、当該通路部分の面積はAには算入しません。ま
た、無道路地としての補正も行いません。

②　Bについては、Bを一体として評価した価額を、原則として、建物の自
用部分と貸付部分との床面積の比によりあん分します。そして、それぞれ
自用部分の価額と、貸付部分については貸家建付地として評価した価額を
算出し、その合計額をもって評価額とします。

－579－

第6章　財　産　評　価

宅地の評価方式

【問6-5】私は、この度、父の死亡により宅地を相続しましたが、相続
　　税の申告をするに当たり、宅地の評価はどのようにして行うのか説明
　　してください。

【答】宅地の評価方式は、①路線価方式と②倍率方式とがあり、評価する宅
地の所在する地域により①又は②のいずれかの評価方式を採用して評価する
ことになります（評基通11）。

【解説】

①　路線価方式

　路線価方式により評価する宅地の価額は、その宅地の面する路線に付され
た路線価を基とし、その宅地の奥行距離に応じた奥行価格補正、側方路線影
響加算、二方路線影響加算、三方又は四方路線影響加算、不整形地等の補正
を行って算出した金額によって評価します（評基通13）。

(注)　「路線価」は、宅地の価額がおおむね同一と認められる一連の宅地が面してい
　　る不特定多数の者の通行の用に供される道路ごとに設定されています。

②　倍率方式

　倍率方式により評価する宅地の価額は、評価する宅地の固定資産税評価額
に国税局長が一定の地域ごとにその地域の実情に即するように定める倍率を
乗じて計算した金額によって評価します（評基通21）。

　この場合の固定資産税評価額は、固定資産税の税額算定の基礎となった課
税標準額ではなく、地方税法第381条の規定により土地課税台帳又は土地補
充課税台帳に登録された基準年度の価格又は比準価格をいいます。固定資産
税評価額は市（区）役所又は町村役場にお問い合せください。

　路線価図や評価倍率表は、国税庁のホームページ（http://www.nta.go.jp）
でご覧ください。

　なお、税務署に備え付けてある路線価図閲覧用パソコンでもご覧になれま
す。

－580－

第6章 財産評価

正面路線の判定

【問6-6】私は、次の図のように2つの路線に面している宅地を所有しています。このような宅地の価額を評価する場合には、a、bどちらの路線を正面路線として評価するのですか。
（注）宅地は三大都市圏以外の地域に所在するものとする。

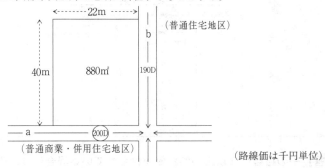

【答】bの路線を正面路線として評価します。
【解説】原則として、その宅地の接する各路線の路線価に奥行価格補正率を乗じて計算した金額の高い方の路線を正面路線とします。したがって、図の場合には、bの路線を正面路線として評価します。

　　　　　　　（路線価）　　（奥行価格補正率）
　a路線　　　200,000円 × 　0.93　　＝ 186,000円
　　　　　　　　　　　　　※普通商業・併用住宅地区の補正率

　　　　　　　（路線価）　　（奥行価格補正率）
　b路線　　　190,000円 × 　1.00　　＝ 190,000円
　　　　　　　　　　　　　※普通住宅地区の補正率

　地区区分の異なる2以上の路線に接する宅地の場合には、正面路線は、それぞれの路線の路線価に各路線の地区区分に適用される奥行価格補正率を乗じて計算した金額を基に判定します。この場合、路線価に奥行価格補正率を乗じて計算した金額が同額となる場合には、原則として、路線に接する距離の長い方の路線を正面路線とします。

　なお、地区区分の異なる2つの路線に接する宅地を評価する場合において、正面路線及び側方路線に適用すべき奥行価格補正率及び側方路線影響加算率については、正面路線価の属する地区区分の率を適用して計算しますので、設例の場合は、b路線の「普通住宅地区」の率を適用して、その宅地の価額を計算することになります（【問6-8】参照）。

正面路線価の計算方法（2以上の路線価が付されている場合の宅地の評価）

【問6-7】 次の図のように、正面路線に2以上の路線価が付されている宅地の価額は、どのように評価するのですか。

(**注**) 宅地は三大都市圏以外の地域に所在するものとする。

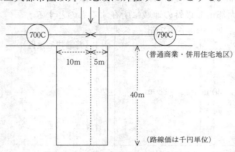

【答】 一の路線に2以上の路線価が付されている場合には、それぞれの路線価に接する距離により加重平均した価額を基に評価します。

【解説】 上の図のように正面路線に2以上の路線価が付されている場合には、それぞれの路線価に接する距離により加重平均して正面路線価を計算し、その正面路線価を基に画地調整等を行い評価します。

(計算例)
　○路線価の加重平均の計算

$$\frac{700千円 \times 10m + 790千円 \times 5m}{10m + 5m} = 730千円$$

　○1㎡当たりの価額

　　　　路線価　　奥行価格補正率
　　　730千円 ×　　0.93　　＝ 678,900円

　○評価額

　　　　　　　　　　地積
　　　678,900円 × 600㎡ ＝ 407,340,000円

正面路線と側方路線の地区区分が異なる場合

【問6-8】正面路線が普通商業・併用住宅地区、側方路線が普通住宅地区であるような場合に、側方路線の奥行価格補正率や側方路線影響加算率などは、どちらの地区区分を用いるのですか。

【答】**正面路線の属する地区区分の画地調整率を用います。**
【解説】路線価方式によって宅地を評価する場合には、その路線の属する地区区分に応じて奥行価格補正や側方路線影響加算などの画地計算を行うこととされています（評基通15～20-5）。

この場合、正面と側方に路線がある、いわゆる角地について、地区区分が異なるという場合もでてきます。具体的には次の図のように、正面路線が普通商業・併用住宅地区であり側方路線が普通住宅地区である角地の評価額を計算するに際し、側方路線の奥行価格補正率や側方路線影響加算率などは、いったい、どちらの路線の属する地区区分を用いるのかという問題が生じます。

【設例】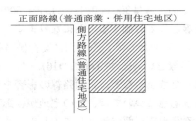

(注) 正面路線とは、原則として、奥行価格補正を行った後の価額の高い方の路線をいいます（【問6-6】参照）。

このような場合の取扱いは、正面路線の属する地区区分に応じた奥行価格補正率や側方路線影響加算率などを適用して評価することになります。

路線価の高い路線の影響を受ける度合いが著しく少ない場合の評価

【問6-9】次の図のように、路線価の高い方の路線の影響を受ける度合いが著しく少ない宅地を評価する場合においても、その路線価の高い路線を正面路線として評価しなければならないのでしょうか。

(普通住宅地区)

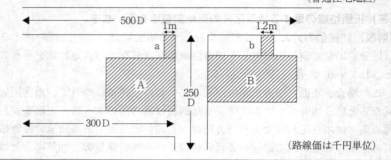

(路線価は千円単位)

【答】A、Bいずれの宅地も500,000円の路線価が付されている路線に面する部分が著しく少ないため、Aは300,000円、Bは250,000円の路線価が付されている路線を正面路線として評価することになります。

【解説】正面路線とは、原則として、路線価に奥行価格補正率を乗じて計算した金額の最も高い路線をいいます(評基通16)。しかし、図のように間口が狭小で接道義務を満たさないなど、正面路線の影響を受ける度合いが著しく低い立地条件にある宅地については、その宅地が、影響を受ける度合いが最も高いと認められる路線を正面路線として差し支えありません。

なお、上記のような帯状部分を有する土地は、帯状部分(a、b)とその他の部分(A、B)に分けて評価した価額の合計額により評価し、不整形地としての評価は行いません。

第6章 財 産 評 価

側方路線影響加算の方法（宅地の一部が側方路線に接している場合の評価）

【問6-10】 私が相続した宅地は、次の図のように、一部分しか側方路線に接していません。このような宅地についても、その全体について、側方路線影響加算の計算を行うのですか。
(注) 宅地は三大都市圏以外の地域に所在するものとする。

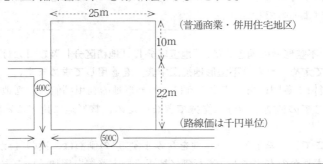

【答】 側方路線に接する部分が、その宅地を側方路線から見たときに想定される整形地の間口距離より短い場合には、側方路線影響加算額を調整して評価します。

【解説】 宅地の一部分しか側方路線に接していない場合には、側方路線の影響を直接受けているのは、その側方路線に直接面している部分であることから、側方路線影響加算額を調整の上、評価します。

したがって、ご質問の場合は、次のとおりになります。

〇正面路線価を基とした価額
（正面路線価）（奥行価格補正率）
500,000円 × 0.97 ＝ 485,000円 …………①

〇側方路線影響加算額
（側方路線価）（奥行価格補正率）（側方路線影響加算率）
400,000円 × 1.00 × 0.08 × $\dfrac{22\text{m}}{10\text{m}+22\text{m}}$ ＝ 22,000円…②

〇評価額
　　①　　　　②　　　　地　積
（485,000円 ＋ 22,000円）× 800㎡ ＝ 405,600,000円

なお、評価する宅地が正面路線の一部分にしか接しない場合には、正面路線に接する距離による調整計算は行いません。

― 585 ―

第6章 財産評価

不整形地の補正率の判定

【問6-11】 私は路線価地域内の宅地を相続しましたが、非常に形が悪く、その全部が宅地としての機能を十分発揮できないような土地です。聞くところによりますと、そのような不整形地は40％以内の評価減ができるそうですが、具体的には、どのようにして補正率を求めればよいのでしょうか。

【答】 不整形地の補正率は、「地区区分」、「地積区分」及び「かげ地割合」に応じて定められた「不整形地補正率表」を適用して求めます。

【解説】 ご質問にありますように、不整形地の利用価値は、画地の全部が宅地としての機能を十分に発揮できないため、整形地に比べると低くなります。

そこで、不整形地（三角地を含みます。）の価額は、次の(1)から(4)までのいずれかの方法により奥行価格補正、側方路線影響加算、二方路線影響加算、三方又は四方路線影響加算の定めによって計算した価額に、その不整形の程度、位置及び地積の大小に応じ、**表1**「地積区分表」の地区区分及び地積区分に応じた**表2**「不整形地補正率表」に定める補正率（以下「不整形地補正率」といいます。）を乗じて計算した価額により評価します（評基通20）。

(1) 次図のように不整形地を区分して求めた整形地を基として計算する方法

(2) 次図のように不整形地の地積を間口距離で除して算出した計算上の奥行距離を基として求めた整形地により計算する方法

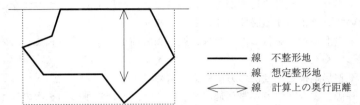

(注) ただし、計算上の奥行距離は、不整形地の全域を囲む、正面路線に面する正方形又は長方形の土地（以下「想定整形地」といいます。）の奥行距離を限度とします。

(3) 次図のように不整形地に近似する整形地（以下「近似整形地」といいます。）を求め、その設定した近似整形地を基として計算する方法

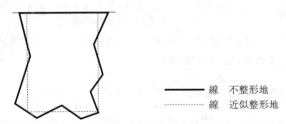

(注) 近似整形地は、近似整形地からはみ出す不整形地の部分の地積と近似整形地に含まれる不整形地以外の部分の地積がおおむね等しく、かつ、その合計地積ができるだけ小さくなるように求めます（以下(4)において同じ。）。

(4) 次図のように近似整形地（①）を求め、隣接する整形地（②）と合わせて全体の整形地の価額の計算をしてから、隣接する整形地（②）の価額を差し引いた価額を基として計算する方法

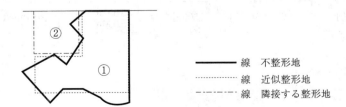

第6章 財 産 評 価

　なお、この不整形地の補正は、先に説明しましたように、不整形であるが故にその画地の全部について宅地としての機能が十分に働かないための補正ですので、画地の形が正方形や長方形でないとしても、その面積が適正規模程度以上であり、不整形の程度が小さい場合など、利用上あまり支障がないものについてまで補正する必要はないと考えます。

　また、不整形地補正を行った場合は、奥行長大補正率は適用されませんので、留意してください。

　次に、不整形地補正率は次の方法により求めます。

　まず、評価しようとする不整形地について、地区及び地積の別を次の**表1**の「地積区分表」に当てはめ、「A」「B」又は「C」のいずれの地積区分に該当するかを判定します。

　次に、評価しようとする不整形地の画地全域を囲む、正面路線に面する正方形又は長方形の土地（想定整形地）の地積を算出し、次の算式により「かげ地割合」を算出します。

$$「かげ地割合」 = \frac{想定整形地の地積－評価しようとする不整形地の地積}{想定整形地の地積}$$

　前述の地積区分とかげ地割合とを次ページの**表2**の「不整形地補正率表」に当てはめて不整形地補正率を求めます。

表1　　　　　　　　地 積 区 分 表

地区区分＼地積区分	A	B	C
高 度 商 業 地 区	1,000㎡未満	1,000㎡以上 1,500㎡未満	1,500㎡以上
繁 華 街 地 区	450㎡未満	450㎡以上 700㎡未満	700㎡以上
普通商業・併用住宅地区	650㎡未満	650㎡以上 1,000㎡未満	1,000㎡以上
普 通 住 宅 地 区	500㎡未満	500㎡以上 750㎡未満	750㎡以上
中 小 工 場 地 区	3,500㎡未満	3,500㎡以上 5,000㎡未満	5,000㎡以上

第6章 財産評価

表2 不整形地補正率表

地区区分 かげ地割合 地積区分	高度商業地区、繁華街地区、普通商業・併用住宅地区、中小工場地区			普通住宅地区		
	A	B	C	A	B	C
10%以上	0.99	0.99	1.00	0.98	0.99	0.99
15%以上	0.98	0.99	0.99	0.96	0.98	0.99
20%以上	0.97	0.98	0.99	0.94	0.97	0.98
25%以上	0.96	0.98	0.99	0.92	0.95	0.97
30%以上	0.94	0.97	0.98	0.90	0.93	0.96
35%以上	0.92	0.95	0.98	0.88	0.91	0.94
40%以上	0.90	0.93	0.97	0.85	0.88	0.92
45%以上	0.87	0.91	0.95	0.82	0.85	0.90
50%以上	0.84	0.89	0.93	0.79	0.82	0.87
55%以上	0.80	0.87	0.90	0.75	0.78	0.83
60%以上	0.76	0.84	0.86	0.70	0.73	0.78
65%以上	0.70	0.75	0.80	0.60	0.65	0.70

〔想定整形地の取り方の具体例〕

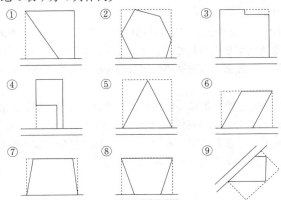

— 589 —

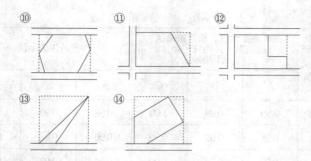

〔参考〕不整形地補正率の適用例

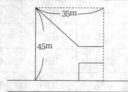

○ 地積…896㎡
○ 地区区分…高度商業地区
○ 所在地…三大都市圏以外

○ 想定整形地の地積　　45m×35m＝1,575㎡

○ かげ地割合　　$\frac{1,575㎡-896㎡}{1,575㎡} ≒ 43.11\%$

○ 不整形地補正率　　0.90　（地積区分　　A　　かげ地割合　43.11%）

　なお、「間口狭小補正率表」に定める間口狭小補正率の適用がある場合においては、この表により求めた不整形地補正率に間口狭小補正率を乗じて得た数値を不整形地補正率とします。ただし、この場合の不整形地補正率の下限は0.6とします。

　また、「奥行長大補正率表」に定める奥行長大補正率の適用がある場合には、①不整形地補正率を適用して評価する方法、②間口狭小補正率と奥行長大補正率を適用して評価する方法のいずれかを選択して評価して差し支えありません。

　大工場地区にある不整形地については、原則として不整形地補正を行いませんが、地積がおおむね9,000㎡程度までのものについては、「地積区分表」及び「不整形地補正率表」に掲げる中小工場地区の区分により不整形地としての補正を行って差し支えありません。

第6章 財産評価

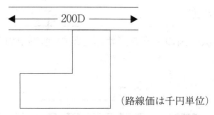
(路線価は千円単位)

これを具体的に計算しますと、次のとおりとなります。

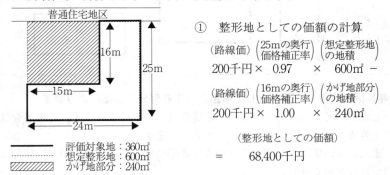

① 整形地としての価額の計算

(路線価)(25mの奥行価格補正率)(想定整形地の地積)
200千円 × 0.97 × 600㎡ −

(路線価)(16mの奥行価格補正率)(かげ地部分の地積)
200千円 × 1.00 × 240㎡

(整形地としての価額)
= 68,400千円

(注) 全体の整形地の価額から差し引く隣接する整形地の価額の計算に当たって、奥行距離が短いため奥行価格補正率が1.00未満となる場合においては、当該奥行価格補正率は1.00とします。
ただし、全体の整形地の奥行距離が短いため奥行価格補正率が1.00未満の数値となる場合には、隣接する整形地の奥行価格補正率もその数値とします。

② かげ地割合の計算

(想定整形地の地積)(評価対象地の地積)　(かげ地割合)
$\dfrac{600㎡ - 360㎡}{600㎡}$ = 40%
(想定整形地の地積)

③ 不整形地補正率

地区区分：普通住宅地区
地積区分：A　　　　　⇒ 0.85
かげ地割合：40%

④ 不整形地の評価額の計算

(整形地としての価額)　(不整形地補正率)　(不整形地の評価額)
68,400千円 × 0.85 = 58,140千円

間口距離の求め方

【問6-12】次の図のような形状の宅地の間口距離はいずれによるのですか。

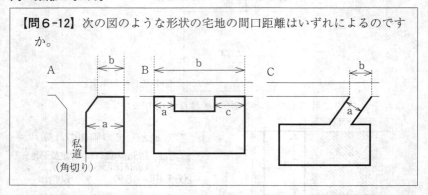

【答】間口距離は、原則として道路と接する部分の距離によります。

したがって、Aの場合はa、Bの場合はa+cによります。Cの場合はbによりますが、aによっても差し支えありません。

また、Aの場合で私道部分を評価する際には、角切りで広がった部分は間口距離に含めません。

屈折路に面する宅地の想定整形地のとり方及び間口距離の求め方

【問6-13】屈折路に面する不整形地の場合、想定整形地はどのようにとるのですか。また、間口距離はどのようにして求めるのですか。

【答】屈折路に面する不整形地に係る想定整形地は、いずれかの路線からの垂線又は路線に接する両端を結ぶ直線によって作られる、評価しようとする宅地の全域を囲む正方形又は長方形のうち最も面積の小さいものとします。

また、屈折路に面している不整形地の間口距離は、その不整形地に係る想定整形地の間口に相当する距離と、屈折路に実際に面している距離とのいずれか短い距離とします。

【解説】
1 想定整形地　次の場合には、AからCまでの長方形のうち最も面積の小さいもの、すなわちAが想定整形地となります。

第6章 財産評価

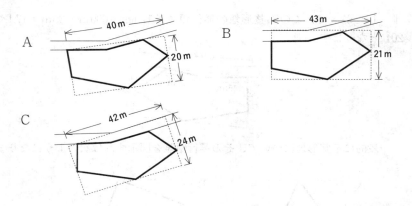

2 間口距離 Aの場合にはa（＜「b＋c」）が、Bの場合には「b＋c」（＜a）がそれぞれ間口距離となります。

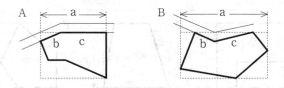

不整形地の奥行距離の計算

【問6-14】宅地を評価する際に奥行価格補正があると聞いていますが、次の図のような画地の奥行距離は、どのようにして計算するのですか。

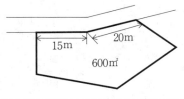

【答】奥行距離が一様でないものは平均的な奥行距離によります。具体的には、不整形地にかかる想定整形地の奥行距離を限度として、その不整形地の面積をその間口距離で除して得た数値とします。
【解説】上の図のような不整形地にかかる想定整形地は次のとおりとなりま

― 593 ―

す。したがって、この不整形地の奥行距離は17.1m（600㎡÷35m＝17.1＜20）となります。

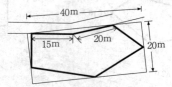

　一般的に不整形地について、その奥行距離を図示すれば次のようになります。

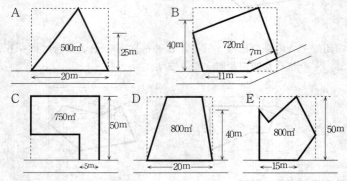

不整形地の評価(1)

【問6-15】次の図のような不整形地の評価額は具体的にはどのように計算するのでしょうか。

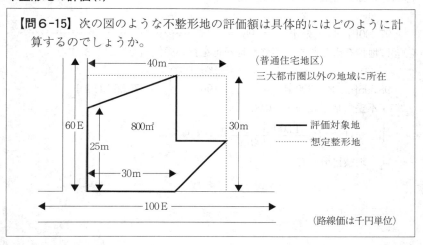

【答】不整形地の地積を間口距離で除して算出した計算上の奥行距離を基とし、側方路線影響加算、不整形地補正を行い評価することになります。

【解説】具体的に計算しますと次のようになります。

○不整形地の計算上の奥行距離による奥行価格補正

　正面路線に対応する奥行距離……26.6m

　〔地積〕　　〔間口距離〕　〔計算上の奥行距離〕　〔想定整形地の奥行距離〕
　800㎡　÷　30m　＝　26.6m　＜　30m

　〔正面路線価〕　〔奥行距離26.6mに応ずる奥行価格補正率〕　〔奥行価格補正後の価額〕
　100,000円　×　0.97　＝　97,000円 ……………①

　側方路線影響加算を行う場合の奥行距離……43.2m

　〔地積〕　　〔間口距離〕　〔計算上の奥行距離〕　〔想定整形地の奥行距離〕
　800㎡　÷　25m　＝　32m　＜　40m

○側方路線影響加算額の計算

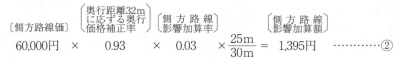

第6章 財　産　評　価

○側方路線影響加算後の価額（①＋②）

　　　　①　　　　　　②

　97,000円 ＋ 1,395円 ＝ 98,395円 …………………………………………③

○③に地積を乗じた後に不整形地補正を行い評価額を算出します。

　　　　③　　　〔地積〕　　〔不整形地補正率〕

　98,395円 × 800㎡ × 　　0.96　　 ＝ 75,567,360円

　　　不整形地補正率……0.96

　　　かげ地割合$\dfrac{1,200㎡ - 800㎡}{1,200㎡} = 33\%$

　　　地積区分　C

不整形地の評価(2)

【問6-16】次の図のように2つの路線に接する不整形地Bの価額を評価する場合にも、角地に該当するものとして側方路線影響加算率を適用して評価するのでしょうか。

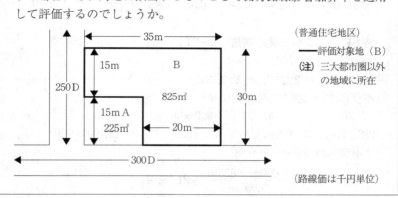

【答】図のようにAの部分の面積が大きく現実に角地としての効用を有しない場合には、側方路線影響加算率に代えて二方路線影響加算率を適用の上、不整形地補正を行って評価します。

【解説】具体的に計算しますと次のようになります。
○A、Bを合わせた全体の整形地の奥行価格補正後の価額からA部分の奥行価格補正後の価額を差し引き、宅地Bの奥行価格補正後の1㎡当たりの価額を算出します。

(A、Bを合わせた全体の整形地の奥行価格補正後の価額)

〔正面路線価〕〔奥行距離30mに応ずる奥行価格補正率〕〔A+Bの地積〕
300,000円 × 0.95 × 1,050㎡ = 299,250,000円 …①

(Aの部分の奥行価格補正後の価額)

〔正面路線価〕〔奥行距離15mに応ずる奥行価格補正率〕〔Aの地積〕
300,000円 × 1.00 × 225㎡ = 67,500,000円 ………②

〔A、Bを合わせた価額①〕〔Aの部分の価額②〕〔Bの地積〕
(299,250,000円 − 67,500,000円) ÷ 825㎡ = 280,909円 …③

○宅地Bの奥行価格補正後の1㎡当たりの価額に、側方路線影響加算（この場合は二方路線影響加算率を適用）及び不整形地補正を行い評価額を算出します。

第6章 財 産 評 価

（側方路線影響加算額の計算）

〔側方路線価〕 〔奥行距離35mに応ずる奥行価格補正率〕 〔二方路線影響加算率〕 〔側方路線影響加算額〕

$$250,000円 \times 0.93 \times 0.02 \times \frac{15m}{15m+15m} = 2,325円 \quad \cdots ④$$

（側方路線影響加算後の価額（③＋④））

③ ④

$$280,909円 + 2,325円 = 283,234円 \quad \cdots\cdots\cdots\cdots\cdots⑤$$

（不整形地補正後の宅地Bの価額）

⑤ 〔地積〕 〔不整形地補正率〕

$$283,234円 \times 825㎡ \times 0.98 = \underline{228,994,689円}$$

$$\left[\begin{array}{l} 不整形地補正率\cdots\cdots0.98 \\[2mm] かげ地割合 \dfrac{1,050㎡-825㎡}{1,050㎡} ≒21.4\% \\[2mm] 地積区分 \quad C \end{array}\right.$$

(注) なお、側方路線影響加算後の価額は次の計算方法により算出しても差し支えありません。

（側方路線価を基にした宅地Bの1㎡当たりの奥行価格補正後の価額）

〔A、Bを合わせた奥行価格補正後の価額〕 〔Aの奥行価格補正後の価額〕

$$〔250,000円\times0.93\times（825㎡+225㎡）-250,000円\times1.00\times225㎡〕÷825㎡$$

$$=227,727円\cdots\cdots\cdots\cdots\cdots\cdots⑥$$

（側方路線影響加算額）

側方路線価を基にしたBの1㎡当たりの価額⑥ 二方路線影響加算額

$$227,727円 \times 0.02 \times \frac{15m}{15m+15m} = 2,277円 \cdots\cdots\cdots\cdots⑦$$

（側方路線影響加算後の価額）

正面路線価を基にしたBの1㎡当たりの価額③ 側方路線影響加算額⑦

$$280,909円 + 2,277円 =283,186円 \quad \cdots\cdots\cdots\cdots\cdots\cdots\cdots⑧$$

不整形地補正後の宅地Bの価額⑧ Bの地積 不整形地補正率

$$283,186円 \times 825㎡ \times 0.98 = \underline{228,955,881円}$$

$$\left[\begin{array}{l} 不整形地補正率 \quad 0.98 \\[2mm] かげ地割合 \dfrac{1,050㎡-825㎡}{1,050㎡} ≒21.4\% \\[2mm] 地積区分 \quad C \end{array}\right.$$

－598－

第6章 財 産 評 価

地積規模の大きな宅地の評価

【問6-17】 私はこの度、父の死亡により次の図のような宅地(地積900㎡、三大都市圏に所在)を相続しましたが、相続を申告するに当たり、このような地積規模の大きな土地の評価はどのようにするのか教えてください(地積規模の大きな宅地の評価における要件は満たしています。)。

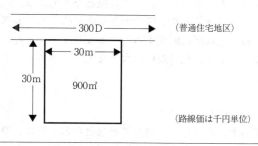

【答】「地積規模の大きな宅地の評価」の対象となる宅地は、路線価に、奥行価格補正率や不整形地補正率などの**各種画地補正率**のほか、**規模格差補正率**を乗じて求めた価額に、その宅地の地積を乗じて計算した価額によって評価します(評基通20-2)。

1　規模格差補正率の計算(小数点以下第2位未満切捨て)

$$\frac{900㎡ \times 0.95 + 25}{900㎡} \times 0.8 = 0.78$$

2　評価額

　　路線価　　　　奥行価格補正率　　規模格差補正率　　　地積
300,000円 × 0.95 × 0.78 × 900㎡ ＝ 200,070,000円

【解説】「地積規模の大きな宅地の評価」は、課税時期が平成30年1月1日以降の場合に適用します。

1　地積規模の大きな宅地とは

地積規模の大きな宅地とは、三大都市圏においては500㎡以上の地積の宅地、三大都市圏以外の地域においては1,000㎡以上の地積の宅地をいいます。

(注)　次の1から4のいずれかに該当する宅地は、地積規模の大きな宅地から除かれます。

　1　市街化調整区域(都市計画法第34条第10号又は第11号の規定に基づき宅地分

－599－

第6章 財 産 評 価

譲に係る同法第4条第12項に規定する開発行為を行うことができる区域を除きます。）に所在する宅地

2　都市計画法の用途地域が工業専用地域に指定されている地域に所在する宅地

3　指定容積率が400％（東京都の特別区においては300％）以上の地域に所在する宅地

4　評価通達22-2に定める大規模工場用地

2　「地積規模の大きな宅地の評価」の対象となる宅地

　　「地積規模の大きな宅地の評価」の対象となる宅地は、路線価地域に所在するものについては、地積規模の大きな宅地のうち、普通商業・併用住宅地区及び普通住宅地区に所在するものとなります。また、倍率地域に所在するものについては、地積規模の大きな宅地に該当する宅地であれば対象となります。

3　評価方法

(1)　路線価地域に所在する場合

　　「地積規模の大きな宅地の評価」の対象となる宅地は、路線価に、奥行価格補正率や不整形地補正率などの各種画地補正率のほか、規模格差補正率を乗じて求めた価額に、その宅地の地積を乗じて計算した価額によって評価します。

$$評価額＝路線価×\frac{奥行価格}{補正率}×\frac{不整形地補正率など}{の各種画地補正率}×\frac{規模格差}{補正率}×\frac{地積}{（㎡）}$$

(2)　倍率地域に所在する場合

　　「地積規模の大きな宅地の評価」の対象となる宅地は、次に掲げる①の価額と②の価額のいずれか低い価額により評価します。

①　その宅地の固定資産税評価額に倍率を乗じて計算した価額

②　その宅地が標準的な間口距離及び奥行距離を有する宅地であるとした場合の1㎡当たりの価額に、普通住宅地区の奥行価格補正率、不整形地補正率などの各種画地補正率のほか、規模格差補正率を乗じて求めた価額に、その宅地の地積を乗じて計算した価額

(注)　市街地農地等（市街地農地、市街地周辺農地、市街地山林及び市街地原野をいいます。）については、その市街地農地等が宅地であるとした場合に「地積規模の大きな宅地の評価」の対象となる宅地に該当するときは、「その農地が宅地であるとした場合の1㎡当たりの価額」について「地積規模の大きな宅地の評価」を適用して評価します。

4　規模格差補正率

　　規模格差補正率は、次の算式により計算します（小数点以下第2位未満

第6章 財 産 評 価

は切り捨てます。)。

$$\frac{規模格差}{補正率} = \frac{Ⓐ \times Ⓑ + Ⓒ}{地積規模の大きな宅地の地積 (Ⓐ)} \times 0.8$$

上記算式中の「Ⓑ」及び「Ⓒ」は、地積規模の大きな宅地の所在する地域に応じて、それぞれ次に掲げる表のとおりです。

(1) 三大都市圏^(注)に所在する宅地

地 積	普通商業・併用住宅地区、普通住宅地区	
	Ⓑ	Ⓒ
500㎡以上　1,000㎡未満	0.95	25
1,000㎡以上　3,000㎡未満	0.90	75
3,000㎡以上　5,000㎡未満	0.85	225
5,000㎡以上	0.80	475

(2) 三大都市圏以外の地域に所在する宅地

地 積	普通商業・併用住宅地区、普通住宅地区	
	Ⓑ	Ⓒ
1,000㎡以上　3,000㎡未満	0.90	100
3,000㎡以上　5,000㎡未満	0.85	250
5,000㎡以上	0.80	500

(注) 三大都市圏とは、次の地域をいいます。

1　首都圏整備法第2条第3項に規定する既成市街地又は同条第4項に規定する近郊整備地帯

2　近畿圏整備法第2条第3項に規定する既成都市区域又は同条第4項に規定する近郊整備区域

3　中部圏開発整備法第2条第3項に規定する都市整備区域

(評基通20-2、21-2、22-2、40、49、58-3)

地積規模の大きな宅地の評価（市街地農地の場合）

【問6-18】 私は次の図のような畑を所有しています。この畑は市街化区域内にある1500㎡の畑で、近隣は戸建住宅が建ち並ぶなど、他の地積規模の大きな宅地の評価の要件はすべて満たしていますが、その価額はどのように評価するのでしょうか。

① 所在地：三大都市圏内
② 地目：畑
③ 面積：1500㎡
④ 宅地造成費：
　（平坦地の整地費）1,050,000円
　（1㎡当たり700円）
(注) 他の地積規模の大きな宅地の評価の適用要件は満たしている。

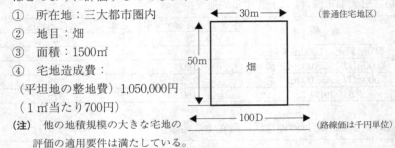

【答】 ご質問の市街地農地の評価額は、100,410,000円になります。

1　奥行価格補正後の価額

　　100,000円（路線価）×　0.89（奥行価格補正率）＝89,000円

2　規模格差補正率（小数点以下第2位未満切捨て）

$$\frac{1,500㎡ \times 0.90 + 75}{1,500㎡} \times 0.8 = 0.76$$

3　宅地であるとした場合の価額

　　89,000円×0.76（規模格差補正率）×1,500㎡＝101,460,000円

4　市街地農地の評価額

　　101,460,000円÷1,500㎡＝67,640円
　　（67,640円－700円）×1,500㎡＝100,410,000円

【解説】 市街地農地について、「地積規模の大きな宅地の評価」の適用要件を満たす場合には、その適用対象となります（市街地周辺農地、市街地山林及び市街地原野についても同様です。）。ただし、路線価地域にあっては、宅地の場合と同様に、普通商業・併用住宅地区及び普通住宅地区に所在するものに限られます。

なお、市街地農地等であっても、①宅地へ転用するには多額の造成費を要

第6章　財　産　評　価

するため、経済合理性の観点から宅地への転用が見込めない場合や、②急傾斜地などのように宅地への造成が物理的に不可能であるため宅地への転用が見込めない場合については、戸建住宅用地としての分割分譲が想定されませんので、「地積規模の大きな宅地の評価」の適用対象となりません（財産評価基本通達20-2、34、36-3、36-4、39、40、45、49、57、58-3）。

地積規模の大きな宅地の評価（倍率地域に所在する場合）

> 【問6-19】倍率地域に所在する「地積規模の大きな宅地」はどのように評価するのでしょうか。

【答】 倍率地域に所在する「地積規模の大きな宅地」については、次のうちいずれか低い方の価額により評価します（評基通20-2、21-2）。

① 倍率方式により評価した価額

② その宅地が標準的な間口距離及び奥行距離を有する宅地であるとした場合の1㎡当たりの価額を路線価とし、かつ、その宅地が普通住宅地区に所在するものとして「地積規模の大きな宅地の評価」に準じて計算した価額

（注）　「その宅地が標準的な間口距離及び奥行距離を有する宅地であるとした場合の1㎡当たりの価額」は、付近にある標準的な画地規模を有する宅地の価額との均衡を考慮して算定する必要があります。具体的には、評価対象となる宅地の近傍の固定資産税評価に係る標準宅地の1㎡当たりの価額を基に計算することが考えられますが、当該標準宅地が固定資産税評価に係る各種補正の適用を受ける場合には、その適用がないものとしたときの1㎡当たりの価額に基づき計算します。

－603－

無道路地の評価(1)

【問6-20】次のような場合、B土地は無道路地として評価しても差し支えないでしょうか。

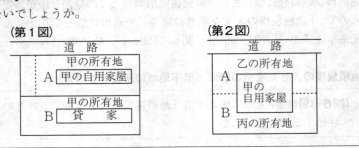

【答】第1図については、無道路地として評価しませんが、第2図については、無道路地として評価します。

【解説】第1図については、A土地及びB土地の所有者が同一の場合、B土地の利用に当たってA土地の一部を通路として利用することが可能ですので、無道路地とせず袋地として不整形地としての評価をします。

第2図については、A土地が他人の所有なのでB土地の価額を評価する場合には無道路地とします。

なお、第2図の場合、甲の所有する借地権については、A、B土地一体として評価することになります。

無道路地の価額は、実際に利用している路線の路線価に基づき不整形地の評価（【問6-11】参照）により計算した価額からその価額の100分の40の範囲内において相当と認める金額を控除した価額によって評価します。

この場合において、100分の40の範囲内において相当と認める金額は、無道路地について建築基準法その他法令において規定されている建築物を建築するために必要な道路に接すべき最小限の間口距離の要件に基づき最小限度の通路を開設する場合のその通路に相当する部分の価額（路線価に地積を乗じた価額）とします（評基通20-3）。

無道路地の評価(2)

【問6-21】次のような無道路地の価額はどのように評価するのですか。

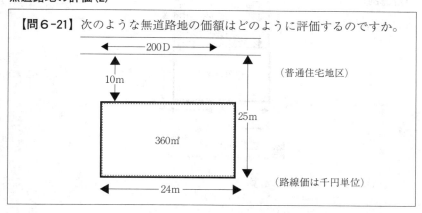

【答】無道路地の価額は、不整形地としての補正をした後の価額から通路開設費用相当額（不整形地補正後の価額×$\frac{40}{100}$を限度とします。）を控除して評価します。

【解説】無道路地とは、道路に接しない宅地（接道義務を満たしていない宅地を含みます。）をいいます。

　無道路地の評価に当たっては、次の図のように実際に利用している路線に接する宅地と無道路地とによって作られる想定整形地に基づいて求めた不整形地補正率と間口狭小補正率との連乗による数値又は間口狭小補正率と奥行長大補正率との連乗による数値により評価額を補正します。この場合における間口は、建築基準法等において定められている建築物を建築するために必要な道路に接すべき最小限の間口距離の要件（接道義務）によります。

　このようにして求めた不整形地としての補正をした後の価額から、「不整形地補正後の価額の100分の40の範囲内において相当と認める金額」を控除することになりますが、この金額は無道路地について接道義務に基づき最小限度の通路を設けるとした場合の、その通路に相当する部分の価額（路線価に面積を乗じた価額とし画地調整はしません。）とします（評基通20-3）。

第6章 財産評価

〔計算例〕

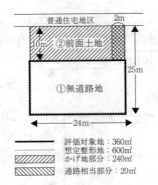

評価対象地：360㎡
想定整形地：600㎡
かげ地部分：240㎡
通路相当部分：20㎡

① 整形地としての価額の計算

（路線価）　(25mの奥行価格補正率)　(①と②の地積の合計額)
200千円 × 0.97 × 600㎡ －

（路線価）　(10mの奥行価格補正率)　(前面土地(②)の地積)　(整形地としての価額)
200千円 × 1.00 × 240㎡ ＝ 68,400千円

② 不整形地としての価額の計算

(整形地としての価額)　(不整形地補正率(注))　(不整形地としての価額)
68,400千円 × 0.76 ＝ 51,984千円

(注)　(不整形地補正率)　(間口狭小補正率)　　(間口狭小補正率)　(奥行長大補正率)
　　　0.85 × 0.90 ＝ 0.76 ｛ < 0.90 × 0.90 ｝
　　　　　　　　　　　　　　　（小数点第2位未満切捨て、下限0.6）

③ 通路相当部分の価額の計算

（路線価）　　（通路相当部分の地積）　　（通路相当部分の価額）
200千円 × 20㎡ ＝ 4,000千円

［(通路相当部分の価額)　　(不整形地としての価額)
　4,000千円　＜　51,984千円 × 0.4 ］
　　　　　　　　　（最大40％減額）

④ 無道路地の評価額の計算

(不整形地としての価額)　(通路相当部分の価額)　(無道路地の評価額)
51,984千円 － 4,000千円 ＝ 47,984千円

がけ地等を有する宅地の評価

【問6-22】 私が相続により取得した宅地は、次の図のように一部がけ地があり利用できません。このような宅地は、どのように評価するのですか。

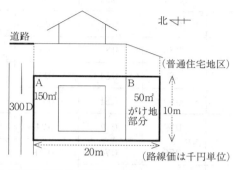

【答】 がけ地等を有する宅地は、「がけ地補正率表」に定める補正率を適用して評価します。

【解説】 がけ地等で通常の用途に供することができないと認められる部分を有する宅地の価額は、その宅地のうちに存するがけ地等ががけ地等でないとした場合の価額に、その宅地の総地積に対するがけ地部分等の地積及びがけ部分等の面する方向に応じた次ページの「がけ地補正率表」に定める補正率を乗じて計算した価額によって評価します（評基通20-5）。

　ご質問の場合は、次のとおりになります。

① がけ地等でないとした場合の価額の計算
　（路線価）　　（奥行価格補正率）　　（地積）
　300千円　×　　　1.00　　×　200㎡　＝　60,000千円

② がけ地補正率

　がけ地割合 ＝ $\dfrac{\text{がけ地地積（B）}}{\text{総地積（A＋B）}}$ ＝ $\dfrac{50㎡}{150㎡＋50㎡}$ ＝ 0.25 ⇨ （南方位のがけ地補正率）0.92

③ がけ地等を有する宅地の評価額の計算
　60,000千円×0.92＝55,200千円

第6章 財 産 評 価

がけ地補正率表

がけ地地積 総 地 積 ＼ がけ地の方位	南	東	西	北
0.10以上	0.96	0.95	0.94	0.93
0.20 〃	0.92	0.91	0.90	0.88
0.30 〃	0.88	0.87	0.86	0.83
0.40 〃	0.85	0.84	0.82	0.78
0.50 〃	0.82	0.81	0.78	0.73
0.60 〃	0.79	0.77	0.74	0.68
0.70 〃	0.76	0.74	0.70	0.63
0.80 〃	0.73	0.70	0.66	0.58
0.90 〃	0.70	0.65	0.60	0.53

(注) がけ地の方位については次により判定します。

1 がけ地の方位は、斜面の向きによります。

2 2方位以上のがけ地がある場合は、次の算式により計算した割合をがけ地補正率とします。

（算式）

$$\frac{\begin{pmatrix}総地積に対する\\がけ地部分の全\\地積の割合に応\\ずるA方位の\\がけ地補正率\end{pmatrix}×\begin{pmatrix}A方位の\\がけ地の\\地積\end{pmatrix}+\begin{pmatrix}総地積に対する\\がけ地部分の全\\地積の割合に応\\ずるB方位の\\がけ地補正率\end{pmatrix}×\begin{pmatrix}B方位の\\がけ地の\\地積\end{pmatrix}+・・・}{が け 地 部 分 の 全 地 積}$$

3 「がけ地補正率表」に定められた方位に該当しない「東南斜面」などについては、がけ地の方位の東と南に応ずるがけ地補正率を平均して求めることとして差し支えありません。

第6章 財 産 評 価

倍率地域の不整形地等の個別事情のしんしゃく

【問6-23】私が相続した宅地は、奥行が長大で、かつ、不整形です。倍率方式で評価する地域内にありますが、倍率を乗じた上で画地計算することができるでしょうか。

【答】**倍率方式で評価する宅地については、個別事情が固定資産税評価額に織り込まれていますので重ねて画地計算することはできません。**

【解説】固定資産税評価の基となる「固定資産評価基準」は、各筆の宅地について路線価方式の場合における画地調整等と同様の画地計算を行うこととしています。

このため、各宅地に付された固定資産税評価額は、不整形地等であることをしんしゃくして定められていますので、原則として、画地調整等のしんしゃくは行いません。

(注) ただし、倍率地域に所在する財産評価基本通達20-2《地積規模の大きな宅地の評価》に定める地積規模の大きな宅地（大規模工場用地を除く）については、倍率方式による評価をした価額が、その宅地が標準的な間口距離及び奥行距離を有する宅地であるとした場合の1㎡当たりの価額を路線価とし、かつその宅地が普通住宅地区に所在するものとして同20-2の定めに準じて計算した価額を上回る場合には、同20-2の定めに準じて計算した価額により評価します。倍率地域に所在する地積規模の大きな宅地の評価は、【問6-19】を参照してください。

倍率方式によって評価する土地の実際の地積が台帳地積と異なる場合の取扱い

【問6-24】土地の地積は、登記簿上の公簿地積ではなく実際の地積によるとのことですが、実際の地積が公簿地積と異なる土地を倍率方式で計算する場合の具体的な方法を説明してください。

また、すべての土地について、実測することが要求されるのでしょうか。

【答】**土地の実際地積に対応する固定資産税評価額を仮に求め、その額に倍率を乗じて評価額を計算します。**

なお、すべての土地について実測することを要求しているものではありません。

第6章 財 産 評 価

【解説】 固定資産税課税台帳に登録されている地積は、原則として、登記簿上の地積とされていることから、実際の地積と異なる場合があります。

このため、課税台帳地積と実際地積が異なる土地を倍率方式で評価する場合には、その土地の固定資産税評価額に直ちに倍率を乗じないで、その土地の実際地積に対応する固定資産税評価額を仮に求め、その額に倍率を乗じて計算した価額で評価することになります。

この場合、仮に求める固定資産税評価額は、支障がない限り、次の算式で求めた価額によることにしても差し支えありません。

$$その土地の固定資産税評価額 \times \frac{実 際 地 積}{固定資産課税台帳に登録されている地積}$$

土地の地積を「実際の面積」によることに定められているのは、台帳地積と実際地積とが異なるものについて、実際地積によって評価するという基本的な考え方を明らかにしたものであり、すべての土地について実測することを要求しているものではありません（評基通8）。

(注) 縄延びが多い山村等については、その地域における平均的な縄延割合の適用等の方法によって実際地積を把握することとなります。

固定資産税評価額が付されていない土地の評価

> **【問6-25】** 固定資産税評価額に倍率を乗ずる倍率方式によって評価すべき土地に固定資産税評価額が付されていない場合、どのようにして計算すればよいですか。

【答】 その土地についての土地固定資産税評価額に相当する額を算出し、その価額に倍率を乗じて計算した金額を評価額とします。

【解説】 倍率方式により評価する土地について、課税時期において、固定資産税評価額が付されていない場合及び地目の変更等により現況に応じた固定資産税評価額が付されていない場合には、その土地の現況に応じ、状況が類似する付近の土地の固定資産税評価額を基とし、付近の土地とその土地との位置、形状等の条件の差を考慮して、その土地の固定資産税評価額に相当する額を算出し、その額に倍率を乗じて評価します。

ただし、相続税等の申告書を提出するときまでに、その土地に新たに固定資産税評価額が付された場合には、その付された価額を基として評価するのが相当です。

－610－

未分割財産について分割協議が確定した場合

【問6-26】正面と背面に道路がある空閑地を相続により取得しました。申告の段階では未分割のため1画地として評価額を計算しています。このほど、遺産分割協議を行った結果、下図のように4人の相続人がそれぞれ分割取得することになりました。この場合の評価額は、分割後も分割前と同額にしなければいけませんか。

（普通商業・併用住宅地区）

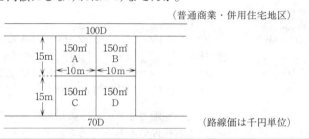

（路線価は千円単位）

【答】各人が遺産分割によって取得した部分をそれぞれ1画地として計算し、その合計額を宅地の評価額とします。

ただし、分割後の画地が宅地としての通常の用途に供することができないなど、その分割が著しく不合理であると認められるときは、その分割前の画地を「1画地の宅地」として評価します。

【解説】相続税は、相続や遺贈などにより被相続人から財産を無償で取得した場合に、その担税力に着目して相続人等に課税する租税です。したがって、財産の価額は、相続等により財産を取得した者ごとにその価額を計算するのが建前となっています。

ご質問の場合、被相続人の所有していた1画地の宅地を遺産分割協議の結果、相続人であるA、B、C及びDの4人がそれぞれ図のように分割取得した場合の評価方法についてですが、前述の趣旨に照らし、A、B、C及びDの各人が取得した部分を、それぞれ1画地として計算し、その合計額を宅地の評価額とすればよいことになります。

したがって、二方路線影響加算の必要がなくなり、当初1画地として計算した評価額が減額されることになります。

ただし、遺産分割協議の結果に基づいて速やかに相続登記をするなどして分割した事実を明らかにしておく必要があると思います。なお、参考のため、ご質問の例を具体的に計算してみますと、次のようになります。

第6章 財産評価

○分割前
(正面路線価) (奥行価格補正率) (1㎡当たりの評価額)
100,000円 × 1.00 = 100,000円………①

　①　　　　　(裏面路線価)　$\binom{奥行価格}{補正率}$　$\binom{二方路線}{影響加算率}$
100,000円 + (70,000円 × 1.00 × 0.05) = 103,500円……②

　②　　　　　(地積)
103,500円 × 600㎡ = 62,100,000円……分割前の評価額

○分割後
(正面路線価) $\binom{奥行価格}{補正率}$ (地積) (評価額)
100,000円 × 1.00 × 150㎡ = 15,000,000円 (A及びBの評価額)

(正面路線価) $\binom{奥行価格}{補正率}$ (地積) (評価額)
70,000円 × 1.00 × 150㎡ = 10,500,000円 (C及びDの評価額)

　A、B、C及びDの評価額の合計額51,000,000円……分割後の評価額

　ただし、分割後の画地が宅地としての通常の用途に供することができない
など、その分割が著しく不合理であると認められるときは、その分割前の画
地を「1画地の宅地」として評価します（【問6-2】参照）。

利用価値の著しく低下している宅地の評価

> 【問6-27】付近の宅地の利用状況に比較して、利用価値が著しく低下し
> ていると認められる宅地の価額はどのように評価するのですか。

【答】利用価値が付近にある他の宅地の利用状況からみて、著しく低下して
いると認められるものの価額は、その宅地について利用価値が低下していな
いものとして評価した場合の価額から、利用価値が低下していると認められ
る部分の面積に対応する価額に10％を乗じて計算した金額を控除した価額に
よって評価して差し支えありません。

　ただし、路線価又は倍率が、利用価値の著しく低下している状況を考慮し
て付されている場合には、しんしゃくしません。

【解説】利用価値が著しく低下していると認められる場合とは、次のような
ものをいいます。

(1) 道路より高い位置にある宅地又は低い位置にある宅地で、その付近にあ
　る宅地に比し著しく高低差のあるもの

(2) 地盤に甚だしい凹凸のある宅地

(3) 震動の甚だしい宅地

(4) (1)から(3)までに掲げる宅地以外の宅地で、騒音、日照阻害（建築基準法第56条の２に定める日影時間を超える時間の日照阻害のあるものとします。）、臭気、忌み等により、その取引金額に影響を受けると認められるもの
なお、路線価又は倍率が、利用価値の著しく低下している状況を考慮して付されている場合には、しんしゃくはできません。
また、宅地比準方式によって評価する農地又は山林について、その農地又は山林を宅地に転用する場合において、造成費用を投下してもなお宅地としての利用価値が著しく低下していると認められる部分を有するものについても同様に取り扱います。

都市計画道路予定地の区域内にある宅地の評価

> 【問６-28】都市計画道路予定地にあるため、その利用に制限を受けている宅地の価額はどのように評価するのですか。

【答】都市計画道路予定地にあるため、建物の建築に制限を受けるなどその宅地を宅地として通常の用途に供する場合に利用の制限があると認められる宅地の価額は、利用制限がないものとして評価した価額に、地区区分、容積率、地積割合の別に応じて定められている補正率を乗じて評価します（評基通24-7）。

【解説】宅地の一部又は全部が都市計画道路予定地である場合には、予定地でないものとして評価した価額に、地区区分、容積率、地積割合の別に応じて次ページの「補正率表」に定められている補正率を乗じて計算した価額によって評価します。ただし、路線価又は倍率が都市計画道路予定地であることを考慮している場合には評価減はできません。

〔計算例〕　　　　　　　　　（高度商業地区・容積率600％）

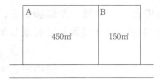

① B部分は都市計画道路予定地であるため２階建の建物しか建築できない。
② 利用制限がないものとした場合の価額（A＋B）は、30億円である。
③ 補正率
　　地積割合（150／600）＝25％→0.88
④ 評価額の計算
　　30億円×0.88＝26億4,000万円

第6章 財産評価

○補正率表

地区区分／容積率／地積割合	ビル街地区、高度商業地区 600%未満	ビル街地区、高度商業地区 600%以上700%未満	ビル街地区、高度商業地区 700%以上	繁華街地区、普通商業・併用住宅地区 300%未満	繁華街地区、普通商業・併用住宅地区 300%以上400%未満	繁華街地区、普通商業・併用住宅地区 400%以上	普通住宅地区、中小工場地区、大工場地区 200%未満	普通住宅地区、中小工場地区、大工場地区 200%以上
30%未満	0.91	0.88	0.85	0.97	0.94	0.91	0.99	0.97
30%以上60%未満	0.82	0.76	0.70	0.94	0.88	0.82	0.98	0.94
60%以上	0.70	0.60	0.50	0.90	0.80	0.70	0.97	0.90

(**注**) 地積割合とは、その宅地の総地積に対する都市計画道路予定地の部分の地積の割合をいいます。

セットバックを必要とする宅地の評価

【問6-29】私が父から相続した家屋は、次の図のように幅員3mの道路に面した宅地の上に建っていますが、将来、家屋を建て替えるときは道路の中心線から2mまでの部分は道路として提供しなければなりません。

このような宅地も、通常の宅地と同じように評価するのですか。

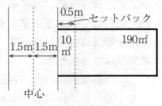

【答】セットバックを必要とする部分がないものとして評価した価額から、セットバックを要する部分に対応する価額の70%相当額を控除して評価します（評基通24-6）。

【解説】建築基準法第42条第2項の道路に面する宅地は、その道路の中心線から左右に2mずつ後退した線（道路の片側ががけ地、川、線路敷地等に沿

— 614 —

う場合は、がけ地等の側の境界線から道の側に4mの線）が道路の境界線とみなされ、将来、建築物の建替えを行う場合にはその境界線まで後退（セットバック）して道路敷として提供しなければならないことになっています。

したがって、現在の利用には特に支障はない場合であっても、その宅地の価額は、セットバックを要しない土地の価額に比較して減額することになります。

図の場合には、セットバックを必要とする部分がないものとして評価した価額を6,000万円とすると評価額は、次のとおりとなります。

$6,000万円 - 6,000万円 \times \dfrac{10㎡}{200㎡} \times 0.7 = 5,790万円$

河川を隔てて道路がある宅地の評価

【問6-30】次の図のように、河川に橋を設置して道路に接している宅地は、どのように評価することになりますか。

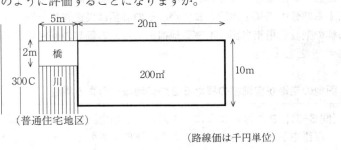

【答】道路との間に河川又は水路があり橋が架設されている場合には、橋の部分を含め不整形地としてのしんしゃくを行います。

【解説】したがって、ご質問の場合には次のように評価します。
○近似整形地等の価額

　正面路線価　　奥行価格補正率(25m)　　地積
　300千円　　×　　0.97　　×250㎡

　　正面路線価　　奥行価格補正率(5m)　　地積
－　300千円　　×　　0.92（※）　　×50㎡ = 58,950千円

（注）前面土地の奥行距離が短小であるために、その奥行価格補正率が1.00未満の数値になる場合は、前面土地に係る奥行価格補正率は、1.00とします。

　　ただし、想定整形地の奥行距離が短小であるために、その奥行価格補正率が1.00未満の数値になる場合は、前面土地に係る奥行価格補正率は、その数値と

します。
○不整形地補正率

$$かげ地割合 = \frac{250㎡ - 200㎡}{250㎡} = 20\%$$

不整形地補正率 = $\underset{\text{かげ地割合に応ずる補正率}}{0.94}$ × $\underset{\text{間口狭小補正率}}{0.9}$ = 0.84
（小数点第2位未満切捨て）

○評価額
　イ　不整形地補正率を適用する場合
　　58,950千円×0.84 = 49,518,000円
　ロ　間口狭小補正率、奥行長大補正率を適用する場合
　　58,950千円×0.9×0.9 = 47,749,500円
　　　イ＞ロのため、評価額<u>47,749,500円</u>

なお、橋が架設されていない場合には、上記の評価を行った後に通路に相当する部分の価額を控除しますが、その価額は接道義務を満たす最低限の幅の橋の架設費用相当額（不整形地補正した後の価額の40％相当額を限度とします。）とします。

1画地の宅地が容積率の異なる2つの地域にわたる場合

【問6-31】次の図のように、1画地の宅地で路線に面する側と奥側とで容積率が異なる場合、どのように評価するのですか。

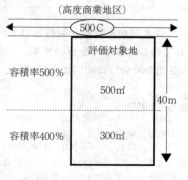

【答】　1画地の宅地が容積率の異なる2以上の地域にわたる場合のその土地

第 6 章 財 産 評 価

の価額は、奥行価格補正等の画地調整計算を行った後の価額から、その価額に次の算式により計算した割合を乗じて計算した金額を控除した金額によって評価します。

【解説】容積率（建築基準法第52条《延べ面積の敷地面積に対する割合》に規定する建築物の延べ面積の敷地面積に対する割合）が土地等の価額に及ぼす影響を考慮して、1画地の宅地が容積率の異なる2以上の地域にわたる場合のその土地の価額は、奥行価格補正等の画地調整計算を行った後の価額から、その価額に次の算式により計算した割合を乗じて計算した金額を控除した金額によって評価します。

この場合において適用する「容積率が価額に及ぼす影響度」は、地区区分に応じて次の表のとおりとなります（評基通20-6）。

（算式）

$$1 - \frac{容積率の異なる部分の各部分に適用される容積率にその各部分の地積を乗じて計算した数値の合計}{正面路線に接する部分の容積率 \times 宅地の総地積} \times 容積率が価額に及ぼす影響度$$

なお、容積率には、都市計画にあわせて指定されるもの（指定容積率）と建築基準法独自のもの（基準容積率）とがあり、実際に適用される容積率は、これらのうちいずれか小さい方です。上の算式において適用する容積率もいずれか小さい方であり、この場合の基準容積率は、建築基準法第52条第2項の規定によるものをいいます。

（容積率が価額に及ぼす影響度）

地　　区　　区　　分	影響度
高度商業地区、繁華街地区	0.8
普通商業・併用住宅地区	0.5
普通住宅地区	0.1

(注) 1　上記算式により計算した割合は、小数点以下3位未満を四捨五入して求めます。

2　正面路線に接する部分の容積率が他の部分の容積率よりも低い宅地のように、この算式により計算した割合が負数となるときは適用しません。

3　2以上の路線に接する宅地について正面路線の路線価に奥行価格補正率を乗じて計算した価額からその価額に上記算式により計算した割合を乗じて計算した金額を控除した価額が、正面路線以外の路線の路線価に奥行価格補正

－617－

第6章　財　産　評　価

　　　率を乗じて計算した価額を下回る場合におけるその宅地の価額は、それらの
　　うち最も高い価額となる路線を正面路線とみなして奥行価格補正等により計
　　算した価額によって評価します。なお、奥行価格補正等の適用については、
　　正面路線とみなした路線の地区に定める地区区分によることに留意してくだ
　　さい。
　ご質問の図により具体的に計算しますと、次のようになります。
① 　容積率が異なることを考慮しない場合の価額の計算

〔路線価〕　　　$\begin{pmatrix} 40\text{mの奥行} \\ 価格補正率 \end{pmatrix}$　　〔地積〕
　500千円　×　1.00　×　1,000㎡　=　500,000千円

② 　減価率の計算

$$\left(1 - \frac{500\% \times 500㎡ + 400\% \times 300㎡}{500\% \times 1,000㎡}\right) \overset{(影響度)}{\times\ 0.8} \overset{(減価率)}{=\ 0.208}$$

③ 　容積率の異なる2以上の地域にわたる宅地の評価額の計算

　（①の価額）　　　（①の価額）　　　（②の減価率）
　500,000千円 － 500,000千円 ×　　0.208　　　=396,000千円

－618－

第6章　財　産　評　価

余剰容積率の移転がある場合の宅地の評価

【問6-32】甲は、次の図のように乙の所有するB土地に区分地上権を設定することにより、いわゆる余剰容積率の移転を受けています。この場合のA土地及びB土地の価額はそれぞれどのように評価するのですか。

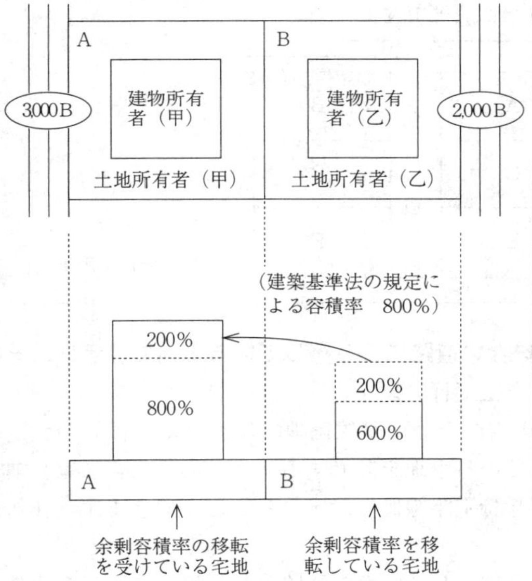

（高度商業地区）

（路線価は千円単位）

A土地の課税時期の相続税評価額
　　　　　36億円

B土地の課税時期の相続税評価額
　　　　　24億円

区分地上権の設定における対価の額
　　　　　10億円

区分地上権設定時のA土地の通常の取引価額
　　　　　45億円

区分地上権設定時のB土地の通常の取引価額
　　　　　30億円

【答】それぞれ、次のように評価します（評基通23）。

○A土地の評価額

$$36億円 \times \left(1 + \frac{10億円}{45億円} \right) = 44億円$$

○B土地の評価額

$$24億円 \times \left(1 - \frac{10億円}{30億円} \right) = 16億円$$

第6章 財産評価

路線価の設定されていない道路にのみ接している宅地の評価方法（特定路線価を設定して評価する宅地）

【問6-33】父から相続した貸家の敷地は、次の図のように路線価が設定されていない私道に接しています。このような場合においても、正面路線価を基に評価することになるでしょうか。

　なお、貸家は、それぞれ別棟です。

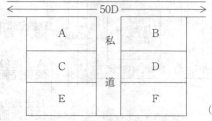

（路線価は千円単位）

【答】路線価の設定されていない道路にのみ接している土地の評価は、その道路に特定路線価を設定した上で行います。

【解説】相続税や贈与税の申告のために路線価地域において路線価の設定されていない道路のみに接している土地を評価する必要があるときには、納税義務者からの申出等に基づき特定路線価を設定することができます（評基通14-3）。

　ご質問のように路線価の設定されていない道路にのみ接しているC、D、E及びFの各宅地の評価に当たっては、私道の部分に特定路線価を設定し、その特定路線価を基にして画地調整計算を行うのが最も妥当な評価方法であると考えられます。

　なお、この特定路線価は、C、D、E及びFの評価に用いるものですから、A及びBの評価に際してこの特定路線価の側方路線影響加算を行う必要はありません。

　特定路線価の申出は、「特定路線価設定申出書」及び「別紙　特定路線価により評価する土地等及び特定路線価を設定する道路の所在地、状況等の明細書」により行います（様式は622、623ページ参照）。

(参考)

　私道の価額は、原則として正面路線価を基として次の算式によって評価します。

第6章 財 産 評 価

　正面路線価×奥行価格補正率×間口狭小補正率×奥行長大補正率×0.3×
地積＝私道の価額
　なお、その私道に設定された特定路線価を基に評価（特定路線価×0.3）
しても差し支えありません。
　ご質問の場合には、貸家建付地の私道ですので、私道の価額に貸家建付地
の割合を乗じた価額が私道部分の価額となります。

第6章 財 産 評 価

整理簿
※

平成＿＿年分　特定路線価設定申出書

※印欄は記入しないでください。

＿＿＿＿＿＿＿＿＿＿税務署長　殿

平成＿＿年＿＿月＿＿日　　申 出 者　住所(所在地)　〒＿＿＿＿＿＿＿＿＿＿＿＿＿＿＿＿＿＿
　　　　　　　　　　　　（納税義務者）

　　　　　　　　　　　　　　　　氏名(名称)＿＿＿＿＿＿＿＿＿＿＿＿＿＿＿＿＿＿印

　　　　　　　　　　　　　　　　職業(業種)＿＿＿＿＿＿＿　電話番号＿＿＿＿＿＿＿

　　相続税等の申告のため、路線価の設定されていない道路のみに接している土地等を
評価する必要があるので、特定路線価の設定について、次のとおり申し出ます。

1　特定路線価の設定を必要とする理由	□　相続税申告のため（相続開始日＿＿年＿＿月＿＿日） 　　被相続人　住所＿＿＿＿＿＿＿＿＿＿＿＿＿＿＿＿＿＿＿ 　　　　　　　氏名＿＿＿＿＿＿＿＿＿＿＿＿＿＿＿＿＿＿＿ 　　　　　　　職業＿＿＿＿＿＿＿＿＿＿＿＿＿＿ □　贈与税申告のため（受贈日＿＿年＿＿月＿＿日）
2　評価する土地等及び特定路線価を設定する道路の所在地、状況等	「別紙　特定路線価により評価する土地等及び特定路線価を設定する道路の所在地、状況等の明細書」のとおり
3　添付資料	(1)　物件案内図（住宅地図の写し） (2)　地形図(公図、実測図の写し) (3)　写真　　撮影日＿＿年＿＿月＿＿日 (4)　その他〔　　　　　　　　　　　　　　　　〕
4　連絡先	〒 住　所＿＿＿＿＿＿＿＿＿＿＿＿＿＿＿＿＿＿＿＿ 氏　名＿＿＿＿＿＿＿＿＿＿＿＿＿＿＿＿＿＿＿＿ 職　業＿＿＿＿＿＿＿＿＿＿　電話番号＿＿＿＿＿＿
5　送付先	□　申出者に送付 □　連絡先に送付
＊　□欄には、該当するものにレ点を付してください。	

（資9－29－A4統一）

第6章 財産評価

別紙 特定路線価により評価する土地等及び特定路線価を設定する道路の所在地、状況等の明細書

土地等の所在地 （住居表示）	[　　　　　　　　]	[　　　　　　　　]
土地等の利用者名、 利用状況及び地積	（利用者名） （利用状況）　　　　　m²	（利用者名） （利用状況）　　　　　m²
道路の所在地		
道路の幅員及び奥行	（幅員）　　m　｜（奥行）　　m	（幅員）　　m　｜（奥行）　　m
舗装の状況	□舗装済 ・ □未舗装	□舗装済 ・ □未舗装
道路の連続性	□通抜け可能 　（□車の進入可能・□不可能） □行止まり 　（□車の進入可能・□不可能）	□通抜け可能 　（□車の進入可能・□不可能） □行止まり 　（□車の進入可能・□不可能）
道路のこう配	度	度
上　水　道	□有 □無（□引込み可能・□不可能）	□有 □無（□引込み可能・□不可能）
下　水　道	□有 □無（□引込み可能・□不可能）	□有 □無（□引込み可能・□不可能）
都 市 ガ ス	□有 □無（□引込み可能・□不可能）	□有 □無（□引込み可能・□不可能）
用途地域等の制限	（　　　　　　　　）地域 建ぺい率（　　　　）％ 容積率（　　　　）％	（　　　　　　　　）地域 建ぺい率（　　　　）％ 容積率（　　　　）％
その他（参考事項）		

（資9－30－Ａ4統一）

第6章 財 産 評 価

土地区画整理事業施行中の宅地の評価

【問6-34】 父の所有していた宅地は、土地区画整理事業施行地内にあり、仮換地の指定があってから3か月後に父が死亡しました。
この宅地の価額は、どのように評価すればよいのでしょうか。

【答】 土地区画整理事業の施行地区内にある宅地について、土地区画整理法第98条《仮換地の指定》の規定に基づき仮換地が指定されている場合には、その宅地の価額は、仮換地の価額に相当する価額によって評価することとされています。

【解説】 土地区画整理事業が行われると、従前の土地について有していた権利関係は、換地処分の公告の日の翌日から換地上に同一性を維持しながら移行することになります。この場合、事業開始から換地処分が行われるまでには、長期間を要することから、建築物等の移転や権利関係を早期に安定させるため、換地計画で定められた事項を考慮しながら仮換地の指定が行われます。仮換地の指定は、

①　換地処分を行う前に、土地の区画形質の変更、公共施設の新設若しくは変更に係る工事のために必要がある場合
②　換地計画に基づき換地処分を行う必要がある場合

に施行地区内の宅地について、できることになっています（土地区画整理法98）。その指定は、公法上の独立した処分で通常の場合は、将来被指定者の換地となる予定のもとに行われます。

仮換地の指定が行われると、①従前の宅地に対する使用収益権は停止され（処分権は残ります。）、代わりに仮換地について従前地に有していた使用収益権を取得することとなること、②区画整理の工事が進捗すると、従前の宅地は、その形骸をとどめない場合も生じてきて、従前の宅地そのものを評価することは物理的に不可能であることなどから、仮換地の指定が行われ、換地処分の公告が未了である段階で課税時期が到来した場合には、仮換地の指定されている土地については、仮換地の価額に相当する価額によって評価することとされています（評基通24-2）。

なお、その仮換地の造成工事が施工中で、当該工事が完了するまでの期間が1年を超えると見込まれる場合の仮換地の価額に相当する価額は、その仮換地について造成工事が完了したものとして評価した価額の100分の95に相当する価額によって評価します。

－624－

第6章　財　産　評　価

　また、換地処分により徴収又は交付されることとなる精算金のうち、課税時期において確実と見込まれるものがある場合には、徴収されることとなる精算金の額は、仮換地の評価額から控除し、交付されることとなる精算金は仮換地の評価額に加算することになります。

(注)　仮換地が指定されている場合であっても、次の事項のいずれにも該当するときには、従前の宅地の価額により評価します。

　　1　土地区画整理法第99条第2項の規定により、仮換地について使用又は収益を開始する日を別に定めるとされているため、当該仮換地について使用又は収益を開始することができないこと

　　2　仮換地の造成工事が行われていないこと

区分地上権の目的となっている宅地の評価

> **【問6-35】**私の所有する宅地は本来地上8階地下2階のビルが建築できるのですが、地下鉄のトンネルの所有を目的とする区分地上権が設定されていることにより、地上5階地下1階の建物しか建築できません。このような土地の価額は、どのように評価するのですか。

【答】区分地上権の目的となっている宅地の価額は、その宅地の自用地としての価額から区分地上権の価額を控除した金額によって評価します（評基通25（4））。

【解説】区分地上権の価額は、その区分地上権の目的となっている宅地の自用地としての価額に、その区分地上権の設定契約の内容に応じた土地利用制限率を基とした割合を乗じて計算した金額によって評価します（評基通27-4）。

　仮に、ご質問の土地の階層別利用率が次ページの図のようであるとした場合には、次のように評価します（この土地の自用地価額を50億円として計算しました。）。

－625－

第6章 財産評価

(階層別利用率)

階	利用率
8F	32.9
7F	33.0
6F	36.9
5F	40.1
4F	42.8
3F	44.1
2F	61.5
1F	100.0
B1	55.7
B2	33.1

自用地価額　　区分地上権の価額
50億円 － 50億円 × 0.283※ ＝ 35億8,500万円

※区分地上権の割合(土地利用制限率)の計算

$$\frac{32.9+33.0+36.9+33.1}{32.9+33.0+36.9+40.1+42.8+44.1+61.5+100.0+55.7+33.1} ≒ 0.283$$

なお、簡便法により、地下鉄等のトンネルの所有を目的とする区分地上権の割合を0.3として次のように評価しても差し支えありません。

　　50億円－50億円×0.3＝35億円

(注)　土地利用制限率とは、公共用地の取得に伴う損失補償基準細則(昭和38年3月7日用地対策連絡協議会理事会決定)別記2《土地利用制限率算定要領》に定める土地利用制限率をいいます。

第6章 財産評価

区分地上権に準ずる地役権の目的となっている宅地の評価

【問6-36】 私が所有する宅地の上に、特別高圧架空電線が架設されることになり、宅地の一部に地役権が設定されました。

このような地役権が設定された宅地の価額は、どのように評価するのでしょうか。

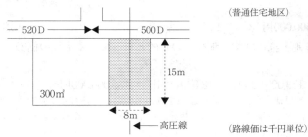

① ▨部分は、地役権の設定により家屋の構造、用途等に制限を受けます。
② 宅地は、500千円及び520千円の路線価が付された路線にそれぞれ10mずつ接しています。
③ 総地積は、300平方メートル、▨部分の地積は120平方メートルです。

【答】 その宅地の自用地としての価額から、区分地上権に準ずる地役権の価額を控除して評価します。

【解説】 ご質問のようなその一部に地役権が設定されている宅地の価額は、承役地（**(注)**参照）である部分も含め全体を1画地の宅地として評価した価額から、その承役地である部分を1画地として計算した自用地価額を基に、土地利用制限率（【問6-35】参照）を基に評価した区分地上権に準ずる地役権の価額を控除して評価します。この場合、区分地上権に準ずる地役権の価額は、その承役地である宅地についての建築制限の内容により、自用地価額に次の割合を乗じた金額によって評価することができます（評基通27-5）。
(1) 家屋の建築が全くできない場合　50％と承役地に適用される借地権割合とのいずれか高い割合
(2) 家屋の構造、用途等に制限を受ける場合　30％

ご質問の場合において、区分地上権に準ずる地役権の割合を30％とします

-627-

第6章　財　産　評　価

と、次のように評価します。

宅地全体を1画地として評価した価額（自用地価額）

$$\underset{\text{加重平均による路線価}}{\frac{520,000円×10m＋500,000円×10m}{20m}} × \underset{\substack{\text{奥行価格補正率}}}{1.00} × \underset{\text{地積}}{300㎡} = \underset{\text{自用地価額}}{153,000,000円}$$

区分地上権に準ずる地役権の価額

$$\underset{\text{路線価}}{500,000円} × \underset{\text{奥行価格補正率}}{1.00} × \underset{\text{地積}}{120㎡} × \underset{\substack{\text{区分地上権に準ず}\\\text{る地役権の割合}}}{30\%} = \underset{\substack{\text{区分地上権に準ず}\\\text{る地役権の価額}}}{18,000,000円}$$

区分地上権に準ずる地役権の目的となっている宅地の価額

$$\underset{\text{自用地価額}}{153,000,000円} － \underset{\substack{\text{区分地上権に準ず}\\\text{る地役権の価額}}}{18,000,000円} = 135,000,000円$$

(注) 甲地の利益のために乙地を利用し、ここを通行したり引水したりする物権を地役権といいますが、この場合、甲地を要役地、乙地を承役地といいます。

貸ビル業務上駐車場に利用している土地の評価

【問6-37】私が所有する貸ビルの敷地内には駐車場があり、賃貸借契約は、ビルの各部屋ごとに契約を締結し、入室者のうち希望する人には駐車場についても月極めで使用料を取って貸しています。

　なお、この駐車場の利用者は、すべてビルの賃借人です。

　このような場合、貸ビルの敷地は、「貸家建付地」になると思いますが、駐車場についてはどのような評価をすればよいのでしょうか。

【答】駐車場を含む全部の敷地を「貸家建付地」として評価します。

【解説】駐車場の利用契約と貸ビルの契約とが別であるとしても、駐車場の契約者や利用者がすべてビルの賃借人であり、かつ、その駐車場がビルの敷地内にあるなど、駐車場の貸付けの状況がビルの賃貸借と一体をなしていると考えられる場合には、利用単位は同一とみて全体を「貸家建付地」として評価します。

－628－

第6章 財　産　評　価

使用貸借に係る土地の評価(1)

> **【問6-38】** 土地を使用貸借により借り受けた者が、その土地の上に建物
> を建て、その建物を他人に賃貸しました。
> 　その後、土地の所有者が死亡しましたが、相続税の課税価格に算入
> されるべきその土地の価額は、貸家建付地として評価してもよいでし
> ょうか。

【答】 貸家建付地として評価せず、自用地として評価することになります。

【解説】 一般に、使用貸借により借り受けた土地の上に建物が建築され、そ
の建物が賃貸借により貸し付けられている場合におけるその建物賃借人の敷
地利用権は、建物所有者（土地使用借権者）の敷地利用権から独立したもの
ではなく、建物所有者の敷地利用権に従属し、その範囲内において行使され
るにすぎないものであると解されています。

　したがって、土地の使用借権者である建物所有者の敷地利用権の価額を零
として取り扱うこととした以上、その建物賃借人の有する敷地利用権の価額
についても零として取り扱うことは当然であり、また、その土地自体の価額
も自用であるとした場合の価額によって評価します。

使用貸借に係る土地の評価(2)

> **【問6-39】** 2年前に父から共同アパートの贈与を受け、その敷地は、父
> から無償で借り受けていました。今回、その敷地の贈与を受けること
> になったのですが、その宅地の価額は、貸家建付地として評価してよ
> ろしいのでしょうか。

【答】 ご質問のとおり、自用地ではなく、貸家建付地として評価します。

【解説】 建物の賃貸借契約は、お父さんと建物賃借人との間に締結されたも
のであり、お父さんは土地所有者でもあることから、その建物賃借人は、土
地の使用権を有しているので、賃借している建物の所有者に異動があり、新
たな建物所有者の敷地利用権が使用貸借に基づくものになるなど、その権能
が従来の建物所有者の敷地利用権の権能と異なることになったとしても、そ
れ以前に有していた建物賃借人の敷地利用権の権能には変動がないと考えら
れます。したがって、貸家建付地として評価します。

－629－

第6章 財産評価

ところで貸家建付地（貸家の目的に供されている宅地）の価額は、次の算式により計算します。

$$\text{宅地の自用地としての価額} \times \left\{ 1 - \left(\text{その宅地の借地権割合} \times \text{その宅地上にある家屋の借家権割合} \times \text{賃貸割合} \right) \right\}$$

(注) 上記算式の「賃貸割合」とは、その貸家に係る各独立部分（構造上区分された数個の部分の各部分をいいます。）がある場合に、その各独立部分の賃貸の状況に基づいて、次の算式により計算した割合によります。

$$\frac{\text{Aのうち課税時期において賃貸されている各独立部分の床面積の合計}}{\text{その家屋の各独立部分の床面積の合計(A)}}$$

相当の地代が支払われている場合の借地権及び貸宅地の評価

> **【問6-40】** 権利金を支払わないで、相当の地代を支払うこととして、建物の所有を目的とした土地の賃貸借契約があった場合の、借地権及び貸宅地の評価はどのようにしますか。

【答】 相当の地代が支払われている場合の借地権の評価額は零とし、貸宅地については、自用地としての価額の80％に相当する金額で評価します。

【解説】 通常、権利金を支払う取引慣行のある地域において、権利金に代えて相当の地代を支払って借地している場合の借地権を、相続等により取得した場合には、借地権の評価額は零とします（昭60直資2-58「相当の地代通達3」）。

この場合の「相当の地代」とは、自用地としての相続税評価額の過去3年間の平均額の6％相当額とします。

一方、相当の地代を収受している貸宅地（底地）については、自用地としての価額の80％に相当する金額で評価します（昭60直資2-58「相当の地代通達6」）。

この場合、借地権と底地を加えても自用地価額とならないので、底地については、自用地価額によるべきとの考え方もありますが、借地権の取引慣行のない地域においても、自用地の価額から20％相当の借地権価額を控除していることとの権衡上、20％を控除することが適当であるとの考え方によるものと思われます。

－630－

第6章 財 産 評 価

相当の地代に満たない地代が支払われている場合の借地権及び貸宅地の評価

【問6-41】 私の父が生前貸していた土地は、賃貸借契約の当初は、その土地の自用地としての価額の6％相当の地代を収受していましたが、その後地代の改定もなく、父の相続開始があった時点では、地価の上昇により6％にも満たない地代となっていました。この場合私が相続したこの貸地はどのように評価しますか。
　　また、借主側の借地権の評価についても併せて説明してください。

【答】 相当の地代に満たない地代を収受している場合の貸地は、自用地としての価額から、次の算式により計算した借地権の価額を控除した金額により評価します。
（算式）

$$\frac{借地権}{価額} = \frac{自用地とし}{ての価額} \times \left\{ \frac{借地権}{割合} \times \left(1 - \frac{実際に支払っている地代の年額 - 通常の地代の年額}{相当の地代の年額 - 通常の地代の年額} \right) \right\}$$

また、借主側の借地権の価額は、上の算式により計算した金額とします。

【解説】 (1) 借地権が設定されている土地について、支払っている地代の額が、通常の地代の額を超え、相当の地代に満たない地代である場合のその土地に係る借地権の価額は上の算式により計算したところにより評価されます（昭60直資2-58「相当の地代通達4」）。

〔計算〕

①	土地の自用地としての価額	4,000万円
②	土地の自用地としての価額の過去3年間における平均額	3,400万円
③	借地権割合	70％
④	相当の地代の年額　（②×6％）	204万円
⑤	実際に支払っている地代の年額	150万円
⑥	通常の地代の年額	84万円

（借地権の価額）

$$4,000万円 \times \left\{ 0.7 \times \left(1 - \frac{150万円 - 84万円}{204万円 - 84万円} \right) \right\} = 1,260万円$$

第6章 財 産 評 価

(2) 次にあなたの相続された貸宅地の評価については、収受している地代の
額が相当の地代の額に満たないようですが、その場合、その土地の自用地
としての価額から(1)で算出した借地権の価額を控除した金額により評価
します。

ただし、その価額が土地の自用地としての価額の80％に相当する金額を
超えるときは、自用地としての価額の80％に相当する金額により評価しま
す（昭60直資2-58「相当の地代通達7」）。

〔計算〕

（貸宅地の価額）

4,000万円−1,260万円＝2,740万円

(注) 算出された価額が3,200万円（4,000万円×80％）を超える場合は3,200万円
となります。

「通常の地代の年額」の意味

【問6-42】「相当の地代通達」の算式の中で「通常の地代の年額」とい
う言葉がでてきますが、具体的には通常の地代の年額をどのように求
めたらよいのですか。

【答】「通常の地代の年額」は、その地域で通常支払われている地代を基とし
て求めます。

【解説】「相当の地代通達」（昭60直資2-58）の算式の中で使われる通常の地
代の年額とは、その地域において通常の賃貸借契約に基づいて、通常支払わ
れる地代の年額をいいます。したがって、この通達を適用して評価する場合
には、その地域で通常支払われている地代の月額を調べて、それを基に評価
する土地の通常の地代の年額を算出することになります。

しかし、それが分からない場合には、過去3年間のその土地の自用地（評
基通25「貸宅地の評価」に定める自用地としての価額）としての価額からそ
の地域の通常の借地権の価額（評基通27「借地権の評価」）を控除した金額
の平均額に6％を乗じて算出した額を「通常の地代の年額」として計算して
も差し支えありません。

－632－

第6章 財 産 評 価

相当の地代が支払われている場合の非上場株式評価上の借地権の価額

> 【問6-43】甲は、所有する土地を同族関係者となっている同族会社Aに
> 相当の地代を収受して貸し付けています（権利金の収受はない）。こ
> の度、甲に相続が発生し甲の所有するA社の株式を評価することにな
> りましたが、借地権の価額はどのように取り扱ったらよいですか。

【答】自用地としての価額の20％を借地権価額とします。

【解説】【問6-40】で、相当の地代を収受して貸し付けている土地の評価額
は、自用地としての価額の80％で評価し、その借地権の価額は零であると説
明しました。しかし、被相続人が同族関係者となっている同族会社に、相当
の地代を収受してその土地を貸し付けている場合には、その土地の自用地と
しての価額の20％に相当する金額を同族会社の有する借地権の価額として純
資産価額に算入し、株価を計算することになります（昭43直資3-22）。

　このように純資産価額に算入して計算することとしたのは、当該土地の価
額が個人と法人を通じて100％顕現することが課税の公平上適当と考えられ
ることによるものです。

「土地の無償返還に関する届出書」が提出されている場合の借地権及び貸宅地の評価

> 【問6-44】借地権の設定されている土地について、法人税の取扱いによ
> る無償返還届出書が提出されている場合の、借地権及び貸宅地の価額
> はそれぞれのように評価すればよいでしょうか。

【答】無償返還届出書が提出されている場合の借地権の評価額は零とし、貸
宅地については、自用地としての価額の100分の80に相当する金額で評価し
ます。

【解説】法人税の取扱いによる無償返還届出書は、土地所有者と借地人との
間において将来無償で借地権を返還することを約した契約ですから、その借
地権について相続等があったときには、借地人にその借地権の価値が生じな
いこととして取り扱うことが当事者の取引の実態にかなうものと考えられま
す。そこで、無償返還届出書の提出されているその土地の借地権価額は零と
して取り扱うこととされています（昭60直資2-58「相当の地代通達5」）。

－633－

第6章 財 産 評 価

　また、無償返還届出書が提出されている場合の貸宅地の価額は、その土地の自用地としての価額の100分の80に相当する金額によって評価します（昭60直資2 -58「相当の地代通達8」）。

　これは、無償返還届出書が提出されている土地についても、借地借家法等の制約を受けること及びその土地が相続等のときに無償返還されるわけではないことなどを勘案すれば、現在、借地権の取引慣行のない地域についても20パーセントの借地権相当額の控除を認容していることとの権衡上、その土地に係る貸宅地の評価についても20％を控除することが適当であるとの考え方によるものです。

　なお、この場合においても被相続人が同族関係者となっている同族会社にその土地を貸し付けている場合には、その土地の自用地としての価額の20％に相当する金額をその同族会社の株式又は出資の評価上、純資産価額に算入して計算することとしています（昭43直資3-22、【問6 -43】参照）。

　この理由も、その土地の価額が個人と法人を通じて100％顕現することが課税の公平上適当と考えられることによるものです。

　ただし、同じ無償返還届出書が提出されている場合でも、その貸借が使用貸借であるときのその土地に係る貸宅地の価額は、その土地の自用地としての価額によって評価することになり、100分の80に相当する金額によって評価することはできません。これは、使用貸借に係る土地は借地借家法等の制約を受けないこと、個人間で使用貸借により貸し付けている土地の価額はその自用地としての価額により評価すること（昭48直資2 -189）等を考慮したものであると思われます。

借地権の範囲

> 【問6 -45】 貸宅地の価額は、その宅地が自用地であるとした場合の価額から、借地権の価額を控除した金額で評価することになっていますが、ここでいう借地権とは具体的にはどのようなものを指しているのですか。

【答】 相続税及び贈与税の財産評価上、借地権とは、借地借家法第2条に規定する借地権すなわち建物の所有を目的とする地上権又は土地の賃借権をいいます。なお、構築物の所有を目的とする賃借権は含まれません。

【解説】 借地権は、建物の所有を主たる目的としたものであることから、①

－634－

第6章　財　産　評　価

建物以外の工作物の所有を目的とする地上権又は賃借権、②資材置場とか駐車場等に使用することを目的とした賃借権などは、借地借家法の適用がありませんから、ここでいう借地権には該当しないことになります。

　また、例えばゴルフ練習場として賃借した土地に事務所、住宅等を建築しても、一般的にはその建物の所有目的が社会通念上主たる賃借目的でなく従たる目的にすぎないため借地権はないものとされます。

　なお、建物とは、一般的には土地に定着する建造物であり、屋根、周壁があって、居住、貯蔵等の使用収益に供されるものをいうものとされています。

定期借地権等の概要

> 【問6-46】定期借地権等の評価は、借地権の評価と同様の方法でよいのでしょうか。

【答】財産評価基本通達には「借地権」と別に「定期借地権等」の評価方法が定められています（評基通27-2）。

【解説】借地借家法が平成4年8月1日から施行され、この法律により、定期借地権制度が創設されました。

　定期借地権制度には、①一般定期借地権（借地借家法第22条）、②事業用定期借地権等（同法第23条）及び③建物譲渡特約付借地権（同法第24条）の3種類がありますが、これらの定期借地権等に共通する特徴は、借地契約の更新がなく、契約終了により確定的に借地関係が消滅することです。

　このような定期借地権等については、慣行として形成されてきた借地権割合を基礎とした借地権の評価方法はなじまないことから、定期借地権等の評価方法が定められています。

　なお、一時使用目的の借地権（借地借家法第25条）も法定更新の制度等に関する規定の適用がありませんので、「定期借地権等」のなかに含めて取り扱うこととしています。

第6章 財 産 評 価

○定期借地権等の内容

区分	定 期 借 地 権 等			普通借地権	既存借地権 （旧借地法）
	一般定期 借地権	事業用定期 借地権等	建物譲渡特 約付借地権		
存続期間	50年以上	10年以上 50年未満	30年以上	30年以上	堅固な建物30年以上 その他の建物20年以上
利用目的	制限なし	事業用に限る	制限なし	制限なし	制限なし
更新制度	なし	なし	なし	法定更新	法定更新
終了事由	期間満了	期間満了	建物譲渡	正当事由	正当事由

定期借地権等の評価

【問6-47】 私は父から次のような契約内容の定期借地権を相続しまし
た。この定期借地権の価額はどのように評価するのですか。

○設定契約の内容（当該地域の借地権割合は80％地域です。）

　定期借地権等の種類……定期借地権（設定期間50年）

　自用地の価額……相続税評価額:4,000万円

　　　　　　　　（通常の取引価額:5,000万円）

　定期借地権設定時に借地人に帰属する経済的利益の総額……800万円

　毎年の支払地代……年間72万円（月6万円）

○課税時期等

　課税時期……平成30年6月（設定後10年を経過し、残存期間40年）

　課税時期における自用地の価額…相続税評価額:6,400万円

　　　　　　　　　　　（通常の取引価額:8,000万円）

【答】 ご質問の定期借地権の価額を評価すると、次のとおりとなります（評
基通27-2）。

$$64,000,000円 \times \frac{8,000,000円}{50,000,000円} \times \frac{38.020}{46.946} = \begin{array}{c}（定期借地権の価額）\\ 8,293,034円\end{array}$$

(注)　5,000万円は、定期借地権設定時における通常の取引金額ですが、この価額が
設定契約等においても明確でなく、かつ、地価変動が著しくない年のときは、そ
の年における自用地価額（評価通達に基づいて評価した額）を0.8で割り戻した
価額を定期借地権設定時における通常の取引金額としても差し支えありません。

【解説】 定期借地権等の価額は、原則として、設定契約内容等に基づいて借

－636－

第6章 財 産 評 価

地人に帰属する経済的利益及びその存続期間を基として評価することになりますが、課税上弊害がない限り、次の算式により評価することができることとされています。

$$
\underset{\substack{\text{課税時期に} \\ \text{おけるその} \\ \text{宅地の自用} \\ \text{地価額}}}{} \times \underset{\substack{\text{定期借地権等設定時に借地人} \\ \text{に帰属する経済的利益の総額} \\ \rule{9em}{0.4pt} \\ \text{定期借地権等設定時における} \\ \text{その宅地の通常の取引価額}}}{\overset{\text{（借地権設定時におけ}}{\text{る定期借地権割合）}}} \times \underset{\substack{\text{課税時期における定期借地権等の残存期間} \\ \text{年数に応ずる基準年利率の複利年金現価率} \\ \rule{9em}{0.4pt} \\ \text{定期借地権等の設定期間年数に応} \\ \text{ずる基準年利率の複利年金現価率}}}{\overset{\text{（定期借地権等の逓減率）}}{}}
$$

(注) 平成30年6月における残存期間7年以上の基準年利率は、0.25％です。

平成30年中に相続、遺贈又は贈与により取得した財産を評価する場合の基準年利率は月ごとに定められていますので、「平成30年分の基準年利率について（法令解釈通達）」により確認してください。

第6章　財　産　評　価

（参考）課税時期が平成30年6月の場合に適用する複利表

複　利　表（平成30年1～6月分）

区分	年数	年0.01%の複利年金現価率	年0.01%の複利現価率	年0.01%の年賦償還率	年1.5%の複利終価率
短期	1	1.000	1.000	1.000	1.015
	2	2.000	1.000	0.500	1.030

区分	年数	年0.01%の複利年金現価率	年0.01%の複利現価率	年0.01%の年賦償還率	年1.5%の複利終価率
中期	3	2.999	1.000	0.333	1.045
	4	3.999	1.000	0.250	1.061
	5	4.999	1.000	0.200	1.077
	6	5.998	0.999	0.167	1.093

区分	年数	年0.25%の複利年金現価率	年0.25%の複利現価率	年0.25%の年賦償還率	年1.5%の複利終価率
長期	7	6.931	0.983	0.144	1.109
	8	7.911	0.980	0.126	1.126
	9	8.889	0.978	0.113	1.143
	10	9.864	0.975	0.101	1.160
	11	10.837	0.973	0.092	1.177
	12	11.807	0.970	0.085	1.195
	13	12.775	0.968	0.078	1.213
	14	13.741	0.966	0.073	1.231
	15	14.704	0.963	0.068	1.250
	16	15.665	0.961	0.064	1.268
	17	16.623	0.958	0.060	1.288
	18	17.580	0.956	0.057	1.307
	19	18.533	0.954	0.054	1.326
	20	19.484	0.951	0.051	1.346
	21	20.433	0.949	0.049	1.367
	22	21.380	0.947	0.047	1.387
	23	22.324	0.944	0.045	1.408
	24	23.266	0.942	0.043	1.429
	25	24.205	0.939	0.041	1.450
	26	25.143	0.937	0.040	1.472
	27	26.077	0.935	0.038	1.494
	28	27.010	0.932	0.037	1.517
	29	27.940	0.930	0.036	1.539
	30	28.868	0.928	0.035	1.563
	31	29.793	0.926	0.034	1.586
	32	30.717	0.923	0.033	1.610
	33	31.638	0.921	0.032	1.634
	34	32.556	0.919	0.031	1.658
	35	33.472	0.916	0.030	1.683

区分	年数	年0.25%の複利年金現価率	年0.25%の複利現価率	年0.25%の年賦償還率	年1.5%の複利終価率
	36	34.386	0.914	0.029	1.709
	37	35.298	0.912	0.028	1.734
	38	36.208	0.909	0.028	1.760
	39	37.115	0.907	0.027	1.787
	40	38.020	0.905	0.026	1.814
	41	38.923	0.903	0.026	1.841
	42	39.823	0.900	0.025	1.868
	43	40.721	0.898	0.025	1.896
	44	41.617	0.896	0.024	1.925
	45	42.511	0.894	0.024	1.954
	46	43.402	0.891	0.023	1.983
	47	44.292	0.889	0.023	2.013
	48	45.179	0.887	0.022	2.043
	49	46.064	0.885	0.022	2.074
	50	46.946	0.883	0.021	2.105
長期	51	47.827	0.880	0.021	2.136
	52	48.705	0.878	0.021	2.168
	53	49.581	0.876	0.020	2.201
	54	50.455	0.874	0.020	2.234
	55	51.326	0.872	0.019	2.267
	56	52.196	0.870	0.019	2.301
	57	53.063	0.867	0.019	2.336
	58	53.928	0.865	0.019	2.371
	59	54.791	0.863	0.018	2.407
	60	55.652	0.861	0.018	2.443
	61	56.511	0.859	0.018	2.479
	62	57.368	0.857	0.017	2.517
	63	58.222	0.854	0.017	2.554
	64	59.074	0.852	0.017	2.593
	65	59.925	0.850	0.017	2.632
	66	60.773	0.848	0.016	2.671
	67	61.619	0.846	0.016	2.711
	68	62.462	0.844	0.016	2.752
	69	63.304	0.842	0.016	2.793
	70	64.144	0.840	0.016	2.835

（注）
1　複利年金現価率、複利現価率及び年賦償還率は小数点以下第4位を四捨五入により、複利終価率は小数点以下第4位を切捨てにより作成している。

2　複利年金現価率は、定期借地権等、著作権、営業権、鉱業権等の評価に使用する。

3　複利現価率は、定期借地権等の評価における経済的利益（保証金等によるもの）の計算並びに特許権、信託受益権、清算中の会社の株式及び無利息債務等の評価に使用する。

4　年賦償還率は、定期借地権等の評価における経済的利益（差額地代）の計算に使用する。

5　複利終価率は、標準伐期齢を超える立木の評価に使用する。

第6章　財　産　評　価

定期借地権等の目的となっている宅地の評価

【問6-48】私は次のような契約内容で定期借地権を設定させて土地を貸
しましたが、この場合の底地（貸宅地）の価額はいくらになりますか。
○設定契約の内容
　　定期借地権等の種類……定期借地権（設定期間50年）
　　自用地の価額……相続税評価額：4,000万円
　　　　　　　　　　（通常の取引価額：5,000万円）
　　定期借地権設定時に借地人に帰属する経済的利益の総額……800万円
　　毎年の支払地代……年間72万円（月6万円）
○課税時期等
　　課税時期……平成30年6月（設定後10年を経過し、残存期間40年）
　　課税時期における自用地の価額……相続税評価額：6,400万円
　　　　　　　　　　　　　　　　（通常の取引価額：8,000万円）

【答】ご質問の貸宅地を評価すると次のとおりとなります。

$$
\underset{\substack{（自用地価額）\\64,000,000円}}{} \times \left(1 - \underset{\substack{\left(\begin{array}{c}定期借地権等の残存\\期間に応ずる割合\end{array}\right)\\0.2}}{} \right) = 51,200,000円
$$

【解説】定期借地権等の目的となっている宅地の価額は、原則として、その
宅地の自用地としての価額から定期借地権等の価額を控除して評価します。
　ただし、この原則により評価した価額より、自用地としての価額から自用
地としての価額に次に掲げる定期借地権等の残存期間に応ずる割合を乗じて
計算した金額を控除した金額の方が低い場合は、その金額によって評価しま
す。
　①　残存期間が5年以下のもの………………………………100分の5
　②　残存期間が5年を超え10年以下のもの…………………100分の10
　③　残存期間が10年を超え15年以下のもの………………100分の15
　④　残存期間が15年を超えるもの……………………………100分の20
　設例を当てはめると、次のとおりとなります。

$$
\underset{\substack{（自用地価額）\\64,000,000円}}{} \times \underset{\substack{\left(\begin{array}{c}借地権設定時におけ\\る定期借地権割合\end{array}\right)\\\dfrac{8,000,000円}{50,000,000円}}}{} \times \underset{\substack{\left(\begin{array}{c}定期借地権\\の逓減率\end{array}\right)\\\dfrac{38.020}{46.946}}}{} = \underset{\substack{\left(\begin{array}{c}定期借地\\権の価額\end{array}\right)\\8,293,034円}}{}
$$

－639－

第6章 財産評価

```
（自用地価額）      （定期借地権の価額）
64,000,000円  －    8,293,034円              ＝    55,706,966円
```

```
          （自用地価額）    （定期借地権等の残存
                            期間に応ずる割合）
     ＞   64,000,000円  ×  （  1  －   0.2  ）  ＝ 51,200,000円
```

したがって、この貸宅地の価額は5,120万円となります。

(注)1 定期借地権等のうち、一般定期借地権（借地借家法22条）の目的となっている宅地（底地）については、上記の原則的評価方法に代えて、次のように評価します（平10.8.25付課評2-8外「一般定期借地権の目的となっている宅地の評価に関する取扱いについて」）。

1 評価方法

① 普通借地権割合の異なる地域（C～G地域に限る。）ごとに「一般定期借地権が設定された時点の底地割合」を定めます。

○ 一般定期借地権が設定された時点の底地割合

地域区分	普通借地権割合	底地割合	地域区分	普通借地権割合	底地割合
C地域	70%	55%	F地域	40%	70%
D地域	60%	60%	G地域	30%	75%
E地域	50%	65%			

② ①の底地割合を基に、次の計算式により底地の評価額を求めます。

A 底地の評価額＝課税時期における自用地価額－B

B 一般定期借地権の価額に相当する価額＝

$$課税時期における自用地価額 × （1－底地割合） × 逓減率 × \frac{課税時期におけるその一般定期借地権の残存期間年数に応じた基準年利率の複利年金現価率}{一般定期借地権の設定期間年数に応じた基準年利率の複利年金現価率}$$

2 租税回避行為への対応

なお、この評価方法については、親族間や同族法人等の特殊関係者間で設定された一般定期借地権については、適用しません。

2 平成30年6月における残存期間7年以上の基準年利率は、0.25%です。

平成30年中に相続、遺贈又は贈与により取得した財産を評価する場合の基準年利率は月ごとに定められていますので、「平成30年分の基準年利率について（法令解釈通達）」により確認してください。

第6章 財産評価

定期借地権等設定時に借地人に帰属する経済的利益の総額

【問6-49】定期借地権等設定時に借地人に帰属する経済的利益の総額は
どのように計算するのでしょうか。

【答】定期借地権等設定時に借地人に帰属する経済的利益の総額は、次に掲
げる金額の合計額となります。
① 権利金の授受がある場合………権利金の額
② 保証金の授受がある場合………保証金の授受に伴う経済的利益の額
③ 地代が低額で設定されている場合………毎年享受すべき差額地代の現
在価値

【解説】権利金の額等は、それぞれ次によります（評基通27-3）。
イ 権利金の額

定期借地権等の設定に際し、地代の前払いとして借地人から地主に対し
て、権利金、協力金、礼金などその名称のいかんを問わず、借地契約の終
了の時に返還を要しないものとされる金銭の支払い又は財産の供与がある
場合において、課税時期に支払時期が到来している金銭の額又は移転の時
期が到来している財産の価額に相当する金額をいいます。

ロ 保証金の授受に伴う経済的利益の額

定期借地権等の設定に際し、借地人から地主に対して、保証金、敷金な
どその名称のいかんを問わず借地契約の終了の時に返還を要するものとさ
れる金銭等（以下「保証金等」といいます。）の預託があった場合において、
その保証金等について基準年利率未満の利率（以下「約定利率」といいま
す。）による利息の支払いがあるとき又は無利息のときに次の算式により
計算した金額をいいます。

（保証金等返済の原資に相当する金額）

保証金等の　　　　（保証金等の　　　定期借地権等の設定期）
額に相当す　ー　　額に相当す　×　間年数に応ずる基準年
る金額　　　　　　る金額　　　　　利率の複利現価率

（毎年の支払利息の額の総額）

（保証金等の　　　　　　　　定期借地権等の設定期）
ー　額に相当す　×　約定利率　×　間年数に応ずる基準年
る金額　　　　　　　　　　利率の複利年金現価率

ハ 毎年享受すべき差額地代の現在価値

定期借地権等の設定に際し、親族間あるいは個人である地主とその関係
会社間などの特殊関係者間において、実質的に贈与と認められる低額な地

－641－

第6章 財 産 評 価

代で定期借地権等が設定された場合において、次の算式により計算した金額をいいます。

差額地代の額 × 定期借地権等の設定期間年数に応ずる基準年利率の複利年金現価率

この場合の「差額地代の額」とは、同種同等の他の定期借地権等における地代の額とその定期借地権等の設定契約において定められた地代の額との差額をいいますが、権利金や保証金の授受がある場合には、次の算式により計算した前払地代に相当する金額を毎年の実際の支払地代に加算した上で、差額地代の額を計算することになります。

(イ) 権利金の授受がある場合

権利金の額 × 定期借地権等の設定期間年数に応ずる基準年利率の年賦償還率

(ロ) 保証金の授受がある場合

上記ロの算式で計算した金額 × 定期借地権等の設定期間年数に応ずる基準年利率の年賦償還率

(注) 平成30年中に相続、遺贈又は贈与により取得した財産を評価する場合の基準年利率は月ごとに定められていますので、「平成30年分の基準年利率について（法令解釈通達）」により確認してください。

定期借地権等の設定に際し保証金の授受がある場合の債権、債務の評価

【問6-50】 私の父は10年前に次のような契約内容で定期借地権を設定して土地を借りました。平成30年6月に父が亡くなったのですが、父が10年前に支払った保証金はどのように評価するのでしょうか。

○設定契約の内容

　　定期借地権等の種類……定期借地権（設定期間50年）

　　自用地の価額……相続税評価額:4,000万円

　　　　　　　　　　　　　　　（通常の取引価額:5,000万円）

　　授受される一時金等……保証金:800万円（無利息、借地契約終了時に返還）

　　毎年の支払総額……年間72万円（月6万円）

【答】 ご質問の保証金を評価すると、次のとおりとなります。

－642－

第6章 財 産 評 価

$$8,000,000円 \quad \times \quad \overset{\overset{\text{(残存期間40年の基準年利}}{\text{率(0.25\%)の複利現価率)}}}{0.905} \quad = \quad \overset{\text{(借地人の債権額)}}{\underline{7,240,000円}}$$

　この場合、地主に帰属する債務の額も同様の計算式により7,240,000円となります。

【解説】 定期借地権等の設定に際し保証金等の授受がある場合には、相続税の課税価格の計算上は、借地人は預けた保証金等を債権として、また、地主は預かった保証金等を債務として計上することとなりますが、この場合における債権の額及び債務の額は次の算式で計算した金額となります。

$$\left(\begin{array}{c}\text{保証金等の}\\\text{額に相当す}\\\text{る金額}\end{array}\right) \times \left(\begin{array}{c}\text{課税時期における定期借地}\\\text{権等の残存期間年数に応ず}\\\text{る基準年利率の複利現価率}\end{array}\right)$$

$$+ \left(\begin{array}{c}\text{保証金等の}\\\text{額に相当す}\\\text{る金額}\end{array}\right) \times \text{約定利率} \times \left(\begin{array}{c}\text{課税時期における定期借地権}\\\text{等の残存期間年数に応ずる基}\\\text{準年利率の複利年金現価率}\end{array}\right)$$

(注) 平成30年6月における残存期間7年以上の基準年利率は、0.25％です。
　　　平成30年中に相続、遺贈又は贈与により取得した財産を評価する場合の基準年利率は月ごとに定められていますので、「平成30年分の基準年利率について（法令解釈通達）」により確認してください。

農地の判定

【問6-51】 登記簿上の地目は、農地ですが、次のような土地も農地として評価してもよいのでしょうか。
① 休耕農地
② 数年前から耕作していないため、外見上は付近の宅地と同様な空地
③ 未許可のまま居住用家屋の敷地の一部として使用している土地

【答】 ① **農地として評価します。**
　　② **雑種地として評価します。**
　　③ **宅地として評価します。**

【解説】 土地の価額は、地目別に、課税時期の現況によって評価することとされています。なお地目は、宅地、田、畑、山林、原野、牧場、池沼、鉱泉地及び雑種地の9種類に分けられています。

－643－

第6章 財 産 評 価

　農地法上の農地とは、耕作（肥培管理を施して作物等を栽培すること）の目的に供される土地をいい、農地法が適用されるものであれば、評価上の区分は、農地として評価します。

　設例の場合では、次のようになります。

(1) 転作奨励等により休耕している農地がありますが、いつでも耕作できる状態であれば、農地として評価して差し支えありません。

(2) 耕作せずに何年も放置しているような農地は、農地法上の農地とはいえないものと考えられます。したがって、雑種地として評価します。

(3) 登記簿上農地であっても居住用の敷地となっているものは、もはや農地といえず宅地として評価します。

農地の評価単位と評価方法

【問6-52】農地の評価単位と評価方法について、教えてください。

【答】農地の評価単位及び評価方法は、次のとおりです。

種　　類	評　価　単　位	評　価　方　法
市街地	田及び畑（以下「農地」といいます。）は、利用の単位となっている一団の農地ごとに評価します。 ※「生産緑地」として指定された農地についても同様の評価をします。	原則として宅地比準方式により評価します。
市街地周辺		市街地農地であるとした場合の価額の80％相当額により評価します。
中　間	1枚の農地（耕作の単位となっている1区画の農地）ごとに評価します。	倍率方式により評価します。
純		

（※ 種類欄中央に「農地〔田畑〕」と記載）

－644－

市街地農地及び市街地山林の評価単位

【問6-53】 私が相続した田（A）と山林（B）は、市街化区域内にあり、それぞれ次の図のように耕作の単位及び筆の境界が分かれています。
　この評価の単位については、それぞれ1枚（耕作の単位）の田ごと、1筆の山林ごとで評価するのでしょうか。なお、A、Bともに、それぞれ全体を同一の利用に供しています。

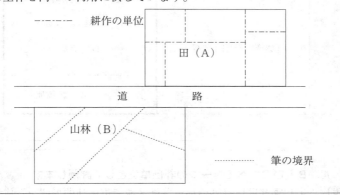

【答】 **A、Bともに1枚の田や1筆の山林ごとに評価するのではなく、それぞれ全体を一つの評価単位として考えて、評価します。**

【解説】 市街地農地、市街地山林などについては、それぞれを利用の単位となっている一団の土地ごとに評価します。
　したがって、上記のように、田や山林について、全体が一つの利用の単位である場合には、1枚の田や1筆の山林ごとの評価ではなく、全体を一つの評価単位と考えます。

市街化区域内にある2以上の地目からなる一団の土地の評価単位

【問6-54】相続の対象となっている土地の中に次のような一団の土地がありますが、地目がそれぞれ異なっているため、それぞれを評価単位として考えて評価すればよいのでしょうか。

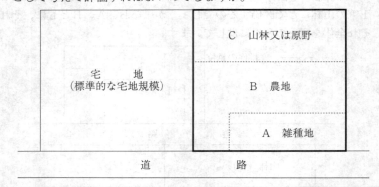

【答】A、B及びCすべてを一つの評価単位として評価します。

【解説】市街化調整区域以外の都市計画区域で市街地的形態を形成する地域において、市街地農地（生産緑地を除きます。）、市街地山林、市街地原野及び宅地と状況が類似する雑種地のいずれか2以上の地目の土地が隣接しており、その形状、地積の大小、位置等からみてこれらを一団として評価することが合理的と認められる場合には、その一団の土地ごとに評価します。これは、これらの土地は、近隣の宅地の価額の影響を強く受けるため、原則としていわゆる宅地比準方式により評価することとしており、基本的な評価方法はいずれも同一であることから、地目の別に評価する土地の評価単位の例外として評価します。

ご質問のケースにつきましては、標準的な宅地規模を考えた場合には、A土地は地積が小さく、形状を考えた場合には、B土地は単独で評価するのは妥当ではなく、A土地と合わせて評価するのが妥当と認められます。また、位置を考えた場合には、C土地は道路に面していない土地となり、単独で評価するのは妥当ではないと認められます。

これらのことから、A、B及びC土地全体を一団の土地として評価することが合理的であると認められます。

第6章　財　産　評　価

市街地農地、山林等の評価について

【問6-55】私が相続した農地、山林等の一部については、財産評価基準書によると「比準」となっている地域です。

　　この場合の農地、山林等は具体的にはどのように評価するのですか。

【答】財産評価基準書で「比準」となっているのは、「**市街地農地**」あるいは「**市街地山林**」等ですので、**宅地比準方式**により評価することになります。宅地比準方式で評価する農地、山林等の評価については、その農地、山林等が宅地であるとした場合の1㎡当たりの価額から、その農地、山林等を宅地に転用する場合に通常必要と認められる1㎡当たりの造成費に相当する金額を控除して評価することになります（評基通40、49）。

【解説】宅地比準方式で評価する市街地農地、山林等や市街地周辺農地の評価方法は、これを算式で示せば次のとおりとなっています。

〔市街地農地、山林等の価額〕

$$\left(\begin{matrix}その農地、山林等が宅地である \\ とした場合の1㎡当たりの価額\end{matrix} - \begin{matrix}1㎡当たりの \\ 宅地造成費\end{matrix}\right) \times 地積$$

〔市街地周辺農地の価額〕

$$\left(\begin{matrix}その農地が宅地であるとし \\ た場合の1㎡当たりの価額\end{matrix} - \begin{matrix}1㎡当たりの \\ 宅地造成費\end{matrix}\right) \times 地積 \times 0.8$$

　これらの農地、山林等は、市街地に近接する宅地化傾向の強い農地、山林等であるため、付近の宅地価格の影響により、農地、山林等としての価額よりむしろ宅地の価額に類似する価額で取引されているのが実情です。したがって、これらの農地、山林等の価額は、その付近にある宅地の価額を基とし、その宅地とその農地、山林等との位置、形状等の条件の差を考慮して、その農地、山林等が宅地であるとした場合の価額を求め、その価額からその農地、山林等を宅地に転用する場合に通常必要と認められる造成費に相当する金額を控除して評価することとしています。

　この場合におけるその農地、山林等と付近の宅地との形状による条件の差については、その間口、奥行や不整形である等の基準について、同一の基準で判断することが比準する場合における基準の同一性において合理的であると考えられますので、評価する農地、山林等の所在する地区について定められている画地調整率を参考として計算して差し支えないこととされていま

－647－

第6章 財 産 評 価

す。また、倍率地区にあるものについては、普通住宅地区の画地調整率を参
考とすることができるものとされています。

　大阪国税局管内における平成30年分の1㎡当たりの造成費に相当する金額
は、次のように定められています。

(注) 　「地積規模の大きな宅地の評価」の適用要件を満たす市街地農地、市街地周辺農
　　　地及び市街地山林の評価については【問6-17】及び【問6-18】をご覧ください。

1　平坦地

　市街地農地等の平坦な土地を宅地に転用するために通常必要と認められる
1㎡当たりの造成費に相当する金額は、その土地の現況に応じ、次表に掲げ
る造成工事の費目別の工事量（体積又は面積）を積算し、当該積算した工事
量に費目別の工事単価を乗じて計算した金額の合計額を当該土地の地積で除
して求めた金額とします。

平坦地に係る宅地造成費

工事費目		工事の内容等	金額（工事単価）
整地費	伐採・抜根費	樹木が生育している土地である場合に、これらを伐採し、根等を除去するために要する工事費 ※整地工事によって樹木を除去できる場合には、適用がありません。	伐採等を要する土地の面積1㎡当たり 900円
	地盤改良費	湿田など軟弱な表土で覆われた土地の宅地造成に当たり、地盤を安定させるための工事費	地盤改良を要する土地の面積1㎡当たり 1,700円
	整地費	次の①又は②に掲げる工事費 ①　土盛工事をせずに宅地化することができる土地で、地面に高低（凸凹）がある場合に、その地ならしをするために要する工事費 ②　土盛工事を要する土地である場合に、当該工事をした後の地面を地ならしするために要する工事費	整地を要する土地の面積1㎡当たり 600円
土盛費		道路よりも低い位置にある土地で、付近の宅地に比してもなお低い位置にあるため、地上げを要する場合に、搬入した土砂で埋め立て、宅地として利用できる高さにまで土盛りをする工事費	土盛りを要する土砂の体積㎡当たり 6,000円

－648－

第6章 財 産 評 価

土 止 費	道路よりも低い位置にある土地について、宅地として利用できる高さ（原則として道路面）まで地上げする場合に、土盛りした土砂の流出や崩壊を防止するために構築する擁壁工事費	土止めを要する擁壁の面積1㎡当たり 64,900円

2 傾斜地

　市街地山林等の傾斜のある土地を宅地に転用するために通常必要と認められる1㎡当たりの宅地造成費の金額は、その土地の傾斜度の区分に応じて定められた次表の金額によります。

傾　斜　度	金　額
3度超　5度以下	17,100円/㎡
5度超　10度以下	20,400円/㎡
10度超　15度以下	31,500円/㎡
15度超　20度以下	44,600円/㎡

（留意事項）

1　「傾斜地の宅地造成費」の金額は、整地費、土盛費、土止費の宅地造成に要するすべての費用を含めて算定したものです。

　　なお、この金額には、伐採、抜根費は含まれていないことから、伐採・抜根を要する土地については、「平坦地の宅地造成費」の「伐採・抜根費」の金額を基に算出し加算します。

2　傾斜度3度以下の土地については、「平坦地の宅地造成費」の額により計算します。

3　傾斜度については、原則として、測定する起点は評価する土地に最も近い道路面の高さとし、傾斜の頂点（最下点）は、評価する土地の頂点（最下点）が奥行距離の最も長い地点にあるものとして判定します。

4　宅地への転用が見込めないと認められる市街地山林については、近隣の純山林の価額に比準して評価します（評基通49）。したがって、宅地であるとした場合の価額から宅地造成費に相当する金額を控除して評価した価額が近隣の純山林に比準して評価した価額を下回る場合には、経済合理性の観点から宅地への転用が見込めない市街地山林に該当するので、その市街地山林の価額は、近隣の純山林に比準して評価します。

第6章 財産評価

(注) 1 比準元となる具体的な純山林は、評価対象地の近隣の純山林、すなわち、評価対象地からみて距離的に最も近い場所に所在する純山林です。

2 宅地造成費に相当する金額が、その山林が宅地であるとした場合の価額の100分の50に相当する金額を超える場合であっても、上記の宅地造成費により算定することに注意してください。

(参考) 市街地山林の評価額を図示すれば、次のとおりです。

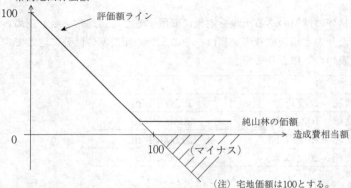

(注) 宅地価額は100とする。

(参考) 高さと傾斜度との関係

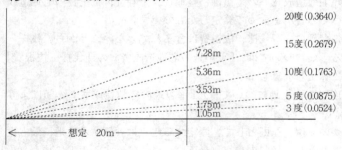

傾斜度区分の判定表

傾 斜 度	①高さ÷奥行	②奥行÷斜面の長さ
3度超5度以下	0.0524超0.0875以下	0.9962以上0.9986未満
5度超10度以下	0.0875超0.1763以下	0.9848以上0.9962未満
10度超15度以下	0.1763超0.2679以下	0.9659以上0.9848未満
15度超20度以下	0.2679超0.3640以下	0.9397以上0.9659未満

(注) ①及び②の数値は三角比によっています。

第6章 財産評価

市街地農地（平坦地）の評価

【問6-56】間口が20m、奥行が20mの平坦な田で、土盛りを要する高さが1mある次の略図のような土地の造成費はいくらになりますか。

なお、現況が田であるため伐採、抜根の必要はありませんが、地盤改良が必要です。

(略図)

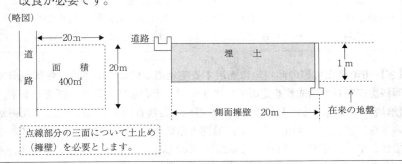

【答】宅地造成費については、各国税局で工事単価を定めていますので、その金額に基づき計算します。

【解説】ご質問の土地の造成費は、大阪国税局管内にある場合、平成30年分については、次のように計算します。

なお、大阪国税局において定めている工事単価については【問6-55】を参照してください。

整地費　　　600円×（整地を要する面積）（20m×20m）＝240,000円

地盤改良費　1,700円×（地盤改良を要する面積）400㎡＝680,000円

土盛費　　　6,000円×（埋め立てる土砂の体積）（400㎡×1m）＝2,400,000円

土止費　　　64,900円×｛（擁壁の面積）(20m＋20m＋20m)×1m｝＝3,894,000円

宅地造成費の合計額
　240,000円＋680,000円＋2,400,000円＋3,894,000円＝7,214,000円

第6章　財　産　評　価

市街地山林の評価

【問6-57】私は、父から400㎡の市街地山林を相続しました。宅地としての相続税評価額を計算したところ、14,000千円となりました。この市街地山林の道路面からの平均的な傾斜度は15度です。

　この場合、相続税評価額を算定するために適用する宅地造成費はどのようになるのでしょうか。なお、この山林は全体的に雑木が生い茂っており、宅地にするためには、伐採・抜根が必要です。

【答】**市街地山林等の傾斜地に適用する宅地造成費については、各国税局で傾斜度に応じた造成費を定めていますので、その金額に基づき評価します。**

【解説】市街地山林のような傾斜地を評価する場合の宅地造成費は、「傾斜地の宅地造成費」を適用します。ご質問の市街地山林が大阪国税局管内にある場合、平成30年分の傾斜度「10度超〜15度以下」の造成費の単価は、31,500円となっています。また、この金額には、伐採・抜根費は含まれていないことから、伐採・抜根を要する土地については、「平坦地の宅地造成費」の「伐採・抜根費」の金額を基に加算します。

　ご質問の場合の造成費は具体的には次のとおりです。

　31,500円（傾斜度10度超〜15度以下の造成費）×400㎡＝12,600,000円

　900円（伐採・抜根費）×400㎡＝360,000円

　したがって、ご質問の市街地山林の評価額は次のとおり、1,040,000円となります。

　14,000,000円－（12,600,000円＋360,000円）＝1,040,000円

(注)　宅地であるとした場合の価額から宅地造成費に相当する金額を控除して評価した価額が近隣の純山林に比準して評価した価額を下回る場合には、経済合理性の観点から宅地への転用が見込めない市街地山林に該当しますので、その市街地山林の価額は、近隣の純山林の価額に比準して評価します。

－652－

第6章 財産評価

傾斜度の判定について

> **【問6-58】** 市街地山林のような傾斜地を評価する場合に適用する「傾斜地の宅地造成費」は、傾斜度に応じてその金額が定められていますが、この傾斜度は具体的にはどのように判定するのでしょうか。

【答】 傾斜度は、原則として、評価する土地に最も近い道路面の高さを起点に、評価する土地の頂点（最下点）が奥行距離の最も長い地点にあるものとして判定します。

【解説】 1　傾斜地の宅地造成費は、傾斜度によって金額が定められていますが、次の表によって、「高さ」と「奥行距離」又は「奥行距離」と「斜面の長さ」の関係から傾斜度区分を判定することができます。

〈傾斜度区分の判定表〉

傾　斜　度	①高さ÷奥行	②奥行÷斜面の長さ
3度超5度以下	0.0524超0.0875以下	0.9962以上0.9986未満
5度超10度以下	0.0875超0.1763以下	0.9848以上0.9962未満
10度超15度以下	0.1763超0.2679以下	0.9659以上0.9848未満
15度超20度以下	0.2679超0.3640以下	0.9397以上0.9659未満

(注) ①及び②の数値は三角比によっています。

〈高さと傾斜度の関係〉

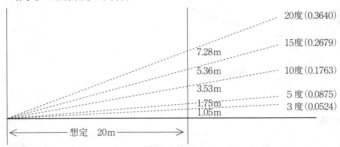

2　傾斜度は、原則として、測定する起点を評価する土地に最も近い道路面の高さとし、傾斜の頂点（最下点）は、評価する土地の頂点（最下点）が奥行距離の最も長い地点にあるものとして判定します。
　これを図示すると次のようになります。

第6章 財産評価

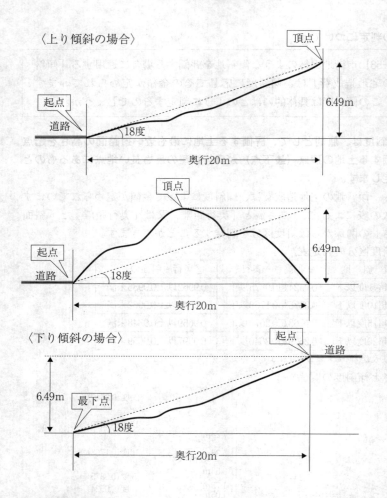

生産緑地の評価

【問6-59】生産緑地に係る主たる従事者が死亡した場合の生産緑地の価額は、どのように評価するのですか。

【答】生産緑地でないものとして評価した価額の95％相当額で評価します（評基通40-3）。

【解説】生産緑地に指定されると告示の日から30年間は、原則として建築物

第6章　財　産　評　価

の建築、宅地の造成等はできないといういわゆる行為制限が付されることになります（生産緑地法第8条）。このような生産緑地の価額は、行為制限の解除の前提となっている買取りの申出のできる日までの期間に応じて定めた一定の割合を減額して評価します。

課税時期から買取りの申出をすることができることとなる日までの期間	割　　合
5年以下のもの	100分の10
5年を超え10年以下のもの	100分の15
10年を超え15年以下のもの	100分の20
15年を超え20年以下のもの	100分の25
20年を超え25年以下のもの	100分の30
25年を超え30年以下のもの	100分の35

　なお、この買取りの申出は、30年間経過した場合のほか、その生産緑地に係る農林漁業の主たる従事者が死亡したときにもできる（生産緑地法第10条）こととされており、この場合の評価は、その生産緑地が生産緑地でないものとして評価した価額の95％相当額で評価します。

　したがって、ご質問の場合には、主たる従事者の死亡により買取りの申出をすることができると考えられますので、当該生産緑地の価額は、生産緑地でないものとした価額の95％相当額で評価します。

農地法に基づかない耕作権

【問6-60】私が相続により取得した農地は、相続以前から亡兄の妻が耕作していたもので、相続後も引き続きその義姉が耕作しています。

　私にはその農地を耕作する意思がありませんので、亡兄の子に贈与したいと思いますが、小作地としての評価ができるでしょうか。

　なお、その農地については、従来から農地法上の手続は一切していません。

【答】農地法上、耕作する権利が設定されていないので、小作地として評価できません。自用農地として評価することとなります。

【解説】農地の権利移動等については、農地法による厳しい制約があります。

　この農地法でいう小作地とは、耕作の事業を行う者が所有権以外の権原に

－655－

第6章 財 産 評 価

基づいてその事業に供している農地をいうものとされていますが、住居及び生計を一にする親族（世帯員）相互間の場合は、所有権者と耕作者が異なっていても、小作地には該当しないことになっています（農地法第2条）。

さて、相続税における小作地の価額は、自用地として評価した価額から耕作権又は永小作権の価額を控除した金額によって評価します（評基通41）。

その理由は、小作地を耕作する者、すなわち耕作権者は、農地法によりその地位が強く保護されており、その権利の消滅に当たっては一定の対価を取得できる慣行があるところから、耕作権の権利の価額は極めて大きく、そのため農地の所有者が有する底地の価額は、当然その分だけ減価することになるからです。

しかしながら、ここでいう耕作権とは、その権利の設定に関し都道府県知事の許可を受けた農地法上の耕作権を意味しており、ご質問の場合のように農地法上、耕作する権利の設定されていない農地については、小作地としての評価はできません。

なお、耕作権とは民法上の用語ではなくて、農地の賃借権の俗称です。

市民農園として貸し付けている農地の評価

【問6-61】 私は父から相続した生産緑地地区内の農地を、いわゆる特定農地貸付法の定めるところにより地方公共団体に市民農園として貸し付けていますが、このような農地はどのように評価するのですか。

【答】生産緑地としてのしんしゃくと賃貸借契約の期間制限に係る貸地としてのしんしゃくとを行って評価します。

【解説】借地方式による市民農園は、特定農地貸付法に規定する特定農地貸付けの用に供するためのものであり、農地所有者と農地の借手である地方公共団体との間で行われる賃貸借及び当該地方公共団体と市民農園の借手である住民との間で行われる賃貸借については、農地法第18条に定める賃貸借の解約制限の規定の適用はないものとされています。したがって、当該市民農園の用に供されている農地は耕作権の目的となっている農地には該当しません。このため、当該市民農園は、生産緑地としての利用制限に係るしんしゃくと賃貸借契約の期間制限に係るしんしゃくとを行って評価します。

この場合、賃貸借契約の期間制限に係るしんしゃくは、原則として、賃借権の残存期間に応じ、その賃借権が地上権であるとした場合に適用される法

－656－

第6章 財 産 評 価

定地上権割合の2分の1に相当する割合とします。

　ただし、次の要件のすべてを満たす市民農園の用に供されている農地については、残存期間が20年以下の法定地上権割合に相当する20%のしんしゃくをすることとして差し支えありません。

(1) 地方自治法第244条の2の規定により条例で設置される市民農園であること

(2) 土地の賃貸借契約に次の事項が定められ、かつ、相続税及び贈与税の課税時期後において引き続き市民農園として貸し付けられること

　① 貸付期間が20年以上であること

　② 正当な理由がない限り貸付けを更新すること

　③ 農地所有者は、貸付けの期間の中途において正当な事由がない限り土地の返還を求めることはできないこと

特定市民農園として貸し付けている農地の評価

> 【問6-62】 私の所有する農地は、市町村に貸し付けており、「特定市民農園」として認定されています。この特定市民農園として貸し付けている農地は、どのように評価するのですか。

【答】特定市民農園の用地として貸し付けられている土地の価額は、その土地が特定市民農園の用地として貸し付けられていないものとして評価した価額の70%で評価します。

【解説】特定市民農園とは、次の各基準のいずれにも該当する借地方式による市民農園であって、都道府県及び政令指定都市が設置するものは農林水産大臣及び国土交通大臣から、その他の市町村が設置するものは都道府県知事からその旨の認定書の交付を受けたものをいいます。

(1) 地方公共団体が設置する市民農園整備促進法第2条第2項の市民農園であること

(2) 地方自治法第244条の2第1項に規定する条例で設置される市民農園であること

(3) 当該市民農園の区域内に設けられる施設が、市民農園整備促進法第2条第2項第2号に規定する市民農園施設のみであること

(4) 当該市民農園の区域内に設けられる建築物の建築面積の総計が、当該市民農園の敷地面積の100分の12を超えないこと

－657－

第6章 財 産 評 価

(5) 当該市民農園の開設面積が500㎡以上であること

(6) 市民農園の開設者である地方公共団体が当該市民農園を公益上特別の必要がある場合その他正当な事由なく廃止（特定市民農園の要件に該当しなくなるような変更を含みます。）しないこと

　　なお、この要件については「特定市民農園の基準に該当する旨の認定申請書」への記載事項とします。

(7) 土地所有者と地方公共団体との土地貸借契約に次の事項の定めがあること

　イ　貸付期間が20年以上であること

　ロ　正当な事由がない限り貸付けを更新すること

　ハ　土地所有者は、貸付けの期間の中途において正当な事由がない限り土地の返還を求めることはできないこと

　なお、この取扱いの適用を受けるためには、その土地が、課税時期において特定市民農園の用地として貸し付けられている土地に該当する旨の地方公共団体の長の証明書（相続税又は贈与税の申告期限までに、その土地について権原を有することとなった相続人、受遺者又は受贈者全員から当該土地を引き続き当該特定市民農園の用地として貸し付けることに同意する旨の申出書の添付があるものに限ります。）を所轄税務署長に提出する必要があります（平6課評2-15、課資2-212参照）。

農業経営基盤強化促進法等の規定により賃貸借の目的となっている農用地の評価

【問6-63】 農業経営基盤強化促進法の規定により公告された農用地利用集積計画の定めるところに従い、賃貸借に付された農用地はどのように評価するのですか。

【答】 農業経営基盤強化促進法の規定により賃貸借の目的となっている農地は、その自用地としての評価額から5％相当額を控除した価額で評価します。

【解説】 農業経営基盤強化促進法の規定により定められた農用地利用集積計画に従い、農用地が賃貸借された場合においては、賃借権の存続期間はおおむね10年以内とされており、しかも期間満了によって賃借権は自動的に消滅

－658－

第6章　財　産　評　価

し、離作料のような賃借権消滅の対価の支払も生じないことになっています。

　したがって、農地法によって契約期間の法定更新等が定められている通常の耕作権と農用地利用集積計画によって貸し付けられた農用地の賃借権とは、権利の価値が全く異なるものであり、このような事情から、御質問の賃貸借に付された農用地については、その自用地としての評価額からその5％相当額を控除した価額で評価することとされています。また、この賃貸借に関する権利は、相続税、贈与税の課税価格には算入する必要はありません。

　以上の取扱いは、農地法第18条第1項本文の賃貸借の解約等の制限の規定の適用除外とされている10年以上の期間の定めがある賃貸借についても適用されます（昭56直評10、直資2-70要約）。

農業用施設用地の評価

> **【問6-64】**　私は農用地区域内にある土地を相続しましたが、その土地のうち農産物貯蔵施設として一部利用している土地があります。
>
> 　このような農産物貯蔵施設の敷地として利用している農業用施設用地は、どのように評価するのでしょうか。

【答】農用地区域内に存する農業施設の用に供されている宅地の価額は、その宅地が農地であるとした場合の価額に、その農地を課税時期において農業用施設用地とする場合に通常必要と認められる造成費に相当する金額を加算した金額によって評価します。

　具体的な評価方法は次のとおりとなります。

(1)　農業用施設用地の1㎡当たりの評価額

　　農地価額（（注）1）　×　農地の倍率　＋　造成費（（注）2）

　(注)　1　付近の農地の1㎡当たりの固定資産税評価額

　　　　　2　付近の農地を農業用施設用地に転用する場合において通常必要と認められる1㎡当たりの造成費相当額（国税局長が定める金額）

(2)　農業用施設用地の評価額

　　農業用施設用地の1㎡当たりの評価額　×　地積

【解説】農用地区域内及び市街化調整区域内（以下「農用地区域内等」といいます。）に存する農業用施設用地は、現況地目は宅地ですが、農地と同じく住宅、店舗、工場等の通常の建物の敷地の用に供することについて都市計

－659－

第6章 財産評価

画法等の公法上の制限を受けているため、原則として、その用途は農業用に限定されています。そして、農業用施設用地の多くは農地の中に介在しているということから、付近の農地との価格牽連性が強いと考えられます。

　このことから、農用地区域内等に存する農業用施設用地の評価は、原則として、付近の農地の価額を基として求めたその農業用施設用地が農地であるとした場合の価額に、その農地を農業用施設用地に造成するとした場合において通常必要と認められる造成費に相当する金額（国税局長が定める金額）を加算した金額によって評価します（評基通24－5）。

　ただし、その農業用施設用地の位置、都市計画法の規定による建築物の建築に関する制限の内容等により、その付近にある宅地（農業用施設用地を除きます。）の価額に類似する価額で取引されると認められることから、上記の方法によって評価することが不適当であると認められる農業用施設用地（農用地区域内に存するものを除きます。）については、その付近にある宅地（農業用施設用地を除きます。）の価額に比準して評価します。

(注)1　「農業用施設用地」とは、農業用施設（畜舎、蚕室、温室、農産物集出荷施設、農機具収納施設など、農業振興地域の整備に関する法律第3条第3号及び第4号に規定する施設をいいます。）の用に供されている宅地をいいます。

　2　農業用施設用地が用途変更の制限がない宅地である場合には、通常の宅地として評価します。

　3　農業用施設用地の1平方メートル当たりの価額は、その付近にある標準的な宅地の1平方メートル当たりの価額を限度とします。

市街化調整区域内にある雑種地の評価

> 【問6-65】私は、駐車場として利用している市街化調整区域内の土地を相続しました。市街化調整区域といっても国道沿いであるため、この土地の周囲も店舗などが建ち並んでいます。
>
> 　この土地は、倍率方式で評価する地域にありますが、どのように評価したらよいでしょうか。
>
> 　また、市街化調整区域内の雑種地として、何かしんしゃくができますか。

【答】　周囲が宅地化されている雑種地は、付近の宅地の価額を基に、その付近の土地と評価する雑種地との位置、形状等の条件の差を考慮して評価しますが、倍率方式の場合は、次により評価します。

－660－

第6章 財 産 評 価

〈評価の手順〉
1　付近の標準宅地の価額の算出
　　近傍宅地1㎡当たりの固定資産税評価額×宅地の倍率
　　　＝付近の1㎡当たりの標準宅地の価額……①
2　1㎡当たりの雑種地の価額の算出
　　①±形状等の条件差－1㎡当たりの造成費
　　　＝1㎡当たりの雑種地の価額………………②
3　その土地の評価額の算出
　　②×その土地の地積＝評価額
　この場合、形状等の条件差については、普通住宅地区の画地調整率を参考
に計算して差し支えありません。
　なお、周囲に店舗等が建ち並び、雑種地であっても宅地価格と同等の価格
で取引が行われる実態がある場合は、市街化調整区域内であってもしんしゃ
くは行いません。

【解説】雑種地の価額は、原則として、その雑種地と状況が類似する付近の
土地について財産評価基本通達により評価した1㎡当たりの価額を基とし、
その土地とその雑種地との位置、形状等の条件を考慮して評定した価額に、
その雑種地の地積を乗じて計算した金額によって評価します（評基通82）。

　土地の価額は、一般的に周辺の標準的な使用状況の影響を受けることか
ら、その周囲の状況を十分考慮した上で、評価する雑種地と状況が類似する
付近の土地の判定を行う必要があります。したがって、設問のように周囲が
宅地化されている場合は、宅地としての価額を基に評価することになりま
す。

　ただし、宅地としての価額を基とする場合であっても、市街化調整区域内
の場合、建物等の建築が可能で宅地価格と同等の価格で取引が行われる地域
から、家屋の全く建築できない地域まで様々であることから、周囲の状況に
応じて一定のしんしゃくを行って評価することが相当です。

　そこで、市街化調整区域内にある雑種地は、その周囲の状況に応じて概ね
次表のとおり分けられ、それぞれしんしゃくを行うことになります。

－661－

第6章 財産評価

〈概要表〉

	周囲（地域）の状況	比準地目	しんしゃく割合
弱 ↑ 市街化の影響度 ↓ 強	① 純農地、純山林、純原野	農地比準、山林比準、原野比準 **(注)1**	
	② ①と③の地域の中間（周囲の状況により判定）	宅地比準	しんしゃく割合50%
	③ 店舗等の建築が可能な幹線道路沿いや市街化区域との境界付近 **(注)2**		しんしゃく割合30%
		宅地価格と同等の取引実態が認められる地域（郊外型店舗が建ち並ぶ地域等）	しんしゃく割合0%

(注)1 　農地等の価額を基として評価する場合で、評価対象地が資材置場、駐車場等として利用されているときは、その土地の価額は、原則として、財産評価基本通達24－5（農業施設用地の評価）に準じて農地等の価額に造成費相当額を加算した価額により評価するのが相当と考えられます（ただし、その価額は宅地の価額を基として評価した価額を上回りません。）。

　2 　③の地域は、線引き後に沿道サービス施設が建設される可能性のある土地（都計法34九、43②）や、線引き後に日常生活に必要な物品の小売業等の店舗として開発又は建築される可能性のある土地（都計法34一、43②）の存する地域をいいます。

　3 　平成12年の都市計画法の改正により、新たに設けられた同法第34条第十一号に規定する区域内については、すべての土地について都市計画法上の規制は一律となることから、雑種地であっても宅地と同一の法的規制を受けることになります。したがって、同じ区域内の宅地の価額を基とすれば、法的規制によるしんしゃくは考慮する必要がなくなると考えられますが、経過措置が設けられているなど、過渡期にあることから、上記概要表によらず、個別に判定するのが相当と考えられます。

第6章 財 産 評 価

雑種地の賃借権の評価

【問6-66】私は、雑種地を知人から借り受け、賃借権の登記を行いました。このような雑種地の賃借権の価額は、どのように評価するのですか。

【答】雑種地の賃借権の価額は、原則として、その賃貸借契約の内容、利用の状況等を勘案して評価しますが、次のように評価することができます（評基通87）。

(1) 地上権に準じて評価することが相当と認められる賃借権

$$自用地価額 \times \binom{法定地上権割合と借地権割}{合とのいずれか低い割合}$$

(2) (1)以外の賃借権

$$自用地価額 \times 法定地上権割合 \times \frac{1}{2}$$

(注)1 「地上権に準じて評価することが相当と認められる賃借権」には、例えば、賃借権の登記がされているもの、設定の対価として権利金その他の一時金の授受のあるもの、堅固な構築物の所有を目的とするものなどが該当します。

2 法定地上権割合は、その賃借権が地上権であるとした場合に適用される相続税法第23条に定められた割合とします。この場合、その契約上の残存期間がその賃借権の目的となっている雑種地の上に存する構築物等の残存耐用年数、過去の契約更新の状況等からみて契約が更新されることが明らかであると認められる場合には、その契約上の残存期間に更新によって延長されると見込まれる期間を加算した期間をもってその賃借権の残存期間とします。

ご質問の場合は、賃借権の登記がされていることから、上記(1)の方法により評価することができます。

占用権の評価

【問6-67】占用権の価額はどのように評価するのですか。

【答】**占用権の価額は、次のように評価します（評基通87-5）。**

(1) 取引事例のある占用権

占用権の目的となっている土地の価額 × 国税局長の定める割合

(2) 取引事例のない占用権で、地下街又は家屋の所有する目的とするもの

$$占用権の目的となっている土地の価額 \times 借地権割合 \times \frac{1}{3}$$

第6章 財産評価

(3) (1)及び(2)以外のもの（例えば、河川敷ゴルフ場）

占用権の目的となっている土地の価額 × 法定地上権割合 × $\dfrac{1}{3}$

(注)1 法定地上権割合は、その占用権の残存期間に応ずる相続税法第23条に定められた割合とします。この場合、占用権の残存期間は、占用の許可に係る占用の期間が占用の許可に基づき所有する工作物、過去における占用の許可の状況、河川等の工事予定の有無等に照らし実質的に更新されることが明らかであると認められる場合には、その占用の許可に係る占用権の残存期間に実質的な更新によって延長されると認められる期間を加算した期間をもって、その占用権の残存期間とします。

2 占用権の目的となっている土地の価額は、その占用権の目的となっている土地の付近にある土地について、この通達の定めるところにより評価した1㎡当たりの価額を基とし、その土地とその占用権の目的となっている土地との位置、形状等の条件差及び占用の許可の内容を勘案した価額に、その占用の許可に係る土地の面積を乗じて計算した金額によって評価します（評基通87-6）。

取引事例のある占用権の評価

> **【問6-68】** 私は大阪市の船場センタービルの店舗を所有していますが、このビルは道路の占用の許可に基づき建築されたもので、ビルの敷地には私の所有権はありません。
> この私の店舗の評価は家屋の評価額だけとなるのでしょうか。

【答】家屋の評価額と道路占用権の価額の合計額によって評価します。

【解説】船場センタービルは、屋上を走る高架道路と一体構造で、この道路の占用の許可に基づき建設されたもので、ビルの区分所有権が譲渡されますと建物の区分所有権と道路占用権が一体となって移転される他に例のない特殊なものとなっています。

ご質問の店舗の評価は、家屋の評価額と道路占用権の価額の合計額によって算出します。

このうち道路占用権の価額は、その専有部分に対応する次表の「各号館の階層別占用権積算価額表」に定める価額にその専有部分の面積を乗じて計算した価額によって評価します。

(注) 専有部分の面積は、『建物の区分所有等に関する法律』に基づいて定められた『船場センタービル区分所有者会』の『船場センタービル規約』に定める「専有部分の範囲」に基づいて計測した面積とします。

— 664 —

第6章 財産評価

【算式】

各号館の階層別占用権積算価額×専有部分の面積

各号館の階層別占用権積算価額表　　　　　　　　（単位：円／㎡）

	地下2階	地下1階	1　階	2　階	3　階	4　階
1号館	59,400	171,100	142,900	85,500	－	－
2号館	154,200	176,600	146,300	88,300	83,700	－
3号館	172,600	197,600	185,200	98,700	93,700	－
4号館	192,000	333,700	205,700	153,900	99,000	97,500
5号館	－	397,300	247,500	165,000	125,800	－
6号館	－	368,100	230,200	168,200	115,800	－
7号館		442,300	270,900	220,200	129,300	125,800
8号館		467,700	334,300	249,200	133,200	
9号館	315,800	490,400	349,100	261,800	145,400	－
10号館	397,500	298,100	373,600	188,800	－	－

※　なお、上記の表については、平成30年分の相続、贈与等に関して適用されるものです。

【計算例】　区分所有に係る専有部分が3号館の2階で専有部分の面積60㎡の場合

　　　　98,700円×60㎡＝5,922,000円

なお、家屋の価額は、その家屋の固定資産税評価額×1.0で評価します。

都市公園の用地として貸し付けられている土地の評価について

> 【問6-69】　私が父から相続した土地は、都市公園の用地として市へ貸し付けています。相続税の申告に当たって、この土地はどのように評価するのですか。

【答】都市公園の用地として貸し付けられていないものとして評価した価額から、その価額に100分の40を乗じて計算した金額を控除した金額によって評価します。

【解説】都市公園を構成する土地については、都市公園法（昭和31年法律第79号）の規定により私権が行使できないこととされており、また、公園管理者に対する都市公園の保存義務規定も存することから、相当長期間にわたりその利用が制限されることになります。

－665－

第6章 財 産 評 価

　このようなことから、相続税及び贈与税の課税上、都市公園の用地として
貸し付けられている土地の価額は、その土地が都市公園の用地として貸し付
けられていないものとして評価した価額から、その価額に100分の40を乗じ
て計算した金額を控除した金額によって評価することになっています（平4
課評2-4、課資2-122参照）。

　なお、この取扱いの適用がある「都市公園の用地として貸し付けられてい
る土地」とは、都市公園法第2条第1項第1号《定義》に規定する公園又は
緑地（堅固な公園施設が設置されているもので、面積が500平方メートル以
上あるものに限ります。）の用に供されている土地として貸し付けられてい
るもので、次の要件を備えるものとされています。

(1) 土地所有者と地方公共団体との土地貸借契約に次の事項の定めがあるこ
　　と

　　イ　貸付けの期間が20年以上であること

　　ロ　正当な事由がない限り貸付けを更新すること

　　ハ　土地所有者は、貸付けの期間の中途において正当な事由がない限り土
　　　　地の返還を求めることはできないこと

(2) 相続税又は贈与税の申告期限までに、その土地について権原を有するこ
　　ととなった相続人又は受贈者全員から当該土地を引き続き公園用地として
　　貸し付けることに同意する旨の申出書が提出されていること

　ご質問の土地についても上記の要件を満たすものであれば、100分の40の
控除を行って差し支えありません。

　なお、この取扱いの適用を受けるに当たっては、当該土地が都市公園の用
地として貸し付けられている土地に該当する旨の地方公共団体の証明書（上
記の要件の(2)に掲げた申出書の写しの添付があるものに限ります。）を所轄
税務署長に提出する必要があります。

－666－

第6章 財 産 評 価

第2節 家屋及び構築物

区分所有の高層住宅等の評価

【問6-70】 高層住宅のように区分所有している家屋については、どのように評価するのでしょうか。

【答】 家屋の価額は、その家屋の固定資産税評価額に一定の倍率（現行は1.0倍）を乗じて計算した金額によって評価します（評基通89）。

【解説】 区分所有に係る家屋については、その家屋全体の評価額を基とし、各所有部分の使用収益等の状況を勘案して計算した各部分に対応する価額によって評価します。

　なお、高層住宅のように区分所有している家屋の固定資産税評価額は、通常専有部分と共用部分の持分割合に応ずる面積の合計額により算定されています。

　このことから、高層住宅のように区分所有している家屋に係る評価は、その家屋に付された固定資産税評価額に一定の倍率（1.0倍）を乗じて計算した金額により、評価します。

抵当権の設定されている家屋等の評価

【問6-71】 抵当権が設定されている家屋などは、評価上何らかのしんしゃくを行うべきではないでしょうか。

【答】 抵当権の設定に対して、評価上しんしゃくは行いません。

【解説】 抵当権が設定されている家屋等については、抵当権が設定されていないものとした場合と同一の価額で評価することになります。すなわち、抵当権は、債務者又は物上保証人が債務の担保に供した不動産等を担保提供者の使用収益に任せておきながら、債務不履行の場合に目的物の価額から優先弁済を受けることを内容とする物権であり、債務の弁済により消滅し、また、目的物の処分についても何ら制限を加えるものでないことから、抵当権が設定されていることによる価値の低下はないものと考えられます。

　さらに、債務者が自己の債務の担保のため所有する不動産に抵当権を設定させている場合においては、債務は別途債務控除として相続財産の価額から

－ 667 －

第6章 財 産 評 価

控除されることになっています。

また、他人の債務のために抵当権が設定された財産であっても、抵当権が実行されるか否かが不確実であるほか、抵当権が実行されたとしても、債務者に対する求償権が発生しますから、評価上は特別なしんしゃくを行う必要はないことになります。

なお、課税時期において債務者が弁済不能の状態にあるため、抵当権が実行されることが確実であり、かつ、債務者に求償しても弁済を受ける見込みがない場合に限り、債務者の返済不能と認められる部分の金額を抵当権が設定されている不動産の価額から控除して評価することができます。

建築中の家屋の評価

> 【問6-72】 父の生存中に建築に着手した家屋があります。相続開始の時点で工事はおおむね50％程度完成し、工事代金として1,000万円（建築総額2,000万円）支出しています。この場合の評価はどうなりますか。

【答】 建築中の家屋の価額は、**費用現価（相続開始の日までに投下した費用の額を相続開始の日の価額に置き替えた額の合計額）の100分の70に相当する金額**によって評価することとされています（評基通91）。

【解説】 上記の定めは、直営工事、請負工事の場合にかかわらず、適用されます。

財 産 の 部	負債の部
① 直営工事の場合　家屋 1,000万円×0.7＝700万円	——円
② 請負工事の場合　家屋 （2,000万円×0.5）×0.7＝700万円	——円

②の「請負金額」「工事進行度合」

また、②の場合の価額は、課税時期における費用現価を基として、評価することとなりますので、注文者の支払代金と請負者の投下費用の額とに、差異があるときは、その差額は、「未払金」又は、「前渡金」として計上することになります。

　イ　設例の場合で、支払代金が1,500万円の場合は、次のとおりです。

　　（イ）家屋　　　　（2,000万円×50％）×0.7＝700万円

　　（ロ）前渡金　　　1,500万円－（2,000万円×50％）＝500万円

第6章　財　産　評　価

ロ　設例の場合で、支払代金が500万円の場合は、次のとおりです。

（イ）家屋　　　（2,000万円×50％）×0.7＝700万円

（ロ）未払金　　（2,000万円×50％）－500万円＝500万円

増改築等に係る家屋の状況に応じた固定資産税評価額が付されていない家屋の評価

【問6-73】所有する家屋について増改築を行いましたが、家屋の固定資産税評価額が改訂されず、その固定資産税評価額が増改築に係る家屋の状況を反映していない場合には、どのように評価するのでしょうか。

【答】増改築等に係る家屋の状況に応じた固定資産税評価額が付されていない家屋の価額は、増改築等に係る部分以外の部分に対応する固定資産税評価額に、当該増改築等に係る家屋と状況の類似した付近の家屋との構造、経過年数、用途等の差を考慮して評定した価額（ただし、状況の類似した付近の家屋がない場合には、その増改築等に係る部分の再建築価額から課税時期までの間における償却費相当額を控除した価額の100分の70に相当する金額によります。）を加算した価額により評価します。

　なお、償却費相当額は、再建築価額から当該価額に0.1を乗じて計算した金額を控除した価額に、その家屋の耐用年数のうちに占める経過年数（増改築等の時から課税時期までの年数をいい、その期間に1年未満の端数があるときは、その端数は1年とします。）の割合を乗じて計算します。

　ただし、課税時期から申告期限までの間に、その増改築等の状況に応じた固定資産税評価額が付された場合には、その固定資産税評価額により評価します。

(注)　耐用年数は、減価償却資産の耐用年数等に関する省令に規定する耐用年数によります。

第6章 財 産 評 価

門、塀等の評価

> **【問6-74】** 私は、本年6月に父から家屋の贈与を受けましたが、この家
> 屋には5年前に父がかなり金をかけた門、塀があります。
>
> この場合、贈与税の申告に当たっては、家屋の評価だけでよろしい
> のでしょうか。

【答】門、塀、庭園設備等は、固定資産税の評価上家屋の価額に含まれていませんので、別個に評価しなければなりません。

【解説】 門、塀等の附属設備の価額は、課税時期においてその資産を新たに建築又は設備するために要する費用の合計額（再建築価額といいます。）から、建築等の時から課税時期までの期間（その期間に1年未満の端数があるときは、その端数は1年とします。）の償却費の額の合計額又は減価の額を控除した金額の70％相当額によって評価します。この場合における償却方法は、定率法によるものとし、その耐用年数は減価償却資産の耐用年数等に関する省令に規定する耐用年数によります（評基通92）。

また、参考までに申し上げますと、庭園設備（例えば、庭木、庭石、あずまや、庭池等）の価額は、その庭園設備の調達価額の70％相当額によって評価します。

調達価額とは、課税時期においてその財産をその財産の現況により取得する場合の価額をいいますので、庭石を例に取りますと、業者の店頭価額ではなく、庭への搬入費、据付費等も含まれます。

第6章 財 産 評 価

第3節 株 式

上場株式の評価方法

【問6-75】父から本年3月5日にＨ電鉄の株式1万株及びＭ電機の株式1,000株の贈与を受けました。

この場合、1株いくらで評価したらよいでしょうか。

【答】 Ｈ電鉄494円、Ｍ電機777円となります。

【解説】 上場株式の価額は、その株式が上場されている金融商品取引所（金融商品取引法第2条第16項に規定する金融商品取引所をいい、2以上の金融商品取引所に上場されている株式については、納税義務者が選択した金融商品取引所とします。）の公表する①「課税時期の最終価格」、②「課税時期の属する月の毎日の最終価格の月平均額」、③「課税時期の属する月の前月の毎日の最終価格の月平均額」及び④「課税時期の属する月の前々月の毎日の最終価格の月平均額」のうち、最も低い金額によって評価します（評基通169(1)）。

これを、あなたが贈与を受けた銘柄についてみますと次ページのとおりであり1株当たりの相続税評価額は、Ｈ電鉄494円、Ｍ電機777円になります。

(注) 負担付贈与又は個人間の対価を伴う取引により取得した上場株式の価額は、「課税時期の最終価格」によって評価します（評基通169(2)）。

－671－

第6章 財産評価

（記載例）

上 場 株 式 の 評 価 明 細 書

銘　　　柄	取引所等の名称	課税時期の最終価格		最終価格の月平均額			評価額 ①の金額又は①から④までのうち最も低い金額	増資による権利落等の修正計算その他の参考事項
		3月5日	①価額	課税時期の属する月 ② 3月	課税時期の属する月の前月 ③ 2月	課税時期の属する月の前々月 ④ 1月		
H電鉄	東1	3.5	円 496	円 494	円 507	円 522	円 494	
M電機	東1	3.5	812	777	876	915	777	

記載方法等

1 「**取引所等の名称**」欄には、課税時期の最終価格等について採用した金融商品取引所名及び市場名を、例えば、東京証券取引所の市場第1部の最終価格等を採用した場合には、「東1」と記載します。

2 「**課税時期の最終価格**」の「**月日**」欄には、課税時期を記載します。ただし、課税時期に取引がない場合等には、課税時期の最終価格として採用した最終価格についての取引月日を記載します。

3 「**最終価格の月平均額**」の「**②**」欄、「**③**」欄及び「**④**」欄には、それぞれの月の最終価格の月平均額を記載します。ただし、最終価格の月平均額について増資による権利落等の修正計算を必要とする場合には、修正計算後の最終価格の月平均額を記載するとともに、修正計算前の最終価格の月平均額をかっこ書きします。

4 「**評価額**」欄には、負担付贈与又は個人間の対価を伴う取引により取得した場合には、「①」欄の金額を、その他の場合には、「①」欄から「④」欄までのうち最も低い金額を記載します。

5 各欄の金額は、各欄の表示単位未満の端数を切り捨てます。

（資4-30-A4標準）

第6章　財　産　評　価

上場株式の金融商品取引所の選択

> 【問6-76】国内の2以上の金融商品取引所に上場されている株式の評価
> 額を計算する場合に、銘柄ごとに異なる金融商品取引所を選択するこ
> とはできますか。

【答】**銘柄ごとに異なる金融商品取引所の価額を選択することができます。**

【解説】上場株式の評価は、【問6-75】のとおり、金融商品取引所における取
引価格を基として行いますが、2以上の金融商品取引所に上場されている株
式については、納税義務者が選択した金融商品取引所によることとしていま
す（評基通169(1)）。

　例えば、A社及びB社の株式がともに名古屋証券取引所と東京証券取引所
に上場されている場合には、A社の株式については、東京証券取引所の公表
する株価を採用し、B社の株式については、名古屋証券取引所の公表する株
価を採用することができます。

　なお、この取扱いでは、納税義務者に金融商品取引所の選択を委ねてはい
ますが、「課税時期の最終価格」がある金融商品取引所があるにもかかわら
ず、その最終価格がない金融商品取引所を選択することを認める趣旨ではあ
りませんので、注意してください。

－673－

第6章 財産評価

課税時期が権利落等の日から株式の割当て等の基準日までの間にある場合

【問6-77】上場株式の価額を評価する場合において、課税時期が権利落又は配当落（以下「権利落等」といいます。）の日から株式の割当て、株式の無償交付又は配当金交付（以下「株式の割当て等」といいます。）の基準日までの間にあるため、課税時期の最終価格が値下がりしている場合には、どのように最終価格を計算するのでしょうか。次の設例により説明してください。

（設例）

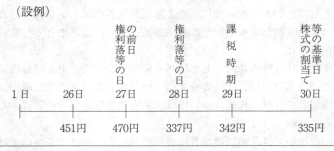

【答】課税時期の最終価格は、権利落等の日の前日以前の最終価格のうち、課税時期に最も近い日の最終価格としますので、470円となります（342円は権利落等の後の価格のため採用しません。）。

【解説】上場株式の取引が行われている場合の株券及び代金の受渡しは取引が成立した日に行われるのではなく、通常、取引が成立した日から数えて4日目（日曜日等の取引が行われない日を含まない日数です。）に決済が行われることになっています。

このため、課税時期が権利落等の日から株式の割当て等の基準日までの間にある場合には、課税時期における取引価格は権利落等の価額となっています。

したがって、課税時期が株式の割当て等の基準日以前の権利落等の期間にある場合の株式の評価に際して、課税時期の株価をそのまま当てはめると、その株式は株式の割当てを受ける権利又は配当期待権が付与されているにもかかわらず、これらの権利が付与されていない状態により評価することとなり適当ではありません。

そこで、課税時期が権利落等の日から株式の割当て等の基準日までの間にあるときは、その権利落等の日の前日以前の最終価格のうち、課税時期に最

第6章　財　産　評　価

も近い日の最終価格をもって課税時期の最終価格とすることになっています（評基通170）。

課税時期に最終価格がない場合(1)

【問6-78】上場株式を評価する場合において、課税時期に取引価格がないときのその会社の最終価格はどのような方法で計算するのでしょうか。次の設例により説明してください。

（設例）

	課税時期	
21日　22日　23日　24日　25日　26日　27日　28日　29日		
312円　　←──取引価格なし──→　　310円		

【答】**課税時期に最も近い日（28日）の最終価格310円を採用します。**

【解説】課税時期に最終価格がない場合には（【問6-79】、【問6-80】の場合を除きます。）、課税時期の前日以前の最終価格又は翌日以後の最終価格のうち、課税時期に最も近い日の最終価格をもって課税時期の最終価格とします。

　なお、課税時期に最も近い日の最終価格が二つある場合には、その平均額を課税時期の最終価格とします（評基通171(1)）。

課税時期に最終価格がない場合(2)

【問6-79】 課税時期に最終価格がない場合において、課税時期が権利落等の日の前日以前で、次の設例のように課税時期に最も近い日の最終価格が権利落等により値下がりしています。
　このような場合の課税時期の最終価格は、どのように計算するのでしょうか。設例により説明してください。
（設例）

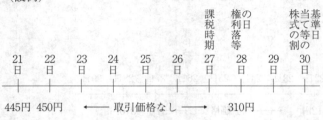

【答】 課税時期の前日以前で、課税時期に最も近い日である22日（28日の方が近いのですが権利落等の日以後の最終価格であるため採用しません。）の最終価格450円を採用します。

【解説】 課税時期が権利落等の日の前日ですから、課税時期以前の最終価格（権利含みの価格）のうち課税時期に最も近い日の最終価格を採用することになります（評基通171(2)）。

課税時期に最終価格がない場合(3)

【問6-80】課税時期に最終価格がない場合において、課税時期が株式の割当て等の基準日の翌日以後であり、次の設例のように課税時期に最も近い日の最終価格は権利含みの価格のため高くなっています。このような場合も、この価格を最終価格として採用しなければならないのでしようか。

　設例により説明してください。

（設例）

【答】課税時期の翌日以降で、課税時期に最も近い日である30日（16日の方が近いのですが、権利含みの価格のため採用しません。）の最終価格148円を採用します。

【解説】ご質問の場合の課税時期は株式の割当て等の基準日の翌日ですから、権利落後の最終価格のうち課税時期に最も近い日の最終価格を採用することになります（評基通171(3)）。

最終価格の月平均額の計算

【問6-81】 上場株式を評価する場合において、課税時期の属する月以前3か月間に権利落等がある場合の最終価格の月平均額は、どのように計算するのでしょうか。

設例により説明してください。

（設例）

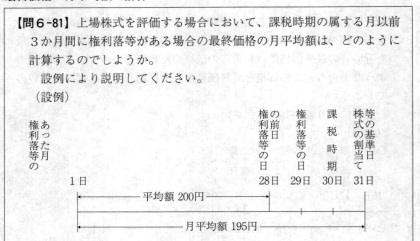

【答】 権利落の場合の月平均額は200円となり、配当落の場合の月平均額は195円となります。

【解説】 課税時期が株式の割当等の基準日以前である場合におけるその権利落等の日が属する月の最終価格の月平均額は【問6-82】に該当するものを除き、その月の初日からその権利落等の日の前日（配当落の場合には、その月の末日）までの毎日の最終価格の平均額によります（評基通172(1)）。

第6章 財 産 評 価

課税時期の属する月の初日以前に権利落等があり、課税時期が株式の割当て等の基準日以前である場合

【問6-82】上場株式を評価する場合において、課税時期が株式の割当て等の基準日以前で、その権利落等の日が課税時期の属する月の初日以前であるときには課税時期の属する月の最終価格の月平均額は権利落後の価格となりますが、この場合の最終価格の月平均額は、どのように計算するのでしょうか。次の設例により計算してください。

(設例)
株式の割当条件
① 株式の割当数　株式1株に対し0.5株を割当て
② 株式1株につき払い込むべき金額　50円

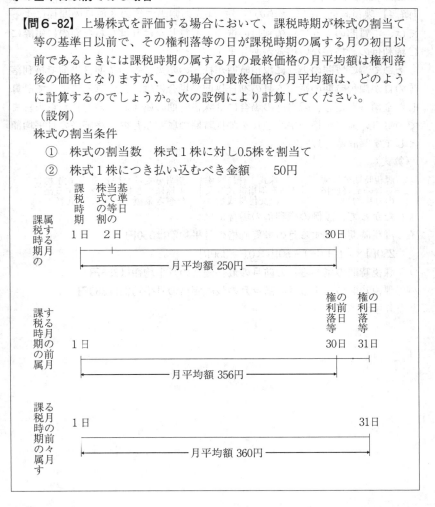

【答】権利落があった場合については、課税時期の属する月の最終価格の月平均額は350円となります。
(算式)
　　250円×(1＋0.5)－50円×0.5＝350円

第6章 財 産 評 価

　ただし、**配当落があった場合の課税時期の属する月の最終価格の月平均額
は250円**となります。

【解説】 課税時期、権利落等の日及び株式の割当て等の基準日の関係によっ
ては、ご質問のように、権利付の株価を計算しなければならないのに実際に
は権利付の価格がない場合があります。

　そこで、ご質問のように課税時期が株式の割当て等の基準日以前で権利落
等の日が課税時期の属する月の初日以前の場合には、次の算式によって計算
した金額（ただし、配当落の場合には課税時期の属する月の初日から末日ま
での毎日の最終価格の平均額）を課税時期の属する月の最終価格の月平均額
とします（評基通172(2)）。

　（算式）

$$
\begin{array}{l}
\text{課税時期の属す} \\
\text{る月の最終価格} \times \\
\text{の月平均額}
\end{array}
\left(
\begin{array}{l}
\text{株式1株に対す} \\
1 + \text{る割当株式数又} \\
\text{は交付株式数}
\end{array}
\right)
-
\begin{array}{l}
\text{割当を受けた株式} \\
\text{1株につき払い込} \times \\
\text{むべき金額}
\end{array}
\begin{array}{l}
\text{株式1株に} \\
\text{対する割当} \\
\text{株式数}
\end{array}
$$

　したがって、設例の権利落の場合には、

イ　課税時期の属する**月**の最終価格の月平均額は**350円**

　　250円×（1＋0.5）－50円×0.5＝350円

ロ　課税時期の属する月の**前月**の最終価格の月平均額は**356円**

ハ　課税時期の属する月の**前々月**の最終価格の月平均額は**360円**

となります。

－680－

第6章 財産評価

課税時期が株式の割当て等の基準日の翌日以後である場合

【問6-83】上場株式を評価する場合において、課税時期が株式の割当て等の基準日の翌日以後であるときの、課税時期の属する月、その前月及び前々月の最終価格の月平均額はどのように計算するのでしょうか。

次の設例により説明してください。

（設例）

株式の割当条件

① 株式の割当数 株式1株に対し0.5株を割当て

② 株式1株につき払い込むべき金額 50円

課税時期の属する月

	権利落等の日	株式の割当ての基準日	課税時期	
1日	13日	15日	20日	31日

月平均額 150円

課税時期の属する月の前月

1日	30日

月平均額 203円

課税時期の属する月の前々月

1日	31日

月平均額 197円

【答】 1 課税時期の属する月の最終価格の月平均額は150円

2 課税時期の属する月の前月の最終価格の月平均額は152円

（203円＋50円×0.5）÷（1＋0.5）＝152円

3 課税時期の属する月の前々月の最終価格の月平均額は148円

（197円＋50円×0.5）÷（1＋0.5）＝148円

【解説】 課税時期が株式の割当等の基準日の翌日以後である場合におけるそ

第6章　財　産　評　価

の権利落等の日の属する月及びその前月と前々月の各月の最終価格の月平均
額は、次の金額になります（評基通172(3)、(4)）。

(1)　権利落等の日の属する月……権利落等の日（配当落の場合にあってはその月の初日）からその月の末日までの毎日の最終価格の平均額によります。

(2)　権利落等の日の属する月の前月及び前々月……次の算式によって計算した金額（配当落の場合にあっては、その月の初日から末日までの最終価格の平均額）によります。

（算式）

$$\left(\begin{array}{l}\text{その月の最}\\\text{終価格の月}\\\text{平均額}\end{array}+\begin{array}{l}\text{割当てを受けた株}\\\text{式1株につき払い}\\\text{込むべき金額}\end{array}\times\begin{array}{l}\text{株式1株に対す}\\\text{る割当株式数}\end{array}\right)\div\left(1+\begin{array}{l}\text{株式1株に対す}\\\text{る割当株式数又}\\\text{は交付株式数}\end{array}\right)$$

〔参　考〕最終価格の月平均額の特例の図解

（● 課税時期　○ 権利落等の日　◎ 株式の割当等の基準日）

－682－

第6章　財　産　評　価

株式の信用取引の相続税の課税の計算

【問6-84】父は、信用取引により株式の空売りをしましたが、その決済をする以前に死亡しました。

　　この場合の相続税の課税価格の計算に関し、財産及び債務は何で、どのように評価すればよいのでしょうか。

【答】信用取引による売方が信用取引の決済前に死亡した場合には、証券会社に担保として差し出している売付代金に相当する金額（借株担保金）とその売方金利（日歩）との合計額が積極財産の額となり、借株の価額が債務の額となります（逆日歩の支払を要する場合は、その未払金額を併せて債務とします。）。

　この場合における「借株の評価額」は、課税時期（相続開始の日）における最終価格とします。

　なお、信用取引の場合には、この他に証券会社に預託している「預託保証金」が積極財産となることに注意してください。

取引相場のない株式の評価方法について

【問6-85】取引相場のない株式の評価方法について説明してください。

【答】取引相場のない株式の評価方法は、評価しようとするその株式の発行会社（以下「評価会社」といいます。）の規模によってそれぞれの評価方法が定められています（評基通178、179）。

【解説】1．会社規模の判定

規模区分	区分の内容		総資産価額(帳簿価額によって計算した金額)及び従業員数	直前期末以前1年間における取引金額
大会社	従業員数が70人以上の会社又は右のいずれかに該当する会社	卸売業	20億円以上（従業員数が35人以下の会社を除く。）	30億円以上
		小売・サービス業	15億円以上（従業員数が35人以下の会社を除く。）	20億円以上
		卸売業、小売・サービス業以外	15億円以上（従業員数が35人以下の会社を除く。）	15億円以上

－683－

第6章 財 産 評 価

中会社	従業員数が70人未満の会社で右のいずれかに該当する会社（大会社に該当する場合を除く。）	卸 売 業	7,000万円以上（従業員数が5人以下の会社を除く。）	2億円以上30億円未満
		小売・サービス業	4,000万円以上（従業員数が5人以下の会社を除く。）	6,000万円以上20億円未満
		卸売業、小売・サービス業以外	5,000万円以上（従業員数が5人以下の会社を除く。）	8,000万円以上15億円未満
小会社	従業員数が70人未満の会社で右のいずれにも該当する会社	卸 売 業	7,000万円未満又は従業員数が5人以下	2億円未満
		小売・サービス業	4,000万円未満又は従業員数が5人以下	6,000万円未満
		卸売業、小売・サービス業以外	5,000万円未満又は従業員数が5人以下	8,000万円未満

　上の表の「総資産価額（帳簿価額によって計算した金額）及び従業員数」
及び「直前期末以前1年間における取引金額」は、それぞれ次の(1)から(3)
により、「卸売業」、「小売・サービス業」又は「卸売業、小売・サービス業
以外」の判定は(4)によります。

(1)「総資産価額（帳簿価額によって計算した金額）」は、課税時期の直前に
　終了した事業年度の末日（以下「直前期末」といいます。）における評価
　会社の各資産の帳簿価額の合計額とします（評価会社が固定資産の償却額
　の計算を間接法によって行っているときは、各資産の帳簿価額の合計額か
　ら減価償却累計額を控除した金額とします。）。

(2)「従業員数」は、直前期末以前1年間においてその期間継続して評価会
　社に勤務していた従業員（就業規則等で定められた1週間当たりの労働時
　間が30時間未満である従業員を除きます。以下「継続勤務従業員」といい
　ます。）の数に、直前期末以前1年間において評価会社に勤務していた従
　業員（継続勤務従業員を除きます。）のその1年間における労働時間の合
　計時間数を従業員1人当たり年間平均労働時間数で除して求めた数を加算
　した数とします。この場合における従業員1人当たり年間平均労働時間数
　は、1,800時間とします。

(注)　従業員には、社長、理事長並びに法人税法施行令第71条《使用人兼務役員とさ
　　れない役員》第1項第1号、第2号及び第4号に掲げる役員は含まれません。

(3)「直前期末以前1年間における取引金額」は、その期間における評価会

第6章 財産評価

社の目的とする事業に係る収入金額（金融業・証券業については収入利息及び収入手数料）とします。

(4) 評価会社が「卸売業」、「小売・サービス業」又は「卸売業、小売・サービス業以外」のいずれの業種に該当するかは、上記(3)の直前期末以前1年間における取引金額に基づいて判定し、その取引金額のうちに2以上の業種に係る取引金額が含まれている場合には、それらの取引金額のうち最も多い取引金額に係る業種によって判定します。

2．評価方法

(1) 大会社の株式の評価方法

　大会社の株式については、類似業種比準価額により評価します。ただし、納税義務者の選択により、1株当たりの純資産価額により評価することができます。

(2) 中会社の株式の評価方法

　中会社の株式については、類似業種比準価額と1株当たりの純資産価額との併用方式により評価します。ただし、納税義務者の選択により、1株当たりの純資産価額により評価することができます。

(3) 小会社の株式の評価方法

　小会社の株式については、1株当たりの純資産価額により評価します。ただし、納税義務者の選択により、中会社の株式に適用している併用方式で評価することができます。

(注)1 類似業種比準方式について

　類似業種比準方式とは、資産要素（帳簿価額による純資産価額）に加えて、利益及び配当の収益要素を事業内容が類似する業種目に属する上場株式の株価に比準して株式の価値を評価する方式です。具体的には【問6-92】を参照してください。

　イ　類似業種判定のための業種目

　類似業種の業種目は、評価会社の事業が該当する業種目が小分類による業種目にあっては中分類の業種目、業種目が中分類による業種目にあっては、大分類の業種目を、それぞれ選択することが認められています。

　ロ　類似業種の株価

　類似業種の株価は、課税時期（相続開始の日又は贈与の日）の属する月以前3か月間の各月の平均株価のうち、最も低い価額によることとしますが、前年平均株価又は課税時期の属する月以前2年間の平均株価を選択することもできます。

　なお、類似業種の平均株価は、国税庁が業種別の上場株価を基に各月ごとに発表しており、国税庁のホームページ［http://www.nta.go.jp］で確認する

－685－

第6章 財産評価

　　ことができます。
　2　純資産価額方式について
　　課税時期において評価会社が所有する各資産を財産評価基本通達に定めるところにより評価した価額の合計額から、課税時期における各負債の金額の合計額及び評価差額に対する法人税額等に相当する金額を控除した金額を課税時期における発行済株式数で除して計算した金額により評価する方式です。

会社規模の判定(1)

> **【問6-86】** 会社規模の判定を行う場合、会社の「総資産価額（帳簿価額によって計算した金額）及び従業員数」を基に判定する場合の「従業員数」は、どのように計算するのですか。

【答】 課税時期の直前期末以前1年間を通じてその期間継続して評価会社に勤務していた従業員で、かつ、就業規則等で定められた1週間当たりの労働時間が30時間以上である従業員（以下「継続勤務従業員」といいます。）の数に、継続勤務従業員以外の従業員のその1年間の労働時間の合計時間数を従業員1人当たりの平均的な労働時間数である1,800時間で除した数を加算します（評基通178(2)）。

（算　式）

$$
\text{直前期末以前1年間の} \atop \text{継続勤務従業員の数} + \frac{\text{継続勤務従業員以外の従業員の}\atop\text{直前期末以前1年間における}\atop\text{労 働 時 間 の 合 計 時 間 数}}{1,800時間}
$$

【解説】 従業員とは、勤務時間の長短あるいは常時使用か臨時使用かにかかわらず、評価会社との雇用契約に基づき使用される個人で、賃金を支払われる者をいいます。

　ただし、評価する会社の役員（社長、理事長並びに法人税法施行令第71条《使用人兼務役員とされない役員》第1項第1号、第2号及び第4号に掲げる者をいいます。）は、従業員には含まれません。

　評価する会社の従業員数は、課税時期の直前期末以前1年間における評価する会社の従業員の勤務状況を基に判定することになります。

第6章　財　産　評　価

会社規模の判定⑵

【問6-87】前問と同様に、「従業員数」を計算する場合に次の者については、いずれの会社の従業員としてカウントするのですか。
① 出向中の者
② 人材派遣会社より派遣されている者

【答】雇用関係や勤務実態を確認して判定することになります。
【解説】判定基準はそれぞれ次のとおりとします。
⑴ 出向中の者
　　従業員数基準における従業員とは、原則として評価会社との雇用契約に基づき使用される個人で賃金を支払われるものをいいますから、例えば、出向元との雇用関係が解消され、出向先で雇用されている出向者の場合には、出向先の従業員としてカウントすることとなります。
⑵ 人材派遣会社より派遣されている者
　　「労働者派遣事業の適正な運営の確保及び派遣労働者の就業条件の整備等に関する法律（昭和60年法律第88号）」（労働者派遣法）による労働者派遣事業における派遣元事業所と派遣労働者の関係は、次の2とおりあります。
① 通常は労働者派遣の対象となる者が派遣元事業所に登録されるのみで、派遣される期間に限り、派遣元事業所と登録者の間で雇用契約が締結され賃金が支払われるケース
② 労働者派遣の対象となる者が派遣元事業所との雇用契約関係に基づく従業員（社員）であり、派遣の有無にかかわらず、派遣元事業所から賃金が支払われるケース
　　これに基づけば、財産評価基本通達178《取引相場のない株式の評価上の区分》⑵の従業員数基準の適用については、上記①に該当する個人は派遣元事業所の「継続勤務従業員」以外の従業員となり、②に該当する個人は「継続勤務従業員」となり、いずれも派遣元事業所の従業員としてカウントすることになります。
⑶ 派遣先事業所における従業員数基準の適用について
　　財産評価基本通達178⑵の「評価会社に勤務していた従業員」とは、評価会社において使用される個人（評価会社内の使用者の指揮命令を受けて

－687－

第6章 財 産 評 価

労働に従事するという実態をもつ個人をいいます。）で、評価会社から賃
金を支払われる者（無償の奉仕作業に従事している者以外の者をいいま
す。）をいいます。しかし、現在における労働力の確保は、リストラ、人
件費などの管理コスト削減のため、正社員の雇用のみで対応するのではな
く、臨時、パートタイマー、アルバイターの採用など多様化しており、派
遣労働者の受入れもその一環であると認められ、実質的に派遣先における
従業員と認めても差し支えないと考えられます。したがって、派遣労働者
を受け入れている評価会社における従業員数基準の適用については、受け
入れた派遣労働者の勤務実態に応じて継続勤務従業員とそれ以外の従業員
に区分した上で判定しても差し支えありません。

（参考） 派遣労働者の雇用関係等と従業員数基準の判定

イ 派遣元事業所

派遣元における派遣労働者の雇用関係等				派遣元事業所における従業員数基準の判定
派遣時以外の雇用関係	賃金の支払	派遣時の雇用関係	賃金の支払	
なし	なし	あり	あり	継続勤務従業員以外
あり	あり	あり	あり	継続勤務従業員

ロ 派遣先事業所

勤務実態に応じて判定します。

取引相場のない株式の評価方式の判定

【問6-88】取引相場のない株式の評価方式は原則的評価方式と配当還元
方式とがあるそうですが、この区分はどのようになっているのでしょ
うか。

**【答】原則的評価方式とは、会社規模に応じて定められた評価方式をいい、
配当還元方式は、議決権割合が少ない株主が所有する株式について原則的評
価方式に代えて適用される評価方式です。**

【解説】取引相場のない株式の価額は、評価会社の規模に応じ、原則として
類似業種比準方式、純資産価額方式及びその併用方式（以下3つの方式を併
せて「原則的評価方式」といいます。）によって評価することとされています
（評基通179）。

しかし、議決権割合が少なく、かつ、その会社の役員でもないため会社経

－688－

営にほとんど関係がない株主の所有する株式を、会社主宰者など中心的な株主の所有する株式と同一の評価方式で評価することは、その株式所有の実態からみて適当ではありません。

　そこで、こうした議決権割合が少ない株主が所有する株式については原則的評価方式に代えて配当還元方式により評価することとされています（評基通188-2）。

　以上のとおり取引相場のない株式は所有する株主によって評価方法が異なるのですが、配当還元方式が適用される株主は次のとおりです。

(1)　同族株主(注)1のいる会社の同族株主以外の株主

(2)　同族株主のいる会社の同族株主のうちで、いずれかの同族株主グループの中に中心的な同族株主(注)2がいる場合における中心的な同族株主以外の株主で、株式取得後の議決権割合が5％未満である者。ただし、その会社の役員である者（課税時期の翌日から法定申告期限までに役員となる者を含みます。）を除きます。

(3)　同族株主のいない会社の株主のうち、課税時期において株主の1人及びその同族関係者の有する議決権割合が15％未満となる場合におけるその株主。

(4)　同族株主のいない会社において、同族株主と同じ評価方式を適用するいずれかの株主グループの中に中心的な株主(注)3がいる場合における同族株主と同じ評価方式を適用する株主（上記(3)以外の株主）で、株式取得後割合が5％未満である者。ただし、その会社の役員である者（課税時期の翌日から法定申告期限までに役員となる者を含みます。）を除きます。

　これを整理すると次の図のようになります。

第6章 財産評価

株主の態様				評価方式
同族株主のいる会社	同族株主	取得後の議決権割合5％以上		原則的評価方式 〔純資産価額方式による評価額については、20％の評価減の特例が適用される場合がある。〕
		取得後の議決権割合5％未満	中心的な同族株主がいない場合	
			中心的な同族株主がいる場合株主：中心的な同族株主	
			役員である株主又は役員となる株主	
			その他	特例的評価方式 （配当還元方式）
	同族株主以外の株主			特例的評価方式 （配当還元方式）
同族株主のいない会社	議決権割合の合計が15％以上の株主グループに属する株主	取得後の議決権割合5％以上		原則的評価方式 〔純資産価額方式による評価額については、20％の評価減の特例が適用される。〕
		取得後の議決権割合5％未満	中心的な株主がいない場合	
			中心的な株主がいる場合株主：役員である株主又は役員となる株主	
			その他	特例的評価方式 （配当還元方式）
	議決権割合の合計が15％未満のグループに属する株主			特例的評価方式 （配当還元方式）

(注) 1 「同族株主」とは、課税時期における評価会社の株主のうち、株主の1人（納税義務者に限りません。）及びその同族関係者（法人税法施行令第4条《同族関係者の範囲》に規定する特殊の関係のある個人又は法人をいいます。）の有する議決権の合計数がその会社の議決権総数の30％以上である場合におけるその株主及びその同族関係者をいいます。

ただし、評価会社の株主のうち、株主の1人及びその同族関係者の有する議決権の合計数が最も多いグループの有する議決権の合計数が、その評価会社の議決権総数の50％超である場合には、その50％超の議決権を有するグループの株主だけが「同族株主」となり、その他の株主は、たとえ30％以上の議決権を有するグループに属する場合であってもすべて同族株主以外の株主となります。

2 「中心的な同族株主」とは、同族株主のいる会社の株主で、課税時期において同族株主の1人並びにその株主の配偶者、直系血族、兄弟姉妹及び1親等の姻族（これらの者の同族関係者である会社のうち、これらの者が有する議決権

－690－

第6章　財　産　評　価

　の合計数がその会社の議決権総数の25％以上である会社を含みます。）の有す
　る議決権の合計数がその会社の議決権総数の25％以上である場合におけるその
　株主をいいます（【問6-89】参照）。
3　「中心的な株主」とは、同族株主のいない会社の株主で、課税時期において
　株主の1人及びその同族関係者の有する議決権の合計数がその会社の議決権総
　数の15％以上である株主グループのうち、いずれかのグループに単独でその会
　社の議決権総数の10％以上の議決権を有している株主がいる場合におけるその
　株主をいいます。

中心的な同族株主

> 【問6-89】取引相場のない株式を評価する場合の「中心的な同族株主」
> について説明してください。

【答】課税時期において、同族株主の1人並びにその株主の配偶者、直系血
族、兄弟姉妹及び1親等の姻族〔これらの者の同族関係者である会社のうち、
これらの者が有する議決権の合計数がその会社の議決権総数の25％以上であ
る会社を含みます。〕の有する議決権の合計数がその会社の議決権総数の25
％以上である場合におけるその株主をいいます（評基通188）。
【解説】株主Aが中心的な同族株主であるかどうかの判定の基礎に含める親
族の範囲は次ページの図のとおりです。

第6章　財産評価

株主Aからみた中心的な同族株主の判定範囲（▨▨▨▨ 部分）

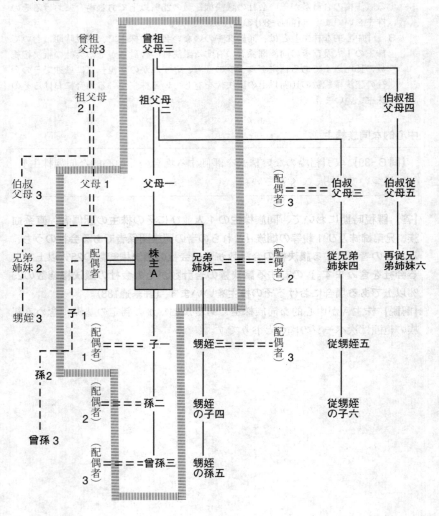

親族の範囲※親族とは①配偶者、②6親等内の血族、③3親等内の姻族をいいます。

養親族関係※養子と養親及びその血族との間においては、養子縁組の日から血族間におけると同一の親族関係が生じます。

-692-

第6章 財 産 評 価

取引相場のない株式が未分割遺産である場合の議決権割合について

【問6-90】相続税の申告期限までに、遺産の分割協議が整わないため、未分割遺産を法定相続分により取得したものとみなして相続税の申告をすることになりました。

その未分割遺産の中に、非上場株式がある場合、「同族株主等」や「中心的な同族株主」あるいは「少数株式所有者」の判定の基となる各株主の「株式取得後の議決権の数」はどのように判定するのですか。

【答】各相続人ごとに、所有する株式数にその未分割の株式数の全部を加算した数に応じた議決権数で判定することになります。

【解説】遺産未分割の状態は、遺産の分割により具体的に相続財産を取得するまでの間の暫定的、過渡的な状態であり、将来、各相続人等がその法定相続分等に応じて確定的に取得するとは限りません。そこで、その納税義務者について特例的評価方式を用いることが相当か否かの判定は、当該納税義務者が当該株式の全部を取得するものとして行う必要があります。

なお、取引相場のない株式（出資）の評価明細書　第1表の1の「1．株主及び評価方式の判定」の「①株式数（株式の種類）」欄には、納税義務者が有する株式（未分割の株式を除きます。）の株式数の上部に未分割の株式の株式数を㊍と表示の上、外書で記載し、納税義務者が有する株式の株式数に未分割の株式の株式数を加算した数に応じた議決権数を「②議決権数」に記載します。また、「納税義務者の属する同族関係者グループの議決権の合計数②」欄には、納税義務者の属する同族関係者グループが有する実際の議決権数（未分割の株式に応じた議決権数を含みます。）を記載します。

また、その後遺産分割協議が成立した場合は、取得した株式に応じた議決数を基に判定をやり直すことになります。

－693－

第6章 財産評価

第1表の1　評価上の株主の判定及び会社規模の判定の明細書

整理番号 [　　　]

（平成三十年一月一日以降用）

（取引相場のない株式（出資）の評価明細書）

会 社 名	（電 話　　　　　　　）	本 店 の 所 在 地	
代表者氏名		事業内容	取扱品目及び製造、卸売、小売等の区分　／　業種目番号　／　取引金額の構成比
課 税 時 期	年　　月　　日		％
直 前 期	自　　年　　月　　日／至　　年　　月　　日		

1. 株主及び評価方式の判定

氏名又は名称	続柄	会社における役職名	㋑株式数（株式の種類）	㋺議決権数	㋩議決権割合（㋺/④）
大手和子	納税義務者	一	㋐ 4,000 ／ 2,000	6	24
〃 一郎	（長男）	社長	5,000	5	20
〃 次郎	（次男）	常務	3,000	3	12
〃 町夫	（義弟）	専務	4,000	4	16
〃 花子	（長女）	一	1,000	1	4
〃 空子	（次女）	一	1,000	1	4
自己株式					
納税義務者の属する同族関係者グループの議決権の合計数			②　20	⑤ (②/④)　80	
筆頭株主グループの議決権の合計数			③　20	⑥ (③/④)　80	
評価会社の発行済株式又は議決権の総数			①　25,000	④　25	100

納税義務者の属する同族関係者グループの議決権割合（⑤の割合）を基として、区分します。

区分基準の割合	筆頭株主グループの議決権割合（⑥の割合）			株主の区分
	50%超の場合	30%以上50%以下の場合	30%未満の場合	
⑤の割合	50%超	30%以上	15%以上	同族株主等
	50%未満	30%未満	15%未満	同族株主等以外の株主

判定	同族株主等（原則的評価方式等）	同族株主等以外の株主（配当還元方式等）

「同族株主等」に該当する納税義務者のうち、議決権割合（㋩の割合）が5%未満の者の評価方式は、「2. 少数株式所有者の評価方式の判定」欄により判定します。

2. 少数株式所有者の評価方式の判定

項　目	判　定　内　容
判定要素　氏　名	
判定要素　㋑ 役員	である（原則的評価方式等）・でない（次の㋺へ）
㋺ 納税義務者が中心的な同族株主	である（原則的評価方式等）・でない（次の㋩へ）
㋩ 納税義務者以外に中心的な同族株主（又は株主）	がいる（配当還元方式）・がいない（原則的評価方式等）（氏名　　　　　）
判　定	原則的評価方式等　・　配当還元方式

－694－

第6章 財 産 評 価

会社規模の判定に当たって収用等により圧縮記帳を行っている場合の総資産価額の計算について

> 【問6-91】 会社規模の判定に当たって、評価会社が収用等により圧縮記帳を行っている場合には、課税時期の直前期末における「総資産価額（帳簿価額によって計算した金額）」はどのように計算するのでしょうか。

【答】確定決算で積み立てた金額又は確定決算における剰余金処分により積み立てた積立金については、**各資産の帳簿価額の合計額から控除しません。**

【解説】法人が収用等に伴い代替資産等を取得した場合（措法64）や、特定の資産を買い換えた場合（措法65の7）等には、法人税法に定める各事業年度の所得の金額の計算上の技術的な規定による記帳、いわゆる圧縮記帳が認められており、評価会社の貸借対照表上は、

① 損金経理により資産の帳簿価額を直接減額する

② 確定決算で積立金として積み立てる

③ 確定決算における剰余金処分により積立金として積み立てる

などにより数値が表記されることとなります。

しかし、会社規模の判定をする場合の「総資産価額（帳簿価額によって計算した金額）」は、直接、株式の評価額の算定に使用する数値ではなく、評価会社の会社規模に応じて適切な評価方式を適用できるよう、その判定基準として定めているものです。

したがって、課税上の弊害がない限り、ある程度の簡便性に配慮することも認められると考えられることから、「総資産価額（帳簿価額によって計算した金額）」は各資産の確定決算上の帳簿価額の合計額を原則としているところです。

類似業種比準方式の計算方法

> 【問6-92】 類似業種比準方式で株式を評価する場合の計算方法について説明してください。

【答】類似業種比準価額は、評価会社の事業内容が類似する業種目の株価を基として、類似業種の1株当たりの「配当金額」、「利益金額」及び「純資産

第6章 財 産 評 価

価額」の比準割合を乗じ、更に、大会社、中会社及び小会社の規模区分に応じた一定の割合相当額によって評価した金額をいいます（評基通180）。

【解説】 上場株式の価額については、1株当たりの配当金額、利益金額、純資産価額はもちろん事業の内容、資本系列、経営者の手腕、業界の経済的環境及びその会社の将来性など、数多くの株価構成要素を総合して形成されていると考えられます。

したがって、取引相場のない株式を類似業種比準方式で評価する場合には、これらの株価構成要素のすべてのものを類似業種と比準することがより合理的な評価方法ですが、これらの株価構成要素のうちには具体的に計数としてとらえることができないものもあります。

そこで、類似業種比準価額は株価構成要素のうち、基本的なもの及び直接的なもので計数化が可能な1株当たりの「配当金額」、「利益金額」及び「純資産価額」の3要素を基として比準した価額によることとしています。

また、取引相場のない株式は、上述したような計数化が困難であるため比準要素とすることができない株価構成要素があること及び現実に取引市場を持たない株式の評価であることなどのほか、取引相場のない株式の発行会社である大半の中小企業は、その情報力、組織力のほか技術革新、人材の確保、資金調達力等の関係で上場企業に比して劣勢にあり、一般的に、その規模格差が拡大する傾向にあるといえる社会経済状況の変化を踏まえると、評価会社の規模が小さくなるに従って、上場会社との類似性が希薄になっていくことが顕著となってくると認められます。したがって、この格差を評価上適正に反映させることが相当であるため、評価の安全性を考慮し、大会社については比準価額の70％相当額で、中会社については比準価額の60％相当額で、小会社については比準価額の50％相当額で評価することとされています。

次に、類似業種比準価額方式の具体的な計算方法は、上場会社の事業内容を基として別に定められている類似業種比準価額計算上の業種区分のうち、評価会社の事業内容と類似するものを選び、その類似業種の株価並びに1株当たりの配当金額、年利益金額及び純資産価額（帳簿価額によって計算した金額）を基とし、次に掲げる算式によって計算します。

この場合において、評価会社の直前期末における資本金等の額（法人税法第2条第16号に規定する資本金等の額をいいます。以下、同じ。）を直前期末における発行済株式数で除した金額（以下「1株当たりの資本金等の額」といいます。）が50円以外の金額であるときは、その計算した金額に、1株

－696－

第6章　財　産　評　価

当たりの資本金の額の50円に対する倍数を乗じて計算した金額となります。

　なお、自己株式（会社法第113条第4項に規定する自己株式をいいます。以下同じ。）を有する場合には、発行済株式数から自己株式の数を控除した株式数がこの場合の発行済株式数になります。

（算式）

$$A \times \left[\frac{\dfrac{\text{Ⓑ}}{B} + \dfrac{\text{Ⓒ}}{C} + \dfrac{\text{Ⓓ}}{D}}{3} \right] \times \left\{ \begin{array}{l} 0.7 \ （大会社の場合） \\ 0.6 \ （中会社の場合） \\ 0.5 \ （小会社の場合） \end{array} \right.$$

　上の算式中「A」、「Ⓑ」、「Ⓒ」、「Ⓓ」、「B」、「C」及び「D」は、それぞれ次によります。

A……類似業種の株価

Ⓑ……評価会社の1株当たりの配当金額

Ⓒ……評価会社の1株当たりの利益金額

Ⓓ……評価会社の1株当たりの純資産価額（帳簿価額によって計算した金額）

B……課税時期の属する年の類似業種の1株当たりの配当金額

C……課税時期の属する年の類似業種の1株当たりの年利益金額

D……課税時期の属する年の類似業種の1株当たりの純資産価額（帳簿価額によって計算した金額）

（注）　類似業種比準価額の計算に当たっては、Ⓑ、Ⓒ及びⒹの金額が1株当たりの資本金等の額を50円とした場合の金額として計算することとされています。

兼業会社の類似業種の判定

> **【問6-93】** 取引相場のない株式を評価する場合、評価会社が2以上の業種を兼業しているときの類似業種比準価額の計算は、どのようにするのですか。

【答】取引金額が50%超を占める業種をもって、類似業種比準価額計算上の業種として評価することとされています（評基通181-2）。

【解説】 取引相場のない株式の評価に用いる類似業種比準方式は、標本会社の1株（50円）当たりの配当金額、年利益金額及び純資産価額の平均額（B、C及びD）に、評価会社のそれ（Ⓑ、Ⓒ及びⒹ）を比準して、類似業種（標本会社）の市場価格を基に取引相場のない株式の評価額を算定しようとする方法です。

－ 697 －

第6章 財 産 評 価

　この場合、取引金額のうちに2以上の業種目に係る取引金額が含まれている場合の評価会社の事業が該当する業種目は、取引金額全体のうちに占める業種目別の取引金額の割合が50％を超える業種目とし、その割合が50％を超える業種目がない場合は、次に掲げる場合に応じたそれぞれの業種目とします。

　イ　評価会社の事業が一つの中分類の業種目中の2以上の類似する小分類の業種目に属し、それらの業種目別の割合の合計が50％を超える場合は、その中分類の中にある類似する小分類の「その他の○○業」とします。

　　　なお、これを図により例示すれば、次のとおりです。

○評価会社の業種目と業種目別の割合　　○類似業種比準価額計算上の業種目

業　　種　　目	業種目別の割合
有機化学工業製品製造業	45％
医薬品製造業	30％
不動産賃貸業・管理業	25％

　　　　　（45％＋30％）
　　　　　　　＞50％

　　　　（評価会社の事業が
　　　　　該当する業種目）

大　　　　分　　　　類		
	中　　分　　類	
		小　　分　　類

製　　　　　造　　　　　業
化　　　学　　　工　　　業
　　　　有機化学工業製品製造業
　　　　　〜（中略）〜
　　　　医　薬　品　製　造　業
　　　　その他の化学工業

　ロ　評価会社の事業が一つの中分類の業種目中の2以上の類似しない小分類の業種目に属し、それらの業種目別の割合の合計が50％を超える場合（イに該当する場合を除きます。）は、その中分類の業種目とします。

　　　なお、これを図により例示すれば、次のとおりです。

第6章 財 産 評 価

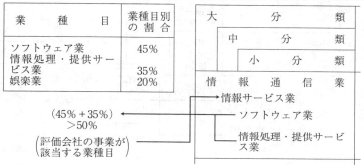

ハ 評価会社の事業が一つの大分類の業種目中の2以上の類似する中分類の業種目に属し、それらの業種目別の割合の合計が50％を超える場合は、その大分類の中にある類似する中分類の「その他の○○業」とします。

なお、これを図により例示すれば、次のとおりです。

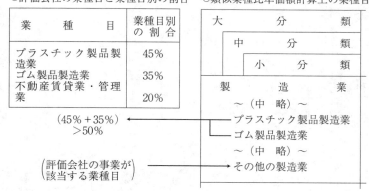

ニ 評価会社の事業が一つの大分類の業種目中の2以上の類似しない中分類の業種目に属し、それらの業種目別の割合の合計が50％を超える場合（ハに該当する場合を除きます。）は、その大分類の業種目とします。

なお、これを図により例示すれば、次のとおりです。

第6章 財産評価

○評価会社の業種目と業種目別の割合　　○類似業種比準価額計算上の業種目

業　種　目	業種目別の割合
専門サービス業	45%
広告業	35%
物品賃貸業	20%

大　　　分　　　類

中　　分　　類

小　　分　　類

→ 専門・技術サービス業

─ 専門サービス業

─ 広告業

（45％＋35％）
＞50％

（評価会社の事業が
該当する業種目）

ホ　上記イ、ロ、ハ、ニのいずれにも該当しない場合は、大分類の業種目
　の中の№118「その他の産業」とします。

第6章　財　産　評　価

類似業種比準価額の計算上の利益金額の特例

【問6-94】　類似業種比準価額計算上の評価会社の利益金額については、直前期末以前1年間の利益金額か、直前期末以前2年間の年平均利益金額かのいずれか低い方の金額を基として、1株当たりの年利益金額を計算できるということですが、次のような場合はどのように計算するのですか。

① 課税時期　　　　　　　　　　　　　　　　　平成30年4月3日
② 直前期末の資本金等の額　　　　　　　　　　300,000,000円
③ 直前期末の発行済株式数（自己株式は保有していません。）

600,000株

④ 評価会社の直前期末以前2年間における法人税の課税所得金額等

区　　　　　　　分	直　　前　　期 （自　平29.1.1 至　平29.12.31）	直　前　々　期 （自　平28.1.1 至　平28.12.31）
㋑　法人税の課税所得金額	千円 121,860	千円 116,430
㋺　㋑のうち非経常的な利益金額	――	6,200
㋩　受取配当等の益金不算入額	1,800	1,600
㊁　配当金についての所得税額	440	410
㋭　損金に算入した繰越欠損金の控除額	――	2,800

【答】設例の場合、直前期末以前1年間の利益金額（123,220千円）より直前期末以前2年間の年平均利益金額（118,720千円）の方が低くなりますので、直前期末以前2年間の年平均利益金額を基に、1株当たりの年利益金額を計算することができます（評基通183(2)）。

【解説】課税時期の直前期末以前1年間の利益金額が、評価会社の個別事情により、その前年の利益金額を大きく上回ることとなる場合には、評価上その利益金額の比準割合の妥当性については、問題がないとは言い切れないところがあることから、評価の安全性を考慮して、1株当たりの年利益金額の計算においては、納税義務者の選択により、直前期末以前2年間の利益金額を基として計算することができます。

第6章 財 産 評 価

ところでご質問の場合は次のような計算になります。

(1) 直前期末以前1年間の利益金額の計算

$$
\underset{\substack{\text{(①法人税の課}\\\text{税所得金額)}}}{121,860\text{千円}} + \underset{\substack{\text{(⑤受取配当等の}\\\text{益金不算入額)}}}{1,800\text{千円}} - \underset{\substack{\text{(⑤配当金につい}\\\text{ての所得税額)}}}{440\text{千円}} = \underset{\substack{\text{(直前期末以前1}\\\text{年間の利益金額)}}}{123,220\text{千円}}
$$

(2) 直前々期末以前1年間の利益金額の計算

$$
\underset{\substack{\text{(①法人税}\\\text{の課税所}\\\text{得金額)}}}{116,430\text{千円}} - \underset{\substack{\text{(⑤①のうち}\\\text{非経常的な}\\\text{利益金額)}}}{6,200\text{千円}} + \underset{\substack{\text{(⑤受取配当}\\\text{等の益金不}\\\text{算入額)}}}{1,600\text{千円}} - \underset{\substack{\text{(⑤配当金に}\\\text{ついての所}\\\text{得税額)}}}{410\text{千円}} + \underset{\substack{\text{(⑪損金に算入}\\\text{した繰越欠損}\\\text{金の控除額)}}}{2,800\text{千円}}
$$

$$
= \underset{\substack{\text{(直前々期末}\\\text{以前1年間}\\\text{の利益金額)}}}{114,220\text{千円}}
$$

(注) 類似業種比準方式における利益金額は、評価会社の経常的な収益力を株式の価額に反映させるものですから非経常的な利益は除外します。

　　なお、ある利益が、経常的な利益又は非経常的な利益のいずれに該当するかは、評価会社の事業の内容、その利益の発生原因、その発生原因たる行為の反復継続性又は臨時偶発性等を考慮し、社会通念に従って個別的に判定します。

(3) 直前期末以前2年間の年平均利益金額の計算

$$
\frac{\overset{(1)}{123,220\text{千円}} + \overset{(2)}{114,220\text{千円}}}{2} = 118,720\text{千円}
$$

(4) (1)と(3)のいずれか低い方の金額により1株当たりの利益金額を計算します。

　　(3)＜(1)のため1株当たりの年利益金額（©の金額）は、

$$
\frac{\overset{(3)}{118,720\text{千円}}}{300,000\text{千円} \div 50\text{円}} = 19\text{円}\,（1円未満の端数は切捨て）
$$

となります。

　　この場合、1株当たりの資本金等の額が50円であるかどうかにかかわらず、1株当たりの資本金等の額を50円として計算します。

第6章　財　産　評　価

配当金額の計算

【問6-95】次の事例のような場合、類似業種比準価額の計算上必要な1株当たりの配当金額は、どのように計算すればよいのでしょうか。

① 課税時期　平成30年5月5日
② 直前期末の資本金等の額　2億円
③ 直前期末における発行済株式数（自己株式は保有していません。）40万株
④ 評価会社の直前期末以前2年間の配当金額

直　前　期　（自　平29.10. 1／至　平30. 3.31）16,000千円

直前期の前　期　（自　平29. 4. 1／至　平29. 9.30）20,000千円　内創立20周年記念配当4,000千円

直前期の前々期　（自　平28.10. 1／至　平29. 3.31）24,000千円

直前期の前々々期　（自　平28. 4. 1／至　平28. 9.30）24,000千円

【答】評価会社の直前期末における1株当たりの配当金額（Ⓑ）は、次の算式により計算します（評基通183(1)）。

$$\frac{直前期末以前2年間の配当金額}{2} \div 1株当たりの資本金等の額を50円とした場合の発行済株式数（資本金額÷50円）$$

① 直前期末以前2年間の配当金額

16,000千円＋16,000千円＋24,000千円＋24,000千円＝80,000千円

② 1株当たりの資本金等の額を50円とした場合の発行済株式数

200,000千円÷50円＝4,000千株

③ 1株（50円）当たりの配当金額

$$\frac{80,000千円}{2} \div 4,000千株＝10円　\left(\begin{array}{l}10銭未満の端数がある場\\合には、切り捨てます。\end{array}\right)$$

【解説】直前期の前期（平29.4.1～平29.9.30）の記念配当4,000千円は、将来毎期継続して行われることが予想できないので1株当たりの配当金額の計算の基礎にしません。

したがって、1株当たりの配当金額は、上記算式のとおり10円となります。

この場合、1株当たりの資本金等の額が50円であるかどうかにかかわらず、1株当たりの資本金等の額を50円として計算します。

－703－

第6章 財産評価

年利益金額の計算

【問6-96】当社の決算期は、従来3月、9月の年2回でしたが、平成29年3月の決算後は毎年10月の年1回に変更しました。
　ところで、平成30年2月に相続が発生し株式を評価することになりましたが、この場合の年利益金額はどのように計算するのでしょうか。
　次の設例により説明してください。
（設例）
① 課税時期　　　　　平成30年2月15日
② 変更前の決算期　　毎年3月、9月の年2回
③ 変更後の決算期　　毎年10月の年1回

【答】平成29.4.1〜29.10.31の利益金額＋平28.10.1〜29.3.31の利益金額×5／6となります。

【解説】設例を図で示すと次のようになります。

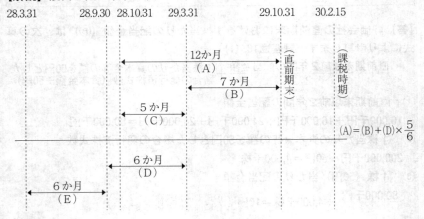

　直前期末は平成29年10月31日ですから直前期末以前1年間の利益金額の算定期間は平成28年11月1日〜平成29年10月31日（A）となります。しかし、この間に事業年度の変更がありますから、この期間に対応する利益金額は直接には出てきません。
　この間の利益金額は図のように平成28年10月1日〜平成29年3月31日（D）の6か月間と平成29年4月1日〜平成29年10月31日（B）の7か月間について

− 704 −

計算されています。

　そこで、この２回の決算を基に、平成29年４月１日〜平成29年10月31日（Ｂ）の７か月の利益に、平成28年10月１日〜平成29年３月31日（Ｄ）の６か月の利益の６分の５、すなわち５か月間の利益を加算して、便宜上１年間の利益金額を計算することとして差し支えありません。

　これを前図の例に基づいて算式で示せば、次のとおりです。

（Ａ）年利益金額＝（Ｂ）＋（Ｃ）

$$（Ｃ）＝（Ｄ）×\frac{5}{6}$$

固定資産の売却が数回ある場合の利益金額の計算

> 【問６-97】類似業種比準方式で株式を評価する場合において固定資産の売却が数回あるとき、１株当たりの利益金額はいくらになりますか。
> 　　次の設例により説明してください。
>
> （設例）
> 　　法人税の課税所得金額　　　　2,000万円
> 　　内Ａ　固定資産売却益　　　　1,400万円
> 　　　Ｂ　固定資産売却損　　　△600万円
> 　　　Ｃ　固定資産売却益　　　　 200万円

【答】ご質問の場合の利益金額は次の計算により1,000万円となります。

　　2,000万円−（1,400万円＋200万円−600万円）＝1,000万円

【解説】「１株当たりの利益金額」は、法人税の課税所得金額を基に計算しますが、この場合の課税所得金額からは固定資産の売却益など非経常的な利益の金額は除外されます（評基通183(2)）。

　直前期末以前１年間又は直前期の前期末以前１年間に固定資産の売却が数回あるとき、１株当たりの利益金額の計算上、除外される非経常的な利益金額は、①個々の譲渡に係る売却益の合計か、②その期中における全体としての固定資産売却益（売却益と売却損を通算した売却益）かが問題となります。

　この場合、非経常的な利益金額とは個々の譲渡に係る売却益の合計金額ではなく、期中における非経常的な利益金額から非経常的な損失の金額を控除して計算します。

　したがって、個々の譲渡の損益を通算し、利益の金額があればこれを除外

第6章 財 産 評 価

することになります。

　なお、個々の譲渡の損益を通算した金額が負数となる場合は、１株当たり
の利益金額の計算上、除外される非経常的な利益金額は０とします。

直後期末の方が課税時期に近い場合

【問6-98】当社の事業年度は毎年10月１日から翌年９月30日となってい
ます。
　９月10日に相続が発生し、類似業種比準方式で株式を評価すること
になりましたが、直前期末よりも直後期末を基に計算した方が、より
実態が反映されて好ましいと思いますので、直後期末を採用したいの
ですがよろしいでしょうか。

【答】直後期末の方が課税時期に近い場合であっても、直前期末の比準数値
により評価します。

【解説】類似業種比準価額を計算する場合の比準要素である類似業種の１株
当たり配当金額、１株当たり年利益金額及び１株当たり純資産価額は、次の
ようにして計算されています。

　まず、全国の金融商品取引所のいずれかに株式上場している会社につい
て、毎年、それらの会社の事業内容に応じて、日本標準産業分類による業種
区分を参考に分類の上、複数の上場会社からなる業種目について定めたもの
であり、各業種目に該当する上場会社を標本会社として、類似業種の１株当
たりの株価、配当金額、年利益金額及び純資産価額を算定しています。

　このような方法で算定した類似業種の１株当たりの配当金額、年利益金額
及び純資産価額と、評価会社の１株当たりの配当金額、年利益金額及び純資
産価額の比準割合を基にして取引相場のない株式を評価するわけですから、
標本会社と評価会社の比準要素をできる限り同一の基準で算定することが、
より適正な比準価額の算定を可能にすると考えられます。

　また、課税時期後における影響要因を排除することをも考慮する必要もあ
ります。

　したがって、類似業種比準価額の計算上は、直後期末の方が課税時期に近
い場合であっても、直前期末の比準数値によることとされています（評基通
183）。

－706－

第6章　財　産　評　価

類似業種比準価額よりも純資産価額が低い場合の取扱い

【問6-99】取引相場のない株式のうち大会社の同族株主が取得した株式は、原則として類似業種比準価額で評価するとのことですが、私の場合は、純資産価額で評価した金額の方が低くなります。

この場合でも、類似業種比準価額で申告しなければなりませんか。

【答】純資産価額（相続税評価額によって計算した金額）で申告することができます。

【解説】取引相場のない株式のうち、大会社の同族株主が取得した株式の評価は、原則として、類似業種比準価額によることとされていますが、納税義務者の選択により、純資産価額で計算した金額によって評価することができることとされています（評基通179）。ただし、この場合の純資産価額は、相続等による株式の取得者とその同族関係者の有する議決権の合計数が、発行会社の議決権総数の50％以下の場合であっても、純資産価額の80％で計算するという特例（【問6-107】参照）は適用されません。

純資産価額方式により評価する場合の賃借権の範囲

【問6-100】構築物の所有を目的とする土地の賃貸借契約がある場合、法人税の課税上の取扱いは通常の借地権として評価することとしていますが、相続税の財産評価基本通達では賃借権として評価することとなっているようです。

取引相場のない株式を純資産価額方式で評価する場合には、どちらによればよいのでしょうか。

【答】賃借権として評価します。

【解説】相続税における取引相場のない株式の評価について、相続税評価額により1株当たりの純資産価額を計算する場合における各資産は、財産評価基本通達により評価することとなっていますので、「賃借権」としてその賃借権の残存期間に応じ、財産評価基本通達87《賃借権の評価》の定めにより評価します。

なお、相続税における財産評価上の借地権は、借地借家法第2条に規定する借地権すなわち建物の所有を目的とする地上権又は賃借権に限られること

－707－

第6章　財　産　評　価

から、構築物の所有を目的とする賃借権は含まれません。これは、構築物の所有を目的とする賃借権については、その構築物の種類が雑多であり、かつ、その構築物の所有を目的とする賃借権の態様も一様でないことから、建物の所有を目的とする借地権とは区別してその賃借権又は地上権の権利の内容に応じて個別に評価することとし、借地権の範囲には構築物の所有を目的とする賃借権又は地上権を含まない取扱いとしているためです。

役員の死亡により会社が収受した生命保険金

> 【問6-101】　役員が死亡したとき支給する退職金に充てるために、会社を保険金受取人とする生命保険契約を締結していましたところ、保険事故が発生して保険金を受け取ることになりました。
>
> 　会社の規模は小会社に該当するため、株式評価に当たっては、純資産価額方式により評価することとなるかと思いますが、どのような計算をすればよいのでしょうか。

【答】　受け取った生命保険金の額を生命保険金請求権として資産に、また、支払った死亡退職金の額及び保険差益に対する法人税額等を負債に計上します。

【解説】　その会社は、課税時期において、保険金を収受する権利を取得したこととなりますので、「生命保険金請求権」として資産の部に計上する必要があります。

　また、負債の部には、その生命保険金を原資として被相続人に係る死亡退職金を支払った場合には、その支払退職金の額と支払退職金を控除した後の保険差益について課されることとなる法人税額等を計上することになります。

　具体的に計算方法を示しますと、次のようになります。

　（設例）

　収受する保険金　　　　10,000,000円

　支払う退職手当金　　　　7,000,000円

－708－

第6章 財 産 評 価

資　産　の　部			負　債　の　部		
科　　　目	相　続　税評　価　額	帳簿価額	科　　　目	相　続　税評　価　額	帳簿価額
	円	円		円	円
生命保険金請 求 権	10,000,000	10,000,000	未 払 退 職手 当 金	7,000,000	7,000,000
			保険差益に対する法人税等	1,110,000	1,110,000

　なお、課税時期の直前期末における1株当たりの純資産価額（相続税評価額によって計算した金額）を計算する場合における保険差益に対応する法人税額等の計算は、次の計算式によっても差し支えないものとされております。

　{(収受する保険金額) － (損金に計上される退職手当金)} ×37％
したがって、ご質問の場合には、
　(10,000,000円－7,000,000円) ×37％＝1,110,000円
となります。

　ただし、評価会社が欠損法人である場合には、この保険差益の額から欠損金の額を控除して法人税額等を計算します。

評価差額に対する法人税額等に相当する金額の控除ができない場合

> 【問6-102】評価会社の有する資産の中に、現物出資により受け入れた資産があるときに、その現物出資に係る資産の評価差額に対する法人税額等に相当する金額を控除できない場合があると聞きましたが、それはどういう場合ですか。

【答】評価会社の有する資産の中に、現物出資若しくは合併により著しく低い価額で受け入れた資産又は株式の交換（以下「株式交換」といいます。）若しくは株式の移転（以下「株式移転」といいます。）により著しく低い価額で受け入れた株式等（以下、これらの資産又は株式を「現物出資等受入れ資産」といいます。）がある場合には、評価会社の各資産の帳簿価額の合計額に、現物出資、合併、株式交換又は株式移転の時における現物出資等受入れ資産の相続税評価額から、その現物出資等受入れ資産の帳簿価額を控除した金額（以下「現物出資等受入れ差額」といいます。）を加算することになりますので、純資産価額の計算上は現物出資等受入れ差額に対する法人税額

－709－

第6章 財 産 評 価

等に相当する金額は純資産価額の計算上控除しないことになります（評基通
186-2（2））。

【解説】 設例により説明すると次のようになります。

（設例）

平成29年8月1日　銀行からの借入れによる現金10億円を出資してA社設立
　　　　　　　　　資本金　　1,000万円　　　資本剰余金　99,000万円

平成29年8月31日　現金1,000万円とA社の株式（1,000万円）現物出資して
　　　　　　　　　B社を設立　　（A社の株式の相続税評価額10億円）
　　　　　　　　　資本金　　2,000万円

平成30年9月1日　相続開始　　（A社の株式の相続税評価額10億円）

　設例の場合、B社の株式の評価額の計算の際に、通常ですとA社の株式の
帳簿価額1,000万円と相続税評価額10億円との差額9億9,000万円の37％に相
当する3億6,630万円を控除して計算しますが、現物出資の際にA社の株式
を著しく低い価額で受け入れていますので、現物出資等受入れ差額の9億
9,000万円をB社の各資産の帳簿価額の合計額に加算することにより、この
現物出資等受入れ資産に係る評価差額は生じないことになります。

　なお、課税時期における現物出資等受入れ資産の価額（相続税評価額）が、
現物出資時の価額（相続税評価額）を下回っているときは、課税時期の価額
から帳簿価額を控除して現物出資等受入れ差額の計算をすることになりま
す。

　（注）　課税時期における評価会社の有するすべての資産の相続税評価額の合計額に
　　　占める現物出資等受入れ資産の価額（相続税評価額）の合計額の割合が20％以
　　　下である場合には、それらの現物出資等受入れ資産の評価差額に係る法人税額
　　　等相当額は控除することができます。

－710－

第6章 財 産 評 価

純資産価額から控除する法人税額等

【問6-103】 評価会社が課税時期現在で仮決算を行っておらず、また、
　直前期末から課税時期までの資産及び負債について著しく増減がない
　ため、評価額の計算に影響が少ないと認められることから、直前期末
　の帳簿価額を基に純資産価額を計算したいと思います。
　　この場合、直前期末の利益に対して課税される法人税額等は負債と
　して控除できますか。

【答】**負債として控除できます。**

【解説】 純資産価額は、会社の資産、負債を帳簿価額により計算する場合と
相続税評価額で評価して計算する場合の二つがあります。まず、帳簿価額に
より純資産価額を計算する場合、すなわち、類似業種比準方式の場合の純資
産価額は、直前期末の資本金等の額及び利益積立金額（法人税申告書別表五
（一）の「差引翌期首現在利益積立金額」の「差引合計額」をいいます。）の
合計額をいいます。

　しかし、純資産価額方式の純資産価額は、類似業種比準価額を計算する場
合の純資産価額とは異なり文字どおりの正味財産ということになります。す
なわち、帳簿価額のない無償取得による借地権、特許権、営業権等について
も財産評価基本通達によって評価する必要がある反面、繰延資産等のうち財
産性のないものについては、帳簿価額があるものであっても評価を要しない
ことになります。また、税務計算上損金の対象となった各種引当金（退職給
与引当金のうち、旧法人税法第54条第2項に規定する退職給与引当金勘定の
金額に相当する金額は除かれます。）や準備金は、負債にならない反面、帳
簿に記載がなくても確実な債務はすべて負債になります。

　このような趣旨から、評価会社が課税時期現在で仮決算を行っていないた
め、直前期末の帳簿価額を基に相続税評価額によって純資産価額を計算する
場合には、帳簿に負債としての記載がない場合であっても、次に掲げる金額
は負債として取り扱い、帳簿価額及び相続税評価額の両方に計上することと
されています。

　① 　未納公租公課、未払利息等の金額
　② 　直前期末日以前に賦課期日のあった固定資産税及び都市計画税のう
　　　ち、未払いとなっている金額
　③ 　直前期末日後から課税時期までに確定した剰余金の配当等の金額

－711－

第6章 財 産 評 価

④ 被相続人の死亡により相続人その他の者に支給することが確定した退
職手当金、功労金その他これらに準ずる給与の金額（ただし、平成14年
改正法人税附則第8条第2項及び第3項適用後の退職給与引当金の取崩
しにより支給されるものは除きます。）

直前期末から課税時期までの間に増資があった場合の純資産価額の計算

【問6-104】 私は、小会社の同族株主ですが、この度、父からその会社
の株式の贈与を受けました。
　ところで、この会社は、直前期末の翌日から課税時期までの間に増
資がありました。
　このような場合、課税時期の直前期末における資産及び負債を基と
して1株当たりの純資産価額を計算するには、どのような方法によれ
ばよいのでしょうか。

【答】 直前期末の決算は増資前の資産及び負債により計算しますので、直前
期末の資産及び負債を基として評価した純資産価額に増資払込金額を加算
し、増資後の発行済株式数で除して、1株当たりの純資産価額を計算しま
す。
【解説】 純資産価額（相続税評価額によって計算した金額）の計算は、評価
会社の課税時期における各資産及び各負債の金額によることとしていること
から、原則として課税時期現在における仮決算を行い各資産及び負債の価額
をそれぞれ計算します。
　しかし、直前期末から課税時期までの間の資産及び負債について著しく増
減がないため評価額の計算に影響が少ないと認められるときは、直前期末の
資産及び負債を基とし、課税時期に適用されるべき財産評価基準を適用して
1株当たりの純資産価額を計算しても差し支えありません。
　なお、お尋ねの場合の1株当たりの純資産価額は次の算式により計算する
ことになります。

$$\frac{\text{直前期末における資産及び負債}を基として評価した純資産価額 + 増資払込金額の総額}{\text{課税時期における発行済株式数（増資後）}} = \text{1株当たりの純資産価額}$$

-712-

第6章　財　産　評　価

直前期末の翌日から課税時期までの間に剰余金の配当金交付の効力が発生している場合(1)（類似業種比準方式により評価する場合）

【問6-105】私は、今年相続により非上場の株式を取得しました。大会社なので、類似業種比準方式により評価しますが、直前期末の翌日から相続開始の日までに、株主総会で株主に対する配当金の交付が決議されています。この配当金は評価上どのように取り扱ったらいいですか。

【答】類似業種比準価額から配当金額を控除して評価します。

【解説】 直前期末の翌日から課税時期までの間に配当金交付の効力が発生している場合には、配当金が確定することによって株式の価額は下落すると考えられます。これは、いわゆる「配当落」といわれるものですが、直前期末を基準として計算する類似業種比準価額は、その権利（配当金）を含んだ配当落ち前の価額になっています。また、その場合の配当金は未収配当金として評価の対象とされることとなりますので、株式の価額は配当落ちの価額に修正する必要がありますから、次の算式により類似業種比準価額を修正して計算します（評基通184）。

（算式）

　類似業種比準価額－株式1株に対して受けた配当の金額

　なお、課税時期が配当金交付の基準日の翌日から配当金交付の効力が発生するまでの間にある場合も、配当期待権が発生していますので、株式の価額の修正を行うことになります（評基通187）。

※　同様の場合で純資産価額方式により評価する場合は、【問6-106】を参照してください。

－713－

第6章 財産評価

直前期末の翌日から課税時期までの間に剰余金の配当金交付の効力が発生している場合(2)（仮決算を行わず純資産価額を計算する場合）

> **【問6-106】** 私は、今年相続により非上場の株式を取得しました。この会社は3月決算で、相続開始の日までに資産や負債に大きな増減がないことから、直前期末の資産及び負債を基に純資産価額方式により株式を評価するつもりです。直前期末から相続開始の日までに株主総会で株主に対する配当金の交付が決議されましたが、この配当金は直前期末を基に純資産価額を計算する場合でも負債として控除できますか。

【答】 直前期末から課税時期までの間に確定した配当金は負債として控除できます。

【解説】 配当金は、直前期末の利益処分ではなく、各事業年度における配当とされていますから、仮決算を行って純資産価額方式により評価する場合には、未払いとなっている配当金額を負債に計上することになります。

そうすると、直前期末を基に評価する場合、直前期末後に決議された配当金額は、直前期のものではありませんから、純資産価額の計算上、負債として控除できないとも考えられます。

しかし、直前期末の翌日から課税時期までの間に配当金交付の効力が発生している場合には、配当金が確定することによって株式の価額は下落すると考えられます。これは、いわゆる「配当落」といわれるものですが、直前期末を基準として計算した純資産価額は、その権利（配当金）を含んだ配当落前の価額になっています。

したがって、直前期末の資産及び負債を基に計算する場合でも、課税時期までの間に確定した配当金については負債に含めて評価します。

なお、課税時期が配当金交付の基準日の翌日から配当金交付の効力が発生する日までの間にある場合は、配当期待権が発生していますので、株式の価額の修正を行うことになります（評基通187）。この株式の修正は、仮決算を行う場合でも同様です。

※ 同様の場合で類似業種比準価額方式により評価する場合は【問6-105】を参照してください。

第6章 財 産 評 価

純資産価額方式の特例

【問6-107】 私はこの度、叔父の経営している同族会社の株式1,000株を
叔父から贈与され、議決権総数の5％以上を持つことになりました。
なお、私の属する同族株主グループ（筆頭株主グループ）の議決権割
合は、40％で会社規模の判定は小会社となっています。
　このような場合、贈与を受けた株式は、どのような評価方法になり
ますか。

**【答】原則として純資産価額方式で評価しますが、類似業種比準方式と純資
産価額方式との併用方式（Lの割合は0.5）によることも認められています。
なお、純資産価額方式による場合は、議決権割合が50％以下の同族株主グル
ープに属する同族株主の取得した株式の価額は通常の規定により計算した純
資産価額（相続税評価額によって計算した金額）の80％相当額により計算し
ます（評基通185）。**

【解説】会社規模が小会社と判定された同族株主の取得株式は、原則として
純資産価額方式により評価しますが、中会社の株式評価に使用している類似
業種比準方式と純資産価額方式との併用方式（Lの割合は0.5）によって評
価することも認められています（評基通179(3)）。

　ところで、議決権割合が50％以下の同族株主グループにおいては、一同族
株主グループの所有する議決権の数だけでは会社を完全支配できないという
実態が認められるため、このような実態に即したものとする必要があるとこ
ろから、単独の同族株主グループの所有する議決権の数によって会社支配を
行っている場合の支配力との較差を考慮して、議決権割合の合計が50％以下
である同族株主グループに属する株主の取得株式を純資産価額方式により評
価する場合には、20％の評価減を行うこととしています（評基通185）。

－715－

第6章 財産評価

〈算式〉

$$\frac{\begin{pmatrix}純資産価額\\\text{相続税評価}\\\text{額によって計}\\\text{算した金額}\end{pmatrix}}{発行済株式数} \times \left(\frac{80}{100}\right) = 1株当たりの評価額$$

同族株主等以外の株主が取得した株式の評価

【問6-108】 私が相続により取得した株式は、配当還元方式により評価する株式ですが、直前期の配当金は1株当たり40円(配当率年8％)、直前期の前期は業績が悪く無配でした。

この場合、株式の評価額はいくらになるでしょうか。

なお、評価会社は年1回決算で、1株当たりの資本金の額は500円となっています。

【答】ご質問の場合の評価額は次の計算により250円となります。

$$\frac{2円50銭}{10\%} \times \frac{500円}{50円} = 250円$$

【解説】配当還元方式で評価する株式の価額は、その株式に係る年配当金額〔評価会社の直前期末以前2年間における利益の配当金額(特別配当、記念配当等の名称による配当金額のうち、将来毎期継続することが予想できない金額を除きます。)の合計額の2分の1に相当する金額を、直前期末における発行済株式数(1株当たりの資本金等の額が50円以外の金額である場合には、直前期末における資本金等の額を50円で除して計算した数によるものとします。)で除して計算した金額とします。ただし、その金額が2円50銭未満のもの及び無配のものにあっては2円50銭とします。〕を基として、次の算式により計算した金額によって評価します。ただし、その金額がその株式を財産評価基本通達179《取引相場のない株式の評価の原則》の定めにより

-716-

第6章 財 産 評 価

評価するものとして計算した金額を超える場合には、財産評価基本通達179
《取引相場のない株式の評価の原則》の定めにより計算した金額（原則的評
価方式による評価額）によって評価します（評基通188-2）。

$$\frac{その株式に係る年配当金額}{10\%} \times \frac{その株式の1株当たりの資本金等の額}{50円}$$

（注） 上記算式の「その株式に係る年配当金額」は1株当たりの資本金等の額を50
円とした場合の金額であるので、算式中において、評価会社の直前期末におけ
る1株当たりの資本金等の額の50円に対する倍数を乗じて評価額を計算するこ
ととしています。

　そこで、ご質問の場合のその株式の1株当たりの資本金の額を50円とした
場合の1株当たりの配当金額は、2円50銭となります。

$$\frac{0円+40円}{2} \div \frac{500円}{50円} = 2円 < 2円50銭$$

　したがって、配当還元方式による株式の評価額は次の計算により250円と
なります。

$$\frac{2円50銭}{10\%} \times \frac{500円}{50円} = 250円$$

自己株式を有する場合の議決権総数

【問6-109】 評価会社が自己株式を有している場合の評価会社の議決権
　総数はどのように計算するのでしょうか。

【答】 自己株式を有する評価会社の議決権の数は0として計算した議決権の
数をもって評価会社の議決権総数とします（評基通188-3）。

【解説】 取引相場のない株式を評価する場合、取得した株式を原則的評価方
式で評価するのか、配当還元方式で評価するのかを判定する場合において、
①評価会社に同族株主がいるか、②株式の取得者が同族株主に該当するか、
③株式の取得者が中心的な同族株主又は中心的な株主に該当するか、④株式
の取得者の議決権割合がいくらであるか等を判定する必要があります。

　この場合、評価会社の議決権総数を基に判定することになりますが、評価
会社が自己株式を有する場合には、その自己株式に係る議決権の数は0とし
て計算した議決権の数をもって評価会社の議決権総数とします。

第6章　財　産　評　価

議決権を有しないこととされる株式がある場合の議決権総数

> **【問6-110】** 会社法第308条第1項の規定により、株主のうちに評価会社の株式につき議決権を有しないこととされる会社がある場合の評価会社の議決権総数はどのように計算するのでしょうか。

【答】 議決権を有しないこととされる会社の有する評価会社の議決権の数は０として計算した議決権の数をもって評価会社の議決権総数とします（評基通188-4）。

【解説】 取引相場のない株式を評価する場合において、①評価会社に同族株主がいるか、②株式の取得者が同族株主に該当するか、③株式の取得者が中心的な同族株主又は中心的な株主に該当するか、④株式の取得者の議決権割合がいくらであるか等を判定する必要があります。

　この場合には、評価会社の議決権総数を基に判定することになりますが、評価会社の株主のうちに会社法第308条第1項の規定により評価会社の株式につき議決権を有しないこととされている会社があるときは、当該会社の有する評価会社の議決権の数は０として計算した議決権の数をもって評価会社の議決権総数とします。

　評価会社の株主の同族関係者に該当するかどうかを判定するときも、同様に計算します。

（参考）

会社法第308条【議決権の数】

① 株主（株式会社がその総株主の議決権の４分の１以上を有することその他の事由を通じて株式会社がその経営を実質的に支配することが可能な関係にあるものとして法務省令で定める株主を除く。）は、株主総会において、その有する株主１株につき１個の議決権を有する。ただし、単元株式数を定款で定めている場合には、１単元の株式につき１個の議決権を有する。

② 前項の規定にかかわらず、株式会社は、自己株式については、議決権を有しない。

会社法施行規則第67条【実質的に支配することが可能となる関係】

① 法第308条第1項に規定する法務省令で定める株主は、株式会社（当該株式会社の子会社を含む。）が、当該株式会社の株主である会社等の議決権（同項その他これに準ずる法以外の法令（外国の法令を含む。）の規定により行使できることができないとされる議決権を含み、役員等（会計監査人を除く。）の選任及び定款の変更に関する議案（これらの議案に相当するものを含む。）の全部につき株主総会（これに相当するものを含む。）において議決権を行使することができない株式（これに相当するものを含む。）に係る議決権を除く。以下この条において「相互保有対

－718－

第6章 財 産 評 価

象議決権」という。）の総数の４分の１以上を有する場合における当該株主である
もの（当該株主であるもの以外の者が当該株式会社の株主総会の議案につき議決権
を行使することができない場合（当該議案を決議する場合に限る。）における当該
株主を除く。）とする。

（第２項以下省略）

議決権に制限のある株式がある場合の議決権総数

> 【問６-111】評価会社が会社法第108条第１項に掲げる議決権制限株式を
> 発行している場合の評価会社の議決権総数はどのように計算するので
> しょうか。

**【答】会社法第108条第１項に掲げる議決権制限株式については、普通株式と
同様の議決権があるものとして、評価会社の「株主の有する議決権の数」及
び「評価会社の議決権総数」に含めます（評基通188-5）。**

【解説】取引相場のない株式を評価する場合には、①評価株式会社に同族株
主がいるか、②株式の取得者が同族株主に該当するか、③株式の取得者が中
心的な同族株主又は中心的な株主に該当するか、④株式の取得者の議決権割
合がいくらであるか等を判定する必要があります。

この場合には、評価会社の議決権総数を基に判定することになりますが、
評価会社が会社法第108条第１項に掲げる数種の株式を発行している場合に
おける議決権の数及び議決権総数には数種の株式のうち、株主総会の一部の
事項について、議決権を行使できない株式に係る議決権の数を含めます。

平成13、14年の商法改正により、株主総会におけるすべての事項について
議決権を行使できない株式（無議決権株式）又は一部の事項について議決権
を行使できない株式（議決権制限株式）等の種類株式の種類の増加等が認め
られ、普通株式と同程度の議決権を有する株式から、ほとんどの事項に議決
権のない無議決権株式に類似する株式まで、様々な形態のものの発行が可能
になりました。また、議決権制限株式は、これまで、発行済株式数の２分の
１を超えて発行することができませんでしたが、平成18年の会社法施行によ
り、公開会社（すべて又は一部の株式に譲渡制限をしていない会社）を除き、
発行限度もなくなりました。

普通株式とともに議決権制限株式を評価会社が発行している場合の議決権
割合による会社支配力の判定に当たっては、本来であれば議決権制限株式ご

－719－

第6章　財　産　評　価

とにその議決権を行使できる事項によって評価会社の支配の度合いを判定するべきであると考えられます。

　しかし、制限された範囲内で会社経営に関与することも可能であり、また、議決権を行使できる事項によって会社支配に影響する度合いを区別することは困難な場合が多いと考えられることから、議決権割合による会社支配力を判定する上での議決権制限株式の議決権の取扱いについては、普通株式と同様の議決権があるものとして、その議決権の数を「株主の有する議決権の数」及び「評価会社の議決権総数」に含めて計算することとなっています。
（参考）

会社法第108条　【異なる種類の株式】

①　株式会社は、次に掲げる事項について異なる定めをした内容の異なる二以上の種類の株式を発行することができる。ただし、委員会設置会社及び公開会社は、第9号に掲げる事項についての定めがある種類の株式を発行することができない。

　一　剰余金の配当

　二　残余財産の分配

　三　株主総会において議決権を行使することができる事項

　四　譲渡による当該種類の株式の取得について当該株式会社の承認を要すること。

　五　当該種類の株式について、株主が当該株式会社に対してその取得を請求することができること。

　六　当該種類の株式について、当該株式会社が一定の事由が生じたことを条件としてこれを取得することができること。

　七　当該種類の株式について、当該株式会社が株主総会の決議によってその全部を取得すること。

　八　株主総会（取締役会設置会社にあっては株主総会又は取締役会、清算人会設置会社（第478条第6項に規定する清算人会設置会社をいう。以下この条において同じ。）にあっては株主総会又は清算人会）において決議すべき事項のうち、当該決議のほか、当該種類の株式の種類株主を構成員とする種類株主総会の決議があることを必要とするもの

　九　当該種類の株式の種類株主を構成員とする種類株主総会において取締役（監査等委員会設置会社にあっては、監査等委員である取締役又はそれ以外の取締役。次項第9号及び第112条第1項において同じ。）又は監査役を選任すること。

　（第2項以下省略）

第6章 財 産 評 価

特定評価会社について

> 【問6-112】特定の会社の株式として評価する場合の土地保有特定会社
> 及び株式等保有特定会社とは、具体的にはどのような会社をいうので
> しょうか。

【答】会社の総資産のうちに占める土地や株式等の保有状況が、類似業種比
準方式における標本会社に比べて著しく偏り、類似業種比準方式を適用する
前提を欠いていると認められる会社を、それぞれ「土地保有特定会社」及び
「株式等保有特定会社」といいます。

　「土地保有特定会社」及び「株式等保有特定会社」に該当するかどうか
は、評価会社が保有する土地及び株式等の保有割合を基準として、次のとお
り判定します。

1　土地保有特定会社の判定

　土地保有特定会社とは、会社の規模区分に応じて次表の判定基準に該当す
る評価会社をいいます。

会社の規模区分	判　定　基　準	
大会社	$\dfrac{土地等の価額の合計額}{総　資　産　価　額} \geqq 70\%$（相続税評価額ベース）	
中会社	$\dfrac{土地等の価額の合計額}{総　資　産　価　額} \geqq 90\%$（相続税評価額ベース）	
小会社	大会社の基準に該当する総資産価額のある小会社	大会社の場合と同じ割合（70％以上）により判定
	中会社の基準に該当する総資産価額のある小会社	中会社の場合と同じ割合（90％以上）により判定
	それ以外の小会社	土地保有特定会社の対象となりません

※　会社の規模区分、大会社の基準に該当する総資産価額及び中会社の基準に該
　当する総資産価額は、取引相場のない株式の評価上の区分の定め（【問6-85】
　参照）と同じです。

2　株式等保有特定会社の判定

　株式等保有特定会社とは、会社の規模にかかわらず、総資産価額のうち、
株式、出資及び新株予約権付社債（会社法第2条《定義》第22号に規定する
新株予約権付社債をいいます（以下「株式等」といいます。）。）の価額の合

－721－

第6章 財 産 評 価

計額が50％以上を占める評価会社をいいます。

株式等保有特定会社の評価方法

【問6-113】 株式等保有特定会社の株式評価について純資産価額方式以外の評価方法があるとのことですが、どのような方法でしょうか。

【答】 次の評価方法があります。

$$
評価額 = \left(\begin{array}{c}（S_1の金額）\\ \text{株式等保有特定会社が所有す}\\ \text{る株式等とその株式等の受取}\\ \text{配当金等の収入がないものとし}\\ \text{て計算した場合のその株式の}\\ \text{原則的評価方法による評価額}\end{array}\right) + \left(\begin{array}{c}（S_2の金額）\\ \text{株式等保有特定会社が所有す}\\ \text{る株式等についての財産評価}\\ \text{基本通達によって評価した価}\\ \text{額（評価差額に対する37\％}\\ \text{控除を適用して計算する。）}\end{array}\right)
$$

(注) S_1の金額を計算する際、株式等保有特定会社が「比準要素数1の会社」に該当する場合には、比準要素数1である会社の評価方法（Lの割合を0.25とした併用方式）による評価額によります。

【解説】 株式等保有特定会社の株式評価については、原則として純資産価額方式により評価することになっていますが、上記の方法により評価することができます（評基通189-3）。

(1) S_1の金額は、次の算式によって計算します。

　イ　類似業種比準価額で計算する場合

$$
A \times \frac{\dfrac{Ⓑ-ⓑ}{B} + \dfrac{Ⓒ-ⓒ}{C} + \dfrac{Ⓓ-ⓓ}{D}}{3} \times \begin{cases} 0.7 & （大会社の場合）\\ 0.6 & （中会社の場合）\\ 0.5 & （小会社の場合）\end{cases}
$$

　　A＝類似業種の株価

　　B＝課税時期の属する年の類似業種の1株当たりの配当金額

　　C＝課税時期の属する年の類似業種の1株当たりの年利益金額

　　D＝課税時期の属する年の類似業種の1株当たりの純資産価額（帳簿価額によって計算した金額）

　　Ⓑ＝評価会社の直前期末における1株当たりの配当金額

　　Ⓒ＝評価会社の直前期末以前1年間における1株当たりの利益金額

　　Ⓓ＝評価会社の直前期末における1株当たりの純資産価額（帳簿価額によって計算した金額）

－722－

第6章　財　産　評　価

ⓑ ＝ Ⓑ × 「受取配当金等収受割合」

　　平成30年 1 月 1 日以後、受取配当金等には、新株予約権付社債の利
息が含まれます（以下同じ）。

ⓒ ＝ Ⓒ × 「受取配当金等収受割合」

ⓓ ＝ (イ) ＋ (ロ)

　(イ) ＝ Ⓓ ×（株式等の帳簿価額の合計額÷総資産価額）

　(ロ) ＝（利益積立金額÷直前期末における発行済株式数（50円換算））
　　　 ×「受取配当金等収受割合」

(注) 1

$$「受取配当金等収受割合」 = \frac{\text{直前期末以前 2 年間の受取配当金等の額の合計額}}{\begin{pmatrix}\text{直前期末以前}\\\text{2 年間の受取}\\\text{配当金等の額の合計額}\end{pmatrix} + \begin{pmatrix}\text{直前期末以前}\\\text{2 年間の営業}\\\text{利益の金額の}\\\text{合計額}\end{pmatrix}}$$

　　　ただし、「直前期末以前 2 年間の営業利益の金額の合計額」が赤字の時
（①計算結果が 1 を超える場合、②計算式の分母がゼロ又は負数となる場
合）は「受取配当金収受割合」を 1 とします。

　　2 　ⓓは、Ⓓを限度とします。

ロ　純資産価額で計算する場合

　　株式等保有特定会社の「各資産」から「株式等」を除いて計算した純資産価
額

(2)　S₂の金額は、次の算式によって計算します。

$$\left[\begin{array}{c}\text{株式等の相続税}\\\text{評価額の合計額}\end{array} - \left(\begin{array}{c}\text{株式等の相続税}\\\text{評価額の合計額}\end{array} - \begin{array}{c}\text{株式等の帳簿}\\\text{価額の合計額}\end{array}\right) \times 37\%\right]$$

÷ 課税時期における発行済株式数

(注)　(1)、(2)の算式中「発行済株式数」は、自己株式を有する場合には自己株式
の数を控除した株式数になります。

第6章　財　産　評　価

種類株式の評価(1)（配当優先株式の評価）

【問6-114】　父が今年の春に死亡し、私を含め兄弟3人で父が経営して
いた会社の非上場の株式を相続することになりました。会社の経営は
兄だけが引き継ぐことになりましたので、議決権のある普通株式を兄
が、配当優先の無議決権を私と弟が相続します。
　私は同族株主に該当し、この会社は大会社なので、類似業種比準方
式により評価しますが、配当優先の無議決権株式の場合、通常の評価
方法と異なる部分はありますか。

【答】　同族株主が相続により取得した配当優先の無議決権株式は、その配当
優先株式の実際の配当金額を類似業種比準価額計算上の「1株当たりの年配
当金額」として計算し、株式の種類ごとに評価します。
　また、あなたの場合、一定の条件を満たせば、評価額の5％を控除して評
価することができます。

【解説】　(1)　配当優先株式の評価
　配当について優先・劣後のある株式を発行している会社の株式を類似業種
比準方式で評価する場合、配当金の多寡は、比準要素のうち「1株当たりの
配当金額（Ⓑ）」に影響するので、株式の種類ごとにその株式に係る実際の配
当金によって「1株当たりの配当金額（Ⓑ）」を計算します。その他の要素（利
益金額、簿価純資産価額）については株式の種類ごとに計算しませんので注
意してください。
　具体的な「1株当たりの配当金額（Ⓑ）」の計算例は次のとおりです。
（計算例）
①　発行済株式数（自己株式控除後）　　　　　　　　　　　　　50,000株
　　　内　評価する配当優先株式（自己株式控除後）　　　　　　10,000株
②　資本金等の額　　　　　　　　　　　　　　　　　　　　25,000千円
③　1株当たりの資本金等の額　　　　　　　　　　　　　　　　500円
④　1株当たりの資本金等の額を50円とした場合の発行済株式数
　　　　　　　　　　　　　　　　　　　　　　　　　　　　500,000株
⑤　配当優先株式の年配当金額
　　直前期　　　　　　　　　　　　　　　　　　　　　　　　2,000千円
　　直前々期　　　　　　　　　　　　　　　　　　　　　　　2,000千円

－724－

第6章　財　産　評　価

⑥「Ⓑ1株当たりの配当金額」　　　　　　　　　　　20円00銭

$$(2,000千円＋2,000千円)　÷2÷(500,000株×\frac{10,000株}{50,000株})＝20円00銭$$

発行済株式数の内、この配当優先株式に相当する株数を計算

(2)　無議決権株式の評価

　原則的評価方式が適用される同族株主等（以下、この設問において「同族株主」といいます。）が無議決権株式を相続又は遺贈によって取得した場合、次のすべての条件を満たす場合に限り、前記(1)又は原則的評価方式により評価した価額から、その価額に5％を乗じて計算した金額を控除した金額により評価するとともに、その控除した金額を、相続又は遺贈により同族株主が取得したその会社の議決権のある株式の価額に加算して申告することを選択できます（以下この方式による計算を「調整計算」といいます。）。

（条件）

イ　その会社の株式について、相続税の法定申告期限までに、遺産分割協議が確定していること。

ロ　相続又は遺贈により、その会社の株式を取得したすべての同族株主から、相続税の法定申告期限までに、相続又は遺贈により同族株主が取得した無議決権株式の価額について、調整計算前のその株式の評価額からその価額に5％を乗じて計算した金額を控除した金額により評価するとともに、その控除した金額を、相続又は遺贈により同族株主が取得したその会社の議決権のある株式の価額に加算して申告することについての届出書（別紙参照）が所轄税務署長に提出されていること。

ハ　相続税の申告に当たり、評価明細書に、調整計算の算式に基づく無議決権株式及び議決権のある株式の評価額の算定根拠を適宜の様式に記載し、添付していること。

第6章 財 産 評 価

（別　紙）

（　　枚中の　　枚目）

無議決権株式の評価の取扱いに係る選択届出書

平成　　年　月　日

＿＿＿＿＿税務署長　殿

住　所＿＿＿＿＿＿＿＿＿＿＿＿＿＿＿＿＿

氏　名＿＿＿＿＿＿＿＿＿＿＿＿＿＿　印

住　所＿＿＿＿＿＿＿＿＿＿＿＿＿＿＿＿＿

氏　名＿＿＿＿＿＿＿＿＿＿＿＿＿＿　印

住　所＿＿＿＿＿＿＿＿＿＿＿＿＿＿＿＿＿

氏　名＿＿＿＿＿＿＿＿＿＿＿＿＿＿　印

<small>（被相続人氏名）</small>

平成＿＿年＿＿月＿＿日に相続開始した被相続人＿＿＿＿＿＿＿＿＿＿＿に係る相続

<small>（法人名）</small>

税の申告において、相続又は遺贈により同族株主が取得した＿＿＿＿＿＿＿＿＿＿＿の

発行する無議決権株式の価額について、この評価減の取扱いを適用する前の評価額からそ

の価額に5パーセントを乗じて計算した金額を控除した金額により評価するとともに、当

該控除した金額を当該相続又は遺贈により同族株主が取得した当該会社の議決権のある株

式の価額に加算して申告することを選択することについて届出します。

第6章 財 産 評 価

（　　枚中の　　枚目）

無議決権株式の評価の取扱いに係る選択届出書（続）

住　所＿＿＿＿＿＿＿＿＿＿＿＿＿＿＿＿＿＿＿＿

氏　名＿＿＿＿＿＿＿＿＿＿＿＿＿＿＿＿＿　印

住　所＿＿＿＿＿＿＿＿＿＿＿＿＿＿＿＿＿＿＿＿

氏　名＿＿＿＿＿＿＿＿＿＿＿＿＿＿＿＿＿　印

住　所＿＿＿＿＿＿＿＿＿＿＿＿＿＿＿＿＿＿＿＿

氏　名＿＿＿＿＿＿＿＿＿＿＿＿＿＿＿＿＿　印

住　所＿＿＿＿＿＿＿＿＿＿＿＿＿＿＿＿＿＿＿＿

氏　名＿＿＿＿＿＿＿＿＿＿＿＿＿＿＿＿＿　印

住　所＿＿＿＿＿＿＿＿＿＿＿＿＿＿＿＿＿＿＿＿

氏　名＿＿＿＿＿＿＿＿＿＿＿＿＿＿＿＿＿　印

住　所＿＿＿＿＿＿＿＿＿＿＿＿＿＿＿＿＿＿＿＿

氏　名＿＿＿＿＿＿＿＿＿＿＿＿＿＿＿＿＿　印

第6章 財 産 評 価

種類株式の評価⑵（社債類似株式の評価）

【問6-115】私が経営する会社は、種類株式を発行していますが、この
　種類株式は、資金調達のために取引先に引き受けてもらったもので、
　議決権はありませんが、利息の代わりに配当を優先して分配すること
　や、発行後10年を期日としてすべて発行価額で償還することになって
　います。
　　この度、長男に私が所有しているこの会社の普通株式を贈与しまし
　たが、どのように評価するのでしょうか。

【答】次の要件を満たす株式（以下「社債類似株式」といいます。）を発行し
ている会社の社債類似株式以外の株式は、社債類似株式を社債であるものと
して評価します。
　ご質問の場合も、この条件を満たす場合は、発行されている種類株式を社
債であるものとした上で普通株式の評価を行うこととなります。
〈要件〉
　イ　配当金については優先して分配する。
　　　また、ある事業年度の配当金が優先配当金に達しないときは、その不
　　足額は翌事業年度以降に累積することとするが、優先配当金を超えて配
　　当しない。
　ロ　残余財産の分配については、発行金額を超えて分配は行わない。
　ハ　一定期日において、発行会社は本件株式の全部を発行価額で償還す
　　る。
　ニ　議決権を有しない。
　ホ　他の株式を対価とする取得請求権を有しない。
【解説】社債類似株式は、その経済的実質が社債に類似していると認められ
ることから、社債類似株式を発行している会社の社債類似株式以外の株式
は、社債類似株式を社債であるものとして、次により評価します。
⑴　類似業種比準方式で評価する場合
　イ　1株当たりの資本金等の額等の計算
　　　社債類似株式に係る資本金等の額及び株式数はないものとして計算し
　　ます。
　ロ　1株（50円）当たりの年配当金額　Ⓑ
　　　社債類似株式に係る配当金はないものとして計算します。

－728－

第6章　財　産　評　価

　ハ　1株（50円）当たりの年利益金額（ⓒ）

　　社債類似株式に係る配当金を費用として利益金額から控除して計算します。

　ニ　1株（50円）当たりの純資産価額（ⓓ）

　　社債類似株式の発行価額は負債として簿価純資産価額から控除して計算します。

(2) 純資産価額方式で評価する場合

　　社債類似株式の発行価額の総額を負債（相続税評価額及び帳簿価額）に計上し、社債類似株式の株式数は発行済株式数から除外して評価します。

　なお、社債類似株式そのものは、財産評価基本通達197－2《利付公社債の評価》の(3)に準じて発行価額によって計算しますが、株式であることから、既経過利息に相当する配当金の加算は行いません。

買取価格の定められている非上場株式の評価

> 【問6-116】父の勤務するA社は従業員持株制度を採用していますので、父も若干の株式を所有していました。
>
> 　ところで、このほど父が亡くなり株式を評価することになりました。聞くところによりますと、A社の株式は従業員が死亡又は退職した場合に一定金額で買い取られる旨の従業員持株会規約があるそうです。
>
> 　このような場合は、買取価格で計算しても差し支えありませんか。

【答】買取価格をそのまま相続税法上の時価として取り扱うことはできません。

【解説】相続税における財産の価額は時価であり、その時価は「財産評価基本通達」の定めるところに従って評価した価額をいうものとされています（評基通1）。

　したがって、ご質問のように従業員持株会規約に基づいて買取価格が定められていても、その買取価格が時価を表しているものとは限らないので、財産評価基本通達の定めるところによって評価した価額によることとなります。

－729－

第6章　財　産　評　価

ストックオプションの評価

> 【問6-117】私の父は、生前上場会社に勤めており、4年前に次のよう
> な内容のストックオプションを会社から無償で付与されました。父は
> それを行使しないまま、今年の5月に亡くなりましたが、父の勤めて
> いた会社に尋ねたところ、このストックオプションの権利は相続でき
> るとのことです。相続税の申告に当たって、このストックオプション
> は、どのように評価するのでしょうか。
>
> 【権利付与の内容】
> ・権利付与日　　平成26年1月31日
> ・付与数　　　　10個（1個の行使につき100株の株式を取得すること
> 　　　　　　　　ができる。）
> ・行使価額　　　1株につき3,000円
> ・行使期間　　　平成27年1月1日から平成30年6月30日

【答】課税時期が権利行使可能期間内にあるストックオプションの価額は、
課税時期における株式の価額から権利行使価額を控除した金額（その金額が
負数のときは、0とします。）にストックオプション1個の行使により取得
することができる株式数を乗じて計算した金額によって評価します。
　この場合の「課税時期における株式の価額」は、上場株式の評価と同様に、
次の①から④の価額のうち最も低い価額によって評価します（評基通193-
2）。
　①　課税時期の最終価格
　②　課税時期の属する月の毎日の最終価格の月平均額
　③　課税時期の属する月の前月の毎日の最終価格の月平均額
　④　課税時期の属する月の前々月の毎日の最終価格の月平均額
　したがって、あなたのお父さんの勤めていた会社の「課税時期における株
式の価額（上記①から④のうち最も低い価額）」が5,000円である場合には、
相続財産であるストックオプションの10個の価額は、次の算式により200万
円となります。
　5,000円（課税時期における株式の価額）－3,000円（権利行使価額）
　＝2,000円
　2,000円×100株＝200,000円（ストックオプション1個の価額）
　200,000円×10個＝2,000,000円（ストックオプション10個の価額）

－730－

第6章 財産評価

【解説】ストックオプションは、あらかじめ定められた価額(権利行使価額)でその会社の株式を購入することができる権利であり、会社が自社の取締役・従業員等を対象として付与するものです。ストックオプションを相続した者が、相続開始と同時に権利行使することが可能であり株式を取得できる場合には、その株式を売却すれば株式の価額と権利行使価額との差額について利益を得ることができます。

したがって、上場会社等の株式に係るストックオプションの価額は、課税時期における株式の価額から権利行使価額を控除した金額を基に評価することが相当です。

(参考)ストックオプションのモデル

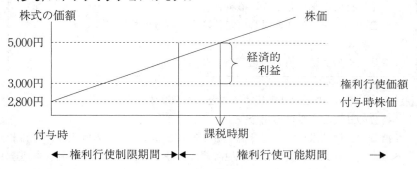

第6章 財 産 評 価

合名会社等の出資の評価

> 【問6-118】合名会社、合資会社の出資の価額は、財産評価基本通達に
> 定められている取引相場のない株式の評価方法に準じて評価すると聞
> いています。
>   ところで、合名会社、合資会社の無限責任社員は、死亡と同時に退
> 社（会社法第607条第1項第3号「法定退社」）し、その持分について
> は、定款に別段の定めがある場合のほかは払戻しを受けることになり
> ますが、次のような場合の出資の価額は、どのように評価すればよい
> のでしょうか。
>   1　持分の払戻しを受ける場合
>   2　持分を承継する場合（定款に出資持分の相続についての定めが
>   ある。）
>   3　その会社が債務超過であった場合

【答】それぞれ次のとおり評価することになります。

1　持分の払戻しを受ける場合

　持分の払戻請求権として評価することになります。その価額は、評価す
べき合名会社又は合資会社の課税時期における各資産を財産評価基本通達
の定めにより評価した価額（相続税評価額）の合計額から、課税時期にお
ける各負債の合計額を控除した金額に持分を乗じて計算した金額によりま
す。

2　持分を承継する場合

　財産評価基本通達に定める取引相場のない株式の評価方法に準じて持分
の価額を評価します。

3　その会社が債務超過であった場合

　評価会社が債務超過である場合の超過部分の債務は無限責任社員の連帯
債務（会社法580、612）とし、課税価格の計算上その者の負担に属する部
分については、債務控除を行います。

(参考)

会社法第607条【法定退社】

①　社員は、前条、第609条第1項、第642条第2項及び第845条の場合のほか、次に
掲げる事由によって退社する。

　一　定款で定めた事由の発生

－732－

第6章 財 産 評 価

　二　総社員の同意
　三　死亡
　四　合併（合併により当該法人である社員が消滅する場合に限る。）
　五　破産手続開始の決定
　六　解散（前二号に掲げる事由によるものを除く。）
　七　後見開始の審判を受けたこと。
　八　除名
　　（第2項省略）

会社法第608条【相続及び合併の場合の特則】
①　持分会社は、その社員が死亡した場合又は合併により消滅した場合における当該
　社員の相続人その他の一般承継人が当該社員の持分を承継する旨を定款で定めるこ
　とができる。
　　（第2項以下省略）

会社法第611条【退社に伴う持分の払戻し】
①　退社した社員は、その出資の種類を問わず、その持分の払戻しを受けることがで
　きる。ただし、第608条第1項及び第2項の規定により当該社員の一般承継人が社
　員となった場合は、この限りでない。
②　退社した社員と持分会社との間の計算は、退社の時における持分会社の財産の状
　況に従ってしなければならない。
　　（第3項以下省略）

農業協同組合等の出資の評価

> **【問6-119】**相続財産の中に、企業組合の出資金と信用金庫の出資金と
> 　がありますが、評価方法は同じでしょうか。

**【答】企業組合の出資金は純資産価額による評価を、信用金庫は農業協同組
合等の出資の評価に準じて払込済出資金額により評価するのが相当であると
考えられます。**

【解説】企業組合、漁業生産組合、その他これに類似する事業を営む組合等
に対する出資の価額は、その組合等の実情によりその組合等の課税時期にお
ける出資1口当たりの純資産価額（相続税評価額によって計算した金額）に
よって評価し（評基通196）、この定めに該当しない農業協同組合、漁業組合
等の一般的な産業団体に対する出資の価額は、原則として払込済出資金額に
よって評価します（評基通195）。

　企業組合、漁業生産組合等の出資を純資産価額により評価することとして
いるのは、それ自体が1個の企業体として営利を目的として事業を行うこと

－733－

第6章 財産評価

ができる組合等であるためであり、農業協同組合等の出資を払込済金額により評価することとしているのは、農業協同組合等は、その組合の行う事業によって、その組合員及び会員のために最大の奉仕をすることを目的とし、営利を目的として事業を行わない組合等であるということからです。

なお、協業組合については、組合ではあるが、相互扶助等の組合原則を徹底しているというよりは、会社制度の要素を多く取り込んでおり、その実態は合名会社に近似すると認められることから、その実態を考慮し、財産評価基本通達194の定めに準じて評価します。

(注) 協業組合の出資を財産評価基本通達194の定めに準じて評価する場合には、各組合員の議決権は原則として平等であり、出資と議決権が結びついていないことから、同185のただし書及び同188から188-5までの定めは適用がないことに留意してください。

医療法人の出資持分の評価方法について

> **【問6-120】** 医療法人の出資持分の評価方法について説明してください。

【答】 医療法人の出資持分の評価については、取引相場のない株式の評価方法に準ずる評価方法によります（評基通194-2）。

【解説】 具体的な計算方法等は次のとおりです。

1 原則的評価方式

医療法人の規模に応じて次の方法により評価します。

-734-

第6章 財 産 評 価

医療法人の規模	原則的評価方式	評 価 額 の 計 算 式
大会社相当	類似業種比準方式 （純資産価額方式の選択可能）	評価額＝類似業種比準価額
中会社相当	類似業種比準方式と純資産価額方式との併用方式	評価額＝$\left\{\dfrac{類似業種}{比準価額}×L\right\}+\left\{\dfrac{純資産}{価額}×(1-L)\right\}$ （L＝大0.9／中0.75／小0.6）
小会社相当	純資産価額方式 （併用方式（L＝0.5）の選択可能）	純資産価額＝$\left\{\begin{array}{l}相続税評価\\による総資-価による\\産価額\quad負債金額\end{array}\right.$$\left.\begin{array}{l}相続税評\\による\\負債金額\end{array}\right\}$ $-\left\{\left(\begin{array}{l}評価差額\\相続税評価と\\簿価との差額\end{array}\right)×\begin{array}{l}評価差額に\\乗ずべき割\\合37\%\end{array}\right\}$

L＝評価額に占める類似業種比準価額の割合

　この場合の医療法人の規模の判定につきましては、従業員数が70人以上の場合は大会社相当とし、従業員数が70人未満の場合は次の表によります。

総資産価額及び従業員数 ＼ 取引金額	6,000万円未満	6,000万円以上2億5,000万円未満	2億5,000万円以上5億円未満	5億円以上20億円未満	20億円以上
・4,000万円未満 又は5人以下	小会社相当 （L＝0.50）				
・4,000万円以上 ・5人以下を除く		中会社の「小」相当 （L＝0.60）			
・2億5,000万円以上 ・20人以下を除く			中会社の「中」相当 （L＝0.75）		
・5億円以上 ・35人以下を除く				中会社の「大」相当 （L＝0.90）	
・15億円以上 ・35人以下を除く					大会社相当

（備考）　「総資産価額」は、直前期末の簿価総資産価額により、「取引金額」は、直前期末以前1年間の取引金額によります。

－735－

第6章　財　産　評　価

(注)　医療法人の出資の特殊性から取引相場のない株式とは若干の差異がありますので、次に掲げるものは、医療法人の出資の評価に適用しません。

> 1　類似業種比準価額の計算式における配当要素（$\frac{ⓑ}{B}$）
>
> 　（配当禁止によります。）
>
> 2　特例的評価方式である配当還元方式
>
> $$\left(\frac{\text{年配当金額}}{10\%} \times \frac{\text{1株当たりの資本金}}{50\text{円}} \right)$$
>
> 　（配当禁止によります。）
>
> 3　議決権割合が50％以下の同族グループの株主に適用している純資産価額の80％評価（出資と議決権との結びつきがないことによります。）

2　類似業種比準価額は、次の算式によって計算します。

$$\begin{array}{l}\text{類似業種}\\\text{比準価額}\end{array} = \text{A} \times \left(\frac{\frac{ⓒ}{C} + \frac{ⓓ}{D}}{2} \right) \times \left\{ \begin{array}{l} 0.7 \text{（大会社に相当する医療法人）}\\ 0.6 \text{（中会社に相当する医療法人）}\\ 0.5 \text{（小会社に相当する医療法人）} \end{array} \right.$$

　　A＝類似業種の1株当たりの株価

　　C＝類似業種の1株当たりの年利益金額

　　D＝類似業種の1株当たりの簿価純資産価額

　　ⓒ＝評価法人の出資1口当たりの利益金額

　　ⓓ＝評価法人の出資1口当たりの簿価純資産価額

　類似業種比準価額を計算する場合の類似業種については、類似業種比準価額を算出する場合に必要な業種や数値を定めた国税庁の通達（「類似業種比準価額計算上の業種目及び業種目別株価等について」）に定める113の業種区分のうち、№113の「その他の産業」に該当するものとして取り扱われます。

3　特定の評価会社の株式に相当する出資の評価方法

　特定の評価会社の株式（評基通189）のうち、①比準要素数1の会社、②株式等保有特定会社、③土地保有特定会社、④開業後3年未満の会社及び比準要素数0の会社、⑤開業前又は休業中の会社までに該当する場合には、原則として純資産価額方式により評価することになっています。

　ただし、比準要素数1の会社はLの割合を0.25とする類似業種比準方式と純資産価額方式との併用方式によることもできます。

　この場合の類似業種比準価額は、次の算式によって計算します。

－736－

第6章 財 産 評 価

(1) 利益金額©のみの場合

$$A \times \left(\dfrac{©}{\dfrac{C}{2}} \right) \times \begin{cases} 0.7 & （大会社に相当する医療法人） \\ 0.6 & （中会社に相当する医療法人） \\ 0.5 & （小会社に相当する医療法人） \end{cases}$$

(2) 簿価純資産価額Ⓓのみの場合

$$A \times \left(\dfrac{Ⓓ}{\dfrac{D}{2}} \right) \times \begin{cases} 0.7 & （大会社に相当する医療法人） \\ 0.6 & （中会社に相当する医療法人） \\ 0.5 & （小会社に相当する医療法人） \end{cases}$$

また、株式保有特定会社に該当する場合には、$S_1 + S_2$方式によることもできます。$S_1 + S_2$方式につきましては、【問6-113】を参照してください。

この場合のS_1の金額は、類似業種比準価額で計算する場合、次のとおりとなりますのでご留意ください。

$$A \times \left[\dfrac{\dfrac{©-ⓒ}{C} + \dfrac{Ⓓ-ⓓ}{D}}{2} \right] \times \begin{cases} 0.7 & （大会社に相当する医療法人） \\ 0.6 & （中会社に相当する医療法人） \\ 0.5 & （小会社に相当する医療法人） \end{cases}$$

— 737 —

第6章　財　産　評　価

第4節　その他の財産

利付公社債の評価

> 【問6-121】私は、利札の付いた国債を相続により取得しましたが、相続税の申告に当たりどのように評価をすればよいのでしょうか。

【答】利付公社債の評価は、次の区分に従い、それぞれ評価します（評基通197-2）。

(1) 金融商品取引所に上場されている利付公社債

$$\left(\begin{array}{l}\text{金融商品取引所の公表す} \\ \text{る課税時期の最終価格}\end{array} + \begin{array}{l}\text{課税時期における源泉所得税相当} \\ \text{額(注)控除後の既経過利息の額}\end{array}\right) \times \frac{\text{公社債の券面額}}{100\text{円}}$$

(注) 1　源泉所得税相当額には、「東日本大震災からの復興のための施策を実施するために必要な財源の確保に関する特別措置法」における復興特別所得税（以下「復興特別所得税」といいます。）及び特別徴収されるべき都道府県民税の額に相当する金額を含みます。以下も同様です。

2　「源泉徴収されるべき所得税の額に相当する金額」の計算上、利子所得課税の適用関係をどのように判定するかについては、預貯金の評価の場合に準じて、相続人について適用される方法によることとしています。以下も同様です。

(2) 日本証券業協会において売買参考統計値が公表される銘柄として選定された利付公社債

$$\left(\begin{array}{l}\text{日本証券業協会から公表} \\ \text{された課税時期の平均値}\end{array} + \begin{array}{l}\text{課税時期における源泉所得税相} \\ \text{当額控除後の既経過利息の額}\end{array}\right) \times \frac{\text{公社債の券面額}}{100\text{円}}$$

(3) 上記(1)又は(2)以外の利付公社債

$$\left(\text{発行価額} + \begin{array}{l}\text{課税時期における源泉所得税相} \\ \text{当額控除後の既経過利息の額}\end{array}\right) \times \frac{\text{公社債の券面額}}{100\text{円}}$$

【解説】あなたが相続された国債は、利付国債（利付公社債）といわれるものです。

　国債、社債等公社債には、①利付公社債　②割引発行の公社債　③元利均等償還が行われる公社債　④転換社債型新株予約権付社債があり、公社債の評価は、これらの区分に従って、券面額100円当たりの価額に公社債の券面額を100円で除した数を乗じて計算した金額によって評価します（評基通197）。

－738－

第6章　財　産　評　価

割引発行の公社債の評価

【問6-122】割引発行の公社債は、どのように評価すればよいのでしょうか。

【答】割引発行の公社債の評価は、次の区分に従い、それぞれ評価します（評基通197-3）

(1)　金融商品取引所に上場されている割引発行の公社債
　　　金融商品取引所の公表する課税時期の最終価格
(2)　日本証券業協会において売買参考統計値が公表される銘柄として選定された割引発行の公社債（割引金融債を除きます。）
　　　課税時期の平均値
(3)　上記(1)又は(2)以外の割引発行の公社債
　　　その公社債の発行価額に、券面額と発行価額との差額に相当する金額に発行日から償還期限までの日数に対する発行日から課税時期までの日数の割合を乗じて計算した金額を加算した金額
　　　なお、課税時期において割引発行の公社債の差益金額につき源泉徴収されるべき所得税の額に相当する金額がある場合には、上記の区分に従って評価した金額からその差益金額につき源泉徴収されるべき所得税の額に相当する金額を控除した金額によって評価します。

【解説】割引発行の公社債とは、券面額を下回る価格で発行され、券面額と発行価額との差額が事実上利子に代えられている債券です。
　　割引発行の公社債には、割引金融債、短期国債、割引国債、宅地債券、住宅債券などの種類があります。

個人向け国債の評価

【問6-123】私は相続により個人向け国債を取得しましたが、どのように評価すればよいのでしょうか。

【答】個人向け国債は、課税時期において中途換金した場合に取扱機関から支払を受けることができる価額により評価します。
　　具体的には、次に掲げる算式により計算した金額によって評価します。
　　（算式）額面金額 ＋ 経過利子相当額 － 中途換金調整額

－739－

第6章　財　産　評　価

(注)　中途換金調整額は、個人向け国債の種類、課税時期と利子支払期日の区分及び
　課税時期に応じて、次のとおりとなります。
　「変動10年」、「固定５年」、「固定３年」及び「復興応援国債」の場合
１．第３期利子支払日以後に換金する場合
　　直前２回分の各利子（税引前）相当額×0.79685
２．第２期利子支払日から第３期利子支払日前までの間に換金する場合
　　直前２回分の各利子（税引前）相当額×0.79685−初回の利子の調整額（税引前）
　　相当額
３．初回の利子支払日から第２期利子支払日前までの間に換金する場合
　　初回の利子（税引前）相当額×0.79685＋経過利子相当額−初回の利子の調整額
　　（税引前）相当額
４．初回の利子支払日前に換金する場合
　　経過利子相当額−初回の利子の調整額（税引前）相当額

【解説】　個人向け国債は、原則として、個人のみが保有できる国債で、発行
から一定の期間（１年（ただし、固定５年の場合は平成24年４月14日までは
２年））が経過すると、いつでも中途換金できることが法令により担保され
ており、かつ、そのときの中途換金の額がいくらになるかが把握できるとい
う状態にあります。このように、常に中途換金が可能であるという特徴を有
する個人向け国債については、金融商品取引所に上場されている利付公社債
等について、金融商品取引所で成立する取引価格等が把握できる状態と実質
的に異なるものではないと考えられることから、中途換金の額により評価しま
す。

　なお、中途換金ができない発行後一定の期間内での中途換金は、相続等の
場合に限って認められていますが、発行後１年未満（固定５年の場合、平成
24年４月14日までは２年未満）の個人向け国債を贈与により取得した場合、
中途換金の額により評価しても差し支えありません。

−740−

第6章 財 産 評 価

転換社債型新株予約権付社債の評価

【問6-124】私は、父から転換社債の贈与を受けましたが、贈与税の申
告に当たりどのように評価すればよいのでしょうか。

【答】転換社債型新株予約権付社債（平成14年３月31日以前に発行された転
換社債を含め、以下「転換社債」といいます。）の評価は、次の区分に従
い、それぞれ評価します（評基通197-5）。

(1) 金融商品取引所に上場されている転換社債

$$\left(\begin{array}{l}\text{金融商品取引所の公表す}\\\text{る課税時期の最終価格}\end{array} + \begin{array}{l}\text{課税時期における源泉所得税相}\\\text{当額控除後の既経過利息の額}\end{array}\right) \times \dfrac{\text{公社債の券面額}}{100円}$$

(2) 日本証券業協会において店頭転換社債として登録された転換社債

$$\left(\begin{array}{l}\text{日本証券業協会の公表す}\\\text{る課税時期の最終価格}\end{array} + \begin{array}{l}\text{課税時期における源泉所得税相}\\\text{当額控除後の既経過利息の額}\end{array}\right) \times \dfrac{\text{公社債の券面額}}{100円}$$

(3) 上記(1)又は(2)以外の転換社債

イ　ロに該当しない転換社債

$$\left(\text{発行価額} + \begin{array}{l}\text{課税時期における源泉所得税相}\\\text{当額控除後の既経過利息の額}\end{array}\right) \times \dfrac{\text{公社債の券面額}}{100円}$$

ロ　転換社債の発行会社の株式の価額が、その転換社債の転換価格を超え
る場合の転換社債

$$\left(\begin{array}{l}\text{転換社債の発行会}\\\text{社の株式の価額}\end{array} \times \dfrac{100円}{\text{その転換社債の転換価格}}\right) \times \dfrac{\text{公社債の券面額}}{100円}$$

【解説】上記算式の「転換社債の発行会社の株式の価額」とは、その株式が
①上場株式又は気配相場のある株式である場合には、その株式について、財
産評価基本通達の定めにより評価した課税時期における株式１株当たりの価
額をいい、②取引相場のない株式である場合には、その株式について、財産
評価基本通達の定めにより評価した課税時期における株式１株当たりの価額
を基として、次の算式によって修正した金額をいいます。

$$\dfrac{N + P \times Q}{1 + Q}$$

上記算式中の「Ｎ」、「Ｐ」及び「Ｑ」は、それぞれ次によります。

「Ｎ」＝財産評価基本通達の定めによって評価したその転換社債の発行会
　　　　社の課税時期における株式１株当たりの価額

「Ｐ」＝その転換社債の転換価格

第6章 財産評価

「Q」＝次の算式によって計算した未転換社債のすべてが株式に転換されたものとした場合の増資割合

$$Q = \frac{\text{転換社債のうち課税時期において株式に転換されていないものの券面総額} \div \text{その転換社債の転換価格}}{\text{課税時期における発行済株式数}}$$

また、「転換価格」とは、社債を株式に転換する場合に株式1株に要する転換社債の券面額を示すもので、この価格は、例えば、①「転換請求により発行する額面普通株式1株の発行価額は550円とする。」というように定められるか、又は②「社債券面額1,100円につき額面普通株式2株を発行する。」というように転換比率によって定められます。これらは、いずれも転換社債の券面額550円と普通額面株式1株とを交換できる旨を示しているものです。

参考に、転換社債の発行会社の株式が、取引相場のない株式である場合の転換社債の価額について、計算例を示せば次のとおりです。

【計算例】

課税時期の発行済株式数	500,000株
転換社債の発行総額	18,000,000円
転換価格	150円
課税時期までに株式に転換した転換社債の券面総額	3,000,000円
財産評価基本通達の定めにより評価した課税時期における株式1株当たりの価額	186円

以上の場合における転換社債の価額（券面額100円当たりの価額）は、次のように計算します。

イ　株式の価額が転換価格を超えるかどうかの判定

a　Q（増資割合）の計算

$$\frac{\dfrac{18,000,000円 - 3,000,000円}{150円}}{500,000株} = 0.2$$

b　株式の価額

$$\frac{186円 + 150円 \times 0.2}{1 + 0.2} = 180円$$

c　判　定

株式の価額180円が転換価格150円を超えることとなります。

ロ　転換社債の価額

$$180円 \times \frac{100円}{150円} = \underline{\underline{120円}}$$

第6章 財 産 評 価

ＥＢ債（他社株転換債）の評価

【問6-125】 私は、相続によりＡ社のＥＢ債（他社株転換債）を取得しました。

　このＥＢ債は、一定の条件の下で、社債の元本を金銭の代わりにＡ社の保有するＢ社の株式で償還されるプレーン型のＥＢ債ですが、どのように評価すればよいのでしょうか。

【答】 一般的なプレーン型のＥＢ債の評価方法は、課税時期によって次のとおりとなります。

① 課税時期が評価日（ＥＢ債の発行時に定めている特定の日）以後である場合で、発行価額に相当する金銭による償還が行われることが確定している場合には、財産評価基本通達197-2《利付公社債の評価》(3)に準じて、その発行価額に源泉所得税相当額控除後の既経過利息の額を加算した金額となります。

② 課税時期が評価日以後である場合で、Ｂ社の株式による現物償還が行われることが確定している場合には、満期日にＢ社の株式の引渡しを受けることができる権利の価額に源泉所得税相当額控除後の既経過利息の額を加算した金額となります。この場合における満期日にＢ社株式の引渡しを受けることができる権利の価額は、財産評価基本通達169《上場株式の評価》の(1)に準じて、課税時期においてＢ社株式を評価した金額です。

③ 課税時期が評価日前である場合には、原則として、その発行価額に源泉所得税相当額控除後の既経過利息の額を加算した金額となります。ただし、財産評価基本通達169《上場株式の評価》の(1)に準じて課税時期におけるＢ社株式を評価した価額に源泉所得税相当額控除後の既経過利息の額を加算した金額でも差し支えありません。

－743－

(参考)
【EB債の一般的な仕組み】

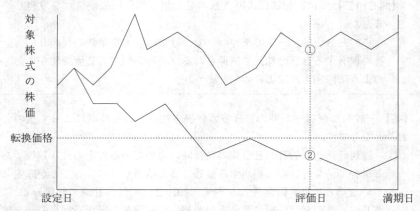

・転換価格は、設定日の株価以下の水準に設定されます。
・満期日前の一時点を、評価日と定められます。
・評価日の株価が転換価格以上（①の場合）であれば、EBは額面分の現金で償還されます。
・評価日の株価が転換価格未満（②の場合）であれば、EBは株式で償還されます。
・いずれの場合も、クーポンは現金で支払われます。

貸付信託受益証券の評価

【問6-126】このほど、相続により設定後半年経過の貸付信託受益証券を取得しました。
　この貸付信託受益証券は、設定後1か年は解約に応じられないとのことですが、どのような評価をすればよいのですか。

【答】設定後1年を経過した貸付信託受益証券の評価に準じて計算します。
【解説】貸付信託の受益証券とは、貸付信託法第2条に規定されている受益証券で、2年ものと5年ものとがありますが、取引市場がないため、時価を市場に求めることができません。
　そこで、貸付信託の受益証券の価額は、その証券を受託者が課税時期において受益者から買い取る場合における買取価額を基として評価します。

第6章　財　産　評　価

（算式）

$$\frac{元　本}{の　額} + \frac{既経過収}{益の額} - \left(\begin{array}{l}既経過収益の額につき源\\泉徴収されるべき所得税\\の額に相当する金額\end{array}\right) - \frac{買　取}{割引料}$$

　ところで、ご質問にありますように、設定後1年未満の受益証券は貸付信託法の定めにより買い取ることができないこととされていますが、この場合についても上記の算式に準じて計算した金額によって評価します（評基通198(2)）。

金融商品取引所に上場されている不動産投資信託証券等の評価

> **【問6-127】** 金融商品取引所に上場されている不動産投資信託証券（J-REIT）は、どのように評価するのでしょうか。

【答】 金融商品取引所に上場されている不動産投資信託証券（J-REIT）の価額は、上場株式の評価と同様に、負担付贈与により取得する場合を除き、次の①から④のうち最も低い価額によって評価します（評基通213）。
　① 課税時期の最終価格
　② 課税時期の属する月の毎日の最終価格の月平均額
　③ 課税時期の属する月の前月の毎日の最終価格の月平均額
　④ 課税時期の属する月の前々月の毎日の最終価格の月平均額

【解説】 上場されている不動産投資信託証券（不動産投資法人の投資証券及び不動産投資信託の受益証券をいいます。）は、上場株式と同様に金融商品取引所において取引され、日々の取引価格及び最終価格の月平均額が公表されています。したがって、日々の取引価格が最も適正な時価を表していると考えられますが、上場株式の評価と同様、一時点における需給関係による偶発性を排除するため、負担付贈与により取得するものを除き、上記①から④のうち最も低い価額によって評価します。

　また、課税時期の最終価格がない場合や課税時期が権利落又は配当落の前後にある場合の課税時期の最終価格及び毎日の最終価格の月平均額の特例についても、上場株式の評価の場合（評基通170〜172）に準じて評価します。

　不動産投資信託証券には、株式に係る新株交付期待権又は配当期待権と同様に、投資口の分割等に伴う無償交付期待権又は金銭分配期待権がありますので、これらの価額は、株式無償交付期待権の評価（評基通192）又は配当

－745－

第6章　財　産　評　価

期待権の評価（評基通193）に準じて評価します。

　なお、金銭分配期待権の価額には、利益からの分配である「利益分配金」の額だけでなく、出資の払戻し（利益を上回る金銭の分配）である「利益超過分配金」の額が含まれます。

預貯金の評価(1)

> 【問6-128】父が死亡して相続税の申告をしなければならないのですが、相続した預貯金は、その額面又は残高によって申告すればよいのでしょうか。

【答】預貯金の価額は、預入高と既経過利子の額から源泉徴収されるべき所得税等の額に相当する金額を控除した金額との合計額によって評価します（評基通203）。

【解説】相続により取得した財産の価額は、課税時期の時価によることとされています。

　したがって、相続した預貯金の価額は、課税時期におけるその預入高と同時期現在において解約するとした場合に支払を受けることができる既経過利子の額（解約利率により計算した金額）からその利子の金額について源泉徴収されるべき所得税（復興特別所得税及び都道府県民税の利子割を含みます。）の額に相当する金額を控除した金額との合計額によって評価します。

　ただし、各種預貯金のうち定期預金、定期郵便貯金及び定額郵便貯金以外の預貯金については、課税時期現在の既経過利子の額が少額なものに限り、上記評価方法によらずに課税時期現在の預入高のみによって評価します。

預貯金の評価(2)　(源泉徴収されるべき所得税等の額に相当する金額の控除)

> 【問6-129】定期預金を評価する場合、課税時期の預入高に加算することとなっている既経過利子の額は、その既経過利子の金額につき源泉徴収されるべき所得税等の額に相当する金額を控除することとなっているそうですが、控除される所得税等の額は、被相続人について適用される課税方法によるのでしょうか。

【答】相続人について適用される課税方法によります。

－746－

第6章 財 産 評 価

【解説】 定期預金の評価は、ご質問のとおりの方法で評価しますが、この場合の「源泉徴収されるべき所得税等の額（復興特別所得税及び都道府県民税の利子割を含みます。）」は、①源泉分離課税、②障害者等の少額預金非課税の制度のうち、相続人について適用される課税方法によることとされています。

　なお、預貯金者別及び預貯金の種類別の利子に係る所得税等の課税関係は、現在次の表に示すとおりとなっています。

預貯金者	預貯金の種類		適用される制度	手　続	預金者死亡の場合
個	銀行預金等	定期預金	源泉分離課税	な　し	継続適用
			障害者等の少額預金非課税	非課税貯蓄申告書	失　効
	勤務先預金財形貯蓄		勤務先預金及び一般財形は一律分離課税ただし、住宅及び年金財形貯蓄については非課税		
人	郵便貯金		源泉分離課税	な　し	継続適用
			障害者等の少額郵便貯金非課税	非課税郵便貯金申込書	失　効

預貯金の評価(3)（定期預金及び定額郵便貯金の計算例）

【問6-130】 私は、父が平成30年4月21日に死亡し、A銀行の1年定期預金300万円（預入日平成29年4月26日）と2年もの定額郵便貯金200万円（預入日平成28年2月16日）を相続により取得しました。相続税の申告をする場合、預貯金は預入額でなく評価額によると聞いていますが、どのように評価すればよいのでしょうか。

【答】 相続した預貯金の価額は、課税時期におけるその預入高と同時期現在において解約するとした場合に支払を受けることができる既経過利子の額（解約利率により計算した金額）からその利子の金額について源泉徴収されるべき所得税（復興特別所得税及び都道府県民税の利子割を含みます。）の額に相当する金額を控除した金額との合計額によって評価します。

第6章 財 産 評 価

【解説】 ご質問の場合の評価は、次のとおりです。

1　1年定期預金300万円の場合

(1) 解約利率（6か月以上）　1.00％とします。

(2) 利息計算期間

平成29年4月26日～平成30年4月20日　　　　361日

（注）　銀行定期預金の期限前解約利息は、日割り計算の方法により、期間は、預
入日から解約日の前日までの日数とされています。

(3) 期限前解約利息の額

$$\frac{300万円 \times 0.01 \times 361}{365} = 29,671円$$

(4) 源泉徴収されるべき所得税等の額に相当する金額

29,671円 × 20.315％ = 6,027円

(5) 評価額

300万円 + （29,671円 - 6,027円） = 3,023,644円

2　定額郵便貯金200万円の場合

(1) 利率及び利子計算期間

定額郵便貯金の利子は、月割利率により、預入の月から払渡しの月の
前月までの期間に応じて定められている預入日現在の所定の利率により
ます。また、利子の計算は6か月ごとの複利で計算します。

A　利率　　2.00％とします。

B　利子計算期間

平成28年2月～平成30年3月　　2年2か月

(2) 既経過利子の額

A　平成28年2月から平成28年7月の間の元利合計額

$$200万円 \times \left(1 + \frac{0.02 \times 6}{12}\right) = 2,020,000円$$

B　平成28年8月から平成29年1月の間の元利合計額

$$2,020,000円 \times \left(1 + \frac{0.02 \times 6}{12}\right) = 2,040,200円$$

C　平成29年2月から平成29年7月の間の元利合計額

$$2,040,200円 \times \left(1 + \frac{0.02 \times 6}{12}\right) = 2,060,602円$$

D　平成29年8月から平成30年1月の間の元利合計額

$$2,060,602円 \times \left(1 + \frac{0.02 \times 6}{12}\right) = 2,081,208円$$

第6章　財　産　評　価

(**注**)　上記A〜Dまでの簡便法は、次のとおりです。

$$元 \quad 本 \times \left(1 + \frac{利率 \times 6か月}{12か月}\right)^4$$

E　平成30年2月から平成30年3月の間の元利合計額

$$2,081,208円 \times \left(1 + \frac{0.02 \times 2}{12}\right) = 2,088,145円$$

F　平成28年2月から平成30年3月の間の既経過利子の額

2,088,145円 − 2,000,000円 ＝ 88,145円

(3) 源泉徴収されるべき所得税等の額に相当する金額

88,145円 × 20.315％ ＝ 17,906円

(4) 評価額

2,000,000円 ＋（88,145円 − 17,906円）＝ 2,070,239円

外貨（現金）の評価

> 【問6-131】この度、私は5,300米ドルを相続しました。課税時期の取引
> 金融機関の対顧客直物電信買相場（TTB）は115円でした。5,300米ド
> ルをこのTTBで換算すると、609,500円となりますが、外国通貨買相
> 場（Cash Buying）は、113円でしたので、これにより換算すると、
> 598,900円となります。
>
> 　相続した財産が海外不動産などではなく、外貨ですので、外貨を円
> に交換するときの相場である外国通貨買相場を適用して邦貨換算する
> ことはできますか。

【答】**外貨についても、納税義務者の取引金融機関が公表する対顧客直物電
信買相場又はこれに準ずる相場により評価しますので、外国通貨買相場を適
用して評価することはできません。**

【解説】金融機関の公表する為替レートには、対顧客直物電信売相場（TTS）、
対顧客直物電信買相場（TTB）、外国通貨売相場（Cash Selling）、外国通貨買
相場（Cash Buying）、一覧払い買相場（At Sight Buying）等がありますが、
外貨建てによる財産の邦貨換算は、対顧客直物電信買相場又はこれに準ずる
相場により評価することとされています（評基通4-3）。

　対顧客直物電信買相場は、外貨預金の支払やトラベラーズ・チェックの買
取りや電信送金された外貨を円に交換する場合に適用される為替相場です。
通常、金融機関が外貨を円に交換する場合には、対顧客直物電信買相場から

第6章　財　産　評　価

金融機関が現金を保有するコスト等を差し引いたところの外国通貨買相場が適用されていますが、財産の評価に当たっては、統一的に金融機関が外貨を買って円で支払う場合の対顧客直物電信買相場により計算することとされています。

　したがって、あなたが相続した5,300米ドルの評価額は、609,500円となります。

ゴルフ会員権の評価

【問6-132】ゴルフ好きの父は、5か所のゴルフクラブの会員権を持っ
　　　　ていました。本年3月に父が亡くなり、相続することになりました
　　　　が、相続税の申告に当たり、これらのゴルフ会員権は、どのように評
　　　　価すればよいのでしょうか。

【答】ゴルフ会員権（以下「会員権」といいます。）については、ゴルフクラブの規約等により、①株式の所有を条件として会員となるものや②入会金や預託金等を支払って会員となるもの、あるいは③株式の所有を条件としつつ、入会金や預託金等も支払って会員となるもの等があり、これらの関連と取引相場の有無に応じ、会員権の別にそれぞれ評価方法が定められています。

【解説】ゴルフ会員権の価額は、次に掲げる区分に従い、それぞれ次に掲げるところによります（評基通211）。

　なお、株式の所有を必要とせず、かつ、譲渡できない会員権で、返還を受けることができる預託金等がなく、ゴルフ場施設を利用して、単にプレーができるだけのものについては評価しません。

(1) 取引相場のある会員権

　課税時期における通常の取引価格の70％に相当する金額によって評価します。

　　この場合において、取引価格に含まれない預託金等があるときは、次に掲げる金額との合計額によって評価します。

　イ　課税時期において直ちに返還を受けることができる預託金等

　　　ゴルフクラブの規約等に基づいて課税時期において返還を受けることができる金額

　ロ　課税時期から一定の期間を経過した後に返還を受けることができる預託金等

　　　ゴルフクラブの規約等に基づいて返還を受けることができる金額の課

－750－

第6章 財 産 評 価

税時期から返還を受けることができる日までの期間（その期間が1年未満であるとき又はその期間に1年未満の端数があるときは、これを1年とします。）に応ずる基準年利率による複利現価の額

(2) 取引相場のない会員権

イ 株主でなければゴルフクラブの会員となれない会員権

その会員権に係る株式について、財産評価基本通達の定めにより評価した課税時期における株式の価額に相当する金額によって評価します。

ロ 株主であり、かつ、預託金等を預託しなければ会員となれない会員権

その会員権について、株式と預託金等に区分し、それぞれ次に掲げる金額の合計額によって評価します。

(イ) 株式の価額

(2)のイに掲げた方法を適用して計算した金額

(ロ) 預託金等

(1)のイ又はロに掲げた方法を適用して計算した金額

ハ 預託金等を預託しなければ会員となれない会員権

(1)のイ又はロに掲げた方法を適用して計算した金額によって評価します。

(注) 平成30年3月における残存期間7年以上の基準年利率は、0.25％です。

平成30年中に相続、遺贈又は贈与により取得した財産を評価する場合の基準年利率は月ごとに定められていますので、「平成30年分の基準年利率について（法令解釈通達）」により確認してください。

不動産所有権付リゾート会員権の評価

【問6-133】この度、父より不動産付リゾート会員権（不動産付施設利用権）の贈与を受けました。

この不動産付リゾート会員権は、不動産売買契約（土地及び建物並びに附属施設の共用部分）と施設相互利用契約とが一体として取引されるもので、仲介業者等による取引相場があります。贈与税の申告に当たり、どのように評価すればよいのでしょうか。

【答】あなたの取得した取引相場がある不動産付のリゾート会員権については、「取引相場のあるゴルフ会員権の評価方法」に準じて、課税時期における通常の取引価格の70％相当額により評価します。

－751－

第6章 財 産 評 価

【解説】リゾート会員権の取引は、ゴルフ会員権の取引と同様、上場株式のように公開された市場で行われるわけではなく、

① 会員権取引業者が仲介して行われる場合や所有者と取得者が直接取引する場合もあり、取引の態様は一様ではないこと、

② 取引業者の仲介の場合の価格形成も業者ごとによりバラツキが生じるのが通常であること、

から、その取引価格を基礎として評価するにしても、評価上の安全性を考慮して評価する必要があります。

　ゴルフ会員権の場合、通常の取引価格の70％相当額により評価することとしているのは、上記①及び②の事情を踏まえて評価上の安全性を考慮したものであり、お尋ねのリゾート会員権の取引も同様の事情にあると認められますので、課税時期における通常の取引価格の70％相当額により評価することになります。

生命保険契約に関する権利の評価

> 【問6-134】父は、私を被保険者とした生命保険契約を結び、保険料を負担しておりました。ところが、先月父が死亡し、この保険契約を私が引き継ぐことになりました。相続税の申告に当たりこの契約の権利は、どのように評価すればよいのでしょうか。

【答】次の算式により評価します（評基通214）。

$$\left(\begin{array}{l}\text{相続開始時において解約}\\\text{するとした場合に支払わ}\\\text{れる解約返戻金の額（前}\\\text{納保険料の金額、剰余金}\\\text{の分配額等を含む。）}\end{array}\right) - \left(\begin{array}{l}\text{源泉徴収される}\\\text{べき所得税の額}\end{array}\right)$$

【解説】生命保険契約に関する権利で、相続開始の時においてまだ保険事故が発生していないものの価額は、上記のとおり相続開始の時において当該契約を解除するとした場合に支払われることとなる解約返戻金の額（解約返戻金のほかに支払われることとなる前納保険料の金額、剰余金の分配金額がある場合にはこれらの金額を加算し、解約返戻金の額につき源泉徴収されるべき所得税の額に相当する金額がある場合には当該金額を減算した金額）によって評価します。

第6章 財 産 評 価

著作権の評価

【問6-135】 私の父は、料理学校の教師で、以前から料理の本をいろい
ろと出版しておりました。このほど父が亡くなり、相続することにな
りましたが、この著作権は、どのように評価すればよいのでしょうか。

【答】 著作権の価額は、次の算式によって計算した金額によって評価しま
す（評基通148）。

　　　年平均印税収入の額×0.5×評価倍率

【解説】 著作権の価額は、著作者の別に一括して上の算式によって計算した
金額によって評価します。ただし、個々の著作物に係る著作権について評価
する場合には、その著作権ごとに上の算式によって計算した金額によって評
価します。

　上の算式中の「年平均印税収入の額」等は、次のとおりです。

(1) 年平均印税収入の額

　課税時期の属する年の前年以前３年間の印税収入の額の年平均額としま
す。

　ただし、個々の著作物に係る著作権について評価する場合には、その著作
物に係る課税時期の属する年の前年以前３年間の印税収入の額の年平均額と
します。

(2) 評価倍率

　課税時期後における各年の印税収入の額が「年平均印税収入の額」である
ものとして、著作物に関し、精通している者の意見等を基として推算したそ
の印税収入期間に応ずる基準年利率による複利年金現価率とします。

(注)　平成30年中に相続、遺贈又は贈与により取得した財産を評価する場合の基準年
利率は月ごとに定められていますので、「平成30年分の基準年利率について（法
令解釈通達）」により確認してください。

－753－

第6章　財　産　評　価

負担付贈与により取得した土地等及び家屋等の評価

> 【問6-136】負担付贈与により取得した土地等又は家屋等の価額は、そ
> の取得の時における「通常の取引価額」に相当する金額によって評価
> することとされているそうですが、私はこの度、父が購入した3億
> 5,000万円のマンションを、取得後まもなく借入金の残額3億3,000万
> 円の支払を条件に父より贈与されました。
> 　この場合の評価はどのようになるのでしょうか（このマンションの
> 建物及び敷地の相続税評価額は2億8,000万円です。）。

**【答】原則として、相続税評価額（2億8,000万円）によらず、通常の取引価
額（3億5,000万円）で評価します（平成元直評5参照）。**

【解説】負担付贈与により取得した財産を財産評価基本通達の定めにより評
価することとすると、相続税評価額2億8,000万円から債務負担額3億3,000
万円を差し引くとマイナス5,000万円となり、実質的には、取得価額3億
5,000万円から債務負担額3億3,000万円を差し引いた2,000万円の贈与があ
りながら、贈与税が課税されないという不合理が生じます。

　一方、贈与者である父親の方は、その負担額3億3,000万円が当該物件を
譲渡した価額となり、取得価額が3億5,000万円であることから、譲渡価額
3億3,000万円から取得価額である3億5,000万円を差し引いたマイナス
2,000万円が父親の譲渡損となります。

　このようなことから、土地及び土地の上に存する権利（以下「土地等」と
いいます。）並びに家屋及び附属設備又は構築物（以下「家屋等」といいま
す。）のうち、負担付贈与又は個人間の対価を伴う取引により取得したもの
の価額は、これらの取得時における通常の取引価額に相当する金額によって
評価することとされています。ただし、贈与者や譲渡者が取得又は新築した
その土地等又はその家屋等の取得価額が、課税時期における通常の取引価額
に相当すると認められる場合には、その取得価額に相当する金額によって評
価することができます。つまり、お尋ねのような場合には、通常の取引価額
が3億5,000万円であれば、債務負担額の3億3,000万円を差し引いた2,000
万円について贈与税が課税されることになります。

　なお、この場合の「通常の取引価額」とは、売り急ぎなどを排除した不特
定多数の当事者間で、自由な取引が行われる場合に通常成立するであろうと
認められる価額をいいます。

－754－

第6章 財 産 評 価

一般動産の評価

> **【問6-137】** 私が父から相続した財産の中に父が生前中に使用していた自家用車がありますが、どのように評価したらよいのでしょうか。

【答】 自家用車のような一般動産の価額については、原則として、売買実例価額や精通者意見価格等（以下「売買実例価額等」といいます。）を参酌して評価することになります。

　ただし、売買実例価額等が明らかでない動産については、同種同規格の新品の課税時期における小売価額から、その動産の製造の時から課税時期までの期間（その期間に1年未満の端数があるときは、その端数は1年とします。）の償却費の額の合計額又は減価の額を控除した金額によって評価します（評基通129）。

【解説】 　一般動産の価額については、従来、業者等から取得する場合の価額である調達価額の把握が比較的容易であったことから、原則として、調達価額に相当する金額により評価することとしていましたが、現下の社会情勢においては、例えば中古車等のように、その取引市場が充実しているものもあること、また、インターネットなどの情報通信技術の発達により納税者等において取引価額等の把握も容易になってきていることから、原則として、売買実例価額等を参酌して評価することとしています。

　なお、中古車等の一般動産の価額については、納税者等における把握が比較的容易である中古車業者等への売却価額に相当する金額（売り急ぎなどの特殊な事情がある場合を除きます。）により評価して差し支えありません。

国外財産の評価（土地）

> **【問6-138】** 国外に所在する土地は、どのように評価するのでしょうか。

【答】 土地については、原則として、売買実例価額、地価の公示制度に基づく価格及び鑑定評価額等を参酌して評価します。

（注） 　課税上弊害がない限り、取得価額又は譲渡価額に、時点修正するための合理的な価額変動率を乗じて評価することができます。この場合の合理的な価額変動率は、公表されている諸外国における不動産に関する統計指標等を参考に求めることができます（例えば、韓国では「不動産価格公示及び鑑定評価に関する法律」が定められ、標準地公示価格が公示されています。）。

－755－

第6章 財 産 評 価

国外財産の評価（取引相場のない株式）

【問6-139】取引相場のない外国法人の株式を評価する場合、類似業種
　　比準方式に準じて評価することはできるでしょうか。

【答】類似業種株価等の計算の基となる標本会社が、わが国の金融商品取引
所に株式を上場している内国法人を対象としており、外国法人とは一般的に
類似性を有しているとは認められないことから、原則として、類似業種比準
方式に準じて評価することはできません。

　また、取引相場のない外国法人の株式を評価するに当たり、純資産価額方
式に準じて評価することは可能ですが、その場合には、次の2点を考慮する
必要があります。

(1) 法人税額等相当額の控除について

　「評価差額に対する法人税額等に相当する金額」については、その法人
が所在する国において、わが国の法人税、事業税、道府県民税及び市町村
民税に相当する税が課されている場合には、評価差額に、それらの税率の
合計に相当する割合を乗じて計算することができます。

(2) 邦貨換算について

　原則として「1株当たりの純資産価額」を計算した後、「対顧客直物電
信買相場」により邦貨換算します。

　ただし、資産・負債が2か国以上に所在しているなどの場合には、資
産・負債ごとに、資産については「対顧客直物電信買相場」により、負債
については、「対顧客直物電信売相場」によりそれぞれ邦貨換算した上で
「1株当たりの純資産価額」を計算することもできます（評基通4-3）。

－756－

第7章 登録免許税

登録免許税の課税標準

> **【問7-1】** 私は昨年末、H市内で不動産を購入しました。早速所有権の移転登記をしようと思いましたが、登記手続は今年になりました。所有権の移転登記と併せて購入資金に係る抵当権の設定登記をするつもりです。このような場合、登録免許税の課税標準はどうなりますか。

【答】(1) 不動産に係る登録免許税の課税標準は、その登記等の区分によって次の3種類に分けられます。

イ 不動産の価額によるもの

　不動産の所有権移転登記、保存登記、所有権移転の仮登記などは登記時の不動産の価額が課税標準となります。この場合、その不動産の上に所有権以外の権利等があるときは、それらの権利関係がないものとした場合の価額によることとなっています（登免法10）。

　なお、登記時の不動産の価額とは登記の時の時価をいうものとされていますが、実務上は時価の算定が非常に困難なことから特例により当分の間、固定資産課税台帳に登録された当該不動産の価格を基礎として政令で定める価額によることができることとなっています（登免法附則7）。

　また、固定資産課税台帳に価格が登録されていないときは、当該不動産の登記申請日において当該不動産に類似する不動産で課税台帳に登録された価格のあるものを基礎として当該登記に係る登記機関が認定した価額となっています（登免令附則3）。

ロ 債権金額によるもの

　抵当権の設定、抵当権の移転登記などの場合は債権金額、極度金額等が課税標準となります。

　一定の債権金額等がない場合には、登記のときにおける債権金額等又は処分の制限の目的となる不動産などの価額をもって債権金額等とみなします（登免法11）。

ハ 不動産の個数によるもの

第7章 登録免許税

　　　分筆又は分割若しくは区分登記、登記の抹消などの場合には不動産の
　　個数が課税標準となります。
　　　所有権の登記のある不動産について土地の分筆、建物の分割、区分に
　　よる表示の変更、合併による表示の変更などを登記する場合には分筆、
　　分割、区分又は合併後の不動産の個数が課税標準となります。
(2) 課税標準の金額を計算する場合において、その全額が1,000円に満たな
　　いときは、これを1,000円として計算します（登免法15）。また、その金額
　　に1,000円未満の端数があるときは、1,000円未満の端数は切り捨てること
　　とされています（通法118①）。
　　ご質問の場合、不動産の所有権の移転登記については、固定資産税評価額
　が課税標準となりますが、移転登記を行う時期によって次の固定資産税評価
　額となります（登免令附則3）。
　○1月1日から3月31日までの間に登記申請をする場合には前年12月31日現
　　在の固定資産税評価額
　○4月1日から12月31日までの間に登記申請をする場合にはその年の1月1
　　日現在の固定資産税評価額
　　また、抵当権の設定登記は登記する債権金額が課税標準となります。

登録免許税の税額計算

> **【問7-2】** 不動産の登記に係る登録免許税額の計算方法について教えて
> ください。

【答】 不動産の登記に係る登録免許税の税額の計算は、課税標準額となる土
地の価額又は債権金額等における登記等の区分に応じ定められている登録免
許税法別表第一の1の税率によって計算します。税率は定率税率と定額税率
に区分されます。定率税率は、不動産の価額又は債権金額等に一定の割合を
乗算するものです。また、定額税率は不動産の個数に一定の金額（1個につ
き1,000円など）を乗算するものです。
　なお、定率課税の場合の最低税額は1,000円とされていますので、税率を
適用して計算した金額が1,000円に満たない場合には、その登記に係る登録
免許税の額は1,000円となります（登免法19）。また、計算した税額に100円
未満の端数があるときは、100円未満の端数を切り捨てた金額とされていま
す（通法119）。

－758－

第7章 登録免許税

　登録免許税法別表第一の1に定められている不動産の登記に係る課税標準及び税率は次のとおりです。なお、租税特別措置法第72条の規定により、平成25年4月1日から平成31年3月31日までの間に土地に関する次の登記を受ける場合には、税率を軽減する特例があります。

① 売買による所有権の移転の登記
② 所有権の信託の登記

◎**不動産の登記（不動産の信託の登記を含む。）**

(注) ここでいう「不動産」とは、土地及び建物並びに立木に関する法律（明治42年法律第22号）第1条第1項（定義）に規定する立木のことをいいます。

登記の事項	課税標準	登録免許税法別表第一による税率
(1) 所有権の保存の登記	不動産の価額	1,000分の4
(2) 所有権の移転の登記		
イ　相続（相続人に対する遺贈を含みます。）又は法人の合併による移転の登記	不動産の価額	1,000分の4
ロ　所有権の共有物（その共有物について有していた持分に応じた価額に対応する部分に限ります。）の分割による移転の登記	不動産の価額	1,000分の4
ハ　その他の原因（売買贈与など）による移転の登記 ※土地に関する売買による所有権の移転登記 　平成23年3月31日まで　　　　　　　　　1,000分の10 　平成23年4月1日から平成24年3月31日まで　1,000分の13 　平成24年4月1日から平成31年3月31日まで　1,000分の15	不動産の価額	1,000分の20
(3) 地上権、永小作権、賃借権又は採石権又は採石権の設定、転貸又は移転の登記		
イ　設定又は転貸の登記	不動産の価額	1,000分の10
ロ　相続又は法人の合併による移転の登記	不動産の価額	1,000分の2
ハ　共有に係る権利の分割による移転の登記	不動産の価額	1,000分の2
ニ　その他の原因による移転の登記	不動産の価額	1,000分の10
(4) 地役権の設定の登記	承役地の不動産の個数	1個につき1,500円
(5) 先取特権の保存、質権若しくは抵当権の設定、強制競売、担保不動産競売、強制管理若しくは担保不動産収益執行に係る差押え、仮差押え、仮処分又は抵当付債権の差押えその他権利の処分の制限の登記	債権金額、極度金額又は不動産工事費用の予算金額	1,000分の4

－759－

第7章 登録免許税

(6) 先取特権、質権又は抵当権の移転の登記		
イ 相続又は法人の合併による移転の登記	債権金額又は極度金額	1,000分の1
ロ その他の原因による移転の登記	債権金額又は極度金額	1,000分の2
(7) 根抵当権の一部譲渡又は法人の分割による移転の登記	一部譲渡又は分割後の共有者の数で極度金額を除して計算した金額	1,000分の2
(8) 抵当権の順位の変更の登記	抵当権の件数	1件につき1,000円
(9) 賃借権の先順位抵当権に優先する同意の登記	質権及び抵当権の件数	1件につき1,000円
(10) 信託の登記		
イ 所有権の信託の登記 ※土地に関する所有権の信託の登記 　平成23年3月31日まで　　　　　　　　　　1,000分の2 　平成23年4月1日から平成24年3月31日まで　1,000分の2.5 　平成24年4月1日から平成31年3月31日まで　1,000分の3	不動産の価額	1,000分の4
ロ 所有権以外の権利の信託の登記	不動産の価額	1,000分の2
(11) 相続財産の分離の登記		
イ 所有権の分離の登記	不動産の価額	1,000分の4
ロ 所有権以外の権利の分離の登記	不動産の価額	1,000分の2
(12) 仮登記		
イ 所有権の保存の仮登記又は保存の請求権の保全のための仮登記	不動産の価額	1,000分の2
ロ 所有権の移転の仮登記又は移転の請求権の保全のための仮登記		
① 相続又は法人の合併による移転の仮登記又は移転の請求権の保全のための仮登記	不動産の価額	1,000分の2
② 共有物の分割による移転の仮登記又は移転の請求権の保全のための仮登記	不動産の価額	1,000分の2
③ その他の原因による移転の仮登記又は移転の請求権の保全のための仮登記	不動産の価額	1,000分の10
ハ 地上権、永小作権、賃借権若しくは採石権の設定、転貸若しくは移転の仮登記又は設定、転貸若しくは移転の請求権の保全のための仮登記		
① 設定若しくは転貸の仮登記又は設定若し	不動産の価額	1,000分の5

第7章 登録免許税

くは転貸の請求権の保全のための仮登記		
② 相続又は法人の合併による移転の仮登記又は移転の請求権の保全のための仮登記	不動産の価額	1,000分の1
③ 共有に係る権利の分割による移転の仮登記又は移転の請求権の保全のための仮登記	不動産の価額	1,000分の1
④ その他の原因による移転の仮登記又は移転の請求権の保全のための仮登記	不動産の価額	1,000分の5
ニ 信託の仮登記又は信託の設定の請求権の保全のための仮登記		
① 所有権の信託の仮登記又は信託の設定の請求権の保全のための仮登記	不動産の価額	1,000分の2
② 先取特権、質権若しくは抵当権の信託の仮登記又は信託の設定の請求権の保全のための仮登記	債権金額又は極度金額	1,000分の1
③ その他の権利の信託の仮登記又は信託の設定の請求権の保全のための仮登記	不動産の価額	1,000分の1
ホ 相続財産の分離の仮登記又は移転の請求権の保全のための仮登記		
① 所有権の分離の仮登記又は移転の請求権の保全のための仮登記	不動産の価額	1,000分の2
② 所有権以外の権利の分離の仮登記又は移転の請求権の保全のための仮登記	不動産の価額	1,000分の1
ヘ その他の仮登記	不動産の個数	1個につき1,000円
⑴ 所有権の登記のある不動産の表示の変更又は更正の登記で次に掲げるもの		
イ 土地の分筆又は建物の分割若しくは区分による登記事項の変更の登記	分筆又は分割若しくは区分後の不動産の個数	1個につき1,000円
ロ 土地の合筆又は建物の合併による登記事項の変更の登記	合併後の不動産の個数	1個につき1,000円
⑴ 付記登記、抹消された登記の回復の登記又は登記事項の更正若しくは変更の登記(これらの登記のうち⑴から⑴までの登記に該当するもの及び土地又は建物の表示の登記に係るものを除く。)	不動産の個数	1個につき1,000円
⑴ 登記の抹消(土地又は建物の表題部の登記の抹消を除く。)	不動産の個数	1個につき1,000円

第7章　登録免許税

> 同一の申請書により20個を超える不
> 動産について登記の抹消を受ける場
> 合には、申請件数1件につき2万円

(注)　租税特別措置法第72条から第84条の6に該当する登記等を受ける場合には、税率の軽減又は免税の適用等があります。

登録免許税の現金納付方法

> 【問7-3】私はA市から不動産を払い下げてもらいました。払下げの手
> 続に際して市の担当係官より登記に必要な登録免許税56,700円を現金
> 納付してくるようにいわれました。どのような方法により納付すれば
> いいのでしょうか。

【答】「納付書・領収済通知書」（3枚1組の複写式）に必要事項を記入の上、国税収納機関（日本銀行、都市銀行などの歳入代理店又は郵便局）に登録免許税に相当する現金を納付し、その領収証書を登記申請書に添付して登記申請を行います。

【解説】登録免許税の納付は原則として現金納付による方法とされています（登免法21）。

　なお、法務局又は地方法務局の長は、必要があるとき、現金納付の収納機関を指定することができるとされています。この場合には、その登記所の現金納付の登録免許税は、その収納機関に納付しなければならないこととされています（登免令28①②）。

　あなたの場合、まずA市を管轄する法務局（地方法務局、支所又は出張所）で登録免許税を現金納付する場合の収納機関の指定の有無を確認し、指定のある場合には指定の金融機関を、また指定のない場合には最も便利な金融機関を通じて現金納付方式により納税してください。

　なお、金融機関に「納付書・領収済通知書」の用紙がない場合には、近くの税務署で受け取ってください。

　また、現金納付以外には、印紙による納付方法があります。この方法は原則として納付する登録免許税の額が3万円以下の場合、その登録免許税の額に相当する印紙を登記等の申請書に添付して登記を行うものです（登免法22）。

第7章　登録免許税

新築住宅の所有権の保存登記に対する登録免許税の軽減税率の適用

> 【問7-4】　私は、以前から所有していた宅地の上に今年9月に居住用の
> 建物（100㎡）を新築しました。早速私名義で保存登記をしようと思
> いますが、知人の話では新築住宅の保存登記は登録免許税が軽減され
> るとのことです。私の場合も、登録免許税の軽減税率の適用を受ける
> ことができますか。

【答】　新築住宅の所有権の保存登記の登録免許税の軽減税率の適用を受ける
ことができます。

【解説】　新築住宅の所有権の保存登記について、登録免許税の軽減税率が適
用される場合は、次に掲げる要件をすべて満たしているものに限られます
（措法72の2、措令41、措規25）。

①　その家屋は、個人が昭和59年4月1日から平成32年3月31日までに新
築した家屋であること

②　その家屋は、専ら自己の住宅の用に供される1棟の家屋（隣接する2
棟以上の家屋を共に自己の住宅の用に供する場合には、これらのすべて
の家屋）で床面積の合計が50㎡以上であること

③　その家屋を新築した個人が、その家屋の新築後1年以内に受ける所有
権の保存登記であること

④　登記申請書に、その登記に係る家屋が上記①及び②の要件に該当する
ものであることについてのその家屋の所在地の市区町村長又は特別区の
区長の証明書を添付すること

なお、次の住宅用の家屋については、独立行政法人勤労者退職金共済
機構の理事長又は共済組合等の長の証明書とされています。

㋑　事業主、事業主団体又は福利厚生会社から財形資金の貸付けを受け
て新築又は取得をする住宅用の家屋

㋺　勤労者財産形成促進法に定める共済組合等から財形資金の貸付けを
受けて新築又は取得をする住宅用の家屋

上記①から④までのすべての要件に該当する場合には、通常1,000分の4
の建物の保存登記の登録免許税の税率が1,000分の1.5に軽減されます（措法
72の2）。

※　なお、個人が平成21年6月4日から平成32年3月31日までの間に特定認定長期優
良住宅で一定の住宅用家屋に該当するものを新築又は、取得してその個人の居住の

－763－

第7章　登録免許税

用に供した場合で、新築又は取得後1年以内に受ける所有権の保存登記又は移転登記については、1,000分の1に軽減されます（措法74）。

　また、個人が、都市の低炭素化の促進に関する法律の施行の日から平成32年3月31日までの間に低炭素建築物で一定の住宅用家屋に該当するものを新築又は、取得してその個人の居住の用に供した場合で、新築又は取得後1年以内に受ける所有権の保存登記又は移転登記については、1,000分の1に軽減されます（措法74の2）。

相続人が受ける家屋の所有権の保存登記に対する軽減税率の適用

> 【問7-5】私の父は家屋を新築した後、所有権の保存登記をしないで死亡しました。そこで、私はその家屋の新築後1年以内に私の名義で所有権の保存登記をしようと思っています。
> 　このような場合に、新築住宅の所有権の保存登記の税率の軽減の特例の適用が受けられますか。

【答】**あなたのお父さんが新築した家屋を、相続人であるあなたの名義で保存登記をすることになりますので、家屋を新築した個人がその個人の名義で所有権の保存登記をすることに該当しません。したがって、新築住宅の所有権の保存登記に対する登録免許税の軽減の特例の適用は受けられません。**

【解説】新築住宅の所有権の保存登記の税率の軽減の特例は、家屋を新築した個人が、居住の用に供し、その個人の名義で保存登記をする場合に適用されます（措法72の2）。

住宅の用に供した事実

> 【問7-6】私は、甲不動産㈱が新築した分譲住宅（160㎡）を居住用として取得するつもりですが、その家屋に現実に居住する前に受ける所有権の移転登記であっても、登録免許税の軽減税率は適用されますか。

【答】**登記後、その家屋の所有者が遅滞なくその家屋に居住すると認められれば、軽減税率の適用があります。**

【解説】居住用の新築家屋を新築した者から取得した場合の所有権の保存又は移転登記については、登録免許税の軽減税率の適用上、「その個人が居住の用に供したもの」という要件が設けられています（措法72の2、73）。

－764－

第7章　登録免許税

　ところで、現実にその家屋に居住する前に受ける所有権の保存又は移転の登記については、その登記後においてその家屋の所有者が遅滞なくその家屋に居住すると認められる場合に限り適用されます。

　その場合、登記後、遅滞なくその家屋に居住するかどうかについて、市区町村長等は、その家屋の所有者からその家屋に居住することとなる予定年月日等を記載した申立書を提出させるなどの方法により確認し、その上で証明書を発行することになります。

別棟の車庫等を含む所有権の保存登記

> **【問7-7】**私は、半年ほど前に自分の住宅用に木造家屋（床面積80㎡）と別棟の自家用車用の木造車庫（10㎡）を新築して使用しています。今回、家と車庫の所有権保存登記をしようと思いますが、その場合別棟になっている車庫についても新築住宅についての登録免許税の軽減措置が受けられるでしょうか。

【答】本体の家屋と車庫を1個の建物として、新築後1年以内に登記を受ける場合には、車庫についても、登録免許税の軽減措置を受けることができます。

【解説】登記簿上、通常は1棟の建物をもって1個の建物とするのが原則ですが、数棟の建物が効用上一体として利用されている場合には、これを1個の建物として取り扱うことができることとされています（不動産登記実務取扱手続準則78）。

　したがって、本体の家屋と一体となって住宅の効用を果たす別棟の車庫や、物置などの所有権の保存登記は、本体の家屋の新築後1年以内に、その家屋と車庫等を1個の建物として所有権の保存登記をする場合に限り新築住宅についての登録免許税の軽減措置が受けられます（措法72の2）。

　この場合、木造の建物の床面積が50㎡以上であるかどうかは、家屋と車庫等の床面積の合計床面積により判定することとされています。

－765－

第7章　登録免許税

新築した共有家屋に対する登録免許税の軽減税率の適用

【問7-8】　私と長男の連名で建築基準法による確認を受け、共同で新築した居住用の家屋（床面積140㎡）について、新築後1年以内に共有の所有権の保存登記を行う場合、私と長男ともに登録免許税の軽減税率の適用を受けることができますか。

【答】　その家屋が、共有者にとってそれぞれ【問7-4】の登録免許税の軽減税率の適用される場合の要件を満たしているものであれば、共有者の双方について軽減税率の適用が受けられます。

【解説】　共有者の一方のみが居住の用に供する場合には、その居住の用に供する人の共有持分に係る部分の登録免許税については軽減税率の適用を受けることができますが、居住の用に供さない人の共有持分に係る部分については軽減税率の適用を受けることはできません。

　なお、共有家屋の床面積については、その共有持分に関係なく、その家屋全体の床面積が50㎡以上であるかどうかで判定します。

登記完了後の軽減税率と還付請求

【問7-9】　私は、住宅用家屋の所有権の保存登記について通常の税率（1,000分の4）で登録免許税を納付しました。その登記が完了した後、住宅用家屋の所有権の保存登記については軽減税率（1,000分の1.5）の適用が受けられることを知りました。
　①この軽減税率で計算した金額と私が納税した金額との差額については還付請求ができるでしょうか。また、②登記申請を取り下げた場合には納税した税金の還付を受けることができるでしょうか。

【答】　通常の税率で登記が行われた後は、たとえどのような事情があったとしても、軽減税率の適用を受けることができませんので、通常の税額と軽減税額との差額について、還付請求はできません。また、通常の税率で課税になった場合でも登記手続そのものに誤りがなく、適正に登記が行われた場合には、登記申請を取り下げることはできません。

【解説】　登記、登録等の税率は登録免許税法の別表第一で規定していますが、そのほか租税特別措置法第72条の2から第84条の6において、特定の場合に

第7章　登録免許税

適用される税率の軽減や免税の規定があります。租税特別措置法の適用を受けようとする場合には証明書など所定の書類を登記申請書に添付することになっています。

　したがって、新築住宅の所有権の保存登記又は移転登記の軽減税率の適用要件を実質的に満たしている場合であっても、登記申請書に添付することとされている証明書のないものについては、軽減税率は適用されません。

分譲住宅を取得した場合の所有権の保存登記の軽減税率の適用

> **【問7-10】** 私は、甲社が新築した分譲住宅（90㎡）を居住用として平成29年9月に取得しました。甲社販売担当者の話によれば、この分譲住宅は、現在未登記となっており、購入する私名義で直接保存登記を受けることになるようですが、私のように直接保存登記する場合でも、登録免許税の軽減税率の適用があるでしょうか。

【答】あなたの名義で直接保存登記をされる場合でも、登録免許税の軽減税率の適用を受けることができます。

【解説】 住宅用の家屋を他の者から取得したときの所有権の保存登記で、登録免許税の軽減税率の適用がされる場合は、次の要件を満たしている場合に限られます（措法72の2、措令41、措規25）。

①　個人が、昭和59年4月1日から平成32年3月31日までの間に取得した場合で、かつ、その取得後1年以内に受ける保存登記であること

②　専ら自己の住宅の用に供される1棟の家屋で床面積の合計が50㎡以上であるもの

③　その家屋は、建築後その個人が取得する前に使用（その個人以外の者による使用を含みます。）されたことがない家屋であること

④　登記申請書に、その登記に係る家屋が前記①から③までの要件に該当するものであることについてのその家屋の所在地の市区町村長の証明書を添付すること

　上記①から④までのすべての要件に該当する場合には、通常1,000分の4の所有権の保存登記の登録免許税の税率が1,000分の1.5に軽減されることになります。

－767－

第7章　登録免許税

新築後1年以上経過した居住用家屋の保存登記

> **【問7-11】** 私は、乙社が昨年4月に新築したマンションの一室を、本年
> 8月に取得しました。所有権の保存登記をしたいと思いますが、以
> 前、新築後1年以内でないと登録免許税の軽減税率の適用がないと聞
> いたことがあります。
> 　私の場合、新築後1年4か月余り経過しておりますが、軽減税率が
> 適用される方法はないのでしょうか。

**【答】一定の要件（【問7-10】に掲げる要件）を満たしておれば、新築後1年
を超えていても、取得後1年以内の登記であれば、登録免許税の軽減税率が
適用されます。**

【解説】 建築後使用されたことのない住宅用家屋を取得し、その者の居住用
に供する場合には、その取得後1年以内に受ける所有権の保存登記又は移転
登記並びにその家屋の取得資金の貸付等に係る抵当権の設定登記についても
登録免許税の税率の軽減措置が適用できることとなっています（措法72の
2、75）。

既存住宅の所有権の移転登記に係る登録免許税の軽減税率の適用

> **【問7-12】** 私は居住のために平成30年10月に中古住宅を買い入れまし
> た。中古住宅の場合にも登録免許税の税率の軽減が受けられると聞き
> ましたが、どのような場合に軽減されるのでしょうか。

**【答】家屋については下記(1)及び(2)に掲げるすべての要件に該当する場合
には、通常1,000分の20とされている所有権の移転登記の登録免許税の税率
が1,000分の3に軽減されます。**
　また、土地については、平成24年4月1日から平成31年3月31日までの売
買による所有権移転登記の場合は、用途に限らず、1,000分の15に軽減され
ます。**

【解説】 住宅用の家屋で次のすべての要件に該当するものについては、家屋
の所有権の移転登記の登録免許税の軽減税率が適用されます（措法73、措令
42、措規25の2）。

－768－

第7章　登録免許税

(1) 取得した家屋についての要件

イ　昭和59年4月1日から平成32年3月31日までに取得（売買又は競落に
よるものに限られます（措令42③）。）した家屋であること

ロ　次のいずれかに該当するものであること

(イ)　専らその個人の住宅の用に供される1棟の家屋（隣接する2棟以上
の家屋を共にその個人の住宅の用に供する場合には、これらすべての
家屋）で床面積が50㎡以上のもの

(ロ)　1棟の家屋（耐火建築物又は準耐火建築物に該当するものに限りま
す。）で、その構造上区分された数個の部分を独立して住居その他の
用途に供することができるものにつきその各部分を区分所有する場合
には、当該家屋のうち専ら当該個人の住宅の用に供する部分でその床
面積が50㎡以上のもの

ハ　その取得の日以前20年以内に建築されたものであること（建物登記簿
に記載されたその家屋の構造が鉄骨造、鉄筋コンクリート造、鉄骨鉄筋
コンクリート造等の家屋にあっては、25年以内）又は一定の耐震基準に
適合すると証明がなされたもの

ニ　取得した個人が自己の住宅の用に供したものであること

(2) 手続についての要件

イ　上記(1)に該当することについてその家屋の所在地の市区町村長又は
独立行政法人勤労者退職金共済機構の理事長等の証明を受けたものであ
ること

ロ　登記の申請書にイの市区町村長等の証明書を添付して取得後1年以内
に登記を受けるものであること

既存住宅の所有権の移転登記に係る税率の軽減の適用を受ける手続

【問7-13】私は購入した中古住宅（建築後7年）の所有権の移転登記を
Ａ司法書士に依頼したところ「登録免許税の軽減税率の適用を受ける
場合には証明書が必要である」といわれました。

どのような証明書をもらえばよいのか、教えてください。

【答】登録免許税の税率の軽減を受けるために登記申請に添付する証明書（名
称は「既存住宅証明書」などです。）はその家屋の所在地の市区町村長から
交付を受けることとされており、市区町村長は、その取得した家屋等が、

－769－

第 7 章　登 録 免 許 税

【問 7 -12】に掲げる要件に該当する旨を申請に基づいて証明することになっています。

　したがって、次に掲げる書類又はその写しを証明書の交付申請書（既存住宅証明申請書）に添付する必要があります。

　①　売買契約書、売渡証書等その家屋の取得の日を明らかにする書類

　②　その家屋の登記事項証明書

　③　取得者の住民票の写し等その家屋に居住したことを明らかにする書類

既存住宅の所有権の移転登記における所有期間の計算

> 【問 7 -14】　甲は乙が従来から住んでいた乙所有の木造家屋（床面積140㎡）を、平成30年 7 月10日に取得しました。
>
> 　この場合、既存住宅の所有権移転登記についての登録免許税の軽減措置の適用を行う上で、次に掲げる要件を判定するときの期間は、具体的にいつからいつまでをいいますか。
>
> ①　その家屋は、「取得の日以前20年以内」に建築されたものであること
>
> ②　所有権移転の登記は、その「家屋の取得後 1 年以内」に受けるものであること

【答】①の場合の「家屋の取得の日以前20年以内」とは、平成10年 7 月11日から平成30年 7 月10日までの期間をいいます。

　②の場合の「家屋の取得後 1 年以内」とは、平成30年 7 月10日から平成31年 7 月10日までの期間をいいます（平成30年 7 月10日は期間計算上不算入）。

新築住宅の取得資金に係る抵当権の設定登記の税率の軽減

> 【問 7 -15】　居住の用に供するために新築住宅を取得した場合には、所有権の移転又は保存登記の税率軽減のほか、住宅取得資金に係る抵当権の設定登記の税率についても軽減があると聞きましたが、どのような場合に軽減されるのでしょうか。

【答】居住の用に供するために新築住宅を取得した場合の、その取得資金に係る抵当権の設定登記については、一定の要件を満たしているものに限り登

－770－

第7章 登録免許税

録免許税の税率が1,000分の1に軽減されます（措法75）。

【解説】 税率軽減の対象となる抵当権の設定登記は、次の要件を満たすものに限られます。

1 その抵当権によって担保される債権は、次のいずれかであること

  a 昭和59年4月1日から平成32年3月31日までの間に租税特別措置法第72条の2《住宅用家屋の所有権の保存登記の税率の軽減》に定める住宅用家屋を、新築（同期限までに増築し、増築後の家屋が「住宅用家屋の所有権の保存登記の税率の軽減」の適用が受けられる場合の増築を含みます。）又は取得するための資金の貸付け（貸付けに係る債務の保証を含みます。）に係る債権（その保証に係る求償権を含みます。）又は賦払の方法により取得する場合におけるその賦払金に係る債権

  b 昭和59年4月1日から平成32年3月31日までの間に租税特別措置法第73条《住宅用家屋の所有権の移転登記の税率の軽減》に定める住宅用家屋を取得するための資金の貸付け（貸付けに係る債務の保証を含みます。）に係る債権（その保証に係る求償権を含みます。）又は賦払の方法により取得する場合におけるその賦払金に係る債権

2 その抵当権の設定登記は、1に掲げる家屋を目的とする抵当権の設定登記であること

3 その家屋の新築又は取得後1年以内に受ける抵当権の設定登記であること

4 登記申請書に、その家屋の所在地の市区町村長の証明書を添付すること

（編　者）

福　居　英　雄
井　上　浩　二

（執筆者）

荒　木　未　来
小　川　美　穂　子
松　谷　純　子
筒　井　敬　和
井　内　正　子
千　葉　美　保
牧　瀬　晴　世
浅　野　日　登美

平成30年11月改訂　資産税実務問答集

2018年11月14日　発行

編　者　　福居 英雄／井上 浩二

発行者　　新木 敏克

発行所　　公益財団法人 納税協会連合会
〒540-0012 大阪市中央区谷町1－5－4　　電話（編集部）06（6135）4062

発売所　　株式会社 清文社
大阪市北区天神橋2丁目北2－6（大和南森町ビル）
〒530-0041　電話 06（6135）4050　FAX 06（6135）4059
東京都千代田区内神田1－6－6（MIFビル）
〒101-0047　電話 03（6273）7946　FAX 03（3518）0299
URL http://www.skattsei.co.jp/

印刷：㈱廣済堂

■著作権法により無断複写複製は禁止されています。落丁本・乱丁本はお取り替えします。
■本書の内容に関するお問い合わせは編集部までFAX（06-6135-4063）でお願いします。
＊本書の追録情報等は、発売所（清文社）のホームページ（http://www.skattsei.co.jp）をご覧ください。

ISBN978-4-433-60438-7

【平成30年10月改訂】 ☆Web版サービス付き

相続税・贈与税取扱いの手引

浜野靖史 編　相続税・贈与税に関する最新の法令通達を有機的関連のもとに配列するとともに、関係書式を適宜の箇所に配置する等、取扱いの一覧性を主眼として編集。

■B5判1,808頁/定価：本体 4,800円+税

【平成30年版】 ☆Web版サービス付き

法人税の決算調整と申告の手引

後藤加寿弥 編　一般法人の確定申告のために必要な、各事業年度の所得の金額及び法人税額の計算並びに申告納付のための実務手引書として、法人税に関する法律・政令・省令及び通達を体系的に整理収録。

■B5判1,984頁/定価：本体 5,000円+税

【平成30年版】 ☆Web版サービス付き

申告所得税取扱いの手引

馬場則行 編　所得税に関する規定をできるだけわかりやすいものとするため、最新の法令を中心に、政令・省令・告示、さらに通達等を一同に掲載し、一覧性・有機的関連性をもたせて整理編集。

■B5判1,912頁/定価：本体 4,400円+税

【平成30年版】 ☆Web版サービス付き

消費税の取扱いと申告の手引

今西敦司 編　消費税の取扱いについて、最新の税制改正及び法令等を中心に関係通達の改正事項なども網羅し、体系的に整理編集。設例による各種申告書・届出書の作成要領と記載例を収録した実務手引書。

■B5判1,144頁/定価：本体 4,200円+税

【平成30年版】

個人の税務相談事例500選

鈴木孝雄 編　所得税・資産税・消費税、個人及び個人事業にまつわる税金に関する質問を選りすぐり、Q&A方式でわかりやすく解説。

■A5判944頁/定価：本体 4,000円+税